2020年注册会计师职业能力综合测试辅导教材

# 综合阶段教程

## （下册）

财政部中财传媒　注册会计师考试研究组　组织编写

中国财经出版传媒集团
中国财政经济出版社

图书在版编目（CIP）数据

综合阶段教程：全二册／财政部中财传媒　注册会计师考试研究组组织编写．－－北京：中国财政经济出版社，2020.3
2020 年注册会计师职业能力综合测试辅导教材
ISBN 978－7－5095－9660－9

Ⅰ.①综…　Ⅱ.①财…　Ⅲ.①注册会计师－资格考试－教材　Ⅳ.①F233

中国版本图书馆 CIP 数据核字（2020）第 032583 号

中国财政经济出版社 出版
URL：http：//www.cfeac.com
（版权所有　翻印必究）
社址：北京市海淀区阜成路甲 28 号　邮政编码：100142
营销中心电话：010－88191522
天猫网店：中国财政经济出版社旗舰店
网址：https：//zgczjjcbs.tmall.com
固安华明印业有限公司印刷　各地新华书店经销
787×1092 毫米　16 开　81.5 印张　1 850 000 字
2020 年 3 月第 1 版　2020 年 3 月河北第 1 次印刷
印数：1—6 000　定价：158.00 元（上、下册）
ISBN 978－7－5095－9660－9
（图书出现印装问题，本社负责调换）
本社质量投诉电话：010－88190744
打击盗版举报热线：010－88191661、QQ：2242791300

# 目 录

## 财务成本管理篇

**第一章　投资项目资本预算** ············································· 3
　　第一节　投资项目的类型和评价程序 ································ 3
　　第二节　投资项目的评价方法 ········································ 4
　　第三节　投资项目现金流量的估计 ··································· 8
　　第四节　投资项目折现率的估计 ···································· 11
　　第五节　投资项目的敏感分析 ······································ 13
**第二章　债券、股票价值评估** ·········································· 15
　　第一节　债券价值评估 ·············································· 15
　　第二节　普通股价值评估 ············································ 18
　　第三节　混合筹资工具价值评估 ···································· 20
**第三章　期权价值评估** ·················································· 22
　　第一节　期权的概念、类型和投资策略 ···························· 22
　　第二节　金融期权价值评估 ········································· 24
**第四章　企业价值评估** ·················································· 40
　　第一节　企业价值评估的目的和对象 ······························ 40
　　第二节　企业价值评估方法 ········································· 41
**第五章　资本结构** ······················································· 49
　　第一节　资本结构理论 ·············································· 49
　　第二节　资本结构决策分析 ········································· 56
　　第三节　杠杆系数的衡量 ············································ 59
**第六章　长期筹资** ······················································· 64
　　第一节　长期债务筹资 ·············································· 64
　　第二节　普通股筹资 ················································· 68
　　第三节　混合筹资 ···················································· 79
　　第四节　租赁筹资 ···················································· 85

## 第七章　股利分配、股票分割与股票回购 ································ 92
### 第一节　股利理论与股利政策 ······································ 92
### 第二节　股利的种类、支付程序与分配方案 ···························· 101
### 第三节　股票分割与股票回购 ······································ 103

## 第八章　标准成本法 ··················································· 107
### 第一节　标准成本及其制定 ········································ 107
### 第二节　标准成本的差异分析 ······································ 110

## 第九章　作业成本法 ··················································· 114
### 第一节　作业成本法的概念与特点 ·································· 114
### 第二节　作业成本计算 ············································ 117
### 第三节　作业成本管理 ············································ 121

## 第十章　全面预算 ····················································· 124
### 第一节　全面预算概述 ············································ 124
### 第二节　全面预算的编制方法 ······································ 126
### 第三节　营业预算的编制 ·········································· 131
### 第四节　财务预算的编制 ·········································· 132

## 第十一章　责任会计 ··················································· 134
### 第一节　企业组织结构与责任中心划分 ······························ 134
### 第二节　成本中心 ················································ 137
### 第三节　利润中心 ················································ 141
### 第四节　投资中心 ················································ 143

## 第十二章　业绩评价 ··················································· 145
### 第一节　财务业绩评价与非财务业绩评价 ···························· 145
### 第二节　关键绩效指标法 ·········································· 146
### 第三节　经济增加值 ·············································· 147
### 第四节　平衡计分卡 ·············································· 151

## 第十三章　管理会计报告 ··············································· 158
### 第一节　内部责任中心业绩报告 ···································· 158
### 第二节　质量成本报告 ············································ 160

# 公司战略与风险管理篇

## 第一章　战略与战略管理 ··············································· 165
### 第一节　公司战略的基本概念 ······································ 165
### 第二节　公司战略管理 ············································ 168

## 第二章 战略分析 ·········· 177
- 第一节 企业外部环境分析 ·········· 177
- 第二节 企业内部环境分析 ·········· 198
- 第三节 SWOT分析 ·········· 207

## 第三章 战略选择 ·········· 208
- 第一节 总体战略（公司层战略） ·········· 208
- 第二节 业务单位战略 ·········· 226
- 第三节 职能战略 ·········· 240

## 第四章 战略实施 ·········· 241
- 第一节 公司战略与组织结构 ·········· 241
- 第二节 公司战略与企业文化 ·········· 261
- 第三节 战略控制 ·········· 263
- 第四节 战略管理中的权力与利益相关者 ·········· 276
- 第五节 信息技术在战略管理中的作用 ·········· 283

## 第五章 公司治理 ·········· 294
- 第一节 公司治理概述 ·········· 294
- 第二节 三大公司治理问题 ·········· 303
- 第三节 公司内部治理结构和外部治理机制 ·········· 312
- 第四节 公司治理的基础设施 ·········· 321

## 第六章 风险与风险管理 ·········· 329
- 第一节 风险与风险管理概述 ·········· 329
- 第二节 风险管理的目标 ·········· 338
- 第三节 风险管理基本流程 ·········· 339
- 第四节 风险管理体系 ·········· 345
- 第五节 风险管理技术与方法 ·········· 371

# 经济法篇

## 第一章 法律基本原理 ·········· 383
- 第一节 法律基本概念 ·········· 383
- 第二节 法律关系 ·········· 384
- 第三节 全面依法治国基本方略 ·········· 385

## 第二章 基本民事法律制度 ·········· 388
- 第一节 民事法律行为制度 ·········· 388
- 第二节 代理制度 ·········· 391
- 第三节 诉讼时效制度 ·········· 393

## 第三章　物权法律制度 396
### 第一节　物权法律制度概述 396
### 第二节　物权变动 397
### 第三节　所有权 398
### 第四节　用益物权 400
### 第五节　担保物权 401

## 第四章　合同法律制度 408
### 第一节　合同的基本理论 408
### 第二节　合同的订立 409
### 第三节　合同的效力 411
### 第四节　合同的履行 412
### 第五节　合同的担保 414
### 第六节　合同的变更与转让 418
### 第七节　合同的终止 419
### 第八节　违约责任 422
### 第九节　几类主要的有名合同 423

## 第五章　合伙企业法律制度 437
### 第一节　合伙企业法律制度概述 437
### 第二节　普通合伙企业 438
### 第三节　有限合伙企业 444
### 第四节　合伙企业的解散和清算 448

## 第六章　公司法律制度 451
### 第一节　公司法基本概念与制度 451
### 第二节　股份有限公司 457
### 第三节　有限责任公司 465
### 第四节　公司的财务会计 471
### 第五节　公司重大变更 472
### 第六节　公司解散和清算 475

## 第七章　证券法律制度 480
### 第一节　证券法律制度概述 480
### 第二节　股票的发行 482
### 第三节　公司债券的发行与交易 489
### 第四节　股票的上市与交易 493
### 第五节　上市公司收购和重组 495
### 第六节　证券欺诈的法律责任 507

## 第八章　企业破产法律制度 511
### 第一节　破产法律制度概述 511
### 第二节　破产申请与受理 512

第三节　管理人制度 …… 514
　　第四节　债务人财产 …… 516
　　第五节　破产债权 …… 519
　　第六节　债权人会议 …… 522
　　第七节　重整程序 …… 523
　　第八节　和解制度 …… 525
　　第九节　破产清算程序 …… 526
　　第十节　关联企业合并破产 …… 528
第九章　票据与支付结算法律制度 …… 530
　　第一节　支付结算概述 …… 530
　　第二节　票据法律制度 …… 532
　　第三节　非票据结算方式 …… 546
第十章　企业国有资产法律制度 …… 550
　　第一节　企业国有资产法律制度概述 …… 550
　　第二节　企业国有资产产权登记制度 …… 553
　　第三节　企业国有资产评估管理制度 …… 557
　　第四节　企业国有资产交易管理制度 …… 559
第十一章　反垄断法律制度 …… 565
　　第一节　反垄断法律制度概述 …… 565
　　第二节　垄断协议规制制度 …… 568
　　第三节　滥用市场支配地位规制制度 …… 571
　　第四节　经营者集中反垄断审查制度 …… 573
　　第五节　滥用行政权力排除、限制竞争规制制度 …… 577
第十二章　涉外经济法律制度 …… 581
　　第一节　涉外投资法律制度 …… 581
　　第二节　对外贸易法律制度 …… 586
　　第三节　外汇管理法律制度 …… 591

# 财务成本管理篇

# 第一章　投资项目资本预算

## 第一节　投资项目的类型和评价程序

### 一、投资项目的类型

按照不同的分类标准，投资项目可划分为不同类型。

按所投资对象，经营性长期资产投资项目可分为五种类型：

(1) 新产品开发或现有产品的规模扩张项目。通常需要添置新的固定资产，并增加企业的营业现金流入。

(2) 设备或厂房的更新项目。通常需要更换固定资产，但不改变企业的营业现金收入。

(3) 研究与开发项目。通常不直接产生现实的收入，而是得到一项是否投产新产品的选择权。

(4) 勘探项目。通常使企业得到一些有价值的信息。

(5) 其他项目。包括劳动保护设施建设、购置污染控制装置等。这些决策不直接产生营业现金流入，而使企业在履行社会责任方面的形象得到改善。它们有可能减少未来的现金流出。

这些投资项目的现金流量分布有不同的特征，分析的具体方法也有区别。最具一般意义的是第一种投资即新添置固定资产的投资项目。

按投资项目之间的相互关系，投资项目可分为独立项目和互斥项目。

独立项目是相容性投资，各投资项目之间互不关联、互不影响，可以同时并存。独立投资项目决策考虑的是方案本身是否满足某种决策标准。互斥项目是非相容性投资，各投资项目之间相互关联、相互替代，不能同时并存。因此，互斥投资项目决策考虑的是各方案之间的互斥性，互斥决策需要从每个可行方案中选择最优方案。

### 二、投资项目的评价程序

投资项目的评价一般包含下列基本步骤：

（1）提出各种项目的投资方案。新产品方案通常来自研发部门或营销部门，设备更新的建议通常来自生产部门等。

（2）估计投资方案的相关现金流量。

（3）计算投资方案的价值指标，如净现值、内含报酬率等。

（4）比较价值指标与可接受标准。

（5）对已接受的方案进行敏感分析。

# 第二节 投资项目的评价方法

## 一、独立项目的评价方法

投资项目评价使用的基本方法是现金流量折现法，主要有净现值法和内含报酬率法。此外，还有一些辅助方法，主要是回收期法和会计报酬率法。

### （一）净现值法

净现值是指特定项目未来现金流入的现值与未来现金流出的现值之间的差额，它是评价项目是否可行的最重要的指标。按照这种方法，所有未来现金流入和流出都要用资本成本折算现值，然后用流入的现值减流出的现值得出净现值。如果净现值为正数，表明投资报酬率大于资本成本，该项目可以增加股东财富，应予采纳。如果净现值为零，表明投资报酬率等于资本成本，不改变股东财富，可选择采纳或不采纳该项目。如果净现值为负数，表明投资报酬率小于资本成本，该项目将减损股东财富，应予放弃。

计算净现值的公式：

$$\text{净现值} = \sum_{t=0}^{n} \frac{I_t}{(1+i)^t} - \sum_{t=0}^{n} \frac{O_t}{(1+i)^t}$$

式中：$n$——项目期限；

$I_t$——第 $t$ 年的现金流入量；

$O_t$——第 $t$ 年的现金流出量；

$i$——资本成本。

净现值法具有广泛的适用性，在理论上也比其他方法更完善。净现值反映一个项目按现金流量计量的净收益现值，它是个金额的绝对值，在比较投资额不同的项目时有一定的局限性。

所谓现值指数，是指投资项目未来现金净流量总现值与原始投资额总现值的比值，亦称现值比率或获利指数。

计算现值指数的公式：

$$\text{现值指数} = \sum_{t=0}^{n} \frac{I_t}{(1+i)^t} \div \sum_{t=0}^{n} \frac{O_t}{(1+i)^t}$$

## （二）内含报酬率法

内含报酬率是指能够使未来现金流入量现值等于未来现金流出量现值的折现率，或者说是使投资项目净现值为零的折现率。

当净现值 $= \sum_{t=0}^{n} \frac{I_t}{(1+i)^t} - \sum_{t=0}^{n} \frac{O_t}{(1+i)^t} = 0$ 时，

$i =$ 内含报酬率

净现值法和现值指数法虽然考虑了时间价值，可以说明投资项目的报酬率高于或低于资本成本，但没有揭示项目本身可以达到的报酬率是多少。内含报酬率是根据项目的现金流量计算的，是项目本身的投资报酬率。

内含报酬率的计算，通常需要"逐步测试法"。首先估计一个折现率，用它来计算项目的净现值；如果净现值为正数，说明项目本身的报酬率超过折现率，应提高折现率后进一步测试；如果净现值为负数，说明项目本身的报酬率低于折现率，应降低折现率后进一步测试。经过多次测试，寻找出使净现值接近于零的折现率，即为项目本身的内含报酬率。

内含报酬率法和现值指数法有相似之处，都是根据相对比率来评价项目，而不像净现值法那样使用绝对数来评价项目。在评价项目时要注意到，比率高的项目绝对数不一定大，反之也一样。这种不同和利润率与利润额不同是类似的。

内含报酬率法与现值指数法也有区别。在计算内含报酬率时不必事先估计资本成本，只是最后才需要一个切合实际的资本成本来判断项目是否可行。现值指数法需要一个合适的资本成本，以便将现金流量折为现值，折现率的高低有时会影响方案的优先次序。

## （三）回收期法

回收期是指投资引起的现金流入累计到与投资额相等所需要的时间。它代表收回投资所需要的年限。回收年限越短，项目越有利。

在原始投资一次支出，每年现金净流入量相等时：

回收期 $= \dfrac{\text{原始投资额}}{\text{每年现金净流入量}}$

回收期法的优点是：计算简便；容易为决策人所正确理解；可以大体上衡量项目的流动性和风险。

回收期法的缺点是：忽视了时间价值，把不同时间的货币收支看成是等效的；没有考虑回收期以后的现金流，也就是没有衡量盈利性；促使公司接受短期项目，放弃有战略意义的长期项目。

一般说来，回收期越短的项目风险越低，因为时间越长越难以预计，风险越大。短期项目给企业提供了较大的灵活性，快速收回的资金可用于别的项目。因此，回收期法可以粗略地快速衡量项目的流动性和风险。事实上有战略意义的长期投资往往早期收益较低，而中后期收益较高。回收期法优先考虑急功近利的项目，可能导致放弃长期成功的项目。

为了克服回收期法不考虑时间价值的缺点，人们提出了折现回收期法。折现回收期是指在考虑资金时间价值的情况下以项目现金流量流入抵偿全部投资所需要的时间。它是使下式成立的 $n$。

$$\sum_{t=0}^{n} \frac{I_t - O_t}{(1+i)^t} = 0$$

折现回收期也被称为动态回收期。折现回收期法出现以后，为了区分，将传统的回收期称为非折现回收期或静态回收期。

### （四）会计报酬率法

这种方法计算简便，应用范围很广。它在计算时使用会计报表上的数据。

$$会计报酬率 = \frac{年平均净利润}{原始投资额} \times 100\%$$

会计报酬率的优点是：它是一种衡量盈利性的简单方法，使用的概念易于理解；使用财务报告的数据，容易取得；考虑了整个项目寿命期的全部利润；该方法揭示了采纳一个项目后财务报表将如何变化，使经理人员知道业绩的预期，也便于项目的后评价。

会计报酬率法的缺点是：使用账面利润而非现金流量，忽视了折旧对现金流量的影响；忽视了净利润的时间分布对项目经济价值的影响。

## 二、互斥项目的优选问题

互斥项目，是指接受一个项目就必须放弃另一个项目的情况。通常，它们是为解决一个问题设计的两个备选方案。例如，为了生产一个新产品，可以选择进口设备，也可以选择国产设备，它们的使用寿命、购置价格和生产能力均不同。企业只需购买其中之一就可解决目前的问题，而不会同时购置。

面对互斥项目，仅仅评价哪一个项目方案可以接受是不够的，它们都有正的净现值。我们现在需要知道哪一个更好些。如果一个项目方案的所有评价指标，包括净现值、内含报酬率、回收期和会计报酬率，均比另一个项目方案好一些，我们在选择时不会有什么困扰。问题是这些评价指标出现矛盾时，尤其是评价的基本指标净现值和内含报酬率出现矛盾时，我们如何选择？

评价指标出现矛盾的原因主要有两种：一是投资额不同；二是项目寿命不同。如果是投资额不同引起的（项目的寿命相同），对于互斥项目应当净现值法优先，因为它可以给股东带来更多的财富。股东需要的是实实在在的报酬，而不是报酬的比率。

如果净现值与内含报酬率的矛盾是项目有效期不同引起的，我们有两种解决办法，一个是共同年限法，另一个是等额年金法。

### （一）共同年限法

如果两个互斥项目不仅投资额不同，而且项目期限也不同，则其净现值没有可比性。例如，一个项目投资 3 年创造了较少的净现值，另一个项目投资 6 年创造了较多的净现值，后者的盈利性不一定比前者好。

共同年限法的原理是：假设投资项目可以在终止时进行重置，通过重置使两个项目达到相同的年限,然后比较其净现值。该方法也被称为重置价值链法。

共同年限法有一个困难问题:共同比较期的时间可能很长,例如,一个项目7年,另一个项目9年,就需要以63年作为共同比较期。我们有计算机,不怕长期限分析带来的巨大计算量,真正的恐惧来自预计60多年后的现金流量。我们对预计遥远未来的数据,自知没有能力,也缺乏必要信心。尤其是重置时的原始投资,因技术进步和通货膨胀几乎总会发生变化,实在难以预计。

### (二)等额年金法

等额年金法是用于年限不同项目比较的另一种方法。它比共同年限法要简单。其计算步骤如下:

(1)计算两项目的净现值;

(2)计算净现值的等额年金额;

(3)假设项目可以无限重置,并且每次都在该项目的终止期,等额年金的资本化就是项目的净现值。

其实,等额年金法的最后一步即永续净现值的计算,并非总是必要的。在资本成本相同时,等额年金大的项目永续净现值肯定大,根据等额年金大小就可以直接判断项目的优劣。

以上两种分析方法有区别。共同年限法比较直观,易于理解,但是预计现金流的工作很困难。等额年金法应用简单,但不便于理解。

两种方法存在共同的缺点:

(1)有的领域技术进步快,目前就可以预期升级换代不可避免,不可能原样复制;

(2)如果通货膨胀比较严重,必须考虑重置成本的上升,这是一个非常具有挑战性的任务,对此两种方法都没有考虑;

(3)从长期来看,竞争会使项目净利润下降,甚至被淘汰,对此分析时没有考虑。

通常在实务中,只有重置概率很高的项目才适宜采用上述分析方法。对于预计项目年限差别不大的项目,例如,8年期限和10年期限的项目,直接比较净现值,不需要做重置现金流的分析,因为预计现金流量和资本成本的误差比年限差别还大。预计项目的有效年限本来就很困难,技术进步和竞争随时会缩短一个项目的经济年限,不断的维修和改进也会延长项目的有效年限。有经验的分析人员,历来不重视10年以后的数据,因其现值已经很小,往往直接舍去10年以后的数据,只进行10年内的重置现金流分析。

### 三、总量有限时的资本分配

在现实世界中会有许多总量资本受到限制的情况出现,无法为全部盈利项目筹资。这时需要考虑有限的资本分配给哪些项目。资本分配问题是指在企业投资项目有总量预算约束的情况下,如何选择相互独立的项目。

【例1-1】 甲公司可以投资的资本总量为10 000万元,资本成本为10%。现有三个投资项目,有关数据如表1-1所示。

表 1–1　　　　　　　　投资项目净现值与现值指数　　　　　　　　　　　单位：万元

| 项目 | 时间（年末） | 0 | 1 | 2 | 未来现金净流量总现值 | 净现值 | 现值指数 |
|---|---|---|---|---|---|---|---|
| | 现值系数（10%） | 1 | 0.9091 | 0.8264 | | | |
| A | 现金净流量 | −10 000 | 9 000 | 5 000 | | | |
| | 现值 | −10 000 | 8 182 | 4 132 | 12 314 | 2 314 | 1.23 |
| B | 现金净流量 | −5 000 | 5 057 | 2 000 | | | |
| | 现值 | −5 000 | 4 600 | 1 653 | 6 253 | 1 253 | 1.25 |
| C | 现金净流量 | −5 000 | 5 000 | 1 881 | | | |
| | 现值 | −5 000 | 4 546 | 1 555 | 6 100 | 1 100 | 1.22 |

根据净现值分析：三个项目的净现值都是正数，它们都可以增加股东财富。由于可用于投资的资本总量有限即只有 10 000 万元。按照净现值的一般排序规则，应当优先安排净现值最大的项目。A 项目的净现值最大，优先被采用，B 项目和 C 项目只能放弃。这个结论其实是不对的。因为 B 项目和 C 项目的总投资是 10 000 万元，总净现值为 2 353（1 253 + 1 100）万元，大于 A 项目的净现值 2 314 万元。

实际上在选择项目时比上述举例复杂。例如，C 项目的投资需要 6 000 万元如何处理？具有一般意义的做法是：首先，将全部项目排列出不同的组合，每个组合的投资需要不超过资本总量；计算各项目的净现值以及各组合的净现值合计；选择净现值最大的组合作为采纳的项目。

可投资资本总量受限本身不符合资本市场的原理。按照资本市场的原理，好的项目就可以筹到所需资金。公司有很多投资机会时，经理的责任是到资本市场去筹资，并且应该可以筹到资金，而不管其规模有多大。有了好的项目，但筹不到资金，只能说明资本市场有缺点，合理分配资源的功能较差。这种状况阻碍了公司接受盈利性项目，使其无法实现股东财富最大化的目标。

不过，现实中确有一些公司筹不到盈利项目所需资金，还有一些公司只愿意在一定的限额内筹资。总量资本分配的需要是一种不合理的现实。此时，现值指数排序并寻找净现值最大的组合就成为有用的工具，有限资源的净现值最大化成为具有一般意义的原则。

值得注意的是，这种资本分配方法仅适用于单一期间的资本分配，不适用于多期间的资本分配问题。所谓多期间资本分配，是指资本的筹集和使用涉及多个期间。例如，今年筹资的限额是 10 000 万元，明年又可以筹资 10 000 万元；与此同时，已经投资的项目可不断收回资金并及时用于另外的项目。此时，需要进行更复杂的多期间规划分析，不能用现值指数排序这一简单方法解决。

## 第三节　投资项目现金流量的估计

### 一、投资项目的现金流量构成

在估算投资项目现金流量时，因该项目而产生的税后增量现金流量是相关现金流量。

一般来讲，项目现金流量可分为三部分：
（1）项目初始现金流量；
（2）项目寿命期内现金流量；
（3）项目寿命期末现金流量。

**（一）项目初始现金流量**

项目初始现金流量主要涉及购买资产和使之正常运行所必须的直接现金流出，包括设备购置及安装支出、垫支营运资本等非费用性支出。另外，初始现金流量还可能包括机会成本。

**（二）项目寿命期内现金流量**

项目寿命期内现金流量主要包括新项目实施所带来的税后增量现金流入和流出。行政管理人员及辅助生产部门等费用，如果不受新项目实施的影响，可不计入；若有关，则必须计入项目寿命期内的现金流出。但项目以债务方式融资带来的利息支付和本金偿还以及以股权方式融资带来的现金股利支付等，均不包括在内，因为折现率中已经包含了该项目的筹资成本。

**（三）项目寿命期末现金流量**

项目寿命期末现金流量主要是与项目终止有关的现金流量，如设备变现税后净现金流入、收回营运资本现金流入等。另外，可能还会涉及弃置义务等现金流出。

**二、投资项目现金流量的估计方法**

估计投资方案所需的净经营性长期资产总投资，以及该方案每年能产生的现金净流量，会涉及很多变量，并且需要企业有关部门的参与。诸如，销售部门负责预测售价和销量，涉及产品价格弹性、广告效果、竞争者动向等；产品开发和技术部门负责估计投资方案的净经营性长期资产总投资，涉及研制费用、设备购置、厂房建筑等；生产和成本部门负责估计制造成本，涉及原材料采购价格、生产工艺安排、产品成本等。财务人员的主要任务是：为销售、生产等部门的预测建立共同的基本假设条件，如物价水平、折现率、可供资源的限制条件等；协调参与预测工作的各部门人员，使之能相互衔接与配合；防止预测者因个人偏好或部门利益而高估或低估收入和成本。

在确定投资方案相关的现金流量时，应遵循的最基本的原则是：只有增量现金流量才是与项目相关的现金流量。所谓增量现金流量，是指接受或拒绝某个投资方案后，企业总现金流量因此发生的变动。只有那些由于采纳某个项目引起的现金支出增加额，才是该项目的现金流出；只有那些由于采纳某个项目引起的现金流入增加额，才是该项目的现金流入。

**（一）投资项目现金流量的影响因素**

为了正确计算投资方案的增量现金流量，需要正确判断哪些支出会引起企业总现金流量的变动，哪些支出不会引起企业总现金流量的变动。在进行这种判断时，要注意以下四个问题：

1. 区分相关成本和非相关成本。

相关成本是指与特定决策有关的、在分析评价时必须加以考虑的成本。例如，差额成本、未来成本、重置成本、机会成本等都属于相关成本。与此相反，与特定决策无关的、在分析评价时不必加以考虑的成本是非相关成本。例如，沉没成本、过去成本、账面成本等往往是非相关成本。

例如，某公司在20×1年曾经打算新建一个车间，并请一家会计公司做过可行性分析，支付咨询费5万元。后来由于公司有了更好的投资机会，该项目被搁置下来，该笔咨询费作为费用已经入账了。20×3年旧事重提，在进行投资分析时，这笔咨询费是否仍是相关成本呢？答案应当是否定的。该笔支出已经发生，不管公司是否采纳新建一个车间的方案，它都已无法收回，与公司未来的总现金流量无关。

如果将非相关成本纳入投资方案的总成本，则一个有利的方案可能因此变得不利，一个较好的方案可能变为较差的方案，从而造成决策错误。

2. 不要忽视机会成本。

在投资方案的选择中，如果选择了一个投资方案，则必须放弃投资于其他途径的机会。其他投资机会可能取得的收益是实行本方案的一种代价，被称为这项投资方案的机会成本。

例如，上述公司新建车间的投资方案，需要使用公司拥有的一块土地。在进行投资分析时，因为公司不必动用资金去购置土地，可否不将此土地的成本考虑在内呢？答案是否定的。因为该公司若不利用这块土地来兴建车间，则它可将这块土地移作他用，并取得一定的收入。只是由于在这块土地上兴建车间才放弃了这笔收入，而这笔收入代表兴建车间使用土地的机会成本。假设这块土地出售可净得15万元，它就是兴建车间的一项机会成本。值得注意的是，不管该公司当初是以5万元还是20万元购进这块土地，都应以现行市价作为这块土地的机会成本。

机会成本不是我们通常意义上的"成本"，它不是一种支出或费用，而是失去的收益。这种收益不是实际发生的，而是潜在的。机会成本总是针对具体方案的，离开被放弃的方案就无从计量确定。

3. 要考虑投资方案对公司其他项目的影响。

当我们采纳一个新的项目后，该项目可能对公司的其他项目造成有利或不利的影响。

例如，若新建车间生产的产品上市后，原有其他产品的销路可能减少，而且整个公司的销售额也许不增加甚至减少。因此，公司在进行投资分析时，不应将新车间的销售收入作为增量收入来处理，而应扣除其他项目因此减少的销售收入。当然，也可能发生相反的情况，新产品上市后将促进其他项目的销售增长。这要看新项目和原有项目是竞争关系还是互补关系。

当然，诸如此类的交互影响，事实上很难准确计量。但决策者在进行投资分析时仍要将其考虑在内。

4. 对营运资本的影响。

在一般情况下，当公司开办一个新业务并使销售额扩大后，对于存货和应收账款等经营性流动资产的需求也会增加，公司必须筹措新的资金以满足这种额外需求；另一方面，公司扩充的结果，应付账款与一些应付费用等经营性流动负债也会同时增加，从而降低公司营运资金的实际需要。所谓营运资本的需要，指增加的经营性流动资产与增加的经营性流动负债之间的差额。

当投资方案的寿命周期快要结束时，公司将与项目有关的存货出售，应收账款变为现金，应付账款和应付费用也随之偿付，营运资本恢复到原有水平。通常，在进行投资分析时，假定开始投资时筹措的营运资本在项目结束时收回。

## 第四节　投资项目折现率的估计

任何投资项目都有风险或不确定性。针对投资项目的风险，可以通过调整折现率即资本成本进行衡量，再计算净现值。

### 一、使用企业当前加权平均资本成本作为投资项目的资本成本

使用企业当前的资本成本作为项目的资本成本，应具备两个条件：一是项目的经营风险与企业当前资产的平均经营风险相同；二是公司继续采用相同的资本结构为新项目筹资。

#### （一）项目风险与企业当前资产的平均经营风险相同

用当前的资本成本作为折现率，隐含了一个重要假设，即新项目是企业现有资产的复制品，它们的经营风险相同。这种情况是经常会出现的，例如，固定资产更新、现有生产规模的扩张等。

如果新项目与现有项目的经营风险有较大差别，必须小心从事。例如，北京首钢公司是从事传统行业的企业，其经营风险较小，最近进入了信息产业。在评价其信息产业项目时，使用公司目前的资本成本作折现率就不合适了。新项目的经营风险和现有资产的平均经营风险有显著差别。

#### （二）继续采用相同的资本结构为新项目筹资

所谓企业的加权平均资本成本，通常是根据当前的数据计算的，包含了资本结构因素。有关企业当前资本成本的计算我们已经在第四章"资本成本"中讨论过。

如果假设市场是完善的，资本结构不改变企业的平均资本成本，则平均资本成本反映了当前资产的平均风险。

如果承认资本市场是不完善的，筹资结构就会改变企业的平均资本成本。例如，当前的资本结构是债务为40%，而新项目所需资金全部用债务筹集，将使负债上升至70%。由于负债比重上升，股权现金流量的风险增加，他们要求的报酬率会迅速上升，引起企业平均资本成本上升；与此同时，扩大了成本较低的债务筹资，会引起企业平均资本成本下降。这两种因素共同的作用，使得企业平均资本成本发生变动。因此，继续使用当前的平均资本成本作为折现率就不合适了。

总之，在等风险假设或资本结构不变假设明显不能成立时，不能使用企业当前的平均资本成本作为新项目的资本成本。

## 二、运用可比公司法估计投资项目的资本成本

如果新项目的风险与现有资产的平均风险显著不同，就不能使用公司当前的加权平均资本成本，而应当估计项目的系统风险，并计算项目的资本成本即投资人对于项目要求的必要报酬率。

项目系统风险的估计，比企业系统风险的估计更为困难。股票市场提供了股价，为计算企业的β值提供了数据。项目没有充分的交易市场，没有可靠的市场数据时，解决问题的方法是使用可比公司法。

可比公司法是寻找一个经营业务与待评价项目类似的上市公司，以该上市公司的β值作为待评价项目的β值。

运用可比公司法，应该注意可比公司的资本结构已反映在其β值中。如果可比公司的资本结构与项目所在企业显著不同，那么在估计项目的β值时，应针对资本结构差异作出相应调整。

调整的基本步骤如下：

### （一）卸载可比公司财务杠杆

根据 B 公司股东收益波动性估计的β值，是含有财务杠杆的β权益。B 公司的资本结构与 A 公司不同，要将资本结构因素排除，确定 B 公司不含财务杠杆的β值。该过程通常叫"卸载财务杠杆"。卸载使用的公式是：

$$\beta_{资产} = \beta_{权益} \div [1 + (1 - 税率) \times (负债/股东权益)]$$

$\beta_{资产}$是假设全部用权益资本融资的β值，此时没有财务风险。或者说，此时股东权益的风险与资产的风险相同，股东只承担经营风险即资产的风险。

### （二）加载目标企业财务杠杆

根据目标企业的资本结构调整β值，该过程称"加载财务杠杆"。加载使用的公式是：

$$\beta_{权益} = \beta_{资产} \times [1 + (1 - 税率) \times (负债/权益)]$$

### （三）根据得出的目标企业的β权益计算股东要求的报酬率

此时的β权益既包含了项目的经营风险，也包含了目标企业的财务风险，可据以计算股东权益成本：

股东要求的报酬率 = 股东权益成本 = 无风险利率 + $\beta_{权益}$ × 风险溢价

如果使用股东现金流量法计算净现值，它就是适宜的折现率。

### （四）计算目标企业的加权平均成本

如果使用实体现金流量法计算净现值，还需要计算加权平均成本：

$$加权平均成本 = 负债成本 \times (1 - 税率) \times \frac{负债}{资本} + 股东权益成本 \times \frac{股东权益}{资本}$$

# 第五节　投资项目的敏感分析

敏感分析是投资项目评价中常用的一种研究不确定性的方法。它在确定性分析的基础上，进一步分析不确定性因素对投资项目的最终经济效果指标的影响及影响程度。

敏感因素一般可选择主要参数（如销售收入、经营成本、生产能力、初始投资、寿命期、建设期、达产期等）进行分析。若某参数的小幅度变化能导致经济效果指标的较大变化，则称此参数为敏感因素，反之则称其为非敏感因素。

## 一、敏感分析的作用

（1）确定影响项目经济效益的敏感因素。寻找出影响最大、最敏感的主要变量因素，进一步分析、预测或估算其影响程度，找出产生不确定性的根源，采取相应有效措施。

（2）计算主要变量因素的变化引起项目经济效益评价指标变动的范围，使决策者全面了解建设项目投资方案可能出现的经济效益变动情况，以减少和避免不利因素的影响，改善和提高项目的投资效果。

（3）通过各种方案敏感度大小的对比，区别敏感度大或敏感度小的方案，选择敏感度小的，即风险小的项目作投资方案。

（4）通过可能出现的最有利与最不利的经济效果变动范围的分析，为决策者预测可能出现的风险程度，并对原方案采取某些控制措施或寻找可替代方案，为最后确定可行的投资方案提供可靠的决策依据。

## 二、敏感分析的方法

敏感分析是一项有广泛用途的分析技术。投资项目的敏感分析，通常是在假定其他变量不变的情况下，测定某一个变量发生特定变化时对净现值（或内含报酬率）的影响。敏感分析主要包括最大最小法和敏感程度法两种分析方法。

### （一）最大最小法

最大最小法的主要步骤是：

（1）给定计算净现值的每个变量的预期值。计算净现值时需要使用预期的原始投资、营业现金流入、营业现金流出等变量。这些变量都是最可能发生的数值，称为预期值。

（2）根据变量的预期值计算净现值，由此得出的净现值称为基准净现值。

（3）选择一个变量并假设其他变量不变，令净现值等于零，计算选定变量的临界值。如此往复，测试每个变量的临界值。

通过上述步骤，可以得出使基准净现值由正值变为负值（或相反）的各变量最大（或最小）值，可以帮助决策者认识项目的特有风险。

### （二）敏感程度法

敏感程度法的主要步骤如下：

（1）计算项目的基准净现值（方法与最大最小法相同）。

（2）选定一个变量，如每年税后营业现金流入，假设其发生一定幅度的变化，而其他因素不变，重新计算净现值。

（3）计算选定变量的敏感系数：

敏感系数 = 目标值变动百分比/选定变量变动百分比

它表示选定变量变化1%时导致目标值变动的百分数，可以反映目标值对于选定变量变化的敏感程度。

（4）根据上述分析结果，对项目的敏感性作出判断。

敏感分析是一种最常用的风险分析方法，计算过程简单易于理解，但也存在局限性，主要有：

（1）在进行敏感分析时，只允许一个变量发生变动，而假设其他变量保持不变，但在现实世界中这些变量通常是相互关联的，会一起发生变动，但是变动的幅度不同；

（2）每次测算一个变量变化对净现值的影响，可以提供一系列分析结果，但是没有给出每一个数值发生的可能性。

# 第二章 债券、股票价值评估

## 第一节 债券价值评估

### 一、债券价值的评估方法

债券的价值是发行者按照合同规定从现在至债券到期日所支付的款项的现值。计算现值时使用的折现率，取决于当前等风险投资的市场利率。

**（一）债券的估值模型**

1. 债券估值的基本模型。

典型的债券是固定利率、每年计算并支付利息、到期归还本金。按照这种模式，债券价值计算的基本模型是：

$$V_d = \frac{I_1}{(1+r_d)^1} + \frac{I_2}{(1+r_d)^2} + \cdots + \frac{I_n}{(1+r_d)^n} + \frac{M}{(1+r_d)^n}$$

式中：$V_d$——债券价值；$I$——每年的利息；$M$——面值；$r_d$——年折现率，一般采用当前等风险投资的市场利率；$n$——到期前的年数。

2. 其他模型。

（1）平息债券。平息债券是指利息在期间内平均支付的债券。支付的频率可能是一年一次、半年一次或每季度一次等。

平息债券价值的计算公式如下：

$$V_d = \sum_{t=1}^{mn} \frac{I/m}{(1+\frac{r_d}{m})^t} + \frac{M}{(1+\frac{r_d}{m})^{mn}}$$

式中：$V_d$——债券价值；$I$——每年的利息；$M$——面值；$m$——年付利息次数；$n$——到期前的年数；$r_d$——年折现率。

（2）纯贴现债券。纯贴现债券是指承诺在未来某一确定日期按面值支付的债券。这种债券在到期日前购买人不能得到任何现金支付，因此，也称为"零息债券"。零息债券没有标明利息计算规则的，通常采用按年计息的复利计算规则。

纯贴现债券的价值：

$$V_d = \frac{F}{(1+r_d)^n}$$

式中：$V_d$——债券价值；$F$——到期日支付额；$r_d$——年折现率；$n$——到期时间的年数。

在到期日一次还本付息债券，实际上也是一种纯贴现债券，只不过到期日不是按票面额支付而是按本利和作单笔支付。

（3）流通债券的价值。流通债券是指已发行并在二级市场上流通的债券。它们不同于新发行债券，已经在市场上流通了一段时间，在估值时需要考虑现在至下一次利息支付的时间因素。

流通债券的特点是：①到期时间小于债券发行在外的时间；②估值的时点不在发行日，可以是任何时点，会产生"非整数计息期"问题。新发行债券，总是在发行日估计现值的，到期时间等于发行在外时间。

流通债券的估值方法有两种：①以现在为折算时间点，历年现金流量按非整数计息期折现；②以最近一次付息时间（或最后一次付息时间）为折算时间点，计算历次现金流量现值，然后将其折算到现在时点。无论哪种方法，都需要计算非整数期的折现系数。

### （二）债券估值的影响因素

通过上述模型可以看出，影响债券价值的因素除债券面值、票面利率和计息期以外，还有折现率和到期时间。

1. 债券价值与折现率。

债券价值与折现率有密切的关系。债券定价的基本原则是：折现率等于债券利率时，债券价值就是其面值；如果折现率高于债券利率，债券的价值就低于面值；如果折现率低于债券利率，债券的价值就高于面值。对于所有类型的债券估值，都必须遵循这一原理。

应当注意，凡是利率都可以分为报价利率和有效年利率。当一年内要复利几次时，给出的利率是报价利率，报价利率除以年内复利次数得出计息期利率，根据计息期利率可以换算出有效年利率。对于这一规则，利率和折现率都要遵守，否则就破坏了估值规则的内在统一性，也就失去了估值的科学性。折现率也有报价折现率、折现期折现率和有效年折现率之分。当一年内要折现几次时，给出的年折现率是报价折现率，报价折现率除以年内折现次数得出折现期折现率，折现期折现率可以换算为有效年折现率。

在发债时，票面利率是根据等风险投资的折现率（即必要报酬率）确定的。假设当前的等风险债券的年折现率为10%，拟发行面值为1 000元、每年付息的债券，则票面利率应确定为10%。此时，折现率和票面利率相等，债券的公允价值为1 000元，可以按1 000元的价格发行。如果债券印制或公告后市场利率发生了变动，可以通过溢价或折价调节发行价，而不应修改票面利率。如果拟发行债券改为每半年付息，票面利率如何确定呢？发行人不会以5%作为半年的票面利率，因为半年付息5%比一年付息10%的成本高。他会按4.8809%（$\sqrt{1+10\%}-1$）作为半年的票面利率，这样报价利率为2×4.8809%=9.7618%，同时指明半年付息。它与每年付息、报价利率为10%的债券有效年利率相同,在经济上是等效的。

影响利息高低的因素不仅有利息率,还有复利期长短。因此,利息率和复利期必须同时报价,不能分割。反过来说,对于平价发行的半年付息债券来说,若票面利率即报价利率为10%,则它的定价依据是有效年利率为10.25%,或者说折现期折现率是5%。为了便于不同债券的比较,在报价时需要把不同计息期的利率统一折算为年利率。折算时,报价利率根据实际的计息期利率乘以一年的复利次数得出,已经形成惯例,无论利息率还是折现率都是如此。

2. 债券价值与到期时间。

债券的到期时间,是指当前日至债券到期日之间的时间间隔。随着时间的延续,债券的到期时间逐渐缩短,至到期日时该间隔为零。

对于平息债券,在折现率一直保持不变的情况下,不管它高于或低于票面利率,债券价值随到期时间的缩短逐渐向债券面值靠近,至到期日债券价值等于债券面值。这种变化情况如图2-1所示。当折现率高于票面利率时,随着时间向到期日靠近,债券价值逐渐提高,最终等于债券面值;当折现率等于票面利率时,债券价值一直等于票面价值;当折现率低于票面利率时,随着时间向到期日靠近,债券价值逐渐下降,最终等于债券面值。

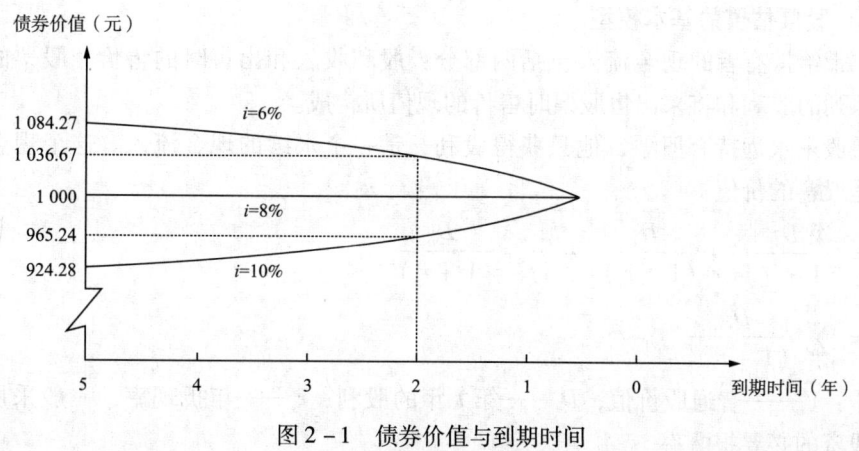

图2-1 债券价值与到期时间

图2-1显示的是连续支付利息的情景,或者说是支付期无限小的情景。如果不是这样,而是每间隔一段时间支付一次利息,债券价值会呈现周期性波动,例如前面所述的流通债券价值的周期性波动情况。

综上所述,对于平息债券,当折现率一直保持至到期日不变时,随着到期时间的缩短,债券价值逐渐接近其票面价值。

如果折现率在债券发行后发生变动,债券价值也会因此而变动。随着到期时间的缩短,折现率变动对债券价值的影响越来越小。这就是说,债券价值对折现率特定变化的反应越来越不灵敏。

## 二、债券的到期收益率

债券的收益水平通常用到期收益率来衡量。到期收益率是指以特定价格购买债券并持有至到期日所能获得的报酬率。它是使未来现金流量现值等于债券购入价格的折现率。

计算到期收益率的方法是求解含有折现率的方程，即：购进价格＝每年利息×年金现值系数＋面值×复利现值系数

$$P_0 = I \cdot (P/A, r_d, n) + M \cdot (P/F, r_d, n)$$

式中：$P_0$——债券价格；$I$——每年的利息；$M$——面值；$n$——到期前的年数；$r_d$——年折现率。

# 第二节　普通股价值评估

## 一、普通股价值的评估方法

### （一）股票估值的基本模型

股票带给持有者的现金流入包括两部分：股利收入和出售时的售价。股票的内在价值由一系列的股利和将来出售股票时售价的现值所构成。

如果股东永远持有股票，他只获得股利，是一个永续的现金流入。这个现金流入的现值就是股票的价值：

$$V_s = \frac{D_1}{(1+r_s)^1} + \frac{D_2}{(1+r_s)^2} + \cdots + \frac{D_n}{(1+r_s)^n}$$

$$= \sum \frac{D_t}{(1+r_s)^t}$$

式中：$V_s$——普通股价值；$D_t$——第 $t$ 年的股利；$r_s$——年折现率，一般采用资本成本率或投资的必要报酬率。

如果投资者不打算永久地持有该股票，而在一段时间后出售，他的未来现金流入是几次股利和出售时的股价。因此，买入时的价值 $V_0$（一年的股利现值加上一年后股价的现值）和一年后的价值 $V_1$（第二年股利在第二年年初的价值加上第二年年末股价在第二年年初的价值）为：

$$V_0 = \frac{D_1}{1+r_s} + \frac{V_1}{1+r_s} \tag{1}$$

$$V_1 = \frac{D_2}{1+r_s} + \frac{V_2}{1+r_s} \tag{2}$$

将式（2）代入式（1）：

$$V_0 = \frac{D_1}{1+r_s} + \left( \frac{D_2}{1+r_s} + \frac{V_2}{1+r_s} \right) \div (1+r_s)$$

$$= \frac{D_1}{(1+r_s)^1} + \frac{D_2}{(1+r_s)^2} + \frac{V_2}{(1+r_s)^2}$$

如果不断继续上述代入过程,则可得出:

$$V_0 = \sum_{t=1}^{\infty} \frac{D_t}{(1+r_s)^t} \tag{3}$$

式(3)是股票估值的基本模型。它在实际应用时,面临的主要问题是如何预计未来每年的股利,以及如何确定折现率。

股利的多少,取决于每股盈利和股利支付率两个因素。对其估计的方法是历史资料的统计分析,例如回归分析、时间序列的趋势分析等。股票评价的基本模型要求无限期地预计历年的股利($D_t$),实际上不可能做到。因此,应用的模型都是各种简化办法,如每年股利相同或固定比率增长等。

折现率的主要作用是把所有未来不同时间的现金流入折算为现在的价值。折现率应当是投资的必要报酬率。那么,投资的必要报酬率应当是多少呢?我们将在本章稍后再讨论这个问题。

### (二)零增长股票的价值

假设未来股利不变,其支付过程是一个永续年金,则股票价值为:$V_0 = D \div r_s$

### (三)固定增长股票的价值

有些企业的股利是不断增长的。当公司进入可持续增长状态时,其增长率是固定的,则股票价值的估计方法如下:

假设 ABC 公司今年的股利为 $D_0$,则 $t$ 年的股利应为:

$$D_t = D_0 \cdot (1+g)^t$$

若 $D_0 = 2$,$g = 10\%$,则 5 年后的每年股利为:

$$D_t = D_0 \cdot (1+g)^5 = 2 \times (1+10\%)^5 = 2 \times 1.6105 = 3.22 (元)$$

固定增长股票的股价计算公式如下:

$$V_0 = \sum \frac{D_0 \cdot (1+g)^t}{(1+r_s)^t}$$

当 $g$ 为常数,并且 $r_s > g$ 时,上式可简化为:

$$V_0 = \frac{D_0 \cdot (1+g)}{r_s - g} = \frac{D_1}{r_s - g}$$

### (四)非固定增长股票的价值

在现实生活中,有的公司股利是不固定的。例如,在一段时间里高速增长,在另一段时间里正常固定增长或固定不变。在这种情况下,就要分段计算,才能确定股票的价值。

## 二、普通股的期望报酬率

前面主要讨论如何估计普通股的价值,以判断某种股票被市场高估或低估。现在,假设股票价格是公平的市场价格,证券市场处于均衡状态;在任一时点证券价格都能完全反映有关该公司的任何可获得的公开信息,而且证券价格对新信息能迅速作出反应。

在这种假设条件下,股票的期望报酬率等于其必要报酬率。

根据固定增长股利模型,我们知道:

$P_0 = D_1/(r_s - g)$

如果把公式移项整理,求 R,可以得到:

$r_s = D_1/P_0 + g$

这个公式告诉我们,股票的总报酬率可以分为两个部分:第一部分是 $D_1/P_0$,叫做股利收益率,它是根据预期现金股利除以当前股价计算出来的。第二部分是增长率 $g$,叫做股利增长率。由于股利的增长速度也就是股价的增长速度,因此,$g$ 可以解释为股价增长率或资本利得收益率。$g$ 的数值可以根据公司的可持续增长率估计。$P_0$ 是股票市场形成的价格,只要能预计出下一期的股利,就可以估计出股东预期报酬率,在有效市场中它就是与该股票风险相适应的必要报酬率。

## 第三节 混合筹资工具价值评估

混合筹资工具是既带有债务融资特征又带有权益融资特征的特殊融资工具,常见的有优先股、永续债、附认股权证债券、可转换债券等,此处以优先股为例讲述混合筹资工具的价值评估。

### 一、优先股价值的评估方法

优先股按照约定的票面股息率支付股利,其票面股息率可以是固定股息率或浮动股息率。公司章程中规定优先股采用固定股息率的,可以在优先股存续期内采取相同的固定股息率,或明确每年的固定股息率,各年度的股息率可以不同;公司章程中规定优先股采用浮动股息率的,应当明确优先股存续期内票面股息率的计算方法。

无论优先股采用固定股息率还是浮动股息率,优先股价值均可通过对未来优先股股利的折现进行估计,即采用股利的现金流量折现模型估值。其中,当优先股存续期内采用相同的固定股息率时,每期股息就形成了无限期定额支付的年金,即永续年金,优先股则相当于永久债券。其估值公式如下:

$V_p = D_p/r_p$

式中:$V_p$——优先股的价值;$D_p$——优先股每期股息;$r_p$——折现率,一般采用资本成本率或投资的必要报酬率。

永续债的估值与优先股类似,公式如下:

$$V_{pd} = \frac{I}{r_{pd}}$$

式中:$V_{pd}$——永续债的价值;$I$——每年的利息;$r_{pd}$——年折现率,一般采用当前等风险投资的市场利率。

## 二、优先股的期望报酬率

优先股股息通常是固定的，优先股股东的期望报酬率估计如下：

$$r_p = D_p / P_p$$

式中，$r_p$——优先股期望报酬率；$D_p$——优先股每股年股息；$P_p$——优先股当前股价。

永续债的期望报酬率与优先股类似，公式如下：

$$r_{pd} = \frac{I}{P_{pd}}$$

式中，$r_{pd}$——永续债期望报酬率；$I$——永续债每年的利息；$P_{pd}$——永续债当前价格。

# 第三章 期权价值评估

## 第一节 期权的概念、类型和投资策略

### 一、期权的概念

期权是指一种合约,该合约赋予持有人在某一特定日期或该日之前的任何时间以固定价格购进或售出一种资产的权利。

### 二、期权的类型

按照合约授予期权持有人权利的类别,期权分为看涨期权和看跌期权两大类。

看涨期权是指期权赋予持有人在到期日或到期日之前,以固定价格购买标的资产的权利。其授予权利的特征是"购买"。因此,也可以称为"择购期权"、"买入期权"或"买权"。

看跌期权是指期权赋予持有人在到期日或到期日前,以固定价格出售标的资产的权利。其授予权利的特征是"出售"。因此,也可以称为"择售期权"、"卖出期权"或"卖权"。

对于看涨期权和看跌期权,到期日价值的计算又分为买入和卖出两种。下面我们分别说明这四种情景下期权到期日价值和股价的关系。为简便起见,我们假设各种期权均持有至到期日,不提前执行,并且忽略交易成本。

### (一)买入看涨期权

买入看涨期权形成的金融头寸,被称为"多头看涨头寸"①。

---

① 在金融领域广泛使用"头寸"一词。"头寸"最初是指款项的差额。银行在预计当天全部收付款项时,收入款项大于付出款项称为"多头寸"(亦称多单);付出款项大于收入款项称为"空头寸"(亦称空单或缺单)。对于头寸多余或短缺的预计,俗称"轧头寸"。轧多时可以把余额出借,轧空时需要设法拆借并轧平。为了轧平而四处拆借,称为"调头寸"。市面上多头者较多时,称"头寸松";空头者较多时,称"头寸紧"。在期货交易出现以后,交易日和交割日分离,为套利提供了时间机会。预计标的资产将会跌价的人,先期售出,在跌价后再补进,借以获取差额利润。卖掉自己并不拥有的资产,称为卖空(抛空、做空)。卖空者尚未补进标的资产以前,手头短缺一笔标的资产,持有"空头寸"。人们称卖空者为"空头"。与此相反,人们称期货的购买者为"多头",他们持有"多头寸"。在期权交易中,将期权的出售者称为"空头",他们持有"空头寸";将期权的购买者称为"多头",他们持有"多头寸";"头寸"是指标的资产市场价格和执行价格的差额。

## （二）卖出看涨期权

看涨期权的出售者收取期权费，成为或有负债的持有人，负债的金额不确定。他处于空头状态，持有看涨期权空头头寸。

## （三）买入看跌期权

看跌期权买方拥有以执行价格出售股票的权利。

## （四）卖出看跌期权

看跌期权的出售者收取期权费，成为或有负债的持有人，负债的金额不确定。

如果标的股票的价格上涨，对于买入看涨期权和卖出看跌期权的投资者有利；如果标的股票的价格下降，对于卖出看涨期权和买入看跌期权的投资者有利。

## 三、期权的投资策略

前面我们讨论了单一股票期权的损益状态。买入期权的特点是最小的净收入为零，不会发生进一步的损失。因此，具有构造不同损益的功能。从理论上讲，期权可以帮助我们建立任意形式的损益状态，用于控制投资风险。这里只介绍三种投资策略。

### （一）保护性看跌期权

股票加多头看跌期权组合，是指购买1股股票，同时购入该股票的1股看跌期权。这种组合被称为保护性看跌期权。单独投资于股票风险很大，同时增加一股看跌期权，情况就会有变化，可以降低投资的风险。

### （二）抛补性看涨期权

股票加空头看涨期权组合，是指购买1股股票，同时出售该股票的1股看涨期权。这种组合被称为抛补性看涨期权。抛出看涨期权所承担的到期出售股票的潜在义务，可以被组合中持有的股票抵补，不需要另外补进股票。

### （三）对敲

对敲策略分为多头对敲和空头对敲。

1. 多头对敲。

多头对敲是指同时买进一只股票的看涨期权和看跌期权，它们的执行价格、到期日都相同。

多头对敲策略对于预计市场价格将发生剧烈变动，但是不知道升高还是降低的投资者非常有用。例如，得知一家公司的未决诉讼将要宣判，如果该公司胜诉，预计股价将翻一番，如果败诉，预计股价将下跌一半。无论结果如何，多头对敲策略都会取得收益。

多头对敲的最坏结果是到期股价与执行价格一致，白白损失了看涨期权和看跌期权的购买成本。股价偏离执行价格的差额必须超过期权购买成本，才能给投资者带来净收益。

2. 空头对敲。

空头对敲是指同时卖出一只股票的看涨期权和看跌期权，它们的执行价格、到期日都相同。

空头对敲策略对于预计市场价格将相对比较稳定的投资者非常有用。

空头对敲的最好结果是到期股价与执行价格一致,投资者白白赚取出售看涨期权和看跌期权的收入。空头对敲的股价偏离执行价格的差额必须小于期权出售收入,才能给投资者带来净收益。

## 第二节　金融期权价值评估

从 20 世纪 50 年代开始,现金流量折现法成为资产估值的主流方法,任何资产的价值都可以用其预期未来现金流量的现值来估值。现金流量折现法估值的基本步骤是:首先,预测资产的期望现金流量;其次,估计投资的必要报酬率;最后,用必要报酬率折现现金流量。人们曾力图使用现金流量折现法解决期权估值问题,但是一直没有成功。问题在于期权的必要报酬率非常不稳定。期权的风险依赖于标的资产的市场价格,而市场价格是随机变动的,期权投资的必要报酬率也处于不断变动之中。既然找不到一个适当的折现率,现金流量折现法也就无法使用。因此,必须开发新的模型,才能解决期权定价问题。

1973 年,布莱克—斯科尔斯期权定价模型被提出,人们终于找到了实用的期权定价方法。此后,期权市场和整个衍生金融工具交易飞速发展。由于对期权定价问题研究的杰出贡献,斯科尔斯和默顿获得 1997 年诺贝尔经济学奖。

如果没有足够的数学背景知识,要全面了解期权定价模型是非常困难的。出于本教材的目的,不打算全面介绍期权估值模型,而主要通过举例的方法介绍期权估值的基本原理和主要模型的使用方法。

### 一、期权估值原理

1. 复制原理。

复制原理的基本思想是:构造一个股票和借款的适当组合,使得无论股价如何变动,投资组合的损益都与期权相同,那么,创建该投资组合的成本就是期权的价值。

下面我们通过一个假设的简单举例,说明复制原理。

【例 3-1】假设 ABC 公司的股票现在的市价为 50 元。有 1 股以该股票为标的资产的看涨期权,执行价格为 52.08 元,到期时间是 6 个月。6 个月以后股价有两种可能:上升 33.33%,或者下降 25%,无风险利率为每年 4%。拟建立一个投资组合,包括购进适量的股票以及借入必要的款项,使得该组合 6 个月后的价值与购进该看涨期权相等。

我们可以通过下列过程来确定该投资组合:

(1) 确定 6 个月后可能的股票价格。假设股票当前价格为 $S_0$,未来变化有两种可能:上升后股价 $S_u$ 和下降后股价 $S_d$。为便于用当前价格表示未来价格,设:$S_u = u \times S_0$,$u$ 称为股价上行乘数;$S_d = d \times S_0$,$d$ 为股价下行乘数。用二叉树图形表示的股价分布如图 3-1 所示,图的左侧是一般表达式,右侧是将[例 3-1]的数据带入的结果。其中,$S_0 = 50$ 元,$u = 1.3333$,$d = 0.75$。

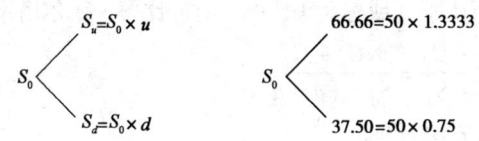

图 3-1  股票价格分布

（2）确定看涨期权的到期日价值。由于执行价格 $X=52.08$ 元，到期日看涨期权的价值如图 3-2 所示。左边是一般表达式，右边是代入本例数据后的结果。

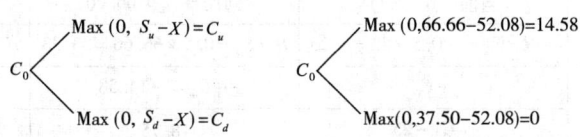

图 3-2  看涨期权到期日价值分布

（3）建立对冲组合。上面我们已经知道了期权的到期日价值有两种可能：股价上行时为 14.58 元，股价下行时为 0 元。已知借款的利率为 2%（半年）。我们要复制一个股票与借款的投资组合，使之到期日的价值与看涨期权相同。

该投资组合为：购买 0.5 股的股票，同时，以 2% 的利息借入 18.38 元。这个组合的收入同样也依赖于年末股票的价格，如表 3-1 所示。

| 表 3-1 | 投资组合的收入 | 单位：元 |
|---|---|---|
| 股票到期日价格 | 66.66 | 37.50 |
| 组合中股票到期日收入 | 66.66×0.5=33.33 | 37.5×0.5=18.75 |
| 组合中借款本利和偿还 | 18.38×1.02=18.75 | 18.75 |
| 到期日收入合计 | 14.58 | 0 |

该组合的到期日净收入分布与购入看涨期权一样。因此，看涨期权的价值应当与建立投资组合的成本一样。

组合投资成本 = 购买股票支出 − 借款 = 50×0.5−18.38 = 6.62（元）

因此，该看涨期权的价格应当是 6.62 元（见图 3-3）。

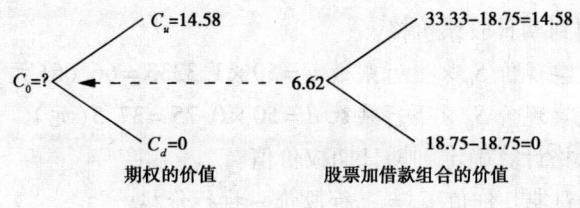

期权的价值　　　股票加借款组合的价值

图 3-3

2. 套期保值原理。

在看了［例 3-1］之后，你可能会产生一个疑问：如何确定复制组合的股票数量和借款数量，使投资组合的到期日价值与期权相同。

这个比率称为套期保值比率（或称套头比率、对冲比率、德尔塔系数），我们用 $H$ 来表示。

套期保值比率 $H = \dfrac{C_u - C_d}{S_u - S_d} = \dfrac{C_u - C_d}{S_0 \times (u - d)}$

该公式可以通过以下方法证明：

既然 [例 3-1] 中的两个方案在经济上是等效的，那么，购入 0.5 股股票，同时，卖空 1 股看涨期权，就应该能够实现完全的套期保值。我们可以通过表 3-2 加以验证。

表 3-2　　　　　　　　　　　　股票和卖出看涨期权　　　　　　　　　　　　单位：元

| 交易策略 | 当前（0 时刻） | 到期日 $S_u = 66.66$ | 到期日 $S_d = 37.50$ |
|---|---|---|---|
| 购入 0.5 股股票 | $-H \times S_0 = -0.5 \times 50 = -25$ | $H \times S_u = 0.5 \times 66.66 = 33.33$ | $H \times S_d = 0.5 \times 37.50 = 18.75$ |
| 抛出 1 股看涨期权 | $+C_0$ | $-C_u = -14.58$ | $-C_d = 0$ |
| 合计净现金流量 | $+C_0 - 25$ | 18.75 | 18.75 |

无论到期日的股票价格是多少，该投资组合得到的净现金流量都是一样的。只要股票和期权的比例配置适当，就可以使风险完全对冲，锁定组合的现金流量。可见，股票和期权的比例取决于它们的风险是否可以实现完全对冲。

根据到期日"股价上行时的现金净流量"等于"股价下行时的净现金流量"可知：

$H \times S_u - C_u = H \times S_d - C_d$

$H = (C_u - C_d) \div (S_u - S_d)$

套期保值比率 $H = \dfrac{C_u - C_d}{S_u - S_d} = \dfrac{C_u - C_d}{S_0 \times (u - d)}$

将上例数据带入：

$H = \dfrac{14.58 - 0}{50 \times (1.3333 - 0.75)} = 0.5$

借款数额 = (到期日下行股价 × 套期保值比率 - 股价下行时期权到期日价值) ÷ (1+r)

　　　　　= (0.5 × 37.50 - 0) ÷ 1.02

　　　　　= 18.38(元)

由于看涨期权在股价下跌时不会被执行，组合的现金流量仅为股票的收入，在归还借款后组合的最终现金流量为 0。

我们再回顾 [例 3-1] 的解题过程：

（1）确定可能的到期日股票价格。

上行股价 $S_u$ = 股票现价 $S_0$ × 上行乘数 $u$ = 50 × 1.3333 = 66.66(元)

下行股价 $S_d$ = 股票现价 $S_0$ × 下行乘数 $d$ = 50 × 0.75 = 37.5(元)

（2）根据执行价格计算确定到期日期权价值。

股价上行时期权到期日价值 $C_u$ = 上行股价 - 执行价格

　　　　　　　　　　　　　　 = 66.67 - 52.08 = 14.58(元)

股价下行时期权到期日价值 $C_d = 0$

（3）计算套期保值比率。

套期保值比率 $H$ = 期权价值变化 ÷ 股价变化

$= (14.58 - 0) \div (66.66 - 37.5) = 0.5$

（4）计算投资组合的成本（期权价值）。

购买股票支出 = 套期保值比率 × 股票现价 = 0.5 × 50 = 25（元）

借款 =（到期日下行股价 × 套期保值比率 – 股价下行时期权到期日价值）÷（1 + r）

$\quad\quad = (37.5 \times 0.5 - 0) \div 1.02 = 18.38$（元）

期权价值 = 投资组合成本 = 购买股票支出 – 借款 = 25 – 18.38 = 6.62（元）

3. 风险中性原理。

从上面的例子可以看出，运用财务杠杆投资股票来复制期权是很麻烦的。[例 3–1]是一个再简单不过的期权，如果是复杂期权或涉及多个期间，复制就成为令人苦恼的工作。好在有一个替代办法，使我们不用每一步计算都要复制投资组合，它被称为风险中性原理。

所谓风险中性原理，是指假设投资者对待风险的态度是中性的，所有证券的预期报酬率都应当是无风险利率。风险中性的投资者不需要额外的收益补偿其承担的风险。在风险中性的世界里，将期望值用无风险利率折现，可以获得现金流量的现值。

在这种情况下，期望报酬率应符合下列公式：

$$\text{期望报酬率} = \text{上行概率} \times \text{上行时报酬率} + \text{下行概率} \times \text{下行时报酬率}$$

假设股票不派发红利，股票价格的上升百分比就是股票投资的报酬率，因此：

$$\text{期望报酬率} = \text{上行概率} \times \text{股价上升百分比} + \text{下行概率} \times \text{股价下降百分比}$$

根据这个原理，在期权定价时只要先求出期权执行日的期望值，然后用无风险利率折现，就可以求出期权的现值。

续[例 3–1]中的数据：

期望报酬率 = 2% = 上行概率 × 33.33% + 下行概率 ×（-25%）

2% = 上行概率 × 33.33% +（1 – 上行概率）×（-25%）

上行概率 = 0.4629

下行概率 = 1 – 0.4629 = 0.5371

期权 6 个月后的期望价值 = 0.4629 × 14.58 + 0.5371 × 0 = 6.75（元）

期权的现值 = 6.75 ÷ 1.02 = 6.62（元）

期权定价以套利理论为基础。如果期权的价格高于 6.62 元，就会有人购入 0.5 股股票，卖出 1 股看涨期权，同时借入 18.38 元，肯定可以盈利。如果期权价格低于 6.62 元，就会有人卖空 0.5 股股票，买入 1 股看涨期权，同时借出 18.38 元，他也肯定可以盈利。因此，只要期权定价不是 6.62 元，市场上就会出现一台"造钱机器"。套利活动会促使期权只能定价为 6.62 元。

## 二、二叉树期权定价模型

1. 单期二叉树定价模型。

（1）二叉树模型的假设。

与任何估值模型一样，都需要假设。二叉树期权定价模型建立在以下假设基础之上：

①市场投资没有交易成本;②投资者都是价格的接受者;③允许完全使用卖空所得款项;④允许以无风险利率借入或贷出款项;⑤未来股票的价格将是两种可能值中的一个。

(2) 单期二叉树公式的推导。

二叉树模型的推导始于建立一个投资组合:①一定数量的股票多头头寸;②该股票的看涨期权的空头头寸。股票的数量要使头寸足以抵御资产价格在到期日的波动风险,即该组合能实现完全套期保值,产生无风险利率。

设:

$S_0$ = 股票现行价格;

$u$ = 股价上行乘数;

$d$ = 股价下行乘数;

$r$ = 无风险利率;

$C_0$ = 看涨期权现行价格;

$C_u$ = 股价上行时期权的到期日价值;

$C_d$ = 股价下行时期权的到期日价值;

$X$ = 看涨期权执行价格;

$H$ = 套期保值比率。

推导过程如下:

初始投资 = 股票投资 − 期权收入 = $HS_0 - C_0$

投资到期日终值 = $(HS_0 - C_0) \times (1 + r)$

由于无论价格上升还是下降,该投资组合的收入(价值)都一样,我们采用价格上升后的收入,即股票出售收入减去期权买方执行期权的支出:

在股票不派发红利的情况下,投资组合到期日价值 = $uHS_0 - C_u$

令到期日投资终值等于投资组合到期日价值:

$(1 + r)(HS_0 - C_0) = uHS_0 - C_u$

化简:

$C_0 = HS_0 - \dfrac{uHS_0 - C_u}{1 + r}$

由于套期保值比率 $H$ 为:

$H = \dfrac{C_u - C_d}{(u - d)S_0}$

将其代入上述化简后的等式,并再次化简得:

$C_0 = \left( \dfrac{1 + r - d}{u - d} \right) \times \dfrac{C_u}{1 + r} + \left( \dfrac{u - 1 - r}{u - d} \right) \times \dfrac{C_d}{1 + r}$

如果根据公式直接计算 [例 3 − 1] 的期权价格:

$C_0 = \dfrac{1 + 2\% - 0.75}{1.3333 - 0.75} \times \dfrac{14.58}{1 + 2\%} + \dfrac{1.3333 - 1 - 2\%}{1.3333 - 0.75} \times \dfrac{0}{1 + 2\%}$

$= \dfrac{0.27}{0.5833} \times \dfrac{14.58}{1.02}$

$= 6.62$(元)

我们利用［例3-1］的数据回顾一下公式的推导思路：最初，投资于0.5股股票，需要投资25元；收取6.62元的期权价格，尚需借入18.38元资金。半年后如果股价涨到66.66元，投资人0.5股股票收入33.33元；借款本息为18.75元（18.38×1.02），看涨期权持有人会执行期权，期权出售人补足价差14.58元（66.66-52.08），投资人的净损益为零。半年后如果股价跌到37.50元，投资人0.5股股票收入18.75元；支付借款本息18.75元，看涨期权持有人不会执行期权，期权出售人没有损失，投资人的净损益为零。因此，该看涨期权的公平价值就是6.62元。

2. 两期二叉树模型。

单期的定价模型假设本来股价只有两个可能，对于时间很短的期权来说是可以接受的。若到期时间很长，如［例3-1］的半年时间，就与事实相去甚远。改善的办法是把到期时间分割成两部分，每期3个月，这样就可以增加股价的选择。还可以进一步分割，如果每天为一期，情况就好多了。如果每个期间无限小，股价就成了连续分布，布莱克—斯科尔斯模型就诞生了。

简单地说，由单期模型向两期模型的扩展，不过是单期模型的两次应用。

【例3-2】 继续采用［例3-1］中的数据，把6个月的时间分为两期，每期3个月。变动以后的数据如下：ABC公司的股票现在的市价为50元，看涨期权的执行价格为52.08元，每期股价有两种可能：上升22.56%或下降18.4%；无风险利率为每3个月1%。

为了直观地显示有关数量的关系，仍然使用二叉树图示。二期二叉树的一般形式如图3-4所示。将［例3-1］中的数据填入后如图3-5所示。

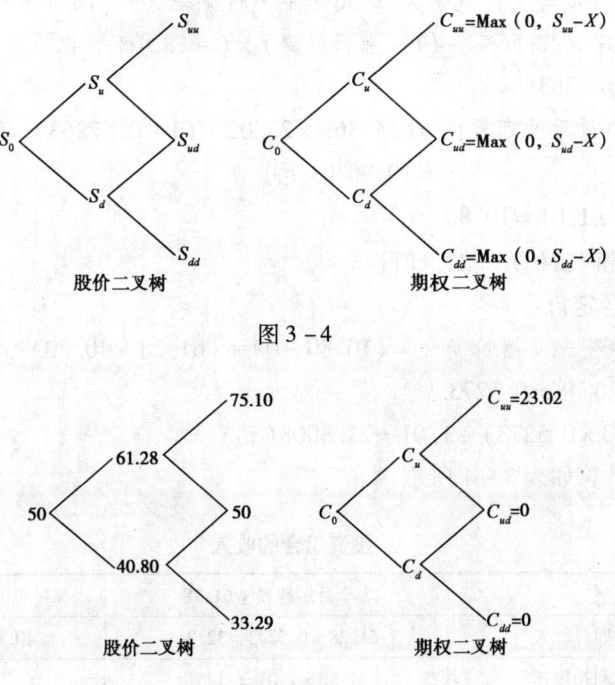

图3-4

图3-5

我们解决问题的办法是：先利用单期定价模型，根据 $C_{uu}$ 和 $C_{ud}$ 计算节点 $C_u$ 的价值，利用 $C_{ud}$ 和 $C_{dd}$ 计算 $C_d$ 的价值；然后，再次利用单期定价模型，根据 $C_u$ 和 $C_d$ 计算 $C_0$ 的价值。从后向前推进。

计算 $C_u$ 的价值，我们现在已经有两种办法：

（1）复制组合定价：

$H = (23.02 - 0) \div (75.10 - 50) = 0.91713$

借款 $= (50 \times 0.91713) \div 1.01 = 45.855 \div 1.01 = 45.40（元）$

组合收入的计算如表 3-3 所示。

表 3-3　　　　　　　　　　　投资组合的收入　　　　　　　　　　　单位：元

| 股票价格 | 6 个月后股价 = 75.10 | 6 个月后股价 = 50 |
| --- | --- | --- |
| 组合中股票到期日收入 | 75.10 × 0.91713 = 68.88 | 50 × 0.91713 = 45.86 |
| 组合中借款本利和偿还 | -45.86 | -45.86 |
| 组合的收入合计 | 23.02 | 0 |

3 个月后股票上行的价格是 61.28 元。

$C_u =$ 投资成本 = 购买股票支出 - 借款 = $61.28 \times 0.91713 - 45.40$

$= 10.80（元）$

由于 $C_{ud}$ 和 $C_{dd}$ 的值均为零，所以 $C_d$ 的值也为零。

（2）风险中性定价：

期望回报率 = 1% = 上行概率 × 22.56% + 下行概率 × (-18.4%)

1% = 上行概率 × 22.56% + (1 - 上行概率) × (-18.4%)

上行概率 = 0.47363

期权价值 6 个月后的期望值 = 0.47363 × 23.02 + (1 - 0.47363) × 0

$= 10.9030（元）$

$C_u = 10.9030 \div 1.01 = 10.80（元）$

下面根据 $C_u$ 和 $C_d$ 计算 $C_0$ 的价值：

（1）复制组合定价：

$H =$ 期权价值变化 ÷ 股价变化 = $(10.80 - 0) \div (61.28 - 40.80)$

$= 10.80 \div 20.48 = 0.5273$

借款 $= (40.80 \times 0.5273) \div 1.01 = 21.3008（元）$

组合收入的计算如表 3-4 所示。

表 3-4　　　　　　　　　　　投资组合的收入　　　　　　　　　　　单位：元

| 股票价格 | 3 个月后股价 = 61.28 | 3 个月后股价 = 40.80 |
| --- | --- | --- |
| 组合中股票到期日收入 | 61.28 × 0.5273 = 32.31 | 40.80 × 0.5273 = 21.51 |
| 组合中借款本利和偿还 | 21.30 × 1.01 = 21.51 | 21.51 |
| 收入合计 | 10.80 | 0 |

$C_0$ = 投资成本 = 购买股票支出 – 借款 = $50 \times 0.5273 - 21.3008 = 5.06$(元)

(2) 风险中性定价：

$C_0 = 0.47363 \times 10.80 \div 1.01 = 5.06$(元)

两期二叉树模型的公式推导过程如下：

设：

$C_{uu}$ = 标的资产两个时期都上升的期权价值

$C_{dd}$ = 标的资产两个时期都下降的期权价值

$C_{ud}$ = 标的资产一个时期上升、另一个时期下降的期权价值

其他参数使用的字母与单期定价模型相同。

利用单期定价模型，计算 $C_u$ 和 $C_d$：

$$C_u = \left(\frac{1+r-d}{u-d}\right)\frac{C_{uu}}{1+r} + \left(\frac{u-1-r}{u-d}\right)\frac{C_{ud}}{1+r}$$

$$C_d = \left(\frac{1+r-d}{u-d}\right)\frac{C_{ud}}{1+r} + \left(\frac{u-1-r}{u-d}\right)\frac{C_{dd}}{1+r}$$

计算出 $C_u$ 和 $C_d$ 后，再根据单期定价模型计算出 $C_0$。

根据公式计算 [例 3-1] 中的期权价值：

$$C_u = \frac{1+1\%-0.8160}{1.2256-0.8160} \times \frac{23.02}{1+1\%} + \frac{1.2256-1-1\%}{1.2256-0.8160} \times \frac{0}{1+1\%}$$

$$= 0.47363 \times 22.7921$$

$$= 10.80(元)$$

$C_d = 0$(元)

$C_0 = 0.47363 \times \dfrac{10.80}{1+1\%} = 5.06$(元)

3. 多期二叉树模型。

如果继续增加分割的期数，就可以使期权价值更接近实际。从原理上看，与两期模型一样，从后向前逐级推进，只不过多了一个层次。期数增加以后带来的主要问题是股价上升与下降的百分比如何确定问题。期数增加以后，要调整价格变化的升降幅度，以保证年报酬率的标准差不变。把年报酬率标准差和升降百分比联系起来的公式是：

$u = 1 + $ 上升百分比 $= e^{\sigma\sqrt{t}}$

$d = 1 - $ 下降百分比 $= 1 \div u$

式中：$e$——自然常数，约等于 2.7183；

$\sigma$——标的资产连续复利报酬率的标准差；

$t$——以年表示的时段长度。

[例 3-1] 采用的标准差 $\sigma = 0.4068$。

$u = e^{0.4068 \times \sqrt{0.5}} = e^{0.2877} = 1.3333$

该数值可以利用函数计算器直接求得，或者使用 Excel 的 EXP 函数功能，输入 0.2877，就可以得到以 $e$ 为底、指数为 0.2877 的值为 1.3333。

$d = 1 \div 1.3333 = 0.75$

如果间隔期为 1/4 年，$u = 1.2256$ 即上升 22.56%，$d = 0.816$ 即下降 18.4%，这正是

我们在［例3-2］中采用的数据；如果间隔期为1/6年，$u=1.1807$即上升18.07%，$d=0.847$即下降15.30%；如果间隔期为1/52年，$u=1.058$即上升5.8%，$d=0.945$即下降5.5%；如果间隔期为1/365年，$u=1.0215$即上升2.15，$d=0.9790$即下降2.1%。

【例3-3】 沿用［例3-1］中的数据，将半年的时间分为6期，即每月1期。已知：股票价格$S_0=50$元，执行价格为52.08元，年无风险利率为4%，股价波动率（标准差）为0.4068，到期时间为6个月，划分期数为6期（即每期1个月）。

（1）确定每期股价变动乘数。

$$u = e^{0.4068 \times \sqrt{1/12}} = e^{0.1174} = 1.1246$$

$$d = 1 \div 1.1246 = 0.8892$$

（2）建立股票价格二叉树（见表3-5中的"股票价格"部分）。

第一行从当前价格50元开始，以后是每期上升12.46%的价格路径，6期后为101.15元。第二行为第1期下降，第2期~6期上升的路径。以下各行以此类推。这种二叉树与图3-5只是形式不同，目的是便于在Excel表中计算。

（3）根据股票价格二叉树和执行价格，构建期权价值的二叉树（见表3-5中的"买入期权价格"部分）。

构建顺序为由后向前，逐级推进。

①确定第6期的各种价格下的期权价值：

$C_{u6} = S_{u6} - X = 101.15 - 52.08 = 49.07(元)$

$C_{du5} = S_{du5} - X = 79.98 - 52.08 = 27.90(元)$

$C_{d2u4} = S_{d2u4} - X = 63.24 - 52.08 = 11.16(元)$

以下4项的股票价格均低于或等于执行价格，所以期权价值为零。

②确定第5期的期权价值：

上行百分比 $= u - 1 = 1.1246 - 1 = 12.46\%$

下行百分比 $= 1 - d = 1 - 0.8892 = 11.08\%$

$4\% \div 12 =$ 上行概率 $\times 12.46\% + (1 -$ 上行概率$) \times (-11.08\%)$

上行概率 $= 0.4848$

下行概率 $= 1 - 0.4848 = 0.5152$

$C_{u5} =$（上行期权价值×上行概率＋下行期权价值×下行概率）$\div(1+r)$

$= (49.07 \times 0.4848 + 27.90 \times 0.5152) \div (1 + 4\% \div 12)$

$= 38.04(元)$

$C_{u4d} = (27.90 \times 0.4848 + 11.16 \times 0.5152) \div (1 + 4\% \div 12)$

$= 19.21(元)$

$C_{u3d2} = (11.16 \times 0.4848 + 0 \times 0.5152) \div (1 + 4\% \div 12) = 5.39(元)$

以下各项，因为第6期上行和下行的期权价值均为零，第5期价值也为零。

第4期、第3期、第2期和第1期的期权价值以此类推。

③确定期权的现值：

期权现值 $= (8.52 \times 0.4848 + 2.30 \times 0.5152) \div (1 + 4\% \div 12)$

$= 5.30(元)$

表 3-5　　　　　股票期权的 6 期二叉树　　　　　单位：元

| 序号 | 0 | 1 | 2 | 3 | 4 | 5 | 6 |
|---|---|---|---|---|---|---|---|
| 时间（年） | 0 | 0.083 | 0.167 | 0.250 | 0.333 | 0.417 | 0.500 |
| 上行乘数 | 1.1246 | | | | | | |
| 下行乘数 | 0.8892 | | | | | | |
| 股票价格 | 50 | 56.23 | 63.24 | 71.12 | 79.98 | 89.94 | 101.15 |
| | | 44.46 | 50.00 | 56.23 | 63.24 | 71.12 | 79.98 |
| | | | 39.53 | 44.46 | 50.00 | 56.23 | 63.24 |
| | | | | 35.15 | 39.53 | 44.46 | 50.00 |
| | | | | | 31.26 | 35.15 | 39.53 |
| | | | | | | 27.80 | 31.26 |
| | | | | | | | 24.72 |
| 执行价格 | | | | | | | 52.08 |
| 上行概率 | | | | | | | 0.4848 |
| 下行概率 | | | | | | | 0.5152 |
| 买入期权价格 | 5.30 | 8.52 | 13.26 | 19.84 | 28.24 | 38.04 | 49.07 |
| | | 2.30 | 4.11 | 7.16 | 12.05 | 19.21 | 27.90 |
| | | | 0.61 | 1.26 | 2.61 | 5.39 | 11.16 |
| | | | | 0 | 0 | 0 | 0 |
| | | | | | 0 | 0 | 0 |
| | | | | | | 0 | 0 |
| | | | | | | | 0 |

　　二叉树方法是一种近似的方法。不同的期数划分，可以得到不同的近似值。期数越多，计算结果与布莱克—斯科尔斯定价模型的计算结果的差额越小。

### 三、布莱克—斯科尔斯期权定价模型

　　布莱克—斯科尔斯期权定价模型（简称 BS 模型）是理财学中最复杂的公式之一，其证明和推导过程涉及复杂的数学问题，但使用起来并不困难。该公式有非常重要的意义，它对理财学具有广泛的影响，是近代理财学不可缺少的内容。该模型具有实用性，被期权交易者广泛使用，实际的期权价格与模型计算得到的价格非常接近。

　　1. 布莱克—斯科尔斯模型的假设。
　　（1）在期权寿命期内，买方期权标的股票不发放股利，也不做其他分配；
　　（2）股票或期权的买卖没有交易成本；
　　（3）短期的无风险利率是已知的，并且在期权寿命期内保持不变；
　　（4）任何证券购买者都能以短期的无风险利率借得任何数量的资金；
　　（5）允许卖空，卖空者将立即得到所卖空股票当天价格的资金；
　　（6）看涨期权只能在到期日执行；

(7) 所有证券交易都是连续发生的,股票价格随机游走。

2. 布莱克—斯科尔斯模型。

布莱克—斯科尔斯模型的公式如下:

$$C_o = S_o[N(d_1)] - Xe^{-r_c t}[N(d_2)]$$

$$\text{或} = S_0[N(d_1)] - PV(X)[N(d_2)]$$

其中:

$$d_1 = \frac{\ln(S_0 \div X) + [r_c + (\sigma^2 \div 2)]t}{\sigma\sqrt{t}}$$

$$\text{或} = \frac{\ln[S_0/PV(X)]}{\sigma\sqrt{t}} + \frac{\sigma\sqrt{t}}{2}$$

$$d_2 = d_1 - \sigma\sqrt{t}$$

式中:$C_0$——看涨期权的当前价值;

$S_0$——标的股票的当前价格;

$N(d)$——标准正态分布中离差小于 $d$ 的概率;

$X$——期权的执行价格;

$e$——自然对数的底数,约等于 2.7183;

$r_c$——连续复利的年度的无风险利率;

$t$——期权到期日前的时间(年);

$\ln(S_0 \div X)$——$S_0 \div X$ 的自然对数;

$\sigma^2$——连续复利的以年计的股票回报率的方差。

如果直观(不准确)地解释,它的第一项是最终股票价格的期望现值,第二项是期权执行价格的期望现值,两者之差是期权的价值。

公式的第一项是当前股价和概率 $N(d_1)$ 的乘积。股价越高,第一项的数值越大,期权 $C_0$ 价值越大。公式的第二项是执行价格的现值 $Xe^{-r_c t}$ 和概率 $N(d_2)$ 的乘积。$Xe^{-r_c t}$ 是按连续复利计算的执行价格 $X$ 的现值,也可以写成 $PV(X)$。执行价格越高,第二项的数值越大,期权的价值 $C_0$ 越小。

概率 $N(d_1)$ 和 $N(d_2)$ 可以大致看成看涨期权到期时处于实值状态的风险调整概率。当前股价和 $N(d_1)$ 的乘积是股价的期望现值,执行价格的现值与 $N(d_2)$ 的乘积是执行价格的期望现值。

在股价上升时,$d_1$ 和 $d_2$ 都会上升,$N(d_1)$ 和 $N(d_2)$ 也都会上升,股票价格越是高出执行价格,期权越有可能被执行。极而言之,$N(d_1)$ 和 $N(d_2)$ 接近 1 时,期权肯定被执行,此时期权价值等于 $S_0 - Xe^{-r_c t}$。前一项是期权持有者拥有的对当前价格为 $S_0$ 的要求权,后一项是期权持有者的期权执行价格的现值。反过来看,假定 $N(d_1)$ 和 $N(d_2)$ 接近零时,意味着期权几乎肯定不被执行,看涨期权的价值 $c_0$ 接近零。如果 $N(d_1)$ 和 $N(d_2)$ 等于 0-1 之间的数值,看涨期权的价值是其潜在收入的现值。

【例 3-4】 沿用[例 3-1]的数据,某股票当前价格为 50 元,执行价格为 52.08 元,期权到期日前的时间为 0.5 年。每年复利一次的无风险利率为 4%,相当连续复利的

无风险利率 $r_c = \ln(1.04) = 3.9221\%$，连续复利的标准差 $\sigma = 0.4068$，即方差 $\sigma^2 = 0.1655$。

根据以上资料计算期权价格如下：

$$d_1 = \frac{\ln(50 \div 52.08) + [0.039221 + (0.1655 \div 2)] \times 0.5}{0.4068 \times \sqrt{0.5}}$$

$$= \frac{-0.04076 + 0.061}{0.2877}$$

$$= 0.07$$

$$d_2 = 0.07 - 0.4068 \times \sqrt{0.5}$$

$$= 0.07 - 0.2877$$

$$= -0.217$$

$N(d_1) = N(0.070) = 0.5280$

$N(d_2) = N(-0.217) = 0.4140$

$C_0 = 50 \times 0.5280 - 52.08 \times e^{-3.9221\% \times 0.5} \times 0.4140$

$= 26.40 - 52.08 \times 0.9806 \times 0.4140$

$= 26.40 - 21.14$

$= 5.26(元)$

根据 [例 3-1] 的资料，采用单期二叉树模型计算的期权价值是 6.62 元，采用两期二叉树模型计算的期权价值是 5.06，采用 6 期二叉树模型计算的期权价值是 5.30 元，采用 BS 模型计算的期权价值是 5.26 元。随着二叉树模型设置期数的增加，其计算结果不断逼近 BS 模型。

通过该模型可以看出，决定期权价值的因素有五个：股价、股价的标准差、利率、执行价格和到期时间。它们对于期权价值的影响，可以通过敏感分析表来观察（见表 3-6）。

表 3-6　　　　　　　　　　期权价值的敏感分析

| 项目 | 基准 | 股价提高 | 标准差增大 | 利率提高 | 执行价格提高 | 时间延长 |
| --- | --- | --- | --- | --- | --- | --- |
| 当前股价（$S$） | 50 | 60 | 50 | 50 | 50 | 50 |
| 标准差，年（$s$） | 0.4068 | 0.4068 | 0.4882 | 0.4068 | 0.4068 | 0.4068 |
| 连续复利率，年（$r$） | 3.9221% | 3.9221% | 3.9221% | 4.7065% | 3.9221% | 3.9221% |
| 执行价格（$X$） | 52.08 | 52.08 | 52.08 | 52.08 | 62.50 | 52.08 |
| 到期时间，年（$t$） | 0.50 | 0.50 | 0.50 | 0.50 | 0.50 | 0.60 |
| $d_1$ | 0.0703 | 0.7041 | 0.1113 | 0.0839 | -0.5637 | 0.1029 |
| $d_2$ | -0.2173 | 0.4165 | -0.2339 | -0.2037 | -0.8514 | -0.2122 |
| $N(d_1)$ | 0.5280 | 0.7593 | 0.5443 | 0.5334 | 0.2865 | 0.5410 |
| $N(d_2)$ | 0.4140 | 0.6615 | 0.4075 | 0.4193 | 0.1973 | 0.4160 |
| 期权价值（$C$） | 5.26 | 11.78 | 6.40 | 5.34 | 2.23 | 5.89 |
| 期权价值增长率 | | 123.92% | 21.73% | 1.58% | -57.55% | 11.95% |

（1）当前股票价格：如果当前股票价格提高 20%，由 50 元提高到 60 元，期权价值

由 5.26 元提高到 11.78 元，提高 123.92%。可见，期权价值的增长率大于股价增长率。

（2）标准差：如果标准差提高 20%，期权价值提高 21.73%。可见，标的股票的风险越大，期权的价值越大。

（3）利率：如果利率提高 20%，期权价值提高 1.58%。可见，虽然利率的提高有助于期权价值的提高，但是期权价值对于无风险利率的变动并不敏感。

（4）执行价格：执行价格提高 20%，期权价值降低 57.55%。可见，期权价值的变化率大于执行价格的变化率。值得注意的是，此时期权价值的下降额（5.26 – 2.23 = 3.03）小于执行价格的上升额（62.50 – 52.08 = 10.42）。

（5）期权期限：期权期限由 0.5 年延长到 0.6 年，期权价值由 5.26 元提高到 5.89 元。

3. 模型参数的估计。

布莱克—斯科尔斯模型有 5 个参数。其中，现行股票价格和执行价格容易取得。至到期日的剩余年限计算，一般按自然日（1 年 365 天或为简便用 360 天）计算，也比较容易确定。比较难估计的是无风险利率和股票报酬率的标准差。

（1）无风险利率的估计。

无风险利率应当用无违约风险的固定证券收益来估计，例如政府债券的利率。政府债券的到期时间不等，其利率也不同。应选择与期权到期日相同的政府债券利率，例如期权还有 3 个月到期，就应选择 3 个月到期的政府债券利率。如果没有相同时间的，应选择时间最接近的政府债券利率。

这里所说的政府债券利率是指其市场利率，而不是票面利率。政府债券的市场利率是根据市场价格计算的到期报酬率。再有，模型中的无风险利率是指按连续复利计算的利率，而不是常见的年复利。由于布莱克—斯科尔斯模型假设套期保值率是连续变化的，因此，利率要使用连续复利。连续复利假定利息是连续支付的，利息支付的频率比每秒 1 次还要频繁。

如果用 $F$ 表示终值，$P$ 表示现值，$r_c$ 表示连续复利率，$t$ 表示时间（年），则：

$$F = P \times e^{r_c t}$$

$$r_c = \frac{\ln\left(\dfrac{F}{P}\right)}{t}$$

式中：ln——求自然对数。

自然对数的值，很容易在具有函数功能的计算器上计算求得，或者利用"自然对数表"查找，也可以利用 Excel 的 LN 函数功能求得。$e^{rt}$ 为连续复利的终值系数，可利用"连续复利终值系数表"查找。

【例 3–5】 假设 $t = 1$ 年，$F = 104$ 元，$P = 100$ 元，则：

$r_c = \ln(104 \div 100) \div 1$

$\quad = \ln(1.04) \div 1$

$\quad = 3.9221\%$

严格说来，期权估值中使用的利率都应当是连续复利，包括二叉树模型和 BS 模型。

即使在资本预算中,使用的折现率也应当是连续复利率,因为全年收入和支出总是陆续发生的,只有连续复利率才能准确完成终值和现值的折算。在使用计算机运算时,采用连续复利通常没有什么困难,但是手工计算则比较麻烦。为了简便,手工计算时往往使用分期复利作为连续复利的近似替代。由于期权价值对于利率的变化并不敏感,因此这种简化通常是可以接受的。

使用分期复利时也有两种选择:①按有效年利率折算。例如,有效年利率为4%,则等价的半年利率为$\sqrt{(1+4\%)}-1=1.98\%$。②按报价利率折算。例如,报价利率为4%,则半年利率为$4\% \div 2 = 2\%$。

(2) 报酬率标准差的估计。

股票报酬率的标准差可以使用历史报酬率来估计。计算连续复利标准差的公式与年复利相同:

$$\sigma = \sqrt{\frac{1}{n-1}\sum_{t=1}^{n}(R_t - \bar{R})^2}$$

其中:$R_t$指报酬率的连续复利值。

连续复利的报酬率公式与分期复利报酬率不同:

分期复利的股票报酬率:

$$R_t = \frac{P_t - P_{t-1} + D_t}{P_{t-1}}$$

连续复利的股票报酬率:

$$R_t = \ln\left(\frac{P_t + D_t}{P_{t-1}}\right)$$

式中:$R_t$——股票在$t$时期的报酬率;

$P_t$——$t$期的价格;

$P_{t-1}$——$t-1$期的价格;

$D_t$——$t$期的股利。

【例3-6】 ABC公司过去11年的股价如表3-7第2列所示,假设各年均没有发放股利,据此计算的连续复利报酬率和年复利报酬率如第3列和第4列所示。

表3-7　　　　　　　　　　　　连续复利与年复利的标准差

| 年 份 | 股价（元） | 连续复利报酬率（%） | 年复利报酬率（%） |
| --- | --- | --- | --- |
| 1 | 10 | | |
| 2 | 13.44 | 29.57 | 34.40 |
| 3 | 21.33 | 46.19 | 58.71 |
| 4 | 43.67 | 71.65 | 104.74 |
| 5 | 33.32 | -27.05 | -23.70 |
| 6 | 32.01 | -4.01 | -3.93 |
| 7 | 27.45 | -15.37 | -14.25 |
| 8 | 35.16 | 24.75 | 28.09 |
| 9 | 32.14 | -8.98 | -8.59 |

续表

| 年　份 | 股价（元） | 连续复利报酬率（%） | 年复利报酬率（%） |
|---|---|---|---|
| 10 | 54.03 | 51.94 | 68.11 |
| 11 | 44.11 | -20.29 | -18.36 |
| 平均值 | 31.51 | 14.84 | 22.52 |
| 标准差 |  | 34.52 | 43.65 |

在期权估值中，严格说来应当使用连续复利报酬率的标准差。有时为了简化，也可以使用分期复利报酬率的标准差作为替代。

4. 看跌期权估值。

前面的讨论主要针对看涨期权，那么，如何对看跌期权估值呢？

在套利驱动的均衡状态下，看涨期权价格、看跌期权价格和股票价格之间存在一定的依存关系。对于欧式期权，假定看涨期权和看跌期权有相同的执行价格和到期日，则下述等式成立：

看涨期权价格 $C$ - 看跌期权价格 $P$ = 标的资产价格 $S$ - 执行价格现值 $PV(X)$

这种关系被称为看涨期权-看跌期权平价定理（关系）。利用该定理，已知等式中的4个数据中的3个，就可以求出另外1个。

$$C = S + P - PV(X)$$
$$P = -S + C + PV(X)$$
$$S = C - P + PV(X)$$
$$PV(X) = S - C + P$$

该公式的有效性，可以通过表3-8验证。

表3-8　　　　　　　　看涨和看跌期权的平价关系

| 交易策略 | 现金流量 | | |
|---|---|---|---|
| | 购买日 | 到期日 | |
| | | $S_t \geq X$ | $S_t < X$ |
| 购入1股看涨期权 | $-C_0$ | $S_t - X$ | 0 |
| 卖空1股股票 | $+S_0$ | $-S_t$ | $-S_t$ |
| 借出 $X/(1+r)^t$ | $-X/(1+r)^t$ | $X$ | $X$ |
| 抛出1股看跌期权 | $+P_0$ | 0 | $-(X-S_t)$ |
| 净现金流量合计 | $-C_0 + S_0 - X/(1+r)^t + P_0$ | 0 | 0 |

【例3-7】　两种期权的执行价格均为30元，6个月到期，6个月的无风险利率为4%，股票的现行价格为35元，看涨期权的价格为9.20元，则看跌期权的价格为：

$$P = -S + C + PV(X)$$
$$= -35 + 9.20 + 30 \div (1 + 4\%)$$
$$= -35 + 9.20 + 28.8$$
$$= 3(元)$$

5. 派发股利的期权定价。

布莱克—斯科尔斯期权定价模型假设在期权寿命期内买方期权标的股票不发放股利，在标的股票派发股利的情况下应如何对期权估值呢？

股利的现值是股票价值的一部分，但是只有股东可以享有该收益，期权持有人不能享有。因此，在期权估值时要从股价中扣除期权到期日前所派发的全部股利的现值。也就是说，把所有到期日前预期发放的未来股利视同已经发放，将这些股利的现值从现行股票价格中扣除。此时，模型建立在调整后的股票价格而不是实际价格基础上。

考虑派发股利的期权定价公式如下：

$$C_0 = S_0 e^{-\delta t} N(d_1) - X e^{-r_c t} N(d_2)$$

式中：$d_1 = \dfrac{\ln(S_0/X) + (r_c - \delta + \sigma^2/2)t}{\sigma\sqrt{t}}$；

$d_2 = d_1 - \sigma\sqrt{t}$；

$\delta$ 表示标的股票的年股利报酬率（假设股利连续支付，而不是离散分期支付）。

如果标的股票的年股利报酬率 $\delta$ 为零，则与前面介绍的布莱克—斯科尔斯模型相同。

6. 美式期权估值。

布莱克—斯科尔斯期权定价模型假设看涨期权只能在到期日执行，即模型仅适用于欧式期权，那么，美式期权如何估值呢？

美式期权在到期前的任意时间都可以执行，除享有欧式期权的全部权利之外，还有提前执行的优势。因此，美式期权的价值应当至少等于相应欧式期权的价值，在某种情况下比欧式期权的价值更大。

# 第四章 企业价值评估

## 第一节 企业价值评估的目的和对象

企业价值评估简称企业估值,目的是分析和衡量一个企业或一个经营单位的公平市场价值,并提供有关信息以帮助投资人和管理当局改善决策。

价值评估是一种经济"评估"方法。"评估"一词不同于"计算"。评估是一种定量分析,但它并不是完全客观和科学的。一方面它使用许多定量分析模型,具有一定的科学性和客观性;另一方面它又使用许多主观估计的数据,带有一定的主观估计性质。

### 一、企业价值评估的目的

价值评估的目的是帮助投资人和管理当局改善决策,具体体现在以下三个方面:
即,价值评估可以用于投资分析;
价值评估可以用于战略分析:
价值评估可以用于以价值为基础的管理。

### 二、企业价值评估的对象

企业价值评估的首要问题是明确"要评估的是什么",也就是价值评估的对象是什么。价值评估的一般对象是企业整体的经济价值。企业整体的经济价值是指企业作为一个整体的公平市场价值。

企业整体价值可以分为实体价值和股权价值、持续经营价值和清算价值、少数股权价值和控股权价值等类别。

## 第二节 企业价值评估方法

### 一、现金流量折现模型

现金流量折现模型是企业价值评估使用最广泛、理论上最健全的模型,主导着当前实务和教材。它的基本思想是增量现金流量原则和时间价值原则,也就是任何资产的价值是其产生的未来现金流量按照含有风险的折现率计算的现值。

**(一)现金流量折现模型的参数和种类**

1. 现金流量折现模型的参数。

任何资产都可以使用现金流量折现模型来估价:

$$价值 = \sum_{t=1}^{n} \frac{现金流量_t}{(1+资本成本)^t}$$

该模型有三个参数:现金流量、资本成本和时间序列($n$)。

模型中的"现金流量$_t$",是指各期的预期现金流量。对于投资者来说,企业现金流量有三种:股利现金流量、股权现金流量和实体现金流量。

模型中的"资本成本",是计算现值使用的折现率。折现率是现金流量风险的函数,风险越大则折现率越大,因此,折现率和现金流量要相互匹配。股权现金流量只能用股权资本成本来折现,实体现金流量只能用企业的加权平均资本成本来折现。

模型中的时间按序列"$n$",是指产生现金流量的时间,通常用"年"数来表示。从理论上来说,现金流量的持续年数应当等于资源的寿命。企业的寿命是不确定的,通常采用持续经营假设,即假设企业将无限期地持续下去。预测无限期的现金流量数据是很困难的,时间越长,远期的预测越不可靠。为了避免预测无限期的现金流量,大部分估值将预测的时间分为两个阶段。第一阶段是有限的、明确的预测期,称为"详细预测期",简称"预测期",在此期间需要对每年的现金流量进行详细预测,并根据现金流量模型计算其预测期价值;第二阶段是预测期以后的无限时期,称为"后续期"或"永续期",在此期间假设企业进入稳定状态,有一个稳定的增长率,可以用简便方法直接估计后续期价值。后续期价值也被称为"永续价值"或"残值"。这样,企业价值被分为两部分:

企业价值 = 预测期价值 + 后续期价值

其中,后续期价值 = [现金流量$_{t+1}$ ÷ (资本成本 - 增长率)] × $(P/F, i, t)$

2. 现金流量折现模型的种类。

依据现金流量的不同种类,企业估值的现金流量折现模型也可分为股利现金流量折现模型(简称股利现金流量模型)、股权现金流量折现模型(简称股权现金流量模型)和实体现金流量折现模型(简称实体现金流量模型)三种。

(1) 股利现金流量模型。

股利现金流量模型的基本形式是：

$$股权价值 = \sum_{t=1}^{\infty} \frac{股利现金流量_t}{(1+股权资本成本)^t}$$

股利现金流量是企业分配给股权投资人的现金流量。

(2) 股权现金流量模型。

股权现金流量模型的基本形式是：

$$股权价值 = \sum_{t=1}^{\infty} \frac{股权现金流量_t}{(1+股权资本成本)^t}$$

股权现金流量是一定期间企业可以提供给股权投资人的现金流量，它等于企业实体现金流量扣除对债权人支付后剩余的部分，也可以称为"股权自由现金流量"，简称"股权现金流量"。

股权现金流量 = 实体现金流量 − 债务现金流量

有多少股权现金流量会作为股利分配给股东，取决于企业的筹资和股利分配政策。如果把股权现金流量全部作为股利分配，则上述两个模型相同。

(3) 实体现金流量模型。

实体现金流量模型的基本形式是：

$$实体价值 = \sum_{t=1}^{\infty} \frac{实体自由现金流量_t}{(1+加权平均资本成本)^t}$$

股权价值 = 实体价值 − 净债务价值

$$净债务价值 = \sum_{t=1}^{\infty} \frac{偿还债务现金流量_t}{(1+等风险债务成本)^t}$$

实体现金流量是企业全部现金流入扣除成本费用和必要的投资后的剩余部分，它是企业一定期间可以提供给所有投资人（包括股权投资人和债权投资人）的税后现金流量。

在数据假设相同的情况下，三种模型的评估结果是相同的。由于股利分配政策有较大变动，股利现金流量很难预计，所以，股利现金流量模型在实务中很少被使用。如果假设企业不保留多余的现金，而将股权现金全部作为股利发放，则股权现金流量等于股利现金流量，股权现金流量模型可以取代股利现金流量模型，避免了对股利政策进行估计的麻烦。因此，大多数的企业估值使用股权现金流量模型或实体现金流量模型。

（二）现金流量折现模型参数的估计

现金流量模型的参数包括预测期的年数、各期的现金流量和资本成本。这些参数是相互影响的，需要整体考虑，不可以完全孤立地看待和处理。资本成本的估计在前面的章节已经介绍过，这里主要说明现金流量的估计和预测期的确定。

未来现金流量的数据需要通过财务预测取得。财务预测可以分为单项预测和全面预测。单项预测的主要缺点是容易忽视财务数据之间的联系，不利于发现预测假设的不合理之处。全面预测是指编制成套的预计财务报表，通过预计财务报表获取需要的预测数据。由于计算机的普遍应用，人们越来越多地使用全面预测。

1. 预测销售收入。

预测销售收入是全面预测的起点，大部分财务数据与销售收入有内在联系。

销售收入取决于销售数量和销售价格两个因素，但是财务报表不披露这两项数据，企业外部的报表使用人无法得到价格和销量的历史数据，也就无法分别预计各种产品的价格和销量。他们只能直接对销售收入的增长率进行预测，然后根据基期销售收入和预计增长率计算预测期的销售收入。销售增长率的预测以历史增长率为基础，根据未来的变化进行修正。在修正时，要考虑宏观经济、行业状况和企业的经营战略。如果预计未来在这三个方面不会发生明显变化，则可以按上年增长率进行预测。如果预计未来有较大变化，则需要根据其主要影响因素调整销售增长率。

2. 确定预测期间。

预测的时间范围涉及预测基期、详细预测期和后续期。

（1）预测的基期。

基期是指作为预测基础的时期，它通常是预测工作的上一个年度。基期的各项数据被称为基数，它们是预测的起点。基期数据不仅包括各项财务数据的金额，还包括它们的增长率以及反映各项财务数据之间联系的财务比率。

确定基期数据的方法有两种：一种是以上年实际数据作为基期数据；另一种是以修正后的上年数据作为基期数据。如果通过历史财务报表分析认为，上年财务数据具有可持续性，则以上年实际数据作为基期数据。如果通过历史财务报表分析认为，上年的数据不具有可持续性，就应适当进行调整，使之适合未来的情况。

A 公司的预测以 $20 \times 0$ 年为基期，以经过调整的 $20 \times 0$ 年的财务报表数据为基数。该企业的财务预测将采用销售百分比法，需要根据历史数据确定主要报表项目的销售百分比，作为对未来进行预测的假设。

（2）详细预测期和后续期的划分。

实务中的详细预测期通常为 5~7 年，如果有疑问还应当延长，但很少超过 10 年。企业增长的不稳定时期有多长，预测期就应当有多长。这种做法与竞争均衡理论有关。

竞争均衡理论认为，一个企业不可能永远以高于宏观经济增长的速度发展下去。如果是这样，它迟早会超过宏观经济总规模。这里的"宏观经济"是指该企业所处的宏观经济系统，如果一个企业的业务范围仅限于国内市场，宏观经济增长率是指国内的预期经济增长率；如果一个企业的业务范围是世界性的，宏观经济增长率则是指世界的经济增长速度。竞争均衡理论还认为，一个企业通常不可能在竞争的市场中长期取得超额收益，其净投资资本报酬率会逐渐恢复到正常水平。净投资资本报酬率是指税后经营净利润与净投资资本（净负债加股东权益）的比率，它反映企业净投资资本的盈利能力。如果一个行业的净投资资本报酬率较高，就会吸引更多的投资并使竞争加剧，导致成本上升或价格下降，使得净投资资本报酬率降低到社会平均水平。如果一个行业的净投资资本报酬率较低，就会有一些竞争者退出该行业，减少产品或服务的供应量，导致价格上升或成本下降，使得净投资资本报酬率上升到社会平均水平。一个企业具有较高的净投资资本报酬率，往往会比其他企业更快地扩展投资，增加净投资资本总量。如果新增投资与原有投资的盈利水平相匹配，则能维持净投资资本报酬率。但是，通常企业很难做到这一点，竞争使盈利的增长跟不上投资的增长，因而净投资资本报酬率最终会下降。实践表明，只有很少的企业具有长时间的可持续竞争优势，它们都具有某种特殊的因素，可以防止竞争者进入。绝大多数企业都会在几年内恢复到正常的报酬率水平。

竞争均衡理论得到了实证研究的有力支持。各企业的销售收入的增长率往往趋于恢复到正常水平。拥有高于或低于正常水平的企业，通常在3~10年中恢复到正常水平。

3. 估计详细预测期现金流量。

4. 估计后续期现金流量增长率。

后续期价值的估计方法有许多种，包括永续增长模型、剩余收益模型、价值驱动因素模型、价格乘数模型、延长预测期法、账面价值法、清算价值法和重置成本法等。这里只讨论永续增长模型。

永续增长模型如下：

后续期价值 = 现金流量$_{t+1}$ ÷ (资本成本 - 现金流量增长率)

现金流量的预计在前面已经讨论过，这里说明现金流量增长率估计。

在稳定状态下，实体现金流量、股权现金流量和营业收入的增长率相同，因此，可以根据销售增长率估计现金流量增长率。

为什么这三个增长率会相同呢？因为在"稳定状态下"，经营效率和财务政策不变，即净经营资产净利率、资本结构和股利分配政策不变，财务报表将按照稳定的增长率在扩大的规模上被复制。影响实体现金流量和股权现金流量的各因素都与销售额同步增长，因此，现金流量增长率与销售增长率相同。

那么，销售增长率如何估计呢？

根据竞争均衡理论，后续期的销售增长率大体上等于宏观经济的名义增长率。如果不考虑通货膨胀因素，宏观经济的增长率大多在2%~6%之间。

极少数企业凭借其特殊的竞争优势，可以在较长时间内超过宏观经济增长率。判定一个企业是否具有特殊的、可持续的优势，应当掌握具有说服力的证据，并且被长期的历史所验证。即使是具有特殊优势的企业，后续期销售增长率超过宏观经济的幅度也不会超过2%。绝大多数可以持续生存的企业，其销售增长率可以按宏观经济增长率估计。

## 二、相对价值评估模型

现金流量折现模型在概念上很健全，但是在应用时会碰到较多的技术问题。有一种相对容易的估值方法，就是相对价值法，也称价格乘数法或可比交易价值法等。

这种方法是利用类似企业的市场定价来估计目标企业价值的一种方法。它的假设前提是存在一个支配企业市场价值的主要变量（如净利等）。市场价值与该变量（如净利等）的比值，各企业是类似的、可以比较的。

其基本做法是：首先，寻找一个影响企业价值的关键变量（如净利）；其次，确定一组可以比较的类似企业，计算可比企业的市价/关键变量的平均值（如平均市盈率）；最后，根据目标企业的关键变量（如净利）乘以得到的平均值（平均市盈率），计算目标企业的评估价值。

相对价值法，是将目标企业与可比企业对比，用可比企业的价值衡量目标企业的价值。如果可比企业的价值被高估了,则目标企业的价值也会被高估。实际上,所得结论是相对于可比企业来说的,以可比企业价值为基准,是一种相对价值,而非目标企业的内在价值。

这种做法虽简单,但真正使用起来却并不容易。因为类似商品住宅与拟购置的商品住宅有"不类似"之处,类似商品住宅的价格也未必是公平市场价格。准确的评估还需要对计算结果进行另外的修正,而这种修正比一般人想象的要复杂,它涉及每平方米价格的决定因素等问题。

现金流量折现模型的假设是明确显示的,而相对价值法的假设是隐含在比率内部的。因此,它看起来简单,实际应用时并不简单。

## (一) 相对价值模型的原理

相对价值模型分为两大类,一类是以股票市价为基础的模型,包括每股市价/每股收益、每股市价/每股净资产、每股市价/每股销售收入等模型。另一类是以企业实体价值为基础的模型,包括实体价值/息税折旧摊销前利润、实体价值/税后经营净利润、实体价值/实体现金流量、实体价值/投资资本、实体价值/销售收入等模型;我们这里只讨论三种最常用的股票市价模型。

1. 市盈率模型。

(1) 基本模型。

市盈率是指普通股每股市价与每股收益的比率。

$$市盈率 = \frac{每股市价}{每股收益}$$

运用市盈率估值的模型如下:

$$目标企业每股价值 = 可比企业市盈率 \times 目标企业每股收益$$

该模型假设每股市价是每股收益的一定倍数。每股收益越大,则每股价值越大。同类企业有类似的市盈率,所以目标企业的每股价值可以用每股收益乘以可比企业市盈率计算。

(2) 模型原理。

为什么市盈率可以作为计算股价的乘数呢?影响市盈率高低的基本因素有哪些?

根据股利折现模型,处于稳定状态企业的每股价值为:

$$每股价值\ P_0 = \frac{每股股利_1}{股权成本 - 增长率}$$

两边同时除以每股收益$_0$:

$$\frac{P_0}{每股收益_0} = \frac{每股股利_1/每股收益_0}{股权成本 - 增长率}$$

$$= \frac{[每股收益_0 \times (1+增长率) \times 股利支付率]/每股收益_0}{股权成本 - 增长率}$$

$$= \frac{股利支付率 \times (1+增长率)}{股权成本 - 增长率}$$

$$= 本期市盈率$$

上述根据当前市价和同期净收益计算的市盈率,称为本期市盈率,简称市盈率。

这个公式表明,市盈率的驱动因素是企业的增长潜力、股利支付率和风险(股权成本的高低与其风险有关)。这三个因素类似的企业,才会具有类似的市盈率。可比企业实际上应当是这三个比率类似的企业,同业企业不一定都具有这种类似性。

如果把公式两边同除的当前"每股收益$_0$",换为预期下期"每股收益$_1$",其结果称为"内在市盈率"或"预期市盈率":

$$\frac{P_0}{每股收益_1}=\frac{每股股利_1/每股收益_1}{股权成本-增长率}$$

$$内在市盈率=\frac{股利支付率}{股权成本-增长率}$$

在影响市盈率的三个因素中,关键是增长潜力。所谓"增长潜力"类似,不仅指具有相同的增长率,还包括增长模式的类似性,例如,同为永续增长,还是同为由高增长转为永续低增长。

上述内在市盈率模型是根据永续增长模型推导的。如果企业符合两阶段模型的条件,也可以通过类似的方法推导出两阶段情况下的内在市盈率模型。它比永续增长的内在市盈率模型形式复杂,但是仍然由这三个因素驱动。

(3)模型的适用性。

市盈率模型的优点:首先,计算市盈率的数据容易取得,并且计算简单;其次,市盈率把价格和收益联系起来,直观地反映投入和产出的关系;最后,市盈率涵盖了风险、增长率、股利支付率的影响,具有很高的综合性。

市盈率模型的局限性:如果收益是负值,市盈率就失去了意义。因此,市盈率模型最适合连续盈利的企业。

在估值时目标企业本期净利必须要乘以可比企业本期市盈率,目标企业预期净利必须要乘以可比企业预期市盈率,两者必须匹配。这一原则不仅适用于市盈率,也适用于市净率和市销率;不仅适用于未修正的价格乘数,也适用于后面所讲的各种修正的价格乘数。

2. 市净率模型。

(1)基本模型。

市净率是指每股市价与每股净资产的比率。

$$市净率=每股市价÷每股净资产$$

这种方法假设股权价值是净资产的函数,类似企业有相同的市净率,净资产越大则股权价值越大。因此,股权价值是净资产的一定倍数,目标企业的每股价值可以用每股净资产乘以市净率计算。

$$目标企业每股价值=可比企业市净率×目标企业每股净资产$$

(2)模型原理。

市净率是由哪些因素决定的?

如果把股利折现模型的两边同时除以同期每股净资产,就可以得到市净率:

$$\frac{P_0}{每股净资产_0}=\frac{每股股利_0×(1+增长率)/每股净资产_0}{股权成本-增长率}$$

$$= \frac{\dfrac{每股股利_0}{每股收益_0} \times \dfrac{每股收益_0}{每股净资产_0} \times (1+增长率)}{股权成本 - 增长率}$$

$$= \frac{股利支付率 \times 权益净利率_0 \times (1+增长率)}{股权成本 - 增长率}$$

$$= 本期市净率$$

该公式表明,驱动市净率的因素有权益净利率、股利支付率、增长潜力和风险。其中权益净利率是关键因素。这四个比率类似的企业,会有类似的市净率。不同企业市净率的差别,也是由于这四个比率不同引起的。

如果把公式中的"每股净资产$_0$"换成预期下期的"每股净资产$_1$",则可以得出内在市净率,或称预期市净率。

$$\frac{P_0}{每股净资产_1} = \frac{每股股利_0 \times (1+增长率)/每股净资产_1}{股权成本 - 增长率}$$

$$= \frac{\dfrac{每股股利_0}{每股收益_1} \times \dfrac{每股收益_1}{每股净资产_1} \times (1+增长率)}{股权成本 - 增长率}$$

$$= \frac{股利支付率 \times 权益净利率_1}{股权成本 - 增长率}$$

$$= 内在市净率$$

(3) 模型的适用性。

市净率估值模型的优点:首先,净利为负值的企业不能用市盈率进行估值,而市净率极少为负值,可用于大多数企业。其次,净资产账面价值的数据容易取得,并且容易理解。再次,净资产账面价值比净利稳定,也不像利润那样经常被人为操纵。最后,如果会计标准合理并且各企业会计政策一致,市净率的变化可以反映企业价值的变化。

市净率的局限性:首先,账面价值受会计政策选择的影响,如果各企业执行不同的会计标准或会计政策,市净率会失去可比性。其次,固定资产很少的服务性企业和高科技企业,净资产与企业价值的关系不大,其市净率比较没有什么实际意义。最后,少数企业的净资产是负值,市净率没有意义,无法用于比较。

因此,这种方法主要适用于需要拥有大量资产、净资产为正值的企业。

市净率的评价更接近实际价格。因为汽车制造业是一个需要大量资产的行业。由此可见,合理选择模型的种类对于正确估值是很重要的。

3. 市销率模型。

(1) 基本模型。

市销率是指每股市价与每股营业收入的比率。

市销率 = 每股市价 ÷ 每股营业收入

这种方法是假设影响每股价值的关键变量是营业收入,每股价值是每股营业收入的函数,每股营业收入越大则每股价值越大。既然每股价值是每股营业收入的一定倍数,那么目标企业的每股价值可以用每股营业收入乘以可比企业市销率估计。

目标企业每股价值 = 可比企业市销率 × 目标企业每股营业收入

(2) 模型原理。

市销率是由哪些财务比率决定的？

如果将股利折现模型的两边同时除以每股营业收入，则可以得出市销率：

$$\frac{P_0}{每股收入_0} = \frac{每股股利_0 \times (1+增长率)/每股收入_0}{股权成本-增长率}$$

$$= \frac{\frac{每股股利_0}{每股收益_0} \times \frac{每股收益_0}{每股收入_0} \times (1+增长率)}{股权成本-增长率}$$

$$= \frac{股利支付率 \times 营业净利率_0 \times (1+增长率)}{股权成本-增长率}$$

$$= 本期市销率$$

根据上述公式可以看出，市销率的驱动因素是营业净利率、股利支付率、增长潜力和风险。其中，营业净利率是关键因素。这四个比率类似的企业，会有类似的市销率。

如果把公式中的"每股收入$_0$"换成预期下期的"每股收入$_1$"，则可以得出内在市销率的计算公式：

$$\frac{P_0}{每股收入_1} = \frac{每股股利_0 \times (1+增长率)/每股收入_1}{股权成本-增长率}$$

$$= \frac{\frac{每股股利_0}{每股收益_0} \times \frac{每股收益_1}{每股收入_1} \times (1+增长率)}{股权成本-增长率}$$

$$= \frac{股利支付率 \times 营业净利率_1}{股权成本-增长率}$$

$$= 内在市销率$$

(3) 模型的适用性。

市销率估值模型的优点：首先，它不会出现负值，对于亏损企业和资不抵债的企业，也可以计算出一个有意义的市销率。其次，它比较稳定、可靠，不容易被操纵。最后，市销率对价格政策和企业战略变化敏感，可以反映这种变化的后果。

市销率估值模型的局限性：不能反映成本的变化，而成本是影响企业现金流量和价值的重要因素之一。

因此，这种方法主要适用于销售成本率较低的服务类企业，或者销售成本率趋同的传统行业的企业。

# 第五章 资本结构

## 第一节 资本结构理论

资本结构,是指企业各种长期资本来源的构成和比例关系。通常情况下,企业的资本由长期债务资本和权益资本构成,资本结构指的就是长期债务资本和权益资本各占多大比例。一般来说,在资本结构概念中不包含短期负债。短期资本的需要量和筹集是经常变化的,且在整个资本总量中所占的比重不稳定,因此不列入资本结构管理范围,而作为营运资本管理。

### 一、资本结构的 MM 理论

现代资本结构理论是由莫迪格利安尼与米勒(简称 MM)基于完善资本市场的假设条件提出的,MM 的资本结构理论所依据的直接及隐含的假设条件如下:

(1)经营风险可以用息税前利润的方差来衡量,具有相同经营风险的公司称为风险同类(homogeneous risk class)。

(2)投资者等市场参与者对公司未来的收益与风险的预期是相同的(homogeneous expectations)。

(3)完善的资本市场(perfect capital markets),即在股票与债券进行交易的市场中没有交易成本,且个人与机构投资者的借款利率与公司相同。

(4)借债无风险,即公司或个人投资者的所有债务利率均为无风险利率,与债务数量无关。

(5)全部现金流是永续的,即所有公司预计是零增长率,因此具有"预期不变"的息税前利润,所有债券也是永续的。

在上述假设的基础上,MM 首先研究"没有企业所得税"情况下的资本结构,其后又研究了"有企业所得税"情况下的资本结构。因此,MM 的资本结构理论可以分为"无税 MM 理论"和"有税 MM 理论"。

#### (一)无税 MM 理论

在不考虑企业所得税的情况下,MM 理论研究了两个命题:

命题Ⅰ：在没有企业所得税的情况下，有负债企业的价值与无负债企业的价值相等，即无论企业是否有负债，企业的资本结构与企业价值无关。其表达式如下：

$$V_L = \frac{EBIT}{r_{WACC}^0} = V_U = \frac{EBIT}{r_s^u}$$

式中，$V_L$ 表示有负债企业的价值；$V_U$ 表示无负债企业的价值；$EBIT$ 表示企业全部资产的预期收益（永续）；$r_{WACC}^0$ 表示有负债企业的加权资本成本；$r_s^u$ 表示既定风险等级的无负债企业的权益资本成本。

命题Ⅰ的表达式说明了无论企业是否有负债，加权平均资本成本将保持不变，企业价值仅由预期收益所决定，即全部预期收益（永续）按照与企业风险等级相同的必要报酬率所计算的现值；如果有负债企业的价值等于无负债企业的价值，就说明了有负债企业的加权平均资本成本，无论债务多少，都与风险等级相同的无负债企业的权益资本成本相等；企业加权资本成本与其资本结构无关，仅取决于企业的经营风险。

命题Ⅱ：有负债企业的权益资本成本随着财务杠杆的提高而增加。有负债企业权益资本成本等于无负债企业的权益资本成本加上风险溢价，而风险溢价与以市值计算的财务杠杆（债务/股东权益）成正比。其表达式如下：

$$r_s^L = r_s^u + 风险溢价 = r_s^u + \frac{D}{E}(r_s^u - r_d)$$

式中，$r_s^L$ 表示有负债企业的权益资本成本；$r_s^u$ 表示无负债企业的权益资本成本；$D$ 表示有负债企业的债务市场价值；$E$ 表示其权益的市场价值；$r_d$ 表示税前债务资本成本。风险报酬是对有负债企业财务风险的补偿，其大小由无负债企业的股权资本成本与债务资本成本之差以及债务权益价值比决定。

在不考虑所得税的情形下，命题Ⅰ的一个推论是有负债企业的加权平均资本成本与无负债企业的资本成本相同，即 $r_{WACC}^L = r_s^u$。企业加权平均资本成本的表达式为：

$$\frac{E}{E+D}r_s^L + \frac{D}{E+D}r_d = r_{WACC}^L = r_s^u$$

上式变形后可以得出：$r_s^L = r_s^u + \frac{D}{E}(r_s^u - r_d)$，亦即 MM 命题Ⅱ。

命题Ⅱ的表达式说明：有负债企业的股权成本随着负债程度增大而增加。

无企业所得税情况下的 MM 理论可用图 5-1 来表示。

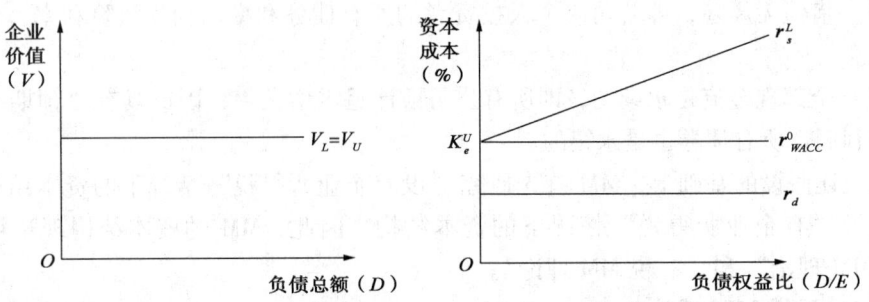

图 5-1　无企业所得税条件下 MM 的命题Ⅰ和命题Ⅱ

## (二) 有税 MM 理论

有税 MM 理论也研究两个基本命题。

命题 I：有负债企业的价值等于具有相同风险等级的无负债企业的价值加上债务利息抵税收益的现值。其表达式如下：

$$V_L = V_U + T \times D$$

式中，$V_L$ 表示有负债企业的价值；$V_U$ 表示无负债企业的价值；$T$ 为企业所得税税率；$D$ 表示企业的债务数量。债务利息的抵税价值 $T \times D$ 又称为杠杆收益，是企业为支付债务利息从实现的所得税抵扣中获得的所得税支出节省，等于抵税收益的永续年金现金流的现值，即债务金额与所得税税率的乘积（将债务利息率作为贴现率）。

命题 I 的表达式说明了由于债务利息可以在税前扣除，形成了债务利息的抵税收益，相当于增加了企业的现金流量，增加了企业的价值。随着企业负债比例的提高，企业价值也随之提高，在理论上全部融资来源于负债时，企业价值达到最大。

命题 II：有债务企业的权益资本成本等于相同风险等级的无负债企业的权益资本成本加上与以市值计算的债务与权益比例成比例的风险报酬，且风险报酬取决于企业的债务比例以及所得税税率。其表达式如下：

$$r_s^L = r_s^u + 风险报酬 = r_s^u + (r_s^u - r_d)(1-T)\frac{D}{E}$$

式中，$r_s^L$ 表示有负债企业的权益资本成本；$r_s^u$ 表示无负债企业的权益资本成本；$D$ 表示有负债企业的债务市场价值；$E$ 表示有负债企业的权益市场价值；$r_d$ 表示不变的税前债务资本成本；$T$ 表示企业所得税税率。风险报酬等于无负债企业股权成本与税前债务成本之差、负债权益比率以及所得税税后因子 $(1-T)$ 相乘。

有税条件下 MM 命题 II 与无税条件下命题 II 所表述的有负债企业权益资本成本的基本含义是一致的，其仅有的差异是由 $(1-T)$ 引起的。由于 $(1-T) < 1$，使有税时有负债企业的权益资本成本比无税时的要小。

有税条件下的 MM 理论的两个命题如图 5-2 所示。

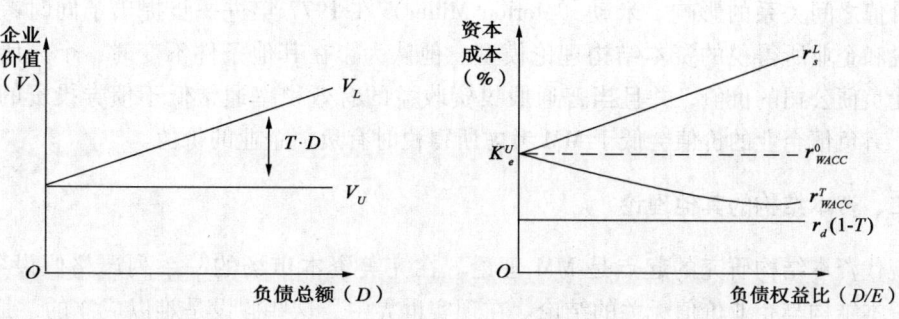

图 5-2　考虑企业所得税条件下 MM 的命题 I 和命题 II

基于考虑企业所得税条件下的 MM 理论，最显著的特征是债务利息抵税对企业价值的影响。

企业使用债务时，给投资者（股东与债权人）的现金流要比无债务时的多，多出的部分就是利息抵税。企业每年因利息抵税形成的所得税支出节省，等于抵税收益年金现金流的现值，即用债务数量、债务利息率以及所得税税率的积作为抵税收益的永续年金现金流，再以债务利息率为贴现率计算的现值。有负债企业的现金流量等于（除资本结构不同外所有其他方面完全相同）无负债企业的现金流量与利息抵税现金流之和，根据无套利原理，这些现金流的现值也必定相同。据此，考虑所得税条件下的有负债企业的价值，即有税的 MM 命题 I 也用下式表示：

$$V_L = V_U + PV(利息抵税)$$

为了计算债务利息抵税引起的企业总价值的增加，需要预测企业各期的债务利息现金流以及是否受风险因素的影响，再用与其风险相适应的折现率将各期债务利息的抵税收益现金流进行贴现，其现值即为利息抵税对企业价值的影响。

在考虑所得税的条件下，有负债企业的利息抵税收益也可以用加权平均资本成本来表示。在企业使用债务筹资时所支付的利息成本中，有一部分被利息抵税所抵消，使实际债务利息成本为 $r_d(1-T)$。考虑所得税时的负债企业加权平均资本成本为：

$$r_{WACC}^T = \frac{E}{E+D}r_s^L + \frac{D}{E+D}r_d(1-T) = \frac{E}{E+D}r_s^L + \frac{D}{E+D}r_d - \frac{D}{E+D}r_d T$$

上式表明，在考虑所得税的条件下，有负债企业的加权平均资本成本 $r_{WACC}^T$ 随着债务筹资比例的增加而降低。

如果企业想通过调整债务结构来维持目标债务与股权比率，并计算债务利息抵税对企业价值的影响，可以利用公式 $V_L = V_U + PV$（利息抵税）计算有负债与无负债企业的价值之差（$V_L - V_U$）求得。由无税条件下的 MM 理论可知，资本结构与企业价值无关，有负债企业的加权平均资本成本与无负债企业的资本成本相同。显然，可以根据在预期的目标债务与权益结构下，通过计算税前加权平均资本成本折现企业的自由现金流，得出无负债企业的价值。最后，利用有负债企业的加权平均资本成本折现企业的自由现金流，得出有负债企业的价值，并计算价值之差。

上述修正的 MM 理论考虑了企业所得税，但是并没有考虑个人所得税对债务比例与企业价值之间关系的影响。米勒（Merton Miller）在 1977 年进一步提出了同时考虑个人所得税和企业所得税的资本结构理论模型。他认为：在其他条件不变时，个人所得税会降低无负债公司的价值，并且当普通股投资收益的有效税率通常低于债券投资的有效税率时，有负债企业的价值会低于 MM 考虑所得税时有负债企业的价值。

## 二、资本结构的其他理论

现代资本结构研究的起点是 MM 理论。在完美资本市场的一系列严格假设条件下，得出资本结构与企业价值无关的结论。在现实世界中，这些假设是难以成立的，最初 MM 理论推导出的结论并不完全符合现实情况，但已成为资本结构研究的基础。此后，在 MM 理论的基础上不断放宽假设，从不同的视角对资本结构进行了大量研究，推动了资本结构理论的发展。这其中具有代表性的理论有权衡理论、代理理论与优序融资理论。

### （一）权衡理论

未来现金流不稳定以及对经济冲击高度敏感的企业，如果使用过多的债务，会导致其陷入财务困境（financial distress），出现财务危机甚至破产。企业陷入财务困境后所引发的成本分为直接成本与间接成本。财务困境的直接成本是指企业因破产、进行清算或重组所发生的法律费用和管理费用等；间接成本则通常比直接成本大得多，是指因财务困境所引发企业资信状况恶化以及持续经营能力下降而导致的企业价值损失。具体表现为企业客户、供应商、员工的流失，投资者的警觉与谨慎导致的融资成本增加，被迫接受保全他人利益的交易条款等。因此，负债在为企业带来抵税收益的同时也给企业带来了陷入财务困境的成本。所谓权衡理论（trade-off theory），就是强调在平衡债务利息的抵税收益与财务困境成本的基础上，实现企业价值最大化时的最佳资本结构。此时所确定的债务比率是债务抵税收益的边际价值等于增加的财务困境成本的现值。

基于修正的 MM 理论的命题，有负债企业的价值是无负债企业价值加上抵税收益的现值，再减去财务困境成本的现值。其表达式为：

$$V_L = V_U + PV(利息抵税) - PV(财务困境成本)$$

式中，$V_L$ 表示有负债企业的价值；$V_U$ 表示无负债企业的价值；$PV$ 表示利息抵税的现值；$PV$ 表示财务困境成本的现值。权衡理论的表述如图 5-3 所示。

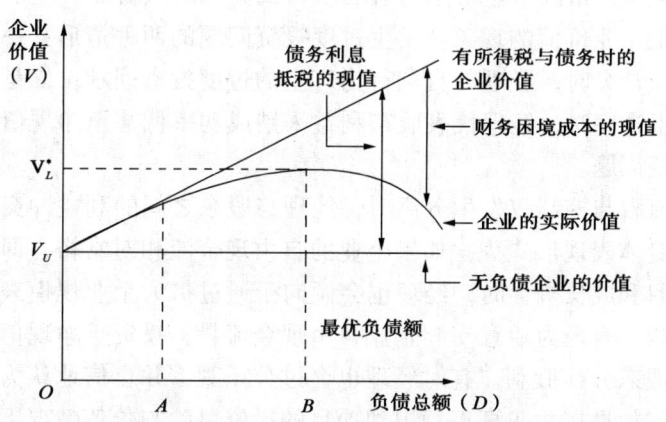

图 5-3 基于权衡理论的企业价值与资本结构

由于债务利息的抵税收益，负债增加会增加企业的价值。随着债务比率的增加，财务困境成本的现值也会增加。在图 5-3 中，负债总额达到 A 点前，债务利息抵税收益的增量大于财务困境成本的增量，债务抵税收益起主导作用；达到 A 点之后，财务困境成本的作用逐渐加强，直到 B 点，债务利息抵税收益的现值的增量与财务困境成本的现值的增量相平衡，债务利息抵税收益的现值与财务困境成本的现值之间的差额最大，企业价值达到最大 $V_L^*$，因此，B 点的债务与权益比率即为最佳资本结构；超过 B 点，财务困境的不利影响的增量超过抵税收益的增量，企业价值甚至可能加速下降。

财务困境成本的现值由两个重要因素决定：（1）发生财务困境的可能性；（2）企业发生财务困境的成本大小。一般情形下，发生财务困境的可能性与企业收益现金流的波动程度有关。现金流与资产价值稳定程度低的企业，因违约无法履行偿债义务而发生财务困境的可能性相对较高，而现金流稳定可靠、资本密集型的企业，如公用事业公司，就能利用较高比率的债务融资,且债务违约的可能性很小。企业财务困境成本的大小取决于这些成本来源的相对重要性以及行业特征。如果高科技企业陷入财务困境,由于潜在客户与核心员工的流失以及缺乏容易清算的有形资产,致使财务困境成本可能会很高。相反,不动产密集性高的企业财务困境成本可能较低,因为企业价值大多来自相对容易出售和变现的资产。

权衡理论有助于解释有关企业债务的难解之谜。财务困境成本的存在有助于解释为什么有的企业负债水平很低而没有充分利用债务抵税收益。财务困境成本的大小和现金流的波动性有助于解释不同行业之间的企业杠杆水平的差异。

### (二) 代理理论

在资本结构的决策中,不完全契约、信息不对称以及经理、股东与债权人之间的利益冲突将影响投资项目的选择,特别是在企业陷入财务困境时,更容易引起过度投资问题与投资不足问题,导致发生债务代理成本。债务代理成本损害了债权人的利益,降低了企业价值,最终将由股东承担这种损失。

1. 过度投资问题。

过度投资问题,是指因企业采用不盈利项目或高风险项目而产生的损害股东以及债权人的利益并降低企业价值的现象。发生过度投资问题的两种情形:一是当企业经理与股东之间存在利益冲突时,经理的自利行为产生的过度投资问题;二是当企业股东与债权人之间存在利益冲突时,经理代表股东利益采纳成功率低甚至净现值为负的高风险项目产生的过度投资问题。

当企业的所有权与控制权发生分离时,经理与股东之间的利益冲突会表现为经理的机会主义行为。具体表现形式为:如果企业的自由现金流相对富裕,即使在企业缺乏可以获利的投资项目和成长机会时,经理也会倾向于通过扩大企业规模来扩大自身对企业资源的管理控制权,表现为随意支配企业自由现金流量,投资于净现值甚至为负的投资项目,而不是向股东分配股利。有时经理也会过分乐观,并自信地认为其行为是有助于提升股东价值的,如果在并非真正意识到项目的投资风险与价值情况下进行投资,也会导致过度投资行为。企业经理这种随意支配自由现金流的行为是以损失股东利益为代价的,为抑制这种过度投资带来的对股东利益以致最终对企业价值的损害,通过提高债务筹资的比例,增加了债务利息固定支出在自由现金流中的比例,实现对经理的自利性机会主义行为的制约。

当经理代表股东利益时,经理和股东倾向于选择高风险的投资项目,特别是当企业遇到财务困境时,即使投资项目的净现值为负,股东仍有动机投资于净现值为负的高风险项目。这是因为企业股东与债权人之间存在潜在的利益冲突,表现为在信息不对称条件下,股东可能会把资金投资于一个风险程度超过债权人对债务资金原有预期水平的项目上。如果这一高风险项目最终成功了,股东将获得全部剩余收益,但如果该项目失败了,由于股东只承担有限责任,主要损失将由债权人承担。显然,企业股东凭借选择高风险项目提高了债务资金的实际风险水平,降低了债务价值,这种通过高风险项目的过度投资实现把债权人的财富转移到股东手中的现象被称为"资产替代问题"(asset substitution)。

2. 投资不足问题。

投资不足问题，是指因企业放弃净现值为正的投资项目而使债权人利益受损并进而降低企业价值的现象。投资不足问题发生在企业陷入财务困境且有比例较高的债务时，如果用股东的资金去投资一个净现值为正的项目，可以在增加股东权益价值的同时，也增加债权人的债务价值。但是，当债务价值的增加超过权益价值的增加时，即从企业整体角度而言是净现值为正的新项目，而对股东而言则成为净现值为负的项目，投资新项目后将会发生财富从股东转移至债权人。因此，如股东事先预见到投资新项目后的大部分收益将由债权人获得并导致自身价值下降时，就会拒绝为净现值为正的新项目投资。

陷入财务困境的企业股东如果预见采纳新投资项目会以牺牲自身利益为代价补偿债权人，因股东与债权人之间存在利益冲突，股东就缺乏积极性选择该项目进行投资。

3. 债务的代理收益。

债务的代理成本既可以表现为因过度投资问题使经理和股东受益而发生债权人价值向股东的转移，也可以表现为因投资不足问题而发生股东为避免价值损失而放弃给债权人带来的价值增值。然而，债务在产生代理成本的同时，也会伴生相应的代理收益。债务的代理收益将有利于减少企业的价值损失或增加企业价值，具体表现为债权人保护条款引入、对经理提升企业业绩的激励措施以及对经理随意支配现金流浪费企业资源的约束等。

当债权人意识到发生债务代理成本可能产生对自身价值的损失时，会采取必要措施保护自身利益，通常是在债务合同中加入一些限制性条款，如提出较高的利率要求以及对资产担保能力的要求，此外，法律以及资本市场的相关规定也会出于保护债权人利益对发债公司作出一些限制性规定。这些保护债权人利益的措施有效地抑制了债务代理成本。如企业发生新债务时，理性的投资者会谨慎地关注企业的资信状况、盈利能力、财务政策、成长机会以及投资的预期收益与风险。新投资者与现有债权人与股东均会对新发生债务的预期收益以及对原有债务的影响作出合理判断，以避免发生企业价值受损的潜在风险。

债务利息支付的约束性特征有利于激励企业经理尽力实现营业现金流的稳定性，保证履行偿付义务，在此基础上，进一步提高企业创造现金流的能力，提高债权人与股东的价值，维护自身的职业声誉。与此同时，因经理与股东之间的潜在利益冲突，从资本结构的设计角度出发，通过适当增加债务，提高债务现金流的支付比率，约束经理随意支配企业自由现金流的浪费性投资与在职消费行为，抑制以损害股东利益为代价的机会主义行为所引发的企业价值下降。

4. 债务代理成本与收益的权衡。

企业负债所引发的代理成本以及相应的代理收益，最终均反映在对企业价值产生的影响上。在考虑了企业债务的代理成本与代理收益后，资本结构的权衡理论模型可以扩展为如下形式：

$$V_L = V_U + PV(\text{利息抵税}) - PV(\text{财务困境成本}) - PV(\text{债务的代理成本})$$
$$+ PV(\text{债务的代理收益})$$

代理理论为资本结构如何影响企业价值的主要因素以及内在逻辑关系提供了一个基

本分析框架。但这些结论并非与企业的实际做法完全一致。如同投资等其他财务决策一样，资本结构决策通常是由经理人员在符合自身基本动机的基础上并综合考虑其他多种因素作出的。

### （三）优序融资理论

优序融资理论（pecking order theory）是当企业存在融资需求时，首先选择内源融资，其次会选择债务融资，最后选择股权融资。优序融资理论解释了当企业内部现金流不足以满足净经营性长期资产总投资的资金需求时，更倾向于债务融资而不是股权融资。优序融资理论揭示了企业筹资时对不同筹资方式选择的顺序偏好。

优序融资理论是在信息不对称框架下研究资本结构的一个分析。这里的信息不对称，是指企业内部管理层通常要比外部投资者拥有更多更准的关于企业的信息。在这种情况下，企业管理层的许多决策，如筹资方式选择、股利分配等，不仅具有财务上的意义，而且向市场和外部投资者传递着信号。外部投资者只能通过管理层的这些决策所传递出的信息了解企业未来收益预期和投资风险，间接地评价企业价值。企业债务比例或资本结构就是一种把内部信息传递给市场的工具。

在信息不对称的情况下，如果外部投资者掌握的关于企业资产价值的信息比企业管理层掌握的少，那么，企业权益的市场价值就可能被错误地定价。当企业股票价值被低估时，管理层将避免增发新股，而采取其他融资方式筹集资金，如内源融资或发行债券；而在企业股票价值被高估时，管理层将尽量通过增发新股为新项目融资，让新的股东分担投资风险。

优序融资理论只是在考虑了信息不对称与逆向选择行为对融资顺序的影响，解释了企业筹资时对不同筹资方式选择的顺序偏好，但该理论并不能够解释现实生活中所有的资本结构规律。

## 第二节 资本结构决策分析

### 一、资本结构的影响因素

长期有息债务与权益资本的组合形成了企业的资本结构。债务融资虽然可以实现抵税收益，但在增加债务的同时也会加大企业的风险，并最终要由股东承担风险的成本。因此，企业资本结构决策的主要内容是权衡债务的收益与风险，实现合理的目标资本结构，从而实现企业价值最大化。

影响资本结构的因素较为复杂，大体可以分为企业的内部因素和外部因素。内部因素通常有营业收入、成长性、资产结构、盈利能力、管理层偏好、财务灵活性以及股权结构等；外部因素通常有税率、利率、资本市场、行业特征等。一般而言，收益与现金流量波动较大的企业要比现金流量较稳定的类似企业的负债水平低；成长性好的企业因其快速发展，对外部资金需求比较大，要比成长性差的类似企业的负债水平高；盈利能力强的企业因其内源融资的满足率较高,要比盈利能力较弱的类似企业的负债水平低;一般性用途资产比例高的企业因其资产作为债务抵押的可能性较大,要比具有特殊用途资产比例高的类似企业的负债水平高;财务灵活性大的企业要比财务灵活性小的类似企业的负债能力强。这里财务灵活性是指企业利用闲置资金和剩余的负债能力以应付可能发生的偶然情况和把握未预见机会(新的好项目)的能力。

需要强调的是,公司实际资本结构往往受企业自身状况与政策条件及市场环境多种因素的共同影响,并同时伴随着企业管理层的偏好与主观判断,从而使资本结构的决策难以形成统一的原则与模式。

### 二、资本结构决策的分析方法

适当利用负债可以降低公司资本成本,但当债务比率过高时,杠杆利益会被债务成本抵消,公司面临较大财务风险。因此,企业应该确定其最佳的债务比率(资本结构),使加权平均资本成本最低,企业价值最大。由于每个公司都处于不断变化的经营条件和外部经济环境中,使得确定最佳资本结构十分困难。资本结构决策分析有不同的方法,常用的方法有资本成本比较法与每股收益无差别点法。

#### (一)资本成本比较法

资本成本比较法,是指在不考虑各种融资方式在数量与比例上的约束以及财务风险差异时,通过计算各种基于市场价值的长期融资组合方案的加权平均资本成本,并根据计算结果选择加权平均资本成本最小的融资方案,确定为相对最优的资本结构。

资本成本比较法仅以资本成本最低为选择标准,因测算过程简单,是一种比较便捷的方法。但这种方法只是比较了各种融资组合方案的资本成本,难以区别不同融资方案之间的财务风险因素差异,在实际计算中有时也难以确定各种融资方式的资本成本。

#### (二)每股收益无差别点法

当企业因扩大经营规模需要筹措长期资本时,一般可供选择的筹资方式有普通股融资、优先股融资与长期债务融资。后面财务杠杆原理解释了当企业选择具有固定融资成本的融资方式时会显现出杠杆效应,且财务杠杆系数越大,财务风险也越大。由于财务杠杆更多是关注息税前利润的变化程度引起每股收益变动的程度,主要应用于具有不同债务融资规模或比率的不同方案的财务风险比较,显然相对于单纯比较资产负债率或产权比率等债务比率来判断财务风险具有更好的说服力。但如果想解决在某一特定预期盈利水平下的融资方式选择问题,特别是在长期债务融资与普通股融资之间进行选择时,因全部融资为普通股时不存在财务杠杆效应,可以运用每股收益无差别点法。每股收益无差别点为企业管理层解决在某一特定预期盈利水平下是否应该选择债务融资方式问题提供了一个简单的分析方法。

每股收益无差别点法是在计算不同融资方案下企业的每股收益($EPS$)相等时所对应的息税前利润($EBIT$)基础上,通过比较在企业预期盈利水平下的不同融资方案的每股收益,进而选择每股收益较大的融资方案。显然,基于每股收益无差别点法的判断原则是比较不同融资方式能否给股东带来更大的净收益。

每股收益无差别点法为企业管理层解决在某一特定预期盈利水平下的融资方式选择

问题，提供了一个简单的分析方法。显然，这种方法侧重于对不同融资方式下的每股收益进行比较，但预期盈利水平与每股收益无差别点所对应的盈利水平之间的距离不同，反映的状态稳定性也不同。在上例中，长期债务和普通股筹资方式的每股收益无差别点所对应的息税前利润为150万元，当预期息税前利润超过150万元时，债务融资方式的每股收益总是大于普通股融资方式的每股收益，且距离每股收益无差别点对应的息税前利润150万元越远，两种融资方式的每股收益差距越大，债务融资相对于普通股融资的优势越明显。

（三）企业价值比较法

以上以每股收益的高低作为衡量标准对筹资方式进行了选择。这种方法的缺点在于没有考虑风险因素。从根本上讲，财务管理的目标在于追求股东财富最大化。然而，只有在风险不变的情况下，每股收益的增长才会直接导致股东财富上升，实际上经常是随着每股收益的增长，风险也会加大。如果每股收益的增长不足以补偿风险增加所需的报酬时，尽管每股收益增加，股东财富仍然会下降。所以，公司的最佳资本结构应当是使公司的总价值最高，即市净率最高，而不一定是每股收益最大的资本结构。同时，在该资本结构下，公司的加权平均资本成本也是最低的。

衡量企业价值的一种合理的方法是：企业的市场价值 $V$ 等于其股票的市场价值 $S$ 加上长期债务的价值 $B$ 再加上优先股的价值 $P$，即：

$$V = S + B + P$$

为使计算简便，设长期债务（长期借款和长期债券）和优先股的现值等于其账面价值，且长期债券和优先股的账面价值等于其面值；股票的现值则等于企业未来的净收益按股东要求的报酬率折现。假设企业的经营利润永续，股东要求的回报率（权益资本成本）不变，则股票的市场价值为：

$$S = \frac{(EBIT - I)(1 - T) - PD}{r_s}$$

式中：$EBIT$——息税前利润；

$I$——年利息额；

$T$——公司所得税率；

$r_s$——权益资本成本；

$PD$——优先股股息。

采用资本资产定价模型计算股票的资本成本 $r_s$：

$$r_s = r_{RF} + \beta(r_m - r_{RF})$$

式中：$r_{RF}$——无风险利率；

$\beta$——股票的贝塔系数；

$r_m$——平均风险股票报酬率。

通过上述公式计算出企业的总价值和加权平均资本成本，以企业价值最大化为标准确定最佳资本结构。此时的加权平均资本成本最小。

而公司的资本成本则应用加权平均资本成本（$r_{WACC}$）来表示。在不存在优先股的情况下，其公式为：

加权平均资本成本＝债务税前资本成本×债务额占总资本比重×（1－税率）
＋权益资本成本×股票额占总资本比重

$$r_{WACC} = r_d(1-T) \times \frac{B}{V} + r_s \times \frac{S}{V}$$

式中：$r_d$——债务税前资本成本。

## 第三节 杠杆系数的衡量

在筹资方式选择和资本结构调整方面，公司需要考虑是否和如何利用经营杠杆和财务杠杆的作用。公司经营杠杆是由与产品生产或提供劳务有关的固定经营成本所引起的，而财务杠杆则是由债务利息等固定融资成本所引起的。两种杠杆具有放大盈利波动性的作用，从而影响公司的风险与收益。

### 一、经营杠杆系数的衡量

**（一）息税前利润与盈亏平衡分析**

息税前利润的计算公式为：

$$EBIT = Q(P - V) - F$$

式中：$EBIT$——息税前利润；
　　　$Q$——产品销售数量；
　　　$P$——单位销售价格；
　　　$V$——单位变动成本；
　　　$F$——固定成本总额。

当企业的营业收入总额与成本总额相等时，即当息税前利润等于零时，达到盈亏平衡点，此时的产品销售数量为 $Q_{BE}$。因此：

$$EBIT = Q_{BE}(P - V) - F = 0$$

$$Q_{BE} = \frac{F}{P - V}$$

销售量超过盈亏平衡点时，企业处于盈利状态，此时距离盈亏平衡点越远，利润越大；销售量跌到盈亏平衡点以下时，企业处于亏损状态，此时距离盈亏平衡点越远，亏损越大。

**（二）经营风险**

经营风险，是指企业未使用债务时经营的内在风险。影响企业经营风险的因素很多，主要有以下几个方面：

（1）产品需求。市场对企业产品的需求稳定，则经营风险小；反之，经营风险大。

（2）产品售价。产品售价稳定，则经营风险小；反之，经营风险大。

（3）产品成本。产品成本是收入的抵减，成本不稳定，会导致利润不稳定，因此，产品成本变动大，则经营风险大；反之，经营风险小。

(4) 调整价格的能力。当产品成本变动时，若企业具有较强的调整价格的能力，则经营风险小；反之，经营风险就大。

(5) 固定成本的比重。在企业全部成本中，固定成本所占比重较大时，单位产品分摊的固定成本额较多，若产品数量发生变动则单位产品分摊的固定成本会随之变动，会最后导致利润更大的变动，经营风险就大；反之，经营风险就小。

（三）经营杠杆系数的衡量方法

在影响经营风险的诸多因素中，固定经营成本的影响是一个基本因素。在一定的销售量范围内，固定成本总额是不变的，随着销售量的增加，单位固定成本就会降低，从而单位产品的利润提高，息税前利润的增长率将大于销售量的增长率；相反，销售量的下降会提高产品单位固定成本，从而单位产品的利润减少，息税前利润的下降率将大于销售量的下降率。如果企业不存在固定成本，则息税前利润的变动率将与销售量的变动率保持一致。这种在某一固定成本比重的作用下，由于销售量一定程度的变动引起息税前利润产生更大程度变动的现象被称为经营杠杆效应。固定经营成本是引发经营杠杆效应的根源，但企业销售量水平与盈亏平衡点的相对位置决定了经营杠杆的大小，即经营杠杆的大小是由固定经营成本和息税前利润共同决定的。

经营杠杆放大了企业营业收入变化对息税前利润变动的影响程度，这种影响程度是经营风险的一种测度。经营杠杆的大小一般用经营杠杆系数表示，它是企业计算利息和所得税之前的盈余（简称息税前利润 EBIT）变动率与营业收入（销售量）变动率之间的比率。经营杠杆系数的定义表达式为：

$$DOL = \frac{息税前利润变化的百分比}{营业收入变化的百分比} = \frac{\Delta EBIT/EBIT}{\Delta S/S}$$

式中：$DOL$——经营杠杆系数；

$\Delta EBIT$——息税前利润变动额；

$EBIT$——变动前息税前利润；

$\Delta S$——营业收入（销售量）变动量；

$S$——变动前营业收入（销售量）。

假定企业的成本—销量—利润保持线性关系，变动成本在营业收入中所占的比例不变，固定成本也保持稳定，经营杠杆系数便可通过营业收入和成本来表示。经营杠杆系数越大，表明经营杠杆作用越大，经营风险也就越大；经营杠杆系数越小，表明经营杠杆作用越小，经营风险也就越小。利用上述定义表达式可以推导出如下经营杠杆系数的两个计算公式：

$$DOL_q = \frac{Q(P-V)}{Q(P-V)-F}$$

式中：$DOL_q$——销售量为 $Q$ 时的经营杠杆系数；

$P$——单位销售价格；

$V$——单位变动成本；

$F$——总固定成本。

$$DOL_s = \frac{S-VC}{S-VC-F} = \frac{EBIT+F}{EBIT}$$

式中：$DOL_s$——营业收入为 $S$ 时的经营杠杆系数；

$S$——营业收入；

$VC$——变动成本总额。

在实际工作中，$DOL_q$ 可用于计算单一产品的经营杠杆系数；$DOL_s$ 除了用于单一产品外，还可用于计算多种产品的经营杠杆系数。从上述公式可以看出，如果固定成本等于0，则经营杠杆系数为 1，即不存在经营杠杆效应。当固定成本为不为 0 时，通常经营杠杆系数都是大于 1 的，即显现出经营杠杆效应。

企业管理层在控制经营风险时，不应仅考虑固定成本的绝对量，更应关注固定成本与盈利水平的相对关系。企业一般可以通过增加营业收入、降低单位变动成本、降低固定成本比重等措施使经营杠杆系数下降，降低经营风险，但这往往要受到条件的制约。

## 二、财务杠杆系数的衡量

### （一）财务风险

财务风险，是指由于企业运用了债务筹资方式而产生的丧失偿付能力的风险，而这种风险最终是由普通股股东承担的。企业在经营中经常会发生借入资本进行负债经营，不论经营利润多少，债务利息是不变的。当企业在资本结构中增加了债务这类具有固定筹资成本的比例时，固定的现金流出量就会增加，特别是在利息费用的增加速度超过息税前利润增加速度的情况下，企业则因负担较多的债务成本将引发对净利润减少的冲击作用，发生丧失偿债能力的概率也会增加，导致财务风险增加；反之，当债务资本比率较低时，财务风险就小。

### （二）财务杠杆系数的衡量方法

在影响财务风险的因素中，债务利息或优先股股息这类固定融资成本是基本因素。在一定的息税前利润范围内，债务融资的利息成本是不变的，随着息税前利润的增加，单位利润所负担的固定利息费用就会相对减少，从而单位利润可供股东分配的部分会相应增加，普通股股东每股收益的增长率将大于息税前利润的增长率。反之，当息税前利润减少时，单位利润所负担的固定利息费用就会相对增加，从而单位利润可供股东分配的部分相应减少，普通股股东每股收益的下降率将大于息税前利润的下降率。如果不存在固定融资费用，则普通股股东每股收益的变动率将与息税前利润的变动率保持一致。这种在某一固定的债务与权益融资结构下由于息税前利润的变动引起每股收益产生更大变动程度的现象被称为财务杠杆效应。固定融资成本是引发财务杠杆效应的根源，但息税前利润与固定融资成本之间的相对水平决定了财务杠杆的大小，即财务杠杆的大小是由固定融资成本和息税前利润共同决定的。

负债比率是可以控制的。企业可以通过合理安排资本结构，适度负债，使财务杠杆利益抵消风险增大所带来的不利影响。

财务杠杆放大了企业息税前利润变化对每股收益变动的影响程度，这种影响程度是财务风险的一种测度。财务杠杆的大小一般用财务杠杆系数表示，它是企业计算每股收益的变动率与息税前利润的变动率之间的比率。财务杠杆系数越大，表明财务杠杆作用越大，财务风险也就越大；财务杠杆系数越小，表明财务杠杆作用越小，财务风险也就越小。财务杠杆系数的定义表达式为：

$$DFL = \frac{每股收益变化的百分比}{息税前利润变化的百分比} = \frac{\Delta EPS/EPS}{\Delta EBIT/EBIT}$$

式中：$DFL$——财务杠杆系数；

　　　$\Delta EPS$——普通股每股收益变动额；

　　　$EPS$——变动前的普通股每股收益；

　　　$\Delta EBIT$——息税前利润变动额；

　　　$EBIT$——变动前的息税前利润。

依据上述定义表达式，可以推导出如下财务杠杆系数的两个计算公式：

$$DFL = \frac{EBIT}{EBIT - I - PD/(1-T)}$$

式中：$I$——债务利息；

　　　$PD$——优先股股利；

　　　$T$——所得税税率。

从上述公式可以看出，如果固定融资成本（债务利息和优先股股利）等于0，则财务杠杆系数为1，即不存在财务杠杆效应。当债务利息和优先股股利不为0时，通常财务杠杆系数都是大于1的，即显现出财务杠杆效应。此外，该公式除了用于单一产品外，还可用于计算多种产品的财务杠杆系数。

在实际工作中，还可用下述公式计算单一产品的财务杠杆系数：

$$DFL = \frac{Q(P-V) - F}{Q(P-V) - F - I - PD/(1-T)}$$

利用财务杠杆系数计算公式，分别计算出 A、B、C 三家公司在息税前利润均是 200 000 元时的财务杠杆系数为：

$$DFL_A = \frac{EBIT}{EBIT - I_A} = \frac{200\,000}{200\,000 - 0} = 1$$

$$DFL_B = \frac{EBIT}{EBIT - I_B} = \frac{200\,000}{200\,000 - 40\,000} = 1.25$$

$$DFL_C = \frac{EBIT}{EBIT - I_C} = \frac{200\,000}{200\,000 - 80\,000} = 1.67$$

计算结果表明，除 A 公司外，B、C 两家公司的财务杠杆系数随着债务利息的增大而增加。显然，如果三家公司的负债结构保持不变，当息税前利润增加1倍时（从200 000元增加到400 000元），用同样的计算方法，A 公司仍维持财务杠杆系数是1，而 B、C 两家公司的财务杠杆系数分别为1.11和1.25（同样使用上述公式计算）。这说明，当盈利能力提高时，固定利息费用占全部盈利的比重下降，导致财务风险下降，表现为财务杠杆系数下降。

企业管理层在控制财务风险时，不应仅考虑负债融资的绝对量，更应关注负债利息成本与盈利水平的相对关系。

### 三、联合杠杆系数的衡量

从以上介绍可知,经营杠杆系数衡量营业收入变化对息税前利润的影响程度,而财务杠杆系数则衡量息税前利润变化对每股收益的影响程度。联系起来衡量考察营业收入的变化对每股收益的影响程度,即把这两种杠杆作用的叠加,称为联合杠杆(又称总杠杆)作用。

联合杠杆是指由于固定经营成本和固定融资成本的存在而导致的每股收益变动率大于营业收入变动率的杠杆效应。联合杠杆直接考察了营业收入的变化对每股收益的影响程度,联合杠杆作用的大小可以用联合杠杆系数($DTL$)表示,其定义表达式为:

$$DTL = \frac{每股收益变化的百分比}{营业收入变化的百分比} = \frac{\Delta EPS/EPS}{\Delta S/S}$$

依据经营杠杆系数与财务杠杆系数的定义表达式,联合杠杆系数可以进一步表示为经营杠杆系数和财务杠杆系数的乘积,反映了企业经营风险与财务风险的组合效果。

$$DTL = DOL \cdot DFL$$

联合杠杆系数也有两个具体计算公式:

$$DTL = \frac{Q(P-V)}{Q(P-V) - F - I - PD/(1-T)}$$

$$DTL = \frac{EBIT + F}{EBIT - I - PD/(1-T)}$$

例如,甲公司的经营杠杆系数为2,财务杠杆系数为1.5,联合杠杆系数即为:
$2 \times 1.5 = 3$

联合杠杆作用是经营杠杆和财务杠杆的连锁作用。营业收入的任何变动都会放大每股收益。联合杠杆系数对公司管理层具有一定的意义:(1)使公司管理层在一定的成本结构与融资结构下,当营业收入变化时,能够对每股收益的影响程度作出判断,即能够估计出营业收入变动对每股收益造成的影响。例如,如果一家公司的联合杠杆系数是3,则说明当营业收入每增长(减少)1倍,就会造成每股收益增长(减少)3倍。(2)通过经营杠杆与财务杠杆之间的相互关系,有利于管理层对经营风险与财务风险进行管理,即为了控制某一联合杠杆系数,经营杠杆和财务杠杆可以有很多不同的组合。比如,经营杠杆系数较高的公司可以在较低的程度上使用财务杠杆;经营杠杆系数较低的公司可以在较高的程度上使用财务杠杆等等。这有待公司在考虑各相关具体因素之后作出选择。

# 第六章 长期筹资

## 第一节 长期债务筹资

### 一、长期债务筹资的特点

债务筹资是指通过负债筹集资金。负债是企业一项重要的资金来源,几乎没有一家企业是只靠自有资本,而不运用负债就能满足资金需要的。债务筹资是与普通股筹资性质不同的筹资方式。与后者相比,债务筹资的特点表现为:筹集的资金具有使用上的时间性,需到期偿还;不论企业经营好坏,需固定支付债务利息,从而形成企业固定的负担;其资本成本一般比普通股筹资成本低,且不会分散投资者对企业的控制权。

长期负债是指期限超过1年的负债。长期负债的优点是:可以解决企业长期资金的不足,如满足发展长期性固定资产的需要;由于长期负债的归还期长,债务人可对债务的归还作长期安排,还债压力或风险相对较小。缺点是:长期负债筹资一般成本较高,即长期负债的利率一般会高于短期负债利率;负债的限制较多,即债权人经常会向债务人提出一些限制性的条件以保证其能够及时、足额偿还债务本金和支付利息,从而形成对债务人的种种约束。

目前在我国,长期债务筹资主要有长期借款和长期债券两种方式。

### 二、长期借款筹资

长期借款是指企业向银行或其他非银行金融机构借入的使用期超过1年的借款,主要用于购建固定资产和满足长期流动资金占用的需要。

#### (一)长期借款的种类

长期借款的种类很多,各企业可根据自身的情况和各种借款条件选用。我国目前各金融机构的长期借款主要有:

(1)按照用途,分为固定资产投资借款、更新改造借款、科技开发和新产品试制借款等。

(2)按照提供贷款的机构,分为政策性银行贷款、商业银行贷款等。此外,企业还可从信托投资公司取得实物或货币形式的信托投资贷款，从财务公司取得各种中长期贷款等。

（3）按照有无担保，分为信用贷款和抵押贷款。信用贷款指不需企业提供抵押品，仅凭其信用或担保人信誉而发放的贷款。抵押贷款是指要求企业以抵押品作为担保的贷款。长期贷款的抵押品常常是房屋、建筑物、机器设备、股票、债券等。

（二）长期借款的条件

金融机构对企业发放贷款的原则是：按计划发放、择优扶植、有物资保证、按期归还。企业申请贷款一般应具备的条件是：

（1）独立核算、自负盈亏、有法人资格。

（2）经营方向和业务范围符合国家产业政策，借款用途属于银行贷款办法规定的范围。

（3）借款企业具有一定的物资和财产保证，担保单位具有相应的经济实力。

（4）具有偿还贷款的能力。

（5）财务管理和经济核算制度健全，资金使用效益及企业经济效益良好。

（6）在银行设有账户，办理结算。

具备上述条件的企业欲取得贷款，先要向银行提出申请，陈述借款原因与金额、用款时间与计划、还款期限与计划。银行根据企业的借款申请，针对企业的财务状况、信用情况、盈利的稳定性、发展前景、借款投资项目的可行性等进行审查。银行审查同意贷款后，再与借款企业进一步协商贷款的具体条件，明确贷款的种类、用途、金额、利率、期限、还款的资金来源及方式、保护性条件、违约责任，等等，并以借款合同的形式将其法律化。借款合同生效后，企业便可取得借款。

（三）长期借款的保护性条款

由于长期借款的期限长、风险大，按照国际惯例，银行通常对借款企业提出一些有助于保证贷款按时足额偿还的条件。将这些条件写进贷款合同中，就形成了合同的保护性条款。归纳起来，保护性条款大致有如下两类：

1. 一般性保护条款。

一般性保护条款应用于大多数借款合同，但根据具体情况会有不同内容，主要包括：（1）对借款企业流动资金保持量的规定，其目的在于保持借款企业资金的流动性和偿债能力；（2）对支付现金股利和再购入股票的限制，其目的在于限制现金外流；（3）对净经营性长期资产总投资规模的限制，其目的在于减小企业日后不得不变卖固定资产以偿还贷款的可能性，仍着眼于保持借款企业资金的流动性；（4）限制其他长期债务，其目的在于防止其他贷款人取得对企业资产的优先求偿权；（5）借款企业定期向银行提交财务报表，其目的在于及时掌握企业的财务情况；（6）不准在正常情况下出售较多资产，以保持企业正常的生产经营能力；（7）如期缴纳税费和清偿其他到期债务，以防被罚款而造成现金流失；（8）不准以任何资产作为其他承诺的担保或抵押，以避免企业负担过重；（9）不准贴现应收票据或出售应收账款，以避免或有负债；（10）限制租赁固定资产的规模，其目的在于防止企业负担巨额租金以致削弱其偿债能力，还在于防止企业以租赁固定资产的办法摆脱对其净经营性长期资产总投资和负债的约束。

2. 特殊性保护条款。

特殊性保护条款是针对某些特殊情况而出现在部分借款合同中的，主要包括：（1）贷款专款专用；（2）不准企业投资于短期内不能收回资金的项目；（3）限制企业高级职员的薪金和奖金总额；（4）要求企业主要领导人在合同有效期间担任领导职务；（5）要求企业主要领导人购买人身保险；等等。

此外，"短期借款筹资"中的周转信贷协定、补偿性余额等条件，也同样适用于长期借款。

### （四）长期借款的成本

长期借款的利息率通常高于短期借款，但信誉好或抵押品流动性强的借款企业，仍然可以争取到较低的长期借款利率。长期借款利率有固定利率和浮动利率两种。浮动利率通常有最高、最低限，并在借款合同中明确。对于借款企业来讲，若预测市场利率将上升，应与银行签订固定利率合同；反之，则应签订浮动利率合同。

除了利息之外，银行还会向借款企业收取其他费用，如实行周转信贷协定所收取的承诺费、要求借款企业在本银行中保持补偿余额所形成的间接费用。这些费用会增大长期借款的成本。

### （五）长期借款的偿还方式

长期借款的偿还方式不一，包括：定期支付利息、到期一次性偿还本金的方式；如同短期借款那样的定期等额偿还方式；平时逐期偿还小额本金和利息、期末偿还余下的大额部分的方式。第一种偿还方式会加大企业借款到期时的还款压力，而定期等额偿还又会提高企业使用贷款的有效年利率。

### （六）长期借款筹资的优点和缺点

与其他长期负债筹资相比，长期借款筹资的优缺点主要有：

1. 长期借款筹资的优点。

（1）筹资速度快。发行各种证券筹集长期资金所需时间一般较长，做好证券发行的准备以及证券的发行都需要一定时间。而向金融机构借款与发行证券相比，一般借款所需时间较短，可以迅速地获取资金。

（2）借款弹性好。企业与金融机构可以直接接触，可通过直接商谈来确定借款的时间、数量、利息、偿付方式等条件。在借款期间，如果企业情况发生了变化，也可与金融机构进行协商，修改借款合同。借款到期后，如有正当理由，还可延期归还。

2. 长期借款筹资的缺点。

（1）财务风险较大。企业举借长期借款，必须定期还本付息。在经营不利的情况下，可能会产生不能偿付的风险，甚至会导致破产。

（2）限制条款较多。企业与金融机构签订的借款合同中，一般都有较多的限制条款，这些条款可能会限制企业的经营活动。

## 三、长期债券筹资

债券是发行人依照法定程序发行，约定在一定期限内还本付息的有价证券。债券的发行人是债务人，投资于债券的人是债权人。这里所说的债券，指的是期限超过 1 年的公司债券,其发行目的通常是为建设大型项目筹集大笔长期资金。

### (一) 债券发行价格

债券的发行价格是债券发行时使用的价格,亦即投资者购买债券时所支付的价格。公司债券的发行价格通常有三种:平价、溢价和折价。

### (二) 债券评级

公司公开发行债券通常需要由债券评信机构评定等级。债券的信用等级对于发行公司和购买人都有重要影响。这是因为:(1)债券评级是度量违约风险的一个重要指标,债券的等级对于债务融资的利率以及公司债务成本有着直接的影响。一般说来,资信等级高的债券,能够以较低的利率发行;资信等级低的债券,风险较大,只能以较高的利率发行。另外,许多机构投资者将投资范围限制在特定等级的债券之内。(2)债券评级方便投资者进行债券投资决策。对广大投资者尤其是中小投资者来说,由于受时间、知识和信息的限制,无法对众多债券进行分析和选择,因此需要专业机构对债券还本付息的可靠程度进行客观、公正和权威的评定,为投资者决策提供参考。

国际上流行的债券等级是3等9级。AAA级为最高级,AA级为高级,A级为上中级,BBB级为中级,BB级为中下级,B级为投机级,CCC级为完全投机级,CC级为最大投机级,C级为最低级。

我国的债券评级工作正在开展,但尚无统一的债券等级标准和系统评级制度。根据中国人民银行的有关规定,凡是向社会公开发行的企业债券,需要由经中国人民银行认可的资信评级机构进行评信。这些机构对发行债券企业的企业素质、财务质量、项目状况、项目前景和偿债能力进行评分,以此评定信用级别。

### (三) 债券偿还

1. 债券的偿还时间。

债券偿还时间按其实际发生与规定的到期日之间的关系,分为到期偿还、提前偿还与滞后偿还三类。

2. 债券的偿还形式。

债券的偿还形式是指在偿还债券时使用什么样的支付手段。可使用的支付手段包括现金、新发行的本公司债券(简称新债券)、本公司的普通股股票(简称普通股)和本公司持有的其他公司发行的有价证券(简称有价证券)。

3. 债券的付息。

债券的付息主要表现在利息率的确定、付息频率和付息方式三个方面。

(1) 利息率的确定。利息率的确定有固定利率和浮动利率两种形式。浮动利率一般指由发行人选择一个基准利息率,按基准利息率水平在一定的时间间隔中对债务的利率进行调整。

(2) 付息频率。付息频率越高,资金流发生的次数越多,对投资人的吸引力越大。债券付息频率主要有按年付息、按半年付息、按季付息、按月付息和一次性付息(利随本清,贴现发行)五种。

(3) 付息方式。付息方式有两种:一种是采取现金、支票或汇款的方式;另一种是采用息票债券的方式。付息方式多随付息频率而定,在一次付息的情况下,或用现金或用支票；如果是贴现发行，发行人以现金折扣的形式出售债券，并不发生实际的付息行为；在分次的情况下，记名债券的利息以支票或汇款的形式支付；不计名债券则按息票付息。

**（四）债券筹资的优点和缺点**

1. 债券筹资的优点。

（1）筹资规模较大。债券属于直接融资，发行对象分布广泛，市场容量相对较大，且不受金融中介机构自身资产规模及风险管理的约束，可以筹集的资金数量也较多。

（2）具有长期性和稳定性。债券的期限可以比较长，且债券的投资者一般不能在债券到期之前向企业索取本金，因而债券筹资方式具有长期性和稳定性的特点。金融机构对较长期限借款的比例往往会有一定的限制。

（3）有利于资源优化配置。由于债券是公开发行的，是否购买债券取决于市场上众多投资者自己的判断，并且投资者可以方便地交易并转让所持有的债券，有助于加速市场竞争，优化社会资金的资源配置效率。

2. 债券筹资的缺点。

（1）发行成本高。企业公开发行公司债券的程序复杂，需要聘请保荐人、会计师、律师、资产评估机构以及资信评级机构等中介，发行的成本较高。

（2）信息披露成本高。发行债券需要公开披露募集说明书及其引用的审计报告、资产评估报告、资信评级报告等多种文件。债券上市后也需要披露定期报告和临时报告，信息披露成本较高。同时也对保守企业的经营、财务等信息及其他商业机密不利。

（3）限制条件多。发行债券的契约书中的限制条款通常比优先股及短期债务更为严格，可能会影响企业的正常发展和以后的筹资能力。

# 第二节　普通股筹资

相对于债券和借款的到期还本付息，普通股筹资通常不需要归还本金且没有固定的股利负担，投资者将承担更高的财务风险，故普通股筹资的资本成本也更高。普通股筹资包括内部股权筹资和外部股权筹资，反映在资产负债表上，前者是指留存收益的增加，后者则体现为股本或实收资本的增加（通常伴随资本公积的增加）。

## 一、普通股筹资的特点

普通股是最基本的一种股票形式，是相对于优先股的一种股票种类。它是指股份公司依法发行的具有表决权和剩余索取权的一类股票。普通股具有股票的最一般特征，通常每一份股权包含对公司财产享有的平等权利。

**（一）普通股筹资的优点**

与其他筹资方式相比，普通股筹资具有如下优点：

（1）没有固定利息负担。公司有盈余，并认为适合分配股利，就可以分给股东；

公司盈余较少，或虽有盈余但资金短缺或有更有利的投资机会，就可少分配或不分配股利。

（2）没有固定到期日。利用普通股筹集的是永久性的资金，除非公司清算才需偿还。它对保证企业最低的资金需求有重要意义。

（3）财务风险小。由于普通股没有固定到期日，不用支付固定的利息，因此财务风险小。

（4）能增加公司信誉。股本与留存收益是公司债务所面临风险的缓冲地带。较多的自有资金，可为债权人提供较大的保障，因而，普通股筹资既可以提高公司的信用价值，同时也为使用更多的债务资金提供了强有力的支持。

（5）筹资限制较少。利用优先股或债券筹资，通常有许多限制，这些限制往往会影响公司经营的灵活性，而利用普通股筹资则没有这种限制。

另外，由于普通股预期收益较高并可在一定程度上抵消通货膨胀的影响（通常在通货膨胀期间，不动产升值时普通股也随之升值），因此普通股筹资更容易吸收资金。

**（二）普通股筹资的缺点**

与其他筹资方式相比，普通股筹资也有一些缺点：

（1）普通股资本成本较高。首先，从投资者角度讲，投资于普通股风险较高，因此要求较高的投资报酬率。其次，对筹资公司而言，普通股股利来自净利润，不像债券利息那样作为费用从税前支付，因而不具有抵税作用。此外，普通股的发行费用一般也高于其他证券。

（2）以普通股筹资会增加新股东，这可能会分散公司的控制权，削弱原有股东对公司的控制。

（3）如果公司股票上市，需要履行严格的信息披露制度，接受公众的监督，会带来较大的信息披露成本，也增加了公司保护商业秘密的难度。

（4）股票上市会增加公司被收购的风险。公司股票上市后，其经营状况会受到社会的广泛关注，一旦公司经营或财务出现问题，可能面临被收购的风险。

## 二、普通股的发行方式

除通过增加留存收益进行普通股筹资外，股票发行（即股票经销出售）是另一种普通股筹资方式。股票发行遵循公平、公正等原则，必须同股同权、同股同利。同次发行的股票，每股的发行条件和价格应当相同。同时，发行股票还应接受国务院证券监督管理机构的管理和监督。

由于各国的金融市场监管制度、金融体系结构和金融市场结构不同，股票发行方式也有所不同。股票的发行方式，可按不同标准分类：（1）以发行对象为标准，可划分为公开发行和非公开发行；（2）以发行中是否有中介机构（证券承销商）协助为标准，可划分为直接发行和间接发行；（3）以发行股票能否带来现款为标准，可划分为有偿增资发行、无偿增资发行和搭配增资发行。

1. 公开发行与非公开发行。

公开发行又称公募，是指向不特定对象公开募集股份。这种发行方式的发行范围广、发行对象多，易于足额募集资本；股票的变现性强，流通性好；股票的公开发行还有助于提高发行公司的知名度和影响力。但这种发行方式也有不足，主要是手续繁杂，发行成本高。

我国2019年12月28日修订、2020年3月1日起施行的《证券法》（以下简称，我国《证券法》）规定，公开发行证券，必须符合法律、行政法规规定的条件，并依法报经国务院证券监督管理机构或者国务院授权的部门注册。未经依法注册，任何单位和个人不得公开发行证券。证券发行注册制的具体范围、实施步骤，由国务院规定。有下列情形之一的，为公开发行：（1）向不特定对象发行证券；（2）向特定对象发行证券累计超过200人，但依法实施员工持股计划的员工人数不计算在内；（3）法律、行政法规规定的其他发行行为。

非公开发行又称私募，是指上市公司采用非公开方式，向特定对象发行股票的行为。这种发行方式灵活性较大，发行成本低，但发行范围小，股票变现性差。

我国《证券法》规定，非公开发行证券，不得采用广告、公开劝诱和变相公开方式。我国证券监督管理委员会2020年2月14日重新发布的《上市公司证券发行管理办法》（以下简称我国《上市公司证券发行管理办法》）规定，非公开发行股票的特定对象应当符合下列规定：（1）特定对象符合股东大会决议规定的条件；（2）发行对象不超过35名。发行对象为境外战略投资者的，应当遵守国家的相关规定。

2. 直接发行与间接发行。

直接发行，是指发行公司自己承担股票发行的一切事务和发行风险，直接向认购者推销出售股票的方式。这种销售方式优点是可由发行公司直接控制发行过程，并可节省发行费用；缺点是筹资时间长，发行公司要承担全部发行风险，并需要发行公司有较高的知名度、信誉和实力。

间接发行又叫委托发行，是指发行公司将股票销售业务委托给证券经营机构代理。这种销售方式是股票发行普遍采用的方式。委托销售又分为包销和代销。所谓包销，是根据承销协议商定的价格，证券经营机构一次性购进发行公司公开募集的全部股份，然后以较高的价格将其出售给社会上的认购者。对发行公司来说，包销的方式可及时筹足资本，免于承担发行风险（股款未募足的风险由承销商承担），但股票以较低的价格出售给承销商会损失部分溢价。所谓代销，是证券经营机构为发行公司代售股票，并由此获取一定的佣金，但不承担股款未募足的风险。

我国《证券法》规定，发行人向不特定对象发行的证券，法律、行政法规规定应当由证券公司承销的，发行人应当同证券公司签订承销协议。证券承销业务采取代销或者包销方式。证券代销是指证券公司代发行人发售证券，在承销期结束时，将未售出的证券全部退还给发行人的承销方式。证券包销是指证券公司将发行人的证券按照协议全部购入或者在承销期结束时将售后剩余证券全部自行购入的承销方式。公开发行证券的发行人有权依法自主选择承销的证券公司。证券的代销、包销期限最长不得超过90日。证券公司在代销、包销期内，对所代销、包销的证券应当保证先行出售给认购人，证券公司不得为本公司预留所代销的证券和预先购入并留存所包销的证券。股票发行采用代销方式，代销期限届满，向投资者出售的股票数量未达到拟公开发行股票数量70%的，为发行失败。发行人应当按照发行价并加算银行同期存款利息返还股票认购人。

3. 有偿增资发行、无偿增资发行与搭配增资发行。

有偿增资发行，是指认购者必须按股票的某种发行价格支付现款，方能获得股票的一种发行方式。公开增发、配股和定向增发都采用有偿增资的方式。采用这种方式发行股票，可以直接从外界募集股本，增加公司的资本金。

无偿增资发行，是指认购者不必向公司缴纳现金就可获得股票的发行方式，发行对象只限于原股东，采用这种方式发行的股票，不直接从外界募集股本，而是依靠减少公司的资本公积或留存收益来增加资本金。一般只在分配股票股利、资本公积或盈余公积转增资本时采用。公司按比例将新股票无偿发行给原股东，其目的主要是为增强股东信心和公司信誉。

搭配增资发行，是指发行公司向原股东发行新股时，仅让股东支付发行价格的一部分就可获得一定数额股票的发行方式，例如股东认购面额为100元的股票，只需支付50元即可，其余部分由资本公积或留存收益转增。这种发行方式通常是对原股东的一种优惠。

### 三、普通股的发行条件

1. 公开发行普通股。

对于公开发行证券，我国《上市公司证券发行管理办法》规定，上市公司的盈利能力具有可持续性，符合下列规定：（1）最近3个会计年度连续盈利。扣除非经常性损益后的净利润与扣除前的净利润相比，以低者作为计算依据；（2）业务和盈利来源相对稳定，不存在严重依赖于控股股东、实际控制人的情形；（3）现有主营业务或投资方向能够可持续发展，经营模式和投资计划稳健，主要产品或服务的市场前景良好，行业经营环境和市场需求不存在现实或可预见的重大不利变化；（4）高级管理人员和核心技术人员稳定，最近12个月内未发生重大不利变化；（5）公司重要资产、核心技术或其他重大权益的取得合法，能够持续使用，不存在现实或可预见的重大不利变化；（6）不存在可能严重影响公司持续经营的担保、诉讼、仲裁或其他重大事项；（7）最近24个月内曾公开发行证券的，不存在发行当年营业利润比上年下降50%以上的情形。上市公司的财务状况良好，符合下列规定：（1）会计基础工作规范，严格遵循国家统一会计制度的规定。（2）最近3年及一期财务报表未被注册会计师出具保留意见、否定意见或无法表示意见的审计报告；被注册会计师出具带强调事项段的无保留意见审计报告的，所涉及的事项对发行人无重大不利影响或者在发行前重大不利影响已经消除。（3）资产质量良好。不良资产不足以对公司财务状况造成重大不利影响。（4）经营成果真实，现金流量正常。营业收入和成本费用的确认严格遵循国家有关企业会计准则的规定，最近3年资产减值准备计提充分合理，不存在操纵经营业绩的情形。（5）最近3年以现金方式累计分配的利润不少于最近3年实现的年均可分配利润的30%。

2. 非公开发行普通股。

对于非公开发行股票，我国《上市公司证券发行管理办法》规定，非公开发行股票的特定对象应当符合下列规定：（1）特定对象符合股东大会决议规定的条件；（2）发行对象不超过35名。发行对象为境外战略投资者的，应当遵守国家的相关规定。上市公司非公开发行股票，应当符合下列规定：（1）发行价格不低于定价基准日前20个交易日公司股票均价的80%。（2）本次发行的股份自发行结束之日起，6个月内不得转让；控股股东、实际控制人及其控制的企业认购的股份，18个月内不得转让。（3）募集资金使用符合本办法的相关规定。（4）本次发行将导致上市公司控制权发生变化的，还应当符合中国证监会的其他规定。

### 四、普通股的发行定价

股票发行价格通常有等价、时价和中间价三种。等价是指以股票面额为发行价格，即股票的发行价格与其面额等价，也称平价发行或面值发行。时价是以公司原发行同种股票的现行市场价格为基准来确定增发新股的发行价格，也称市价发行。中间价是取股票市场价格与面额的中间值作为股票的发行价格。以中间价和时价发行都可能是溢价发行，也可能是折价发行。发行人通常会参考公司经营业绩、净资产、发展潜力、发行数量、行业特点、股市状态等，确定发行价格。

值得注意的是，我国2018年10月26日修订的《公司法》规定，股票发行价格可以按票面金额，也可以超过票面金额，但不得低于票面金额。我国《证券法》规定，股票发行采取溢价发行的，其发行价格由发行人与承销的证券公司协商确定。我国《上市公司证券发行管理办法》规定，公开增发股票的发行价格，应不低于公告招股意向书前20个交易日公司股票均价或前1个交易日的均价；非公开发行股票[①]的发行价格不低于定价基准日前20个交易日公司股票均价的80%。

### 五、普通股的发行程序

我国《上市公司证券发行管理办法》规定：

（1）上市公司申请发行证券，董事会应当依法就下列事项作出决议，并提请股东大会批准：①本次证券发行的方案；②本次募集资金使用的可行性报告；③前次募集资金使用的报告；④其他必须明确的事项。

（2）股东大会就发行股票作出的决定，至少应当包括下列事项：①本次发行证券的种类和数量；②发行方式、发行对象及向原股东配售的安排；③定价方式或价格区间；④募集资金用途；⑤决议的有效期；⑥对董事会办理本次发行具体事宜的授权；⑦其他必须明确的事项。

（3）股东大会就发行证券事项作出决议，必须经出席会议的股东所持表决权的2/3以上通过。

（4）上市公司申请公开发行证券或者非公开发行新股，应当由保荐人保荐，并向中国证监会申报。

（5）中国证监会依照下列程序审核发行证券的申请：①收到申请文件后，5个工作日内决定是否受理；②中国证监会受理后，对申请文件进行初审；③发行审核委员会审核

---

① 我国《上市公司证券发行管理办法》未对配股发行价格作具体规定，本书按照以往惯例，参照非公开发行股票的发行价格相关规定（即不低于定价基准日前20个交易日公司股票均价的80%）在下文举例。

申请文件;④中国证监会作出核准或者不予核准的决定。

(6) 自中国证监会核准发行之日起,上市公司应在 12 个月内发行证券;超过 12 个月未发行的,核准文件失效,须重新经中国证监会核准后方可发行。

(7) 上市公司发行证券前发生重大事项的,应暂缓发行,并及时报告中国证监会。该事项对本次发行条件构成重大影响的,发行证券的申请应重新经过中国证监会核准。

### 六、普通股的首次公开发行

普通股的首次公开发行,即 IPO(Initial Public Offering),是指一家公司第一次将其普通股向公众出售。

#### (一) 发行条件

对于普通股首次公开发行,除符合前述公开发行的基本条件外,我国 2018 年 6 月 6 日修订的《首次公开发行股票并上市管理办法》还规定,发行人应当是依法设立且合法存续的股份有限公司。经国务院批准,有限责任公司在依法变更为股份有限公司时,可以采取募集设立方式公开发行股票。发行人自股份有限公司成立后,持续经营时间应当在 3 年以上,但经国务院批准的除外。有限责任公司按原账面净资产值折股整体变更为股份有限公司的,持续经营时间可以从有限责任公司成立之日起计算。发行人应当符合下列条件:(1) 最近 3 个会计年度净利润均为正数且累计超过人民币 3 000 万元,净利润以扣除非经常性损益前后较低者为计算依据。(2) 最近 3 个会计年度经营活动产生的现金流量净额累计超过人民币 5 000 万元;或者最近 3 个会计年度营业收入累计超过人民币 3 亿元。(3) 发行前股本总额不少于人民币 3 000 万元。(4) 最近一期末无形资产(扣除土地使用权、水面养殖权和采矿权等后)占净资产的比例不高于 20%。(5) 最近一期末不存在未弥补亏损。

#### (二) 发行定价

我国 2017 年 9 月 7 日修订的《证券发行与承销管理办法》(以下简称我国《证券发行与承销管理办法》)规定,首次公开发行股票,可以通过向网下投资者询价的方式确定股票发行价格,也可以通过发行人与主承销商自主协商直接定价等其他合法可行的方式确定发行价格。公开发行股票数量在 2 000 万股(含)以下且无老股转让计划的,应当通过直接定价的方式确定发行价格。

### 七、股权再融资

股权再融资,即 SEO(Seasoned Equity Offering),是指上市公司在首次公开发行以后,再次发行股票以进行股权融资的行为。

股权再融资包括向原股东配股和增发新股融资。配股是指向原普通股股东按其持股比例、以低于市价的某一特定价格配售一定数量新发行股票的融资行为。增发新股是指上市公司为了筹集权益资本而再次发行股票的融资行为,包括面向不特定对象的公开增发和面向特定对象的非公开增发(即定向增发)。其中,配股和公开增发属于公开发行,非公开增发属于非公开发行。

## （一）配股

按照惯例，公司配股时新股的认购权按照原有股权比例在原股东之间分配。配股赋予企业现有股东配股权，使得现有股东拥有合法的优先购买新发股票的权利。

1. 配股权。

配股权是指当股份公司为增加公司股本而决定发行新股时，原普通股股东享有的按其持股数量、以低于市价的某一特定价格优先认购一定数量新发行股票的权利。配股权是普通股股东的优惠权，实际上是一种短期的看涨期权。配股权在某一股权登记日前颁发，在此之前购买的股东享有配股权，即此时股票的市场价格中含有配股权的价值。

配股的目的有：（1）不改变原控股股东对公司的控制权和享有的各种权利；（2）发行新股将导致短期内每股收益稀释，通过折价配售的方式可以给原股东一定的补偿；（3）鼓励原股东认购新股，以增加发行量。配股权与公司公开发行的、期限很长的认股权证不同，我们将在本章第三节混合筹资中讨论附认股权证相关问题。

2. 配股条件。

除满足前述公开发行的基本条件外，我国《上市公司证券发行管理办法》要求，配股还应当符合下列规定：（1）拟配售股份数量不超过本次配售股份前股本总额的30%；（2）控股股东应当在股东大会召开前公开承诺认配股份的数量；（3）采用证券法规定的代销方式发行。控股股东不履行认配股份的承诺，或者代销期限届满，原股东认购股票的数量未达到拟配售数量70%的，发行人应当按照发行价并加算银行同期存款利息返还已经认购的股东。

3. 配股价格。

配股一般采取网上定价发行的方式。配股价格由主承销商和发行人协商确定。

4. 配股除权价格。

通常配股股权登记日后要对股票进行除权处理。除权后股票的理论除权基准价格为：

$$配股除权参考价 = \frac{配股前股票市值 + 配股价格 \times 配股数量}{配股前股数 + 配股数量}$$

$$= \frac{配股前每股价格 + 配股价格 \times 股份变动比例}{1 + 股份变动比例}$$

当所有股东都参与配股时，股份变动比例（即实际配售比例）等于拟配售比例。

除权参考价只是作为计算除权日股价涨跌幅度的基准，提供的只是一个参考价格。如果除权后股票交易市价高于该除权参考价，这种情形使得参与配股的股东财富较配股前有所增加，一般称之为填权；股价低于除权参考价则会减少参与配股股东的财富，一般称之为贴权。

5. 每股股票配股权价值。

一般来说，原股东可以以低于配股前股票市价的价格购买所配发的股票，即配股权的执行价格低于当前股票价格，此时配股权是实值期权，因此配股权具有价值。利用配股除权参考价，可以估计每股股票配股权价值。每股股票配股权价值为：

$$每股股票配股权价值 = \frac{配股除权参考价 - 配股价格}{购买一股新配股所需的原股数}$$

**【例6-1】** A公司采用配股方式进行融资。2020年3月21日为配股除权登记日，以公司 2019 年 12 月 31 日总股数 100 000 股为基数，拟每 10 股配 2 股。配股价格为配股说明书公布前 20 个交易日公司股票交易均价 5 元/股的 80%，即配股价格为 4 元/股。

假定在分析中不考虑新募集资金投资产生净现值引起的企业价值变化，计算并分析：①在所有股东均参与配股的情况下，配股后每股价格；②每一份配股权的价值；③是否参与配股将对股东财富的影响。

（1）以每股 4 元的价格发行了 20 000 股新股，筹集 80 000 元，由于不考虑新投资产生净现值引起的企业价值变化，普通股总市场价值增加了本次配股融资的金额，配股后股票的价格应等于配股除权参考价。

$$配股除权参考价 = \frac{100\ 000 \times 5 + 20\ 000 \times 4}{100\ 000 + 20\ 000} = 4.833（元/股）$$

假设股票市场价值增加正好反映新增资本，配股后每股价格为 4.833 元。

（2）由于原股东每 10 股股票将配售 2 股股票，故为得到一股新配股需要有 5 股原股票，因此每股原股票的配股权价值为 0.167 元 [（4.833 − 4）/5]。

（3）假设某股东拥有 10 000 股 A 公司股票，配股前价值 50 000 元。如果所有股东都行使配股权参与配股，该股东配股后所拥有股票的总价值为 58 000 元（4.833 × 12 000）。也就是说，该股东花费 8 000 元（4 × 2 000）参与配股，持有的股票价值增加了 8 000 元，股东的财富没有变化。但如果该股东没有参与配股，配股后股票价格为 4.847 元/股 [(100 000 × 5 + 18 000 × 4)/(100 000 + 18 000)]。该股东配股后仍持有 10 000 股 A 公司股票，则股票价值为 48 470 元（4.847 × 10 000），该股东财富损失了 1 530 元（50 000 − 48 470）。

### （二）增发新股

公开增发与首次公开发行一样，没有特定的发行对象，股票市场上的投资者均可以认购。而非公开增发，有特定的发行对象，主要是机构投资者、大股东及关联方等。机构投资者大体可以划分为财务投资者和战略投资者。其中，财务投资者通常是以获利为目的、通过短期持有上市公司股票适时套现、实现获利的法人，他们一般不参与公司的重大战略决策。战略投资者通常是与发行人具有合作关系或合作意向和潜力并愿意按照发行人配售要求与发行人签署战略投资配售协议的法人，他们与发行公司业务联系紧密且欲长期持有发行公司股票。上市公司通过非公开增发引入战略投资者不仅获得战略投资者的资金，还有助于引入其管理理念与经验，改善公司治理。大股东及关联方是指上市公司的控股股东或关联方。一般来说，采取非公开增发的形式向控股股东认购资产，有助于上市公司与控股股东进行股份与资产置换，进行股权和业务的整合，同时也进一步提高了控股股东对上市公司的所有权。

1. 公开增发。

除满足前述公开发行的基本条件外，我国《上市公司证券发行管理办法》要求，公开增发还应当符合下列规定：（1）最近 3 个会计年度加权平均净资产收益率平均不低于 6%。扣除非经常性损益后的净利润与扣除前的净利润相比，以低者作为加权平均净资产收益率的计算依据；（2）除金融类企业外，最近一期末不存在持有金额较大的交易性金融资产和可供出售的金融资产、借予他人款项、委托理财等财务性投资的情形；（3）发行价格应不低于公告招股意向书前20个交易日公司股票均价或前1个交易日的均价。

公开增发新股的认购方式通常为现金认购。

【例6-2】 F上市公司2017~2019年度部分财务数据如表6-1所示。

表6-1　　　　　F上市公司2017~2019年度部分财务数据

| 项　目 | 2017年度 | 2018年度 | 2019年度 |
| --- | --- | --- | --- |
| 归属于上市公司股东的净利润（万元） | 55 000 | 19 000 | 31 000 |
| 归属于上市公司股东的扣除非经常性损益的净利润（万元） | 53 000 | 17 000 | 25 000 |
| 加权平均净资产报酬率 | 31.75% | 8.57% | 12.46% |
| 扣除非经常性损益后的加权平均净资产报酬率 | 30.96% | 7.91% | 10.28% |
| 每股现金股利（含税）（元） | 0.1 | 0.04 | 0.06 |
| 当年股利分配股数基数（万股） | 60 000 | 60 000 | 60 000 |
| 当年实现可供分配利润（万元） | 49 600 | 18 400 | 29 600 |

依据上述财务数据，判断F上市公司是否满足公开增发股票的基本条件：

首先，依据我国《上市公司证券发行管理办法》，上市公司公开增发对公司盈利持续性与盈利水平的基本要求是：(1) 最近3个会计年度连续盈利（扣除非经常性损益后的净利润与扣除前的净利润相比，以低者作为计算依据）；(2) 最近24个月内曾公开发行证券的，不存在发行当年营业利润比上年下降50%以上的情形；(3) 最近3个会计年度加权平均净资产收益率平均不低于6%（扣除非经常性损益后的净利润与扣除前的净利润相比，以低者作为加权平均净资产收益率的计算依据）。

F上市公司2017~2019年3个会计年度连续盈利，未在24个月内公开发行证券，且加权平均净资产报酬率均高于6%。

其次，依据我国《上市公司证券发行管理办法》，上市公司最近3年以现金方式累计分配的利润不少于最近3年实现的年均可分配利润的30%。

F上市公司2017~2019年3个会计年度累计分配现金股利

$= \sum_{1}^{3}$（各年度每股现金股利 × 当年股利分配的股本基数）

$=(0.1+0.04+0.06) \times 60\,000 = 12\,000$（万元）

F上市公司2017~2019年3个会计年度实现的年均可分配利润

$=(49\,600+18\,400+29\,600)/3 = 32\,533.33$（万元）

F上市公司2017~2019年3个会计年度以现金方式累计分配的利润占最近3年实现的年均可分配利润的比重 $=12\,000/32\,533.33 = 36.89\% > 30\%$

依据上述条件，2020年F上市公司满足了公开增发再融资的基本财务条件。

【例6-3】 假设A公司总股数为10亿股，现采用公开增发方式发行2亿股，增发前一交易日股票市价为5元/股。老股东和新股东各认购了1亿股。假设不考虑新募集资金投资产生净现值引起的企业价值变化，在增发价格分别为5.5元/股、5元/股的情况下，老股东和新股东的财富将分别有什么变化？

以每股5.5元价格发行2亿股新股，筹集11亿元（5.5×2），由于不考虑新投资产生净现值引起的企业价值变化，普通股总市场价值增加了增发融资的金额。因此：

增发后每股价格 = $\frac{5 \times 10 + 5.5 \times 2}{10 + 2}$ = 5.083（元/股）

老股东财富变化 = 5.083 ×（10 + 1）－（5 × 10 + 5.5 × 1）= 0.413（亿元）

新股东财富变化 = 5.083 × 1 － 5.5 × 1 = －0.417（亿元）①

可见，如果增发价格高于市价，老股东的财富增加，并且老股东财富增加额等于新股东财富减少额。

同理可以算出，增发价格为 5 元/股时，老股东和新股东财富没有变化。

2. 非公开增发。

如前所述，非公开发行股票的发行价格不低于定价基准日前 20 个交易日公司股票均价的 80%。此处，定价基准日前 20 个交易日股票交易均价的计算公式为：

定价基准日前20个交易日股票交易均价 = $\frac{定价基准日前20个交易日股票交易总额}{定价基准日前20个交易日股票交易总量}$

请注意，并非每天收盘价加起来除以 20。

对于以通过非公开发行进行重大资产重组或者引进长期战略投资为目的的，可以在董事会、股东大会阶段事先确定发行价格；对于以筹集现金为目的的，应在取得发行核准批文后采取竞价方式定价。

非公开增发新股的认购方式不限于现金，还包括股权、债权、无形资产、固定资产等非现金资产。通过非现金资产认购的非公开增发，往往是以重大资产重组或者引进长期战略投资为目的。因此非公开增发除了能为上市公司带来资金外，往往还能带来具有盈利能力的资产，提升公司治理水平，优化上下游业务等。但需要注意的是，使用非现金资产认购股份有可能会滋生通过资产定价不公允等手段侵害中小股东利益的现象。

【例 6-4】 H 上市公司为扩大生产规模并解决经营项目融资问题，决定在 2020 年实施股权再融资计划。一方面，拟采取以股权支付方式取得原大股东及 3 家非关联方公司持有的其他公司的相关经营资产，即相当于将上述几家公司持有的相关经营资产注入 H 公司；另一方面，拟采取现金认购股票方式增加资金。但表 6-2 的财务数据显示，H 公司在过去 3 年内的加权平均净资产报酬率和现金股利分配均不满足公开增发募集现金的基本条件，因此，H 公司决定拟采取资产认购与现金认购组合形式的非公开增发方案。

表 6-2　　　　　H 上市公司 2017～2019 年度部分财务数据

| 项　目 | 2017 年度 | 2018 年度 | 2019 年度 |
| --- | --- | --- | --- |
| 归属于上市公司股东的净利润（万元） | 2 832 | 8 167 | 23 820 |
| 归属于上市公司股东的扣除非经常性损益的净利润（万元） | 1 672 | 4 313 | 9 210 |
| 加权平均净资产报酬率 | 1.82% | 5.04% | 11.97% |
| 扣除非经常性损益后的加权平均净资产报酬率 | 1.58% | 3.93% | 6.64% |
| 现金股利分配 | 无 | 无 | 无 |

据 H 公司《非公开发行股票发行情况报告及股份变动公告书》披露的信息显示，在 2020 年 1 月份完成此次非公开增发共计 12 500 万股，募集资金总额 89 250 万元人民币，

---

① 四舍五入导致尾数差异。

扣除发行费用1 756.5万元后，募集资金净额为87 493.5万元人民币。其中，一部分是H公司向原控股股东及3家非关联公司以资产认购的形式发行股份共计80 401 951股，募集资金57 407万元；另一部分是5家机构投资者（基金公司）以现金形式认购本公司的股份共计44 598 049股，募集现金总额31 843万元。

H公司本次非公开增发的发行价格等于发行底价，为定价基准日（本次非公开发行股份的董事会决议公告日）前20个交易日公司股票均价的80%，为7.14元/股。

本次非公开发行完成后将会使公司的股本和资本公积发生变化。其中，采取资产认购的部分，按照每股1元面额计入股本，其认购资产价格高出面额部分计入资本公积，即股本增加额 = $1 \times 80\ 401\ 951 = 80\ 401\ 951$（元），资本公积增加额 = $(7.14 - 1) \times 80\ 401\ 951 = 493\ 667\ 979.14$（元）。采取现金认购部分，股本增加额 = $1 \times 44\ 598\ 049 = 44\ 598\ 049$（元），资本公积增加额 = $(7.14 - 1) \times 44\ 598\ 049 = 273\ 832\ 020.86$（元）。

此次非公开增发完成后，公司股本增加额 = $80\ 401\ 951 + 44\ 598\ 049 = 125\ 000\ 000$（元）；资本公积增加额 = 资产认购部分增加的资本公积 + 现金认购部分增加的资本公积 - 发行相关费用 = $493\ 667\ 979.14 + 273\ 832\ 020.87 - 17\ 565\ 000 = 749\ 935\ 000$（元）。

H上市公司在完成本次非公开增发后，原控股股东的持股比例增加到26.33%，对公司的控制权进一步加强。控股股东在此次非公开增发前的持股数量为63 407 989股，占总股数的比例为19.86%，此次非公开增发认购53 531 600股，增发后占总股数的比例为26.33%。H公司分别通过资产认购方式和现金认购方式，分别引入了3家非关联公司（承诺此次非公开增发结束后18个月内不得转让其所持有的股份）和5家机构投资者（承诺此次非公开增发结束后6个月内不得转让其所持有的股份）成为公司股份持有者，在实现所有权结构多元化的同时，也有助于改善公司的治理结构。

### （三）股权再融资的影响

股权再融资对企业产生的影响主要包括：

1. 对公司资本结构的影响。

通常，权益资本成本高于债务资本成本，采用股权再融资会降低资产负债率，并可能会使资本成本增大；但如果股权再融资有助于企业目标资本结构的实现，增强企业的财务稳健性，降低债务的违约风险，就会在一定程度上降低企业的加权平均资本成本，增加企业的整体价值。

2. 对企业财务状况的影响。

在企业运营及盈利状况不变的情况下，采用股权再融资筹集资金会降低企业的财务杠杆水平，并降低净资产报酬率。但企业如果能将股权再融资筹集的资金投资于具有良好发展前景的项目，获得正的投资活动净现值，或者能够改善企业的资本结构，降低资本成本，就有利于增加企业的价值。

3. 对控制权的影响。

就配股而言，由于全体股东具有相同的认购权利，控股股东只要不放弃认购的权利，就不会削弱控制权。公开增发会引入新的股东，股东的控制权受到增发认购数量的影响。非公开增发相对复杂，若对财务投资者和战略投资者增发，则会降低控股股东的控股比例，但财务投资者和战略投资者大多与控股股东有良好的合作关系，一般不会对控股股东的控制权形成威胁;若面向控股股东的增发是为了收购其优质资产或实现集团整体上市,则会提高控股股东的控股比例,增强控股股东对上市公司的控制权。

## 第三节 混合筹资

### 一、优先股筹资

我国《公司法》没有关于优先股的规定。国务院在 2013 年 11 月 30 日发布了《关于开展优先股试点的指导意见》,证监会在 2014 年 3 月 21 日发布了《优先股试点管理办法》,这两项规定是我国目前关于优先股筹资的主要规范。按照我国《优先股试点管理办法》,上市公司可以发行优先股,非上市公众公司可以非公开发行优先股。本教材重点探讨上市公司优先股的发行。

(一)上市公司发行优先股的一般条件

1. 最近 3 个会计年度实现的年均可分配利润应当不少于优先股 1 年的股息。
2. 最近 3 年现金分红情况应当符合公司章程及中国证监会的有关监管规定。
3. 报告期不存在重大会计违规事项。公开发行优先股,最近 3 年财务报表被注册会计师出具的审计报告应当为标准审计报告或带强调事项段的无保留意见的审计报告;非公开发行优先股,最近 1 年财务报表被注册会计师出具的审计报告为非标准审计报告的,所涉及事项对公司无重大不利影响或者在发行前重大不利影响已经消除。
4. 已发行的优先股不得超过公司普通股股份总数的 50%,且筹资金额不得超过发行前净资产的 50%,已回购、转换的优先股不纳入计算。

(二)上市公司公开发行优先股的特别规定

1. 上市公司公开发行优先股,应当符合以下情形之一:
(1)其普通股为上证 50 指数成分股;
(2)以公开发行优先股作为支付手段收购或吸收合并其他上市公司;
(3)以减少注册资本为目的回购普通股的,可以公开发行优先股作为支付手段,或者在回购方案实施完毕后,可公开发行不超过回购减资总额的优先股。

中国证监会核准公开发行优先股后不再符合第(1)项情形的,上市公司仍可实施本次发行。

2. 最近 3 个会计年度应当连续盈利。扣除非经常性损益后的净利润与扣除前的净利润相比,以孰低者作为计算依据。

3. 上市公司公开发行优先股应当在公司章程中规定以下事项:
(1)采取固定股息率;
(2)在有可分配税后利润的情况下必须向优先股股东分配股息;
(3)未向优先股股东足额派发股息的差额部分应当累积到下一会计年度;
(4)优先股股东按照约定的股息率分配股息后,不再同普通股股东一起参加剩余利润分配。

商业银行发行优先股补充资本的，可就第（2）项和第（3）项事项另行约定。

4. 上市公司公开发行优先股的，可以向原股东优先配售。

5. 最近36个月内因违反工商、税收、土地、环保、海关法律、行政法规或规章，受到行政处罚且情节严重的，不得公开发行优先股。

6. 公司及其控股股东或实际控制人最近12个月内应当不存在违反向投资者作出的公开承诺的行为。

（三）其他规定

1. 优先股每股票面金额为100元。

优先股发行价格和票面股息率应当公允、合理，不得损害股东或其他利益相关方的合法利益，发行价格不得低于优先股票面金额。

公开发行优先股的价格或票面股息率以市场询价或证监会认可的其他公开方式确定。非公开发行优先股的票面股息率不得高于最近两个会计年度的年均加权平均净资产收益率。

2. 上市公司不得发行可转换为普通股的优先股。但商业银行可根据商业银行资本监管规定，非公开发行触发事件发生时强制转换为普通股的优先股，并遵守有关规定。

3. 上市公司非公开发行优先股仅向本办法规定的合格投资者发行，每次发行对象不得超过200人，且相同条款优先股的发行对象累计不得超过200人。

发行对象为境外战略投资者的，还应当符合国务院相关部门的规定。

（四）交易转让及登记结算

1. 优先股发行后可以申请上市交易或转让，不设限售期。

公开发行的优先股可以在证券交易所上市交易。上市公司非公开发行的优先股可以在证券交易所转让，非上市公众公司非公开发行的优先股可以在全国中小企业股份转让系统转让，转让范围仅限合格投资者。交易或转让的具体办法由证券交易所或全国中小企业股份转让系统另行制定。

2. 优先股交易或转让环节的投资者适当性标准应当与发行环节保持一致；非公开发行的相同条款优先股经交易或转让后，投资者不得超过200人。

3. 中国证券登记结算公司为优先股提供登记、存管、清算、交收等服务。

（五）优先股的筹资成本

从投资者来看，优先股投资的风险比债券大。当企业面临破产时，优先股的求偿权低于债权人。在公司财务困难的时候，债务利息会被优先支付，优先股股利则其次。因此，同一公司的优先股股东要求的必要报酬率比债权人的高。同时，优先股投资的风险比普通股低。当企业面临破产时，优先股股东的求偿权优先于普通股股东。在公司分配利润时，优先股股息通常固定且优先支付，普通股股利只能最后支付。因此，同一公司的优先股股东要求的必要报酬率比普通股股东的低。

（六）优先股筹资的优缺点

1. 优先股筹资优点。

（1）与债券相比，不支付股利不会导致公司破产；没有到期期限，不需要偿还本金。

（2）与普通股相比，发行优先股一般不会稀释股东权益。

2. 优先股筹资缺点。

（1）优先股股利不可以税前扣除，是优先股筹资的税收劣势；投资者购买优先股所获股利免税，是优先股筹资的税收优势。两者可以完全抵消，使优先股股息率与债券利率趋于一致。

（2）优先股的股利支付虽然没有法律约束，但是经济上的约束使公司倾向于按时支付其股利。因此，优先股的股利通常被视为固定成本，与负债筹资的利息没有什么差别，会增加公司的财务风险并进而增加普通股的成本。

与优先股类似，永续债作为具有一定权益属性的债务工具，也是一种混合筹资工具。虽然永续债具有一定的权益属性，但是其投资者并不能像普通股股东一样参与企业决策和股利分配。永续债持有者除公司破产等原因外，一般不能要求公司偿还本金，而只能定期获取利息。如果发行方出现破产重组等情形，从债务偿还顺序来看，大部分永续债偿还顺序在一般债券之后普通股之前。

**二、附认股权证债券筹资**

**（一）认股权证的特征**

认股权证是公司向股东发放的一种凭证，授权其持有者在一个特定期间以特定价格购买特定数量的公司股票。

1. 认股权证与股票看涨期权的共同点。

（1）均以股票为标的资产，其价值随股票价格变动；

（2）均在到期前可以选择执行或不执行，具有选择权；

（3）均有一个固定的执行价格。

2. 认股权证与股票看涨期权的区别。

（1）股票看涨期权执行时，其股票来自二级市场，而当认股权执行时，股票是新发股票。认股权证的执行会引起股份数的增加，从而稀释每股收益和股价。股票看涨期权不存在稀释问题。标准化的期权合约，在行权时只是与发行方结清价差，根本不涉及股票交易。

（2）股票看涨期权时间短，通常只有几个月。认股权证期限长，可以长达10年，甚至更长。

（3）布莱克—斯科尔斯模型假设没有股利支付，股票看涨期权可以适用。认股权证不能假设有效期限内不分红，5～10年不分红很不现实，不能用布莱克—斯科尔斯模型定价。

3. 发行认股权证的用途。

（1）在公司发行新股时，为避免原有股东每股收益和股价被稀释，给原有股东配发一定数量的认股权证，使其可以按优惠价格认购新股，或直接出售认股权证，以弥补新股发行的稀释损失。这是认股权证最初的功能。

（2）作为奖励发给本公司的管理人员。所谓"奖励期权"，其实是奖励认股权证，它与期权并不完全相同。有时，认股权证还作为奖励发给投资银行机构。

（3）作为筹资工具，认股权证与公司债券同时发行，用来吸引投资者购买票面利率低于市场要求的长期债券。

我们这里主要讨论筹资问题，因此重点是认股权证与债券的捆绑发行。

### （二）附认股权证债券的筹资成本

附认股权证债券，是指公司债券附认股权证，持有人依法享有在一定期间内按约定价格（执行价格）认购公司股票的权利，是债券加上认股权证的产品组合。通常，附认股权证债券可分为"分离型"与"非分离型"，和"现金汇入型"与"抵缴型"。其中，"分离型"指认股权证与公司债券可以分开，单独在流通市场上自由买卖；"非分离型"指认股权证无法与公司债券分开，两者存续期限一致，同时流通转让，自发行至交易均合二为一，不得分开转让。非分离型附认股权证公司债券近似于可转债。"现金汇入型"指当持有人行使认股权利时，必须再拿出现金来认购股票；"抵缴型"则指公司债票面金额本身可按一定比例直接转股，如现行可转换公司债的方式。把"分离型""非分离型"与"现金汇入型""抵缴型"进行组合，可以得到不同的产品类型。

投资者的期望报酬率，就是公司的税前资本成本。发行公司愿意承担这一较高的成本，以便及时取得所需资金。如果计算出的组合内含报酬率高于直接增发股份，发行公司就不会接受该方案。公司正是认为市场低估了自己的价值，才选择发行认股权证和债券组合。

计算出的内含报酬率必须处在债务市场利率和税前普通股成本之间，才可以被发行人和投资人同时接受。

### （三）附认股权证债券筹资的优点和缺点

附认股权证债券筹资的主要优点是，发行附认股权证债券可以起到一次发行、二次融资的作用，而且可以有效降低融资成本。该债券的发行人主要是高速增长的小公司，这些公司有较高的风险，直接发行债券需要较高的票面利率。发行附认股权证债券，是以潜在的股权稀释为代价换取较低的利息。

附认股权证债券筹资的主要缺点是灵活性较差。相对于可转换债券，发行人一直都有偿还本息的义务，因无赎回和强制转股条款，从而在市场利率大幅降低时，发行人需要承担一定的机会成本。附认股权证债券的发行者，主要目的是发行债券而不是股票，是为了发债而附带期权。认股权证的执行价格，一般比发行时的股价高出20%至30%。如果将来公司发展良好，股票价格会大大超过执行价格，原有股东也会蒙受较大损失。此外，附认股权证债券的承销费用通常高于债务融资。

## 三、可转换债券筹资

### （一）可转换债券的主要条款

可转换债券，是一种特殊的债券，它在一定期间内依据约定的条件可以转换成普通股。

可转换债券通常有以下主要条款：

1. 可转换性。

可转换债券，可以转换为特定公司的普通股。这种转换，在资产负债表上只是负债转换为普通股，并不增加额外的资本。认股权证与之不同，认股权会带来新的资本。这种转换是一种期权，证券持有人可以选择转换，也可选择不转换而继续持有债券。

2. 转换价格。

可转换债券发行之时，明确了以怎样的价格转换为普通股，这一规定的价格就是可转换债券的转换价格（也称转股价格），即转换发生时投资者为取得普通股每股所支付的实际价格。转换价格通常比发行时的股价高出20%~30%。

3. 转换比率。

转换比率是债权人将一份债券转换成普通股可获得的普通股股数。可转换债券的面值、转换价格、转换比率之间存在下列关系：

转换比率 = 债券面值 ÷ 转换价格

【例6-5】 A公司20×0年发行了12.5亿元可转换债券，其面值1 000元，年利率为4.75%，2010年到期。转换可以在此前的任何时候进行，转换比率为6.41。其转换价格可以计算出来：

转换价格 = 1 000/6.41 = 156.01（元）

这就是说，为了取得A公司的1股，需要放弃金额为156.01元的债券面值。

4. 转换期。

转换期是指可转换债券转换为股份的起始日至结束日的期间。可转换债券的转换期可以与债券的期限相同，也可以短于债券的期限。例如，某种可转换债券规定只能从其发行一定时间之后（如发行若干年之后）才能够行使转换权，这种转换期称为递延转换期，短于其债券期限。还有的可转换债券规定只能在一定时间内（如发行日后的若干年之内）行使转换权，超过这一段时间转换权失效，因此转换期也会短于债券的期限，这种转换期称为有限转换期。超过转换期后的可转换债券，不再具有转换权，自动成为不可转换债券（或普通债券）。

我国《上市公司证券发行管理办法》规定，自发行结束之日起6个月后方可转换为公司股票，转股期限由公司根据可转换公司债券的存续期限及公司财务状况决定。

5. 赎回条款。

赎回条款是可转换债券的发行企业可以在债券到期日之前提前赎回债券的规定。赎回条款包括下列内容：

（1）不可赎回期。不可赎回期是可转换债券从发行时开始，不能被赎回的那段期间。例如，规定自发行日起两年之内不能由发行公司赎回，债券的前两年就是不可赎回期。设立不可赎回期的目的，在于保护债券持有人的利益，防止发行企业通过滥用赎回权，促使债券持有人及早转换债券。不过，并不是每种可转换债券都设有不可赎回条款。

（2）赎回期。赎回期是可转换债券的发行公司可以赎回债券的期间。赎回期安排在不可赎回期之后，不可赎回期结束之后，即进入可转换债券的赎回期。

（3）赎回价格。赎回价格是事前规定的发行公司赎回债券的出价。赎回价格一般高于可转换债券的面值，两者之差为赎回溢价。赎回溢价随债券到期日的临近而减少。例如，一种20×1年1月1日发行，面值100元，期限5年，不可赎回期为3年，赎回期为2年的可赎回债券，规定到期前1年（即20×4年）的赎回价格为110元，到期年度（即20×5年）的赎回价格为105元。

(4) 赎回条件。赎回条件是对可转换债券发行公司赎回债券的情况要求，即需要在什么样的情况下才能赎回债券。赎回条件分为无条件赎回和有条件赎回。无条件赎回是在赎回期内发行公司可随时按照赎回价格赎回债券。有条件赎回是对赎回债券有一些条件限制，只有在满足了这些条件之后才能由发行公司赎回债券。

发行公司在赎回债券之前，要向债券持有人发出通知，要求他们在将债券转换为普通股与卖给发行公司（即发行公司赎回）之间作出选择。一般而言，债券持有人会将债券转换为普通股。可见，设置赎回条款是为了促使债券持有人转换股份，因此又被称为加速条款；同时也能使发行公司避免市场利率下降后，继续向债券持有人按较高的债券票面利率支付利息所蒙受的损失。

6. 回售条款。

回售条款是在可转换债券发行公司的股票价格达到某种恶劣程度时，债券持有人有权按照约定的价格将可转换债券卖给发行公司的有关规定。回售条款也具体包括回售时间、回售价格等内容。设置回售条款是为了保护债券投资人的利益，使他们能够避免遭受过大的投资损失，从而降低投资风险。合理的回售条款，可以使投资者具有安全感，因而有利于吸引投资者。

7. 强制性转换条款。

强制性转换条款是在某些条件具备之后，债券持有人必须将可转换债券转换为股票，无权要求偿还债券本金的规定。设置强制性转换条款，是为了保证可转换债券顺利地转换成股票，实现发行公司扩大权益筹资的目的。

（二）可转换债券的筹资成本

可转换债券的持有者，同时拥有1份债券和1份股票的看涨期权。它与拥有普通债券和认股权证的投资组合基本相同，不同的只是为了执行看涨期权必须放弃债券。因此，可以先把可转换债券作为普通债券分析，然后再当作看涨期权处理，就可以完成其估值。纯债券价值是不含看涨期权的普通债券的价值，转换价值是债券转换成的股票价值。这两者决定了可转换债券的价格。下面举例说明其估计方法。

（三）可转换债券筹资的优点和缺点

1. 可转换债券筹资的优点。

（1）与普通债券相比，可转换债券使得公司能够以较低的利率取得资金。债权人同意接受较低利率的原因是有机会分享公司未来发展带来的收益。可转换债券的票面利率低于同一条件下的普通债券的利率，降低了公司前期的筹资成本。与此同时，它向投资人提供了转为股权投资的选择权，使之有机会转为普通股并分享公司更多的收益。值得注意的是，可转换债券转换成普通股后，其原有的低息优势将不复存在，公司要承担普通股的筹资成本。

（2）与普通股相比，可转换债券使得公司取得了以高于当前股价出售普通股的可能性。有些公司本来是想要发行股票而不是债务，但是认为当前其股票价格太低，为筹集同样的资金需要发行更多的股票。为避免直接发行新股而遭受损失，才通过发行可转换债券变相发行普通股。因此，在发行新股时机不理想时，可以先发行可转换债券，然后通过转换实现较高价格的股权筹资。这样做不至于因为直接发行新股而进一步降低公司股票市价;而且因为转换期较长,即使在将来转换股票时,对公司股价的影响也较温和,从而有利于稳定公司股价。

2. 可转换债券筹资的缺点。

(1) 股价上涨风险。虽然可转换债券的转换价格高于其发行时的股票价格,但如果转换时股票价格大幅上涨,公司只能以较低的固定转换价格换出股票,会降低公司的股权筹资额。

(2) 股价低迷风险。发行可转换债券后,如果股价没有达到转股所需要的水平,可转换债券持有者没有如期转换普通股,则公司只能继续承担债务。在订有回售条款的情况下,公司短期内集中偿还债务的压力会更明显。尤其是有些公司发行可转换债券的目的是筹集权益资本,股价低迷使其原定目的无法实现。

(3) 筹资成本高于普通债券。尽管可转换债券的票面利率比普通债券低,但是加入转股成本之后的总筹资成本比普通债券要高。

**(四) 可转换债券和附认股权证债券的区别**

(1) 可转换债券在转换时只是报表项目之间的变化,没有增加新的资本;附认股权证债券在认购股份时给公司带来新的权益资本。

(2) 灵活性不同。可转换债券允许发行者规定可赎回条款、强制转换条款等,种类较多,而附认股权证债券的灵活性较差。

(3) 适用情况不同。发行附认股权证债券的公司,比发行可转换债券的公司规模小、风险更高,往往是新的公司启动新的产品。对这类公司,潜在的投资者缺乏信息,很难判断风险的大小,也就很难设定合适的利率。为了吸引投资者,他们有两种选择,一个是设定很高的利率,承担高成本;另一个选择是采用期权与债权捆绑,向投资者提供潜在的升值可能性,适度抵消遭受损失的风险。附认股权证债券的发行者,主要目的是发行债券而不是股票,是为了发债而附带期权,只是因为当前利率要求高,希望通过捆绑期权吸引投资者以降低利率。可转换债券的发行者,主要目的是发行股票而不是债券,只是因为当前股价偏低,希望通过将来转股以实现较高的股票发行价。

(4) 两者的发行费用不同。可转换债券的承销费用与普通债券类似,而附认股权证债券的承销费用介于债务融资和普通股融资之间。

# 第四节 租赁筹资

**一、租赁的原因及概念**

租赁,指在约定的期间内,出租人将资产使用权让与承租人以获取租金的合同。

**(一) 租赁的原因**

租赁存在的主要原因有以下三方面:

1. 节税。

如果承租方的有效税率高于出租方，并且租赁费可以抵税的情况下，通过租赁可以节税。即资产的使用者如处于较高税率级别，在购买方式下它从折旧中获得的抵税利益较少；在租赁方式下可获得较多的抵税利益。在竞争性的市场上，承租方和出租方分享税率差别引起的减税，会使资产使用者倾向于采用租赁方式。

如果资本市场的效率较高，等风险投资机会的筹资成本相差无几，租赁公司在这方面并不比承租人占有多少优势。如果不能取得税收的好处，大部分长期租赁在经济上都难以成立。如果双方的实际税率相等，承租人可以直接在资本市场上筹集借款，没有必要转手租赁公司筹资，增加无用的交易成本。

节税是长期租赁存在的重要原因。如果没有所得税制度，长期租赁可能无法存在。在一定程度上说，租赁是所得税制度的产物。所得税制度对于融资租赁的促进，主要表现在允许一部分融资租赁的租赁费税前扣除。所得税制度的调整，往往会促进或抑制某些租赁业务的发展。

2. 降低交易成本。

租赁公司可以大批量购置某种资产，从而获得价格优惠。对于租赁资产的维修，租赁公司可能更内行或者更有效率。对于旧资产的处置，租赁公司更有经验。交易成本的差别是短期租赁存在的主要原因。我国的资本市场存在某些缺陷，利率市场化不充分。租赁公司由于信用、规模和其他原因，融资成本往往比承租人低。这也是租赁存在的原因之一。尤其是中小企业融资成本比较高或者不能迅速借到款项，会倾向于采用租赁融资。

3. 减少不确定性。

租赁的风险主要与租赁期满时租赁资产的余值有关。承租人不拥有租赁资产的所有权，不承担与此有关的风险。资产使用者如果自行购置，他就必须承担该项风险。

一般认为，不同公司对于风险的偏好有差别。规模较小或新成立的公司，公司的总风险较大，希望尽可能降低风险，较倾向于租赁。蓝筹公司有能力承担资产余值风险，更偏好自行购置。

(二) 租赁的概念

租赁涉及的主要概念如下：

1. 租赁的当事人。

租赁合约的当事人至少包括出租人和承租人两方，出租人是租赁资产的所有者，承租人是租赁资产的使用者。

按照当事人之间的关系，租赁可以划分为三种类型：

(1) 直接租赁。该种租赁是指出租人（租赁企业或生产厂商）直接向承租人提供租赁资产的租赁形式。直接租赁只涉及出租人和承租人两方。

(2) 杠杆租赁。该种租赁是有贷款者参与的一种租赁形式。在这种形式下，出租人引入资产时只支付引入所需款项（如购买资产的货款）的一部分（通常为资产价值的20%～40%），其余款项则以引入的资产或出租权等为抵押，向另外的贷款者借入；资产出租后，出租人以收取的租金向贷款者还贷。这样，出租人利用自己的少量资金就推动了大额的租赁业务,故称为杠杆租赁。对承租人(企业)来说,杠杆租赁和直接租赁没有什么区别,都是向出租人租入资产;而对出租人而言,其身份则有了变化,既是资产的出租者,同时又是款项的借入者。因此杠杆租赁是一种涉及三方关系人的租赁形式。

(3) 售后租回。该种租赁是指承租人先将某资产卖给出租人,再将该资产租回的一种租赁形式。在这种形式下,承租人一方面通过出售资产获得了现金;另一方面又通过租赁满足了对资产的需要,而租赁费却可以分期支付。

2. 租赁资产。

租赁合约涉及的资产称为租赁资产。早期租赁涉及的资产主要是土地和建筑物,20世纪50年代以后各种资产都进入了租赁领域,大到一个工厂,小到一部电话。企业生产经营中使用的资产,既可以通过购买取得其所有权,也可以通过租赁取得其使用权,它们都可以达到使用资产的目的。

3. 租赁期。

租赁期是指租赁开始日至终止日的时间。根据租赁期的长短分为短期租赁和长期租赁,短期租赁的时间明显少于租赁资产的经济寿命,而长期租赁的时间接近租赁资产的经济寿命。

4. 租赁费用。

租赁的基本特征是承租人向出租人承诺提供一系列的现金支付。租赁费用的报价形式和支付形式双方可以灵活安排,是协商一致的产物,没有统一的标准。

租赁费用的经济内容包括出租人的全部出租成本和利润。出租成本包括租赁资产的购置成本、营业成本以及相关的利息。如果出租人收取的租赁费用超过其成本,剩余部分则成为利润。

租赁费用的报价形式有三种:

(1) 合同分别约定租赁费、利息和手续费。例如,租赁资产购置成本100万元,分10年偿付,每年租赁费10万元,在租赁开始日首付;尚未偿还的租赁资产购置成本按年利率6%计算利息,在租赁开始日首付;租赁手续费10万元,在租赁开始日一次付清。

(2) 合同分别约定租赁费和手续费。如上例,租赁费136万元,分10年支付,每年13.6万元,在租赁开始日首付;租赁手续费10万元,在租赁开始日一次付清。

(3) 合同只约定一项综合租赁费,没有分项的价格。如上例,租赁费149万元,分10年支付,每年14.9万元,在租赁开始日首付。

租赁费的支付形式也存在多样性。典型的租赁费支付形式是预付年金,即分期(年、半年、季度、月或日等)的期初等额系列付款。经过协商,也可以在每期期末支付租赁费,或者各期的支付额不等。利息支付可以各期等额支付,也可以根据各期期初负债余额计算并支付。手续费可以在租赁开始日一次支付,也可以分期等额支付。通常,租赁合约规定每月或每半年支付一笔等额的租赁费,第一笔租赁费大多在签约时就要支付,也有在每期期末支付的情况。有时候,根据承租人的要求也可以适当调整每期的支付额,例如,设备使用的第一年需要进行复杂的调试,则可能在租赁的第一年安排较低的租赁费,甚至约定免租期。

根据全部租赁费是否超过资产的成本,租赁分为不完全补偿租赁和完全补偿租赁。

不完全补偿租赁，是指租赁费不足以补偿租赁资产的全部成本的租赁。完全补偿租赁，是指租赁费超过资产全部成本的租赁。

5. 租赁的撤销。

根据租赁是否可以随时解除分为可以撤销租赁和不可撤销租赁。可以撤销租赁是指合同中注明承租人可以随时解除的租赁。通常，提前终止合同，承租人要支付一定的赔偿额。不可撤销租赁是指在合同到期前不可以单方面解除的租赁。如果经出租人同意或者承租人支付一笔足够大的额外款项从而得到对方认可，不可撤销租赁也可以提前终止。

6. 租赁资产的维修。

根据出租人是否负责租赁资产的维护（维修、保险和财产税等）分为毛租赁和净租赁。毛租赁是指由出租人负责资产维护的租赁。净租赁是指由承租人负责资产维修的租赁。租赁资产的维修，也可以单独签订一个维修合同，与租赁合同分开处理。

**二、经营租赁和融资租赁**

**（一）经营租赁和融资租赁的区别**

根据承租人的目的，租赁可以分为经营租赁和融资租赁。经营租赁的目的是取得经营活动需要的短期使用的资产；融资租赁的目的是取得拥有长期资产所需要的资本。

经营租赁是租赁物短期使用权的交易合同。典型的经营租赁是短期的、可撤销的、不完全补偿的毛租赁。经营租赁最主要的外部特征是租赁期短。由于合同可以撤销，租赁期就可能很短；由于租赁期短，出租人的租赁资产成本补偿就没有保障；由于租赁期短，承租人就不会关心影响租赁资产寿命的维修和保养，因此大多采用毛租赁。租赁期届满时，出租方可以把租赁资产再出租给其他承租人，或者作为二手设备出售。

融资租赁是出租人根据承租人对出卖人、租赁物的选择，向出卖人购买租赁物，提供给承租人使用，承租人支付租赁费的合同。典型的融资租赁是长期的、不可撤销的、完全补偿的净租赁。融资租赁最主要的外部特征是租赁期长。由于合同不可以撤销，使得较长的租赁期得到保障；由于租赁期长，出租人的租赁资产成本可以得到完全补偿；由于租赁期长，承租人会关心影响资产经济寿命的维修和保养，因此大多采用净租赁。租赁期届满时，租赁资产已经磨损得几乎无法转租他人。租赁双方可以约定租赁期届满时租赁物的归属。例如：允许承租人以极低的租赁费继续无限期使用；出租人变卖资产；出租人允许承租人以出租人的名义将资产转卖出去，所得收益大部分归承租人，少部分给出租方等。

**（二）租赁的税务处理**

从所得税的基本原理来看，租赁资产的法律所有权属于出租人，应成为出租人的计税资产，并由出租人提取折旧。对于承租人来说，租赁费是纳税人的费用，理应在当期应税所得中扣除。但是，租赁当事人会因此"制造"租赁，将分期付款购买交易或抵押贷款业务"做成"租赁合同，以加快产生支出，提前抵税。为了反避税，许多国家的税法对租赁税务制定有专门条款，目的是区分真实租赁和名义租赁（实际为分期付款购买）。

我国的所得税法没有关于租赁分类的条款，但规定"在计算应纳税所得时，企业财务、会计处理办法与税收法律、行政法规的规定不一致的，应当依照税收法律、行政法规的规定计算"。这一规定被理解为：税法没有规定租赁的分类标准，可以采用会计准则对租赁的分类和确认标准；税收法规规定了租赁资产的计税基础和扣除时间，并且与会计准则不一致，应遵循税收法规。

按照我国的会计准则，满足以下一项或数项标准的租赁属于融资租赁：

（1）在租赁期届满时，租赁资产的所有权转移给承租人；

（2）承租人有购买租赁资产的选择权，所订立的购买价格预计将远低于行使选择权时租赁资产的公允价值，因而在租赁开始日就可以合理确定承租人将会行使这种选择权；

（3）租赁期占租赁资产可使用年限的大部分（通常解释为等于或大于75%）；

（4）租赁开始日最低租赁付款额的现值几乎相当于（通常解释为等于或大于90%）租赁开始日租赁资产的公允价值；

（5）租赁资产性质特殊，如果不做重新改制，只有承租人才能使用。

除融资租赁以外的租赁，全部归入经营租赁。

我国的税法规定："以经营租赁方式租入固定资产发生的租赁费支出，按照租赁期均匀扣除"。"以融资租赁方式租入固定资产发生的租赁费支出，按照规定构成融资租入固定资产价值的部分应当提取折旧费用，分期扣除"；"融资租入的固定资产，以租赁合同约定的付款总额和承租人在签订租赁合同过程中发生的相关费用为计税基础，租赁合同未约定付款总额的，以该资产的公允价值和承租人在签订租赁合同过程中发生的相关费用为计税基础"。

这就是说，融资租赁的租赁费不能作为费用扣除，只能作为取得成本构成租入固定资产的计税基础。按照这一规定，税法只承认经营租赁是真正租赁，所有融资租赁都是名义租赁并认定为分期付款购买。

### （三）租赁的决策分析

租赁的经济、法律关系十分复杂。世界各国对于租赁的定义和类型的理解不同。同一国家的合同法、税收法规和会计准则对于租赁的定义和分类也存在某些差别。租赁合同具有多样性，租赁现金流量的类型繁多，实务中的租赁分析模型很复杂并且相当专业化。基于本教材的目的，不对这些复杂问题展开讨论，只简单介绍租赁分析的基本原理。

财务管理主要从融资角度研究租赁，把租赁视为一种融资方式，无论经营租赁还是融资租赁都是"租赁融资"。如果租赁融资比其他融资方式更有利，则应优先考虑租赁融资。

财务管理主要研究承租人的决策分析（出租人的租赁分析是投资学的研究内容）。

1. 租赁分析的主要程序。

租赁分析的主要程序如下：

（1）分析是否应该取得一项资产。这是租赁分析的前置程序。承租人在决定是否租赁一项资产之前，先要判断该项资产是否值得投资。这一决策通过常规的资本预算程序完成。通常，确信投资于该资产有正的净现值之后才会考虑如何筹资问题。

（2）分析公司是否有足够的现金用于该项资产投资。通常，运行良好的公司没有足够的多余现金用于固定资产投资，需要为新的项目筹资。

（3）分析可供选择的筹资途径。筹资的途径包括借款和发行新股等。租赁是可供选择的筹资途径之一。租赁和借款对于资本结构的影响类似，1元的租赁等于1元的借款。如果公司拟通过借款筹资，就应分析借款和租赁哪个更有利。

（4）利用租赁分析模型计算租赁净现值。根据财务的基本原理，为获得同一资产的两个方案，现金流出的现值较小的方案是好方案。如果租赁方式取得资产的现金流出的总现值小于借款筹资，则租赁有利于增加股东财富。因此，租赁分析的基本模型如下：

租赁净现值 = 租赁的现金流量总现值 − 借款购买的现金流量总现值

应用该模型的主要问题是预计现金流量和估计折现率。预计现金流量包括：①预计借款筹资购置资产的现金流；②与可供选择的出租人讨论租赁方案；③判断租赁的税务性质；④预计租赁方案的现金流。估计折现率是个有争议的复杂问题，实务中大多采用简单的解决办法，即采用有担保债券的税后利率作为折现率，它比无风险利率稍微高一点。

（5）根据租赁净现值以及其他非计量因素，决定是否选择租赁。

2. 租赁分析的折现率。

计算租赁净现值使用什么折现率，是个曾经长期争论的问题。从原则上说，折现率应当体现现金流量的风险，租赁涉及的各种现金流风险并不同，应当使用不同的折现率。

（1）租赁费的折现率。租赁费定期支付，类似债券的还本付息，折现率应采用类似债务的利率。租赁资产的法定所有权属于出租人，如果承租人不能按时支付租赁费，出租人可以收回租赁资产，所以承租人必然尽力按时支付租赁费，租赁费现金流的不确定性很低。租赁资产就是租赁融资的担保物，租赁费现金流和有担保借款在经济上是等价的。因此，租赁费现金流的折现率应采用有担保债券的利率，它比无风险利率稍高一些。

（2）折旧抵税额的折现率。使用折旧额乘以所得税税率计算折旧抵税额，隐含了一个假设，就是全部折旧抵税额均有足够的应税所得用于抵税，并且公司适用的税率将来不会变化。实际上经营总有不确定性，有些公司的盈利水平很低，没有足够的应税所得用于折旧抵税，适用税率也可能有变化。因此，折旧抵税额的风险比租金大一些，折现率也应高一些。

（3）期末资产余值的折现率。通常认为，持有资产的经营风险大于借款的风险，因此期末资产余值的折现率要比借款利率高。多数人认为，资产余值应使用项目的必要报酬率即加权平均资本成本作为折现率。

对每一种现金流使用不同的折现率，会提高分析的合理性，也会增加其复杂性。除非租赁涉及的金额巨大，在实务中的惯例是采用简单的办法，就是统一使用有担保债券的利率作为折现率。与此同时，对于折旧抵税额和期末资产余值进行比较谨慎的估计，即根据风险大小适当调整预计现金流量。

3. 租赁决策对投资决策的影响。

在前面的租赁分析中，我们把资产的投资决策和筹资决策分开考虑，并假设该项投资本身有正的净现值。这种做法通常是可行的，但有时并不全面。

有时一个投资项目按常规筹资有负的净现值，如果租赁的价值较大，抵补常规分析负的净现值后还有剩余，则采用租赁筹资可能使该项目具有投资价值。经过租赁净现值调整的项目净现值，称为"调整净现值"。

项目的调整净现值＝项目的常规净现值＋租赁净现值

### 三、售后回租

售后回租是一种特殊形式的租赁业务，是指卖主（即承租人）将一项自制或外购的资产出售后，又将该项资产从买主（即出租人）租回。在售后回租方式下，卖主同时是承租人，买主同时是出租人。通过售后回租交易，资产的原所有者（即承租人）在保留对资产的占有权、使用权和控制权的前提下，将固定资产转化为货币资本，在出售时可取得全部价款的现金，而租金则是分期支付的，从而获得了所需的资金；而资产的新所有者（即出租人）通过售后回租交易，找了一个风险小、回报有保障的投资机会。由于在售后回租交易中资产的售价和租金是相互关联的，是以一揽子方式谈判的，是一并计算的，因此资产的出售和租回实质上是同一笔业务。

按照会计准则的规定，对于售后回租交易，无论是承租人还是出租人，均应将售后回租交易认定为融资租赁或经营租赁。对于出租人来讲，售后回租交易（无论是融资租赁还是经营租赁的售后回租交易）同其他租赁业务的会计处理没有什么区别。而对于承租人来讲，由于其既是资产的承租人同时又是资产的出售者，因此，售后回租交易同其他租赁业务的会计处理有所不同。因此，会计准则对售后回租交易的规定实际上是从承租人（即卖主）的角度作出的。为了真实、合理地反映承租人的经营业绩，并且根据权责发生制原则的要求，售后回租交易所产生的任何损益均应在以后各受益期采用合理的方法进行分摊，而不是确认为当期损益。

按照《国家税务总局关于融资性售后回租业务中承租方出租资产行为有关税收问题的公告》（国家税务总局公告〔2010〕13号，以下简称13号公告）规定，融资性售后回租业务中，承租人出售资产的行为，不确认为销售收入，对融资性租赁的资产，仍按承租人出售前原账面价值作为计税基础计提折旧。租赁期间，承租人支付的属于融资利息的部分，作为企业财务费用在税前扣除。对于出租人的租金收入，企业所得税法并未就如何计算应纳税所得额作出专门规定。根据《企业所得税法》第二十一条规定，在计算应纳税所得额时，企业财务、会计处理办法与税收法律、法规的规定不一致的，应当按照税收法律、法规的规定计算。即在企业所得税法没有规定的情况下，企业可以按照财务、会计处理办法的规定确认收入或支出。

# 第七章 股利分配、股票分割与股票回购

## 第一节 股利理论与股利政策

### 一、股利理论

股利分配的核心问题是如何权衡公司股利支付决策与未来长期增长之间的关系,以实现公司价值最大化的财务管理目标。围绕着公司股利政策是否影响公司价值这一问题,主要有两类不同的股利理论:股利无关论和股利相关论。

**(一)股利无关论**

股利无关论认为股利分配对公司的市场价值(或股票价格)不会产生影响。这一理论是米勒(Merton Miller)与莫迪格利安尼(Franco Modigliani)于1961年在下面列举的一些假设之上提出的:

(1)公司的投资政策已确定并且已经为投资者所理解;

(2)不存在股票的发行和交易费用;

(3)不存在个人或公司所得税;

(4)不存在信息不对称;

(5)经理与外部投资者之间不存在代理成本。上述假设描述的是一种完美资本市场,因而股利无关论又被称为完全市场理论。

股利无关论认为:

1. 投资者并不关心公司股利的分配。

若公司留存较多的利润用于再投资,会导致公司股票价格上升;此时尽管股利较低,但需用现金的投资者可以出售股票换取现金。若公司发放较多的股利,投资者又可以用现金再买入一些股票以扩大投资。也就是说,投资者对股利和资本利得并无偏好。

2. 股利的支付比率不影响公司的价值。

既然投资者不关心股利的分配,公司的价值就完全由其投资政策及其获利能力所决定,公司的盈余在股利和保留盈余之间的分配并不影响公司的价值,既不会使公司价值增加,也不会使公司价值降低(即使公司有理想的投资机会而又支付了高额股利,也可

以募集新股，新投资者会认可公司的投资机会）。

### （二）股利相关论

股利无关理论是在完美资本市场的一系列假设下提出的，如果放宽这些假设条件，股利政策就会显现出对公司价值（或股票价格）产生的影响。

1. 税差理论。

在 MM 的股利无关论中假设不存在税收，但在现实条件下，现金股利税与资本利得税不仅是存在的，而且表现出差异性。税差理论强调了税收在股利分配中对股东财富的重要作用。一般来说，出于保护和鼓励资本市场投资的目的，会采用股利收益税率高于资本利得税率的差异税率制度，致使股东会偏好资本利得而不是派发现金股利。即使股利与资本利得具有相同的税率，股东在支付税金的时间上也是存在差异的。股利收益纳税是在收取股利的当时，而资本利得纳税只是在股票出售时才发生，显然继续持有股票来延迟资本利得的纳税时间，可以体现递延纳税的时间价值。

因此，税差理论认为，如果不考虑股票交易成本，企业应采取低现金股利比率的分配政策，以提高留存收益再投资的比率，使股东在实现未来的资本利得中享有税收节省。税差理论说明了当股利收益税率与资本利得税率存在差异时，将使股东在继续持有股票以期取得预期资本利得与立即实现股利收益之间进行权衡。如果存在股票的交易成本，甚至当资本利得税与交易成本之和大于股利收益税时，偏好取得定期现金股利收益的股东自然会倾向于企业采用高现金股利支付率政策。

2. 客户效应理论。

客户效应理论是对税差理论的进一步扩展，研究处于不同税收等级的投资者对待股利分配态度的差异，认为投资者不仅仅是对资本利得和股利收益有偏好，即使是投资者本身，因其所处不同等级的边际税率，对企业股利政策的偏好也是不同的。收入高的投资者因其边际税率较高表现出偏好低股利支付率的股票，希望少分现金股利或不分现金股利，以更多的留存收益进行再投资，从而提高所持有的股票价格。而收入低的投资者以及享有税收优惠的养老基金投资者表现出偏好高股利支付率的股票，希望支付较高而且稳定的现金股利。

投资者的边际税率差异性导致其对待股利政策态度的差异性。边际税率高的投资者会选择实施低股利支付率的股票，边际税率低的投资者则会选择实施高股利支付率的股票。这种投资者依据自身边际税率而显示出的对实施相应股利政策股票的选择偏好现象被称为"客户效应"。因此，客户效应理论认为，公司在制定或调整股利政策时，不应该忽视股东对股利政策的需求。

3. "一鸟在手"理论。

股东的投资收益来自于当期股利和资本利得两个方面，利润分配决策的核心问题是在当期股利收益与未来预期资本利得之间进行权衡。企业的当期股利支付率较高时，企业盈余用于未来发展的留存资金会减少，虽然股东在当期获得了较高的股利，但未来的资本利得则有可能降低；而当企业的股利支付率较低时，用于发展企业的留存资金会增加，未来股东的资本利得将有可能提高。

由于企业在经营过程中存在着诸多的不确定性因素，股东会认为现实的现金股利要比未来的资本利得更为可靠，会更偏好于确定的股利收益。因此，资本利得好像林中之鸟，虽然看上去很多，但却不一定抓得到。而现金股利则好像在手之鸟，是股东有把握按时、按量得到的现实收益。股东在对待股利分配政策态度上表现出来的这种宁愿现在取得确定的股利收益，而不愿将同等的资金放在未来价值不确定性投资上的态度偏好，被称为"一鸟在手，强于二鸟在林"。

根据"一鸟在手"理论所体现的收益与风险的选择偏好，股东更偏好于现金股利而非资本利得，倾向于选择股利支付率高的股票。当企业股利支付率提高时，股东承担的收益风险越小，其所要求的权益资本报酬率也越低，权益资本成本也相应越低，则根据永续年金计算所得的企业权益价值（企业权益价值＝分红总额/权益资本成本）将会上升；反之，随着股利支付率的下降，股东的权益资本成本升高，企业的权益价值将会下降。这说明股利政策会对股东价值产生影响，而"一鸟在手"理论所强调的为了实现股东价值最大化的目标，企业应实行高股利分配率的股利政策。

4. 代理理论。

企业中的股东、债权人、经理人员等诸多利益相关者的目标并非完全一致，在追求自身利益最大化的过程中有可能会以牺牲另一方的利益为代价，这种利益冲突关系反映在公司股利分配决策过程中表现为不同形式的代理成本：反映两类投资者之间利益冲突的是股东与债权人之间的代理关系；反映股权分散情形下内部经理人员与外部投资者之间利益冲突的经理人员与股东之间的代理关系；反映股权集中情形下控制性大股东与外部中小股东之间利益冲突的是控股股东与中小股东之间的代理关系。

（1）股东与债权人之间的代理冲突。企业股东在进行投资与融资决策时，有可能为增加自身的财富而选择了加大债权人风险的政策，如股东通过发行债务支付股利或为发放股利而拒绝净现值为正的投资项目。在股东与债权人之间存在代理冲突时，债权人为保护自身利益，希望企业采取低股利支付率，通过多留存少分配的股利政策以保证有较为充裕的现金留在企业以防发生债务支付困难。因此，债权人在与企业签订借款合同时，习惯于制定约束性条款对企业发放股利的水平进行制约。

（2）经理人员与股东之间的代理冲突。当企业拥有较多的自由现金流时，企业经理人员有可能把资金投资于低回报项目，或为了取得个人私利而追求额外津贴及在职消费等，因此，实施高股利支付率的股利政策有利于降低因经理人员与股东之间的代理冲突而引发的这种自由现金流的代理成本。实施多分配少留存的股利政策，既有利于抑制经理人员随意支配自由现金流的代理成本，也有利于满足股东取得股利收益的愿望。

（3）控股股东与中小股东之间的代理冲突。如果所有权与控制权集中于一个或少数大股东手中，企业管理层通常由大股东直接出任或直接指派，管理层与大股东的利益趋于一致。由于所有权集中使控股股东有可能也有能力通过各种手段侵害中小股东的利益，控股股东为取得控制权私利而产生的与中小股东之间的代理冲突使企业股利政策也呈现出明显的特征。当法律制度较为完善，外部投资者保护受到重视时，有效地降低了大股东的代理成本，可以促使企业实施较为合理的股利分配政策。反之，法律制度建设滞后，外部投资者保护程度较低时，如果控股股东通过利益侵占取得的控制权私利机会较多，会使其忽视基于所有权的正常股利收益分配，甚至因过多的利益侵占而缺乏可供分配的现金。因此，处于外部投资者保护程度较弱环境的中小股东希望企业采用多分配少留存的股利政策，以防控股股东的利益侵害。正因为如此，有些企业为了向外部中小投资者表明自身盈利前景与企业治理良好的状况，则通过多分配少留存的股利政策向外界传递了声誉信息。

代理理论的分析视角为研究与解释处于特定治理环境中的企业股利分配行为提供了一个基本分析逻辑。如果在企业进行股利分配决策过程中，同时伴随着其他公司财务决策，并处于不同的公司治理机制条件下（如所有权结构、经理人员持股、董事会结构特征等），基于代理理论对股利分配政策选择的分析将是多种因素权衡的复杂过程。

5. 信号理论。

MM 的股利无关论假设不存在信息不对称，即外部投资者与内部经理人员拥有企业投资机会与收益能力的相同信息。但在现实条件下，企业经理人员比外部投资者拥有更多的企业经营状况与发展前景的信息，这说明在内部经理人员与外部投资者之间存在信息不对称。在这种情形下，可以推测分配股利可以作为一种信息传递机制，使企业股东或市场中的投资者依据股利信息对企业经营状况与发展前景作出判断。内部经理人也认为股利分配政策具有信息含量，特别是股利支付信息向市场传递了企业的盈利能力能够为其项目投资和股利分配提供充分的内源融资，特别是本期与以前期间的股利支付水平以及变化程度的信息，甚至能够使投资者从中对企业盈利持续性及增长作出合理判断。

信号理论认为股利向市场传递企业信息可以表现为两个方面：一种是股利增长的信号作用，即如果企业股利支付率提高，被认为是经理人员对企业发展前景作出良好预期的结果，表明企业未来业绩将大幅度增长，通过增加发放股利的方式向股东与投资者传递了这一信息。此时，随着股利支付率提高，企业股票价格应该是上升的。另一种是股利减少的信号作用，即如果企业股利支付率下降，股东与投资者会感受到这是企业经理人员对未来发展前景作出无法避免衰退预期的结果。显然，随着股利支付率下降，企业股票价格应该是下降的。

当然，增发股利是否一定向股东与投资者传递了好消息，对这一点的认识是不同的。如果考虑处于成熟期的企业，其盈利能力相对稳定，此时企业宣布增发股利特别是发放高额股利，可能意味着该企业目前没有新的前景很好的投资项目，预示着企业成长性趋缓甚至下降，此时，随着股利支付率提高，股票价格应该是下降的；而当宣布减少股利，则意味着企业需要通过增加留存收益为新增投资项目提供融资，预示着未来前景较好，显然，随着股利支付率下降，企业股票价格应该是上升的。

股利信号理论为解释股利是否具有信息含量提供了一个基本分析逻辑，鉴于投资者对股利信号信息的理解不同，所作出的对企业价值的判断也不同。

**二、股利政策的类型**

在进行股利分配的实务中，公司经常采用的股利政策如下：

**（一）剩余股利政策**

股利分配与公司的资本结构相关，而资本结构又是由投资所需资金构成的，因此实际上股利政策要受到投资机会及其资本成本的双重影响。剩余股利政策就是在公司有着良好的投资机会时，根据一定的目标资本结构（最佳资本结构），测算出投资所需的权益资本，先从盈余当中留用，然后将剩余的盈余作为股利予以分配。

采用剩余股利政策时，应遵循四个步骤：

（1）设定目标资本结构，即确定权益资本与债务资本的比率，在此资本结构下，加权平均资本成本将达到最低水平；

（2）确定目标资本结构下投资所需的股东权益数额；

（3）最大限度地使用保留盈余来满足投资方案所需的权益资本数额；

（4）投资方案所需权益资本已经满足后若有剩余盈余，再将其作为股利发放给股东。

**【例7-1】** 某公司上年净利润600万元，今年年初公司讨论决定股利分配的数额。预计今年需要增加长期资本800万元。公司的目标资本结构是权益资本占60%，债务资本占40%，今年继续保持。按法律规定，至少要提取10%的公积金。公司采用剩余股利政策。问：公司应分配多少股利？

利润留存 = 800 × 60% = 480（万元）

股利分配 = 600 − 480 = 120（万元）

分析这类问题要注意以下几点：

（1）关于财务限制。在股利分配中，财务限制主要是指资本结构限制。资本结构是长期有息负债（长期借款和公司债券）和所有者权益的比率。题意要求"保持目标资本结构"，是指因目前资本结构已是目标资本结构，所以补充长期资本800万元时按目标比例筹集资金即可保持该结构，也就是留存480万元，另外的320万元通过长期有息负债筹集。

保持目标资本结构不是指保持全部资产的负债比率，无息负债和短期借款不可能也不需要保持某种固定比率。短期负债筹资是营运资本管理的问题，不是资本结构问题。

保持目标资本结构，不是指一年中始终保持同样的资本结构。利润分配后，随着生产经营的进行会出现损益，导致所有者权益的变化，使资本结构发生变化。因此，符合目标资本结构是指利润分配后（特定时点）形成的资本结构符合既定目标，而不管后续经营造成的所有者权益变化。

需要资金800万元是什么含义？是从什么基础增加800万元？如果以分配前的资金存量为基础，那么分出股利将减少资金存量，就要再补充资金，我们将陷入一个数字循环。因此，投资需要800万元是指需要800万元长期资本，不是指资产总额增加800万元。它要按照目标资本结构分别靠长期有息负债和权益资金（包括留存和增发股份）筹集。至于分配股利的现金问题，是营运资金管理问题，如果现金存量不足，可以通过短期借款解决，与筹集长期资本无直接关系。

（2）关于经济限制。出于经济上有利的原则，筹集资金要在确定目标结构的前提下，首先使用利润留存补充资金，其次的来源是长期借款，最后的选择是增发股份。因此，800万元资金只能由利润留存补充480万元，借款部分补充320万元。不应当违背经济原则，把全部利润都分给股东，然后去按资本结构比率增发股份和借款。

（3）关于法律限制。法律规定必须提取10%的公积金，因此公司至少要提取600 × 10% = 60（万元），作为收益留存。如果公司出于经济原因决定留存利润480万元，这条法律规定并没有构成实际限制。法律规定留存的60万元同样可以长期使用，它是480万元的一部分。

法律的这条规定，实际上只是对本年利润"留存"数额的限制，而不是对股利分配的限制。由于以前年度的未分配利润也可以用来分配股利，所以法律对于股利分配的限制来源于"累计未分配利润"。就本题而言，"本年"利润中可用于股利分配的上限是 $600 \times 90\% = 540$（万元），如果有以前年度未分配利润，法律不禁止股利分配超过540万元。

在本题中，限制动用以前年度未分配利润分配股利的真正原因，来自财务限制和采用的股利分配政策。既然需要补充资金，为什么还要超过540万元的限制，动用以前年度未分配利润呢？只有在资金有剩余的情况下，才会超本年盈余进行分配。超量分配，然后再去借款或向股东要钱，不符合经济原则。因此，该公司不会动用以前年度未分配利润，只能分配本年利润的剩余部分（即120万元）给股东。

例如，假定 [例7-1] 中的这家公司除了当年取得税后利润600万元外，还有以前年度的累计未分配利润1 000万元，那么如果不考虑增加投资资本和保持现有资本结构的需要，只满足提取法定公积金的要求，该公司可用于分配股利的最高额则为：

最高可分配股利额 $= 600 \times (1 - 10\%) + 1\,000 = 1\,540$（万元）

如果考虑增加投资资本的需要，按照剩余股利政策，即使留有以前年度的累计未分配利润，公司也只能以 [例7-1] 解答中的股利分配额120万元向股东分配股利。

奉行剩余股利政策，意味着公司只将剩余的盈余用于发放股利。这样做的根本理由是为了保持理想的资本结构，使加权平均资本成本最低。

### （二）固定股利政策

固定股利政策是将每年发放的股利固定在某一相对稳定的水平上并在较长的时期内不变，只有当公司认为未来盈余会显著地、不可逆转地增长时，才提高年度的股利发放额。如图7-1中的虚线所示。

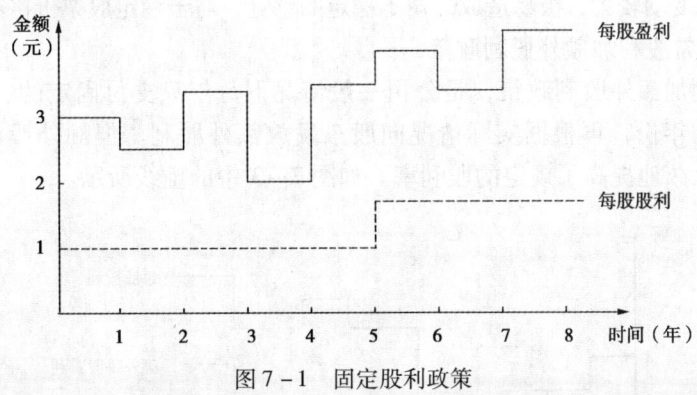

图7-1 固定股利政策

固定股利政策的主要目的是避免出现由于经营不善而削减股利的情况。采用这种股利政策的理由在于：

（1）稳定的股利向市场传递着公司正常发展的信息，有利于树立公司良好形象，增强投资者对公司的信心，稳定股票的价格。

（2）稳定的股利有利于投资者安排股利收入和支出，特别是对那些对股利有着很高依赖性的股东更是如此。而股利忽高忽低的股票，则不会受这些股东的欢迎，股票价格会因此而下降。

（3）股票市场会受到多种因素的影响，其中包括股东的心理状态和其他要求，稳定的股利可能要比降低股利或降低股利增长率对稳定股价更为有利。

该股利政策的缺点在于股利的支付与盈余相脱节。当盈余较低时仍要支付固定的股利，这可能导致资金短缺；同时不能像剩余股利政策那样保持较低的资本成本。

### （三）固定股利支付率政策

固定股利支付率政策，是公司确定一个股利占盈余的比率，长期按此比率支付股利的政策。在这一股利政策下，各年股利额随公司经营的好坏而上下波动，获得较多盈余的年份股利额高，获得盈余少的年份股利额就低。如图 7-2 中的虚线所示。

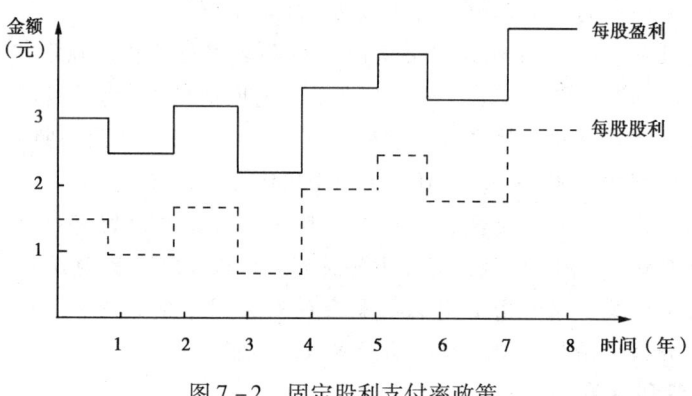

图 7-2　固定股利支付率政策

主张实行固定股利支付率的人认为，这样做能使股利与公司盈余紧密地配合，以体现多盈多分、少盈少分、无盈不分的原则，才算真正公平地对待了每一位股东。但是，在这种政策下各年的股利变动较大，极易造成公司不稳定的感觉，对于稳定股票价格不利。

### （四）低正常股利加额外股利政策

低正常股利加额外股利政策，是公司一般情况下每年只支付固定的、数额较低的股利，在盈余多的年份，再根据实际情况向股东发放额外股利。但额外股利并不固定化，不意味着公司永久地提高了规定的股利率。如图 7-3 中的虚线所示。

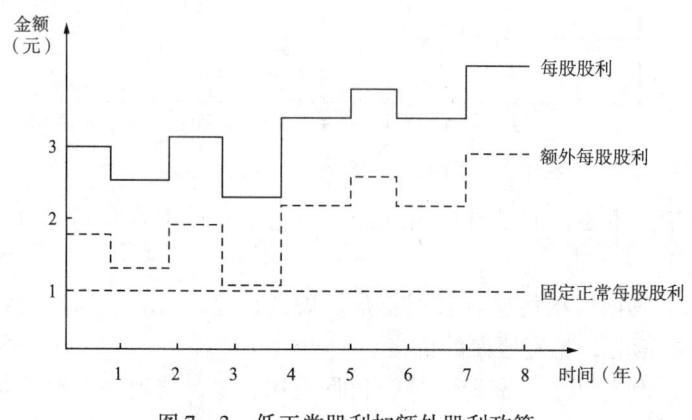

图 7-3　低正常股利加额外股利政策

采用低正常股利加额外股利政策的理由如下：

（1）这种股利政策使公司具有较大的灵活性。当公司盈余较少或投资需用较多资金时，可维持设定的较低但正常的股利，股东不会有股利跌落感；而当盈余有较大幅度增加时，则可适度增发股利，把经济繁荣的部分利益分配给股东，使他们增强对公司的信心，这有利于稳定股票的价格。

（2）这种股利政策可使那些依靠股利度日的股东每年至少可以得到虽然较低但比较稳定的股利收入，从而吸引住这部分股东。

以上各种股利政策各有所长，公司在分配股利时应借鉴其基本决策思想，制定适合自己具体实际情况的股利政策。

### 三、股利政策的影响因素

在现实生活中，公司的股利分配是在种种制约因素下进行的，采取何种股利政策虽然是由管理层决定的，但是实际上在其决策过程中会受到诸多主观与客观因素的影响。影响股利分配政策的因素主要有：

#### （一）法律限制

为了保护债权人和股东的利益，有关法规对公司的股利分配经常作如下限制：

1. 资本保全的限制。

规定公司不能用资本（包括股本和资本公积）发放股利。股利的支付不能减少法定资本，如果一个公司的资本已经减少或因支付股利而引起资本减少，则不能支付股利。

2. 企业积累的限制。

为了制约公司支付股利的任意性，按照法律规定，公司税后利润必须先提取法定公积金。此外还鼓励公司提取任意公积金，只有当提取的法定公积金达到注册资本的50%时，才可以不再提取。提取法定公积金后的利润净额才可以用于支付股利。

3. 净利润的限制。

规定公司年度累计净利润必须为正数时才可发放股利，以前年度亏损必须足额弥补。

4. 超额累积利润的限制。

由于股东接受股利缴纳的所得税高于其进行股票交易的资本利得税，于是许多国家规定公司不得超额累积利润，一旦公司的保留盈余超过法律认可的水平，将被加征额外税额。

5. 无力偿付的限制。

基于对债权人的利益保护，如果一个公司已经无力偿付负债，或股利支付会导致公司失去偿债能力，则不能支付股利。

#### （二）股东因素

公司的股利政策最终由股东大会决定，因此，股东的要求不可忽视。股东从自身经济利益需要出发，对公司的股利分配往往产生这样一些影响：

1. 稳定的收入和避税。

一些股东的主要收入来源是股利，他们往往要求公司支付稳定的股利。他们认为通过保留盈余引起股价上涨而获得资本利得是有风险的。若公司留存较多的利润，将受到这部分股东的反对。另外，一些边际税率较高的股东出于避税的考虑，往往反对公司发放较多的股利。

2. 控制权的稀释。

公司支付较高的股利，就会导致留存盈余减少，这又意味着将来发行新股的可能性加大，而发行新股必然稀释公司的控制权，这是公司拥有控制权的股东们所不愿看到的局面。因此，若他们拿不出更多的资金购买新股，宁肯不分配股利。

（三）公司因素

公司的经营情况和经营能力，影响其股利政策。

1. 盈余的稳定性。

公司是否能获得长期稳定的盈余，是其股利决策的重要基础。盈余相对稳定的公司相对于盈余不稳定的公司而言具有较高的股利支付能力，因为盈余稳定的公司对保持较高股利支付率更有信心。收益稳定的公司面临的经营风险和财务风险较小，筹资能力较强，这些都是其股利支付能力的保证。

2. 公司的流动性。

较多地支付现金股利会减少公司的现金持有量，使公司的流动性降低。这里公司流动性是指及时满足财务应付义务的能力；而公司保持一定的流动性，不仅是公司经营所必需的，也是在实施股利分配方案时需要权衡的。

3. 举债能力。

具有较强举债能力（与公司资产的流动性相关）的公司因为能够及时地筹措到所需的现金，有可能采取高股利政策；而举债能力弱的公司则不得不多滞留盈余，因而往往采取低股利政策。

4. 投资机会。

有着良好投资机会的公司，需要有强大的资金支持，因而往往少发放股利，将大部分盈余用于投资。缺乏良好投资机会的公司，保留大量现金会造成资金的闲置，于是倾向于支付较高的股利。正因为如此，处于成长中的公司多采取低股利政策；处于经营收缩中的公司多采取高股利政策。

5. 资本成本。

与发行新股相比，保留盈余不需花费筹资费用，是一种比较经济的筹资渠道。所以，从资本成本考虑，如果公司有扩大资金的需要，也应当采取低股利政策。

6. 债务需要。

具有较高债务偿还需要的公司，可以通过举借新债、发行新股筹集资金偿还债务，也可直接用经营积累偿还债务。如果公司认为后者适当的话（比如，前者资本成本高或受其他限制难以进入资本市场），将会减少股利的支付。

（四）其他限制

除了上述的因素以外，还有其他一些因素也会影响公司的股利政策选择。

1. 债务合同约束。

公司的债务合同，特别是长期债务合同，往往有限制公司现金支付程度的条款，这使公司只得采取低股利政策。

2. 通货膨胀。

在通货膨胀的情况下，由于货币购买力下降，公司计提的折旧不能满足重置固定资产的需要，需要动用盈余补足重置固定资产的需要，因此在通货膨胀时期公司股利政策往往偏紧。

## 第二节 股利的种类、支付程序与分配方案

### 一、股利的种类

股利支付方式有多种，主要方式有以下两种：

第一，现金股利。现金股利是以现金支付的股利，它是股利支付的主要方式。公司支付现金股利除了要有累计盈余（特殊情况下可用弥补亏损后的盈余公积金支付）外，还要有足够的现金，因此，公司在支付现金股利前需筹备充足的现金。

第二，股票股利。股票股利是公司以增发的股票作为股利的支付方式。

在我国上市公司的股利分配实践中，股利支付方式是现金股利、股票股利或者是两种方式兼有的组合分配方式。部分上市公司在实施现金股利和股票股利的利润分配方案时，有时也会同时实施从资本公积转增股本的方案。

此外，公司还可以使用财产和负债支付方式支付股利。财产股利是以现金以外的资产支付的股利，主要是以公司所拥有的其他企业的有价证券，如债券、股票，作为股利支付给股东。负债股利是公司以负债支付的股利，通常以公司的应付票据支付给股东，在不得已的情况下也有发行公司债券抵付股利的。财产股利和负债股利实际上是现金股利的替代。这两种股利方式目前在我国公司实务中很少使用，但并非法律所禁止。

### 二、股利支付程序

#### （一）决策程序

上市公司股利分配的基本程序是：首先由公司董事会根据公司盈利水平和股利政策，制订股利分派方案，提交股东大会审议，通过后方能生效。在经过上述决策程序之后，公司方可对外发布股利分配公告、具体实施分配方案。我国股利分配决策权属于股东大会。我国上市公司的现金分红一般是按年度进行，也可以进行中期现金分红。

#### （二）分配信息披露

根据有关规定，股份有限公司利润分配方案、公积金转增股本方案须经股东大会批准，董事会应当在股东大会召开后两个月内完成股利派发或股份转增事项。在此期间，董事会必须对外发布股利分配公告，以确定分配的具体程序与时间安排。

股利分配公告一般在股权登记前3个工作日发布。如果公司股东较少，股票交易又不活跃，公告日可以与股利支付日在同一天。公告内容包括：

（1）利润分配方案。

（2）股利分配对象，为股权登记日当日登记在册的全体股东。

（3）股利发放方法。我国上市公司的股利分配程序应当按登记的证券交易所的具体规定进行。

此外，为提高上市公司现金分红的透明度，《关于修改上市公司现金分红若干规定的决定》要求上市公司在年度报告、半年度报告中分别披露利润分配预案，在报告期实施的利润分配方案执行情况的基础上，还要求在年度报告、半年度报告以及季度报告中分别披露现金分红政策在本报告期的执行情况。同时，要求上市公司以列表方式明确披露前三年现金分红的数额与净利润的比率。如果本报告期内盈利但公司年度报告中未提出现金利润分配预案，应详细说明未分红的原因、未用于分红的资金留存公司的用途。

### （三）分配程序

以深圳证券交易所的规定为例：对于流通股份，其现金股利由上市公司于股权登记日前划入深交所账户，再由深交所于登记日后第 3 个工作日划入各托管证券经营机构账户，托管证券经营机构于登记日后第 5 个工作日划入股东资金账户。红股则于股权登记日后第 3 个工作日直接划入股东的证券账户，并自即日起开始上市交易。

### （四）股利支付过程中的重要日期

（1）股利宣告日（declaration date），即公司董事会将股东大会通过本年度利润分配方案的情况以及股利支付情况予以公告的日期。公告中将宣布每股派发股利、股权登记日、除息日、股利支付日以及派发对象等事项。

（2）股权登记日（record date），即有权领取本期股利的股东其资格登记截止日期。只有在股权登记日这一天登记在册的股东（即在此日及之前持有或买入股票的股东）才有资格领取本期股利，而在这一天之后登记在册的股东，即使是在股利支付日之前买入的股票，也无权领取本期分配的股利。此外，我国部分上市公司在进行利润分配时除了分派现金股利以外，还伴随着送股或转增股，在股权登记日这一天仍持有或买进该公司的股票的投资者是可以享有此次分红、送股或转增股的股东，这部分股东名册由证券登记公司统计在案，届时将所应支付的现金红利、应送的红股或转增股划到这部分股东的账上。

（3）除息日（ex-dividend date），也称除权日，是指股利所有权与股票本身分离的日期，将股票中含有的股利分配权利予以解除，即在除息日当日及以后买入的股票不再享有本次股利分配的权利。我国上市公司的除息日通常是在登记日的下一个交易日。由于在除息日之前的股票价格中包含了本次派发的股利，而自除息日起的股票价格中则不包含本次派发的股利，通常需要除权调整上市公司每股股票对应的股利价值，以便投资者对股价进行对比分析。

（4）股利支付日（payment date），是公司确定的向股东正式发放股利的日期。公司通过资金清算系统或其他方式将股利支付给股东。

【例7-2】 Z 上市公司 2015 年度利润分配方案已经公司 2016 年 6 月 16 日召开的 2015 年年度股东大会审议通过。股东大会决议以公司 2015 年 12 月 31 日总股本（100 亿股）为基数，每股派发现金股利人民币 0.10 元（含税），共分配现金股利人民币 10 亿元。股权登记日为2016年7月18日,除息日为2016年7月19日,现金红利发放日为2016年7月26日。发放范围为截至2016年7月18日下午上海证券交易所收市后,在中国证券登记结算有限责任公司上海分公司(以下简称"中登上海分公司")登记在册的本公司全体A股股东。

与我国上市公司不同,在美国的上市公司通常按季度发放股利,并把除息日确定在股权登记日之前的两个交易日。例如,在美国纳斯达克上市交易的W公司在2016年第一个季度股利公告显示:公告日,2016年1月9日;除息日,2016年2月16日和17日;登记日,2016年2月18日;股利支付日,2016年3月11日。在登记日的前两个交易日(即除息日)之前购买了公司的股票,才能成为本次股利的派发对象。如果是在除息日这两天或之后买入了股票,股利的发放对象依然是卖出股票的人。

### 三、股利分配方案

企业的股利分配方案一般包括以下几个方面:
(1)股利支付形式。决定是以现金股利、股票股利还是其他某种形式支付股利。
(2)股利支付率。股利支付率是指股利与净利润的比率。按年度计算的股利支付率非常不可靠。由于累计的以前年度盈余也可以用于股利分配,有时股利支付率甚至会大于100%。作为一种财务政策,股利支付率应当是若干年度的平均值。
(3)股利政策的类型。决定采取固定股利政策,还是稳定增长股利政策,或是剩余股利政策等。
(4)股利支付程序。确定股利宣告日、股权登记日、除息日和股利支付日等具体事宜。

## 第三节 股票分割与股票回购

### 一、股票分割

股票分割是指将面额较高的股票交换成面额较低的股票的行为。例如,将原来的一股股票交换成两股股票。股票分割不属于某种股利方式,但其所产生的效果与发放股票股利近似,故而在此一并介绍。

股票分割时,流通在外的股数增加,每股面额下降。而盈利总额和市盈率不变,则每股收益下降,但公司价值不变,股东权益总额以及股东权益内部各项目相互间的比例也不会改变。这与发放股票股利时的情况既有相同之处,又有不同之处。

从实践效果看,由于股票分割与股票股利非常接近,所以一般要根据证券管理部门的具体规定对两者加以区分。例如,有的国家证券交易机构规定,发放25%以上的股票股利即属于股票分割。

对于公司来讲,实行股票分割的主要目的在于通过增加股票股数降低每股市价,从而吸引更多的投资者。此外,股票分割往往是成长中公司的行为,所以宣布股票分割后容易给人一种"公司正处于发展之中"的印象,这种利好信息会在短时间内提高股价。从纯粹经济的角度看,股票分割和股票股利没有什么区别。

尽管股票分割与发放股票股利都能达到降低公司股价的目的,但一般来说,只有在公司股价暴涨且预期难以下降时,才采用股票分割的办法降低股价;而在公司股价上涨幅度不大时,往往通过发放股票股利将股价维持在理想的范围之内。

相反,若公司认为自己股票的价格过低,为了提高股价,会采取反分割(也称股票合并)的措施。反分割是股票分割的相反行为,即将数股面额较低的股票合并为一股面额较高的股票。例如,若上例中原面额 2 元、发行 200 000 股、市价 20 元的股票,按 2 股换成 1 股的比例进行反分割,该公司的股票面额将成为 4 元,股数将成为 100 000 股,市价也将上升。

## 二、股票回购

股票回购是指公司出资购回自身发行在外的股票。

### (一)股票回购的意义

股票回购时,公司以多余现金购回股东所持有的股份,使流通在外的股份减少,每股股利增加,从而会使股价上升,股东能因此获得资本利得,这相当于公司支付给股东现金股利。所以,可以将股票回购看作是一种现金股利的替代方式。

可见,公司不论采用支付现金股利的方式还是股票回购的方式,对股东而言都是等效的。

然而,股票回购却有着与发放现金股利不同的意义。

(1)对股东而言,股票回购后股东得到的资本利得需缴纳资本利得税,发放现金股利后股东则需缴纳股利收益税。在资本利得税率低于股利收益税率的情况下,股东将得到纳税上的好处。但另一方面,上述分析是建立在各种假设之上的。实际上这些因素是很可能因股票回购而发生变化的,其结果是否对股东有利难以预料。也就是说,股票回购对股东利益具有不确定的影响。

(2)对公司而言,股票回购有利于增加公司价值:

第一,公司进行股票回购的目的之一是向市场传递股价被低估的信号。股票回购具有与股票发行相反的作用。股票发行被认为是公司股票被高估的信号,如果公司管理层认为公司目前的股价被低估,通过股票回购,向市场传递了积极信号。股票回购的市场反应通常是提升了股价,有利于稳定公司股票价格。

第二,当公司可支配的现金流明显超过投资项目所需的现金流时,可以用自由现金流进行股票回购,有助于提高每股收益。股票回购减少了公司自由现金流,起到了降低管理层代理成本的作用。管理层通过股票回购试图使投资者相信公司的股票具有投资吸引力,公司没有把股东的钱浪费在收益不好的投资中。

第三,避免股利波动带来的负面影响。当公司剩余现金流是暂时的或者是不稳定的,没有把握能够长期维持高股利政策时,可以在维持一个相对稳定的股利的基础上,通过股票回购回馈股东。

第四，发挥财务杠杆的作用。如果公司认为资本结构中权益资本的比例较高，可以通过股票回购提高负债率，改变公司的资本结构，并有助于降低加权平均资本成本。虽然发放现金股利也可以减少股东权益，增加财务杠杆，但两者在收益相同情形下的每股收益不同。特别是如果是通过发行债券融资回购本公司的股票，可以快速提高负债率。

第五，通过股票回购，可以减少外部流通股的数量，提高股票价格，在一定程度上降低公司被收购的风险。

第六，调节所有权结构。公司拥有回购的股票（库藏股），可以用来交换被收购或被兼并公司的股票，也可用来满足认股权证持有人认购公司股票或可转换债券持有人转换公司普通股的需要，还可以在执行管理层与员工股票期权时使用，避免发行新股而稀释收益。

我国《公司法》规定，公司只有在以下四种情形下才能回购本公司的股份：一是减少公司注册资本；二是与持有本公司股份的其他公司合并；三是将股份奖励给本公司职工；四是股东因对股东大会作出的合并、分立决议持异议，要求公司收购其股份。

公司因第一种情况收购本公司股份的，应当在收购之日起10日内注销；属于第二、第四种情况的，应当在6个月内转让或者注销。公司因奖励职工回购股份的，不得超过本公司已发行股份总额的5%；用于回购的资金应当从公司的税后利润中支出；所收购的股份应当在1年内转让给职工。可见，我国法规并不允许公司拥有西方实务中常见的库藏股。

**（二）股票回购的方式**

股票回购的方式按照不同的分类标准主要有以下几种。

（1）按照股票回购的地点不同，可以分为场内公开收购和场外协议收购两种。场内公开收购是指公司把自己等同于任何潜在的投资者，委托证券公司代自己按照公司股票当前市场价格回购。场外协议收购是指公司与某一类或某几类投资者直接见面，通过协商来回购股票的一种方式。协商的内容包括价格与数量的确定，以及执行时间等。很显然，这一种方式的缺点就在于透明度比较低。

（2）按照股票回购的对象不同，可以分为在资本市场上进行随机回购、向全体股东招标回购、向个别股东协商回购。在资本市场上随机收购的方式最为普遍，但往往受到监管机构的严格监控。在向全体股东招标回购的方式下，回购价格通常高于当时的股票价格，具体的回购工作一般要委托金融中介机构进行，成本费用较高。向个别股东协商回购由于不是面向全体股东，所以必须保持回购价格的公正合理性，以免损害其他股东的利益。

（3）按照筹资方式不同，可分为举债回购、现金回购和混合回购。举债回购是指企业通过银行等金融机构借款的办法来回购本公司的股份。其目的无非是防御其他公司的恶意兼备与收购。现金回购是指企业利用剩余资金来回购本公司的股票。如果企业既动用剩余资金，又向银行等金融机构举债来回购本公司股票，称之为混合回购。

（4）按照回购价格的确定方式不同，可以分为固定价格要约回购和荷兰式拍卖回购。固定价格要约回购是指企业在特定时间发出的以某一高出股票当前市场价格的价格水平，回购既定数量股票的回购报价。为了在短时间内回购数量相对较多的股票，公司可以宣布固定价格回购要约。它的优点是赋予所有股东向公司出售其所持有股票的均等机会，而且通常情况下公司享有在回购数量不足时取消回购计划或延长要约有效期的权利。荷兰式拍卖回购首次出现于1981年Todd造船公司的股票回购。此种方式的股票回购在回购价格确定方面给予公司更大的灵活性。在荷兰式拍卖的股票回购中，首先公司指定回购价格的范围（通常较宽）和计划回购的股票数量（可以上下限的形式表示）；而后股东进行投标，说明愿意以某一特定价格水平（股东在公司指定的回购价格范围内任选）出售股票的数量；公司汇总所有股东提交的价格和数量，确定此次股票回购的"价格—数量曲线"，并根据实际回购数量确定最终的回购价格。

# 第八章 标准成本法

## 第一节 标准成本及其制定

标准成本法是为了克服实际成本计算系统的缺陷（尤其是不能提供有助于成本控制的确切信息的缺陷），而研究出来的一种会计信息系统和成本控制系统。

实施标准成本法一般有以下几个步骤：（1）制定单位产品标准成本；（2）根据实际产量和成本标准计算产品的标准成本；（3）汇总计算实际成本；（4）计算标准成本与实际成本的差异；（5）分析成本差异的发生原因（如果将标准成本纳入账簿体系，还要进行标准成本及其成本差异的账务处理）；（6）向成本负责人提供成本控制报告。

### 一、标准成本的概念

标准成本是通过精确的调查、分析与技术测定而制定的，用来评价实际成本、衡量工作效率的一种目标成本。在标准成本中，基本上排除了不应该发生的"浪费"，因此被认为是一种"应该成本"。标准成本和估计成本同属于预计成本，但后者不具有衡量工作效率的尺度性，主要体现可能性，供确定产品销售价格使用。标准成本要体现企业的目标和要求，主要用于衡量产品制造过程的工作效率和控制成本，也可用于存货和销货成本计价。

"标准成本"一词在实际工作中有两种含义：

一种是指单位产品的标准成本，它是根据单位产品的标准消耗量和标准单价计算出来的，准确地来说应称为"成本标准"。可表示为：

成本标准＝单位产品标准成本＝单位产品标准消耗量×标准单价

另一种是指实际产量的标准成本总额，是根据实际产品产量和单位产品成本标准计算出来的。可表示为：

标准成本（总额）＝实际产量×单位产品标准成本

### 二、标准成本的种类

#### （一）理想标准成本和正常标准成本

标准成本按其制定所依据的生产技术和经营管理水平，分为理想标准成本和正常标准成本。

理想标准成本是指在最优的生产条件下，利用现有的规模和设备能够达到的最低成本。制定理想标准成本的依据，是理论上的业绩标准、生产要素的理想价格和可能实现的最高生产经营能力利用水平。所谓"理论业绩标准"，是指在生产过程中毫无技术浪费时的生产要素消耗量，最熟练的工人全力以赴工作、不存在废品损失和停工时间等条件下可能实现的最优业绩。所谓"最高生产经营能力利用水平"，是指理论上可能达到的设备利用程度，只扣除不可避免的机器修理、改换品种、调整设备等时间，而不考虑产品销路不佳、生产技术故障等造成的影响。这里所说的理想价格，是指原材料、劳动力等生产要素在计划期间最低的价格水平。因此，这种标准很难成为现实，即使暂时出现也不可能持久。它的主要用途是提供一个完美无缺的目标，揭示实际成本下降的潜力。因其提出的要求太高，不宜作为考核的依据。

正常标准成本是指在效率良好的条件下，根据下期一般应该发生的生产要素消耗量、预计价格和预计生产经营能力利用程度制定出来的标准成本。在制定这种标准成本时，把生产经营活动中一般难以避免的损耗和低效率等情况也计算在内，使之切合下期的实际情况，成为切实可行的控制标准。要达到这种标准不是没有困难，但是，是可能达到的。从具体数量上看，它应大于理想标准成本，但又小于历史平均水平，实施以后实际成本更大的可能是逆差而不是顺差，是要经过努力才能达到的一种标准，因而可以调动职工的积极性。

在标准成本系统中，广泛使用正常的标准成本。它具有以下特点：它是用科学方法根据客观实验和过去实践经充分研究后制定出来的，具有客观性和科学性；它既排除了各种偶然性和意外情况，又保留了目前条件下难以避免的损失，代表正常情况下的消耗水平，具有现实性；它是应该发生的成本，可以作为评价业绩的尺度，成为督促职工去努力争取的目标，具有激励性；它可以在工艺技术水平和管理有效性水平变化不大时持续使用，不需要经常修订，具有稳定性。

（二）现行标准成本和基本标准成本

标准成本按其适用期，分为现行标准成本和基本标准成本。

现行标准成本，是指根据其适用期间应该发生的价格、效率和生产经营能力利用程度等预计的标准成本。在这些决定因素变化时，需要按照改变了的情况加以修订。这种标准成本可以成为评价实际成本的依据，也可以用来对存货和销货成本计价。基本标准成本是指一经制定，只要生产的基本条件无重大变化，就不予变动的一种标准成本。所谓生产的基本条件的重大变化是指产品的物理结构变化，重要原材料和劳动力价格的重要变化，生产技术和工艺的根本变化等。只有这些条件发生变化，基本标准成本才需要修订。由于市场供求变化导致的售价变化和生产经营能力利用程度的变化，由于工作方法改变而引起的效率变化等，不属于生产的基本条件变化，对此不需要修订基本标准成本。基本标准成本与各期实际成本对比，可反映成本变动的趋势。如果基本标准成本不按各期实际进行动态修订，就不宜用来直接评价工作效率和成本控制的有效性。

三、标准成本的制定

制定标准成本，通常首先确定直接材料和直接人工的标准成本；其次确定制造费用的标准成本；最后汇总确定单位产品的标准成本。

制定一个成本项目的标准成本，一般需要分别确定其用量标准和价格标准，两者相乘后得出单位产品该成本项目的标准成本。

用量标准包括单位产品材料消耗量、单位产品直接人工工时等，主要由生产技术部门主持制定，同时吸收执行标准的部门及职工参加。

价格标准包括标准的原材料单价、小时工资率、小时制造费用分配率等，由会计部门和有关其他部门共同研究确定。采购部门是材料价格的责任部门，劳资部门和生产部门对小时工资率负有责任，各生产车间对小时制造费用率承担责任，在制定有关价格标准时要与有关部门协商。

无论是价格标准还是用量标准，都可以是理想状态下的或正常状态下的标准，据此得出理想的标准成本或正常的标准成本。下面介绍正常标准成本的制定。

### （一）直接材料标准成本

直接材料的标准消耗量，一般采用统计方法、工业工程法或其他技术分析方法确定的。它是现有技术条件生产单位产品所需的材料数量，包括必不可少的消耗以及各种难以避免的损失。

直接材料的价格标准，是预计下一年度实际需要支付的进料单位成本，包括发票价格、运费、检验和正常损耗等成本，是取得材料的完全成本。

### （二）直接人工标准成本

直接人工的用量标准是单位产品的标准工时。确定单位产品所需的直接生产工人工时，需要按产品的加工工序分别进行，然后加以汇总。标准工时是指在现有生产技术条件下，生产单位产品所需要的时间，包括直接加工操作必不可少的时间，以及必要的间歇和停工，如工间休息、设备调整准备时间、不可避免的废品耗用工时等。标准工时应以作业研究和时间研究为基础，参考有关统计资料来确定。

直接人工的价格标准是指标准工资率。它可能是预定的工资率，也可能是正常的工资率。如果采用计件工资制，标准工资率是预定的每件产品支付的工资除以标准工时，或者是预定的小时工资；如果采用月工资制，需要根据月工资总额和可用工时总量来计算标准工资率。

### （三）制造费用标准成本

制造费用的标准成本是按部门分别编制，然后将同一产品涉及的各部门单位制造费用标准加以汇总，得出整个产品制造费用标准成本。

按照变动成本法原理，制造费用有变动制造费用和固定制造费用之划分，因此，各部门的制造费用标准成本分为变动制造费用标准成本和固定制造费用标准成本两部分。

1. 变动制造费用标准成本。

变动制造费用的数量标准通常采用单位产品直接人工工时标准，它在制定直接人工标准成本时已经确定。有的企业采用机器工时或其他用量标准。作为数量标准的计量单位，应尽可能与变动制造费用保持较好的线性相关关系。

变动制造费用的价格标准是单位工时变动制造费用的标准分配率，它根据变动制造费用预算和直接人工总工时计算求得。

2. 固定制造费用标准成本。

如果企业采用变动成本计算，固定制造费用不计入产品成本，因此单位产品的标准成本中不包括固定制造费用的标准成本。在这种情况下，不需要制定固定制造费用的标准成本，固定制造费用的控制则通过预算管理来进行。如果采用完全成本计算，固定制造费用要计入产品成本，还需要确定其标准成本。

固定制造费用的用量标准与变动制造费用的用量标准相同，包括直接人工工时、机器工时、其他用量标准等，并且两者要保持一致，以便进行差异分析。这个标准的数量在制定直接人工用量标准时已经确定。

固定制造费用的价格标准是单位工时的标准分配率，它根据固定制造费用预算和直接人工标准总工时来计算求得。

## 第二节 标准成本的差异分析

标准成本是一种目标成本，由于各种原因，产品的实际成本与目标成本往往不一致。实际成本与标准成本之间的差额，称为标准成本差异，或简称成本差异。成本差异是反映实际成本脱离预定目标程度的信息。为控制乃至消除这种偏差，需要对产生的成本差异进行分析，找出原因和可能对策，以便采取措施加以纠正。

### 一、变动成本差异的分析

直接材料、直接人工和变动制造费用都属于变动成本，其成本差异分析的基本方法相同。由于它们的实际成本高低取决于实际用量和实际价格，标准成本的高低取决于标准用量和标准价格，所以其成本差异可以归结为价格脱离标准造成的价格差异与用量脱离标准造成的数量差异两类。计算公式列示如下：

成本差异 = 实际成本 − 标准成本
   = 实际数量 × 实际价格 − 标准数量 × 标准价格
   = 实际数量 × 实际价格 − 实际数量 × 标准价格 + 实际数量 × 标准价格
    − 标准数量 × 标准价格
   = 实际数量 ×（实际价格 − 标准价格）+（实际数量 − 标准数量）× 标准价格
   = 价格差异 + 数量差异

上列有关变量之间的关系如图 8 − 1 所示。

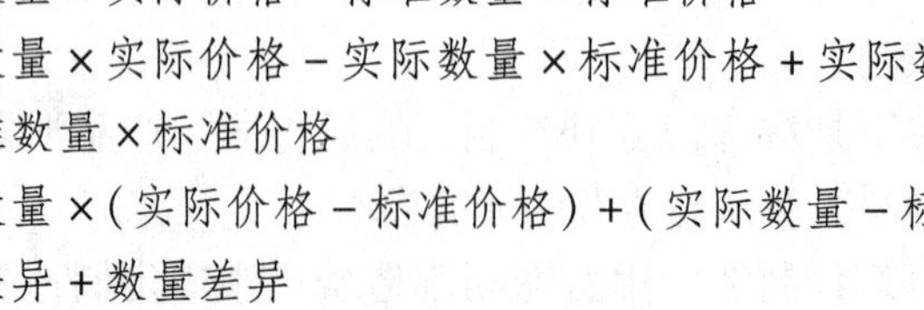

① 实际数量 × 实际价格 ┐ 价格差异
         ├ ① − ② ┐
② 实际数量 × 标准价格 ┤     ├ 成本差异
         ├ 数量差异 ① − ③
③ 标准数量 × 标准价格 ┘ ② − ③ ┘

图 8 − 1 成本差异变量关系图

## （一）直接材料差异分析

直接材料实际成本与标准成本之间的差额，是直接材料成本差异。一般有两个基本原因导致差异的形成：一是价格脱离标准形成的差异；二是用量脱离标准形成的差异。前者按实际用量计算，称为价格差异（价差）；后者按标准价格计算，称为数量差异（量差）。价格差异与数量差异之和，等于直接材料成本的总差异。计算公式列示如下：

直接材料成本差异 = 实际成本 − 标准成本

直接材料价格差异 = 实际数量 × （实际价格 − 标准价格）

直接材料数量差异 = （实际数量 − 标准数量）× 标准价格

直接材料成本差异的计算结果，如是正数则是超支，属于不利差异，通常用 U 表示；如是负数则是节约，属于有利差异，通常用 F 表示（直接人工成本差异、变动制造费用差异与此同理）。

**【例 8−1】** 某企业本月生产产品 400 件，使用材料 2 500 千克，材料单价为 0.55 元/千克；单位产品的直接材料标准成本为 3 元，即每件产品耗用 6 千克直接材料，每千克材料的标准价格为 0.5 元。按照上列公式计算差异如下：

直接材料价格差异 = 2 500 × (0.55 − 0.5) = 125（元）（U）

直接材料数量差异 = (2 500 − 400 × 6) × 0.5 = 50（元）（U）

直接材料成本差异 = 实际成本 − 标准成本

= 2 500 × 0.55 − 400 × 6 × 0.5

= 1 375 − 1 200 = 175（元）（U）

或者：直接材料成本差异 = 直接材料价格差异 + 直接材料数量差异 = 125 + 50 = 175（元）（U）。直接材料的价格差异与数量差异之和，应当等于直接材料成本的总差异，并可据此验算差异分析计算的正确性。

材料价格差异是在材料采购过程中形成的，不应由耗用材料的生产部门负责，而应由材料的采购部门负责并说明原因。采购部门未能按标准价格进货的原因有许多，譬如，供应厂家调整售价、本企业未批量进货、未能及时订货造成的紧急订货、采购时舍近求远使运费和途耗增加、不必要的快速运输方式、违反合同被罚款、承接紧急订货造成额外采购等。对此需要进行具体分析和调查，才能明确最终原因和责任归属。

材料数量差异是在材料耗用过程中形成的，反映生产部门的成本控制业绩。材料数量差异形成的具体原因也有许多，譬如，工人操作疏忽造成废品或废料增加、操作技术改进而节省材料、新工人上岗造成用料增多、机器或工具不适造成用料增加等。有时用料量增多并非生产部门的责任，可能是由于购入材料质量低劣、规格不符使用量超过标准；也可能是由于工艺变更、检验过严使数量差异加大。对此，需要进行具体的调查研究才能明确责任归属。

## （二）直接人工差异分析

直接人工成本差异，是指直接人工实际成本与标准成本之间的差额。它亦可区分为"价差"和"量差"两部分。价差是指直接人工实际工资率脱离标准工资率，其差额按实际工时计算确定的金额，又称为直接人工工资率差异。量差是指直接人工实际工时脱离标准工时，其差额按标准工资率计算确定的金额，又称直接人工效率差异（人工效率通常直接体现为时间的节约）。计算公式列示如下：

直接人工成本差异＝实际直接人工成本－标准直接人工成本

直接人工工资率差异＝实际工时×（实际工资率－标准工资率）

直接人工效率差异＝（实际工时－标准工时）×标准工资率

直接人工工资率差异与直接人工效率差异之和，应当等于直接人工成本总差异，并可据此验算差异分析计算的正确性。

直接人工工资率差异的形成原因，包括直接生产工人升级或降级使用、奖励制度未产生实效、工资率调整、加班或使用临时工、出勤率变化等。一般而言，这主要由人力资源部门管控，形成差异的具体原因会涉及生产部门或其他部门。

直接人工效率差异的形成原因也很多，包括工作环境不良、工人经验不足、劳动情绪不佳、新工人上岗太多、机器或工具选用不当、设备故障较多、生产计划安排不当、产量规模太少而无法发挥经济批量优势等。这主要属于是生产部门的责任，但也不是绝对的，譬如，材料质量不高也会影响生产效率。

### （三）变动制造费用差异分析

变动制造费用的差异，是指实际变动制造费用与标准变动制造费用之间的差额。它也可以分解为"价差"和"量差"两部分。价差是指变动制造费用的实际小时分配率脱离标准，按实际工时计算的金额，反映耗费水平的高低，故称为"耗费差异"。量差是指实际工时脱离标准工时，按标准的小时费用率计算确定的金额，反映工作效率变化引起的费用节约或超支，故称为"效率差异"。计算公式列示如下：

变动制造费用成本差异＝实际变动制造费用－标准变动制造费用

变动制造费用耗费差异＝实际工时×（变动制造费用实际分配率
　　　　　　　　　　　－变动制造费用标准分配率）

变动制造费用效率差异＝（实际工时－标准工时）×变动制造费用标准分配率

变动制造费用的耗费差异，是实际支出与按实际工时和标准费率计算的预算数之间的差额。由于后者承认实际工时是在必要的前提下计算出来的弹性预算数，因此该项差异反映耗费水平即每小时业务量支出的变动制造费用脱离了标准。耗费差异是部门经理的责任，他们有责任将变动制造费用控制在弹性预算限额之内。

变动制造费用效率差异，是由于实际工时脱离了标准工时，多用工时导致的费用增加，因此其形成原因与人工效率差异相似。

## 二、固定制造费用差异分析

固定制造费用的差异分析与各项变动成本差异分析不同，其分析方法有"二因素分析法"和"三因素分析法"两种。

### （一）二因素分析法

二因素分析法，是将固定制造费用差异分为耗费差异和能量差异。

耗费差异是指固定制造费用的实际金额与固定制造费用预算金额之间的差额。固定费用与变动费用不同，不因业务量而变，故差异分析有别于变动费用。在考核时不考虑业务量的变动，以原来的预算数作为标准，实际数超过预算数即视为耗费过多。其计算公式为：

固定制造费用耗费差异 = 固定制造费用实际数 − 固定制造费用预算数

能量差异是指固定制造费用预算与固定制造费用标准成本的差额，或者说是生产能量与实际业务量的标准工时的差额用标准分配率计算的金额。它反映实际产量标准工时未能达到生产能量而造成的损失。其计算公式如下：

固定制造费用能量差异 = 固定制造费用预算数 − 固定制造费用标准成本
= 固定制造费用标准分配率 × 生产能量 − 固定制造费用标准分配率 × 实际产量标准工时
= （生产能量 − 实际产量标准工时）× 固定制造费用标准分配率

## （二）三因素分析法

三因素分析法，是将固定制造费用成本差异分为耗费差异、效率差异和闲置能量差异三部分。耗费差异的计算与二因素分析法相同。不同的是要将二因素分析法中的"能量差异"进一步分为两部分：一部分是实际工时未达到生产能量而形成的闲置能量差异；另一部分是实际工时脱离标准工时而形成的效率差异。其计算公式如下：

固定制造费用闲置能量差异 = 固定制造费用预算 − 实际工时
× 固定制造费用标准分配率
= （生产能量 − 实际工时）× 固定制造费用标准分配率

固定制造费用效率差异 = 实际工时 × 固定制造费用标准分配率 − 实际产量标准工时
× 固定制造费用标准分配率
= （实际工时 − 实际产量标准工时）× 固定制造费用标准分配率

三因素分析法的闲置能量差异（165元）与效率差异（135元）之和为300元，与二因素分析法中的"能量差异"金额相同。

# 第九章 作业成本法

## 第一节 作业成本法的概念与特点

### 一、作业成本法的概念

**(一) 作业成本法的含义**

作业成本法是将间接成本和辅助费用更准确地分配到产品和服务的一种成本计算方法。依据作业成本法的观念,企业的全部经营活动是由一系列相互关联的作业组成的,企业每进行一项作业都要耗用一定的资源;与此同时,产品(包括提供的服务)被一系列的作业生产出来。产品成本是全部作业所消耗资源的总和,产品是消耗全部作业的成果。在计算产品成本时,首先按经营活动中发生的各项作业来归集成本,计算出作业成本;然后再按各项作业成本与成本对象(产品、服务或顾客)之间的因果关系,将作业成本分配到成本对象,最终完成成本计算过程。

在作业成本法下,直接成本可以直接计入有关产品,与传统的成本计算方法并无差异,只是直接成本的范围比传统成本计算的要大,凡是便于追溯到产品的材料、人工和其他成本都可以直接归属于特定产品,尽量减少不准确的分配。不能追溯到产品的成本,则先追溯到有关作业或分配到有关作业,计算作业成本,然后再将作业成本分配到有关产品。

**(二) 作业成本法的核心概念**

1. 作业。

作业是指企业中特定组织(成本中心、部门或产品线)重复执行的任务或活动。例如,签订材料采购合同、将材料运达仓库、对材料进行质量检验、办理入库手续、登记材料明细账等。每一项作业,是针对加工或服务对象重复执行特定的或标准化的活动。例如,轴承工厂的车工作业,无论加工何种规格型号的轴承外套,都须经过将加工对象(工件)的毛坯固定在车床的卡盘上,开动机器进行切削,然后将加工完毕的工件从卡盘上取下等相同的特定动作和程序。

一项作业可能是一项非常具体的活动,如车工作业;也可能泛指一类活动,如机加工车间的车、铣、刨、磨等所有作业可以统称为机加工作业；甚至可以将机加工作业、产品组装作业等统称为生产作业（相对于产品研发、设计、销售等作业而言）。由若干个相互关联的具体作业组成的作业集合，被称为作业中心。

执行任何一项作业都需要耗费一定的资源。资源是指作业耗费的人工、能源和实物资产（车床和厂房等）。任何一项产品的形成都要消耗一定的作业。作业是连接资源和产品的纽带，它在消耗资源的同时生产出产品。

2. 成本动因。

成本动因是指作业成本或产品成本的驱动因素。例如，产量增加时，直接材料成本就增加，产量是直接材料成本的驱动因素，即直接材料的成本动因。再例如，检验成本随着检验次数的增加而增加，检验次数就是检验成本的驱动因素，即检验成本的成本动因。在作业成本法中，成本动因分为资源成本动因和作业成本动因两类。

（1）资源成本动因。

资源成本动因是引起作业成本增加的驱动因素，用来衡量一项作业的资源消耗量。依据资源成本动因可以将资源成本分配给各有关作业。例如，产品质量检验工作（作业）需要有检验人员、专用的设备，并耗用一定的能源（电力）等。检验作业作为成本对象（亦称成本库），耗用的各项资源构成了检验作业的成本。其中，检验人员的工资、专用设备的折旧费等成本，一般可以直接归属于检验作业；而能源成本往往不能直接计入，需要根据设备额定功率（或根据历史资料统计的每小时平均耗电数量）和设备开动时间来分配。这里，"设备的额定功率乘以开动时间"就是能源成本的动因。设备开动导致能源成本发生，设备的功率乘以开动时间的数值（即动因数量）越大，耗用的能源越多。按"设备的额定功率乘以开动时间"这一动因作为能源成本的分配基础，可以将检验专用设备耗用的能源成本分配到检验作业当中。

（2）作业成本动因。

作业成本动因是衡量一个成本对象（产品、服务或顾客）需要的作业量，是产品成本增加的驱动因素。作业成本动因计量各成本对象耗用作业的情况，并被用来作为作业成本的分配基础。例如，每批产品完工后都需进行质量检验，如果对任何产品的每一批次进行质量检验所发生的成本相同，则检验的"次数"就是检验作业的成本动因，它是引起产品检验成本增加的驱动因素。某一会计期间发生的检验作业总成本（包括检验人工成本、设备折旧、能源成本等）除以检验的次数，即为每次检验所发生的成本。某种产品应承担的检验作业成本，等于该种产品的批次乘以每次检验发生的成本。产品完成的批次越多，则需要进行检验的次数越多，应承担的检验作业成本越多；反之，则应承担的检验作业成本越少。

## 二、作业成本法的特点

作业成本法的主要特点，是相对于以产量为基础的传统成本计算方法而言的。

### （一）成本计算分为两个阶段

作业成本法的基本指导思想是，"作业消耗资源、产品（服务或顾客）消耗作业"。根据这一指导思想，作业成本法把成本计算过程划分为两个阶段。

第一阶段，将作业执行中耗费的资源分配（包括追溯和间接分配）到作业，计算作业的成本；

第二阶段，根据第一阶段计算的作业成本分配（包括追溯和动因分配）到各有关成本对象（产品或服务）（见图9-1）。

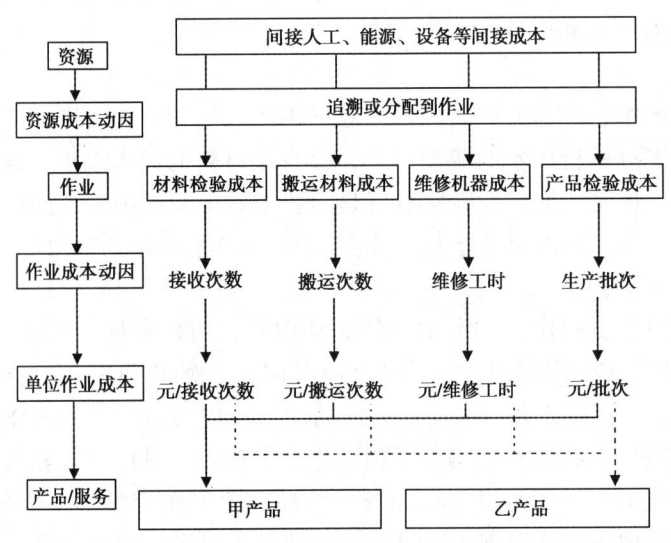

图9-1 作业成本法分两阶段分配成本

传统的成本计算方法也是分两步进行，但是中间的成本中心是按部门建立的。第一步除了把直接成本追溯到产品之外，还要把不同性质的各种间接费用按部门归集在一起；第二步是以产量为基础，将间接费用分配到各种产品。传统成本计算方法下，间接成本的分配路径是"资源→部门→产品"。作业成本法下成本计算的第一阶段，除了把直接成本追溯到产品以外，还要将各项间接费用分配到各有关作业，并把作业看成是按产品生产需求重新组合的"资源"；在第二阶段，按照作业消耗与产品之间不同的因果关系，将作业成本分配到产品。因此，作业成本法下间接成本的分配路径是"资源→作业→产品"。

（二）成本分配强调因果关系

虽然作业成本法和传统成本法都分为两步分配程序，但是如何进行成本分配，两者有很大区别。作业成本法认为，将成本分配到成本对象有三种不同的形式：追溯、动因分配和分摊。

成本追溯，是指把成本直接分配给相关的成本对象。一项成本能否追溯到产品，可以通过实地观察来判断。例如，确认一台电视机耗用的液晶板、集成电路板、扬声器及其他零部件的数量是可以通过观察实现的。再比如，确认某种产品专用生产线所耗用的人工工时数，也是可以通过观察投入该生产线的工人人数和工作时间而实现的。显然，使用追溯方式得到的产品成本是最准确的。作业成本法强调尽可能扩大追溯到个别产品的成本比例，以减少成本分配引起的信息失真。传统成本计算的直接成本，通常仅限于直接人工和直接材料，其他成本都归集于制造费用进行统一分配。作业成本法认为，有些"制造费用"的项目可以直接归属于成本对象,例如特定产品的专用设备折旧费等。凡是能够追溯到个别产品、个别批次、个别品种的成本,就应追溯,而不要间接分配。

动因分配,是指根据成本动因将成本分配到各成本对象的过程。生产活动中耗费的各项资源,其成本不是都能追溯到成本对象的。对不能追溯的成本,作业成本法则强调使用动因(包括资源动因或作业动因)分配方式,将成本分配到有关成本对象(作业或产品)。传统成本计算,以产品数量作为间接费用唯一的成本动因,是不符合实际情况的。采用动因分配,首先必须找到引起成本变动的真正原因,即成本与成本动因之间的因果关系。如前面所说到的检验作业应承担的能源成本,以设备单位时间耗电数量和设备开动时间(即耗电量)作为资源动因进行分配,是因为设备单位时间耗电量和开动时间与检验作业应承担的能源成本之间存在着因果关系。又如,各种产品应承担的检验成本,以产品投产的批次数(即质量检验次数)作为作业动因进行分配,是因为检验次数与产品应承担的检验成本之间存在着因果关系。动因分配虽然不像追溯那样准确,但只要因果关系建立恰当,成本分配的结果同样可以达到较高的准确程度。

有些成本既不能追溯,也不能合理、方便地找到成本动因,只好使用产量作为分配基础,将其强制分摊给成本对象。

作业成本法的成本分配主要使用追溯和动因分配,尽可能减少不准确的分摊,因此能够提供更加真实、准确的成本信息。

**(三)成本分配使用众多不同层面的成本动因**

在传统的成本计算方法下,产量(或生产量相关的业务量,如人工工时、机器工时、人工工资等)被认为是能够解释产品成本变动的唯一动因,并以此作为分配基础进行间接费用的分配。而制造费用是一个由多种不同性质的间接费用组成的集合,这些性质不同的费用有些是随产量变动的,而多数则并不随产量变动,因此用单一的产量作为分配制造费用的基础显然是不合适的。

作业成本法的独到之处,在于它把资源的消耗首先追溯或分配到作业,然后使用不同层面和数量众多的作业动因将作业成本分配到产品。采用不同层面的、众多的成本动因进行成本分配,要比采用单一分配基础更加合理,更能保证产品成本计算的准确性。

## 第二节 作业成本计算

### 一、作业的认定

建立作业成本系统从作业认定开始,即确认每一项作业完成的工作以及执行该作业耗用的资源成本。作业的认定需要对每项消耗资源的作业进行定义,识别每项作业在生产活动中的作用、与其他作业的区别,以及每项作业与耗用资源的联系。

作业认定有两种形式:一种是根据企业总的生产流程,自上而下进行分解;另一种形式是通过与员工和经理进行交谈,自下而上地确定他们所做的工作,并逐一认定各项作业。例如，根据生产流程分析和工厂的布局可知，由于原材料仓库与生产车间之间有0.5公里的距离，必然存在材料搬运作业，这项作业就是将生产用的原材料从仓库运送到生产车间。通过另一种形式，即与从事相关作业的员工或经理交谈，也可以识别和认定该项作业，比如与进行搬运作业的员工进行交谈，问"你是做什么的？"也很容易得出生产过程中有这样一项搬运作业，它的主要作用是把原材料从仓库运往车间。在实务中，自上而下和自下而上这两种方式往往需要结合起来运用。经过这样的程序，就可以把生产过程中的全部作业一一识别出来，并加以认定。为了对认定的作业进一步分析和归类，在作业认定后，需按顺序列出作业清单。表9-1是一个以变速箱制造企业为背景的作业清单示例。需要说明的是，这仅仅是一个示例，实际上对一个企业在产品生产过程中认定作业数量的多少，取决于该企业自身的产品生产特点。

表9-1　　　　　　　　　　某企业作业清单

| 作业名称 | 作业说明 |
| --- | --- |
| 材料订购 | 包括选择供应商、签订合同、明确供应方式等 |
| 材料检验 | 对每批购入的材料进行质量、数量检验 |
| 生产准备 | 每批产品投产前，进行设备调整等准备工作 |
| 发放材料 | 每批产品投产前，将生产所需材料发往各生产车间 |
| 材料切割 | 将管材、圆钢切割成适于机加工的毛坯工件 |
| 车床加工 | 使用车床加工零件（轴和连杆） |
| 铣床加工 | 使用铣床加工零件（齿轮） |
| 刨床加工 | 使用刨床加工零件（变速箱外壳） |
| 产品组装 | 人工装配变速箱 |
| 产品质量检验 | 人工检验产品质量 |
| 包装 | 用木箱将产品包装 |
| 车间管理 | 组织和管理车间生产、提供维持生产的条件 |

### 二、作业成本库的设计

作业认定后，接下来的工作是设计作业成本库，作业成本库包括如下四类：

1. 单位级作业成本库。

单位级作业是指每一单位产品至少要执行一次的作业。例如，机器加工、组装。这些作业对每个产品都必须执行。这类作业的成本包括直接材料、直接人工工时、机器成本和直接能源消耗等。

单位级作业成本是直接成本，可以追溯到每个单位产品上，即直接计入成本对象的成本计算单。

2. 批次级作业成本库。

批次级作业是指同时服务于每批产品或许多产品的作业。例如生产前机器调试、成批产品转移至下一工序的运输、成批采购和检验等。它们的成本取决于批次，而不是每批中单位产品的数量。

批次级作业成本需要单独进行归集，计算每一批的成本，然后分配给不同批次（如某订单），最后根据产品的数量在单个产品之间进行分配。

3. 品种级（产品级）作业成本库。

品种级作业是指服务于某种型号或样式产品的作业。例如，产品设计、产品生产工艺规程制定、工艺改造、产品更新等。这些作业的成本依赖于产品的品种数或规格型号数，而不是产品数量或生产批次。产品比品种更综合、一种产品可能包括多种规格型号的品种，但产品级作业与品种级作业具有相似特征。

品种级作业成本仅仅因为某个特定的产品品种存在而发生，随产品品种数而变化，不随产量、批次数而变化。例如，维护某一产品的工程师的数量取决于产品的复杂程度，而生产的复杂程度是产品零件多少的函数，因此可以按零件数量为基础分配品种级成本至每一种产品，然后再分配给不同的批次（如某订单），最后根据产品的数量在单个产品之间进行分配。

4. 生产维持级作业成本库。

生产维持级作业，是指服务于整个工厂的作业，例如，工厂保安、维修、行政管理、保险、财产税等。它们是为了维护生产能力而进行的作业，不依赖于产品的数量、批次和种类。

无法追溯到单位产品，并且和产品批次、产品品种无明显关系的成本，都属于生产维持级成本。这些成本首先被分配到不同产品品种，然后再分配到成本对象（如某订单），最后分配给单位产品。这种分配顺序不是唯一选择，也可以直接依据直接人工或机器工时分配给成本对象。这是一种不准确的成本分摊。不同层级的作业成本如图9－2所示。

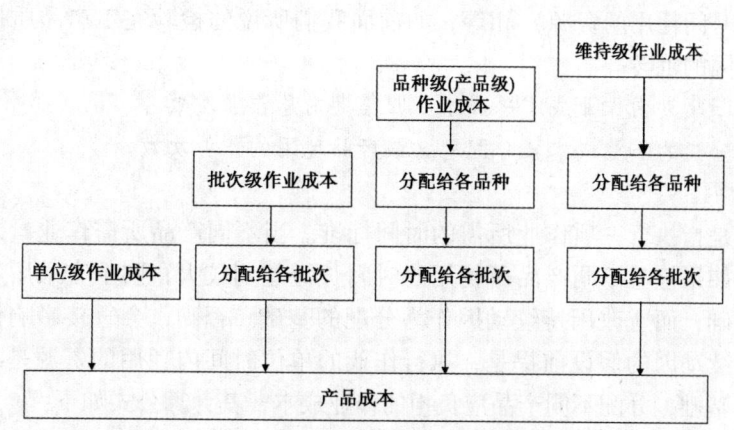

图9－2　不同层级的作业成本

### 三、资源成本分配到作业

资源成本借助于资源成本动因分配到各项作业。资源成本动因和作业成本之间一定要存在因果关系。

常用的资源成本动因如表9－2所示。

表9-2　　　　　　　　　　　作业的资源成本动因

| 作业 | 资源成本动因 |
|---|---|
| 机器运行作业 | 机器小时 |
| 安装作业 | 安装小时 |
| 清洁作业 | 平方米 |
| 材料移动作业 | 搬运次数、搬运距离、吨公里 |
| 人事管理作业 | 雇员人数、工作时间 |
| 能源消耗 | 电表、流量表、装机功率和运行时间 |
| 制作订单作业 | 订单数量 |
| 顾客服务作业 | 服务电话次数、服务产品品种数、服务的时间 |

## 四、作业成本分配到成本对象

在确定了作业成本之后，根据作业成本动因计算单位作业成本，再根据作业量计算成本对象应负担的作业成本。

单位作业成本＝本期作业成本库归集总成本/作业量

作业量的计量单位即作业成本动因有三类：即业务动因、持续动因和强度动因。

1. 业务动因。

业务动因通常以执行的次数作为作业动因，并假定执行每次作业的成本（包括耗用的时间和单位时间耗用的资源）相等，如前面我们所说的检验完工产品质量作业的次数就属于业务动因的范畴。

分配率＝归集期内作业成本总成本÷归集期内总作业次数

某产品应分配的作业成本＝分配率×该产品耗用的作业次数

2. 持续动因。

持续动因是指执行一项作业所需的时间标准。当不同产品所需作业量差异较大的情况下，例如，如果检验不同产品所耗用的时间长短差别较大，则不宜采用业务动因作为分配成本的基础，而应改用持续动因作为分配的基础。否则，会直接影响作业成本分配的准确性。持续动因的假设前提是，执行作业的单位时间内耗用的资源是相等的。以持续动因为分配基础，分配不同产品应负担的作业成本，其计算公式如下：

分配率＝归集期内作业总成本÷归集期内总作业时间

某产品应分配的作业成本＝分配率×该产品耗用的作业时间

3. 强度动因。

强度动因是在某些特殊情况下，将作业执行中实际耗用的全部资源单独归集，并将该项单独归集的作业成本直接计入某一特定的产品。强度动因一般适用于某一特殊订单或某种新产品试制等，用产品订单或工作单记录每次执行作业时耗用的所有资源及其成本，订单或工作单记录的全部作业成本也就是应计入该订单产品的成本。

在上述三类作业动因中，业务动因的精确度最差，但其执行成本最低；强度动因的精确度最高，但其执行成本最昂贵；而持续动因的精确度和成本则居中。作业成本驱动产品成本，是作业成本法最主要的创新，同时也是作业成本法最耗费时间和精力的。

如同传统成本计算法一样，作业成本分配时可以采用实际分配率或者预算分配率。采用预算分配率时，发生的成本差异可以直接结转本期营业成本，也可以计算作业成本差异率并据以分配给有关产品。

## 第三节　作业成本管理

将产品或服务的成本准确计算出来是成本管理的先决条件，但不是目的，成本管理的根本目的是把成本管控住，努力降低成本，增强企业的竞争优势，为企业创造价值。作业成本管理的核心就是分析哪些作业是增值作业，哪些作业是非增值作业。实行基于作业的成本管理，消除转化或降低不增值作业，提高增值作业效率，降低成本，增加价值，创建企业的竞争优势。

### 一、增值作业与非增值作业的划分

增值作业与非增值作业是站在顾客角度划分的。最终增加顾客价值的作业是增值作业；否则就是非增值作业。在一个企业中，区别增值作业和非增值作业的标准就是看这个作业的发生是否有利于增加顾客的价值，或者说增加顾客的效用。作业管理的核心就是识别出不增加顾客价值的作业，从而找到进行改进的地方。一般而言，在一个制造企业中，非增值作业有：等待作业、材料或者在产品堆积作业、产品或者在产品在企业内部迂回运送作业、废品清理作业、次品处理作业、返工作业、无效率重复某工序作业、由于订单信息不准确造成没有准确送达需要再次送达的无效率作业等。

### 二、基于作业进行成本管理

作业成本管理是应用作业成本计算提供的信息，从成本的角度，在管理中努力提高增加顾客价值的作业效率，消除或遏制不增加顾客价值的作业，实现企业生产流程和生产经营效率效果的持续改善，增加企业价值。作业成本管理主要从成本方面来优化企业的作业链和价值链，是作业管理的中介，是作业管理的核心方面。不增加顾客价值的作业是非增值作业，由非增值作业引发的成本是非增值作业成本。作业成本管理就是要努力找到非增值作业成本并努力消除它、转化它或将之降到最低。作业成本管理一般包括确认和分析作业、作业链—价值链分析和成本动因分析、业绩评价以及报告非增值作业成本四个步骤。作业分析又包括辨别不必要或非增值的作业；对重点增值作业进行分析；将作业与先进水平比较；分析作业之间的联系等。

### 三、作业成本法的优点、局限性与适用情景条件

#### （一）作业成本法的优点

1. 成本计算更准确。

作业成本法的主要优点是减少了传统成本信息对于决策的误导。一方面作业成本法扩大了追溯到个别产品的成本比例，减少了成本分配对于产品成本的扭曲；另一方面采用多种成本动因作为间接成本的分配基础，使得分配基础与被分配成本的相关性得到改善。准确的成本信息，可以提高经营决策的质量，包括定价决策、扩大生产规模、放弃产品线等经营决策。

2. 成本控制与成本管理更有效。

作业成本法提供了了解产品作业过程的途径，使管理人员知道成本是如何发生的。成本动因的确定，使他们将注意力集中于成本动因的耗用上，而不仅仅是关心产量和直接人工。从成本动因上改进成本控制，包括改进产品设计和生产流程等，可以消除非增值作业、提高增值作业的效率，有助于持续降低成本和不断消除浪费。

3. 为战略管理提供信息支持。

战略管理需要相应的信息支持。例如，价值链分析是指企业用于评估客户价值感知重要性的一个战略分析工具。它包括确定当前成本和绩效标准，并评估整个供应链中哪些环节可以增加客户价值、减少成本费用的一整套工具和程序。由于产品价值是由一系列作业创造的，企业的价值链也就是其作业链。价值链分析需要识别供应作业、生产作业和分销作业，并且识别每项作业的成本驱动因素，以及各项作业之间的关系。作业成本法与价值链分析概念一致，可以为其提供信息支持。再例如，成本领先战略是公司竞争战略的选择之一。实现成本领先战略，除了规模经济之外，需要有低成本完成作业的资源和技能。这种有别于竞争对手的资源和技能，来源于技术创新和持续的作业管理。作业管理包括成本动因分析、作业分析和绩效衡量等，其主要数据来源于作业成本计算。

#### （二）作业成本法的局限性

1. 开发和维护费用较高。

作业成本法的成本动因多于完全成本法，成本动因的数量越大，开发和维护费用越高。即使有了计算机和数据库技术，采用传统的作业成本法仍然是一件成本很高的事情。如果将作业成本法仅仅作为一项会计创举，不能通过作业成本数据的使用改善决策和作业管理，提高公司的竞争力，则很可能得不偿失。

2. 作业成本法不符合对外财务报告的需要。

因为作业成本法计算出的产品成本既包含制造成本、也可能包含部分非制造成本。因此，采用作业成本法的企业，为了使对外财务报表符合会计准则的要求，需要重新调整成本数据。这种调整与变动成本法的调整相比，不仅工作量大，而且技术难度大，有可能出现混乱。

3. 确定成本动因比较困难。

间接成本并非都与特定的成本动因相关联。有时找不到与成本相关的驱动因素，或者设想的若干驱动因素与成本的相关程度都很低，或者取得驱动因素数据的成本很高。

此时，就会出现人为主观分配，扭曲产品成本数据。

4. 不利于通过组织控制进行管理控制。

完全成本法按部门建立成本中心，为实施责任会计和业绩评价提供了方便。作业成本法的成本库与企业的组织结构不一致，不利于提供管理控制信息，因此许多管理人员和会计人员持反对态度。作业成本法倾向于以牺牲管理控制信息为代价，换取经营决策信息的改善，减少了会计数据对管理控制的有用性。

**（三）作业成本法的适用情景条件**

采用作业成本法的公司一般应具备以下条件：

（1）从成本结构看，这些公司的制造费用在产品成本中占有较大比重。他们若使用单一的分配率，成本信息的扭曲会比较严重。

（2）从产品品种看，这些公司的产品多样性程度高，包括产品产量的多样性，规模的多样性，产品制造或服务复杂程度的多样性，原材料的多样性和产品组装的多样性。产品的多样性是引起传统成本系统在计算产品成本时发生信息扭曲的原因之一。

（3）从外部环境看，这些公司面临的竞争激烈。传统的成本计算方法是在竞争较弱、产品多样性较低的背景下设计的。当竞争变得激烈，产品的多样性增加时，传统成本计算方法的缺点被放大了，实施作业成本法变得有利。由于经济环境越来越动荡，竞争越来越激烈，相对于作业成本法而言，传统成本系统增加了决策失误引起的成本。

（4）从公司规模看，这些公司的规模比较大。由于大公司拥有更为强大的信息沟通渠道和完善的信息管理基础设施，并且对信息的需求更为强烈，所以他们比小公司对作业成本法更感兴趣。

总之，在企业生产自动化程度较高、直接人工较少、制造费用比重较大、作业流程较清晰、相关业务数据完备且可获得、信息化基础工作较好、以产量为基础计算产品成本容易产生成本扭曲时，适宜采用作业成本法。企业可以根据自身经营管理的特点和条件，利用现代信息技术，采用作业成本法对不能直接归属于成本核算对象的成本进行归集和分配，通过作业成本法对产品的盈利能力、客户的获利能力、企业经营中的增值作业和非增值作业等进行分析，发挥更强大的管理作用。

# 第十章 全面预算

## 第一节 全面预算概述

全面预算是通过企业内外部环境的分析，在预测与决策基础上，调配相应的资源，对企业未来一定时期的经营和财务等作出一系列具体计划。预算以战略规划目标为导向，它既是决策的具体化，又是控制经营和财务活动的依据。预算是计划的数字化、表格化、明细化的表达。全面预算体现了预算的全员、全过程、全部门的特征。

### 一、全面预算的体系

全面预算是由资本预算、经营预算和财务预算等类别的一系列预算构成的体系，各项具体预算之间相互联系、关系复杂。图10-1以制造业企业为例，勾画了全面预算体系中各项预算之间的关系。

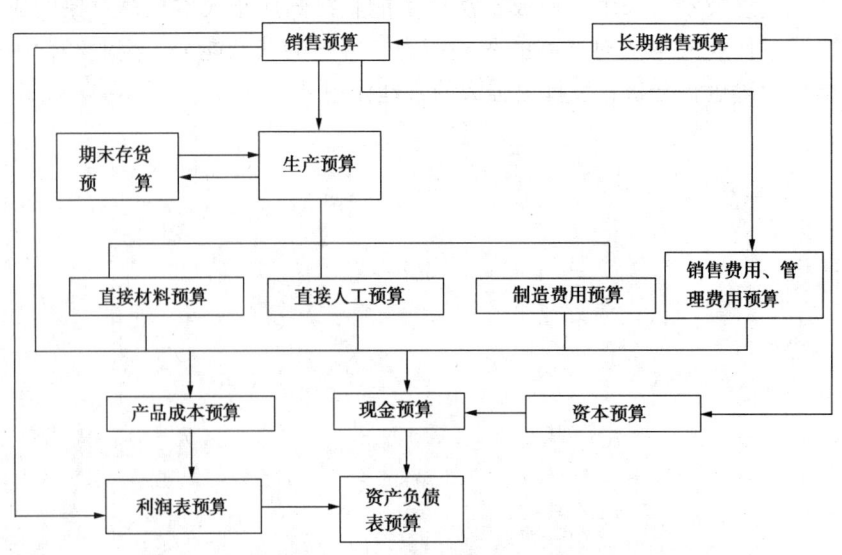

图10-1 全面预算体系关系图

企业应根据长期市场预测和生产能力，编制长期销售预算，以此为基础，确定本年度的销售预算，并根据企业财力确定资本预算。销售预算是年度预算的编制起点，根据"以销定产"的原则确定生产预算，同时确定所需要的销售费用。生产预算的编制，除了考虑计划销售量外，还要考虑期初存货和期末存货。根据生产预算来确定直接材料、直接人工和制造费用预算。产品成本预算和现金预算是有关预算的汇总。利润表预算和资产负债表预算是全部预算的综合。

全面预算按其涉及的预算期分为长期预算和短期预算。长期预算包括长期销售预算和资本预算，有时还包括长期资本筹措预算和研究与开发预算。短期预算是指年度预算，或者时间更短的季度或月度预算，如直接材料预算、现金预算等。通常，长期和短期的划分以1年为界限，有时把2~3年期的预算称为中期预算。

全面预算按其涉及的内容分为专门预算和综合预算。专门预算是指反映企业某一方面经济活动的预算，如直接材料预算、制造费用预算。综合预算是指资产负债表预算和利润表预算，它反映企业的总体状况，是各种专门预算的综合。

全面预算按其涉及的业务活动领域分为投资预算（如资本预算）、营业预算和财务预算。营业预算或称经营预算，是关于采购、生产、销售业务的预算，包括销售预算、生产预算、成本预算等。财务预算是关于利润、现金和财务状况的预算，包括利润表预算、现金预算和资产负债表预算等。

本章主要讨论营业预算和财务预算。

### 二、全面预算的作用

企业预算是各级各部门工作的具体奋斗目标、协调工具、控制标准、考核依据，在经营管理中发挥着重大作用。

企业的目标是多重的，不能用唯一的数量指标来表达。企业的主要目标是盈利，但也要考虑社会的其他限制。因此，需要通过预算分门别类、有层次地表达企业的各种目标。企业的总目标，通过预算被分解成各级各部门的具体目标。它们根据预算安排各自的活动，如果各级各部门都完成了自己的具体目标，企业的总目标也就有了保障。预算中规定了企业一定时期的总目标以及各级各部门的子目标，可以动员全体职工为此而奋斗。

企业内部各级各部门必须协调一致，才能最大限度地实现企业的总目标。各级各部门因其职责不同，往往会出现互相冲突的现象。例如，企业的销售、生产、财务等各部门可以分别编出对自己来说是最好的计划，而该计划在其他部门不一定能行得通。销售部门根据市场预测，提出一个庞大的销售计划，生产部门可能没有那么大的生产能力；生产部门可以编制一个充分发挥生产能力的计划，但销售部门却可能无力将这些产品销售出去；销售和生产部门都认为应当扩大生产能力，财务部门可能认为无法筹集到必要的资金。现金预算运用货币度量来表达，具有高度的综合性，经过综合平衡以后，可以体现解决各级各部门冲突的最佳办法，可以使各级各部门的工作在此基础上协调起来。

预算一经确定，就进入了实施阶段，管理工作的重心转入控制过程，即设法使经济活动按计划进行。控制过程包括经济活动状态的计量、实际状态和标准的比较、两者差异的确定和分析，以及采取措施调整经济活动等。预算是控制经济活动的依据和衡量其合理性的标准，当实际状态和预算有了较大差异时，要查明原因并采取措施。

现代化生产是许多共同劳动的过程，不能没有责任制度，而有效的责任制度离不开对工作成绩的考核。通过考核，对每个人的工作进行评价，并据此实行奖惩和人事任免，可以促使人们更好地工作。考核与不考核是大不一样的。当管理人员知道将根据他们的工作实绩来评价其能力并实行奖惩时，他们将会更努力地工作。超过上年或历史最高水平，只能说明有所进步，而不说明这种进步已经达到了应有的程度。由于客观条件的变化，收入减少或成本增加并不一定是管理人员失职造成的，很难依据历史变化趋势说明工作的好坏。当然，考核时也不能只看预算是否被完全执行了，某些偏差可能是有利的，如增加销售费用可能对企业总体有利；反之，年终突击花钱，虽未超过预算，但也不是一种好的现象。

为使预算发挥上述作用，除了要编制一个高质量的预算外，还应制定合理的预算管理制度，包括编制程序、修改预算的办法、预算执行情况的分析方法、调查和奖惩办法等。

### 三、全面预算的编制程序

全面预算的编制，涉及企业经营管理的各个部门，只有执行人参与预算的编制，才能使预算成为他们自愿努力完成的目标，而不是外界强加于他们的枷锁。

全面预算的编制程序如下：

（1）企业决策机构根据长期规划，利用本量利分析等工具，提出企业一定时期的总目标，并下达规划指标；
（2）最基层成本控制人员自行草编预算，使预算能较为可靠、较为符合实际；
（3）各部门汇总部门预算，并初步协调本部门预算，编制出销售、生产、财务等预算；
（4）预算委员会审查、平衡各预算，汇总出公司的总预算；
（5）经过总经理批准，审议机构通过或者驳回修改预算；
（6）主要预算指标报告给董事会或上级主管单位，讨论通过或者驳回修改；
（7）批准后的预算下达给各部门执行。

## 第二节 全面预算的编制方法

企业全面预算的构成内容比较复杂，编制预算需要采用适当的方法。常用的预算方法主要包括增量预算法与零基预算法、固定预算法与弹性预算法、定期预算法与滚动预算法，这些方法广泛应用于营业预算的编制。

## 一、增量预算与零基预算

按出发点的特征不同,营业预算的编制方法可分为增量预算法和零基预算法两大类。

### (一) 增量预算法

增量预算法又称调整预算法,是指以历史期实际经济活动及其预算为基础,结合预算期经济活动及相关影响因素的变动情况,通过调整历史期经济活动项目及金额形成预算的预算编制方法。

增量预算法的前提条件是:(1) 现有的业务活动是企业所必需的;(2) 原有的各项业务都是合理的。

增量预算法的缺点是当预算期的情况发生变化时,预算数额会受到基期不合理因素的干扰,可能导致预算的不准确,不利于调动各部门达成预算目标的积极性。

### (二) 零基预算法

零基预算法,是指企业不以历史期经济活动及其预算为基础,以零为起点,从实际需要出发分析预算期经济活动的合理性,经综合平衡,形成预算的预算编制方法,采用零基预算法在编制费用预算时,不考虑以往期间的费用项目和费用数额,主要根据预算期的需要和可能分析费用项目和费用数额的合理性,综合平衡编制费用预算。运用零基预算法编制费用预算的具体步骤是:

(1) 根据企业预算期利润目标、销售目标和生产指标等,分析预算期各项费用项目,并预测费用水平;

(2) 拟订预算期各项费用的预算方案,权衡轻重缓急,划分费用支出的等级并排列先后顺序;

(3) 根据企业预算期预算费用控制总额目标,按照费用支出等级及顺序,分解落实相应的费用控制目标,编制相应的费用预算。

应用零基预算法编制费用预算的优点是不受前期费用项目和费用水平的制约,能够调动各部门降低费用的积极性,但其缺点是编制工作量大。

零基预算适用于企业各项预算的编制,特别是不经常发生的预算项目或预算编制基础变化较大的预算项目。

## 二、固定预算与弹性预算

按业务量基础的数量特征的不同,营业预算的编制方法可分为固定预算法和弹性预算法两大类。

### (一) 固定预算法

固定预算法又称静态预算法,是指在编制预算时,只根据预算期内正常、可实现的某一固定的业务量(如生产量、销售量等)水平作为唯一基础来编制预算的方法。固定预算方法存在适应性差和可比性差的缺点,一般适用于经营业务稳定,生产产品产销量稳定,能准确预测产品需求及产品成本的企业,也可用于编制固定费用预算。

### (二) 弹性预算法

弹性预算法又称动态预算法,是在成本性态分析的基础上,依据业务量、成本和利润之间的联动关系,按照预算期内相关的业务量(如生产量、销售量、工时等)水平计算其相应预算项目所消耗资源的预算编制方法。

理论上,该方法适用于编制全面预算中所有与业务量有关的预算,但实务中主要用于编制成本费用预算和利润预算,尤其是成本费用预算。

编制弹性预算,要选用一个最能代表生产经营活动水平的业务量计量单位。例如,以手工操作为主的车间,就应选用人工工时;制造单一产品或零件的部门,可以选用实物数量;修理部门可以选用直接修理工时等。

弹性预算法所采用的业务量范围,视企业或部门的业务量变化情况而定,务必使实际业务量不至于超出相关的业务量范围。一般来说,可定在正常生产能力的70%~110%之间,或以历史上最高业务量和最低业务量为其上下限。弹性预算法编制预算的准确性,在很大程度上取决于成本性态分析的可靠性。

与按特定业务量水平编制的固定预算相比,弹性预算有两个显著特点:(1)弹性预算是按一系列业务量水平编制的,从而扩大了预算的适用范围;(2)弹性预算是按成本性态分类列示的,在预算执行中可以计算一定实际业务量的预算成本,以便于预算执行的评价和考核。

运用弹性预算法编制预算的基本步骤是:

(1)选择业务量的计量单位;

(2)确定适用的业务量范围;

(3)逐项研究并确定各项成本和业务量之间的数量关系;

(4)计算各项预算成本,并用一定的方式来表达。

弹性预算法又分为公式法和列表法两种具体方法:

1. 公式法。

公式法是运用总成本性态模型,测算预算期的成本费用数额,并编制成本费用预算的方法。根据成本性态,成本与业务量之间的数量关系可用公式表示为:

$$y = a + bx$$

其中,$y$ 表示某项成本预算总额,$a$ 表示该项成本中的固定成本预算总额,$b$ 表示该项成本中的单位变动成本预算额,$x$ 表示预计业务量。

【例10-1】 某企业制造费用中的修理费用与修理工时密切相关。经测算,预算期修理费用中的固定修理费用为3 000元,单位工时的变动修理费用为2元;预计预算期的修理工时为3 500小时。运用公式法,测算预算期的修理费用总额为:3 000 + 2 × 3 500 = 10 000(元)。

因为任何成本都可用公式"$y = a + bx$"来近似地表示,所以,只要在预算中列示 $a$(固定成本)和 $b$(单位变动成本),便可随时利用公式计算任一业务量($x$)的预算成本($y$)。

公式法的优点是便于计算任何业务量的预算成本。但是,阶梯成本和曲线成本只能用数学方法修正为直线,才能应用公式法。必要时,还需在"备注"中说明适用不同业务量范围的固定费用和单位变动费用。

2. 列表法。

列表法是在预计的业务量范围内将业务量分为若干个水平，然后按不同的业务量水平编制预算。

应用列表法编制预算，首先要在确定的业务量范围内，划分出若干个不同水平，然后分别计算各项预算值，汇总列入一个预算表格。

列表法的优点是：不管实际业务量多少，不必经过计算即可找到与业务量相近的预算成本；混合成本中的阶梯成本和曲线成本，可按总成本性态模型计算填列，不必用数学方法修正为近似的直线成本。但是，运用列表法编制预算，在评价和考核实际成本时，往往需要使用插补法来计算"实际业务量的预算成本"，比较麻烦。

### 三、定期预算与滚动预算

按预算期的时间特征不同，营业预算的编制方法可分为定期预算法和滚动预算法两类。

#### （一）定期预算法

定期预算法是以固定不变的会计期间（如年度、季度、月份）作为预算期间编制预算的方法。采用定期预算法编制预算，保证预算期间与会计期间在时期上配比，便于依据会计报告的数据与预算的比较，考核和评价预算的执行结果。但不利于前后各个期间的预算衔接，不能适应连续不断的业务活动过程的预算管理。

#### （二）滚动预算法

滚动预算法又称连续预算法或永续预算法，是在上期预算完成情况的基础上，调整和编制下期预算，并将预算期间逐期连续向后滚动推移，使预算期间保持一定的时期跨度。

采用滚动预算法编制预算，按照滚动的时间单位不同可分为逐月滚动、逐季滚动和混合滚动。

1. 逐月滚动方式。

逐月滚动方式是指在预算编制过程中，以月份为预算的编制和滚动单位，每个月调整一次预算的方法。

如在 20×1 年 1 月至 12 月的预算执行过程中，需要在 1 月末根据当月预算的执行情况，修订 2 月至 12 月的预算，同时补充下一年 20×2 年 1 月份的预算；到 2 月末可根据当月预算的执行情况，修订 3 月至 20×2 年 1 月的预算，同时补充 20×2 年 2 月份的预算；以此类推。

逐月滚动预算方式示意图如图 10-2 所示。

按照逐月滚动方式编制的预算比较精确，但工作量较大。

2. 逐季滚动方式。

逐季滚动方式是指在预算编制过程中，以季度为预算的编制和滚动单位，每个季度调整一次预算的方法。

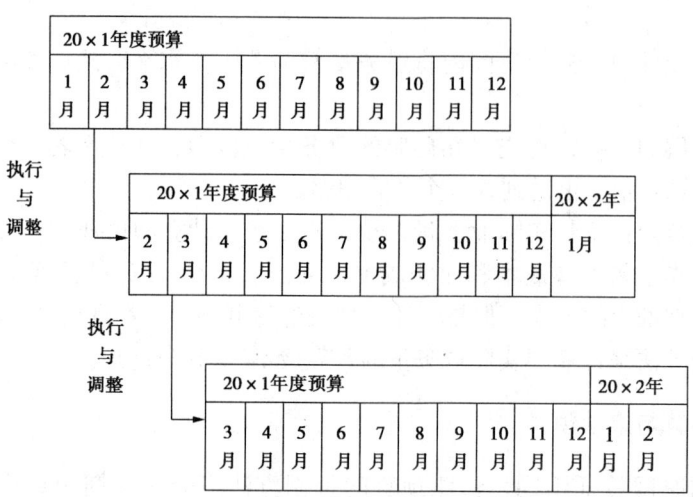

图 10-2 逐月滚动预算方式示意图

逐季滚动编制的预算比逐月滚动的工作量小，但精确度较差。

3. 混合滚动方式。

混合滚动方式是指在预算编制过程中，同时以月份和季度作为预算的编制和滚动单位的方法。这种预算方法的理论依据是：人们对未来的了解程度具有对近期的预计把握较大，对远期的预计把握较小的特征。混合滚动预算方式示意图如图10-3所示。

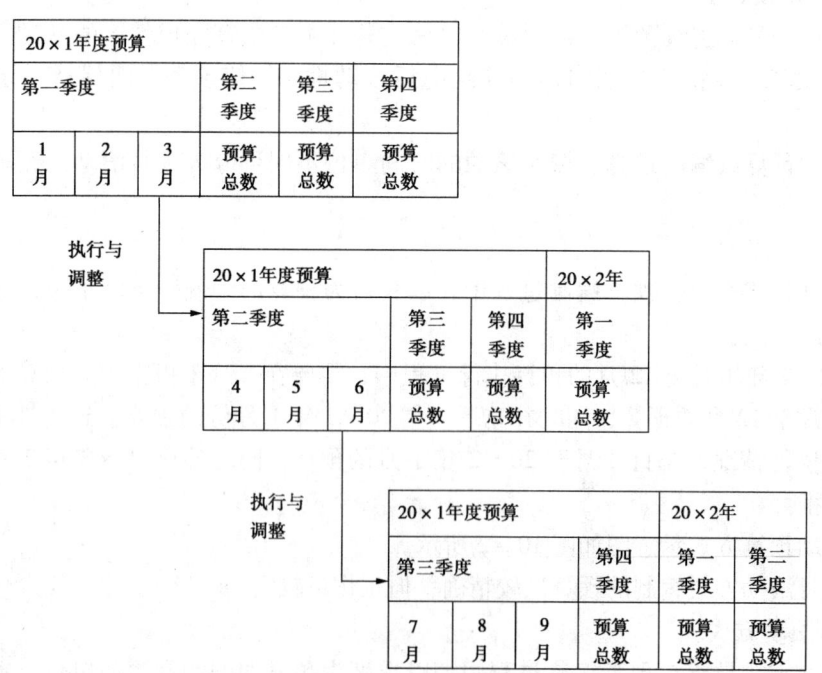

图 10-3 混合滚动预算方式示意图

运用滚动预算法编制预算，使预算期间依时间顺序向后滚动，能够保持预算的持续性，有利于考虑未来业务活动，结合企业近期目标和长期目标；使预算随时间的推进不断加以调整和修订，能使预算与实际情况更相适应，有利于充分发挥预算的指导和控制作用。

## 第三节 营业预算的编制

营业预算是企业日常营业活动的预算，企业的营业活动涉及供产销等各个环节及其业务。营业预算包括销售预算、生产预算、直接材料预算、直接人工预算、制造费用预算、产品成本预算、销售费用预算和管理费用预算等。

### 一、销售预算

销售预算是整个预算的编制起点，其他预算的编制都以销售预算为基础。

销售预算的主要内容是销售数量、销售单价和销售收入。销售数量是根据市场预测或销货合同并结合企业生产能力确定的。销售单价是通过定价决策确定的。销售收入是两者的乘积，在销售预算中计算得出。

销售预算通常要分品种、分月份、分季度、分销售区域、分推销员来编制。上例是一个简例，仅划分了季度销售。

销售预算中通常还包括预计现金收入的计算，其目的是为编制现金预算提供必要的资料。第一季度的现金收入包括两部分，即上年应收账款在本年第一季度收到的货款，以及本季度销售中可能收到的货款部分。本例中，假设每季度销售收入中，本季度收到现金60%，另外的40%现金要到下季度才能收到。

### 二、生产预算

生产预算是在销售预算的基础上编制的，其主要内容有销售量、期初和期末产成品存货、生产量。

通常，企业的生产和销售往往不能做到"同步同量"，因此需要设置一定的产成品存货，以保证能在发生意外需求时按时供货，并可均衡生产，节省赶工的额外支出。期末产成品存货数量通常按下期销售量的一定百分比确定，本例按10%安排期末产成品存货。年初产成品存货是编制预算时预计的，年末产成品存货根据长期销售趋势来确定。

生产预算在实际编制时是比较复杂的，产量受到生产能力的限制，产成品存货数量受到仓库容量的限制，只能在此范围内来安排产成品存货数量和各期生产量。此外，有的季度可能销量很大，可以用赶工方法增产，为此要多付加班费。如果提前在淡季生产，会因增加产成品存货而多付资金利息。因此，要权衡两者得失，选择成本最低的决策方案编制生产预算。

### 三、直接材料预算

直接材料预算，是以生产预算为基础编制的，同时要考虑材料存货水平。

## 四、直接人工预算

直接人工预算也是以生产预算为基础编制的。其主要内容有预计产量、单位产品工时、人工总工时、每小时人工成本和人工总成本。"预计产量"数据来自生产预算。单位产品人工工时和每小时人工成本数据，按照标准成本法确定。人工总工时和人工总成本是在直接人工预算中计算出来的。

## 五、制造费用预算

制造费用预算通常分为变动制造费用和固定制造费用两部分进行预算。变动制造费用以生产预算为基础来编制。如果有完善的标准成本资料，用单位产品的标准成本与产量相乘，即可得到相应的预算金额。如果没有标准成本资料，就需要逐项预计计划产量需要的各项制造费用。固定制造费用，需要逐项进行预计，通常与本期产量无关，按每季度实际需要的支付额预计，然后求出全年数。

## 六、产品成本预算

产品成本预算，是销售预算、生产预算、直接材料预算、直接人工预算、制造费用预算的汇总。其主要内容是产品的单位成本和总成本。单位产品成本的有关数据，来自前述三个预算。生产量、期末存货量来自生产预算，销售量来自销售预算。生产成本、存货成本和销货成本等数据，根据单位成本和有关数据计算得出。

## 七、销售费用和管理费用预算

销售费用预算，是指为了实现销售预算所需安排的费用预算。它以销售预算为基础，分析销售收入、销售利润和销售费用的关系，力求实现销售费用的最有效使用。在安排销售费用时，要利用本量利分析方法，费用的支出应能获取更多的收益。在草拟销售费用预算时，要对过去的销售费用进行分析，考察过去销售费用支出的必要性和效果。销售费用预算应和销售预算相配合，应有按品种、按地区、按用途的具体预算数额。

管理费用是企业管理业务所必需的费用。随着企业规模的扩大，企业管理职能日益重要，其费用也相应增加。在编制管理费用预算时，要分析企业的业务成绩和一般经济状况，务必做到费用合理化。管理费用多属于固定成本，所以，一般是以过去的实际开支为基础，按预算期的可预见变化予以调整。管理费用预算必须充分考察每种费用是否必要，以便提高费用的合理性和有效性。

## 第四节　财务预算的编制

财务预算是企业的综合性预算，包括现金预算、利润表预算和资产负债表预算。

## 一、现金预算

现金预算由四部分组成：可供使用现金、现金支出、现金多余或不足、现金的筹措和运用。

"可供使用现金"部分包括期初现金余额和预算期现金收入，销货取得的现金收入是其主要来源。期初的"现金余额"是在编制预算时预计的，"销货现金收入"的数据来自销售预算，"可供使用现金"是期初余额与本期现金收入之和。

"现金支出"部分包括预算期的各项现金支出。"直接材料""直接人工""制造费用""销售及管理费用"的数据分别来自前述有关预算。此外，还包括所得税费用、购置设备、股利分配等现金支出，有关的数据分别来自另行编制的专门预算。

"现金多余或不足"部分列示可供使用现金与现金支出合计的差额。差额大于最低现金余额，说明现金有多余，可用于偿还过去向银行取得的借款，或者用于短期投资。差额小于最低现金余额，说明现金不足，要向银行取得新的借款。

现金预算的编制，以各项营业预算和资本预算为基础，它反映各预算期的收入款项和支出款项，并作对比说明。其目的在于现金不足时筹措现金，现金多余时及时处理现金余额，并且提供现金收支的控制限额，发挥现金管理的作用。

## 二、利润表预算

利润表预算和资产负债表预算是财务管理的重要工具。财务报表预算的作用与实际的财务报表不同。所有企业都要编报实际的年度财务报表，这是有关法规的强制性规定，其主要目的是向报表信息外部使用者提供财务信息。当然，这并不表明常规财务报表对企业经理人员没有价值。财务报表预算主要为企业财务管理服务，是控制企业成本费用、调配现金、实现利润目标的重要手段。

利润表预算与会计的利润表的内容、格式相同，只不过数据是面向预算期的。它是在汇总销售收入、销货成本、销售及管理费用、营业外收支、资本支出等预算的基础上加以编制的。通过编制利润表预算，可以了解企业预期的盈利水平。如果预算利润与最初编制方针中的目标利润有较大的不一致，就需要调整部门预算，设法达到目标，或者经企业领导同意后修改目标利润。

## 三、资产负债表预算

资产负债表预算与会计的资产负债表内容、格式相同，只不过数据是反映预算期末的财务状况。该预算是利用本期期初会计的资产负债表，根据有关营业和财务等预算的有关数据加以调整编制的。

# 第十一章 责任会计

作为现代管理会计的一个重要分支，责任会计是指为适应企业内部经济责任制的要求，对企业内部各责任中心的经济业务进行规划与控制，以实现业绩考核与评价的一种内部会计控制制度。企业组织结构与其责任会计系统存在密切的关系，理想的责任会计系统应反映并支撑企业组织结构。

业绩包括企业业绩、部门业绩和个人业绩三个层面。业绩的三个层面之间是决定与制约的关系：个人业绩水平决定着部门的业绩水平，部门的业绩水平又决定着企业的业绩水平；反过来，企业业绩水平制约着部门的业绩水平，部门的业绩水平也制约着个人的业绩水平。与此相对应，业绩评价层次也可分为企业层面、部门层面和个人层面，本章通过责任会计介绍部门层面的业绩评价，下一章介绍企业层面的业绩评价，责任中心的业绩报告，统一在第二十一章管理会计报告中阐述。

公司实行分权管理体制，必须建立和健全有效的业绩评价和考核制度。公司整体的业绩目标，需要落实到内部各部门和经营单位，成为内部单位业绩评价的依据。根据内部单位职责范围和权限大小，可以将其分为成本中心、收入中心、利润中心和投资中心。由于收入中心比较简单，实务中也不多见，本章主要介绍成本中心、利润中心和投资中心。

## 第一节 企业组织结构与责任中心划分

### 一、企业的集权与分权

集权和分权是企业经营管理权限的分配方式。集权是把企业经营管理权限较多集中在企业上层。分权是把企业的经营管理权适当的分散在企业中下层的一种组织形式。

集权和分权虽然可以看作两种不同的组织结构形式，但实际上是上级与下级在权力分配上的比重和协调问题。采取分权的企业有一些决策也是交给上级主管作出的，特别是面对一些不经常发生的和关于企业整体发展的问题时。采取集权的企业也并不表示不让下级参与决策制定。实际上，在集权下，下级在某些事务上也拥有一定的灵活性。

集权的主要优点是便于提高决策效率，对市场作出迅速反应，容易实现目标的一致性，可以避免重复和资源浪费；缺点是容易形成对高层管理者的个人崇拜，形成独裁，导致将来企业高管更替困难，影响企业长远发展。分权的优点是可以让高层管理者将主要精力集中于重要事务，权力下放，可以充分发挥下属的积极性和主动性，增加下属的工作满足感，便于发现和培养人才，下属拥有一定的决策权，可以减少不必要的上下沟通，并可以对下属权限内的事情迅速作出反应；缺点是，可能产生与企业整体目标不一致的委托—代理问题。

## 二、科层组织结构

科层组织结构中，存在两类管理结构，一类是直线指挥机构，如总部、分部、车间、工段和班组等；一类是参谋职能机构，如研究开发部、人力资源部、财务部、营销部及售后服务部等。与此相对应，存在两类管理人员，一类是直线人员，如总经理、分部经理、车间主任、工段长和班组长等；一类是参谋人员，如人力资源部部长、财务部部长、营销部部长等。前者是主体，后者是辅助，企业生产经营的决策权力主要集中在最高层的直线领导手中。

在这类组织结构中，企业的生产经营活动主要由直线人员统一领导和指挥，他们有权在自己的职责范围内向下级发布命令和指示，并负全面的领导责任。职能部门则设置在直线领导之下，分别从事专业管理，是各级直线领导的参谋部。职能部门所拟定的计划、方案以及有关指示等，均应由直线领导批准后下达执行，职能部门对下级领导者和下属职能部门无权直接下达命令或进行指挥，只能提供建议、咨询以及进行业务指导的作用。

直线职能组织结构的优点是，各个职能部门目标明确，部门主管容易控制和规划。此外，同类专业的员工一起共事，易于相互学习，提高技能。此外，内部资源较为集中，由同一部门员工分享，可减少不必要的重复和浪费。但是，这种结构的缺点是，部门之间的工作协调常会出现困难，导致不同部门各自为政，甚至争夺公司内部资源。因此，整个企业对外在环境的反应会比较迟钝。而且员工较长时间在一个部门工作，往往眼光会变得狭隘，只看到本部门的目标和利益，缺乏整体意识和创新精神。

## 三、事业部制组织结构

事业部制是一种分权的组织结构。在这种组织结构中，它把分权管理与独立核算结合在一起，在总公司统一领导下，按照产品、地区或者市场（客户）来划分经营单位（即事业部）。各个事业部实行相对独立的经营和核算，具有从生产到销售的全部职能。它是在总公司控制下的利润中心，总公司以各事业部为单位制定利润预算。同时，各个事业部又是产品责任单位和市场责任单位，有自己的产品和独立的市场。事业部制的管理原则则可以概括为三个：集中决策、分散经营、协调控制。

事业部可以按照产品、地区或者客户等内容划分。按照产品划分事业部是最为常见的形式。譬如，广东美的集团股份有限公司就按照产品划分为家用空调、厨房电器、洗衣机、冰箱、中央空调、生活电器、热水器、环境电器、部品等九大事业部，其中部品事业部主要包括压缩机和微型电机两大产品。国外通用汽车公司、福特汽车公司、日本松下电器公司等,也都是按照产品类别来划分事业部的。大型企业、银行等一般采用按照客户来划分事业部。按照地区来划分事业部是在产品销售区域很广、工厂很分散的情况下采取的一种组织形式。

事业部制的主要特点是:(1)在总公司之下,企业按照产品类别、地区类别或者顾客类别设置生产经营事业部;(2)每个事业部设置各自的执行总经理,每位执行总经理都有权进行采购、生产和销售,对其事业部的生产经营,包括收入、成本和利润的实现负全部责任;(3)总公司在重大问题上集中决策,各个事业部独立经营、独立核算、自负盈亏,是一个利润中心;(4)各个事业部的盈亏直接影响总公司的盈亏,总公司的利润是各个事业部利润之和,总公司对各个事业部下达利润指标,各个事业部必须保证对总公司下达的利润指标的实现。

### 四、网络组织结构

20 世纪 90 年代以来,以减少企业管理层次、强化分权管理为主要内容的组织形式变革更为强烈。英国电讯公司的管理层次由 12 层减为 6 层,在 1992 年和 1993 年两年中,该公司已经解雇了 900 名高级管理人员和 5 000 名中级管理人员;1994 年 2 月,该公司又宣布裁减 35 名年薪在 5 万—10 万英镑的高级主管。管理学家们预测,21 世纪就业机会消失最多的岗位是中层管理人员的职位,这实质上是组织扁平化趋势的必然结果。

与事业部制相比,这种新的组织模式的组织结构单元和单元之间的关系类似于一个网络,所以这种新企业组织形式称为扁平化网络组织(N 形组织)。从总体上看,它是一个由众多独立的创新经营单位组成的彼此有紧密联系的网络,其主要特点是:

(1)分散性。它不是几个或几十个大的战略经营单位的结合,而是由为数众多的小规模经营单位构成的企业联合体,这些经营单位具有很大的独立性。这种模式减少了基层单位对企业或对总公司在技术、财务和人力等方面的依赖,基层企业的权力和责任大大增强,充分调动和发挥了基层员工的主动性、积极性和创造性。这一特征使管理会计信息不仅为少数高层管理者服务,而且为更广泛的基层管理者服务,为整个企业集团服务。

(2)创新性。这种组织形式的发展所导致的基层企业权力和责任的增大,需要促进基层经理对本单位的经营绩效负责。最高管理层的权力主要集中在驱动创新过程,创新活动已由过去少数高层管理人员推动转变为企业基层人员的重要职责。现代管理会计为企业的创新提供必要的信息支持。

(3)高效性。在这种组织形式下,行政管理和辅助职能部门被精简。基层企业可以自主地根据具体的市场情况组织生产经营活动,快速地对市场作出反应。这一特征要求管理会计更加注重实用性,并在实践中不断学习和修正。

(4)协作性。在这种组织形式下,独立的小规模经营单位的资源是有限的,在生产经营中必须大量依赖与其他单位的广泛合作。这种基层经营单位之间主动的广泛合作,为知识、技能等资源在企业内的转移和企业能力的整合提供了重要渠道。管理会计信息开始"由内而外",协调和服务于企业集团的整体利益。

## 第二节 成本中心

### 一、成本中心的划分和类型

成本中心是指只对其成本或费用承担经济责任并负责控制和报告成本或费用的责任中心。

成本中心往往是没有收入的。例如，一个生产车间，它的产成品或半成品并不由自己出售，没有销售职能，没有货币收入。有的成本中心可能有少量收入，但不成为主要的考核内容。例如，生产车间可能会取得少量外协加工收入，但这不是它的主要职能，不是考核车间的主要内容。一个成本中心可以由若干个更小的成本中心所组成。又如，一个分厂是成本中心，它由几个车间所组成，而每个车间还可以划分为若干个工段，这些工段是更小的成本中心。任何发生成本的责任领域，都可以确定为成本中心，大的成本中心可能是一个分公司，小的成本中心可能是一台卡车和两个司机组成的单位。成本中心的职责，是用一定的成本去完成规定的具体任务。

成本中心有两种类型：标准成本中心和费用中心。

（1）标准成本中心。标准成本中心必须是所生产的产品稳定而明确，并且已经知道单位产品所需要的投入量的责任中心。通常，标准成本中心的典型代表是制造业工厂、车间、工段、班组等。在生产制造活动中，每个产品都可以有明确的原材料、人工和制造费用的数量标准和价格标准。实际上，任何一种重复性的活动都可以建立标准成本中心，只要这种活动能够计量产出的实际数量，并且能够说明投入与产出之间可望达到的函数关系。因此，各种行业都可能建立标准成本中心。银行业根据经手支票的多少，医院根据接受检查或放射治疗的人数，快餐业根据售出的盒饭多少，都可建立标准成本中心。

（2）费用中心。对于那些产出不能用财务指标来衡量，或者投入和产出之间没有密切关系的部门或单位，适于划分为费用中心。这些部门或单位包括财务、人事、劳资、计划等行政管理部门，研究开发部门，销售部门等。这些部门有的产出难以度量，有的投入量与产出量之间没有密切的联系。对于费用中心，唯一可以准确计量的是实际费用，无法通过投入和产出的比较来评价其效果和效率，从而限制无效费用的支出，因此，有人称之为"无限制的费用中心"。

### 二、成本中心的考核指标

一般而言，标准成本中心的考核指标，是既定产品质量和数量条件下的标准成本。标准成本中心不需要作出定价决策、产量决策或产品结构决策，这些决策由上级管理部门作出，或授权给销售部门。标准成本中心的设备和技术决策，通常由职能管理部门作出，而不是由成本中心的管理人员自己决定。因此，标准成本中心不对生产能力的利用程度负责，而只对既定产量的投入量承担责任。

值得强调的是，如果标准成本中心的产品没有达到规定的质量，或没有按计划生产，则会对其他单位产生不利的影响。因此，标准成本中心必须按规定的质量、时间标准和计划产量来进行生产。这个要求是"硬性"的，很少有伸缩余地。完不成上述要求，成本中心要受到批评甚至惩罚。过高的产量，提前产出造成积压，超产以后销售不出去，同样会给公司带来损失，也应视为未按计划进行生产。

确定费用中心的考核指标是一件困难的工作。由于缺少度量其产出的标准，并且投入和产出之间的关系不密切，运用传统的财务技术来评估这些中心的业绩非常困难。费用中心的业绩涉及预算、工作质量和服务水平。工作质量和服务水平的量化很困难，并且与费用支出关系密切。这正是费用中心与标准成本中心的主要差别。标准成本中心的产品质量和数量有良好的量化方法，如果能以低于预算水平的实际成本生产出相同的产品，则说明该中心业绩良好。而对于费用中心则不然，一个费用中心的支出没有超过预算，可能该中心的工作质量和服务水平低于计划的要求。

通常，使用费用预算来评价费用中心的控制业绩。由于很难依据一个费用中心的工作质量和服务水平来确定预算数额，一种解决办法是考察同行业类似职能的支出水平。例如，有的公司根据销售收入的一定百分比来制定研究开发费用预算。尽管很难解释为什么研究开发费用与销售额具有某种因果关系，但是百分比法还是使人们能够在同行业之间进行比较。另外一个解决办法是零基预算法，即详尽分析支出的必要性及其取得的效果，确定预算标准。还有许多公司依据历史经验来编制费用预算。这种方法虽然简单，但缺点也十分明显。管理人员为在将来获得较多的预算，倾向于把能花的钱全部花掉。越是勤俭度日的管理人员，将越容易面临严峻的预算压力。预算的有利差异只能说明比过去少花了钱，既不表明达到了应有的节约程度，也不说明成本控制取得了应有的效果。因此，依据历史实际费用数额来编制预算并不是个好办法。从根本上说，决定费用中心预算水平有赖于了解情况的专业人员的判断。上级主管人员应信任费用中心的经理，并与他们密切配合，通过协商确定适当的预算水平。在考核预算完成情况时，要利用有经验的专业人员对该费用中心的工作质量和服务水平作出有根据的判断，才能对费用中心的控制业绩作出客观评价。

### 三、责任成本

责任成本是以具体的责任单位（部门、单位或个人）为对象，以其承担的责任为范围所归集的成本，也就是特定责任中心的全部可控成本。

可控成本是指在特定时期内、特定责任中心能够直接控制其发生的成本。所谓可控成本通常应符合以下三个条件：（1）成本中心有办法知道将发生什么样性质的耗费；（2）成本中心有办法计量它的耗费；（3）成本中心有办法控制并调节它的耗费。凡不符合上述三个条件的，即为不可控成本。可控成本总是针对特定责任中心来说的。一项成本，对某个责任中心来说是可控的，对另外的责任中心来说则是不可控的。例如，耗用材料的进货成本，采购部门可以控制，使用材料的生产单位则不能控制。有些成本，对于下级单位来说是不可控的，而对于上级单位来说则是可控的。例如，车间主任不能控制自己的工资（尽管它通常要计入车间成本），而他的上级则可以控制。

区分可控成本和不可控成本，还要考虑成本发生的时间范围。一般来说，在消耗或支付的当期成本是可控的，一旦消耗或支付就不再可控。有些成本是以前决策的结果，如折旧费、租赁费等，在添置设备和签订租约时曾经是可控的，而使用设备或执行契约时已无法控制。

从整个公司的空间范围和很长的时间范围来观察，所有成本都是人的某种决策或行为的结果，都是可控的。但是，对于特定的人或时间来说，则有些是可控的，有些是不可控的。

需要进一步明确，可控成本与直接成本、变动成本是不同的概念。

直接成本和间接成本的划分依据，是成本的可追溯性。可追溯到个别产品或部门的成本是直接成本；由几个产品或部门共同引起的成本是间接成本。对生产的基层单位来说，大多数直接材料和直接人工是可控制的，但也有部分是不可控的。例如，工长的工资可能是直接成本，但工长无法改变自己的工资，对他来说该成本是不可控的。最基层单位无法控制大多数的间接成本，但有一部分是可控的。例如，机物料的消耗可能是间接计入产品的，但机器操作工却可以控制它。

变动成本和固定成本的划分依据，是成本依产量的变动性。随产量正比例变动的成本，称为变动成本。在一定幅度内不随产量变动而基本上保持不变的成本，称为固定成本。对生产单位来说，大多数变动成本是可控的，但也有部分不可控。例如，按产量和实际成本分摊的工艺装备费是变动成本，但使用工艺装备的生产车间未必能控制其成本的多少，因为产量是上级的指令，其实际成本是制造工艺装备的辅助车间控制的。固定成本和不可控成本也不能等同，与产量无关的广告费、科研开发费、教育培训费等酌量性固定成本都是可控的。

责任成本计算、变动（边际）成本计算和制造成本各自计算方法的主要区别有：第一，成本计算的目的不同：计算产品的制造成本是为了确定产品存货成本和销货成本；计算产品的变动成本是为了经营决策；计算责任成本是为了评价成本控制业绩。第二，成本计算对象不同：变动成本计算和制造成本计算以产品为成本计算的对象；责任成本以责任中心为成本计算的对象。第三，成本的范围不同：制造成本计算的范围是全部制造成本，包括直接材料、直接人工和全部制造费用；变动成本计算的范围是变动成本，包括直接材料、直接人工和变动制造费用，还包括变动的销售费用和管理费用；责任成本计算的范围是各责任中心的可控成本。第四，共同费用在成本对象间分摊的原则不同：制造成本计算按受益原则归集和分摊费用，谁受益谁承担，要分摊全部的制造费用；变动成本计算只分摊变动制造费用，不分摊固定制造费用；责任成本法按可控原则把成本归属于不同责任中心，谁能控制谁负责，不仅可控的变动间接费用要分配给责任中心，可控的固定间接费用也要分配给责任中心。责任成本法是介于完全成本法和变动成本法之间的一种成本方法，有人称之为"局部吸收成本法"或"变动成本和吸收成本法结合的成本方法"。

责任成本与标准成本、目标成本既有区别又有密切关系。标准成本和目标成本主要强调事先的成本计算，而责任成本重点是事后的计算、评价和考核，是责任会计的重要内容之一。标准成本在制定时是分产品进行的，事后对差异进行分析时才判别责任归属。目标成本管理要求在事先规定目标时就考虑责任归属，并按责任归属收集和处理实际数据。不管使用目标成本还是标准成本作为控制依据，事后的评价与考核都要求核算责任成本。

计算责任成本的关键是判别每一项成本费用支出的责任归属。

1. 判别成本费用支出责任归属的原则。

通常，可以按以下原则确定责任中心的可控成本：

（1）假如某责任中心通过自己的行动能有效地影响一项成本的数额，那么该中心就要对这项成本负责。

（2）假如某责任中心有权决定是否使用某种资产或劳务，它就应对这些资产或劳务的成本负责。

（3）某管理人员虽然不直接决定某项成本，但是上级要求他参与有关事项，从而对该项成本的支出施加了重要影响，则他对该成本也要承担责任。

2. 制造费用的归属和分摊方法。

将发生的直接材料和人工费用归属于不同的责任中心通常比较容易，而制造费用的归属则比较困难。为此，需要仔细研究各项消耗和责任中心的因果关系，采用不同的分配方法。一般是依次按下述五个步骤来处理：

（1）直接计入责任中心。将可以直接判别责任归属的费用项目，直接列入应负责的成本中心。例如，机物料消耗、低值易耗品的领用等，在发生时可判别耗用的成本中心，不需要采用其他标准进行分配。

（2）按责任基础分配。对不能直接归属于个别责任中心的费用，优先采用责任基础分配。有些费用虽然不能直接归属于特定成本中心，但它们的数额受成本中心的控制，能找到合理依据来分配，如动力费、维修费等。如果成本中心能自己控制使用量，可以根据其用量来分配。分配时要使用固定的内部结算价格，防止供应部门的责任向使用部门转嫁。

（3）按受益基础分配。有些费用不是专门属于某个责任中心的，也不宜用责任基础分配，但与各中心的受益多少有关，可按受益基础分配，如按装机功率分配电费等。

（4）归入某一个特定的责任中心。有些费用既不能用责任基础分配，也不能用受益基础分配，则考虑有无可能将其归属于一个特定的责任中心。例如，车间的运输费用和试验检验费用，难以分配到生产班组，不如建立专门的成本中心，由其控制此项成本，不向各班组分配。

（5）不能归属于任何责任中心的固定成本，不进行分摊。例如，车间厂房的折旧是以前决策的结果，短期内无法改变，可暂时不加控制，作为不可控费用。

# 第三节 利润中心

### 一、利润中心划分和类型

成本中心的决策权力是有限的。标准成本中心的管理人员可以决定投入,但产品的品种和数量往往要由其他人员来决定。费用中心为本公司提供服务或进行某一方面的管理。收入中心负责分配和销售产品,但不控制产品的生产。当某个责任中心被同时赋予生产和销售职能时,该中心的自主权就会显著地增加,管理人员能够决定生产什么、如何生产、产品质量的水平、价格的高低、销售的办法以及生产资源如何在不同产品之间进行分配等。这种责任中心出现在大型分散式经营的组织中,小公司很难或不必采用分散式组织结构,如果大公司采用集权式管理组织结构,也不会使下级具有如此广泛的决策权。这种具有几乎全部经营决策权的责任中心,可以被确定为利润中心或投资中心。

利润中心是指对利润负责的责任中心。由于利润等于收入减去成本或费用,所以利润中心是对收入成本或费用都要承担责任的责任中心。

利润中心有两种类型:一种是自然的利润中心,它直接向公司外部出售产品,在市场上进行购销业务。例如,某些公司采用事业部制,每个事业部均有销售、生产、采购的职能,有很大的独立性,这些事业部就是自然的利润中心。另一种是人为的利润中心,它主要在公司内部按照内部转移价格出售产品。例如,大型钢铁公司分成采矿、炼铁、炼钢、轧钢等几个部门,这些生产部门的产品主要在公司内部转移,它们只有少量对外销售,或者全部对外销售由专门的销售机构完成,这些生产部门可视为利润中心,并称为人为的利润中心。再如,公司内部的辅助部门,包括修理、供电、供水、供气等部门,可以按固定的价格向生产部门收费,它们也可以确定为人为的利润中心。

通常,利润中心被看成是一个可以用利润衡量其一定时期业绩的组织单位。但是,并不是可以计量利润的组织单位都是真正意义上的利润中心。利润中心组织的真正目的是激励下级制定有利于整个公司的决策并努力工作。仅仅规定一个组织单位的产品价格并把投入的成本归集到该单位,并不能使该组织单位具有自主权或独立性。从根本目的上来看,利润中心是指管理人员有权对其供货的来源和市场的选择进行决策的单位。一般来说,利润中心要向顾客销售其大部分产品,并且可以自由地选择大多数材料、商品和服务等项目的来源。根据这一定义,尽管某些公司也采用利润指标来计算各生产部门的经营成果,但这些部门不一定就是利润中心。把不具有广泛权力的生产或销售部门定为利润中心,并用利润指标去评价它们的业绩,往往会引起内部冲突或次优化,对加强管理反而是有害的。

### 二、利润中心的考核指标

对利润中心进行考核的指标主要是利润。诚然,任何一个单独的业绩衡量指标都不能够反映出某个组织单位的所有经济效果,利润指标也是如此。因此,尽管利润指标具有综合性,利润计算具有强制性和较好的规范化程度,但仍然需要一些非货币的衡量方法作为补充,包括生产率、市场地位、产品质量、职工态度、社会责任、短期目标和长期目标的平衡等。

在计量一个利润中心的利润时,需要解决两个问题:第一,选择一个利润指标,分配成本到该中心;第二,为在利润中心之间转移的产品或劳务规定价格。这里先讨论第一个问题,后一个问题将单独讨论。

利润并不是一个十分具体的概念,在这个名词前边加上不同的定语,可以得出不同的具体利润指标。在评价利润中心业绩时,至少有三种选择:边际贡献、可控边际贡献、部门税前经营利润。

有的公司将总部的管理费用分配给各部门。公司总部的管理费用是部门经理无法控制的成本,由于分配公司管理费用而引起部门利润的不利变化,不能由部门经理负责。不仅如此,分配给各部门的管理费用的计算方法常常是任意的,部门本身的活动和分配来的管理费用高低并无因果关系。普遍采用的销售百分比、资产百分比等,会使其他部门分配基数的变化影响本部门分配管理费用的数额。许多公司把所有的总部管理费用分配给下属部门,意在提醒部门经理注意各部门提供的营业利润必须抵补总部的管理费用,否则公司作为一个整体就不会盈利。其实,通过给每个部门建立一个期望能达到的可控边际贡献标准,可以更好地达到上述目的。这样,部门经理可集中精力增加收入并降低可控成本,而不必在分析那些他们不可控的分配来的管理费用上花费精力。

### 三、内部转移价格

内部转移价格,是指企业内部分公司、分厂、车间、分部等责任中心之间相互提供产品(或服务)、资金等内部交易时所采用的计价标准。

分散经营的组织单位之间相互提供产品或劳务时,需要制定一个内部转移价格。转移价格对于提供产品或劳务的生产部门来说表示收入,对于使用这些产品或劳务的购买部门来说则表示成本。因此,转移价格会影响到这两个部门的获利水平,使得部门经理非常关心转移价格的制定,并经常引起争论。

制定转移价格的目的有两个:一是防止成本转移带来的部门间责任转嫁,使每个利润中心都能作为单独的组织单位进行业绩评价;二是作为一种价格机制引导下级部门采取明智的决策。生产部门据此确定提供产品的数量,购买部门据此确定所需要的产品数量。但是,这两个目的往往有矛盾。能够满足评价部门业绩的转移价格,可能引导部门经理采取并非对公司最优的决策;而能够正确引导部门经理的转移价格,可能使某个部门获利水平很高而另一个部门亏损。我们很难找到理想的转移价格来兼顾业绩评价和制定决策,而只能根据公司的具体情况选择基本满意的解决办法。

可以考虑的转移价格有以下几种:

1. 价格型内部转移。

价格型内部转移价格,是指以市场价格为基础、由成本和毛利构成的内部转移价格,一般适用于内部利润中心。

责任中心提供的产品（或服务）经常外销且外销比例较大的，或提供的产品（或服务）有外部活跃市场可靠报价的，可以外销价格或活跃市场报价作为内部转移价格。

责任中心一般不对外销售且外部市场没有可靠报价的产品（或服务），或企业管理层和有关各方认为不需要频繁变动价格的，可参照外部市场或预测价格制定模拟市场价作为内部转移价格。

责任中心没有外部市场但企业出于管理需要设置为模拟利润中心的，可在生产成本基础上加一定比例毛利作为内部转移价格。

2. 成本型内部转移价格。

成本型内部转移价格是指以标准成本等相对稳定的成本数据为基础制定的内部转移价格，一般适用于内部成本中心。

3. 协商型内部转移价格。

协商型内部转移价格是指企业内部供求双方为使双方利益相对均衡，通过协商机制制定的内部转移价格，主要适用于分权程度较高的企业。协商价格的取值范围通常较宽，一般不高于市场价，不低于变动成本。

## 第四节 投资中心

### 一、投资中心的划分

投资中心是指某些分散经营的单位或部门，其经理所拥有的自主权不仅包括制定价格、确定产品和生产方法等短期经营决策权，而且还包括投资规模和投资类型等投资决策权。投资中心的经理不仅能控制除公司分摊管理费用外的全部成本和收入，而且能控制占用的资产，因此，对于投资中心不仅要衡量其利润，而且要衡量其资产的投资报酬率。

### 二、投资中心的考核指标

投资中心业绩的考核指标通常有以下两种：

1. 投资报酬率。

这是最常见的考核投资中心业绩的指标。这里所说的投资报酬率是部门税前经营利润除以该部门所拥有的净经营资产。

部门投资报酬率＝部门税前经营利润÷部门平均净经营资产

当使用投资报酬率作为业绩评价标准时，部门经理可以通过加大公式分子或减少公式的分母来提高这个比率。实际上，减少分母更容易实现。这样做，会失去可以扩大股东财富的机会。从引导部门经理采取与公司总体利益一致的决策来看，投资报酬率并不是一个很好的指标。

2. 剩余收益。

作为业绩评价指标，它的主要优点是与增加股东财富的目标一致。为了克服由于使用比率来衡量部门业绩带来的次优化问题，许多公司采用绝对数指标来实现利润与投资之间的联系，这就是剩余收益。

部门剩余收益 = 部门税前经营利润 − 部门平均净经营资产应计报酬

= 部门税前经营利润 − 部门平均净经营资产 × 要求的税前投资报酬率

由于所得税是根据整个企业的收益确定的，与部门的业绩评价没有直接关系，因此通常使用税前经营利润和税前投资报酬率。

剩余收益的主要优点是可以使业绩评价与公司的目标协调一致，引导部门经理采纳高于公司资本成本的决策。

采用剩余收益指标还有一个好处，就是允许使用不同的风险调整资本成本。从现代财务理论来看，不同的投资有不同的风险，要求按风险程度调整其资本成本。因此，不同行业部门的资本成本不同，甚至同一部门的资产也属于不同的风险类型。例如，现金、短期应收款和长期资本投资的风险有很大区别，要求有不同的资本成本。在使用剩余收益指标时，可以对不同部门或者不同资产规定不同的资本成本百分数，使剩余收益这个指标更加灵活。

剩余收益指标的不足在于不便于不同规模的公司和部门的业绩比较。剩余收益指标是一个绝对数指标，不便于不同规模的公司和部门的比较，由此使其有用性下降。较大规模的公司即使运行效率较低，也能比规模较小的公司获得较大的剩余收益。规模大的部门容易获得较大的剩余收益，而它们的投资报酬率并不一定很高。另一个不足在于它依赖于会计数据的质量。剩余收益的计算要使用会计数据，包括净利润、投资的账面价值等。如果会计信息的质量低劣，也会导致低质量的剩余收益和业绩评价。

# 第十二章 业绩评价

## 第一节 财务业绩评价与非财务业绩评价

### 一、财务业绩评价的优点与缺点

财务业绩评价是根据财务信息来评价管理者业绩的方法，常见的财务评价指标包括净利润、资产报酬率、经济增加值（EVA）等。在责任会计中，各类责任中心的业绩评价指标所采用的基本上都是财务业绩评价指标。作为一种传统的评价方法，财务业绩一方面可以反映企业的综合经营成果，同时也容易从会计系统中获得相应的数据，操作简便，易于理解，因此被广泛使用。但财务业绩评价也有其不足之处。首先，财务业绩体现的是企业当期的财务成果，反映的是企业的短期业绩，无法反映管理者在企业的长期业绩改善方面所作的努力。其次，财务业绩是一种结果导向，即只注重最终的财务结果，而对达成该结果的改善过程则欠考虑。最后，财务业绩通过会计程序产生的会计数据进行考核，而会计数据则是根据公认的会计原则产生的，受到稳健性原则有偏估计的影响，因此可能无法公允地反映管理层的真正业绩。

### 二、非财务业绩评价的优点与缺点

非财务业绩评价，是指根据非财务信息指标来评价管理者业绩的方法。比如与顾客相关的指标：市场份额、关键客户订货量、顾客满意度、顾客忠诚度等。与企业内部营运相关的指标：及时送货率、存货周转率、产品或服务质量（缺陷率）、周转时间等。反映员工学习与成长的指标：员工满意度、员工建议次数、员工拥有并熟练使用电脑比率、员工第二专长人数、员工流动率等。非财务业绩评价的优点是可以避免财务业绩评价只侧重过去、比较短视的不足；非财务业绩评价更体现长远业绩，更体现外部对企业的整体评价。非财务业绩评价的缺点是一些关键的非财务业绩指标往往比较主观，数据的收集比较困难，评价指标数据的可靠性难以保证。

## 第二节 关键绩效指标法

关键绩效指标（key performance indicator，以下简称 KPI）法是被各类企业广泛应用的一种绩效管理方法。财政部财会〔2017〕24 号文印发的《管理会计应用指引第 601 号——关键绩效指标法》，对关键绩效指标法的含义、应用和优缺点进行了阐述。

### 一、关键绩效指标法的含义

关键绩效指标法，是指基于企业战略目标，通过建立关键绩效指标体系，将价值创造活动与战略规划目标有效联系，并据此进行绩效管理的方法。关键绩效指标，是对企业绩效产生关键影响力的指标，是通过对企业战略目标、关键成果领域的绩效特征分析，识别和提炼出的最能有效驱动企业价值创造的指标。关键绩效指标法可以单独使用，也可以与经济增加值法、平衡计分卡等其他方法结合使用。关键绩效指标法的应用对象可以是企业，也可以是企业所属的单位（部门）和员工。

### 二、关键绩效指标法的应用

企业应用关键绩效指标法，一般包括如下程序：制定以关键绩效指标为核心的绩效计划、制定激励计划、执行绩效计划与激励计划、实施绩效评价与激励、编制绩效评价报告与激励管理报告等。其中，与其他业绩评价方法的关键不同是制定和实施以关键绩效指标为核心的绩效计划。

制定绩效计划包括构建关键绩效指标体系、分配指标权重、确定绩效目标值等。

1. 构建关键绩效指标体系。

对于一个企业，可以分三个层次来制定关键绩效指标体系。

第一，企业级关键绩效指标。企业应根据战略目标，结合价值创造模式，综合考虑企业内外部经营环境等因素，设定企业级关键绩效指标。

第二，所属单位（部门）级关键绩效指标。根据企业级关键绩效指标，结合所属单位（部门）关键业务流程，按照上下结合、分级编制、逐级分解的程序，在沟通反馈的基础上，设定所属单位（部门）级关键绩效指标。

第三，岗位（员工）级关键绩效指标。根据所属单位（部门）级关键绩效指标，结合员工岗位职责和关键工作价值贡献，设定岗位（员工）级关键绩效指标。

企业的关键绩效指标一般可分为结果类和动因类两类指标。结果类指标是反映企业绩效的价值指标，主要包括投资报酬率、权益净利率、经济增加值、息税前利润、自由现金流量等综合指标；动因类指标是反映企业价值关键驱动因素的指标，主要包括资本性支出、单位生产成本、产量、销量、客户满意度、员工满意度等。

关键绩效指标应含义明确、可度量、与战略目标高度相关。指标的数量不宜过多，每一层级关键绩效指标一般不超过 10 个。

2. 设定关键绩效指标权重。

关键绩效指标的权重分配应以企业战略目标为导向，反映被评价对象对企业价值贡献或支持的程度，以及各指标之间的重要性水平。单项关键绩效指标权重一般设定在5%—30%之间，对特别重要的指标可适当提高权重。对特别关键、影响企业整体价值的指标可设立"一票否决"制度，即如果某项关键绩效指标未完成，无论其他指标是否完成，均视为未完成绩效目标。

3. 设定关键绩效指标目标值。

企业确定关键绩效指标目标值，一般参考如下标准：一是参考国家有关部门或权威机构发布的行业标准或参考竞争对手标准，比如国务院国资委考核分配局编制并每年更新出版的《企业绩效评价标准值》；二是参照企业内部标准，包括企业战略目标、年度生产经营计划目标、年度预算目标、历年指标水平等；三是如果不能按照前面两种方法确定的，可以根据企业历史经验值确定。

### 三、关键绩效指标法的优点和缺点

关键绩效指标法的主要优点是：一是使企业业绩评价与企业战略目标密切相关，有利于企业战略目标的实现；二是通过识别价值创造模式把握关键价值驱动因素，能够更有效地实现企业价值增值目标；三是评价指标数量相对较少，易于理解和使用，实施成本相对较低，有利于推广实施。

关键绩效指标法的主要缺点是：关键绩效指标的选取需要透彻理解企业价值创造模式和战略目标，有效识别企业核心业务流程和关键价值驱动因素，指标体系设计不当将导致错误的价值导向和管理缺失。

## 第三节 经济增加值

剩余收益概念出现以后，陆续衍生出各种不同版本的用于业绩评价的指标，其中最引人注目的是经济增加值。经济增加值（economic value added，简称 EVA）是美国思腾思特（Stern Stewart）管理咨询公司开发并于 20 世纪 90 年代中后期推广的一种价值评价指标。国务院国有资产监督管理委员会从 2010 年开始对中央企业负责人实行经济增加值考核并不断完善，2012 年 12 月 29 日发布了第 30 号令，要求于 2013 年 1 月 1 日开始施行第三次修订后的《中央企业负责人经营业绩考核暂行办法》（以下简称《暂行办法》）。财政部于 2017 年 9 月 29 日发布了《管理会计应用指引第 602 号——经济增加值法》（以下简称《应用指引》）。

### 一、经济增加值的概念

经济增加值（EVA）指从税后净营业利润扣除全部投入资本的成本后的剩余收益。经济增加值及其改善值是全面评价经营者有效使用资本和为企业创造价值的重要指标。

经济增加值为正，表明经营者在为企业创造价值；经济增加值为负，表明经营者在损毁企业价值。

经济增加值＝税后净营业利润[①]－平均资本占用×加权平均资本成本

其中：税后净营业利润衡量的是企业的经营盈利情况；平均资本占用反映的是企业持续投入的各种债务资本和股权资本；加权平均资本成本反映的是企业各种资本的平均成本率。

经济增加值与剩余收益有两点不同：一是在计算经济增加值时，需要对会计数据进行一系列调整，包括税后净营业利润和资本占用。二是需要根据资本市场的机会成本计算资本成本，以实现经济增加值与资本市场的衔接；而剩余收益根据投资要求的报酬率计算，该投资报酬率可以根据管理的要求作出不同选择，带有一定主观性。

尽管经济增加值的定义很简单，但它的实际计算却较为复杂。为了计算经济增加值，需要解决经营利润、资本成本和所使用资本数额的计量问题。不同的解决办法，形成了不同的经济增加值。

### （一）基本经济增加值

基本经济增加值是根据未经调整的经营利润和总资产计算的经济增加值。

基本经济增加值＝税后净营业利润－报表总资产×加权平均资本成本

基本经济增加值的计算很容易。但是，由于"经营利润"和"总资产"是按照会计准则计算的，它们歪曲了公司的真实业绩。不过，对于会计利润来说是个进步，因为它承认了股权资金的成本。

### （二）披露的经济增加值

披露的经济增加值是利用公开会计数据进行十几项标准的调整计算出来的。这种调整是根据公布的财务报表及其附注中的数据进行的。据说它可以解释公司市场价值变动的50%。

典型的调整包括：（1）对于研究与开发费用，会计作为费用立即将其从利润中扣除，经济增加值要求将其作为投资并在一个合理的期限内摊销。（2）对于战略性投资，会计将投资的利息（或部分利息）计入当期财务费用，经济增加值要求将其在一个专门账户中资本化并在开始生产时逐步摊销。（3）对于为建立品牌、进入新市场或扩大市场份额发生的费用，会计作为费用立即从利润中扣除，经济增加值要求把争取客户的营销费用资本化并在适当的期限内摊销。（4）对于折旧费用，会计大多使用直线折旧法处理，经济增加值要求对某些大量使用长期设备的公司，按照更接近经济现实的"沉淀资金折旧法"处理。这是一种类似租赁资产的费用分摊方法，在前几年折旧较少，而后几年由于技术老化和物理损耗同时发挥作用需提取较多折旧。

### （三）特殊的经济增加值

为了使经济增加值适合特定公司内部的业绩管理，还需要进行特殊的调整。这种调整要使用公司内部的有关数据，调整后的数值称为"特殊的经济增加值"。它是特定公司

---

① 本节为兼顾我国国资委《暂行办法》和财政部《应用指引》的相关规定，以"税后净营业利润"进行表述，其含义与本教材第二章介绍的管理用财务报表体系中的"税后经营净利润"相同。

根据自身情况定义的经济增加值。它涉及公司的组织结构、业务组合、经营战略和会计政策，以便在简单和精确之间实现最佳的平衡。简单是指比较容易计算和理解，精确是指能够准确反映真正的经济利润。这是一种"量身定做"的经济增加值计算办法。这些调整项目都是"可控制"的项目即通过自身努力可以改变数额的项目。调整结果使得经济增加值更接近公司的内在价值。

### （四）真实的经济增加值

真实的经济增加值是公司经济利润最正确和最准确的度量指标。它要对会计数据作出所有必要的调整，并对公司中每一个经营单位都使用不同的更准确的资本成本。

计算披露的经济增加值和特殊的经济增加值时，通常对公司内部所有经营单位使用统一的资本成本。例如，可口可乐公司用12%作为全球业务的统一的资本成本。这样可以避免什么是正确的资本成本的争论。当然，也有例外情况，就是各经营单位的资本成本大相径庭的场合。例如，传统业务部门和新兴业务部门风险差别巨大时，需要使用不同的资本成本。

真实的经济增加值要求对每一个经营单位使用不同的资本成本，以便更准确的计算部门的经济增加值。

从公司整体业绩评价来看，基本经济增加值和披露经济增加值是最有意义的。公司外部人员无法计算特殊的经济增加值和真实的经济增加值，他们缺少计算所需要的数据。斯特恩—斯图尔特公司在其公布的"市场增加值/经济增加值排名"中就使用了"披露的经济增加值"定义。

经济增加值和剩余收益都与投资报酬率相联系。剩余收益业绩评价旨在设定部门投资的最低报酬率，防止部门利益伤害整体利益；而经济增加值旨在使经理人员赚取超过资本成本的报酬，促进股东财富最大化。

经济增加值与剩余收益有区别。部门剩余收益通常使用税前部门营业利润和税前投资报酬率计算，而部门经济增加值使用部门税后净营业利润和加权平均税后资本成本计算。当税金是重要因素时，经济增加值比剩余收益可以更好地反映部门盈利能力。如果税金与部门业绩无关时，经济增加值与剩余收益的效果相同，只是计算更复杂。由于经济增加值与公司的实际资本成本相联系，因此是基于资本市场的计算方法，资本市场上权益成本和债务成本变动时，公司要随之调整加权平均资本成本。计算剩余收益使用的部门要求的报酬率，主要考虑管理要求以及部门个别风险的高低。

## 二、简化的经济增加值的衡量

下面简要介绍我国国资委《暂行办法》中关于经济增加值的相关规定。

### （一）经济增加值的定义及计算公式

经济增加值是指企业税后净营业利润减去资本成本后的余额。

经济增加值 = 税后净营业利润 − 资本成本 = 税后净营业利润 − 调整后资本 × 平均资本成本率

税后净营业利润 = 净利润 + （利息支出 + 研究开发费用调整项 − 非经常性损益调整项 × 50%） × （1 − 25%）

调整后资本＝平均所有者权益＋平均负债合计－平均无息流动负债－平均在建工程

**（二）会计调整项目说明**

（1）利息支出是指企业财务报表中"财务费用"项下的"利息支出"。

（2）研究开发费用调整项是指企业财务报表中"管理费用"项下的"研究与开发费"和当期确认为无形资产的研究开发支出。对于勘探投入费用较大的企业，经国资委认定后，将其成本费用情况表中的"勘探费用"视同研究开发费用调整项按照一定比例（原则上不超过50%）予以加回。

（3）无息流动负债是指企业财务报表中"应付票据""应付账款""预收款项""应交税费""应付利息""应付职工薪酬""应付股利""其他应付款"和"其他流动负债（不含其他带息流动负债）"；对于"专项应付款"和"特种储备基金"，可视同无息流动负债扣除。

（4）在建工程是指企业财务报表中的符合主业规定的"在建工程"。

**（三）资本成本率的确定**

（1）中央企业资本成本率原则上定为5.5%。

（2）对军工等资产通用性较差的企业，资本成本率定为4.1%。

（3）资产负债率在75%以上的工业企业和80%以上的非工业企业，资本成本率上浮0.5个百分点。

**（四）其他重大调整事项**

发生下列情形之一，对企业经济增加值考核产生重大影响的，国资委酌情予以调整：

（1）重大政策变化；

（2）严重自然灾害等不可抗力因素；

（3）企业重组、上市及会计准则调整等不可比因素；

（4）国资委认可的企业结构调整等其他事项。

### 三、经济增加值评价的优点和缺点

**（一）经济增加值评价的优点**

经济增加值考虑了所有资本的成本，更真实地反映了企业的价值创造能力；实现了企业利益，经营者利益和员工利益的统一，激励经营者和所有员工为企业创造更多价值；能有效遏制企业盲目扩张规模以追求利润总量和增长率的倾向，引导企业注重长期价值创造。

经济增加值不仅仅是一种业绩评价指标，它还是一种全面财务管理和薪酬激励框架。经济增加值的吸引力主要在于它把资本预算、业绩评价和激励报酬结合起来了。过去，人们使用净现值和内部报酬率评价资本预算，用权益资本报酬率或每股收益评价公司业绩，用另外的一些效益指标作为发放奖金的依据。经理人员在决策时，常常要考虑一堆乱七八糟、相互矛盾或互不联系的财务指标。经理们的奖金计划不断变更，使他们无所适从，只好糊里糊涂应付眼前事变。以经济增加值为依据的管理，其经营目标是经济增加值，资本预算的决策基础是以适当折现率折现的经济增加值，衡量生产经营效益的指标是经济增加值，奖金根据适当的目标单位经济增加值来确定。这种管理变得简单、直接、统一与和谐。经济增加值框架下的综合财务管理系统，可以指导公司的每一个决策，包括营业预算、年度资本预算、战略规划、公司收购和公司出售，等等。经济增加值是一种培训员工、甚至培训公司最普通员工的简单而有效的方法。经济增加值是一个独特的薪金激励制度的关键变量。它第一次真正把管理者的利益和股东利益统一起来，使管理者像股东那样思维和行动。经济增加值是一种治理公司的内部控制制度。在这种控制制度下，所有员工可以协同工作，积极地追求最好的业绩。

在经济增加值的框架下，公司可以向投资人宣传他们的目标和成就，投资人也可以用经济增加值选择最有前景的公司。经济增加值还是股票分析家手中的一个强有力的工具。

### （二）经济增加值评价的缺点

首先，EVA 仅对企业当期或未来 1—3 年价值创造情况进行衡量和预判，无法衡量企业长远发展战略的价值创造情况；其次，EVA 计算主要基于财务指标，无法对企业的营运效率与效果进行综合评价；再者，不同行业，不同发展阶段、不同规模等的企业，其会计调整项和加权平均资本成本各不相同，计算比较复杂，影响指标的可比性。

此外，由于经济增加值是绝对数指标，不便于比较不同规模公司的业绩。

经济增加值也有许多和投资报酬率一样误导使用人的缺点，例如处于成长阶段的公司经济增加值较少，而处于衰退阶段的公司经济增加值可能较高。

在计算经济增加值时，对于净收益应作哪些调整以及资本成本的确定等，尚存在许多争议。这些争议不利于建立一个统一的规范。而缺乏统一性的业绩评价指标，只能在一个公司的历史分析以及内部评价中使用。

## 第四节 平衡计分卡

平衡计分卡，是指基于企业战略，从财务、客户、内部业务流程、学习与成长四个维度，将战略目标逐层分解转化为具体的、相互平衡的绩效指标体系，并据此进行绩效管理的方法。平衡计分卡打破了传统的只注重财务指标的业绩评价模式，认为传统的财务指标属于滞后性指标，对于指导和评价企业如何通过投资于客户、供应商、雇员、生产程序、技术和创新等来创造未来的价值是不够的。因而需要在传统财务指标的基础上，增加用于评估企业未来投资价值好坏的具有前瞻性的先行指标。另外，《财富》杂志指出，事实上只有不到10%的企业战略被有效地执行，真正的问题不是战略不好，而是执行能力不够，至少70%的原因归诸战略执行的失败，而非战略本身的错误。战略执行失败的原因是由沟通障碍、管理障碍、资源障碍和人员障碍造成的。为了解决有效的业绩评价问题和成功实施战略的问题，平衡计分卡应运而生，它是由哈佛商学院教授卡普兰（Robert S. Kaplan）和诺顿（David P. Norton）倡导和提出的，目前形成了平衡计分卡、战略核心组织和战略地图三大成果。

## 一、平衡计分卡框架

平衡计分卡通过将财务指标与非财务指标相结合,将企业的业绩评价同企业战略发展联系起来,设计出了一套能使企业高管迅速且全面了解企业经营状况的指标体系,用来表达企业进行战略性发展所必须达到的目标,把任务和决策转化成目标和指标。平衡计分卡的目标和指标来源于企业的愿景和战略,这些目标和指标从四个维度来考察企业的业绩,即财务、顾客、内部业务流程、学习与成长,这四个维度组成了平衡计分卡的框架(见图12-1)。

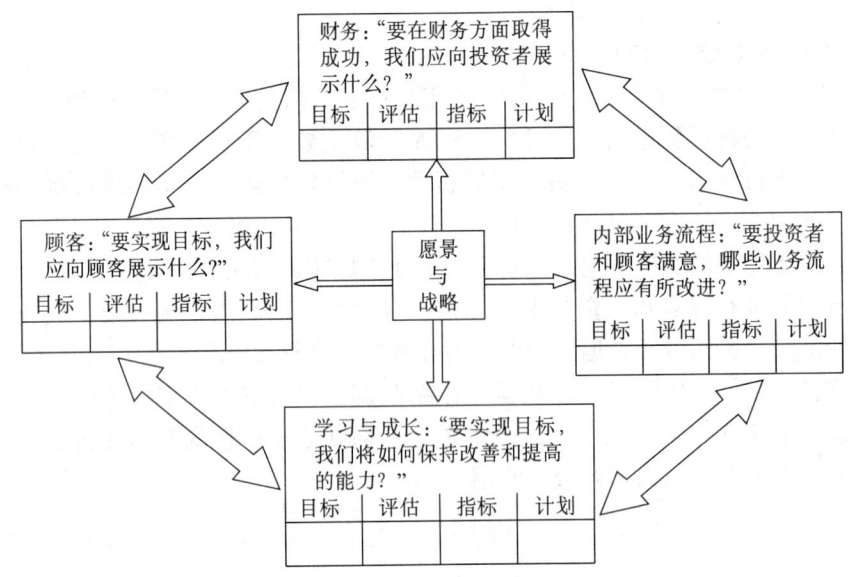

图12-1 化战略为行动的平衡计分卡框架

### (一)财务维度

其目标是解决"股东如何看待我们?"这一类问题。表明企业的努力是否最终对企业的经济收益产生了积极的作用。众所周知,现代企业财务管理目标是企业价值最大化,而对企业价值目标的计量是离不开相关财务指标的。财务维度指标通常包括投资报酬率、权益净利率、经济增加值、息税前利润、自由现金流量、资产负债率、总资产周转率等。

### (二)顾客维度

这一维度回答"顾客如何看待我们"的问题。顾客是企业之本,是现代企业的利润来源。顾客感受理应成为企业关注的焦点,应当从时间、质量、服务效率以及成本等方面了解市场份额、顾客需求和顾客满意程度。常用的顾客维度指标有市场份额、客户满意度、客户获得率、客户保持率、客户获利率、战略客户数量等。

### (三)内部业务流程维度

着眼于企业的核心竞争力,解决"我们的优势是什么"的问题。企业要想按时向顾客交货,满足现在和未来顾客的需要,必须以优化企业的内部业务流程为前提。因此,企业应当遴选出那些对顾客满意度有最大影响的业务流程,明确自身的核心竞争能力,并把它们转化成具体的测评指标。反映内部业务流程维度的常用指标有交货及时率、生产负荷率、产品合格率、存货周转率、单位生产成本等。

**（四）学习和成长维度**

其目标是解决"我们是否能继续提高并创造价值"的问题。只有持续不断地开发新产品，为客户创造更多价值并提高经营效率，企业才能打入新市场，才能赢得顾客的满意，从而增加股东价值。企业的学习与成长来自于员工、信息系统和企业程序等。根据经营环境和利润增长点的差异，企业可以确定不同的产品创新、过程创新和生产水平提高指标，如新产品开发周期、员工满意度、员工保持率、员工生产率、培训计划完成率等。

传统的业绩评价系统仅仅将指标提供给管理者，无论财务的还是非财务的，很少看到彼此间的关联以及对企业最终目标的影响。但是，平衡计分卡则不同，它的各个组成部分是以一种集成的方式来设计的，公司现在的努力与未来的前景之间存在着一种"因果"关系，在企业目标与业绩指标之间存在着一条"因果关系链"。从平衡计分卡中，管理者能够看到并分析影响企业整体目标的各种关键因素，而不单单是短期的财务结果。它有助于管理者对整个业务活动的发展过程始终保持关注，并确保现在的实际经营业绩与公司的长期战略保持一致。

根据这四个不同的角度，平衡计分卡中的"平衡"包括外部评价指标（如股东和客户对企业的评价）和内部评价指标（如内部经营过程、新技术学习等）的平衡；成果评价指标（如利润、市场占有率等）和导致成果出现的驱动因素评价指标（如新产品投资开发等）的平衡；财务评价指标（如利润等）和非财务评价指标（如员工忠诚度、客户满意程度等）的平衡；短期评价指标（如利润指标等）和长期评价指标（如员工培训成本、研发费用等）的平衡。

**二、平衡计分卡与企业战略管理**

战略管理是企业管理的高级阶段，立足于企业的长远发展，根据外部环境及自身特点，围绕战略目标，采取独特的竞争战略，以求取得竞争优势。平衡计分卡则是突破了传统业绩评价系统的局限性，在战略高度评价企业的经营业绩，把一整套财务与非财务指标同企业的战略联系在一起，是进行战略管理的基础。建立平衡计分卡，明确企业的愿景目标，就能协助管理人员建立一个得到大家广泛认同的愿景和战略，并将这些愿景和战略转化为一系列相互联系的衡量指标，确保企业各个层面了解长期战略，驱使各级部门采取有利于实现愿景和战略的行动，将部门、个人目标同长期战略相联系。

**（一）平衡计分卡和战略管理的关系**

平衡计分卡和战略管理的关系可以由图12-2表示。

一方面，战略规划中所制定的目标是平衡计分卡考核的一个基准；另一方面，平衡计分卡又是一个有效的战略执行系统，它通过引入图12-2里的四个程序（说明愿景、沟通与联系、业务规划、反馈与学习），使得管理者能够把长期行为与短期行为联系在一起，具体的程序包括：

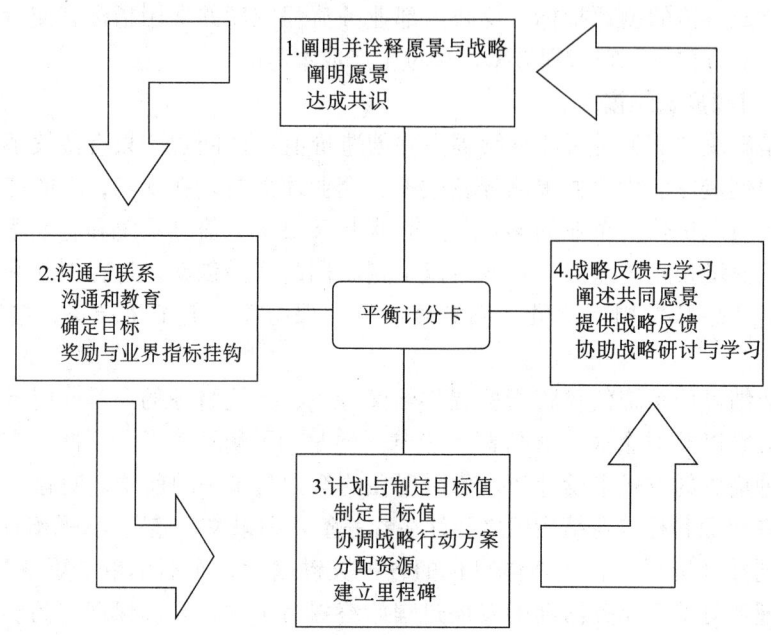

图 12-2　平衡计分卡与战略管理之间的关系

（1）阐释并诠释愿景与战略。所谓愿景，可以简单理解为企业所要达到的远期目标。有效地说明愿景，可以使其成为企业所有成员的共同理想和目标，从而有助于管理人员就企业的使命和战略达成共识，这样才能成为描述取得成功的长期因素。

（2）沟通与联系。它使得管理人员在企业中对战略上下沟通，并将它与部门及个人目标联系起来。

（3）计划与制定目标值。它使企业能够实现业务计划和财务计划一体化。

（4）战略反馈与学习。它使得企业以一个组织的形式获得战略型学习与改进的能力。

### （二）平衡计分卡的要求

为了使平衡计分卡同企业战略更好地结合，必须做到以下几点：

（1）平衡计分卡的四个方面应互为因果，最终结果是实现企业的战略。一个有效的平衡计分卡，绝对不仅仅是业绩衡量指标的结合，而且各个指标之间应该互相联系、互相补充，围绕企业战略所建立的因果关系链，应当贯穿于平衡计分卡的四个方面。

（2）平衡计分卡中不能只有具体的业绩衡量指标，还应包括这些具体衡量指标的驱动因素。否则无法说明怎样行动才能实现这些目标，也不能及时显示战略是否顺利实施。一套出色的平衡计分卡应该是把企业的战略结果同驱动因素结合起来。

（3）平衡计分卡应该最终和财务指标联系起来，因为企业的最终目标是实现良好的经济利润。平衡计分卡必须强调经营成果，这关系到企业未来的生存与发展。

### 三、战略地图架构

组织的战略主要说明如何设法为其股东、顾客创造出价值。因此，如果组织的无形资产代表了 75% 以上的价值，那么，有关战略的形成以至执行就必须很明确地针对无形资产的动员与整合问题有所交代。图 12-3 所示的战略地图，为战略如何连接无形资产与价值创造的流程提供了一个架构。

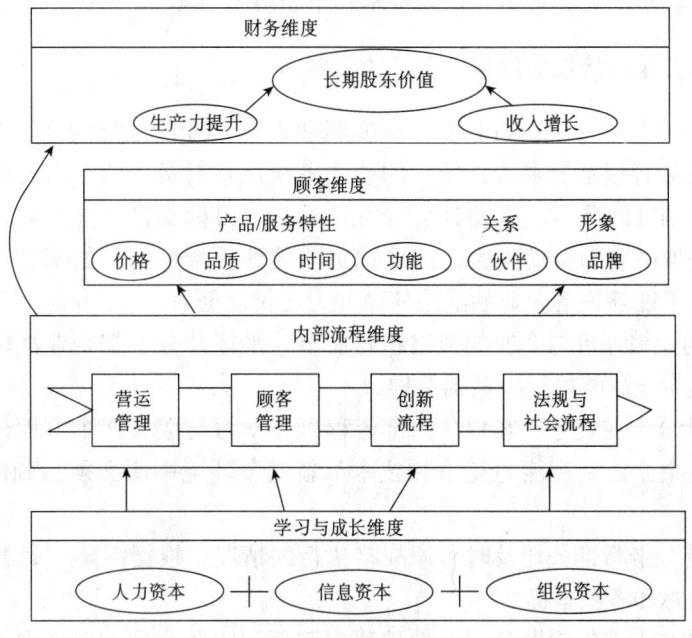

图 12-3　战略地图架构

**（一）财务维度：长短期对立力量的战略平衡**

战略地图之所以保留了财务层面，是因为它们是企业的最终目标。财务绩效的衡量结果，代表了企业战略贯彻实施对公司营运数字改善的贡献高低。财务方面的目标通常都与获利能力的衡量相关。公司财务绩效的改善，主要是收入的增长与生产力的提升两种基本途径。

**（二）顾客维度：战略本是基于差异化的价值主张**

企业采取追求收入增长的战略，必须在顾客层面中选定价值主张。此价值主张说明了企业如何针对其目标顾客群创造出具有差异化而又可持续长久的价值。

基本上，所有的组织都希望能就常见的顾客衡量指标（如顾客满意度等）加以改进，但仅仅满足和维系顾客还称不上是战略。战略应该要标明特定的顾客群，作为企业成长和获利的标的。例如，美国的西南航空公司就是采用低价战略，满足并维系对价格非常敏感的顾客群。在公司确实了解目标顾客群的身份特性之后，就可根据所提出的价值主张来确定目标与衡量项目。价值主张界定了公司打算针对目标顾客群所提供的产品、价格、服务以及形象的独特组合。因此，价值主张应能达到宣扬公司如何优于竞争者，或者显著不同于竞争者的目的。

**（三）内部流程维度：价值是由内部流程创造的**

内部流程完成了组织战略的两个重要部分：针对顾客的价值主张加以生产与交货；为财务层面中的生产力要件进行流程改善与成本降低的作业，内部流程由营运管理流程、顾客管理流程、创新管理流程和法规与社会流程四个流程组成。

**(四) 学习与成长维度：无形资产的战略性整合**

战略地图的学习与成长层面，主要说明组织的无形资产及它们在战略中扮演的角色。我们将无形资产归纳为人力资本、信息资本和组织资本三类。

**四、平衡计分卡与传统业绩评价系统的区别**

（1）从"制定目标——执行目标——实际业绩与目标值差异的计算与分析——采取纠正措施"的目标管理系统来看，传统的业绩考核注重对员工执行过程的控制，平衡计分卡则强调目标制订的环节。平衡计分卡方法认为，目标制订的前提应当是员工有能力为达成目标而采取必要的行动方案，因此设定业绩评价指标的目的不在于控制员工的行为，而在于使员工能够理解企业的战略使命并为之付出努力。

（2）传统的业绩评价与企业的战略执行脱节。平衡计分卡把企业战略和业绩管理系统联系起来，是企业战略执行的基础架构。

（3）平衡计分卡在财务、客户、内部流程以及学习与成长四个方面建立公司的战略目标。用来表达企业在生产能力竞争和技术革新竞争环境中所必须达到的、多样的、相互联系的目标。

（4）平衡计分卡帮助公司及时考评战略执行的情况，根据需要（每月或每季度）适时调整战略、目标和考核指标。

（5）平衡计分卡能够帮助公司有效地建立跨部门团队合作，促进内部管理过程的顺利进行。

**五、平衡计分卡应用简例**

联想集团运用平衡计分卡实施公司战略。平衡计分卡帮助联想集团把战略和愿景放在其变化和管理过程中，通过清楚定义战略，进行组织沟通并将其与变化驱动因素联系起来，构建"以战略为核心的开放性闭环组织结构"，使财务、客户、内部流程和学习与成长四因素互动互联，浑然一体，保持了财务指标和非财务指标之间的平衡、长期目标与短期目标之间的平衡、内部衡量与外部衡量之间的平衡、原因指标与结果指标之间的平衡、管理业绩与经营业绩之间的平衡，通过设计公司整体层面平衡计分卡、部门层面平衡计分卡和员工个人平衡计分卡，层层落实，上下联动，推动了公司战略目标的实现。

**六、平衡计分卡的优点和缺点**

**（一）平衡计分卡的优点**

1. 战略目标逐层分解并转化为被评价对象的绩效指标和行动方案，使整个组织行动协调一致；

2. 从财务、客户、内部业务流程、学习与成长四个维度确定绩效指标，使绩效评价更为全面完整；

3. 将学习与成长作为一个维度，注重员工的发展要求和组织资本、信息资本等无形资产的开发利用，有利于增强企业可持续发展的动力。

## （二）平衡计分卡的缺点

1. 专业技术要求高，工作量比较大，操作难度也较大，需要持续地沟通和反馈，实施比较复杂，实施成本高；

2. 各指标权重在不同层级及各层级不同指标之间的分配比较困难，且部分非财务指标的量化工作难以落实；

3. 系统性强，涉及面广，需要专业人员的指导、企业全员的参与和长期持续地修正完善，对信息系统、管理能力的要求较高。

# 第十三章 管理会计报告

管理会计报告是运用管理会计方法,根据财务和业务的基础信息加工整理形成的,满足企业价值管理需要或非营利组织目标管理需要的对内报告。管理会计报告与一般对外财务报告相比较,有四个特征:第一,管理会计报告没有统一的格式和规范,根据企业(或组织)内部的管理需要来提供。相对于报告形式,更注重报告实质内容;第二,管理会计报告遵循问题导向。根据企业(或组织)内部需要解决的具体管理问题来组织、编制、审批、报送和使用;第三,管理会计报告提供的信息不仅仅包括财务信息,也包括非财务信息;不仅仅包括内部信息,也可能包括外部信息;不仅仅包括结果信息,也可以包括过程信息,更应包括剖析原因、提出改进意见和建议的信息;第四,管理会计报告如果涉及会计业绩的报告,比如责任中心报告,其主要的报告格式应该是边际贡献格式,而不是财务会计准则中规范的对外财务报告格式。管理会计报告的对象是一个组织内部对管理会计信息有需求的各个层级、各个环节的管理者。

以企业为例,管理会计报告体系可以按照多种标志进行分类,包括但不限于:

(1)按照企业管理会计报告使用者所处的管理层级可以分为战略层管理会计报告、经营层管理会计报告和业务层管理会计报告;

(2)按照企业管理会计报告内容(整体性程度)不同可以分为综合(整体)企业管理会计报告和专项(分部)管理会计报告;

(3)按照管理会计功能可以分为管理规划报告、管理决策报告、管理控制报告和管理评价报告;

(4)按照责任中心可以分为成本中心报告、利润中心报告和投资中心报告。

因为管理会计报告通常根据要解决的问题可以灵活多样,本身并没有形成统一的格式规范。所以,我们仅仅对企业有一定共识基础的企业内部责任中心业绩报告和质量成本报告进行具体介绍。

## 第一节 内部责任中心业绩报告

企业内部责任中心,如前章所述可以划分为成本中心、利润中心和投资中心。责任中心的业绩评价和考核应该通过编制业绩报告来完成。业绩报告也称责任报告、绩效报告，它是反映责任预算实际执行情况，揭示责任预算与实际结果之间差异的内部管理会计报告。它着重于对责任中心管理者的业绩评价，其本质是要得到一个结论：与预期的目标相比较，责任中心管理者干得怎样。

业绩报告的主要目的在于将责任中心的实际业绩与其在特定环境下本应取得的业绩进行比较，因此实际业绩与预期业绩之间差异的原因应得到分析，并且应尽可能予以数量化。这样，业绩报告中应当传递出三种信息：

（1）关于实际业绩的信息；

（2）关于预期业绩的信息；

（3）关于实际业绩与预期业绩之间差异的信息。这也意味着合格业绩报告的三个主要特征：报告应当与个人责任相联系，实际业绩应该与最佳标准相比较，重要信息应当予以突出显示。

### 一、成本中心业绩报告

成本中心的业绩考核指标通常为该成本中心的所有可控成本，即责任成本。成本中心的业绩报告，通常是按成本中心可控成本的各明细项目列示其预算数、实际数和成本差异数的三栏式表格。由于各成本中心是逐级设置的，所以其业绩报告也应自下而上，从最基层的成本中心逐级向上汇编，直至最高层次的成本中心。每一级的业绩报告，除最基层只有本身的可控成本外，都应包括本身的可控成本和下属部门转来的责任成本。

### 二、利润中心业绩报告

利润中心的考核指标通常为该利润中心的边际贡献、分部经理边际贡献和该利润中心部门边际贡献。利润中心的业绩报告，分别列出其可控的销售收入、变动成本、边际贡献、经理人员可控的可追溯固定成本、分部经理边际贡献、分部经理不可控但高层管理部门可控的可追溯固定成本、部门边际贡献的预算数和实际数；并通过实际与预算的对比，分别计算差异，据此进行差异的调查、分析产生差异的原因。利润中心的业绩报告也是自下而上逐级汇编的，直至整个企业的息税前利润。

### 三、投资中心业绩报告

投资中心的主要考核指标是投资报酬率和剩余收益，补充的指标是现金回收率和剩余现金流量。投资中心不仅需要对成本、收入和利润负责，而且还要对所占用的全部资产（包括固定资产和营运资金）的经营效益承担责任。投资中心的业绩评价指标除了成本、收入和利润指标外，主要还包括投资报酬率、剩余收益等指标。因此，对于投资中心而言，它的业绩报告通常包含上述评价指标。

## 第二节 质量成本报告

质量与成本、时间（工期或交货期）是密切联系的三个要素。质量是企业生存和发展之本。质量包括两层含义，一是设计质量，即产品或劳务对顾客要求的满足程度；二是符合性质量，即产品或劳务的实际性能与其设计性能的符合程度。简单地说，前者是设计得怎样？是否满足顾客要求？后者是做得怎样，是否作出来的达到了设计的要求？

### 一、质量成本及其分类

产品和服务的质量提升需要付出相应的成本，从市场的调研，产品服务标准的制定、执行到产品的测试检验以及不合格产品的淘汰都需要企业付出相应的经济资源来保障。企业要想在市场竞争中占据有利地位，必须拥有比竞争对手更高的效率，质量管理的过程同样要强调其经济效益。质量成本是指企业为了保证产品达到一定质量标准而发生的成本，这一概念连接了企业管理中的生产技术与经济效益两个层面。

质量管理专家对质量成本的定义和划分都提出了不同的意见，但普遍认为质量成本可划分为以下四类：

#### （一）预防成本（Prevention Costs）

为了防止产品质量达不到预定标准而发生的成本，是为防止质量事故的发生，为了最大限度降低质量事故所造成的损失而发生的费用。一般地，预防成本发生在产品生产之前的各阶段。这类成本包括：

（1）质量工作费用。质量管理体系中，为预防、保证和控制产品质量而制定的质量政策、目标、标准，开展质量管理所发生的办公费、宣传费、搜集情报费，以及编制手册、制定全面质量管理计划、开展QC小组活动、组织质量管理工作和工序能力研究等所发生的费用。

（2）标准制定费用。质量管理需要制定相应的质量标准，而质量标准的评估，标准的测试审查等环节都会产生一定的费用。

（3）教育培训费用。质量管理的实施，最后都要落实到管理者和员工身上。对企业员工进行质量管理方面知识的教育，对员工作业水平的提升以及相关的后续培训形成的一系列费用可视为预防成本中的教育培训费用。

（4）质量奖励费用。在生产或服务过程中，为了激励员工达到质量标准而实行的奖励措施所带来的费用。

#### （二）鉴定成本（Appraisal Costs）

为了保证产品质量达到预定标准而对产品进行检测所发生的成本，如原材料或半成品的检测、作业的鉴定、流程验收、检测设备以及外部批准等方面发生的检验费用，具体可细分为：

（1）检测工作的费用。某些检验需要送到外部单位进行，此时需要支付一定的检测费用。

（2）检测设备的折旧。这类费用不仅包括了检测所需仪器的折旧或维护费用，还包括检测场所建筑的折旧或维护费用。

（3）检测人员的费用。具体包括对原材料、产品或流程进行检验的员工的工资福利费用。

**（三）内部失败成本（Internal Failure Costs）**

内部失败成本是指产品进入市场之前由于产品不符合质量标准而发生的成本，这部分成本包括：废料、返工、修复、重新检测、停工整修或变更设计等。鉴定成本以及内部失败成本都是发生在产品未到达顾客之前的所有阶段。

**（四）外部失败成本（External Failure Costs）**

外部失败成本是指存在缺陷的产品流入市场以后发生的成本，如产品因存在缺陷而错失的销售机会，问题产品的退还、返修，处理顾客的不满和投诉发生的成本。外部失败成本一般发生在产品被消费者接收以后的阶段。

一般来说，企业能够控制预防成本和鉴定成本的支出，因此这两种成本属于可控质量成本；而无论是内部还是外部失败成本，企业往往无法预料其发生，并且一旦产生失败成本，其费用的多少往往不能在事前得到，因此失败成本属于不可控质量成本。

质量成本报告和质量绩效报告承担了如何将质量成本信息传递给企业经营管理者的重任。

## 二、质量成本报告

质量成本报告是企业组织完善质量成本控制的必要措施。通过质量成本报告，企业组织的经理人可以全面地评价企业组织当前的质量成本情况。质量成本报告按质量成本的分类详细列示实际质量成本，并向企业组织的经理人提供以下两个方面的重要信息：

（1）显示各类质量成本的支出情况以及财务影响；

（2）显示各类质量成本的分布情况，以便企业组织的经理人判断各类质量成本的重要性。

通过了解这些信息，企业组织的经营管理人员就可以更有针对性地控制质量成本，改善成本结构。质量成本报告可以按各类质量成本项目分别列示。

## 三、质量绩效报告

为了反映企业在质量管理方面所取得的进展及其绩效，企业还需要编制质量绩效报告（quality performance report）。企业质量绩效报告包括三种类型。

**（一）中期报告**

中期报告（interim program report）根据当期的质量目标列示质量管理的成效。企业要实现产品"零缺陷"目标是一项长期任务，不可能一蹴而就。这就需要制定一些短期（通常为1年）应该达到的质量成本控制目标，一方面可供企业的经理人报告当期质量管理取得的成效，另一方面也可以增强员工的信心，为最终达到"零缺陷"目标继续努力。企业期末编制质量绩效报告时，将实际质量成本与预算质量成本目标进行比较，确定其差异，分析差异产生的原因，明确应采取的改进措施。

## （二）长期报告

长期报告（long-range report）根据长期质量目标列示企业质量管理成效。

## （三）多期质量趋势报告

多期质量趋势报告（multiple-period trend report）列示了企业实施质量管理以来所取得的成效。多期质量趋势报告的编制必须以多个期间企业组织的质量成本相关数据为基础，并绘出质量趋势图。趋势图可以采用坐标分析图、柱形比较图等多种方式，旨在向企业的经理人员评估其发展趋势是否合理，质量成本控制是否有效，以便作出相应的决策。图13-1为某企业的多期质量趋势折线图。该图显示该企业质量成本占销售额的百分比在逐年下降。2009年与2005年相比较，下降了一半，说明该企业质量成本管理水平在不断提升。

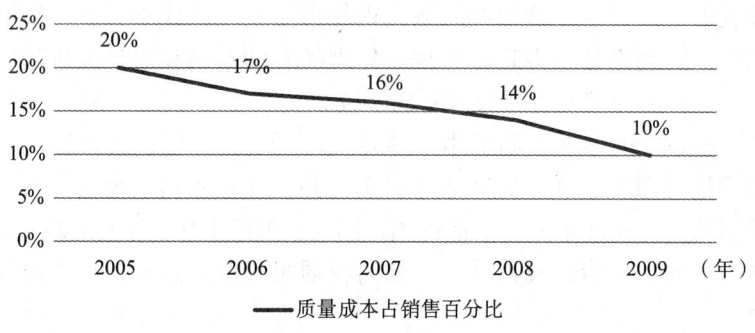

图13-1 某企业多期质量趋势折线图

在企业管理实践中，质量、成本与时间（工期或交货期）成为紧密相关的三个要素。提高质量，短期会增加成本，尤其是预防成本和鉴定成本，但长期会降低成本，给企业带来好的市场声誉和长期经济效益。严格控制质量，也会影响时间（工期或交货期）。很多企业为了赶时间（工期或交货期），损害了产品或劳务（工程）的质量，影响了企业的声誉和市场份额。成本与时间（工期或交货期）也存在需要权衡的矛盾，工期或交货期紧会增加成本，如加班工资等。

总之，管理会计报告需要根据企业（或组织）所面临的管理问题，运用管理会计的工具和方法，融合业务与财务，整合财务信息和非财务信息，形成对企业（或组织）内部管理决策有用的报告信息。

# 公司战略与风险管理篇

# 第一章 战略与战略管理

## 第一节 公司战略的基本概念

### 一、公司战略的定义

"战略"一词主要源于军事,指军事家们对战争全局的规划和指挥,或指导重大军事活动的方针、政策与方法。随着生产力水平的不断提高和社会实践的不断丰富,"战略"一词逐渐被人们广泛地运用于军事以外的其他领域,从而给"战略"一词增添了许多新的含义。1962年,美国学者钱德勒(Chandler A. D.)在其《战略与结构》一书中,将战略定义为"确定企业基本长期目标、选择行动途径和为实现这些目标进行资源分配"。这标志着"战略"一词被正式引入企业经营管理领域,由此形成了企业战略的概念。在此之后,企业战略被赋予不同的含义。对企业战略含义的多种表述可分为传统概念和现代概念两大类。

#### (一)公司战略的传统概念

美国哈佛大学波特教授(Porter M.)对战略的定义堪称为公司战略传统定义的典型代表。他认为,"……战略是公司为之奋斗的终点与公司为达到它们而寻求的途径的结合物。"波特的定义概括了20世纪60年代和20世纪70年代对公司战略的普遍认识,它强调公司战略的重要属性——计划性、全局性和长期性。

#### (二)公司战略的现代概念

20世纪80年代以来,由于企业外部环境变化速度加快,使得以计划为基点的传统概念受到不少批评,于是战略的现代概念受到广泛的重视。

加拿大学者明茨伯格(Mintzberg H.)在1989年提出,以计划为基点将企业战略视为理性计划的产物是不正确的,许多成功的企业战略是在事先无计划的情况下产生的。他将战略定义为"一系列或整套的决策或行动方式",这套方式包括刻意安排的(即计划性)战略和任何临时出现的(即非计划性)战略。许多学者也开始研究组织的有限理性,并将重点放在组织在不可预测的或未知的内外部因素约束下的适应性上。

从字面上看,现代概念与传统概念的主要区别在于,现代概念认为战略只包括为达到企业的终点而寻求的途径,不包括企业终点本身;而从本质区别看,现代概念更强调战略另一方面的属性——应变性、竞争性和风险性。

事实上，大部分公司的战略是事先计划和突发应变的组合。美国学者汤姆森（Tomson S.）在1998年指出，"战略既是预先性的（预谋战略），又是反应性的（适应性战略）"。换言之，"战略制定的任务包括制定一个策略计划，即预谋战略，然后随着事情的进展不断对它进行调整。一个实际的战略是管理者在公司内外各种情况不断暴露的过程中不断规划和再规划的结果。"

在当今瞬息万变的环境里，公司战略意味着企业要采取主动姿态预测未来，影响变化，而不是被动地对变化作出反应。企业只有在变化中不断调整战略，保持健康的发展活力，并将这种活力转变成惯性，通过有效的战略不断表达出来，才能构筑并持续强化竞争优势，获得企业的成功。

### 二、公司的使命与目标

对于波特关于公司战略定义所提出的公司"终点"的概念，有的公司愿意使用"使命"或者"目的"，也有的公司用"使命"与"目标"加以层次上的区别。在这里，我们将企业生存、发展、获利等根本性目的作为公司使命的一部分，而将公司目标作为使命的具体化。

#### （一）公司的使命

公司的使命首先是要阐明企业组织的根本性质与存在理由，一般包括三个方面：

1. 公司目的。

公司目的是企业组织的根本性质和存在理由的直接体现。组织按其存在理由可以分为两大类：营利组织和非营利组织。以营利为目的而成立的组织，其首要目的是为其所有者带来经济价值。例如，通过满足客户需求、建立市场份额、降低成本等来增加企业价值，其次的目的是履行社会责任，以保障企业主要经济目标的实现。相反，以非营利目的成立的组织，其首要目的是提高社会福利、促进政治和社会变革，而不是营利。一般而言，企业是最普通的营利组织，红十字会是最普通的非营利组织。

2. 公司宗旨。

公司宗旨旨在阐述公司长期的战略意向，其具体内容主要说明公司目前和未来所从事的经营业务范围。美国学者德鲁克（Drucker F.）认为，提出"公司的业务是什么"，也就等价于提出"公司的宗旨是什么"。公司的业务范围应包括企业的产品（或服务）、顾客对象、市场和技术等几个方面。

公司宗旨反映出企业的定位。定位是指企业采取措施适应所处的环境，它包括相对于其他企业的市场定位，如生产或销售什么类型的产品或服务给特定的部门，或以什么样的方式满足客户和市场的需求，如何分配内部资源以保持企业的竞争优势等。

3. 经营哲学。

经营哲学是公司为其经营活动方式确立的价值观、基本信念和行为准则，是企业文化的高度概括。经营哲学主要通过公司对利益相关者的态度、公司提倡的共同价值观、政策和目标以及管理风格等方面体现出来。经营哲学同样影响着公司的经营范围和经营效果。

#### （二）公司的目标

公司目标是公司使命的具体化。德鲁克对公司目标作了恰如其分的概括："各项目标必须从'我们的企业是什么，它将会是什么，它应该是什么'引导出来。它们不是一种抽象的概念，而是行动的承诺，借以实现企业的使命；它们也是一种用以衡量工作成绩的标准。换句话说，目标是企业的基本战略。"

公司目标是一个体系。建立目标体系就是将公司的业务使命转换成明确具体的业绩标准，从而使得公司的进展有一个可以测度的目标。

从整个公司的角度来看，需要建立两种类型的业绩标准：和财务业绩有关的标准以及和战略业绩有关的标准。获取良好的财务业绩和良好的战略业绩要求公司的管理层既建立财务目标体系又建立战略目标体系。

财务目标体系表明公司必须致力于在下列指标上达到较好结果：市场占有率、收益增长率、投资回报率，股利增长率、股票价格评价、现金流以及公司的信任度等。

战略目标体系则不同，它的建立目的在于为公司赢得下列结果：获取足够的市场竞争优势，在产品质量、客户服务或产品革新等方面压倒竞争对手，使整体成本低于竞争对手的成本，提高公司在客户中的声誉，在国际市场上建立更强大的立足点，建立技术上的领导地位，获得持久的竞争力，抓住诱人的成长机会等。战略目标体系的作用是让人密切注意，公司的管理层不但要提高公司的财务业绩，还要提高公司的竞争力量，改善公司长远的业务前景。

财务目标体系和战略目标体系都应该从短期目标和长期目标两个维度体现出来。短期目标体系主要是集中精力提高公司的短期经营业绩和经营结果；长期目标体系则主要是促使公司的管理者考虑现在应该采取什么行动，才能使公司进入一种可以在相当长的一段时期内经营得好的状态。

目标体系的建立需要所有管理者的参与。公司中的每一个单元都必须有一个具体的、可测度的业绩目标，其中，各个单元的目标必须与整个公司的目标相匹配。如果整个公司的目标体系分解成了各个组织单元和低层管理者的明确具体的分目标，那么，在整个公司中就会形成一种以结果为导向的气氛。如果公司对内部的所作所为混沌无知，那么，公司将一事无成。最理想的情形是，建立团队工作精神，组织中的每一个单元都奋力完成其职责范围内的任务，从而为公司业绩目标的完成和公司使命的实现作出应有的贡献。

### 三、公司战略的层次

一般将战略分为三个层次：总体战略（corporate strategy）、业务单位战略或竞争战略（business or competitive strategy）和职能战略（operational strategy）。图1-1概括了企业各层次的战略所涉及的管理层次。

#### （一）总体战略

总体战略又称公司层战略。在大中型企业里，特别是经营多项业务的企业里，总体战略是企业最高层次的战略。它需要根据企业的目标，选择企业可以竞争的经营领域，合理配置企业经营所必需的资源，使各项经营业务相互支持、相互协调。

公司战略常常涉及整个企业的财务结构和组织结构方面的问题。

#### （二）业务单位战略

公司的二级战略常常被称作业务单位战略或竞争战略。业务单位战略涉及各业务单

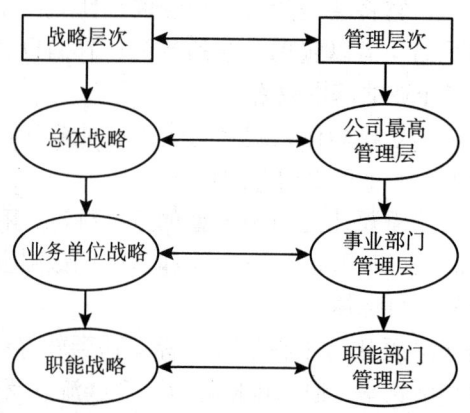

图 1-1 公司战略的结构层次

位的主管以及辅助人员。这些经理人员的主要任务是将公司战略所包括的企业目标、发展方向和措施具体化，形成本业务单位具体的竞争与经营战略。业务单位战略要针对不断变化的外部环境，在各自的经营领域中有效竞争。为了保证企业的竞争优势，各经营单位要有效地控制资源的分配和使用。

对于一家单业务公司来说，总体战略和业务单位战略只有一个，即合二为一；只有对业务多元化的公司来说，总体战略和业务单位战略的区分才有意义。

### （三）职能战略

职能战略，又称职能层战略，主要涉及企业内各职能部门，如营销、财务、生产、研发（R&D）、人力资源、信息技术等，如何更好地配置企业内部资源，为各级战略服务，并提高组织效率。

各职能部门的主要任务不同，关键变量也不同，即使在同一职能部门里，关键变量的重要性也因经营条件不同而有所变化，因而难以归纳出一般性的职能战略。

在职能战略中，协同作用具有非常重要的意义。这种协同作用首先体现在单个的职能中各种活动的协调性与一致性，其次体现在各个不同职能战略和业务流程或活动之间的协调性与一致性。

三个层次的战略都是企业战略管理的重要组成部分，但侧重点和影响的范围有所不同。

## 第二节　公司战略管理

### 一、战略管理的内涵

战略管理一词是由安索夫（H. Lgor Ansoff）在其 1976 年出版的《从战略规划到战略管理》一书中首先提出来的。1979 年，安索夫又出版了《战略管理论》，他认为，战略管理是指将企业的日常业务决策同长期计划决策相结合而形成的一系列经营管理业务。美国学者斯坦纳（Steiner G. A.）在他1982年出版的《企业政策与战略》一书中则认为，战略管理是根据企业外部环境和内部条件确定企业目标，保证目标的正确落实并使企业使命最终得以实现的一个动态过程。此外，一些学者和企业家也对战略管理提出了种种见解。有人认为，战略管理是企业处理自身和环境关系过程中实现其使命的管理过程。还有人提出，战略管理是决定企业长期表现的一系列重大管理决策和行动，包括企业战略的制定、实施、评价和控制。

从上述关于战略管理含义的种种表述和见解可以看出，战略管理是一种区别于传统职能管理的管理方式。这种管理方式的基本内容是：企业战略指导着企业一切活动，企业战略管理的重点是制定和实施企业战略，制定和实施企业战略的关键是对企业的外部环境和内部条件进行分析，并在此基础上确定企业的使命和战略目标，使它们之间形成并保持动态平衡。因此，企业战略管理的含义可以界定为：企业战略管理是为实现企业的使命和战略目标，科学地分析企业的内外部环境与条件，制定战略决策，评估、选择并实施战略方案，控制战略绩效的动态管理过程。

## 二、战略管理的特征

由传统职能管理走向现代战略管理是企业管理的一次重大飞跃。与传统的职能管理相比，战略管理具有如下特征：

### （一）战略管理是企业的综合性管理

战略管理为企业的发展指明基本方向和前进道路，是各项管理活动的精髓。战略管理的对象不仅包括研究开发、生产、人力资源、财务市场营销等具体职能，还包括统领各项职能战略的竞争战略和公司战略。战略管理是一项涉及企业所有管理部门、业务单位及所有相关因素的管理活动。

### （二）战略管理是企业的高层次管理

战略管理的核心是对企业现在及未来的整体经营活动进行规划和管理，它是一种关系到企业长远生存发展的管理。战略管理企求的不仅是眼前财富的积累，更是企业长期健康稳定的发展和长久的竞争力。与企业的日常管理和职能管理不同，战略管理必须由企业的高层领导来推动和实施。

### （三）战略管理是企业的一种动态性管理

战略管理的目的是依据企业内部条件和外部因素制定并实施战略决策和战略方案，以实现战略目标。而企业的内外部条件和因素总是不断变化的，战略管理必须及时了解、研究和应对变化的情况，对战略进行必要的修正，确保战略目标的实现。因此，企业战略管理活动应具有动态性，即适应企业内外部各种条件和因素的变化进行适当调整或变更。

## 三、战略管理过程

一般说来，战略管理包含三个关键要素：战略分析——了解组织所处的环境和相对竞争地位；战略选择——战略制定、评价和选择；战略实施——采取措施使战略发挥作用。图1-2是战略管理过程及主要组成要素的示意图,它给出了战略管理过程的大致构架,可以作为理解战略管理过程的向导。

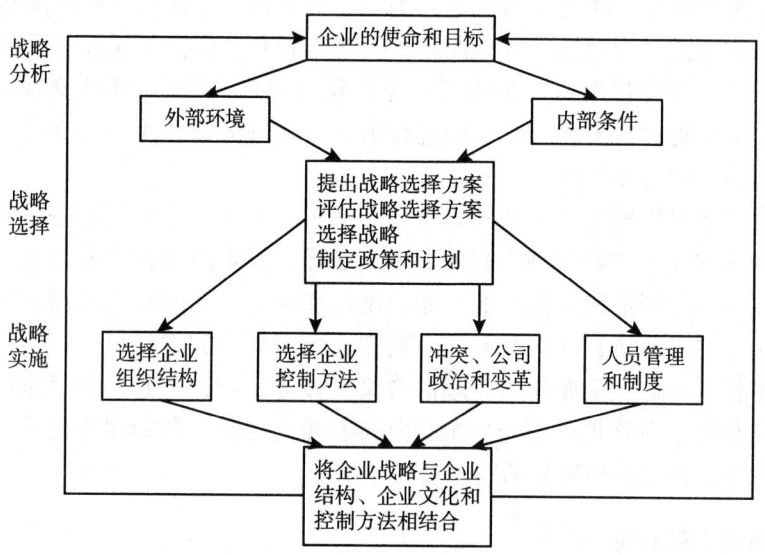

图1-2 战略管理过程

### (一) 战略分析

战略分析的主要目的是评价影响企业目前和今后发展的关键因素,并确定在战略选择步骤中的具体影响因素。战略分析需要考虑许多方面的问题,主要是外部环境分析和内部环境分析,见图1-3。

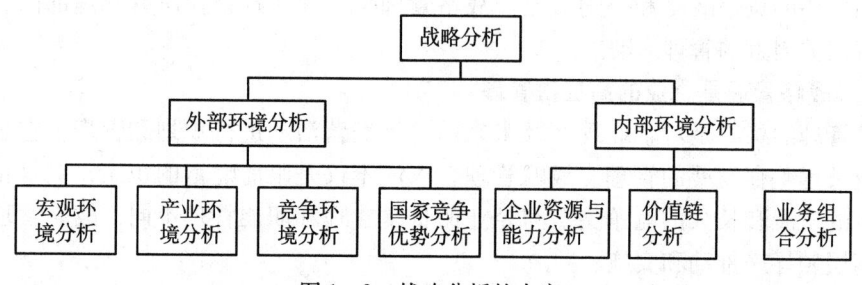

图1-3 战略分析的内容

1. 外部环境分析。

外部环境分析可以从企业所面对的宏观环境、产业环境、竞争环境和国家竞争优势分析几个方面展开。外部环境分析要了解企业所处的环境正在发生哪些变化,这些变化给企业将带来更多的机会还是更多的威胁。

2. 内部环境分析。

内部环境分析可以从企业的资源与能力分析、价值链分析和业务组合分析等几个方面展开。内部环境分析要了解企业自身所处的相对地位,企业具有哪些资源以及战略能力。波士顿矩阵、通用矩阵、SWOT分析都是常用的战略分析工具。

### (二) 战略选择

战略分析阶段明确了"企业目前处于什么位置",战略选择阶段所要回答的问题是"企业向何处发展"。企业在战略选择阶段要考虑可选择的战略类型和战略选择过程两个方面的问题。

1. 可选择的战略类型。

在公司战略的三个层次上存在着各种不同的战略类型,如图1-4所示。

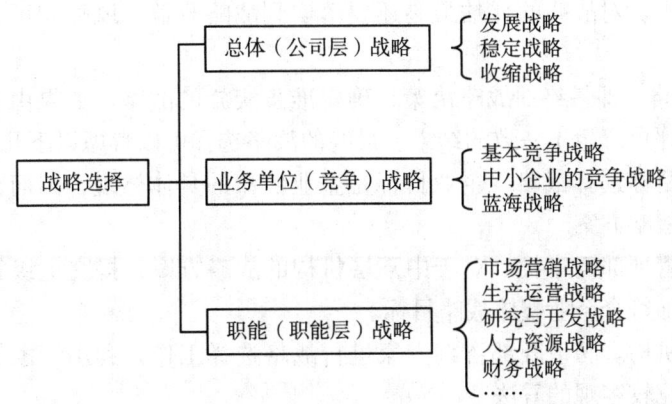

图1-4 公司战略类型

(1) 总体战略选择。总体战略选择包括发展战略、稳定战略、收缩战略三种基本类型。

(2) 业务单位战略选择。业务单位层面的战略包括基本竞争战略、中小企业的竞争战略、蓝海战略三种战略。

(3) 职能战略选择。职能战略包括市场营销战略、生产运营战略、研究与开发战略、人力资源战略、财务战略等多个职能部门的战略。

2. 战略选择过程。

约翰逊和施乐斯(Johnson G. & Scholes K.)在1989年提出了战略选择过程的3个组成部分:

(1) 制订战略选择方案。在制订战略过程中,可供选择的方案越多越好。根据不同层次管理人员介入战略分析和战略选择工作的程度,可以将战略形成的方法分为三种:

①自上而下的方法。即先由企业总部的高层管理人员制定企业的总体战略,然后由下属各部门根据自身的实际情况将企业的总体战略具体化,形成系统的战略方案。

②自下而上的方法。在制定战略时,企业最高管理层对下属部门不做具体规定,而要求各部门积极提交战略方案。企业最高管理层在各部门提交的战略方案基础上,加以协调和平衡,对各部门的战略方案进行必要的修改后加以确认。

③上下结合的方法。即企业最高管理层和下属各部门的管理人员共同参与,通过上下级管理人员的沟通和磋商,制定出适宜的战略。三种方法的主要区别在于在战略制定中对集权与分权程度的把握不同。企业可以从对企业整体目标的保障、对中下层管理人员积极性的发挥,以及企业各部门战略方案的协调等多个角度考虑,选择适宜的战略制定方法。

(2) 评估战略备选方案。评估备选方案通常使用三个标准：

①适宜性标准。考虑选择的战略是否发挥了企业的优势，克服了劣势，是否利用了机会，将威胁削弱到最低程度，是否有助于企业实现目标。

②可接受性标准。考虑选择的战略能否被企业利益相关者所接受，实际上并不存在最佳的、符合各方利益相关者的统一标准，经理们和利益相关团体的不同价值观和期望在很大程度上影响着战略的选择。

③可行性标准。对战略的评估最终还要落实到战略收益、风险和可行性分析的财务指标上。

(3) 选择战略。即最终的战略决策，确定准备实施的战略。如果由于用多个指标对多个战略方案的评价产生不一致的结果，最终的战略选择可以考虑以下几种方法：

①根据企业目标选择战略。企业目标是企业使命的具体体现，因而，选择对实现企业目标最有利的战略方案。

②提交上级管理部门审批。对于中下层机构的战略方案，提交上级管理部门能够使最终选择方案更加符合企业整体战略目标。

③聘请外部机构。聘请外部咨询专家进行战略选择工作，利用专家们广博和丰富的经验，能够提供比较客观的看法。

(4) 战略政策和计划。制定有关研究与开发、资本需求和人力资源等部门的政策和计划。

### (三) 战略实施

战略实施就是将战略转化为行动。战略实施要解决以下几个主要问题：

(1) 确定和建立一个有效的组织结构。确定和建立组织结构涉及如何分配企业内的工作职责范围和决策权力，如：①企业的管理结构是高长型还是扁平型；②决策权力集中还是分散；③企业的组织结构类型能否适应公司战略的定位等。

(2) 保证人员和制度的有效管理。人力资源的管理和科学的管理体制关系到战略实施的成功与失败。

(3) 正确处理和协调公司内部关系。企业内部各种团体有其各自的利益要求和目标，而许多要求是互相冲突的，这些冲突可能会导致各种争斗和结盟。在企业战略实施过程中必须正确把握和对待各种内部关系和内部活动。

(4) 选择适当的组织协调和控制系统。战略实施离不开企业内各单位的集体行动和协调，企业必须确定采用什么标准来评价各下属单位的效益，控制它们的行动。

(5) 协调好企业战略、结构、文化和控制诸方面的关系。

战略管理是一个循环过程，而不是一次性的工作。要不断监控和评价战略的实施过程，修正原来的分析、选择与实施工作，这是一个循环往复的过程。如图 1-5 所示。

企业战略管理的实践表明，战略制定固然重要，战略实施也同样重要。制定一个良好的战略仅仅是战略成功的一部分，只有有效实施这一战略，企业的战略目标才能够顺利地实现。如果对一个良好的战略贯彻实施很差，则只会导致事与愿违甚至失败的结果。

相反，如果企业没能制定出完善而合适的战略，但是在战略实施中，能够克服原有战略的不足之处，那么有可能最终导致该战略的完善与成功。

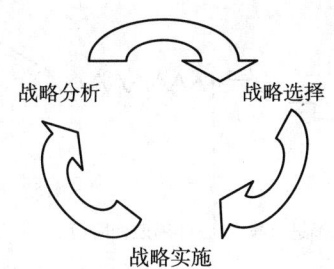

图 1-5 战略管理循环往复的过程

### 四、战略变革管理

#### (一) 什么是战略变革

企业战略变革是指企业为了获得可持续竞争优势,根据所处的内外部环境中已经发生或预测会发生的变化,结合环境、战略、组织三者之间的动态协调性原则,并涉及企业组织各要素同步支持性变化,改变企业战略内容的发起、实施、可持续化的系统性过程。

#### (二) 战略变革的涵义

1. 渐进性变革与革命性变革的区别。

企业为了适应环境变化而实施的变革按其范围和程度来划分,可分为渐进性的和革命性的。渐进性的变革是一系列持续、稳步前进的变化过程,使企业能够保持平稳、正常运转。渐进性的变革往往在某一刻影响企业体系当中的某些部分。而革命性的变革是全面性的变化过程,使企业整个体系发生改变。如表 1-1 所示。

表 1-1　　　　　　　　　　　渐近性变革与革命性变革比较

| 渐进性变革的特点 | 革命性变革的特点 |
| --- | --- |
| 在企业生命周期中常常发生;<br>稳定地推进变化;<br>影响企业体系的某些部分 | 在企业生命周期中不常发生;<br>全面转化;<br>影响整个企业体系 |

2. 战略变革的发展阶段。

从长远来说,企业在发展中会改变其战略。但是,约翰逊(Johnson G.)和施乐斯(Scholes K.)在1989年指出,这种变化是渐进性的。因为从企业的角度来说,渐进性的变革易于管理,对企业体制运作的滋扰程度比革命性的变革要小得多,企业战略变革的发展阶段大多如图 1-6 所示。

(1) 连续阶段:在这个阶段中,制定的战略基本上没有发生大的变化,仅有一些小的修正。

(2) 渐进阶段:在这个阶段中,战略发生缓慢的变化。这种变化可能是零打碎敲性的,也可能是系统性的。

(3) 不断改变阶段:在这个阶段中,战略变化呈现无方向或无重心的特点。

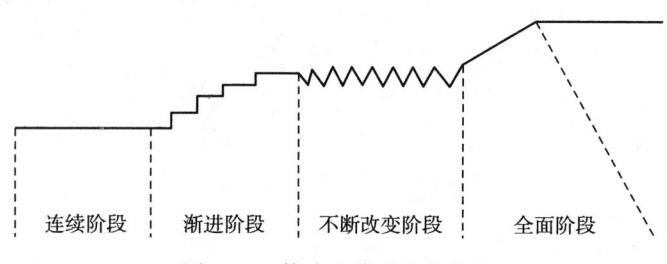

图1-6 战略变革形式的演变

（4）全面阶段：在这个阶段中，企业战略是在一个较短的时间内、发生革命性或转化性的变化。

如果一家公司的战略经常发生质变，那么这家公司是无法正常运转的。事实上，企业所处的环境不可能变化得这么快。然而，约翰逊和施乐斯告诫人们，环境中的变化不一定很缓慢，企业的渐进变化有可能赶不上环境的变化其结果是企业不得不进行革命性的战略变革。

（三）战略变革的类型

戴富特（Daft R. L.）在1992年对企业战略变革进行了分类，共有4种类型：

1. 技术变革。

技术变革往往涉及企业的生产过程，包括开发使之有能力与竞争对手抗衡的知识和技能。这些变革旨在使企业生产更有效率。技术变革涉及工作方法、设备和工作流程等技术。

2. 产品和服务变革。

产品和服务变革是指企业产出的变革，包括开发新产品或改进现有产品，这在很大程度上影响着市场机会。

3. 结构和体系变革。

结构和体系变革系指企业运作的管理方法的变革，包括结构变化、政策变化和控制系统变化。

4. 人员变革。

人员变革是指企业员工价值观、工作态度、技能和行为方式的转变，目的是确保职工努力工作，完成企业目标。

（四）企业战略变革的主要任务

1. 调整企业理念。

首先要确定企业使命，明确企业应该依据怎样的使命开展各种经营活动，它是企业行动的原动力；其次要确立经营思想，明确指导企业经营活动的观念、态度和思想，给人以不同的企业形象；最后要靠行为准则约束和要求员工，使他们在企业经营活动中必须遵守一系列行为准则和规定。

2. 企业战略重新进行定位。

根据迈克尔·波特的观点，帮助企业获得竞争优势而进行的战略定位实际上就是在价值链配置系统中从产品范围、市场范围和企业价值系统范围三方面进行定位的选择过程。企业作为一个独立的组织，其竞争优势来源于研发、生产、营销和服务等过程，来源于企业的价值链配置系统，就是这个系统在市场与企业之间不断地传递有关价格、质量、创新和价值的信息，从而为企业营造和保持新的竞争优势。

3. 重新设计企业的组织结构。

在进行组织结构设计时，要围绕战略目标实现的路径来确定不同层级的管理跨度。适当的管理跨度并没有一定的法则，在进行界定时应当综合考虑管理层级、人员的素质、沟通的渠道、职务的内容以及企业文化等多种因素。在进行组织结构设计时，还要充分考虑企业各部门顺利完成各自目标的可能性，以及在此基础上合作的协调性、各自分工的平衡性、权责的明确性、企业指挥的统一性、企业应变的弹性、企业成长的稳定性和效率性、企业的持续成长性等因素。通过重新设计企业的组织结构，理清各部门的管理职责，改变指挥混乱和权责不对等的现象，从而提高管理效率。

### （五）战略变革的实现

在战略变革中对人的行为的掌控是最重要也是最困难的。因此，要保证战略变革的实现需要从变革的支持者、抵制者两个方面入手做好工作，克服变革的阻力，以保证战略变革的实现。

1. 变革的支持者推进战略变革的步骤。

（1）高级管理层是变革的战略家并决定应该做什么。变革的支持者应当极力拥护高级管理层关于战略变革的决策，而这只有在高级管理层认为需要变革的时候才会发生。高级管理层需要对将要进行的变革有一个清晰的了解。

（2）指定一个代理人来掌握变革。高级管理层通常有三种作用：①如果变革激化了代理人和企业中的利益团体之间的矛盾，高级管理层应当支持代理人；②审议和监控变革的进程；③签署和批准变革，并保证将它们公开。

（3）变革代理人必须赢得关键部门管理人员的支持，因为变革需要后者在他们的部门中介绍和执行这些变革。变革的支持者应当提供建议和信息，以及不再接受旧模式的依据。

（4）变革代理人应督促各部门管理人员立即行动起来，并给予后者必要的支持。部门管理人员应保证变革在其管理的领域有效地执行。如果变革涉及对客户服务方式的变化，每名责任人员都应当确保变革程序是有效的。

应该认识到，成功的变革不仅仅来自上述内容。中级和低级的管理人员是变革的接受者，是由他们来执行新的方法。然而，他们本身也是变革代理人，有着各自的责任领域。他们必须保证某个部分的变革过程的成功实施。

2. 变革受到抵制的原因与实现障碍。

变革受到抵制的原因可能是变革会对人们的境遇产生重要的影响：

（1）生理变化。这是由工作模式、工作地点的变化造成的。

（2）环境变化。如住新房子、建立新的关系、按照新的规则工作（这种新规则包括学习新的工作方式）等。

（3）心理变化。①迷失方向。例如，当变革涉及设定一种新的角色或者新的关系时，会产生心理变化。②不确定性可能导致无安全感。尤其是变革涉及对新的工作或者环境的适应性，需要经历一个短期学习曲线，从而可能导致感觉能力有限。③无助。如果观察到外力或者代理人反对变革，个人会感到无助。

基于上述的不同因素，变革会面临如下障碍：

（1）文化障碍。当企业所面对的环境产生了变化，并显著地要求企业对此适应以求得生存时，文化的不可管理性会使之成为一种惯性而阻碍变革的进程。这种惯性的产生可能来自多方面的原因：例如在企业中任职很长的行政人员，可以在企业繁荣时期熟悉他们的工作，却可能对处理变化毫无经验，他们所选择的规划和所运行的工作程序对突然的变化可能是保守的；又如企业中的权力基础可能使企业中受威胁的团体去阻碍变化等。

（2）私人障碍。除了文化障碍之外，也有一些影响个人的障碍，导致他们认为变革是一种威胁。例如：①习惯。因为工作的习惯是很难改变的，新的不熟悉的工作方式通常让人感觉不舒服。安全感也不可避免地受到威胁。②变革对个人收入的影响可能相当大。③对于未知的恐惧降低了人们学习新技能和程序的意愿和兴趣，因为他们可能缺乏自信去迎接新的挑战。④选择性的信息处理导致员工去选择应当听什么和忽略什么来判断他们的处境，从而忽略管理层对于变革的要求。

3. 克服变革阻力的策略。

在处理变革的阻力时，管理层应当考虑变革的三个方面：变革的节奏、变革的管理方式和变革的范围。

（1）变革的节奏。变革越是循序渐进，就越有更多的时间来提出问题和解决问题。如果得到大多数员工的关注和支持，变革在计划和实施阶段的阻力将会降低。相反，如果变革过于激进，就会导致变革被大多数员工看作是一种威胁，并可能在变革实施后将其抵触、怨恨等情绪一同表现出来。

（2）变革的管理方式。采取适宜的变革管理方式对于构建良好的氛围、明确变革的需求、平息对变革的抵制和恐惧情绪是非常重要的。

鼓励冲突领域的对话是有效掌控抵制的方法。通过对话让大多数员工了解变革的必要性和可行性，从而接受即将开始的变革程序。相反，压制、抵制变革的意见只能将其转为地下、变成谣言并转化为敌对情绪。

为员工提供针对新技能和系统应用的学习课程可减少他们对变革的抵制情绪。这是因为只有很少一部分人能够真正从公司战略角度看待变革，大多数员工关注的是个人技能水平与业务能力的提高。

鼓励个人参与也是减少抵制情绪的方法。因为员工参与变革的程度往往取决于员工对于变革必要性和可行性的认识和理解程度。

（3）变革的范围。应当认真审阅变革的范围。范围很大的转变会带来巨大的不安全感和较多的刺激。在同一个变革目标下，可以考虑采用变革范围比较小的方式。例如，技术的改变可能需要改变工作方式，也可能需要工作团体重组。如果能够用改变工作方式的变化代替工作团体的重组，变革的范围就会小得多。

总之，管理层必须了解其员工的各个方面，从而了解变革可能面临的抵制因素。

# 第二章 战略分析

## 第一节 企业外部环境分析

从公司战略角度分析企业的外部环境,是要把握环境的现状及变化趋势,利用有利于企业发展的机会,避开环境可能带来的威胁,这是企业谋求生存发展的首要问题。企业的外部环境可以从宏观环境、产业环境、竞争环境和国家竞争优势几个层面展开。

**一、宏观环境分析**

一般说来,宏观环境因素可以概括为以下四类,即
(1) 政治和法律因素(political factors);
(2) 经济因素(economical factors);
(3) 社会和文化因素(social factors);
(4) 技术因素(technological factors)。

这4个因素的英文第一个字母组合起来是PEST,所以宏观环境分析也被称为PEST分析。图2-1是对宏观环境因素的汇总。

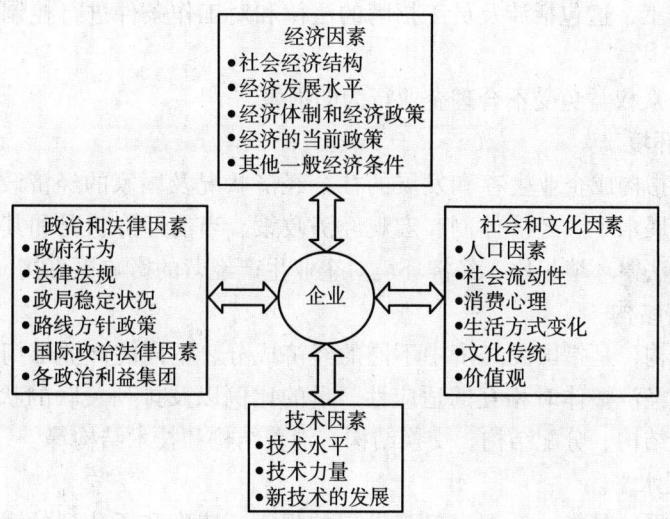

图2-1 主要宏观环境因素

### (一) 政治和法律环境

政治和法律环境，是指那些制约和影响企业的政治要素和法律系统，以及其运行状态。政治环境包括国家的政治制度、权力机构、颁布的方针政策、政治团体和政治形势等因素。法律环境包括国家制定的法律、法规、法令以及国家的执法机构等因素。政治和法律因素是保障企业生产经营活动的基本条件。在一个稳定的法治环境中，企业能够真正通过公平竞争，获取自己正当的权益，并得以长期稳定地发展。国家的政策法规对企业的生产经营活动具有控制、调节作用，同一个政策或法规，可能会给不同的企业带来不同的机会或制约。

1. 政治环境分析。

具体来讲，政治环境分析一般包括以下 4 个方面：

（1）企业所在国家和地区的政局稳定状况。

（2）政府行为对企业的影响。政府如何拥有国家土地、自然资源（例如，森林、矿山、土地等）及其储备都会影响一些企业的战略。

（3）执政党所持的态度和推行的基本政策（例如，产业政策、税收政策、进出口限制等），以及这些政策的连续性和稳定性。政府要制定各种政策，并采取多种措施来推行政策。

（4）各政治利益集团对企业活动产生的影响。一方面，这些集团通过议员或代表来发挥自己的影响，政府的决策会去适应这些力量；另一方面，这些集团也可以对企业施加影响，例如诉诸法律、利用传播媒介等。

2. 法律环境分析。

法律是政府管理企业的一种手段。一些政治因素对企业行为有直接的影响，但一般来说，政府主要是通过制定法律法规来间接影响企业的活动。这些法律法规的存在有以下四大目的：

（1）保护企业，反对不正当竞争。

（2）保护消费者，这包括许多涵盖商品包装、商标、食品卫生、广告及其他方面的消费者保护法规。

（3）保护员工，这包括涉及员工招聘的法律和对工作条件进行控制的健康与安全方面的法规。

（4）保护公众权益免受不合理企业行为的损害。

### （二）经济环境

经济环境是指构成企业生存和发展的社会经济状况及国家的经济政策，包括社会经济结构、经济发展水平、经济体制、宏观经济政策、当前经济状况和其他一般经济条件等要素。与政治法律环境相比，经济环境对企业生产经营的影响更直接、更具体。

1. 社会经济结构。

社会经济结构，是指国民经济中不同的经济成分、不同的产业部门及社会再生产各方面在组成国民经济整体时相互的适应性、量的比例以及排列关联的状况。社会经济结构一般包括产业结构、分配结构、交换结构、消费结构和技术结构等。

2. 经济发展水平。

经济发展水平，是指一个国家经济发展的规模、速度和所达到的水平。反映一个国家经济发展水平的常用指标有国内生产总值（GDP）、人均 GDP 和经济增长速度等。经济发展状况会影响一个企业的财务业绩。经济的增长率取决于商品和服务需求的总体变化。其他经济影响因素包括税收水平、通货膨胀率、贸易差额和汇率、失业率、利率、信贷投放以及政府补助等。

3. 经济体制。

经济体制，是指国家经济组织的形式，它规定了国家与企业、企业与企业、企业与各经济部门之间的关系，并通过一定的管理手段和方法来调控或影响社会经济流动的范围、内容和方式等。

4. 宏观经济政策。

宏观经济政策，是指实现国家经济发展目标的战略与策略，它包括综合性的全国发展战略和产业政策、国民收入分配政策、价格政策、物资流通政策等。

5. 其他经济条件。

其他经济条件及其发展趋势对一个企业的成功也很重要。如工资水平、供应商及竞争对手的价格变化等经济因素，可能会影响行业内竞争的激烈程度，也可能会延长产品生命周期、鼓励企业用自动化取代人工、促进外商投资或引入本土投资、使强劲的市场变弱或使安全的市场变得具有风险等。

（三）社会和文化环境

社会和文化环境是指企业所处的社会结构、社会风俗和习惯、信仰和价值观念、行为规范、生活方式、文化传统、人口规模与地理分布等因素的形成和变动。社会和文化环境对企业生产经营的影响也是不言而喻的。例如，人口规模、社会人口年龄结构、家庭人口结构、社会风俗对消费者消费偏好的影响是企业在确定投资方向、产品改进与革新等重大经营决策时必须考虑的因素。

社会和文化环境因素的范围甚广，主要包括人口因素、社会流动性、消费心理、生活方式变化、文化传统和价值观等。

1. 人口因素。

人口因素包括企业所在地居民的地理分布及密度、年龄、教育水平、国籍等。大型企业通常会利用人口统计数据来进行客户定位，并用于研究应如何开发产品。人口因素对企业战略的制定具有重大影响。例如，人口总数直接影响着社会生产总规模；人口的地理分布影响着企业的厂址选择；人口的性别比例和年龄结构在一定程度上决定了社会的需求结构，进而影响社会供给结构和企业生产结构；人口的教育文化水平直接影响着企业的人力资源状况；家庭户数及其结构的变化与耐用消费品的需求和变化趋势密切相关，因而也就影响到耐用消费品的生产规模等。

对人口因素的分析可以使用以下一些变量：结婚率、离婚率、出生率和死亡率、人口的平均寿命、人口的年龄和地区分布、人口在民族和性别上的比例、地区人口在教育水平和生活方式上的差异等。

2. 社会流动性。

社会流动性主要涉及社会的分层情况、各阶层之间的差异以及人们是否可在各阶层之间转换、人口内部各群体的规模、财富及其构成的变化以及不同区域（城市、郊区及农村地区）的人口分布等。

社会流动性的研究对于企业产品定位与调整、市场细分等策略的制定是非常重要的。

3. 消费心理。

消费心理对企业战略的制定也会产生影响。例如，一部分顾客的消费心理是在购物过程中追求有新鲜感的产品多于满足其实际需要的产品，因此，企业应有不同的产品类型以满足不同顾客的心理需求。

4. 生活方式变化。

随着社会经济发展和对外交流程度的不断增强，人们的生活方式也会随之发生变化。人们对物质需求会越来越高，对社交、自尊、求知、审美等精神需求也会越来越强烈。这将会给企业带来诸多新的机遇与挑战。

5. 文化传统。

文化传统是一个国家或地区在较长历史时期内形成的一种社会习惯，它是影响经济活动的一个重要因素。例如，中国的春节、西方的圣诞节就为某些行业带来商机。

6. 价值观。

价值观，是指社会公众评价各种行为的观念和标准。不同的国家和地区人们的价值观存在差异，例如，西方国家的个人主义较强，而日本的企业则注重内部关系融洽等。

（四）技术环境

技术环境是指企业所处环境中的科技要素及与该要素直接相关的各种社会现象的集合，包括国家科技体制、科技政策、科技水平和科技发展趋势等。在科学技术迅速发展变化的今天，技术环境对企业的影响可能是创造性的，也可能是破坏性的，企业必须要预见这些新技术带来的变化，并在战略管理上做出相应的战略决策，以获得新的竞争优势。

市场或行业内部和外部的技术趋势与事件会对企业战略产生重大影响。某个特定行业内的技术水平在很大程度上决定了应生产哪种产品或提供哪种服务、应使用哪些设备以及应如何进行经营管理。

技术环境对战略所产生的影响包括：

（1）技术进步使企业能对市场及客户进行更有效的分析。例如，使用数据库或自动化系统来获取数据，能够更加准确地进行分析。

（2）新技术的出现使社会对本行业产品和服务的需求增加，从而使企业可以扩大经营范围或开辟新的市场。

（3）技术进步可创造竞争优势。例如，技术进步可促使企业利用新的生产方法，在不增加成本的情况下，提供更优质和更高性能的产品和服务。

（4）技术进步可导致现有产品被淘汰，或大大缩短产品的生命周期。

（5）新技术的发展使企业可更多关注环境保护、企业的社会责任及可持续成长等问题。

二、产业环境分析

波特在《竞争战略》一书中指出："形成竞争战略的实质就是将一个公司与其环境建

立联系。尽管相关环境的范围广阔，包括社会的，也包括经济的因素，但公司环境的最关键部分就是公司投入竞争的一个或几个产业"。波特采用了一种关于产业的常用定义："一个产业是由一群生产相似替代品的公司组成的。"

### （一）产品生命周期

波特认为，"预测产业演变过程的鼻祖是我们熟知的产品生命周期"、"关于生命周期是只适于用个别产品还是适用于整个产业存在着争论。这里概括了认为适用于产业的观点"。

产业发展要经过4个阶段：导入期、成长期、成熟期和衰退期。这些阶段是以产业销售额增长率曲线的拐点划分。产业的增长与衰退由于新产品的创新和推广过程而呈"S"形。

当产业走过它的生命周期时，竞争的性质将会变化。波特总结了常见的关于产业在其生命周期中如何变化以及它如何影响战略的预测。

1. 导入期。

导入期的产品用户很少，只有高收入用户会尝试新的产品。产品虽然设计新颖，但质量有待提高，尤其是可靠性。由于产品刚刚出现，前途未卜，产品类型、特点、性能和目标市场等方面尚在不断发展变化当中。

只有很少的竞争对手。为了说服客户购买，导入期的产品营销成本高，广告费用大，而且销量小，产能过剩，生产成本高。

产品的独特性和客户的高收入使得价格弹性较小，可以采用高价格、高毛利的政策，但是销量小使得净利润较低。

企业的规模可能会非常小，企业的战略目标是扩大市场份额，争取成为"领头羊"。这个时期的主要战略路径是投资于研究开发和技术改进，提高产品质量。

导入期的经营风险非常高。研制的产品能否成功，研制成功的产品能否被顾客接受，被顾客接受的产品能否达到经济生产规模，可以规模生产的产品能否取得相应的市场份额等，都存在很大不确定性。通常，新产品只有成功和失败两种可能，成功则进入成长期，失败则无法收回前期投入的研发、设备投资和市场开拓等成本。

2. 成长期。

成长期的标志是产品销量节节攀升，产品的销售群已经扩大。此时消费者会接受参差不齐的质量，并对质量的要求不高。各厂家的产品在技术和性能方面有较大差异。广告费用较高，但是每单位销售收入分担的广告费在下降。生产能力不足，需要向大批量生产转换，并建立大宗分销渠道。由于市场扩大，竞争者涌入，企业之间开始争夺人才和资源，会出现兼并等意外事件，引起市场动荡。由于需求大于供应，此时产品价格最高，单位产品净利润也最高。

企业的战略目标是争取最大市场份额，并坚持到成熟期的到来。如果以较小的市场份额进入成熟期，则在开拓市场方面的投资很难得到补偿。成长期的主要战略路径是市场营销，此时是改变价格形象和质量形象的好时机。

成长期的经营风险有所下降，主要是产品本身的不确定性在降低。但是，经营风险仍然维持在较高水平，原因是竞争激烈了，导致市场的不确定性增加。这些风险主要与产品的市场份额以及该份额能否保持到成熟期有关。

3. 成熟期。

成熟期开始的标志是竞争者之间出现挑衅性的价格竞争。成熟期虽然市场巨大，但是已经基本饱和。新的客户减少，主要靠老客户的重复购买支撑。产品逐步标准化，差异不明显，技术和质量改进缓慢。生产稳定，局部生产能力过剩。产品价格开始下降，毛利率和净利润率均下降，利润空间适中。

由于整个产业销售额达到前所未有的规模，并且比较稳定，任何竞争者想要扩大市场份额，都会遇到对手的顽强抵抗，并引发价格竞争。既然扩大市场份额已经变得很困难，经营战略的重点就会转向在巩固市场份额的同时提高投资报酬率。成熟期的主要战略路径是提高效率，降低成本。

成熟期的经营风险进一步降低，达到中等水平。因为创业期和成长期的高风险因素已经消失，销售额和市场份额、盈利水平都比较稳定，现金流量变得比较容易预测。经营风险主要是稳定的销售额可以持续多长时间，以及总盈利水平的高低。企业和股东希望长期停留在能产生大量现金流入的成熟期，但是价格战随时会出现，衰退期迟早会到来。

4. 衰退期。

衰退期产品的客户大多很精明，对性价比要求很高。各企业的产品差别小，因此价格差异也会缩小。为降低成本，产品质量可能会出现问题。产能严重过剩，只有大批量生产并有自己销售渠道的企业才具有竞争力。有些竞争者先于产品退出市场。产品的价格、毛利都很低。只有到后期，多数企业退出后，价格才有望上扬。

企业在衰退期的经营战略目标首先是防御，获取最后的现金流。战略途径是控制成本，以求能维持正的现金流量。如果缺乏成本控制的优势，就应采用退却战略，尽早退出。进入衰退期后，经营风险会进一步降低，主要的悬念是在什么时间节点产品将完全退出市场。

产品生命周期理论也受到一些批评。

（1）各阶段的持续时间随着产业的不同而显著不同，并且一个产业究竟处于生命周期的哪一阶段通常不清楚。这就削弱了此概念作为规划工具的有用之处。

（2）产业的增长并不总是呈"S"形。有时产业跳过成熟阶段，直接从成长走向衰亡；有的产业在经历一段时间衰退之后又重新上升；还有的产业似乎完全跳过了导入期这个缓慢的起始阶段。

（3）公司可以通过产品创新和产品的重新定位，来影响增长曲线的形状。如果公司认定所给的生命周期一成不变，那么它就成为一种没有意义的自我臆想的预言。

（4）与生命周期每一阶段相联系的竞争属性随着产业的不同而不同。例如，有些产业开始集中，后来仍然集中；而有些产业集中了一段后就不那么集中了。

基于上述种种合理的批评，运用产品生命周期理论就不能仅仅停留在预测产业的演变，而应深入研究演变的过程本身，以了解是什么因素真正推进这种演变过程。

（二）产业五种竞争力

波特在《竞争战略》一书中，从产业组织理论的角度，提出了产业结构分析的基本框架——五种竞争力分析。波特认为，在每一个产业中都存在五种基本竞争力量，即潜在进入者、替代品、购买者、供应者与现有竞争者间的抗衡，如图2-2所示。

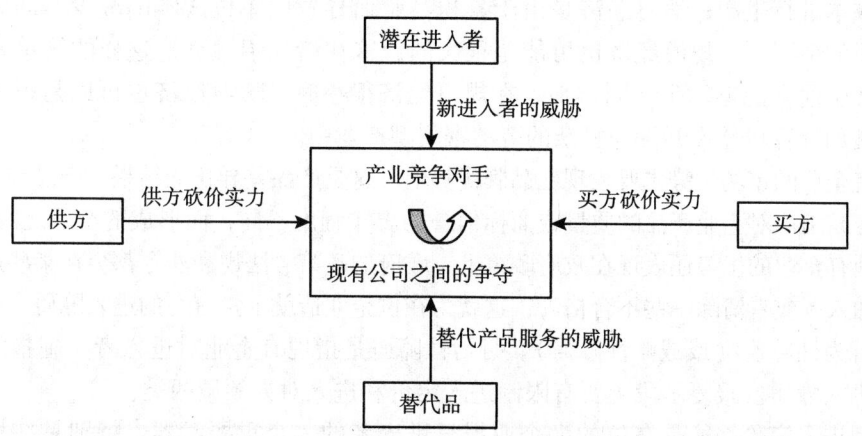

图2-2 驱动产业竞争的力量

在一个产业中，这五种力量共同决定产业竞争的强度以及产业利润率，最强的一种或几种力量占据着统治地位并且从战略形成角度来看起着关键性作用。产业中众多经济技术特征对于每种竞争力的强弱都是至关重要的，这些内容将逐一展开。

1. 五种竞争力分析。

（1）潜在进入者的进入威胁。利润是对投资者的一个信号，并能够经常导致潜在进入者的进入。潜在进入者将在两个方面减少现有厂商的利润：第一，进入者会瓜分原有的市场份额，获得一些业务；第二，进入者减少了市场集中，从而激发现有企业间的竞争，减少价格成本差。对于一个产业来说，进入威胁的大小取决于呈现的进入障碍与准备进入者可能遇到的现有在位者的反击。它们统称为进入障碍，前者称为"结构性障碍"，后者称为"行为性障碍"。

进入障碍是指那些允许现有企业赚取正的经济利润，却使产业的新进入者无利可图的因素。

①结构性障碍。波特指出存在7种主要障碍：规模经济、产品差异、资金需求、转换成本、分销渠道、其他优势及政府政策。如果按照贝恩（Bain J.）的分类，这7种主要障碍又可归纳为3种主要进入障碍：规模经济、现有企业对关键资源的控制以及现有企业的市场优势。

规模经济是指在一定时期内，企业所生产的产品或劳务的绝对量增加时，其单位成本趋于下降。当产业规模经济很显著时，处于最小有效规模（MES）或者超过最小有效规模经营的老企业对于较小的新进入者就有成本优势，从而构成进入障碍。

现有企业对资源的控制一般表现为对资金、专利或专有技术、原材料供应、分销渠道、学习曲线等资源及资源使用方法的积累与控制。如果现有企业控制了生产经营所必需的某种资源，那么它就会受到保护而不被进入者所侵犯。

上面所提到的"学习曲线"（又称"经验曲线"），是指当某一产品累积生产量增加时，由于经验和专有技术的积累所带来的产品单位成本的下降。它与规模经济往往交叉地影响产品成本的下降水平。区分由于学习曲线所产生的学习经济和由于规模而产生的规模经济是很必要的。规模经济使得当经济活动处于一个比较大的规模时，能够以较低的单位成本进行生产；学习经济是由于累积经验而导致的单位成本的减少。即使是学习经济很小的情况下，规模经济也可能是很大的，这在诸如铝罐制造这样的简单资本密集型的生产中通常能够产生；同样地，在规模经济很小时，学习经济也可以是很大的，这存在于诸如计算机软件开发等复杂的劳动密集型产业中。

现有企业的市场优势主要表现在品牌优势上。这是产品差异化的结果。产品差异化是指由于顾客或用户对企业产品的质量或商标信誉的忠实程度不同，而形成的产品之间的差别。此外，现有企业的优势还表现在政府政策上。政府的政策、法规和法令都会在某些产业中限制新的加入者或者清除一些不合格者，这就为在位企业造就了强有力的进入障碍。

②行为性障碍（或战略性障碍）。行为性障碍是指现有企业对进入者实施报复手段所形成的进入障碍。报复手段主要有限制进入定价和进入对方领域两类：

限制进入定价往往是在位的大企业报复进入者的一个重要武器，特别是在那些技术优势正在削弱、投资正在增加的市场上，情况更是如此。在限制价格的背后包含有一种假定，即从长期看，在一种足以阻止进入的较低价格条件下所取得的收益，将比在一种会吸引进入的较高价格条件下取得的收益要大。在位企业试图通过实施低价来告诉进入者自己是低成本的，进入将是无利可图的。

进入对方领域是寡头垄断市场上常见的一种报复行为，其目的在于抵消进入者首先采取行动可能带来的优势，避免对方的行动给自己带来的风险。

（2）替代品的替代威胁。研究替代品的替代威胁，首先需要澄清"产品替代"的两种概念。

产品替代有两类，一类是直接产品替代，另一类是间接产品替代。

①直接产品替代。即某一种产品直接取代另一种产品。如苹果计算机取代微软计算机。前面所引用的波特关于产业的定义中的替代品，是指直接替代品。

②间接产品替代。即由能起到相同作用的产品非直接地取代另外一些产品。如人工合成纤维取代天然布料。波特在这里所提及的对某一产业而言的替代品的威胁，是指间接替代品。

直接替代品与间接替代品的界限并不一定十分清晰，取决于对产业边界的界定。因而，直接产品替代与间接产品替代只能是一个相对的概念。

替代品往往是新技术与社会新需求的产物。对于现有产业来说，这种"替代"威胁的严重性是不言而喻的。

老产品能否被新产品替代，或者反过来说，新产品能否替代老产品，主要取决于两种产品的性能—价格比的比较。如果新产品的性能—价格比高于老产品，新产品对老产品的替代就具有必然性，如果新产品的性能—价格比一时还低于老产品，那么，新产品还不具备足够的实力与老产品竞争。这里"性能—价格比"的概念事实上就是价值工程中"价值"的概念。价值工程中的一个基本公式：价值＝功能/成本，贯穿于价值分析的整个过程，而价值工程就起源于寻找物美价廉的替代品。

由于老产品和新产品处于不同的产品生命周期，所以提高新老产品价值的途径不同。

在这里，我们着重讨论老产品提高价值的途径。

对于老产品来说，当替代品的威胁日益严重时，老产品往往已处于成熟期或衰退期，此时，产品的设计和生产标准化程度较高，技术已相当成熟。因此，老产品提高产品价值的主要途径是降低成本与价格。

替代品的替代威胁并不一定意味着新产品对老产品最终的取代，几种替代品长期共存也是很常见的情况。例如，在运输工具中，汽车、火车、飞机、轮船长期共存，城市交通中，公共汽车、地铁、出租汽车长期共存等。但是，替代品之间的竞争规律仍然是不变的，那就是，价值高的产品获得竞争优势。

（3）供应者、购买者讨价还价的能力。五种竞争力模型的水平方向是对产业价值链（value chain）的描述。它反映的是产品（或服务）从获取原材料开始到最终产品的分配和销售的过程。企业战略分析的一个中心问题就是如何组织纵向链条。产业价值链，描述了厂商之间为生产最终交易的产品或服务，所经过的价值增值的活动过程。因此，产业价值链上的每一个环节，都具有双重身份，对其上游单位，它是购买者，对其下游单位，它是供应者。购买者和供应者讨价还价的主要内容围绕价值增值的两个方面——功能与成本。讨价还价的双方都力求在交易中使自己获得更多的价值增值，因此，对购买者来说，希望购买到的产品物美而价廉；而对供应者来说，则希望提供的产品质次而价高。购买者和供应者讨价还价的能力大小，取决于它们各自以下几个方面的实力。

①买方（或卖方）的集中程度或业务量的大小。当购买者的购买力集中，或者对卖方来说交易很可观时，该购买者讨价还价的能力就会增加。对应地，当少数几家公司控制着供应者集团，在其将产品销售给较为零散的购买者时，供应者通常能够在价格、质量等条件上对购买者施加很大的压力。

②产品差异化程度与资产专用性程度。当供应者的产品存在着差异，因而替代品不能与供应者所销售的产品相竞争时，供应者讨价还价的能力就会增强。反之，如果供应者的产品是标准的，或者没有差别，又会增加购买者讨价还价的能力。因为在产品无差异的条件下，购买者总可以寻找到最低的价格。与产品差异化程度相联系的是资产专用化程度，当上游的供应者的产品是高度专用化的，它们的顾客将紧紧地与它们联系在一起，在这种情况下，投入品供应商就能够影响产业利润。

③纵向一体化程度。如果购买者实行了部分一体化或存在后向一体化的现实威胁，在讨价还价中就处于能迫使对方让步的有利地位。在这种情况下，购买者对供应者不仅形成进一步一体化的威胁，而且由于购买者自己生产一部分零件从而使其具有详尽的成本知识，这对于谈判也极有帮助。同样，当供应者表现出前向一体化的现实威胁，也会提高其讨价还价能力。

④信息掌握的程度。当购买者充分了解需求、实际市场价格甚至供应商的成本等方面信息时，要比在信息贫乏的情况下掌握更多的讨价还价的筹码，保证自己从供应者那里得到最优惠的价格，并可以在供应者声称它们的经营受到威胁时予以回击。同样，如果供应者充分地掌握了购买者的有关信息，了解购买者的转换成本（即从一个供应者转换到另一个供应者的成本），也会增加其讨价还价的能力，并能够在购买者盈利水平还能承受的情况下，拒绝提供更优惠的供货条件。

需要注意的是,劳动力也是供应者的一部分,他们可能对许多产业施加压力。经验表明,短缺的、高技能雇员以及紧密团结起来的劳工可以与雇主或劳动力购买者讨价还价而削减相当一部分产业利润潜力。

(4) 产业内现有企业的竞争。产业内现有企业的竞争是指一个产业内的企业为市场占有率而进行的竞争。产业内现有企业的竞争是通常意义上的竞争,这种竞争通常是以价格竞争、广告战、产品引进以及增加对消费者的服务等方式表现出来。

产业内现有企业的竞争在下面几种情况下可能是很激烈的:

①产业内有众多的势均力敌的竞争对手。
②产业发展缓慢。
③顾客认为所有的商品都是同质的。
④产业中存在过剩的生产能力。
⑤产业进入障碍低而退出障碍高。

产业内现有企业的竞争分析,是公司战略分析的重点部分。我们将在本节第三个大问题"竞争环境分析"中,对产业内现有企业的竞争进行更深入的阐述。

2. 对付五种竞争力的战略。

五种竞争力分析表明了产业中的所有公司都必须面对产业利润的威胁力量。公司必须寻求几种战略来对抗这些竞争力量。

首先,公司必须自我定位,通过利用成本优势或差异优势把公司与五种竞争力相隔离,从而能够超过它们的竞争对手。在第三章我们将详细地讨论这两种对偶的战略定位。

其次,公司必须识别在产业的哪一个细分市场中,五种竞争力的影响更少一点,这就是波特提出的"集中战略"。

最后,公司必须努力去改变这五种竞争力。公司可以通过与供应者或购买者建立长期战略联盟,以减少相互之间的讨价还价;公司还必须寻求进入阻绝战略来减少潜在进入者的威胁等。

3. 五力模型的局限性。

波特的五力模型在分析企业所面临的外部环境时是有效的,但它也存在着局限性,具体包括:

(1) 该分析模型基本上是静态的。然而,在现实中竞争环境始终在变化。这些变化可能从高变低,也可能从低变高,其变化速度比模型所显示的要快得多。

(2) 该模型能够确定行业的盈利能力,但是对于非营利机构,有关获利能力的假设可能是错误的。

(3) 该模型基于这样的假设:即一旦进行了这种分析,企业就可以制定企业战略来处理分析结果,但这只是一种理想的方式。

(4) 该模型假设战略制定者可以了解整个行业(包括所有潜在的进入者和替代产品)的信息,但这一假设在现实中并不一定存在。对于任何企业来讲,在制定战略时掌握整个行业信息的可能性不大。

(5) 该模型低估了企业与供应商、客户或分销商、合资企业之间可能建立长期合作关系以减轻相互之间威胁的可能性。在现实的商业世界中,同行之间、企业与上下游企业之间不一定完全是你死我活的关系。强强联手，或强弱联手，有时可以创造更大的价值。

（6）该模型对产业竞争力的构成要素考虑不够全面。哈佛商学院教授大卫·亚非（David Yoffie）在波特教授研究的基础上，根据企业全球化经营的特点，提出了第六个要素，即互动互补作用力，进一步丰富了五种竞争力理论框架，如图 2-3 所示。

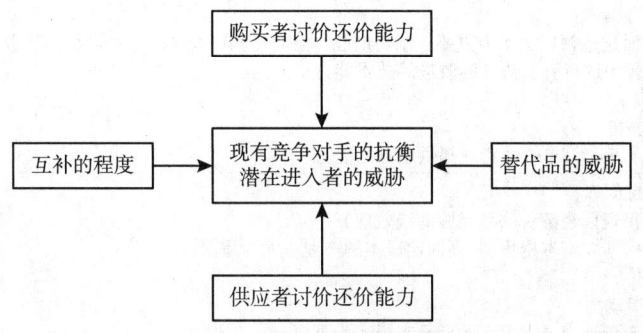

图 2-3　影响产业利润的六个要素

亚非认为，任何一个产业内部都存在不同程度的互补互动（指互相配合一起使用）的产品或服务业务。例如，对于房地产业来说，交通、家具、电器、学校、汽车、物业管理、银行贷款、有关保险、社区、家庭服务等会对住房建设产生影响，进而影响到整个房地产业的结构。企业认真识别具有战略意义的互补互动品，并采取适当的战略，会使企业获得重要的竞争优势。

根据亚非教授提出的互补互动作用力理论，在产业发展初期阶段，企业在对其经营战略定位时，可以考虑控制部分互补品的供应，这样有助于改善整个行业结构，包括提高行业、企业、产品、服务的整体形象，提高行业进入壁垒，降低现有企业之间的竞争程度。随着行业的发展，企业应有意识地帮助和促进互补行业的健康发展，如为中介代理行业提供培训、共享信息等，还可考虑采用捆绑式经营或交叉补贴销售等策略。

### （三）成功关键因素分析

成功关键因素（KSF）是指公司在特定市场获得盈利必须拥有的技能和资产。成功关键因素所涉及的是每一个产业成员所必须擅长的东西，或者说公司要取得竞争和财务成功所必须集中精力搞好的一些因素。

成功关键因素是企业取得产业成功的前提条件。下面三个问题是确认产业的成功关键因素必须考虑的：

（1）顾客在各个竞争品牌之间进行选择的基础是什么？

（2）产业中的一个卖方厂商要取得竞争成功需要什么样的资源和竞争能力？

（3）产业中的一个卖方厂商获取持久的竞争优势必须采取什么样的措施？

在啤酒行业，成功关键因素是充分利用酿酒能力（以使制造成本保持在较低的水平上）、强大的批发分销商网络（以尽可能多地进入零售渠道）、上乘的广告（以吸引饮用人购买某一特定品牌的啤酒）；在服装生产行业，其成功关键因素是吸引人的设计和色彩组合（以引起购买者的兴趣）以及低成本制造效率（以便制定吸引人的零售价格和获得很高的利润率）；在铝罐行业，由于空罐的装运成本很大，所以成功关键因素之一就是将生产工厂置于最终用户的近处，从而使得工厂生产出来的产品可在经济的范围之内进行销售（区域性市场份额远远比全国性的市场份额重要）。表 2-1 列出了几种最常见的关键成功因素清单。

**表 2-1　　　　　　　　　　常见的几种成功关键因素**

| |
|---|
| 与技术相关的成功关键因素： |
| 科学研究技能（在下面这些领域中尤为重要：制药产业、空间探测以及其他一些高科技产业） |
| 在产品生产工艺和过程中进行有创造性的改进的技术能力 |
| 产品革新能力 |
| 在既定技术上的专有技能 |
| 运用因特网发布信息、承接订单、送货或提供服务的能力 |
| 与制造相关的成功关键因素： |
| 低成本生产效率（获得规模经济，取得经验曲线效应） |
| 固定资产很高的利用率（在资本密集型/高固定成本的产业中尤为重要） |
| 低成本的生产工厂定位 |
| 能够获得足够的娴熟劳动力 |
| 劳动生产率很高（对于劳动力成本很高的商品来说尤为重要） |
| 成本低的产品设计和产品工程（降低制造成本） |
| 能够灵活地生产一系列的模型和规格的产品照顾顾客的订单 |
| 与分销相关的成功关键因素： |
| 强大的批发分销商/特约经销商网络（或者拥有通过互联网建立起来的电子化的分销能力） |
| 能够在零售商的货架上获得充足的空间 |
| 拥有公司自己的分销渠道和网点 |
| 分销成本低 |
| 送货很快 |
| 与市场营销相关的成功关键因素： |
| 快速准确的技术支持 |
| 礼貌的客户服务 |
| 顾客订单的准确满足（订单返回很少或者没有出现错误） |
| 产品线和可供选择的产品很宽 |
| 商品推销技巧 |
| 有吸引力的款式/包装 |
| 顾客保修和保险（对于邮购零售、大批量购买以及新推出的产品来说尤为重要） |
| 精明的广告 |
| 与技能相关的成功关键因素： |
| 劳动力拥有卓越的才能（对于专业型的服务，如会计和投资银行，这一点尤为重要） |
| 质量控制诀窍 |
| 设计方面的专有技能（在时装和服装产业尤为重要，对于低成本的制造也是一个关键的成功因素） |
| 在某一项具体的技术上的专有技能 |
| 能够开发出创造性的产品和取得创造性的产品改进 |
| 能够使最近构想出来的产品快速地经过研究与开发阶段到达市场上的组织能力 |
| 卓越的信息系统（对于航空旅游业、汽车出租业、信用卡行业和住宿业来说是很重要的） |
| 能够快速地对变化的市场环境做出反应（简捷的决策过程，将新产品推向市场的时间很短） |
| 能够娴熟地运用互联网和电子商务的其他侧面来做生意 |
| 拥有比较多的经验和诀窍 |
| 其他类型的成功关键因素： |
| 在购买者中间拥有有利的公司形象/声誉 |
| 总成本很低（不仅仅是在制造中） |
| 便利的设施选址（对于很多的零售业务都很重要） |
| 公司的职员在与所有顾客打交道的时候都很礼貌、态度和蔼可亲 |
| 能够获得财务资本（对那些最新出现的有着高商业风险的新兴产业和资本密集型产业来说是很重要的） |
| 专利保护 |

成功关键因素随着产业的不同而不同，甚至在相同的产业中，也会因产业驱动因素和竞争环境的变化而变化。对于某个特定的行业来说，在某一特定时期，极少有超过三四个关键成功因素。甚至在这三四个成功关键因素之中，也只有一两个占据较重要的地位。如表2-2、表2-3所示。

如表2-2所示，原料资源是石油工业的关键因素，决定了石油生产者的利润，在纯碱工业中，生产技术是关键因素。企业要获得同样质量的纯碱，汞制作法的效益要比半透膜法高两倍以上，利用后一种方法的企业，无论做了多大的努力来减少额外成本，也不可能在经营上取得成功。

表2-2　　　　　　　　　　不同产业中的成功关键因素

| 工业部门类别 | 成功关键因素 |
| --- | --- |
| 铀、石油 | 原料资源 |
| 船舶制造、炼钢 | 生产设施 |
| 航空、高保真音响 | 设计能力 |
| 纯碱、半导体 | 生产技术 |
| 百货商场、零部件 | 产品范围、花色品种 |
| 大规模集成电路、微机 | 工程设计和技术能力 |
| 电梯、汽车 | 销售能力、售后服务 |
| 啤酒、家电、胶卷 | 销售网络 |

随着产品寿命周期的演变，成功关键因素也发生变化，如表2-3所示。

表2-3　　　　　　　　产品寿命周期各阶段中的成功关键因素

| 阶段<br>方面 | 投入期 | 成长期 | 成熟期 | 衰退期 |
| --- | --- | --- | --- | --- |
| 市场 | 广告宣传，争取了解，开辟销售渠道 | 建立商标信誉，开拓新销售渠道 | 保护现有市场，渗入别人的市场 | 选择市场区域，改善企业形象 |
| 生产经营 | 提高生产效率，开发产品标准 | 改进产品质量，增加花色品种 | 加强和顾客的关系，降低成本 | 缩减生产能力，保持价格优势 |
| 财力 | 利用金融杠杆 | 集聚资源以支持生产 | 控制成本 | 提高管理控制系统的效率 |
| 人事 | 使员工适应新的生产和市场 | 发展生产和技术能力 | 提高生产效率 | 面向新的增长领域 |
| 研究开发 | 掌握技术秘诀 | 提高产品的质量和功能 | 降低成本，开发新品种 | 面向新的增长领域 |

即使各个企业处于同一产业，也可能对该产业的成功关键因素有不同的侧重。例如，在零售业中，沃尔玛是全球500强之一，且是全球零售业"老大"；但是在中国零售业中家乐福却是老大。两家企业对零售业的成功关键因素各有侧重。沃尔玛侧重于卫星定位系统支持下的系统、高效、完善的物流配送体系，以及在此基础上与供应商的良好发展关系；而家乐福则侧重于鲜明的市场布局策略、兼有廉价性和综合性的大卖场的业态选

择以及对消费者心理的准确把握等。

成功关键因素是产业和市场层次的特征。在第三章,将比较成功关键因素与企业核心能力的异同。

### 三、竞争环境分析

作为产业环境分析的补充,竞争环境分析的重点集中在与企业直接竞争的每一个企业。竞争环境分析又包括两个方面:一是从个别企业视角去观察分析竞争对手的实力;二是从产业竞争结构视角观察分析企业所面对的竞争格局。

#### (一)竞争对手分析

对竞争对手的分析有四个方面的主要内容,即竞争对手的未来目标、假设、现行战略和潜在能力,如图2-4所示。

| 什么驱使着竞争对手 | 竞争对手在做什么和能做什么 |
|---|---|
| **未来目标**<br>存在于各级管理层和多个战略方面 | **现行战略**<br>该企业现在如何竞争 |
| **竞争对手反应概貌**<br>竞争对手对其目前的地位满意吗?<br>竞争对手将做什么行动或战略转变?<br>竞争对手哪里易受攻击?<br>什么将激起竞争对手最强烈和最有效的报复? | |
| **假设**<br>关于其自身和产业 | **潜在能力**<br>强项和弱项 |

图2-4 竞争对手分析内容

1. 竞争对手的未来目标。

对竞争对手未来目标的分析与了解,有利于预测竞争对手对其目前的市场地位以及财务状况的满意程度,从而推断其改变现行战略的可能性以及对其他企业战略行为的敏感性。

对竞争对手未来目标分析从以下3个方面展开:一是竞争对手目标分析对本公司制定竞争战略的作用;二是分析竞争对手业务单位(包括其各个公司实体)的目标的主要方面;三是多元化公司母公司对其业务单位未来目标的影响。

(1)竞争对手目标分析对本公司制定竞争战略的作用。制定战略的一种方法是在市场中找到既能达到目的又不威胁竞争对手的位置。了解竞争对手的目标,就有可能找到每个公司都相对满意的位置。当然这种位置不会永远存在,特别是要考虑到新进入者可能会尝试进入一个每家公司都经营良好的产业。大多数情况下,公司不得不迫使竞争对手让步以实现其目标。为此,公司需要找到一种战略,使其通过明显的优势抵御现有竞争对手和新进入者。

竞争对手的目标分析非常关键,因为这能帮助公司避免那些可能威胁到竞争对手达到其主要目标从而引发激烈战争的战略行动。例如，竞争对手业务组合分析中如果能将竞争对手的母公司正努力建立的业务与其准备收缩的业务区别出来，这时只要不威胁到母公司的现金流，占领其准备收缩的阵地通常有很大可能性。但是企图占领竞争对手的母公司打算建立的业务阵地（或者对母公司来说有深厚感情的业务阵地），那将有爆炸性结果。

（2）竞争对手业务单位目标分析。波特认为，分析竞争对手业务单位目标可以考虑以下11个方面的因素。

①竞争对手公开表示的与未公开表示的财务目标是什么？
②竞争对手对风险持何种态度？
③竞争对手是否有对其目标有重大影响的经济性或非经济性组织价值观或信念？
④竞争对手组织结构如何（职能结构情况，是否设置产品经理，是否设置独立的研究开发部门，等等）？
⑤现有何种控制与激励系统？主管人员报酬如何？
⑥现有何种会计系统和规范？
⑦竞争对手的领导阶层由哪些人构成？
⑧领导阶层对未来发展方向表现出多大的一致性？
⑨董事会成分如何？
⑩什么样的合同义务可能限制公司的选择余地？
⑪对公司的行为是否存在任何条例、反托拉斯法案或其他政府或社会限制？

（3）母公司对其业务单位未来目标的影响分析。竞争对手分析适用于公司的二级战略——业务战略（竞争战略），但是如果竞争对手是某个较大公司的一个单位，其母公司很可能对这个单位有所限制或要求。这种限制或要求对预测它的行为非常关键。因此，波特认为，竞争对手分析除以上所讨论的问题以外，还需回答下列问题：

①母公司当前经营情况（销售增长、回报率等）如何？
②母公司的总目标是什么？
③一个业务单位在母公司的总战略中有何重要的战略意义？
④母公司为何要经营这项业务（因为剩余生产能力、纵向整合需要或为了开发分销渠道以及为了加强市场营销的力量）？
⑤该业务在母公司业务组合中与其他业务的经济关系如何（纵向整合、相互补偿、分担、分享研究开发）？
⑥整个公司高级领导层持何种价值观或信念？
⑦母公司是否在其他众多业务中应用了一种基本战略并将同样用于这一业务？
⑧假定母公司的总战略及其他部门的经营状况和要求已知，竞争对手的业务部门所面临的销售目标、投资收益障碍以及资金限制如何？
⑨母公司的多元化计划如何？
⑩母公司的组织结构中提供了何种关于该业务单位在母公司眼中的相对状况、地位以及目标等方面的线索？
⑪在母公司的总体架构中，是如何对部门管理层进行控制和奖惩的？

⑫母公司奖励了哪些类型的经理？
⑬母公司从何处招聘？
⑭是否存在对母公司整体的反托拉斯法案、法规或社会敏感因素从而波及和影响到它的业务部门？
⑮母公司或组织中个别高层经理是否对这个部门具有感情？

此外，当竞争对手是多元化公司的一个部分时，母公司的业务组合分析对于解答上述一些问题有很大启发。分析业务组合的全部技巧都可用来解答关于在母公司眼中竞争单位所满足的需要的问题。具体方法见本章第二节"业务组合分析"。

2. 竞争对手的假设。

假设包括竞争对手对自身企业的评价和对所处产业以及其他企业的评价。假设往往是企业各种行为取向的最根本动因，所以了解竞争对手的假设有利于正确判断竞争对手的战略意图。

（1）竞争对手假设分析对公司制定竞争战略的作用。

竞争对手的假设分为两类：一是竞争对手对自己的假设；二是竞争对手对产业及产业中其他公司的假设。

每个公司都对自己的情形有所假设。例如，它可能把自己看成社会上知名的公司、产业领袖、低成本生产者、具有最优秀的销售队伍等。这些假设将指导它的行动方式和对事物的反应方式。例如，如果它自视为低成本的生产者，它可能以自己的降价行动来惩罚某一降价者。

竞争对手关于其公司情形的假设可能正确也可能不正确。不正确的假设可造成令他人感兴趣的战略契机。例如，假如某竞争对手相信它的产品拥有市场上最高的顾客忠诚度，而事实上并非如此的话，则刺激性降价就可能是抢占市场的好方法。这个竞争对手很可能拒绝作相应降价，因为它相信该行动并不会影响它的市场占有率。只有在发现已丢失了一大片市场时，它可能才认识到其假设是错误的。

正如竞争对手对它自己持一定假设一样，每个公司对产业及其竞争对手也持一定假设。同样，这可能正确也可能不正确。

对各种类型假设的检验能发现在管理人员认识其环境的方法中所存在的偏见及盲点。竞争对手的盲点可能是根本看不到事件（如战略行动）的重要性，没有正确认识它们，或者可能只是很慢地才觉察到。根除这些盲点可帮助公司辨识立即遭报复的可能性，并有针对性地采用行动以使竞争对手的报复失灵。

（2）分析竞争对手假设的主要因素。波特指出，下列问题的研究可以弄清竞争对手的假设以及他们不完全冷静或不完全现实之处。

①从竞争对手的公开言论、领导层和销售队伍的宣称及其他暗示中，竞争对手表现出对其在成本、产品质量、技术的尖端性及产品的其他主要方面相对地位的何种认识？把什么看成优势？把什么看成劣势？这些看法正确吗？

②竞争对手在某些特定产品、某些特定职能性方针政策上是否有很强的历史或感情上的渊源？在诸如产品设计方法、产品质量要求、制造场所、推销方法、分销渠道等方面，他们强烈坚持哪些方面？

③是否存在影响竞争对手对事物认识程度和重视程度的文化性、地区性和国家性差别？例如，德国公司常常非常重视生产和产品质量，不惜以单位成本和市场营销为代价。

④是否存在已根深蒂固的或影响观察事物方法的组织价值观或准则？公司奠基人十分相信的某些方针是否仍旧影响该公司？

⑤竞争对手表现出的对产品未来需求和产业趋势显著性的看法是怎样的？它是否因毫无根据地对需求缺乏信心而不愿增加生产能力，抑或因为相反的原因过度增强了生产能力？它是否容易错误估计某种趋势的重要性？例如，它是否以为产业正在集中而事实并非如此？这些都是可围绕之制定战略的契机。

⑥竞争对手表现出来的对其竞争者们的目标和能力的看法如何？它是否会高估或低估它们？

⑦竞争对手是否表现出相信产业"传统思路"或相信历史经验以及产业中流行的方式，而这些却没有反映新的市场情况？

⑧竞争对手的假设可能反映在现行战略里并受到现行战略的微妙影响。它可能从过去和当前环境出发看待产业中的新事物，而这并不一定客观。

(二) 产业内的战略群组

竞争环境分析的另一个重要方面是要确定产业内所有主要竞争对手的战略诸方面的特征。波特用"战略群组"的划分来研究这些特征。一个战略群组是指某一个产业中在某一战略方面采用相同或相似战略，或具有相同战略特征的各公司组成的集团。如果产业中所有的公司基本认同了相同的战略，则该产业中就只有一个战略群体；就另一极端而言，每一个公司也可能成为一个不同的战略群体。一般来说，在一个产业中仅有几个群组，它们采用特征完全不同的战略。

1. 战略群组的特征。

如何确定战略群组？很难对此问题作出清晰的解答。尽管公司在许多方面会有差异，但并非所有差异都有利于区分战略群组。在识别战略群组的特征时可以考虑使用以下一些变量：

(1) 产品（或服务）差异化（多样化）的程度；
(2) 各地区交叉的程度；
(3) 细分市场的数目；
(4) 所使用的分销渠道；
(5) 品牌的数量；
(6) 营销的力度（如广告覆盖面、销售人员的数目等）；
(7) 纵向一体化程度；
(8) 产品的服务质量；
(9) 技术领先程度（是技术领先者还是技术追随者）；
(10) 研究开发能力（生产过程或产品的革新程度）；
(11) 成本定位（如为降低成本而作的投资大小等）；
(12) 能力的利用率；
(13) 价格水平；

(14) 装备水平；

(15) 所有者结构（独立公司或者母公司的关系）；

(16) 与政府、金融界等外部利益相关者的关系；

(17) 组织的规模。

为了识别战略群组，必须选择这些特征的 2~3 项，并且将该产业的每个公司在"战略群组分析图"上标出来。选择划分产业内战略群组的特征要避免选择同一产业中所有公司都相同的特征。例如，很少饭店被看作 R&D 的领先者，也很少有航空公司会涉及其他商品和服务的多样化。因而，这两个特征都不宜作为饭店或航空公司划分战略群组的特征。

图 2-5 (a) 列示了 20 世纪 80 年代欧洲食品工业的战略群组图，该图用营销力度和地区覆盖两个战略特征将 4 个群体清楚地区分开来。A1 是具有著名品牌、在全世界范围内进行经营的跨国公司；A3 是具有较强品牌和较高的营销能力的国内公司，比 A1 的范围要小得多。B2 在国内经营但通常不是市场领导者。C3 在地区覆盖很小的范围内专门经营自己的低成本品牌。

2. 战略群组分析。

战略群组分析有助于企业了解相对于其他企业而言本企业的战略地位以及公司战略的变化可能引起的对竞争的影响。

(1) 有助于很好地了解战略群组间的竞争状况，主动地发现近处和远处的竞争者，也可以很好地了解某一群体与其他群组间的不同。例如，从图 2-5 (a) 中可以看到，跨国公司 A1 主要致力于营销（尤其是品牌的推广）及各国家之间生产资源的控制；而自有品牌的供应商 C3 特别注意保持低成本。

(2) 有助于了解各战略群组之间的"移动障碍"。移动障碍即一个群组转向另一个群组的障碍。图 2-5 (b) 中列示了欧洲食品工业中企业在各群组间转移的各种障碍。进入 A1 的市场阻力是很大的，在国内品牌不太知名、市场覆盖面较小的企业，很难保证其在国际市场中的地位，也很容易受到著名国际品牌和由规模经济导致的低价竞争的影响。

(3) 有助于了解战略群组内企业竞争的主要着眼点。同一战略群组内的企业虽然采用了相同的或类似的战略，但由于群体内各个企业的优势不同会形成各企业在实施战略的能力上的不同，因而导致实施同样战略而效果不同。战略群组分析可以帮助企业了解其所在战略群组的战略特征以及群组中其他竞争对手的战略实力，以选择本企业的竞争战略与战略开发方向。

(4) 利用战略群组图还可以预测市场变化或发现战略机会。如图 2-5 (c) 显示，在欧洲食品产业中已存在着"空缺"，这些领域能为新战略或新的战略群体提供机会。当然，重要的是要了解这些领域所能提供的战略机会的可行性。如 $B_1$（著名的欧洲品牌）就很有吸引力，因为它能在跨市场中实现规模经济，难度也远远小于进入 $A_1$ 群组。事实上，在 20 世纪 90 年代，一些欧洲食品企业已经开始瞄准类似战略了。2005 年欧洲工商管理学院 W. 钱·金（W Chan Kin）和勒妮·莫博涅（Renee Mauborgne）两位教授撰写《蓝海战略》（Blue Ocean Strategy）一书，进一步延伸了这一思路。他们认为，过去的战略思维立足于当前业已存在的行业和市场，采取常规的竞争方式与同行业中的企业展开针锋相对的竞争,那是一种"红海战略",而"蓝海战略"是指不局限于现有产业边界,而是极力打破这样的边界条件,通过提供创新产品和服务,开辟并占领新的市场空间的战略。

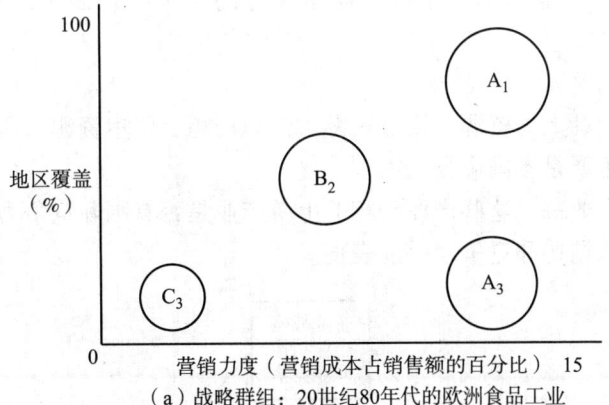

图2-5 战略群组分析

## 四、国家竞争优势（钻石模型）分析

1990年波特在《国家竞争优势》一书中，试图对能够加强国家在产业中的竞争优势的国家特征进行分析。他识别出了国家竞争优势的4个决定因素，并以钻石图来显示（见图2-6）。

钻石模型4要素是：

生产要素——包括人力资源、天然资源、知识资源、资本资源、基础设施。

需求条件——主要是本国市场的需求。

相关与支持性产业——这些产业和相关上游产业是否有国际竞争力。

企业战略、企业结构和竞争对手的表现。

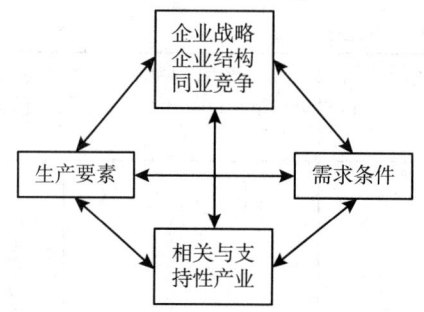

图2-6 用于国家竞争优势分析的钻石图

### （一）生产要素

波特将生产要素划分为初级生产要素和高级生产要素，初级生产要素是指天然资源、气候、地理位置、非技术工人、资金等，高级生产要素则是指现代通讯、信息、交通等基础设施，以及受过高等教育的人力、研究机构等。波特认为，初级生产要素重要性越来越低，因为对它的需求在减少，而且跨国公司可以通过全球的市场网络来取得（当然初级生产因素对农业和以天然产品为主的产业还是非常重要的）。高级生产要素对获得竞争优势具有不容置疑的重要性。高级生产要素需要先在人力和资本上大量和持续地投资，而作为培养高级生产要素的研究所和教育机构，本身就需要高级的人才。高等级生产要素很难从外部获得，必须自己投资创造。

从另一个角度，生产要素被分为一般生产要素和专业生产要素。高级专业人才、专业研究机构、专用的软、硬件设施等被归入专业生产要素。越是精致的产业越需要专业生产要素，而拥有专业生产要素的企业也会产生更加精致的竞争优势。

一个国家如果想通过生产要素建立起强大而又持久的产业优势，就必须发展高级生产要素和专业生产要素，这两类生产要素的可获得性与精致程度也决定了竞争优势的质量。如果国家把竞争优势建立在初级与一般生产要素的基础上，它通常是不稳定的。

波特同时指出，在实际竞争中，丰富的资源或廉价的成本因素往往造成没有效率的资源配置；另外，人工短缺、资源不足、地理气候条件恶劣等不利因素，反而会形成一种刺激产业创新的压力，促进企业竞争优势的持久升级。一个国家的竞争优势可以在不利的生产要素中形成。

一般认为，资源丰富和劳动力价格便宜的国家应该发展劳动力密集的产业，但是这类产业对大幅度提高国民收入不会有大的突破，同时仅仅依赖初级生产要素是无法获得全球竞争力的。

（二）需求条件

国内需求市场是产业发展的动力。国内市场与国际市场的不同之处在于企业可以及时发现国内市场的客户需求，这是国外竞争对手所不及的，因此波特认为全球性的竞争并没有减少国内市场的重要性。

波特指出，本地客户的本质非常重要，特别是内行而挑剔的客户。假如本地客户对产品、服务的要求或挑剔程度在国际上数一数二，就会激发出该国企业的竞争优势，这个道理很简单：如果能满足最难缠的顾客，其他客户的要求就不在话下。如日本消费者在汽车选购上的挑剔是全球出名的，欧洲严格的环保要求也使许多欧洲公司的汽车环保性能、节能性能全球一流。美国人大大咧咧的消费作风惯坏了汽车工业，致使美国汽车工业在石油危机的打击面前久久缓不过神来。

另一个重要方面是预期性需求。如果本地的顾客需求领先于其他国家，这也可以成为本地企业的一种优势，因为先进的产品需要前卫的需求来支持。德国高速公路没有限速，当地汽车工业就非常卖力地满足驾驶人对高速的狂热追求，而超过 200 公里乃至 300 公里的时速在其他国家毫无实际意义。有时国家政策会影响预期性需求，如汽车的环保和安全法规、节能法规、税费政策等。

（三）相关与支持性产业

对形成国家竞争优势而言，相关和支持性产业与优势产业是一种休戚与共的关系。波特的研究提醒人们注意"产业集群"这种现象，即一个优势产业不是单独存在的，它一定是同国内相关强势产业一同崛起。以德国印刷机行业为例，德国印刷机雄霸全球，离不开德国造纸业、油墨业、制版业、机械制造业的强势发展。美国、德国、日本汽车工业的竞争优势也离不开钢铁、机械、化工、零部件等行业的支持。有的经济学家指出，发展中国家往往采用集中资源配置，优先发展某一产业的政策，孤军深入的结果往往就是牺牲了其他行业，钟爱的产业也无法一枝独秀。

本国供应商是产业创新和升级过程中不可缺少的一环。因为产业要形成竞争优势，就不能缺少世界一流的供应商，也不能缺少上下游产业的密切合作关系。另外，有竞争力的本国产业通常会带动相关产业的竞争力。

波特指出，即使下游产业不在国际上竞争，但只要上游供应商具有国际竞争优势，对整个产业的影响仍然是正面的。

（四）企业战略、企业结构和同业竞争

波特指出，推进企业走向国际化竞争的动力很重要。这种动力可能来自国际需求的拉力，也可能来自本地竞争者的压力或市场的推力。创造与持续产业竞争优势的最大关联因素是国内市场强有力的竞争对手。波特认为，这一点与许多传统的观念相矛盾，例如一般认为，国内竞争太激烈，资源会过度消耗，妨碍规模经济的建立；最佳的国内市场状态是有两到三家大企业，用规模经济和外商抗衡，并促进内部运作的效率化；还有的观点认为，国际型产业并不需要国内市场的对手。波特指出，在其研究的 10 个国家中，强有力的国内竞争对手普遍存在于具有国际竞争力的产业中。在国际竞争中,成功的产业必然先经过国内市场的搏斗,迫使其进行改进和创新,海外市场则是竞争力的延伸。而在政府的保护和补贴下,放眼国内没有竞争对手的"超级明星企业"通常并不具有国际竞争能力。

## 第二节 企业内部环境分析

在对企业进行详尽而全面的外部环境分析之后,战略分析的另一个方面是进行企业内部环境分析。通过内部环境分析,企业可以决定"能够做什么",即企业所拥有的独特资源与能力所能支持的行为。

### 一、企业资源与能力分析

#### (一)企业资源分析

企业资源分析的目的在于识别企业的资源状况、企业资源方面所表现出来的优势和劣势及其对未来战略目标制定和实施的影响。

企业资源,是指企业所拥有或控制的有效因素的总和。按照竞争优势的资源基础理论,企业的资源禀赋是其获得持续竞争优势的重要基础。

1. 企业资源的主要类型。

企业资源主要分为三种:有形资源、无形资源和人力资源。

(1)有形资源。是指可见的、能用货币直接计量的资源,主要包括物质资源和财务资源。物质资源包括企业的土地、厂房、生产设备、原材料等,是企业的实物资源。财务资源是企业可以用于投资或生产的资金,包括应收账款、有价证券等。有形资源一般都反映在企业的资产当中。但是,由于会计核算的要求,资产负债表所记录的账面价值并不能完全代表有形资源的战略价值。

(2)无形资源。是指企业长期积累的、没有实物形态的,甚至无法用货币精确度量的资源,通常包括品牌、商誉、技术、专利、商标、企业文化及组织经验等。尽管无形资源难以精确度量,但由于无形资源一般都难以被竞争对手了解、购买、模仿或替代,因此,无形资源是一种十分重要的企业核心竞争力的来源。

(3)人力资源。人力资源是指组织成员向组织提供的技能、知识以及推理和决策能力。大量研究发现,那些能够有效开发和利用人力资源的企业比那些忽视人力资源的企业发展得更好、更快。是人掌握的技能、知识创造了企业的繁荣,而不是其他资源。在技术飞速发展和信息化加快的新经济时代,人力资源在企业中的作用越来越突出。

2. 决定企业竞争优势的企业资源判断标准。

在分析一个企业拥有的资源时,必须知道哪些资源是有价值的,可以使企业获得竞争优势。其主要的判断标准如下:

(1)资源的稀缺性。如果一种资源是所有竞争者都能轻易取得的,那么,这种资源便不能成为企业竞争优势的来源。如果企业掌握了处于短缺供应状态的资源，而其他的竞争对手又不能获取这种资源，那么，拥有这种稀缺性资源的企业便能获得竞争优势。如果企业能够持久地拥有这种稀缺性资源，则企业从这种稀缺性资源获得的竞争优势也将是可持续的。

（2）资源的不可模仿性。资源的不可模仿性是竞争优势的来源，也是价值创造的核心。

（3）资源的不可替代性。波特的五力模型指出了替代产品的威胁力量，同样，企业的资源如果能够很容易地被替代，那么即使竞争者不能拥有或模仿企业的资源，它们也仍然可以通过获取替代资源而改变自己的竞争地位。例如，一些旅游景点的独特优势就很难被其他景点的资源所替代。

（4）资源的持久性。资源的贬值速度越慢，就越有利于形成核心竞争力。一般来说，有形资源往往都有自己的损耗周期，而无形资源和组织资源则很难确定其贬值速度。例如，一些品牌资源随着时代的发展实际上在不断地升值；反之通信技术和计算机技术迅速地更新换代会对建立在这些技术之上的企业竞争优势构成严峻挑战。

（二）企业能力分析

企业能力，是指企业配置资源，发挥其生产和竞争作用的能力。企业能力来源于企业有形资源、无形资源和组织资源的整合，是企业各种资源有机组合的结果。

企业能力主要由研发能力、生产管理能力、营销能力、财务能力和组织管理能力等组成。

1. 研发能力。

随着市场需求的不断变化和科学技术的持续进步。研发能力已成为保持企业竞争活力的关键因素。企业的研发活动能够加快产品的更新换代，不断提高产品质量，降低产品成本，更好地满足消费者的需求。企业的研发能力主要从研发计划、研发组织、研发过程和研发效果几个方面进行衡量。

2. 生产管理能力。

生产，是指将投入（原材料、资本、劳动等）转化为产品或服务并为消费者创造效用的活动，生产活动是企业最基本的活动。生产管理能力主要涉及5个方面，即生产过程、生产能力、库存管理、人力资源管理和质量管理。

3. 营销能力。

企业的营销能力，是指企业引导消费以占领市场、获取利润的产品竞争能力、销售活动能力和市场决策能力。

（1）产品竞争能力。产品竞争能力主要可从产品的市场地位、收益性、成长性等方面来分析。产品的市场地位可以通过市场占有率、市场覆盖率等指标来衡量。产品的收益性可能通过利润空间和量本利进行分析。产品的成长性可以通过销售增长率、市场扩大率等指标进行比较分析。

（2）销售活动能力。销售活动能力是对企业销售组织、销售绩效、销售渠道、销售计划等方面的综合考察。销售组织分析主要包括对销售机构、销售人员和销售管理等基础数据的评估。销售绩效分析是以销售计划完成率和销售活动效率分析为主要内容。销售渠道分析则主要分析销售渠道结构（例如，直接销售和间接销售的比例）、中间商评价和销售渠道管理。

（3）市场决策能力。市场决策能力是以产品竞争能力、销售活动能力的分析结果为依据的，是领导者对企业市场进行决策的能力。

4. 财务能力。

企业的财务能力主要涉及两个方面：一是筹集资金的能力；二是使用和管理资金的能力。筹集资金的能力可以用资产负债率、流动比率和已获利息倍数等指标来衡量；使用和管理资金的能力可以用投资报酬率、销售利润率和资产周转率等指标来衡量。

5. 组织管理能力。

组织管理能力主要从以下几个方面进行衡量：

（1）职能管理体系的任务分工；
（2）岗位责任；
（3）集权和分权的情况；
（4）组织结构（直线职能、事业部等）；
（5）管理层次和管理范围的匹配。

**（三）企业的核心能力**

20世纪80年代，库尔（Cool）和申德尔（Schendel）通过对制药业若干个企业的研究，确定了企业的特殊能力是造成它们业绩差异的重要原因。1990年，美国学者普雷哈拉德（K. Prahald C.）和英国学者哈梅尔（Hamel G.）合作在《哈佛商业评论》上发表了《公司核心能力》一文，在对世界上优秀公司的经验进行研究的基础上提出，竞争优势的真正源泉在于"管理层将公司范围内的技术和生产技能合并为使各业务可以迅速适应变化机会的能力。"1994年哈梅尔与普雷哈拉德又发表专著《竞争未来》。由此在西方管理学界掀起关于核心能力的研究与讨论的高潮，对企业界也产生了很大影响。作为竞争优势的源泉，企业独特的资源与能力日益受到人们的关注，"核心能力"、"核心业务"也成为流行的术语。

核心能力的概念打破了以往企业的管理人员把企业看成是各项业务组合的思维模式，重新认识到企业是一种能力的组合。而核心能力就是企业中有价值的资源，它可以使企业获得竞争优势，并且不会随着使用而递减。

1. 核心能力的概念。

所谓核心能力，就是企业在具有重要竞争意义的经营活动中能够比其竞争对手做得更好的能力。企业的核心能力可以是完成某项活动所需的优秀技能，也可以是在一定范围和深度上的企业的技术诀窍，或者是那些能够形成很大竞争价值的一系列具体生产技能的组合。从总体上讲，核心能力的产生是企业中各个不同部分有效合作的结果，也就是各种单个资源整合的结果。这种核心能力深深地根植于企业的各种技巧、知识和人的能力之中，对企业的竞争力起着至关重要的作用。

2. 核心能力的辨别。

根据核心能力的概念，辨别企业能力是否属于核心能力的3个关键性测试是：

（1）它对顾客是否有价值？

（2）它与企业竞争对手相比是否有优势？

（3）它是否很难被模仿或复制？

但是，企业的核心能力就其本质来讲非常的复杂和微妙，有时很难满足上述3个关键性测试，在这种情况下，还需要运用其他识别方法，包括功能分析、资源分析以及过程系统分析。

（1）功能分析。考察企业功能是识别企业核心竞争力常用的方法，这种方法虽然比较有效，但是它只能识别出具有特定功能的核心能力。

（2）资源分析。分析实物资源比较容易，例如，企业商厦所处的区域、生产设备以及机器的质量等，而分析像商标或者商誉这类无形资源则比较困难。

（3）过程系统分析。过程涉及企业多种活动从而形成系统。过程和系统通常都会涉及企业的多种功能，因而过程和系统本身是比较复杂的。对企业整个过程和系统进行分析能够很好地判断企业的经营状况和核心能力。

3.核心能力的评价。

（1）评价的基础与方法。前面已述，企业的核心能力不仅仅是企业的优势（即产品或服务的质量超越大多数的竞争对手），而只有当这种能力很难被竞争对手模仿时，这种优势才具有战略价值。然而，企业如何才能知道自己的能力是否强于竞争对手？以下是可以用来比较的几种方法：

①企业的自我评价。一种既快速又经济的办法就是企业在自己内部收集信息，例如，通过绩效趋势分析来判断与竞争对手相比企业经营是在改善还是在恶化；企业的内部人员根据自己的行业经验来判断企业是否在某一特定方面强于竞争对手。

②产业内部比较。产业专家通常会收集这个产业内企业的某些数据并进行企业间的比较，所收集的数据包括市场份额、成本结构、关键成本以及顾客满意度等。这类信息可以告诉企业自己是否强于竞争对手，但是并没有告诉其导致该结果的原因。

③基准分析。基准分析是企业比较自己和竞争对手的业绩，包括单个或多种具体活动、系统或过程的比较。最理想的方法是把企业把自己和一流企业相比较，无论它们是否处在同一个产业。另一种方法是把企业与产业内的国内外其他企业进行比较，通常跨国企业会把自己的子公司设在好几个不同的国家，因而可以把企业与跨国公司在该国家设立的子公司进行比较，因为它们具有共同的经营环境与成本结构，特别是信息之间具有很强的可比性。

④成本驱动力和作业成本法。企业使用作业成本法以找出企业的成本驱动力，这与传统的成本会计方法相比能提供更有用的信息。然而，找出成本驱动力并非易事，因为作业一般不只是某项具体的活动，而是由一系列活动形成的系统。为了简便，我们可以找出对顾客没有什么价值但投入较多，以及对顾客有价值但投入不够的活动。

⑤收集竞争对手的信息。企业有多种收集其竞争对手信息的方式，主要包括：与顾客进行沟通；与供应商、代理人、发行人以及产业分析师进行沟通；对竞争对手进行实地考察；分析竞争对手的产品；通过私下沟通、电话交谈以及网上交谈的方式问问对方的产品；雇用竞争对手的员工等。

（2）基准分析概述。如上所述，基准分析是企业之间进行业绩比较的一种重要方法，其目的是发现竞争对手的优点和不足，针对其优点，补己之短；根据其不足，选择突破口，从而帮助企业从竞争对手的表现中获得思路和经验，冲出竞争者的包围，超越竞争对手。

①基准对象。一般来说，能够衡量业绩的活动都可以成为基准对象。当然，把企业的每一项活动都作为基准对象是不切实际的，企业可以主要关注以下几个领域：占用较多资金的活动；能显著改善与顾客关系的活动；能最终影响企业结果的活动等。

②基准类型。基准对象的不同决定了基准类型的不同。基准类型主要包括内部基准、竞争性基准、过程或活动基准、一般基准、顾客基准五种类型。

③基准分析实践。一个企业进行基准分析的成败主要取决于高层管理人员的行为，他们必须清楚地认识到企业需要改革的地方。

（3）竞争对手分析。与竞争对手进行比较所得出的企业竞争优势能为企业带来有用的战略信息。本书本章第一节关于竞争对手的未来目标、假设、现行战略和潜在能力的分析都是企业自身核心能力识别和评价不可或缺的步骤和内容。

4. 企业核心能力与成功关键因素。

本章第一节介绍了成功关键因素的概念，在这里又阐述了企业核心能力的概念。企业核心能力与成功关键因素是两类不同的概念。成功关键因素应被看作是产业和市场层次的特征，而不是针对某个个别公司。拥有成功关键因素是获得竞争优势的必要条件，而不是充分条件。比如，一个公司要成为成功的体育运动鞋的供应商，它就必须有发展新款式、管理供应商和分销商网络以及进行营销活动的能力。但只有这些还不够，所有大运动鞋公司都有产品发展部门、供应商和销售网络以及很大的营销预算，然而只有少数公司如耐克，才能将这些活动做得很出色，从而创造出高于竞争对手的价值。

## 二、价值链分析

迈克尔·波特在《竞争优势》一书中引入了"价值链"的概念。波特认为，企业每项生产经营活动都是其创造价值的经济活动。那么，企业所有的互不相同但又相互关联的生产经营活动，便构成了创造价值的一个动态过程，即价值链。

价值链最初是为了在企业复杂的制造程序中分清各步骤的"利润率"而采用的一种会计分析方法，其目的在于确定在哪一步可以削减成本或提高产品的功能特性。波特认为，应该将会计分析中确定每一步骤新增价值与对组织竞争优势的分析结合起来，了解企业资源的使用与控制状况必须从发现这些独立的创造价值的活动开始。

价值链日益成为分析公司资源与能力有用的理论框架。价值链分析把企业活动进行分解，通过考虑这些单个活动本身及其相互关系来确定企业的竞争优势。

## 三、业务组合分析

价值链分析有助于对企业的能力进行考察，这种能力来源于独立的产品、服务或业务单位。但是，对于多元化经营的公司来说，还需要将企业的资源和能力作为一个整体来考虑。因此，公司战略能力分析的另一个重要部分就是对公司业务组合进行分析，保证业务组合的优化是公司战略管理的主要责任。波士顿矩阵与通用矩阵分析就是公司业务组合分析的主要方法。

(一) 波士顿矩阵

1. 基本概念。

波士顿矩阵（BCG Matrix），又称市场增长率—相对市场份额矩阵、波士顿咨询集团法、四象限分析法、产品系列结构管理法等，是由美国著名的管理学家、波士顿咨询公司创始人布鲁斯·亨德森（Bruce Henderson）于1970年首创的一种用来分析和规划企业产品组合的方法。这种方法的核心在于，解决如何使企业的产品品种及其结构适合市场需求的变化，并如何将企业有限的资源有效地分配到合理的产品结构中去，以保证企业收益，是企业在激烈竞争中能否取胜的关键。

波士顿矩阵认为一般决定产品结构的基本因素有两个：即市场引力与企业实力。市场引力包括市场增长率、目标市场容量、竞争对手强弱及利润高低等。其中最主要的是反映市场引力的综合指标——市场增长率，它是决定企业产品结构是否合理的外在因素。

企业实力包括企业市场占有率以及技术、设备、资金利用能力等，其中市场占有率是决定企业产品结构的内在要素，它直接显示出企业竞争实力。市场增长率与市场占有率既相互影响，又互为条件：市场引力大同时市场占有率高，显示产品发展的良好前景，企业也相应具备较强的实力；市场引力大而市场占有率低，则说明企业尚无足够实力，该产品也无法顺利发展；企业实力强但市场引力小，则预示该产品的市场前景不佳。

2. 基本原理。

波士顿矩阵将企业所有产品从市场增长率和市场占有率角度进行再组合。在坐标图上（见图2-8），波士顿矩阵的纵轴表示市场增长率，它是指企业所在产业某项业务前后两年市场销售额增长的百分比。这一增长率表示每项经营业务所在市场的相对吸引力。通常用10%作为增长率高、低的界限。横轴表示企业在产业中的相对市场占有率，是指以企业某项业务的市场份额与这个市场上最大竞争对手的市场份额之比。这一市场占有率反映企业在市场上的竞争地位。相对市场占有率的分界线为1.0（在该点本企业的某项业务的市场份额与该业务市场上最大竞争对手的市场份额相等），该分界线将市场占有率划分为高、低两个区域。横轴之所以采用相对市场占有率而不采用绝对市场占有率，是考虑到企业不同产品所在产业的集中度差异，绝对市场占有率不能够准确反映企业在所处产业中实际的竞争地位。

图2-7中纵坐标与横坐标的交叉点表示企业的一项经营业务或产品，而圆圈面积的大小表示该业务或产品的收益与企业全部收益的比。

根据有关业务或产品的市场增长率和企业相对市场份额标准，波士顿矩阵把企业全部经营业务定位在四个区域中，即：

(1) 高增长—强竞争地位的"明星"业务。这类业务处于迅速增长的市场，具有很大的市场份额。在企业的全部业务中，"明星"业务的增长和获利有着极好的长期机会，但它们是企业资源的主要消费者，需要大量的投资。为了保护和扩展"明星"业务在增长的市场上的主导地位，企业应在短期内优先供给它们所需的资源，支持它们继续发展。

"明星"业务适宜采用的战略是：积极扩大经济规模和市场机会，以长远利益为目

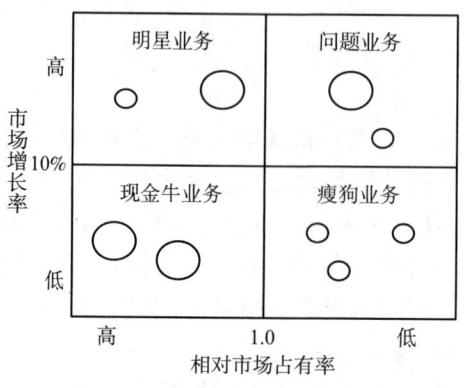

图 2-7 波士顿矩阵

标,提高市场占有率,加强竞争地位。明星业务的管理组织最好采用事业部形式,由对生产技术和销售两方面都很内行的经营者负责。

（2）高增长—弱竞争地位的"问题"业务。这类业务通常处于最差的现金流量状态。一方面,其所在产业的市场增长率高,需要企业大量投资以支持其生产经营活动;另一方面,其相对市场占有率低,能够生成的资金很少。因此,企业对于"问题"业务的进一步投资需要进行分析,判断使其转移到"明星"业务所需要的投资量,分析其未来盈利,研究是否值得投资等问题。

例如,在产品生命周期中处于导入期时因种种原因未能开拓市场的新产品,进入成长期后即成为"问题"业务。对"问题"业务应采取选择性投资战略。即首先确定对该象限中那些经过改进可能会成为"明星"的业务进行重点投资,提高市场占有率,使之转变成"明星"业务;对其他将来有希望成为"明星"的业务则在一段时期内采取扶持的对策。对"问题"业务的改进与扶持方案一般均列入企业长期计划中。"问题"业务的管理组织,最好是采取智囊团或项目组等形式,选拔有规划能力、敢于冒风险的人负责。

（3）低增长—强竞争地位的"现金牛"业务。这类业务处于成熟的低速增长的市场中,市场地位有利,盈利率高,本身不需要投资,反而能为企业提供大量资金,用以支持其他业务的发展。

这一象限内的大多数产品的市场增长率的下跌已成不可阻挡之势,因此可采用收获战略,即投入资源以达到短期收益最大化为限。①把设备投资和其他投资尽量压缩;②采用榨油式方法,争取在短时间内获取更多利润,为其他产品提供资金。对于这一象限内市场增长率仍有所增长的业务,应进一步进行市场细分,维持现存市场增长率或延缓其下降速度。对于"现金牛"业务,适合用事业部制进行管理,其经营者最好是市场营销型人物。

（4）低增长—弱竞争地位的"瘦狗"业务。这类业务处于饱和的市场当中,竞争激烈,可获利润很低,不能成为企业资金的来源。对这类业务应采用撤退战略:首先应减少批量,逐渐撤退。对那些还能自我维持的业务,应缩小经营范围,加强内部管理;而对那些市场增长率和企业市场占有率均极低的业务则应立即淘汰。其次是将剩余资源向其他业务转移。最后是整顿产品系列,最好将"瘦狗"产品并入其他事业部合并,统一管理。

3. 波士顿矩阵的运用。

充分了解了4种业务的特点后还需进一步明确各项业务单位在公司中的不同地位，从而进一步明确其战略。通常有4种战略分别适用于不同的业务。

（1）发展。以提高相对市场占有率为目标，增加资金投入，甚至不惜放弃短期收益。如：想尽快成为"明星"的问题业务，就应以此为战略。

（2）保持。投资维持现状，目标是保持该项业务现有的市场占有率。对于较大的"现金牛"业务可以此为战略，以使它们产生更多的收益。

（3）收割。这种战略主要是为了获得短期收益，目标是在短期内得到最大限度的现金收入。对处境不佳的"现金牛"类业务及没有发展前途的"问题"类业务和"瘦狗"类业务应视具体情况采取这种策略。

（4）放弃。目标在于清理和撤销某些业务，减轻负担，以便将有限的资源用于效益较高的业务。这种战略适用于无利可图的"瘦狗"类和"问题"类业务。

4. 波士顿矩阵的启示。

波士顿矩阵有以下几方面重要的贡献：

（1）波士顿矩阵是最早的组合分析方法之一，被广泛运用于产业环境与企业内部条件的综合分析、多样化的组合分析、大企业发展的理论依据等方面。

（2）波士顿矩阵将企业不同的经营业务综合在一个矩阵中，具有简单明了的效果。

（3）该矩阵指出了每个业务经营单位在竞争中的地位、作用和任务，从而使企业能够有选择地和集中运用有限的资金。每个业务经营单位也可以从矩阵中了解自己在总公司中的位置和可能的战略发展方向。

（4）利用波士顿矩阵可以帮助企业推断竞争对手对相关业务的总体安排。其前提是竞争对手也使用波士顿矩阵的分析方法。

5. 波士顿矩阵的局限。

企业把波士顿矩阵作为分析工具时，应该注意到它的局限性。

（1）在实践中，企业要确定各业务的市场增长率和相对市场占有率是比较困难的。

（2）波士顿矩阵过于简单。首先，它用市场增长率和企业相对市场占有率两个单一指标分别代表产业吸引力和企业竞争地位，不能全面反映这两方面的状况；其次，两个坐标的划分都只有两个位级，划分过粗。

（3）波士顿矩阵暗含了一个假设：企业的市场份额与投资回报是成正相关的。但在有些情况下这种假设是不成立或不全面的。一些市场占有率小的企业如果实施创新、差异化和市场细分等战略，仍能获得很高的利润。

（4）波士顿矩阵的另一个条件是，资金是企业的主要资源。但在许多企业内，要进行规划和均衡的重要资源不是现金而是时间和人员的创造力。

（5）波士顿矩阵在实际运用中有很多困难。例如，正确地应用组合计划会对企业的不同部分产生不同的影响和要求，这对许多管理人员来说是一个重要的文化变革，而这一文化变革往往是非常艰难的过程；又如，按波士顿矩阵的安排，"现金牛"业务要为"问题"业务和"明星"业务的发展筹资，但如何保证企业内部的经营机制能够与之配合？谁愿意将自己费力获得的盈余被投资到其他业务中去？因此，有些学者提出，与其如此,不如让市场配置资源可能更有效率。

**(二)通用矩阵**

通用矩阵,又称行业吸引力矩阵,是美国通用电气公司设计的一种业务组合分析方法。

1. 基本原理。

通用矩阵改进了波士顿矩阵过于简化的不足。首先,在两个坐标轴上都增加了中间等级;其次,其纵轴用多个指标反映产业吸引力,横轴用多个指标反映企业竞争地位。这样,通用矩阵不仅适用于波士顿矩阵所能适用的范围,而且9个区域的划分,更好地说明了企业中处于不同竞争环境和不同地位的各类业务的状态(见图2-8)。

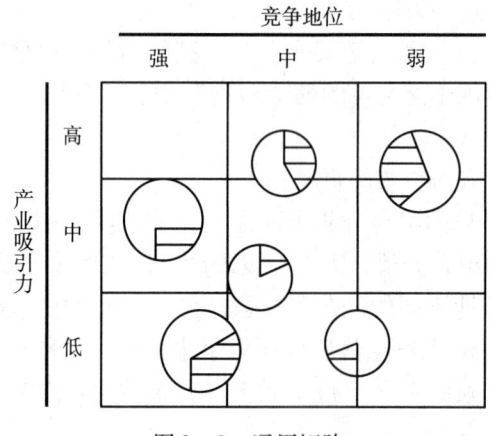

图2-8 通用矩阵

在图2-9中,产业吸引力和竞争地位的值决定着企业某项业务在矩阵上的位置。矩阵中圆圈面积的大小与产业规模呈正比,圈中扇形部分(画线部分)表示某项业务的市场占有率。

影响产业吸引力的因素有产业增长率、市场价格、市场规模、获利能力、市场结构、竞争结构、技术及社会政治因素等。评价产业吸引力的大致步骤是:首先,根据每个因素的相对重要程度,定出各自的权数;其次,根据产业状况定出产业吸引力因素的级数;最后,用权数乘以级数,得出每个因素的加权数,并将各个因素的加权数汇总,得出整个产业吸引力的加权值。

影响经营业务竞争地位的因素,有相对市场占有率、市场增长率、买方增长率、产品差别化、生产技术、生产能力、管理水平等。评估企业经营业务竞争地位的原理,与评估产业吸引力原理是相同的。

从矩阵图九个方格的分布来看,企业中处于左上方三个方格的业务适合采取增长与发展战略,企业应优先分配其资源;处于右下方三个方格的业务,一般应采取停止、转移、撤退战略;处于对角线三个方格的业务,应采取维持或有选择地发展的战略,维持原有的发展规模,同时调整其发展方向。

2. 通用矩阵的局限。

通用矩阵虽然改进了波士顿矩阵过于简化的不足,但是也存在自身的不足。

(1) 用综合指标来测算产业吸引力和企业的竞争地位,这些指标在一个产业或一个企业的表现可能会产生不一致,评价结果也会由于指标权数分配的不准确而存在偏差。

(2) 划分较细,这对于业务类型较多的多元化大公司来说必要性不大,且需要更多数据,方法比较繁杂,不易操作。

## 第三节 SWOT 分析

SWOT 分析是一种综合考虑企业内部条件和外部环境的各种因素,进行系统评价,从而选择最佳经营战略的方法。这里,S 是指企业内部的优势(Strengths),W 是指企业内部的劣势(Weakness),O 是指企业外部环境的机会(Opportunities),T 是指企业外部环境的威胁(Threats)。

企业内部的优势和劣势是相对于竞争对手而言的,一般表现在企业的资金、技术设备、员工素质、产品、市场、管理技能等方面。判断企业内部的优势和劣势一般有两项标准:一是单项的优势和劣势。例如,企业资金雄厚,则在资金上占优势;市场占有率低,则在市场上处于劣势。二是综合的优势和劣势。为了评估企业的综合优势和劣势,应选定一些重要因素,加以评价打分,然后根据其重要程度按加权平均法加以确定。

企业外部环境的机会是指环境中对企业有利的因素,如政府支持、高新技术的应用、良好的与购买者和供应者关系等。企业外部环境的威胁是指环境中对企业不利的因素,如新竞争对手的出现、市场增长缓慢、购买者和供应者讨价还价能力增强、技术老化等。

图 2-9 列示了 SWOT 分析的典型格式。

| 优 势 | 劣 势 |
|---|---|
| • 企业拥有的专业市场知识<br>• 对自然资源的独有进入性<br>• 专利权<br>• 新颖的、创新的产品或服务<br>• 企业地理位置优越<br>• 由于自主知识产权所获得的成本优势<br>• 质量流程与控制优势<br>• 品牌和声誉优势 | • 缺乏市场知识与经验<br>• 无差别的产品和服务(与竞争对手比较)<br>• 企业地理位置较差<br>• 竞争对手进入分销渠道并占据优先位置<br>• 产品或服务质量低下<br>• 声誉败坏 |
| 机 会 | 威 胁 |
| • 发展中国家新兴市场(如中国互联网)<br>• 并购、合资或战略联盟<br>• 进入具有吸引力的新的细分市场<br>• 新的国际市场<br>• 政府规则放宽<br>• 国际贸易壁垒消除<br>• 某一市场的领导者力量薄弱 | • 企业所处的市场中出现新的竞争对手<br>• 价格战<br>• 竞争对手发明新颖的、创新性的替代产品或服务<br>• 政府颁布新的规则<br>• 出现新的贸易壁垒<br>• 针对企业产品或服务的潜在税务负担 |

图 2-9 典型的 SWOT 分析格式

# 第三章　战略选择

战略管理是战略分析、战略选择和战略实施三个部分相互联系而构成的一个循环。在进行了战略内外部环境分析之后，就进入战略选择阶段。

图3-1显示了企业3个层次战略具体的内容，这是对第一章图1-4的延伸和细化。

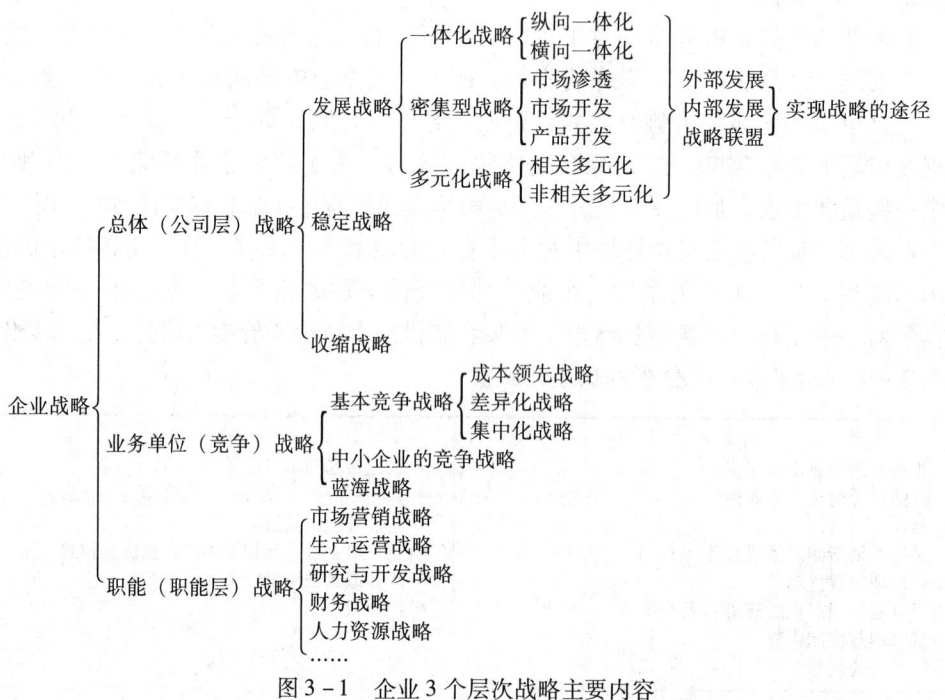

图3-1　企业3个层次战略主要内容

图3-1清楚地展示了企业各层次战略的主要内容，本章以下各节将阐述这些战略的具体内容。

## 第一节　总体战略（公司层战略）

总体战略（公司层战略）是企业最高层次的战略。它需要根据企业的目标，选择企业可以竞争的经营领域，合理配置企业经营所必需的资源，使各项经营业务相互支持、相互协调。公司战略常常涉及整个企业的财务结构和组织结构方面的问题。

### 一、总体战略的主要类型

企业总体战略可分为三大类：发展战略、稳定战略和收缩战略。

#### （一）发展战略

企业发展战略强调充分利用外部环境的机会，充分发掘企业内部的优势资源，以求得企业在现有的基础上向更高一级的方向发展。

发展战略主要包括三种基本类型：一体化战略、密集型战略和多元化战略。

1. 一体化战略。

一体化战略是指企业对具有优势和增长潜力的产品或业务，沿其经营链条的纵向或横向延展业务的深度和广度，扩大经营规模，实现企业成长。一体化战略按照业务拓展的方向可以分为纵向一体化和横向一体化。

（1）纵向一体化战略。

纵向一体化战略是指企业沿着产品或业务链向前或向后，延伸和扩展企业现有业务的战略。企业采用纵向一体化战略有利于节约与上、下游企业在市场上进行购买或销售的交易成本，控制稀缺资源，保证关键投入的质量或者获得新客户。不过，企业一体化也会增加企业的内部管理成本。纵向一体化战略可以分为前向一体化战略和后向一体化战略。

前向一体化战略是指获得分销商或零售商的所有权或加强对他们的控制权的战略。前向一体化战略通过控制销售过程和渠道，有利于企业控制和掌握市场，增强对消费者需求变化的敏感性，提高企业产品的市场适应性和竞争力。

前向一体化战略的主要适用条件包括：

①企业现有销售商的销售成本较高或者可靠性较差而难以满足企业的销售需要；

②企业所在产业的增长潜力较大；

③企业具备前向一体化所需的资金、人力资源等；

④销售环节的利润率较高。

后向一体化战略是指获得供应商的所有权或加强对其控制权。后向一体化有利于企业有效控制关键原材料等投入的成本、质量及供应可靠性，确保企业生产经营活动稳步进行。后向一体化战略在汽车、钢铁等产业采用得较多。

后向一体化战略主要适用条件包括：

①企业现有的供应商供应成本较高或者可靠性较差而难以满足企业对原材料、零件等的需求；

②供应商数量较少而需求方竞争者众多；

③企业所在产业的增长潜力较大；

④企业具备后向一体化所需的资金、人力资源等；

⑤供应环节的利润率较高；

⑥企业产品价格的稳定对企业而言十分关键，后向一体化有利于控制原材料成本，

从而确保产品价格的稳定。

企业采用纵向一体化战略的主要风险包括：

①不熟悉新业务领域所带来的风险；

②纵向一体化，尤其是后向一体化，一般涉及的投资数额较大且资产专用性较强，增加了企业在该产业的退出成本。

（2）横向一体化战略。

横向一体化战略是指企业向产业价值链相同阶段方向扩张的战略。企业采用横向一体化战略的主要目的是实现规模经济以获取竞争优势。

在下列情形中，比较适宜采用横向一体化战略：

①企业所在产业竞争较为激烈；

②企业所在产业的规模经济较为显著；

③企业的横向一体化符合反垄断法律法规，能够在局部地区获得一定的垄断地位；

④企业所在产业的增长潜力较大；

⑤企业具备横向一体化所需的资金、人力资源等。

2. 密集型战略。

研究企业密集型战略的基本框架，是安索夫（Ansoff H. I.）的"产品—市场战略组合"矩阵，见表 3-1。

表 3-1　　产品与市场战略组合

| 市场 | | 产品 | |
|---|---|---|---|
| | | 现有产品 | 新产品 |
| | 现有市场 | 市场渗透：在单一市场，依靠单一产品，目的在于大幅度增加市场占有率 | 产品开发：在现有市场上推出新产品；延长产品生命周期 |
| | 新市场 | 市场开发：将现有产品推销到新地区或其他细分市场；在现有实力、技能和能力基础上发展，改变销售和广告方法 | 多元化：以新技术或市场而言的相关多元化；与现有产品或市场无关的非相关多元化 |

（1）市场渗透——现有产品和现有市场。彼德斯（Peter T. J.）和沃特曼（Waterman R. H.）把这种集中战略称为"坚守阵地"，这种战略强调发展单一产品，试图通过更强的营销手段来获得更大的市场占有率。

市场渗透战略的基础是增加现有产品或服务的市场份额，或增加正在现有市场中经营的业务。它的目标是通过各种方法来增加产品的使用频率。主要方法有：

①扩大市场份额，这个方法特别适用于整体正在成长的市场。企业可以通过提供折扣或增加广告来增加在现有市场中的销售额；通过改进销售和分销方式来提高所提供的服务水平；通过改进产品或包装来提高和加强其对消费者的吸引力并降低成本。

②开发小众市场，其目标是在行业中的一系列目标小众市场中获得增长，从而扩大总的市场份额。如果与竞争对手相比企业的规模较小，那么这种方法尤为适用。

③保持市场份额，当市场发生衰退时，保持市场份额具有重要意义。

企业运用市场渗透战略的难易程度取决于市场的性质及竞争对手的市场地位。当整个市场正在增长时，拥有少量市场份额的企业提高质量和生产力并增加市场活动可能比较容易，而当市场处于停滞状态时，则比较困难。此外，经验曲线效应使企业很难向成熟市场中渗透，在成熟市场中领先企业的成本结构会阻止拥有少量市场份额的竞争对手进入市场。

市场渗透战略主要适用于以下情况：

①当整个市场正在增长时，那些想要增加市场份额的企业能够以较快的速度达到目标。相反，向停滞或衰退的市场渗透可能会难得多。

②如果一家企业决定将利益局限在现有产品或市场领域，即使在整个市场衰退时也不允许销售额下降，那么企业就必须采取市场渗透战略。

③如果其他企业由于各种原因离开了市场，那么采用市场渗透战略比较容易成功。

④企业拥有强大的市场地位，并且能够利用经验和能力来获得强有力的独特竞争优势，那么实施市场渗透战略是比较容易的。

⑤当市场渗透战略对应的风险较低、高级管理者参与度较高，且在需要的投资较少的时候，市场渗透战略也会比较适用。

（2）市场开发——现有产品和新市场。市场开发战略是指将现有产品或服务打入新市场的战略。实施市场开发战略的主要方向包括开辟其他区域市场和细分市场。

采用市场开发战略有以下几个原因：

①企业发现现有产品生产过程的性质导致难以转而生产全新的产品，因此他们希望能开发其他市场。

②市场开发往往与产品改进结合在一起，例如，将工业用的地板或地毯清洁设备做得更小、更轻，这样可以将其引入民用市场。

③现有市场或细分市场已经饱和，企业只能去寻找新的市场。

市场开发战略主要适用于以下几种情况：

①存在未开发或未饱和的市场；

②可得到新的、可靠的、经济的和高质量的销售渠道；

③企业在现有经营领域十分成功；

④企业拥有扩大经营所需的资金和人力资源；

⑤企业存在过剩的生产能力；

⑥企业的主业属于正在迅速全球化的产业。

（3）产品开发——新产品和现有市场。这种战略是在原有市场上，通过技术改进与开发研制新产品。这种战略可以延长产品的生命周期，提高产品的差异化程度，满足市场新的需求，从而改善企业的竞争地位。

拥有特定细分市场、综合性不强的产品或服务范围窄小的企业可能会采用这一战略。产品开发战略有利于企业利用现有产品的声誉和商标，吸引用户购买新产品。另外，产品开发战略是对现有产品进行改进，由于企业对现有市场较为了解，产品开发的针对性较强，因而较易取得成功。可采用多种方法来实现产品开发战略。例如，提供不同尺寸和不同颜色的产品；对产品使用不同的包装……

产品开发战略比较富有挑战性，这是因为它通常要求企业对产品进行强有力的研究与开发。这可能是由产品的本质或市场的需求决定的，例如，在技术较复杂的市场中，产品的生命周期较短（如计算机），迫使企业必须采取产品开发战略；消费者对供应商会实施潜在的压力，要求企业在正常经营范围内提供丰富多样的产品或服务，这也会促使企业去开发新的产品。

开发新产品可能会极具风险，这会导致该战略实施起来有难度。尽管如此，企业仍然有以下合理的原因采用该战略：

①充分利用企业对市场的了解；
②保持相对于竞争对手的领先地位；
③从现有产品组合的不足中寻求新的机会；
④使企业能继续在现有市场中保持稳固的地位。

产品开发战略适用于以下几种情况：

①企业产品具有较高的市场信誉度和顾客满意度；
②企业所在产业属于适宜创新的高速发展的高新技术产业；
③企业所在产业正处于高速增长阶段；
④企业具有较强的研究与开发能力；
⑤主要竞争对手以近似价格提供更高质量的产品。

新产品开发能有效地帮助企业发展，这是因为在大多数情况下，营销成功来源于对市场进行预测而不是仅仅对消费者的变化做出反应。真正的企业家会促使变化发生，创造需求。当然，产品开发不仅是对全新产品的开发，还包括对现有产品进行较小的改变（例如，将含糖饮料改为无糖的饮料）和升级等。

（4）多元化——新产品和新市场。这是新产品与新市场结合的结果。又可分为相关多样化和不相关多样化。这一战略方向也可以从密集型战略类型中分离出来，归为发展战略的另一种基本类型。

3. 多元化战略。

多元化战略指企业进入与现有产品和市场不同的领域。安索夫认为："在任何经营环境中，没有一家企业可以认为自身能够不受产品过时和需求枯竭的影响。"这个观点得到了许多人的认同。由于市场变化如此迅速，企业必须持续地调查市场环境以寻找多元化的机会。

当现有产品或市场不存在期望的增长空间时（例如，受到地理条件限制、市场规模或竞争太过激烈的限制），企业通常会考虑多元化战略。采用多元化战略有下列三大原因：

（1）在现有产品或市场中持续经营不能达到目标。这一点可通过差距分析来予以证明。当前产业令人不满，原因可能是产品处于衰退期因而回报率低，或同一领域中的技术创新机会很少，或产业缺少灵活性。

（2）企业由于以前在现有产品或市场中成功经营而保留下来的资金超过了其在现有产品或市场中的财务扩张所需要的资金。

（3）与在现有产品或市场中的扩张相比，多元化战略意味着更高的利润。

多元化战略又可以分为两种：相关多元化和非相关多元化。

（1）相关多元化。相关多元化也称同心多元化，是指企业以现有业务或市场为基础进入相关产业或市场的战略。相关多元化的相关性可以是产品、生产技术、管理技能、营销渠道、营销技能或用户等方面的类似。采用相关多元化战略，有利于企业利用原有产业的产品知识、制造能力、营销渠道、营销技能等优势来获取融合优势，即两种业务或两个市场同时经营的盈利能力大于各自经营时的盈利能力之和。当企业在产业或市场内具有较强的竞争优势，而该产业或市场成长性或吸引力逐渐下降时，适宜采用同心多元化战略。

（2）非相关多元化。非相关多元化也称离心多元化，是指企业进入与当前产业和市场均不相关的领域的战略。如果企业当前产业或市场缺乏吸引力，而企业也不具备较强的能力和技能转向相关产品或市场，较为现实的选择就是采用非相关多元化战略。采用非相关多元化战略的主要目标不是利用产品、技术、营销渠道等方面的共同性，而是从财务上考虑平衡现金流或者获取新的利润增长点，规避产业或市场的发展风险。

企业采用多元化战略具有如下优点：

①分散风险，当现有产品及市场失败时，新产品或新市场可能为企业提供保护。

②能更容易地从资本市场中获得融资。

③当企业在原产业无法增长时找到新的增长点。

④利用未被充分利用的资源。

⑤运用盈余资金。

⑥获得资金或其他财务利益，例如，累计税项亏损。

⑦运用企业在某个产业或某个市场中的形象和声誉来进入另一个产业或市场，而在另一个产业或市场中要取得成功，企业形象和声誉是至关重要的。

但是，企业必须充分认识实施多元化战略的风险：

①来自原有经营产业的风险。企业资源总是有限的，多元化经营往往意味着原有经营的产业要受到削弱。这种削弱不仅是资金方面的，管理层注意力的分散也是一个方面。

②市场整体风险。市场经济中的广泛相互关联性决定了多元化经营的各产业仍面临共同的风险。在宏观力量的冲击之下，企业多元化经营的资源分散反而加大了风险。例如，一家产品出口公司通过多元化经营扩大业务规模，然而在面临金融危机冲击下，这家公司难以在各个经营业务中与最强的对手展开竞争，最终落得被各个击破的下场。

③产业进入风险。企业在进入新产业之后必须不断地注入后续资源，去学习这个行业的有关知识并培养自己的员工队伍，塑造企业品牌。另外，产业的竞争态势是不断变化的，竞争者的策略也是一个未知数，企业必须相应地不断调整自己的经营策略，否则会面临极大的风险。

④产业退出风险。如果企业深陷一个错误的投资项目却无法做到全身而退，那么很可能导致企业全军覆没。一个设计良好的经营退出渠道能有效地降低多元化经营风险。例如，某公司当初看好卫星通信业务而发起了"铱星"计划，当最后"铱星"负债数十亿元而陨落时，该公司因一开始就将"铱星"项目注册为独立的实体而只承受了有限的责任和损失。

⑤内部经营整合风险。新投资的业务会通过财务流、物流、决策流、人事流给企业以及企业的既有产业经营带来全面的影响。不同的业务有不同的业务流程和不同的市场

模式，因而对企业的管理机制有不同的要求。企业作为一个整体，必须把不同业务对其管理机制的要求以某种形式融合在一起。多元化经营、多重目标和企业有限资源之间的冲突，使这种管理机制上的融合更为困难，甚至使企业多元化经营的战略目标最终由于内部冲突而无法实现。当企业通过并购方式进行多元化经营的时候还会面临一种风险，那就是不同企业文化是否能够成功融合的风险。

### （二）稳定战略

稳定战略又称维持战略，是指限于经营环境和内部条件，企业在战略期所期望达到的经营状况基本保持在战略起点的范围和水平上的战略。

采用稳定战略的企业不需要改变自己的宗旨和目标，而只需要集中资源用于原有的经营范围和产品，以增加其竞争优势。

稳定战略适用于对战略期环境的预测变化不大，而在前期经营相当成功的企业。采用这种战略的风险比较小，因为企业可以充分利用原有生产经营领域中的各种资源；避免开发新产品和新市场所必需的巨大资金投入和开发风险；避免资源重新配置和组合的成本；防止由于发展过快、过急造成的失衡状态。

但是，采用稳定战略也有一定的风险。一旦企业外部环境发生较大变动，企业战略目标、外部环境、企业实力三者之间就会失去平衡，使企业陷入困境。稳定战略还容易使企业减弱风险意识，甚至会形成惧怕风险、回避风险的企业文化，降低企业对风险的敏感性和适应性。

### （三）收缩战略

收缩战略也称撤退战略，是指企业缩小原有经营范围和规模的战略。

1. 采用收缩战略的原因。

企业采用收缩战略的原因有多种，大致可分为主动和被动两大类。

（1）主动原因。

①大企业战略重组的需要。第三章所介绍的波士顿矩阵就是大企业战略重组的依据。为了筹措资本营运所需资金、改善企业投资回报率等原因，大型企业可能会重新调整业务组合。②小企业的短期行为。例如，一些小型企业家的目标是"赚100万元"。当目标基本达到后，企业不愿再去承受继续经营的代价与风险。

（2）被动原因。

①外部原因。由于多种原因，如整体经济形势、产业周期、技术变化、政策变化、社会价值观或时尚的变化、市场的饱和、竞争行为等，导致企业赖以生存的外部环境出现危机。

②企业（或企业某业务）失去竞争优势。由于企业内部经营机制不顺、决策失误、管理不善等原因，企业经营陷入困境，不得不采用防御措施。

2. 收缩战略的方式。

（1）紧缩与集中战略。紧缩与集中战略往往集中于短期效益，主要涉及采取补救措施制止利润下滑，以期立即产生效果。具体做法有：

①机制变革。包括：调整管理层领导班子；重新制定新的政策和管理控制系统，以改善激励机制与约束机制等。

②财政和财务战略。如引进和建立有效的财务控制系统,严格控制现金流量;与关键的债权人协商,重新签订偿还协议,甚至把需要偿付的利息和本金转换成其他的财务证券(如把贷款转换成普通股或可转换优先股)等。

③削减成本战略。如削减人工成本、材料成本、管理费用以及资产(内部放弃或改租、售后回租)等;缩小分部和职能部门的规模。

(2)转向战略。转向战略更多涉及企业经营方向或经营策略的改变。具体做法有:

①重新定位或调整现有的产品和服务。

②调整营销策略。在价格、广告、渠道等环节推出新的举措。

(3)放弃战略。

放弃战略涉及企业(或子公司)产权的变更,与前面两种战略相比,是比较彻底的撤退方式。表3-2说明了放弃战略的类型。

表3-2　　　　　　　　　　　放弃的类型

| 类型 | 所有权的终止 | 相对频繁性 | 新的所有权形式 |
| --- | --- | --- | --- |
| 1. 特许经营 | 全部;有限期 | 经常 | 子公司或独立机构 |
| 2. 分包 | 全部;但仍保留贸易关系 | 经常 | 子公司 |
| 3. 卖断 | 全部;往往是永久性的 | 小规模卖断经常发生,属一系列行动中的一部分;大规模卖断往往是危机的表现 | 子公司 |
| 4. 管理层或杠杆收购 | 全部,永久性,母公司可能拥有股权 | 小规模——经常性,大规模——英国和美国常用 | 独立机构 |
| 5. 拆产为股/分拆 | 分离而不是终止所有权,可能带来所有权的稀释,通常是永久性的 | 小规模——经常性,尤其是高科技企业经常发生,由管理层购入股权 | 准独立机构 |
| 6. 资产互换与战略贸易 | 全部;保持了母公司的规模,只涉及资产 | 不常见,因反托拉斯导致小规模资产互换,大规模的资产互换多是自愿的 | 子公司 |

下面是对每一种放弃方式的具体说明。

①特许经营。指企业卖给被特许经营企业有限权利,而收取一次性付清的费用。被特许经营企业可以使用特许经营企业的商标品牌,但要严格遵守许可方的经营规定。

②分包。指公司采用招标的方式让其他公司生产本公司的某种产品或者经营本公司的某种业务。与特许经营方式的不同之处在于,卖方出售了自己的一部分业务,要求买方在一个具体的时间内,按一定的价格向卖方提供一定数量的产品或服务。这样,买方在合同期限内处于一种垄断地位。公司可以将不宜内部开拓的一部分业务转移给他人经营,但仍维持原先的拥有权。

③卖断。指母公司将其所属的业务单位卖给其他企业,从而与该业务单位断绝一切关系,实现产权的彻底转移。

④管理层与杠杆收购。即一家公司把大部分业务卖给它的管理层或者另外一家财团,母公司可以在短期或者中期保留股权。对于买者来说,这就相当于延迟付款。

⑤拆产为股/分拆。指母公司的一部分分拆为战略性的法人实体，以多元持股的形式形成子公司的所有权。母公司仍然在很大程度上控制着这部分企业。与母公司脱离的子公司可以看成是准独立机构。

⑥资产互换与战略贸易。指通过企业之间交换资产来实现所有权的转让。这要在两个公司之间达成一种匹配，卖方公司和买方公司要能够接受彼此的资产。

3. 收缩战略的困难。

收缩战略对企业主管来说，是一项非常困难的决策。困难主要来自以下两个方面。

（1）对企业或业务状况的判断。

收缩战略效果如何，取决于对公司或业务状况判断的准确程度。而这是一项难度很大的工作。汤普森（Thompson J. L.）于1989年提出了一个详尽的清单，这一清单对于增强判断企业或业务状况的能力会有一定帮助。

①企业产品所处的生命周期以及今后的盈利情况和发展趋势。

②产品或者单位的当前市场状况，以及竞争优势的机会。

③腾下来的资源应如何运用。

④寻找一个愿出合理价格的买主。

⑤放弃一部分获利的业务或者一些经营活动，转而投资其他可能获利较大的业务是否值得。

⑥关闭一家企业或者一家工厂，是否比在微利下仍然维持运转合算？特别是退出的障碍是否较大，而且成本高昂？

⑦准备放弃的那部分业务在整个公司中所起的作用和协同优势。

⑧用其他产品和服务来满足现有顾客需求的机会。

⑨企业降低分散经营的程度所带来的有形和无形的效益。

⑩寻找合适的买主。应否公开寻找买主，如何审查买主，买主是否会因购入企业的业务而对企业余下的业务构成竞争威胁。

（2）退出障碍。

波特在《竞争战略》一书中阐述的几种主要的退出障碍：

①固定资产的专用性程度。当资产涉及具体业务或地点的专用性程度较高时，其转移及转换成本就较高，从而难以退出现有产业。

②退出成本。退出成本包括劳工协议、重新安置的成本、备件维修能力等。如果这些成本过高，会加大退出障碍。

③内部战略联系。这是指企业内某经营单位与公司其他业务单位在市场形象、市场营销能力、利用金融市场及设施共享等方面的内部相互联系。这些联系使公司认为保留该业务单位具有战略重要性。

④感情障碍。企业在制定退出战略时，会引发一些管理人员和职工的抵触情绪，因为企业的退出往往使这些人员的利益受损。

⑤政府与社会约束。政府考虑到失业问题和对地区经济的影响，有时会出面反对或劝阻企业退出的决策。

## 二、发展战略的主要途径

前面阐述的公司总体战略的三种类型——发展战略、稳定战略、收缩战略,可以采用不同的实现途径。以下我们重点阐述发展战略可选择的途径。

### (一) 发展战略可选择的途径

发展战略一般可以采用三种途径,即外部发展(并购)、内部发展(新建)与战略联盟。

1. 外部发展(并购)。

外部发展是指企业通过取得外部经营资源谋求发展的战略。外部发展的狭义内涵是并购,并购包括收购与合并。收购指一个企业(收购者)购买和吸纳了另一个企业(被收购者)的股权。合并指两个或两个以上的企业之间的重新组合。

2. 内部发展(新建)。

内部发展是指企业利用自身内部资源谋求发展的战略。内部发展的狭义内涵是新建,新建与并购相对应,是指建立一个新的企业。

3. 战略联盟。

战略联盟是指两个或两个以上经营实体之间为了达到某种战略目的而建立的一种合作关系。从交易费用经济学角度看,并购方式的实质是运用"统一规制"方式实现企业一体化,即以企业组织形态取代市场组织形态;而新建方式的实质则是运用"市场规制"实现企业的市场交易,即以市场组织形态取代企业组织形态。企业战略联盟则是这两种组织形态的一种中间形态。

### (二) 并购战略

1. 并购的类型。

企业并购有许多具体形式,这些形式可以从不同的角度加以分类。

(1) 按并购双方所处的产业分类。

按并购方与被并购方所处的产业相同与否,可以分为横向并购、纵向并购和多元化并购三种。

①横向并购,是指并购方与被并购方处于同一产业。横向并购可以消除重复设施,提供系列产品或服务,实现优势互补,扩大市场份额。例如,一家外资饮料企业,收购了中国一家大型饮料企业,这属于一个横向并购的案例。

②纵向并购,是指在经营对象上有密切联系,但处于不同产销阶段的企业之间的并购。按照产品实体流动的方向,纵向并购可分为前向并购与后向并购。前向并购是指沿着产品实体流动方向所发生的并购,如产品原料生产企业并购加工企业或销售商或最终客户,或加工企业并购销售企业等;后向并购是指沿着产品实体流动的反向所发生的并购,如加工企业并购原料供应商,或销售企业并购原料供应企业或加工企业等。例如,一家汽车制造商并购一家出租汽车公司,这是一个纵向并购的例子。

③多元化并购,是指处于不同产业、在经营上也无密切联系的企业之间的并购。例如,一家生产家用电器的企业收购一家旅行社,这属于多元化并购。

（2）按被并购方的态度分类。

按被并购方对并购所持态度不同，可分为友善并购和敌意并购。

①友善并购，通常是指并购方与被并购方通过友好协商确定并购条件，在双方意见基本一致的情况下实现产权转让的一类并购。此种并购一般先由并购方选择被并购方，并主动与对方的管理当局接洽，商讨并购事宜。经过双方充分磋商签订并购协议，履行必要的手续后完成并购。在某些时候，也有被并购方主动请求并购方接管本企业的情形。

②敌意并购，又叫恶意并购，通常是指当友好协商遭到拒绝后，并购方不顾被并购方的意愿采取强制手段，强行收购对方企业的一类并购。敌意并购也可能采取不与被并购方进行任何接触，而在股票市场上收购被并购方股票，从而实现对被并购方控股或兼并的形式。由于种种原因，并购往往不能通过友好协商达成协议，被并购方从自身的利益出发，拒不接受并购方的并购条件，并可能采取一切抵制并购的措施加以反抗。在这种情形下，"敌意并购"就有可能发生。

（3）按并购方的身份分类。

按照并购方的不同身份，可以分为产业资本并购和金融资本并购。

①产业资本并购，一般由非金融企业进行，即非金融企业作为并购方，通过一定程序和渠道取得目标企业全部或部分资产所有权的并购行为。并购的具体过程是从证券市场上取得目标企业的股权证券，或者向目标企业直接投资，以分享目标企业的产业利润。因此，产业资本并购往往表现出针锋相对、寸利必争的态势，谈判时间长，条件苛刻。

②金融资本并购，一般由投资银行或非银行金融机构（如金融投资企业、私募基金、风险投资基金等）进行。金融资本并购有两种形式：第一种是金融资本直接与目标企业谈判，以一定的条件购买目标企业的所有权，或当目标企业增资扩股时，以一定的价格购买其股权；第二种是由金融资本在证券市场上收购目标企业的股票从而达到控股的目的。金融资本与产业资本不同，它是一种寄生性资本，既无先进技术，也无须直接管理收购的企业。金融资本一般并不以谋求产业利润为首要目的，而是靠购入然后售出企业的所有权来获得投资利润。因此，金融资本并购具有较大的风险性。

（4）按收购资金来源分类。

按收购资金来源渠道的不同，可分为杠杆收购和非杠杆收购。无论以何种形式实现企业收购，收购方总要为取得目标企业的部分或全部所有权而支出一定数量的资金。收购方在实施收购时，如果其主体资金来源是对外负债，即是在银行贷款或金融市场借贷的支持下完成的，就称为杠杆收购。相应地，如果收购方的主体资金来源是自有资金，则称为非杠杆收购。

杠杆收购的一般做法是由收购企业委托专门从事企业收购的经纪企业，派有经验的专家负责分析市场，发现和研究那些经营业绩不佳却很有发展前途的企业。确定收购目标后，再以收购企业的名义向外借债，通过股市或以向股东发出要约的方式，收购目标企业的股权，取得目标企业的经营控制权。

杠杆收购的突出特点是收购者不需要投入全部资本即可完成收购。一般而言，在收购所需要的全部资本构成中，收购者自有资本大约只占收购资本总额的10%~15%，银行贷款占收购资本总额的 50%~70%，发行债券筹资占 20%~40%（一般资本结构稳健的企业，债务资本不会超过总资本的 2/3，而举借高利贷收购的企业，其债务资本则远远超过其自有资本，往往占总资本的 90%~95%）。由于这种做法只需以较少的资本代价即可完成收购，即利用"财务杠杆"原理进行收购，故而被称为杠杆收购。显然，只有企业的全部资产收益大于借贷资本的平均成本，杠杆才能产生正效应。因此，杠杆收购是一种风险很高的企业并购方式。杠杆收购在 20 世纪 60 年代出现于美国，其后得到较快发展，20 世纪 80 年代曾风行于美国和欧洲。

2. 并购的动机。

如前所述，企业实施发展战略的途径有多种选择，为什么要选择并购战略？以下的分析将着重于并购战略不同于新建战略的动机。

(1) 避开进入壁垒，迅速进入，争取市场机会，规避各种风险。

在第二章讨论了构成进入障碍的多方面因素。而企业并购将目标领域中的一个企业合并过来，不存在重新进入和进入障碍的问题。对制造业来说，并购方式还可以省掉建厂的时间，迅速获得现成的管理人员、技术人员和生产设备，可以在新的领域中迅速建立产销据点。因此，并购方式有利于企业迅速做出反应，抓住市场机会。希利曼（Peter Uwe schliemann）对德国和英国的跨国公司在巴西的 14 例收购作了的研究，发现其中有 12 例（占 86%）在收购年份和收购后重新开始生产的年份之间没有时间滞差。

在制造业中，新建一般要比并购慢得多，除了要组织必需的资源外，还要选择工厂地址、修建厂房和安装生产设备、安排管理人员、技术人员和工人等一系列复杂的工作。根据一些产业的实证研究，采用新建战略组成新的经营单位一般要经过 8 年的时间才有获利能力；经过 10~12 年的时间，该单位的效益才可达到成熟业务的水平；12 年以后，该单位才会获得很高效益和市场占有率。此外，政府的有关法令也会影响到新建的速度，例如，在美国设厂要经过 EPA（有关厂外污染问题）和 OSHA（有关厂内安全生产问题）的严格检查，方能取得营业许可。而并购则没有这些麻烦。

(2) 获得协同效应。

与新建方式相比，并购是一种合并，成功的合并可以获得协同效应。协同效应产生于互补资源，协同效应通常通过技术转移或经营活动共享来得以实现。

用系统理论剖析这种协同效应，可以分为三个层次：第一，并购后的两个企业的"作用力"的时空排列得到有序化和优化，从而使企业获得"聚焦效应"。例如，两个企业在生产、营销和人员方面的统一调配，可以获得这种效应。第二，并购后的企业内部不同"作用力"发生转移、扩散、互补，从而改变了公司的整体功能状况。例如，公司内部的转移定价；信息、人员、产品种类、先进技术与管理、分销渠道、商标品牌、融资渠道等资源的优势互补与共享，都是这种效应的体现。第三，并购后两个企业内的"作用力"发生耦合、反馈、互激振荡，改变了作用力的性质和力量。例如，在公司内部的技术转让、消化、吸收以及技术创新后的再反馈中，可以产生这种效应。

(3) 克服企业负外部性，减少竞争，增强对市场的控制力。

微观经济学理论表明，企业负外部性的一种表现是"个体理性导致集体非理性"。两个独立企业的竞争表现了这种外部性。竞争的结果往往是两败俱伤。而并购战略可以减少残酷的竞争，还能够增强对其他竞争对手的竞争优势。

3. 并购失败的原因。

并购方式的失败率是很高的，在企业并购的实践中，许多企业并没有达到预期的目标，甚至遭到了失败。造成并购失败的主要原因有以下几种：

（1）决策不当。

企业在并购前，或者没有认真地分析目标企业的潜在成本和效益，过于草率地并购，结果无法对被并购企业进行合理的管理；或者高估并购对象所在产业的吸引力和自己对被并购企业的管理能力，从而高估并购带来的潜在经济效益，结果遭到失败。

（2）并购后不能很好地进行企业整合。

企业在通过并购战略进入一个新的经营领域时，并购行为的结束只是成功的一半，并购后的整合状况将最终决定并购战略的实施是否有利于企业的发展。企业完成并购后面临着战略、组织、制度、业务和文化等多方面的整合。其中，企业文化的整合是最基本、最核心，也是最困难的工作。企业文化能否融为一体影响着企业生产运营的各个方面。如果并购企业与被并购企业在企业文化上存在很大的差异，企业并购以后，被并购企业的员工不接受并购企业的文化，并购后的企业便很难管理，而且企业效益会受到严重影响。

（3）支付过高的并购费用。

不论是否通过股票市场，价值评估都是并购战略中卖方与买方较量的焦点。如果不能对被并购企业进行准确的价值评估，并购方就可能承受支付过高并购费用的风险。当企业想以收购股票的方式并购上市公司时，对方往往会抬高股票价格，尤其是在被收购公司拒绝被收购时，会为收购企业设置种种障碍，增加收购的代价。另外，企业在采用竞标方式进行并购时，也往往要支付高于标的价格才能成功。这种高代价并购会增加企业的财务负担，使企业从并购的一开始就面临效益的挑战。

（4）跨国并购面临政治风险。

对于跨国并购而言，规避政治风险日益成为企业国际化经营必须重视的首要问题。跨国公司在东道国遭遇政治风险由来已久。近年来中国跨国公司也遭遇到越来越多的东道国的政治风险。关于政治风险本书第六章将详细阐述。防范东道国的政治风险的具体措施可以考虑以下几条具体措施：

①加强对东道国的政治风险的评估，完善动态监测和预警系统。

②采取灵活的国际投资策略，构筑风险控制的坚实基础。

③实行企业当地化策略，减少与东道国之间的矛盾和摩擦。

### （三）内部发展（新建）战略

内部发展也称内生增长，是企业在不收购其他企业的情况下利用自身的规模、利润、活动等内部资源来实现扩张。对于许多企业来说，特别是对那些需要以高科技设计或制造产品的企业来说，内部发展已经成为主要的战略发展方式。

1. 企业采取内部发展战略的动因。

（1）开发新产品的过程使企业能深刻地了解市场及产品；

（2）不存在合适的收购对象；

（3）保持统一的管理风格和企业文化；
（4）为管理者提供职业发展机会；
（5）代价较低，因为获得资产时无须为商誉支付额外的金额；
（6）并购通常会产生隐藏的或无法预测的损失，而内部发展不太可能产生这种情况；
（7）这可能是唯一合理的、实现真正技术创新的方法；
（8）可以有计划地进行，容易从企业资源获得财务支持，并且成本可以按时间分摊；
（9）风险较低。在收购中，购买者可能还需承担被并购者以前所做的决策产生的后果。例如，由于医疗及安全方面的违规而欠下员工的债务。
（10）内部发展的成本增速较慢。尽管内部开发新活动的最终成本可能高于并购其他企业，但是成本的分摊可能会对企业更有利且比较符合实际，特别是对那些没有资金进行大额投资的小企业或公共服务类型的组织来说，这是它们选择内部发展的一个主要理由。

2. 内部发展的缺点。

（1）与购买市场中现有的企业相比，在市场上增加了竞争者，这可能会激化某一市场内的竞争；
（2）企业不能接触到其他企业的知识及系统，这可能更具风险；
（3）从一开始就缺乏规模经济或经验曲线效应；
（4）当市场发展得非常快时，内部发展会显得过于缓慢；
（5）进入新市场可能要面对非常高的障碍。

3. 内部发展战略的应用条件。

（1）产业处于不均衡状况，结构性障碍还没有完全建立起来。一般说来，新兴产业更具有这样的特点。在快速成长的新兴产业中，竞争结构常常不够完善，尚没有企业封锁原材料渠道或建立了有效的品牌识别，此时进入成本可能会比较低。但是，对于是否进入某个新兴产业的决策不仅限于进入障碍的高低，还要考虑其他几方面的问题。首先，最重要的是要判断这一产业能否在足够长的时间内能够获得高于平均水平的利润。其次，判断何时进入该产业最为有利。此外，考虑到其他潜在进入者可能随时进入新兴产业，为了获取期望的高利润，企业必须有一定经济基础以保证后进入者将面临比自己更高的进入成本。

（2）产业内现有企业的行为性障碍容易被制约。在一些产业中，现有企业采取报复性措施的成本超过了因此所获得的收益，使这些企业不急于采取报复性措施，或者报复性措施效果不佳。如果进入者能通过有效的战略承诺（如较大的投资）使现有企业相信它将永远不会放弃在该产业中求得一个合适地位的决心，那么现有企业就不会采用垄断限价手段阻拦进入者，因为那只会使自己丧失更多的利润。此外，如果现有企业用进入对方领域的手段报复进入者，在它自身实力不足时，反而会削弱它在本行业的竞争优势。

（3）企业有能力克服结构性与行为性障碍，或者企业克服障碍的代价小于企业进入后的收益。在一个产业中，并非所有的企业都面临着同样的进入成本。如果某个企业能够比其他大多数潜在进入者以更小的代价克服结构性进入障碍，或者只引起较少的报复，它便会从进入中获取高于平均水平的利润。

克服进入障碍的能力往往表现在以下几个方面：

①企业现有业务的资产、技能、分销渠道同新的经营领域有较强的相关性。某电脑公司在1981年进入个人计算机市场就是采用内部发展方式。它在进入后两年内获得35%的市场份额。其成功的原因是，个人计算机与该公司当时所拥有的计算机制造技术具有高度相关性。

②企业进入新领域后，有独特的能力影响行业结构，使之为自己服务。尼尔·胡德（Neil Hood）和斯蒂芬·扬（Stephen Young）曾经分析过发达国家跨国公司的对外直接投资对东道国市场结构的影响：在发展中国家，跨国公司几乎没有遇到当地企业的有效竞争，反而以其垄断力量，在东道国市场设置各种进入障碍。上述分析表明了跨国公司的垄断优势在克服东道国市场进入障碍方面的重要作用。

③企业进入新领域后，有利于发展企业现有的经营内容。如果内部发展能够改善销售渠道、公司形象等，从而对进入者的现有业务产生有利的影响，那么，即使新业务仅仅获取平均回报，从公司整体考虑，进入也是可行的。美国S复印机公司进入数字数据传输网络领域就是基于这种考虑。虽然S公司在数据网络业务中没有什么优势，但是，计算机之间的数据传输、电子邮件及公司地点的精密联网，以及该公司原有的业务——传统的复印，都可能成为"未来办公室"业务设计中重要和广泛的基础。因而，从长远考虑，这种进入是必要的。

**（四）企业战略联盟**

1. 企业战略联盟的基本特征。

（1）从经济组织形式来看，战略联盟是介于企业与市场之间的一种"中间组织"。科斯（Coase）和威廉姆森（Williamson）从交易费用理论出发，认为企业组织的存在是对市场交易费用的节约，企业和市场是两种可以相互替代的资源配置组织。战略联盟属于"中间组织"，联盟内交易既非企业的，因为交易的组织不完全依赖于某一企业的治理结构；也是非市场的，因为交易的进行也不完全依赖于市场价格机制。战略联盟的形成模糊了企业和市场之间的界限。

（2）从企业关系来看，组建战略联盟的企业各方是在资源共享、优势相长、相互信任、相互独立的基础上通过事先达成协议而结成的一种平等的合作伙伴关系。这既不同于组织内部的行政隶属关系，也不同于组织与组织之间的市场交易关系。联盟企业之间的协作关系主要表现为：

①相互往来的平等性。联盟成员均为独立法人实体，相互之间的往来不是由行政层级关系所决定，而是遵循自愿互利原则，为彼此的优势互补和合作利益所驱动。各成员企业始终拥有自己独立的决策权，而不受其他成员企业的决策所左右。

②合作关系的长期性。联盟关系并不是企业与企业之间的一次性交易关系，而是相对稳定的长期合作关系。因此，企业参与联盟的目标不在于获取短期利益，而是希望通过持续的合作增强自身的竞争优势，实现长远收益的最大化。

③整体利益的互补性。联盟关系并不是企业与企业之间的市场交易关系，也不是一个企业对另一个企业的辅助关系，而是各成员之间的一种利益互补关系。每个成员企业都拥有自己的特定优势，通过相互之间的扬长避短，可有效降低交易成本，协同效应

同时，每个成员企业都能获得与其在联盟中的地位和对联盟的贡献相对应的收益，这种收益仅依靠企业自身的力量将难以获取。

④组织形式的开放性。企业联盟往往是松散的协作关系，通常以共同占领市场、合作开发技术等为基本目标。若机会来临，联盟中各成员便聚兵会战；一旦目标实现又各奔前程，或与其他企业结成新的联盟。因而企业战略联盟本身是个动态的、开放的体系，是一种松散的公司间一体化组织形式。

(3) 从企业行为来看，联盟是一种战略性的合作行为。它并不是对瞬间变化所做出的应急反应，而是着眼于优化企业未来竞争环境的长远谋划。因此，联合行为注重从战略高度改善联盟共有的经营环境和经营条件。特别是在竞争激烈的高科技行业中，没有哪个企业的技术能在所有方面都居于领先水平。通过战略联盟可把各个企业独有的优势结合起来建立一个"全优"的组织体系，其中每个环节都可能是世界一流的，是任何单个企业都望尘莫及的。

2. 企业战略联盟形成的动因。

根据近年来企业战略联盟的实践和发展，可把促使战略联盟形成的主要动因归结为以下六个方面：

(1) 促进技术创新。随着技术创新和普及速度不断加快，企业在充分利用和改进原有核心技术的同时，必须不断创新，拓展新的技术领域。而高新技术产品的开发费用日益增大，单个企业难以独立支付，必须通过建立战略联盟的方式共同分担。

(2) 避免经营风险。当今企业面临的经营环境变化迅速，而且许多环境因素的变化方向与变化速度都具有较大的不确定性，难以准确地预期。通过建立战略联盟、扩大信息传递的密度与速度，可以避免单个企业在市场开发和研究开发中的盲目性和因孤军作战而引起的全社会范围内的创新资源浪费，并降低市场开发与技术创新的风险。

(3) 避免或减少竞争。建立战略联盟，有利于形成新的竞争模式，以合作取代竞争，减少应付激烈竞争的高昂费用。这种竞合思路不仅表现在供应者和购买者之间，也表现在同产业中的竞争对手之间。

(4) 实现资源互补。资源在企业之间的配置总是不均衡的。在资源方面或拥有某种优势，或存在某种不足，通过战略联盟可达到资源共享、优势互补的效果。

(5) 开拓新的市场。企业通过建立广泛的战略联盟可迅速实现经营范围的多样化和经营地区的扩张。

(6) 降低协调成本。上述战略联盟 (1) 至 (5) 条企业实施战略联盟的动因，通过并购的方式也能够实现。而与并购方式相比，战略联盟的方式不需要进行企业的整合，因此可以降低协调成本。例如，美国思科公司在成功地并购了80多家大大小小的公司之后，总结出来的经验是，对于大的目标企业，并购后整合效果一般不理想，因此，采用战略联盟的方式进行合作最为适宜。其原因就在于并购大企业的协调成本太大。

3. 企业战略联盟的主要类型。

企业战略联盟的类型多种多样，根据不同的标准可以对战略联盟进行不同的分类。从股权参与和契约联结的方式角度来看，可以把企业战略联盟归纳为以下几种重要类型。

(1) 合资企业 (Joint Ventures)。合资企业是战略联盟最常见的一种类型。它是指将各自不同的资产组合在一起进行生产,共担风险和共享收益。这种合资企业与一般意义上的合资企业相比具有一些新的特征,它更多地体现了联盟企业之间的战略意图,并非限于寻求较高的投资回报率。

(2) 相互持股投资(Equity Investments)。相互持股投资通常是联盟成员之间通过交换彼此的股份而建立的一种长期相互合作的关系。与合资企业不同的是,相互持有股份不需要将彼此的设备和人员合并,通过这种股权联结的方式便于使双方在某些领域采取协作行为。它与合并或兼并也不同,这种投资性的联盟仅持有对方少量的股份,联盟企业之间仍保持着相对独立性,而且股权持有往往是双向的。

(3) 功能性协议(Functional Agreement)。这是一种契约式的战略联盟,与前面两种涉及股权参与的方式明显不同,有人称之为无资产性投资的战略联盟。它主要是指企业之间决定在某些具体的领域进行合作。比如,在联合研究与开发、联合市场行动等方面通过功能性协议结成一种联盟。最常见的形式包括:技术交流协议——联盟成员间相互交流技术资料,通过知识的学习以增强竞争实力;合作研究开发协议——分享现成的科研成果,共同使用科研设施和生产能力,共同开发新产品;生产营销协议——共同生产和销售某一产品。这种协议并不是使联盟内各成员的资产规模、组织结构和管理方式发生变化,而是仅仅通过订立协议来对合作事项和完成时间等内容做出规定,成员之间仍然保持着各自的独立性,甚至在协议规定的领域之外相互竞争;产业协调协议——建立全面协作与分工的产业联盟体系,多见于高科技产业中。

相对于股权式战略联盟而言,契约式战略联盟由于更强调相关企业的协调与默契,从而更具有战略联盟的本质特征。其在经营的灵活性、自主权和经济效益等方面比股权式战略联盟具有更大的优越性。相对而言,股权式战略联盟有利于扩大企业的资金实力,并通过部分"拥有"对方的形式,增强双方的信任感和责任感,因而更利于长久合作,不足之处是灵活性差。契约式战略联盟具有较好的灵活性,但也有一些先天不足,如企业对联盟的控制能力差、松散的组织缺乏稳定性和长远利益、联盟内成员之间的沟通不充分、组织效率低下等。

从联盟内容上来看,在开发、生产、供给和销售等价值链各个环节上都可能形成战略联盟,美国 NRC 组织根据战略联盟在企业经营不同阶段的合作内容对战略联盟进行了详细分类,如表 3-3 所示。

表 3-3　　　　　　　　　　战略联盟的分类

| 阶段 | 联盟内容 |
| --- | --- |
| 研究开发阶段的战略联盟 | 1. 许可证协议 |
| | 2. 交换许可证合同 |
| | 3. 技术交换 |
| | 4. 技术人员交流计划 |
| | 5. 共同研究开发 |
| | 6. 以获得技术为目的的投资 |

续表

| 阶段 | 联盟内容 |
| --- | --- |
| 生产制造阶段的战略联盟 | 7. OEM（委托定制）供给 |
|  | 8. 辅助制造合同 |
|  | 9. 零部件标准协定 |
|  | 10. 产品的组装及检验协定 |
| 销售阶段的战略联盟 | 11. 销售代理协定 |
| 全面性的战略联盟 | 12. 产品规格的调整 |
|  | 13. 联合分担风险 |

由表3-3可见，企业战略联盟的内容非常丰富，涉及的范围也相当广泛。

研究与开发阶段的合作通常是联盟成员之间合作研究和开发某一个新的产品或技术，它不仅仅是分享现有技术设备和生产能力，而且包含着分享新的产品或技术，以及提高现有的技术水平。

生产制造阶段的联盟是指通过达成一项协议，共同生产某一种产品，根据联盟成员各自的优势来生产不同的零部件。这种联盟并不带来联盟各方在资产、组织结构和管理方面的变化，而仅仅是通过协议来规定合作项目、完成的时间等。

销售阶段的战略联盟一般通过销售代理协定实现联盟中的代理人为委托人销售某些特定产品或全部产品。

全面性的战略联盟是一种更为紧密的合作关系，包括为共同确立某项产品或技术的行业标准而在技术开发和市场开拓等方面采取协调一致的行动，这种合作常常需要共同承担新技术和新市场开发带来的巨大风险。

4. 战略联盟的管控。

虽然战略联盟能够兼顾并购战略与新建战略的优点，但是相对并购战略，战略联盟企业之间的关系比较松散，如果管控不到位，可能会导致并购战略与新建战略各自的缺点在联盟中表现出来。因此，怎样订立联盟以及管理联盟，是战略联盟能否实现预期目标的关键。

（1）订立协议。

战略联盟通过契约或协议关系生成时，联盟各方能否遵守所签署的契约或协议主要靠企业的监督管理，发生纠纷时往往不会选择执行成本较高的法院判决或第三方仲裁，而是联盟之间自行商议解决。因此，订立协议需要明确一些基本内容。

①严格界定联盟的目标。一些失败的联盟往往是由于协议签订得过于模糊，既没有清楚地指出联盟目标和范围，也没有严格指出企业之间将如何实现优势互补等，因而造成了联盟的形同虚设或者解散。

②周密设计联盟结构。由于战略联盟是两家（或几家）企业各自以独立企业的身份在市场上进行合作，如果不能周密地设计联盟结构，可能会使合作难以奏效。

③准确评估投入的资产。准确评估联盟各方的资产与资本投入是非常重要的，尤其是对于股权式战略联盟的企业而言，每一个合作方的投入都与股权占比直接关联。在评

估过程中,最容易忽略的是无形资产或资本的投入,如日本富士通公司经常向不同的联盟伙伴提供其独特的工业技术,但在进行战略联盟谈判时,常常会遇到无法准确评估其技术价值的困难。

④规定违约责任和解散条款。在联盟协议中,应规定联盟各方的违约责任和解散条件。如违约行为的生效条件、发生争执的解决方法以及联盟期满后的续约程序等。协议中应该包括一个"重大变化"的条款,也就是当联盟各方遭遇不可抗力事件、国家经济政策变化等情况时,在联盟协议中规定协议变更或解除的处理方法,以免发生纠纷。

(2) 建立合作信任的联盟关系。

联盟企业之间必须相互信任,并且以双方利益最大化为导向,而不是以自身利益最大化为导向。一旦合作双方相互信任,那么正式的联盟契约就显得不那么重要了,联盟关系还将因为信任而更加稳固。相比于国内企业之间的战略联盟而言,跨国战略联盟中的互相信任更加难得,联盟企业之间在政策、文化、法律和制度环境各方面的差异都可能造成合作中的不信任,从而使合作联盟陷入困境。

信任可以降低联盟伙伴之间的监督成本,大大提升联盟成功的可能性,是影响和控制联盟伙伴行为的最有效手段。研究表明,信任可以成为企业有价值的、稀缺的、难以模仿以及难以替代的战略资源。因此,联盟企业之间只有相互信任,才能在联盟合作期间获取共同的竞争优势,在一定程度上克服正式协议中难以避免的所有细节缺陷。

## 第二节 业务单位战略

业务单位战略,也称竞争战略,业务单位战略涉及各业务单位的主管以及辅助人员。这些经理人员的主要任务是将公司战略所包括的企业目标、发展方向和措施具体化,形成本业务单位具体的竞争与经营战略。

### 一、基本竞争战略

波特在《竞争战略》一书中把竞争战略描述为:采取进攻性或防守性行动,在产业中建立起进退有据的地位,成功地对付五种竞争力,从而为公司赢得超常的投资收益。为了达到这一目的,各个公司可以采用的方法是不同的,对每个具体公司来说,其最佳战略是最终反映公司所处的内外部环境的独特产物。但是,从最广泛的意义上,波特归纳总结了三种具有内部一致性的基本战略,即成本领先战略(cost leadership strategy)、差异化战略(differentiation strategy)和集中化战略(focus strategy)。

三种竞争战略之间的关系可由图3-2表示:

从图3-2可以看到,在三种基本战略中成本领先战略和差异化战略是基本战略的基础,它们是一对"对偶"的战略,而集中化战略不过是将这两种战略运用在一个特定的细分市场而已。

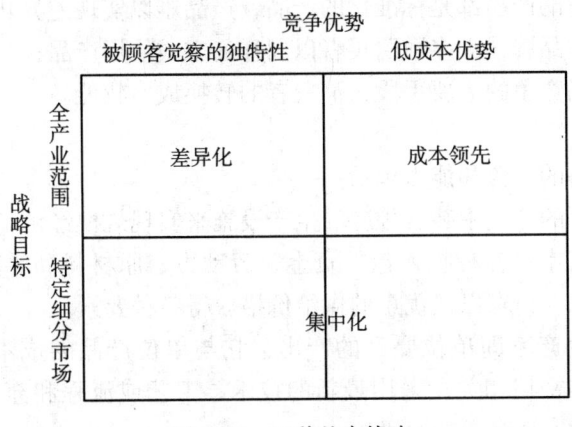

图 3-2 三种基本战略

**(一) 成本领先战略**

成本领先战略是指企业通过在内部加强成本控制,在研究开发、生产、销售、服务和广告等领域把成本降到最低限度,成为产业中的成本领先者的战略。按照波特的思想,成本领先战略应该体现为产品相对于竞争对手而言的低价格。但是,成本领先战略并不意味着仅仅获得短期成本优势或者仅仅是削减成本,它是一个"可持续成本领先"的概念,即企业通过其低成本地位来获得持久的竞争优势。

1. 采用成本领先战略的优势。

企业采用成本领先战略可以使企业有效地对付产业中的五种竞争力量,以其低成本的优势,获得高于行业平均水平的利润。

(1) 形成进入障碍。

企业的生产经营成本低,便为产业的潜在的进入者设置了较高的进入障碍。那些在生产技术不熟练、经营上缺乏经验的企业,或缺乏规模经济的企业都很难进入此产业。

(2) 增强讨价还价能力。

企业成本低,可以使自己应付投入费用的增长,提高企业与供应者的讨价还价能力,降低投入因素变化所引起的影响。同时,企业成本低,可以提高自己对购买者的讨价还价的能力,对抗强有力的购买者。

(3) 降低替代品的威胁。

企业的成本低,在与替代品竞争时,可以凭借其低成本的产品和服务吸引大量的顾客,降低或缓解替代品的威胁,使自己处于有利的竞争地位。

(4) 保持领先的竞争地位。

当企业与产业内的竞争对手进行价格战时,企业由于成本低,可以在其对手毫无利润的低价格的水平上保持盈利,从而扩大市场份额,保持绝对的竞争优势。

2. 成本领先战略的实施条件。

(1) 市场情况。

从市场情况考察,成本领先战略主要适用于以下一些情况:

①产品具有较高的价格弹性,市场中存在大量的价格敏感用户;

②产业中所有企业的产品都是标准化的产品,产品难以实现差异化;
③购买者不太关注品牌,大多数购买者以同样的方式使用产品;
④价格竞争是市场竞争的主要手段,消费者的转换成本较低。

(2) 资源和能力。

实现成本领先战略的资源和能力包括:

①在规模经济显著的产业中装备相应的生产设施来实现规模经济。

②降低各种要素成本。各种投入包括资金、劳动力、原材料和零部件等生产要素都是企业成本的直接来源。力求以最优惠的供给价格获得各种要素。

③提高生产率。生产率即单位要素的产出,它与单位产品的成本互为倒数,因此,提高生产率与降低成本密切相关。采用最新的技术、工艺或流程和充分利用学习曲线来降低成本,都是提高生产率必要的手段。

④改进产品工艺设计。企业价值工程研究的一个重要内容是寻找物美价廉的替代品。采用简单的产品设计,通过减少产品的功能但同时又能充分满足消费者需要来降低成本。

⑤提高生产能力利用程度。生产能力利用程度决定分摊在单位产品上的固定成本的多少。

⑥选择适宜的交易组织形式。在不同情况下,是采取内部化生产,还是靠市场获取,成本会的很大的不同。

⑦重点集聚。企业集中相关资源用于某一经营领域,如用于某一顾客群体、某一特定市场、某一类型产品、某一特定的技术等,可能会比分散地使用资源获得更多的效率。

3. 采取成本领先战略的风险。

(1) 技术的变化可能使过去用于降低成本的投资(如扩大规模、工艺革新等)与积累的经验一笔勾销。

(2) 产业的新加入者或追随者通过模仿或者以更高技术水平设施的投资能力,达到同样的甚至更低的产品成本。

(3) 市场需求从注重价格转向注重产品的品牌形象,使得企业原有的优势变为劣势。

企业在采用成本领先战略时,应注意这些风险,及早采取防范措施。

### (二) 差异化战略

差异化战略是指企业向顾客提供的产品和服务在产业范围内独具特色,这种特色可以给产品带来额外的加价,如果一个企业的产品或服务的溢出价格超过因其独特性所增加的成本,那么,拥有这种差异化的企业将获得竞争优势。

1. 采用差异化战略的优势。

企业采用差异化战略,可以很好地防御产业中的五种竞争力量,获得超过水平的利润。

(1) 形成进入障碍。

由于产品的特色,顾客对该产品或服务具有很高的忠实程度,从而使该产品和服务具有强有力的进入障碍。潜在的进入者要与该企业竞争,就需要克服由这种产品的独特性所造成的进入障碍。

(2) 降低顾客敏感程度。

由于顾客对企业产品或服务有很高的忠实性,所以当这种产品或服务的价格发生变化时，顾客对价格的敏感程度不高。生产该产品或提供该服务的企业便可以运用差异化战略，在产业的竞争中形成一个隔离地带，避免竞争的侵害。

（3）增强讨价还价能力。

差异化战略可以为企业产生较高的边际收益，降低企业的总成本，增强企业对付供应者讨价还价的能力。同时，由于购买者别无其他选择，对价格的敏感程度又低，所以企业又可以运用这一战略削弱购买者讨价还价的能力。

（4）抵御替代品威胁。

替代品能否替代老产品，主要取决于两种产品的性能—价格比的比较。差异化战略通过提高产品的性能来提高产品的性能—价格比。有助于抵御替代品的威胁。

2. 差异化战略的实施条件。

（1）市场情况。

①产品能够充分地实现差异化，且为顾客所认可；
②顾客的需求是多样化的；
③企业所在产业技术变革较快，创新成为竞争的焦点。

（2）资源和能力。

实施差异化战略应具备的资源和能力包括：

①具有强大的研发能力和产品设计能力；
②具有很强的市场营销能力；
③有能够确保激励员工创造性的激励体制、管理体制和良好的创造性文化；
④具有从总体上提高某项经营业务的质量、树立产品形象、保持先进技术和建立完善分销渠道的能力。

3. 采取差异化战略的风险。

（1）企业形成产品差别化的成本过高。

企业形成产品差别化的成本过高，从而与实施成本领先战略的竞争对手的产品价格差距过大，购买者不愿意为获得差异化的产品支付过高的价格。

（2）市场需求发生变化。

市场需求发生变化，购买者需要的产品差异化程度下降，使企业失去竞争优势。

（3）竞争对手的模仿和进攻使已建立的差异缩小甚至转向。

竞争对手的模仿和进攻使已建立的差异缩小甚至转向，这是随着产业的成熟而发生的一种普遍现象。

**（三）集中化战略**

集中化战略是指针对某一特定购买群体、产品细分市场或区域市场，采用成本领先或产品差异化来获取竞争优势的战略。集中化战略一般是中小企业采用的战略，可分为两类：集中成本领先战略和集中差异战略。

1. 采用集中化战略的优势。

由于采用集中化战略是企业在一个特定的目标市场上实施成本领先或差异化战略，所以，成本领先和差异化战略抵御产业五种竞争力的优势也都能在集中化战略中体现出来。此外，由于集中化战略避开了在大范围内与竞争对手的直接竞争，所以，对于一些力量还不足以与实力雄厚的大公司抗衡的中小企业来说，集中化战略的实施可以增强它们相对的竞争优势。即使是对于大企业来说，集中化战略的实施也能够避免与竞争对手正面冲突，使企业处于一个竞争的缓冲地带。

2. 集中化战略的实施条件。

（1）购买者群体之间在需求上存在着差异。

（2）目标市场在市场容量、成长速度、获利能力、竞争强度等方面具有相对的吸引力。

（3）在目标市场上，没有其他竞争对手采用类似的战略。

（4）企业资源和能力有限，难以在整个产业实现成本领先或差异化，只能选定个别细分市场。

3. 采取集中化战略的风险。

企业在实施集中化战略时，可能会面临以下风险：

（1）狭小的目标市场导致的风险。

由于狭小的目标市场难以支撑必要的生产规模，所以集中化战略可能带来高成本的风险，从而又会导致在较宽范围经营的竞争对手与采取集中化战略的企业之间在成本差别上日益扩大，抵消了企业在目标市场上的成本优势或差异化优势，使企业集中化战略失败。

（2）购买者群体之间需求差异变小。

由于技术进步、替代品的出现、价值观念更新、消费偏好变化等多方面的原因，目标市场与总体市场之间在产品或服务的需求上差别变小，企业原来赖以形成集中化战略的基础也就消失了。

（3）竞争对手的进入与竞争。

原来以较宽的市场为目标的竞争对手转而采取同样的集中化战略，或者竞争对手从企业的目标市场中找到了可以再细分市场，并以此为目标来实施集中化战略，从而使原来实施集中化战略的企业失去了优势。

**（四）基本战略的综合分析——"战略钟"**

基本竞争战略的概念非常重要，这是因为它给管理人员提供了思考竞争战略和取得竞争优势的方法。然而，当试图用这些概念解决企业实际战略选择时会遇到很多问题。企业遇到的实际情况比较复杂，并不能简单地归纳为应该采取哪一种基本战略。而且，即使是成本领先或差异化也只是相对的概念，在它们之中也有多个层次。克利夫·鲍曼（Cliff Bowman）将这些问题收入到一个体系内，并称这一体系为"战略钟"。他的这一思想很有参考价值，可以对波特的理论进行综合，将产品的价格作为横坐标，将顾客对产品认可的价值作为纵坐标，然后将企业可能的竞争战略选择在这一平面上用8种途径表现出来（见图3-3）。

1. 成本领先战略。

成本领先战略包括途径1和途径2。可以大致分为两个层次：一是低价低值战略（途径1）；二是低价战略（途径2）。低价低值途径看似没有吸引力，但有很多公司按这一途径经营很成功。这时企业关注的是对价格非常敏感的细分市场，在这些细分

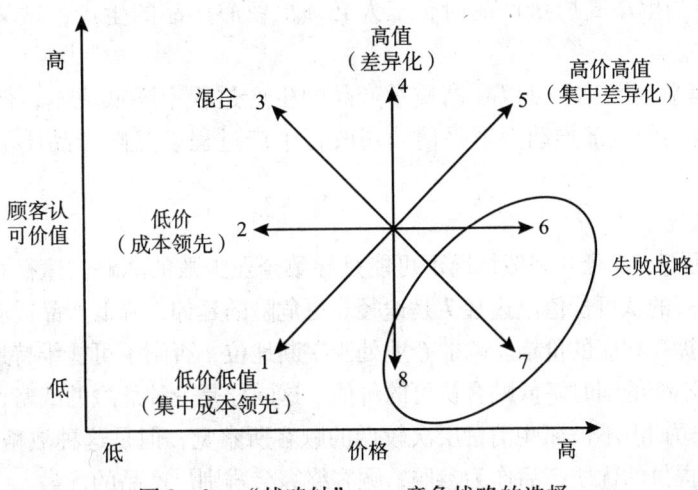

图3-3 "战略钟"——竞争战略的选择

市场中,虽然顾客认识到产品或服务的质量很低,但他们买不起或不愿买更好质量的商品。低价低值战略是一种很有生命力的战略,尤其在面对收入水平较低的消费群体的企业,很适合采用这种战略。途径1可以看成是一种集中成本领先战略。途径2则是企业寻求成本领先战略时常用的典型途径,即在降低价格的同时,努力保持产品或服务的质量不变。

2. 差异化战略。

差异化战略包括途径4和途径5。也可大致分为两个层次:一是高值战略(途径4);二是高值高价战略(途径5)。途径4也是企业广泛使用的战略,即以相同或略高于竞争者的价格向顾客提供高于竞争对手的顾客认可价值。途径5则是以特别高的价格为顾客提供更高的认可价值。一些高档购物中心、宾馆、饭店等,就是实施这种战略。这种战略在面对高收入消费者群体时很有效,因为产品或服务的价格本身也是消费者经济实力的象征。途径5可以看成是一种集中差异化战略。

3. 混合战略。

混合战略指途径3。在某些情况下,企业可以在为顾客提供更高的认可价值的同时,获得成本优势。这与波特原来的设想有所不同。在波特与英国最大的百货超市连锁店Sainsbury公司的总经理戴维·塞恩斯伯里(David Sainsbury)讨论基本战略问题时,塞恩斯伯里认为,只关心价格或只关心质量的消费者都只是非常小的一部分,大多数人既关心价格也关心质量。所以应该在成本领先战略与差异化战略之间,探讨这样一种战略,即注重于价格和质量的中间范围。一些经济学家还指出,一个公司的优势很少完全建立在成本或差异上。可以找到不少以比竞争者更低的成本,提供比竞争者更多的消费者认可的价值的例子。

从理论角度看,以下一些因素会导致一个企业同时获得两种优势:

(1)提供高质量产品的公司会增加市场份额,而这又会因规模经济而降低平均成本。其结果是,公司可同时在该产业取得高质量和低成本的定位。

(2)生产高质量产品的经验累积降低成本的速度比生产低质量产品快。其原因与下面的事实有关，当生产高质量产品时，工人必须更留心产品的生产，这又会因经验曲线而降低平均成本。

（3）注重提高生产效率可以在高质量产品的生产过程中降低成本，例如，全面质量管理（TQM）运动的全部推动力就是使公司改善生产过程以提高产品质量，同时降低平均成本。

4. 失败的战略。

途径6、途径7、途径8一般情况下可能是导致企业失败的战略。途径6提高价格，但不为顾客提供更高的认可价值。途径7是途径6更危险的延伸，降低产品或服务的顾客认可价值，同时却在提高相应的价格。除非企业处于垄断地位，否则不可能维持这样的战略。途径8在保持价格不变的同时降低顾客认可的价值，这同样是一种危险的战略，虽然它具有一定的隐蔽性，在短期内不被那些消费层次较低的顾客所察觉，但是这种战略是不能持久的，因为有竞争对手提供的优质产品作为参照，顾客终究会辨别出产品的优劣。

**二、中小企业竞争战略**

波特在《竞争战略》中对几个重要的产业环境类型进行了更具体的战略分析。他的分析主要是依据产业集中程度、产业成熟情况等角度展开的。其中零散产业和新兴产业大多是以中小企业为主体，所以从某种意义上讲，也可以说是对中小企业竞争战略的研究。需要明确的是，以下将阐述零散产业和新兴产业中的一些特殊战略问题，并不能作为在这些产业中战略制定的全面指导。这里所阐述的原则应与本书中其他部分阐述的全部概念、理论和技巧相结合，才能形成这些产业中战略分析的完整结构。

**（一）零散产业中的竞争战略**

零散型产业是一种重要的结构环境，在这种产业中，产业集中度很低，没有任何企业占有显著的市场份额，也没有任何一个企业能对整个产业的发展产生重大的影响。在一般的情况下，零散型产业由很多中、小型企业构成。零散型产业存在于经济活动的许多领域中，如一些传统服务业——快餐业、洗衣业、照相业等都属于这种产业。

1. 造成产业零散的原因。

研究产业零散的原因是分析零散产业战略的重要内容。产业零散的原因主要来源于产业本身的基础经济特性。

（1）进入障碍低或存在退出障碍。

进入障碍低是造成产业零散的前提。由于进入障碍低，大量中小企业涌入该产业，成为产业中竞争的主导力量。另一方面，如果产业存在退出障碍，则收入持平的企业将倾向于在产业中维持，并因此求得巩固。

（2）市场需求多样导致高度产品差异化。

在某些产业中，顾客的需求是零散的，每一个顾客希望产品或服务有不同的式样，不愿意接受更标准化的产品，也愿意为这种要求付出代价。这种需求的多样性在大众的日常消费中表现得非常明显。如消费者对餐馆、洗衣店、理发店、女性时装店等提供的产品与服务，都有各自不同的要求。这种需求的零散性还表现在消费者消费地点的零散。对一些产品或服务，消费者总是希望能够就近获取，例如，快餐、超市、农贸市场等。

由于顾客需求的零散,导致该产业高度产品差别化,有效地限制了企业的规模,使效率不同的中小企业得以生存发展。

(3) 不存在规模经济或难以达到经济规模。

一些产业需要投入的固定资产较少,而专门技能是产业中竞争优势的主要来源。由于专门技能的复制不是件轻而易举的事情,所以,这些产业中不存在规模经济。又如,市场需求的快速变化与多样性,要求迅速反应和多种功能间紧密合作,大企业难以发挥规模优势。再如,消费者对消费地点要求的差异性使高度集中的大企业无法满足消费者要求。还有一种可能的情况是,由于买方和卖方产业结构的原因,顾客和供应者如此强大,以至一个大企业在与之打交道时,和小企业相比也没有更多的讨价还价能力,因而无规模优势。有时,这些供应商或购买者还可能会通过有意识延伸其业务范围或鼓励新企业进入的方式使产业中的企业规模较小。此外,在有些产业,虽然在生产过程中可能存在规模经济,但由于高运输成本、高库存成本或不稳定的销售波动可能难以达到规模经济所需要的经济规模。

以上三个方面的原因是从产业本身的经济特性角度归纳的。如果再考虑其他的因素,如政府政策和地方法规对某些产业集中的限制,以及一个新产业中还没有企业掌握足够的技能和能力以占据重要的市场份额等因素,也是导致产业零散的原因。

2. 零散产业的战略选择。

零散产业中有很多企业,每个企业的资源和能力条件会有很大差异,因此零散产业的战略选择可以从多个角度考虑。如果从三种基本竞争战略的角度出发,零散产业的战略选择可分为以下三类:

(1) 克服零散——获得成本优势。

零散产业的特点就是零散,企业无规模经济优势。但是,如果某一个企业能够克服零散,那么它的战略回报将会是很高的,其原因在于按零散产业的定义,进入这一产业的成本低,竞争者都比较弱小,它们进行报复的威胁不大。根据造成产业零散的原因,企业克服零散的途径有如下几条:

①连锁经营或特许经营。对于由顾客消费地点或消费口味不同而造成的生产规模的不经济性,克服零散最好的办法就是连锁经营或特许经营。这与许多制造业通过集中生产获得规模经济的方式完全不同。如一些便民超市、快餐店、理发店、美容厅等零售业和服务业,通过连锁经营或特许经营的方式可以使这些服务点仍然分散在居民的生活区中间,但是可以建立起区域性的供货配送中心,克服高运输成本,减少库存,快速反应顾客的需求,并分享共同的管理经验。正是由于连锁经营和特许经营能够克服零散,使企业获得规模经济带来的成本优势,在零售业这样一个原本属于中小企业天下的产业中,崛起了沃尔玛、家乐福等这样一些世界顶级的大企业。

②技术创新以创造规模经济。如果技术变化能够产生规模经济,产业的集中就可能发生。

③尽早发现产业趋势。如果产业零散的原因是由于产业处于开发期或成长期,那么随着产业的演变可能会发生集中。导致集中的因素可能是多方面的,比如,替代品的威胁通过改变顾客需要而触发了集中;批发渠道结构的改变和其他产业的变动趋势会直接

或间接地对造成零散的原因发生作用；政府或管理当局可能提高产品或制造标准，使其超过小企业能力所及，以造成规模经济的实现等。尽早意识到产业发展趋势，可以使企业较早地利用这些结果而处于主动的地位，这可能是克服零散的一种重要方法。

实施以上的战略可能会使零散产业中的一部分中小企业逐步发展为大企业，但是对于广大中小企业可以更多地考虑以下两种战略。

（2）增加附加价值——提高产品差异化程度。

许多零散产业的产品或服务是一般性的商品，所以就产品或服务本身来说提高差异化程度潜力已经不大。在这种情况下，一种有效的战略是增加商品的附加价值。

（3）专门化——目标集聚。

零散产业需求多样化的特点，为企业实施重点集中战略提供了基础条件。在零散产业中可以考虑以下几种专门化战略：

①产品类型或产品细分的专门化。当造成产业零散的原因之一是产品系列中存在多项不同产品时，产品类型或产品细分的专门化就是一种可行的战略。企业可以通过使其产品达到足够大的规模来增加与供应商的讨价还价能力；还可以通过具有专门技能而提高细分市场上产品差异化程度。但是，这种战略的代价是可能会对企业的发展规模形成某些限制。

②顾客类型专门化。企业专注于产业中一部分特定顾客也可以获得潜在的收益。这些顾客可能因购买量小或规模小而造成讨价还价能力低下；或者可能对产品或服务有特殊要求而对价格很不敏感。像产品专门化一样，顾客专门化也可能限制企业的发展规模，但企业可能获得更高的利润率。

③地理区域专门化。有些产业在大的地域范围内可能不存在规模经济或者企业难以达到规模经济所需的市场份额，但是在一个小的地域范围内却可能获得重要的经济性。其方法是集中设备、选择更有效的广告，使用唯一的分销商等而获得经济性。例如一些地方性的小食品企业在本地集中经营就相当成功，尽管存在一些全国性大型企业，但食品产业仍保持着零散产业的特点。

3. 谨防潜在的战略陷阱。

零散产业独特的结构环境造成了一些特殊的战略陷阱。某些常见的陷阱应引起足够的警惕。在零散产业中进行战略选择要注意以下几个方面：

（1）避免寻求支配地位。

零散产业的基本结构决定了寻求支配地位是无效的，除非可以从根本上出现变化。造成产业零散的原因通常会使企业在增加市场份额的同时面对低效率和失去产品差异性。特别地，企图对所有的人在所有方面占优势会导致竞争力量的脆弱性达到最大值。波特用了一个典型的例子说明其中的道理。

（2）保持严格的战略约束力。

零散产业的竞争结构总是要求市场集中或专注于某些严格的战略原则。执行这些原则要求有充分的勇气舍弃某些业务，也要求组织内部的资源配置具有相对的稳定性。一项无约束力的易变的战略可能在短期内产生效果，但在长期发展中，由于战略执行过于随机，会削弱自身的竞争力。

(3) 避免过分集权化。

在许多零散产业中的竞争本质在于人员服务、当地联系、营业的近距离控制、对波动及式样变化的反应能力等。在许多情况下，集权化的组织结构与生产效率背道而驰，因为它延缓反应时间，经营单位的管理人员的主动性小，难以适应零散产业中的竞争。

(4) 了解竞争者的战略目标与管理费用。

零散产业中有许多小型的私营企业，这些企业往往是家族式的管理方式：使用家庭劳动力，经常在家中工作。它们的管理费用通常很低，其目标与股份制企业也有很大差异，它们可能对较低的赢利水平就感到满意，因而对价格变动或其他产业事件的反应与"正常"企业相比可能极不相同。

(5) 避免对新产品做出过度反应。

在零散产业中，巨大的竞争者数量与激烈的竞争往往使一种新产品成为激烈竞争的救星。但是，由于零散产业需求的多样性与缺乏规模经济，企业对新产品做出的大量投资在该产品的成熟期并不容易收回，也难以获得较高的回报。虽然在所有产业中怎样对待新产品都是一个困难的问题，但在零散产业中显得尤为突出。

**（二）新兴产业中的竞争战略**

新兴产业是新形成的或重新形成的产业。其形成的原因是技术创新、消费者新需求的出现，或其他经济和社会变化将某个产品或服务提高到一种潜在可行的商业机会的水平。例如，电讯、计算机、家用电器等产业是创新技术的产物；搬家公司、送餐公司、礼仪公司等则是新需求的产物；典当行曾是我国的老产业，随着改革开放的发展它又成为我国的一个新兴产业。

从战略制定的观点看，新兴产业的基本特征是没有游戏规则。缺乏游戏规则既是风险又是机会的来源。

1. 新兴产业内部结构的共同特征。

新兴产业在内部结构上彼此差异很大，但是仍有一些共同的结构特征。

(1) 技术的不确定性。在新兴产业中，企业的生产技术还不成熟，还有待于继续创新与完善。同时，企业的生产和经营也还没有形成一整套的方法和规程，哪种产品结构最佳，哪种生产技术最有效率等都还没有明确的结论。

(2) 战略的不确定性。与技术不确定性相联系的是战略的不确定性。在新兴产业中，由于产业内的企业对于竞争对手、顾客特点和处于新兴阶段的产业条件等只有较少的信息，没有企业知道所有的竞争者是谁，也没有企业能够经常得到可靠的产业销售量和市场份额的信息。所以企业在产品—市场定位、市场营销和服务等方面经常会进行多种尝试，没有公认的"正确"的战略。

(3) 成本的迅速变化。新兴产业通常有一段非常陡峭的学习曲线发生作用。这意味着新兴产业最初的高成本会以很快的速度下降。小批量和新产品常在新兴产业初期形成相对较高的成本。然而随着生产过程和工厂设计的改进、工作熟练程度的提高、销售额的增长导致的规模与累积产量的大幅度增加，企业的生产效率会大幅度提高。如果学习曲线的作用能与产业增长时所获得的规模经济的作用相结合，则成本下降会更快。

(4) 萌芽企业和另立门户。由于产业没有成型的游戏规则，也不存在规模经济等进入障碍，最早进入新兴产业的大多是萌芽企业。萌芽企业是指新成立的企业。与萌芽企业的进入相联系的是许多另立门户企业，即那些已立足的企业中的雇员走出企业创立他们自己的新企业。在新兴产业中另立门户现象涉及很多因素：第一，在迅速发展和充满机会的环境中，权益投资要比在已立足公司中充当工薪阶层更具吸引力。第二，由于新兴产业中存在技术和战略的流动性，已立足企业的雇员具有良好的条件去实现其更新的想法，这些新想法在原有企业可能由于转换成本过大而无法实现。例如，波特指出，当美国的几家数据设备公司的雇员确认其公司不会开发一种他们认为有很高潜力的产品时，通用数据公司便产生了。萌芽企业和另立门户的企业一般不可能是大企业，所以新兴产业也是中小企业的天下。

（5）首次购买者。新兴产业中许多顾客都是第一次购买。还有许多顾客对新兴产业持等待观望的态度，认为第二代或第三代技术将迅速取代现有的产品。在这种情况下，市场营销的中心活动是选择顾客对象并诱导初始购买行为。

新兴产业在不同程度上面临产业发展的障碍。从产业的五种竞争力角度分析，这些障碍主要表现在新兴产业的供应者、购买者与被替代品三个方面，其根源还在于产业本身的结构特征。

（1）专有技术选择、获取与应用的困难。

（2）原材料、零部件、资金与其他供给的不足。

（3）顾客的困惑与等待观望。

（4）被替代产品的反应。

（5）缺少承担风险的胆略和能力。

不难看到，上述障碍最终来源于新兴产业的技术与战略不确定、不稳定的产品质量、缺乏产品或技术标准，以及难以避免的早期高成本等产业特征。

尽管新兴产业的特征可能成为产业发展的障碍与风险的来源，但也同样会成为发展机遇的来源。新兴产业的发展机遇更多地从五种竞争力中的另外两个方面——进入障碍与产业内现有企业的竞争中表现出来。由于新兴产业进入障碍相对较低，产业尚处于不平衡状态，竞争结构还没有完全建立起来，因此，相对于成熟产业，新兴产业的进入成本与竞争代价都会小得多。

3. 新兴产业的战略选择。

在新兴产业中，发展风险与机遇共存，而风险与机遇都来源于产业的不确定性。所以新兴产业中的战略制定过程必须处理好这一不确定性。

（1）塑造产业结构。

在新兴产业中占压倒地位的战略问题是考虑企业是否有能力促进产业结构趋于稳定而且成型。这种战略选择使企业能够在产品策略、营销方法以及价格策略等领域建立一套有利于自身发展的竞争原则，从而有利于企业建立长远的产业地位。

（2）正确对待产业发展的外在性。

在一个新兴产业中，一个重要的战略问题是在对产业倡导和追求自身狭窄利益的努力之间做出平衡。产业的整体形象、信誉、与其他产业的关系、产业吸引力、顾客对产业的认知程度、产业与政府及金融界的关系等都与企业的生产经营状况息息相关。产业内企业的发展，离不开与其他同类企业的协调以及整个产业的发展。企业为了产业的整体利益以及企业自身的长远利益，有时必须放弃暂时的自身利益。

（3）注意产业机会与障碍的转变，在产业发展变化中占据主动地位。

新兴产业迅速发展可能会使原有的障碍和机会都发生变化。当产业在规模上有所发展，企业也证明了自身价值时，供应商和分销渠道的态度和行为可能会向有利于企业发展的方向转变。那么，尽早挖掘这些方向变化可能给企业提供战略机会。新兴产业早期的进入障碍也可能会迅速变化，当产业在规模上发展和技术上成熟时，企业不能永远依靠诸如专有技术或独特产品种类等进入障碍保卫自身地位。对变化的进入障碍做出反应可能涉及投入比早期阶段更多的资金。再则，产业的发展会吸引更有规模、资金和市场营销等实力的企业进入，甚至供给者和购买者也可能以纵向一体化的方式进入该产业。在这些情况下，企业必须有应对激烈竞争的准备。

（4）选择适当的进入时机与领域。

选择适当的进入时机在新兴产业中尤为重要。早期进入涉及高风险，但可以在关键市场取得"局内人的位置"，获得市场支配地位。当下列基本情况具备时，早期进入是适当的：

①企业的形象和声望对顾客至关重要，企业可因先驱者而发展和提高声望。

②产业中的学习曲线很重要，经验很难模仿，并且不会因持续的技术更新换代而过时，早期进入企业可以较早地开始这一学习过程。

③顾客忠诚非常重要，那些首先对顾客销售的企业将获得较高的收益。

④早期与原材料供应、分销渠道建立的合作关系对产业发展至关重要。

而在下列情况下，早期进入将是非常危险的：

①早期竞争的细分市场与产业发展成熟后的情况不同，早期进入的企业建立了竞争基础后，面临过高的转换成本。

②为了塑造产业结构，需付出开辟市场的高昂代价，其中包括顾客教育、法规批准、技术开拓等，而开辟市场的利益无法成为企业专有。

③技术变化使早期投资过时，并使晚期进入的企业因拥有最新产品和工艺而获益。

进入战略的选择还包括对进入领域的选择，即使是新兴产业，不同领域的市场发展前景、发展速度、五种竞争力的变化状况也不尽相同，因而产业整体的赢利水平也会有较大差异，所以，本书在第二章所讨论的产业分析和市场分析的理论与方法，应作为企业进入哪一个新兴产业的主要依据。

### 三、蓝海战略

自波特教授的《竞争战略》和《竞争优势》两部战略专著问世后，"竞争"就成了战略管理领域的关键词。在基于竞争的战略思想指导下，企业常常在"差异化"和"成本领先"战略之间选择其一，确立自身的产品或服务在市场中的独特定位，以打败竞争对手，最大限度地占有市场份额。然而，追求"差异化"战略意味着相应地增加成本，而以"成本领先"为导向的战略又限制了企业所能获取的利润率。今天，在越来越多的产业中，竞争白热化，而需求却增长缓慢甚至停滞萎缩。随着越来越多的企业去瓜分和拼抢有限的市场份额和利润，无论采取"差异化"还是"成本领先"战略，企业取得获利性增长的空间都越来越小。在这种情况下，企业如何才能从血腥的竞争中脱颖而出？如何才能启动和保持获利性增长？

欧洲工商管理学院W. 钱·金（W. Chan Kin）、勒妮·莫博涅（Renee Mauborgne）在2005年2月由哈佛商学院出版的研究成果《蓝海战略》（Blue Ocean Strategy）为企业指出了一条通向未来增长的新路。他们认为，"红海"战略主要是立足当前业已存在的行业和市场，采取常规的竞争方式与同行业中的企业展开针锋相对的竞争。而"蓝海"战略是指不局限于现有产业边界，而是极力打破这样的边界条件，通过提供创新产品和服务，开辟并占领新的市场空间的战略。

W. 钱·金和勒妮·莫博涅在《蓝海战略》一书中对蓝海战略的制定和实施进行了系统的阐述和归纳。下面我们仅从蓝海战略最直观的形象去领略蓝海战略区别于传统战略的不同思维。

### （一）蓝海战略的内涵

尽管蓝海是个新名词，它却不是一个新事物。无论过去还是现在，它都是商业生活的一部分。历史表明，产业在不断被开创和扩展，产业的条件和边界也不是一成不变的，企业个体可以重塑这些条件和边界。企业不必在给定的市场空间内残酷竞争。

然而当前主导性的战略思考仍然是基于竞争的红海战略。原因之一是企业战略受军事战略的影响颇深。一旦企业把目光集中于红海，就等于接受了战争中的限制因素——有限的阵地以及必须击败敌人才能获取胜利的概念，忽略了商业世界的独特力量——避开竞争，创造新的市场空间。

蓝海的开拓者则并不将竞争作为自己的标杆，而是遵循另一套完全不同的战略逻辑，即"价值创新"（value innovation）。这是蓝海战略的基石。之所以称为价值创新，原因在于它并非着眼于竞争，而是力图使客户和企业的价值都出现飞跃，由此开辟一个全新的、非竞争性的市场空间。

价值创新不仅仅是"创新"，而是涵盖整个公司行为体系的战略问题。价值创新要求企业引导整个体系同时以实现客户价值和企业自身价值飞跃为目标。如果不能将这两个目标相结合，创新必然会游离于战略核心之外。表3-4归纳了红海和蓝海战略的关键性差异。

表3-4　　　　　　　　　红海和蓝海战略比较

| 红海战略 | 蓝海战略 |
| --- | --- |
| 在已经存在的市场内竞争 | 拓展非竞争性市场空间 |
| 参与竞争 | 规避竞争 |
| 争夺现有需求 | 创造并攫取新需求 |
| 遵循价值与成本互替定律 | 打破价值与成本互替定律 |
| 根据差异化或低成本的战略选择，把企业行为整合为一个体系 | 同时追求差异化和低成本，把企业行为整合为一个体系 |

## (二) 蓝海战略制定的原则

蓝海战略是一种崭新的战略思维,其制定和实施的方法也完全不同于典型的战略规划。典型的战略规划以冗长的产业现状和竞争态势的描述为基础,进而开始有关如何增加市场份额、夺取新的细分市场或缩减成本的讨论,其后又是提出目标和提案的纲要。这样的规划过程通常要准备一大套文件,而数据资料则是来源于企业不同部门的大杂烩。在这一过程中,经理们把思索战略规划的大部分时间都花在填空和摆弄数据上,而不是在思索中打破成规,对如何冲破现有竞争有一个清楚的全局性认识,因而只能导致一些战术性的红海行动,很少能启迪蓝海战略的开创。

蓝海战略开拓了一套条理清晰的绘制和讨论战略布局的过程,以将企业战略推向蓝海。表3-5列举了指导蓝海战略成功制定与实施的原则,以及这些原则所降低的风险。

表3-5 蓝海战略的六项原则

| 战略制订原则 | 各原则降低的风险因素 |
| --- | --- |
| 重建市场边界 | ↓ 搜寻的风险 |
| 注重全局而非数字 | ↓ 规划的风险 |
| 超越现有需求 | ↓ 规模的风险 |
| 遵循合理的战略顺序 | ↓ 商业模式风险 |
| 战略执行原则 | 各原则降低的风险因素 |
| 克服关键组织障碍 | ↓ 组织的风险 |
| 将战略执行建成战略的一部分 | ↓ 管理的风险 |

## (三) 重建市场边界的基本法则

蓝海战略的第一条原则,就是重新构筑市场的边界,从而打破现有竞争局面,开创蓝海。这一原则解决了令许多公司经常会碰到的搜寻风险。其难点在于如何成功地从一大堆机会中准确地挑选出具有蓝海特征的市场机会。

蓝海战略总结了六种重建市场边界的基本法则,被称之为六条路径框架。表3-6对六种重建市场边界的路径框架作了一个小结。

表3-6 从肉搏式竞争到蓝海战略

| | 肉搏式竞争 | 开创蓝海战略 |
| --- | --- | --- |
| 产业 | 专注于产业内的竞争者 | 审视他择产业 |
| 战略群体 | 专注于战略群体内部的竞争地位 | 跨越产业内不同的战略群体 |
| 买方群体 | 专注于更好地为买方群体服务 | 重新界定产业的买方群体 |
| 产品或服务范围 | 专注于在产业边界内将产品或服务的价值最大化 | 放眼互补性产品或服务 |
| 功能—情感导向 | 专注于产业既定功能—情感导向下性价比的改善 | 重设产业的功能与情感导向 |
| 时间 | 专注于适应外部发生的潮流 | 跨越时间参与塑造外部潮流 |

1. 路径一:审视他择产业。

他择品的概念要比替代品更广。形式不同但功能或者核心效用相同的产品或服务,属于替代品（substitutes）。而他择品（alternatives）则还包括了功能和形式都不同目的却相同的产品或服务。

2. 路径二：跨越战略群组。

本书第二章阐述战略群组分析的第四个角度，就是"利用战略群组图还可以预测市场变化或发现战略机会"，这是重建产业边界的又一路径。

3. 路径三：重新界定产业的买方群体。

在一个产业中的企业通常会都集中于某一类购买群体。举例来说，医药行业主要将目光放在有影响力的群体即医生身上；办公用品行业主要关注采购者，即企业的采购部门；而服装行业主要直接向使用者销售产品。

挑战产业有关目标买方群体的常识成规，就可以引领我们发现新的蓝海。

4. 路径四：放眼互补性产品或服务。

产品或服务很少会被单独使用。很多情况下，他们的价值会受到别的产品或服务的影响。但是，在大多数情况下，企业生产的产品或提供的服务都局限于产业范围内。事实上，在互补产品或服务背后常常隐藏着巨大的价值。

5. 路径五：重设客户的功能性或情感性诉求。

一些产业主要通过价格和功能来竞争，关注的是给客户带来的效用，客户的诉求是功能性的；其他一些产业主要以客户感觉为竞争手段，客户的诉求是情感性的。当企业关注挑战产业中已经存在的功能或情感诉求时，常常会发现新的市场机会。

6. 路径六：跨越时间。

随着时间的推移，很多产业都会受到外部趋势变化的影响，例如，互联网迅速崛起和全球环保运动的兴起。如果企业能够正确预测到这些趋势，就可能会找到蓝海市场机会。

## 第三节 职能战略

职能战略，又称职能层战略，主要涉及企业内各职能部门，如营销、财务、生产、研发（R&D）、人力资源、信息技术等，确保更好地配置企业内部资源，为各级战略服务，提高组织效率。

# 第四章 战略实施

## 第一节 公司战略与组织结构

组织结构是波特价值链理论中公司重要的支持活动,组织结构的调整与完善是战略实施的重要环节。本节首先阐述企业组织结构的构成要素,进而阐述纵向分工与横向分工结构,分析不同结构对战略的影响,最后阐述组织结构与战略的关系。

### 一、组织结构的构成要素

组织结构是组织为实现共同目标而进行的各种分工和协调的系统。它可以平衡企业组织内专业化与整合两个方面的要求,运用集权和分权的手段对企业生产经营活动进行组织和控制。不同产业、不同生产规模的企业结构是不同的。因此,组织结构的基本构成要素是分工与整合。

1. 分工。

分工是指企业为创造价值而对其人员和资源的分配方式。一般来讲,企业组织内部不同职能或事业部的数目越多、越专业化,企业的分工程度就越高。

企业在组织分工上有两个方面:

(1)纵向分工。企业高层管理人员必须在如何分配组织的决策权上做出选择,以便很好地控制企业创造价值的活动。这种选择就是纵向分工的选择。例如,企业高层管理人员必须决定对事业部的管理人员授予多少权责。

(2)横向分工。企业高层管理人员必须在如何分配人员、职能部门以及事业部方面做出选择,以便增加企业创造价值的能力。这种选择是横向分工选择。例如,企业高层管理应该是设立销售部门与广告等促销部门,还是将两个部门合并为一个实体?

2. 整合。

整合是指企业为实现预期的目标而用来协调人员与职能的手段。为了实现企业目标,企业必须建立组织结构,协调不同职能与事业部的生产经营活动,以便有效地执行企业的战略。例如,为了开发新产品,企业可以建立跨职能的团队,使不同部门不同职能的员工一起工作。这就是一般意义上的整合。

总之，分工是将企业转化成不同职能及事业部的手段，而整合是要将不同的部门结合起来。

## 二、纵横向分工结构

### （一）纵向分工结构

1. 纵向分工结构的基本类型。

纵向分工是指企业高层管理人员为了有效地贯彻执行企业的战略，选择适当的管理层次和正确的控制幅度，并说明连接企业各层管理人员、工作以及各项职能的关系。

纵向分工基本有两种形式：一是高长型组织结构；二是扁平型组织结构（见图4-1）。

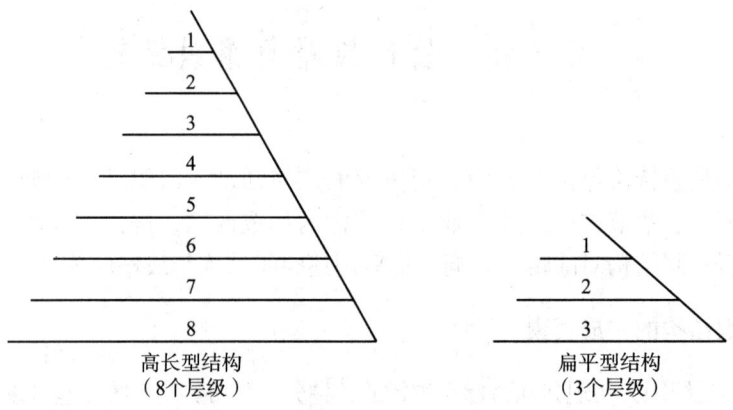

图4-1 高长型与扁平型组织结构

（1）高长型组织结构。高长型组织结构是指具有一定规模的企业的内部有很多管理层次。在每个层次上，管理人员的控制幅度较窄。这种结构有利于企业内部的控制，但对市场变化的反应较慢。从实际管理来看，拥有3 000名员工的企业平均的管理层次一般为7个层次。如果某公司有8个管理层次，则为高长型结构。

（2）扁平型组织结构。扁平型组织结构是指具有一定规模的企业的内部管理层次较少。在每个层次上，管理人员的控制幅度较宽。这种结构可以及时地反映市场的变化，并做出相应的反应，但容易造成管理的失控。

企业应根据自己的战略以及战略所需要的职能来选择组织的管理层次。例如，企业为了更及时地满足市场的需求，追求产品的质量与服务，通常采用扁平型组织结构。国外研究表明，在拥有1 000名员工的公司里，一般有4个管理层次，即总经理、部门经理、一线管理人员以及基层员工。而在有3 000名员工的公司里，管理层次增加到8个。当员工超过3 000人，甚至超过10 000人时，管理层次很少增加，一般不超过9个或10个。这说明当企业达到一定规模时，企业便会使组织的管理层次保持在一定的数目上，尽可能使组织结构扁平化。企业的管理层次过多，企业的战略难以实施，而且管理费用会大幅度的增加。

2. 纵向分工结构组织内部的管理问题。

（1）集权与分权。在企业组织中，集权与分权各有不同的适用条件，应根据企业的具体情况而定。

集权是指企业的高层管理人员拥有最重要的决策权力。在战略管理中，集权可以使企业高层管理人员比较容易地控制与协调企业的生产经营活动，以达到企业预期的目标。

集权型企业一般拥有多级管理层，并将决策权分配给顶部管理层；其管理幅度比较窄，从而呈现出层级式结构。较为典型的集权型企业包括多个专门小组，比如营销、销售、工程、产品、研发、人事和行政小组。产品线数量有限且关系较为密切的企业更适于采用集权型结构，而专业化就意味着收益和节约。然而，当企业产品线数量过多或者专业化并非企业的重要资产时，集权型结构的效果就略为逊色了。

集权型决策的优点：
①易于协调各职能间的决策；
②易于对上下沟通的形式进行规范（比如利用管理账户）；
③能与企业的目标达成一致；
④危急情况下能够作出快速决策；
⑤有助于实现规模经济；
⑥这种结构比较适用于由外部机构（比如专业的非营利性企业）实施密切监控的企业，因为所有的决策都能得以协调。

集权决策的缺点：
①高级管理层可能不会重视个别部门的不同要求；
②由于决策时需要通过集权职能的所有层级向上汇报，因此决策时间过长；
③对级别较低的管理者而言，其职业发展有限。

分权型结构一般包含更少的管理层次，并将决策权分配到较低的层级，从而具有较宽的管理幅度并呈现出扁平型结构。

近年来，组织结构的设计多倾向于分权和员工授权程度更大的结构，而不太采用独裁型和集权型结构。这种转变的基础理念是：企业应当将权力分配给各个决策层级来授权和激励员工，这样企业能对其所在市场做出更快反应。

分权型结构减少了信息沟通的障碍，提高了企业反应能力，能够为决策提供更多的信息并对员工产生激励效应。在分权型业务单元中，将活动按照业务线和产品线进行分类，可以避免在多元化经营中使用职能型结构导致的复杂性，因此分权型结构中的基础构建模块是单一业务企业。

类似地，近年来分权理论提倡将非关键性活动外包出去。采用这一方法的前提在是某些情况下由外包者提供服务可以比企业内部提供服务更好、更有效率。当企业需要实施战略控制来培养战略能力并实现竞争优势时，采用外包的方式能够使企业将其资源和精力集中在关键的价值链活动上。这一过程会减少公司内部管理层次，并使组织结构扁平化。但批评的观点认为外包过量会使企业成为皮包企业，从而受到外部供应商的支配，并丧失主宰自身市场地位的技术和能力。

值得注意的是，公司采用集权型还是分权型组织并不是简单依据其采取的组织结构的类型（如是事业部结构还是职能部结构），企业采用以产品为基础的事业部结构而由公司总经理进行所有决策，这样的情况也是屡见不鲜的。比较重要的一点是，企业不仅应选择适当的结构还应对各个级别的权力做出适当的分配。此外，决策度与责任的大小也与企业的文化密切相关。比如，分权型企业要想成功，其员工必须在实际中承担责任，仅仅要求他们承担责任是远远不够的，管理这种文化的变化是一个企业成功的关键要素。

（2）中层管理人员人数。企业要根据自己的实际情况选择组织层次和指挥链。选择高长型结构时，要注意这种结构需要较多的中层管理人员，会增加行政管理费用。企业为了降低成本，使其结构效率化，应尽量减少管理层次。

（3）信息传递。企业内部信息传递是企业组织管理中的一个重要环节。企业内部管理层次越多，信息在传递的过程中就会发生不同程度的扭曲，不可能完整地到达信息传递的目的地。这样，也会增加管理的费用。因此，企业在选择高长型的结构时，应比较慎重。

（4）协调与激励。企业的管理层次过多时，会妨碍内部员工与职能部门间的沟通，增加管理费用。指挥链越长，沟通越困难，会使管理没有弹性。特别是，在运用新技术的企业里，如果采用高长型结构模式，企业通常会遇到各种障碍，不能有效地完成企业的目标。在这种情况下，企业应当采用扁平化结构。

在激励方面，高长型组织中的管理人员在行使权力时，往往会受到各种限制。结果，企业的管理人员容易产生推诿现象，不愿意承担责任，高层管理人员就需要花费大量的时间从事协调工作。而在扁平型结构中，一般管理人员拥有较大的职权，并可对自己的职责负责，效益也可以清楚地看出，并有较好的报酬。因此，扁平型结构比高长型结构更能调动管理人员的积极性。

（二）横向分工结构

1. 横向分工结构的基本类型。

从横向分工结构考察，企业组织结构有 8 种基本类型：创业型组织结构、职能制组织结构、事业部制组织结构、M 型企业组织结构（多部门结构）、战略业务单位组织结构（SBU）、矩阵制组织结构、H 型结构（控股企业/控股集团组织结构）和国际化经营企业的组织结构。

（1）创业型组织结构。创业型组织结构是多数小型企业的标准组织结构模式。采用这种结构时，企业的所有者或管理者对若干下属实施直接控制，并由其下属执行一系列工作任务。企业的战略计划（若有）由中心人员完成，该中心人员还负责所有重要的经营决策。这一结构类型的弹性较小并缺乏专业分工，其成功主要依赖于该中心人员的个人能力。

这种简单结构通常应用于小型企业。从一定意义上说，简单结构几乎等同于缺乏结构，至少是缺少正式意义上的组织结构。在这种结构中，几乎没有工作描述，并且每个人都参与正在进行的任务。然而，随着企业的发展，所有管理职能都由一个人承担就变得相当困难，因此为了促进企业的发展，应将该结构朝着职能制组织结构进行调整。

例如，一家书店在某地区内拥有数家分店，由创办人一人负责管理。每家分店的数名店员都由他亲自聘用，帮忙打理日常店务。这属于简单的创业型组织结构。最近，创办人得到一名投资者的赏识，投入资金，利用创办人的品牌在全国开设 80 多家连锁书店。随着企业规模的扩大，更多复杂的流水线和一体化机制，使该连锁书店实现从简单结构到职能制/事业部制组织结构的转变。

(2) 职能制组织结构。职能制组织结构被大多数人认为是组织结构的典型模式。这一模式表明结构向规范化和专门化又迈进了一步。

随着企业经营规模和范围的不断扩张，企业需要将职权和责任分派给专门单元的管理者。这样，中心人物——首席执行官的职责就变得更加细化，这反映了协调职能单元的需要，企业也更多地关注环境问题和战略问题。这是一个适用于单一业务企业的职能型结构。

如图4-2所示，不同的部门有不同的业务职能：营销部负责产品的营销和推广；产品部负责生产销售给客户的所有产品；财务部负责记录所有交易并控制所有与经费和财务相关的活动。理论上，各部门之间相互独立，但是在实务上部门之间通常有一定的相互作用和影响。

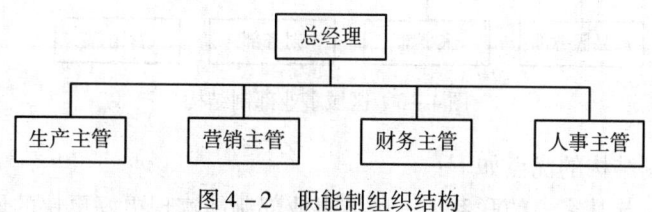

图4-2 职能制组织结构

职能制组织结构的优点如下：

第一，能够通过集中单一部门内所有某一类型的活动来实现规模经济。比如，所有的销售和营销工作都通过销售和营销部门来执行。

第二，有利于培养职能专家。

第三，由于任务为常规和重复性任务，因而工作效率得到提高。

第四，董事会便于监控各个部门。

职能制组织结构的缺点如下：

第一，由于对战略重要性的流程进行了过度细分，在协调不同职能时可能出现问题。

第二，难以确定各项产品产生的盈亏。

第三，导致职能间发生冲突、各自为政，而不是出于企业整体利益进行相互合作。

第四，等级层次以及集权化的决策制定机制会放慢反应速度。

(3) 事业部制组织结构。当企业逐步发展至有多个产品线之后，或者由于消费者市场迅速扩张企业必须进行跨地区经营时，企业的协调活动就变得比较困难。在这一阶段，事业部制组织结构应运而生。事业部制结构按照产品、服务、市场或地区定义出不同的事业部。将企业人员划分为不同的事业部被称为事业部制。由于总经理的时间和精力都被过度挤占，对分权化和半自治的需求就被放大了。企业总部负责计划、协调和安排资源。事业部则承担运营和职能责任。随着复杂性的增加，通过多元化，事业部自身的战略规划责任会有所增加。在某些情况下，采用区域事业部结构比较适当；而在其他情况下，采用产品事业部结构效果更好。

事业部制结构强化了这一点，即制定战略并不仅仅是高层管理者和领导者的任务。企业层、业务层和职能层的管理者都应在其各自的层级参与战略制定流程。

如前所述,在事业部制组织结构内可按产品、服务、市场或地区为依据进行细分。

①区域事业部制结构。当企业在不同的地理区域开展业务时,区域式结构就是一种较为适当的结构,它按照特定的地理位置来对企业的活动和人员进行分类。这种结构可用于本地区域(可将城市划分成销售区域)或国家区域(见图4-3)。例如,可按照北美区域、东南亚区域以及中东区域等进行划分。北美区域负责该地区的所有活动、所有产品以及所有客户。

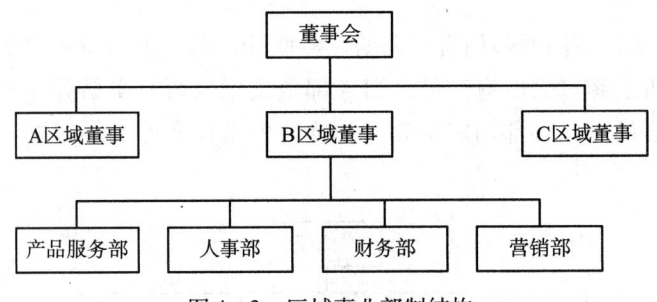

图4-3 区域事业部制结构

区域事业部制结构的优点如下:

第一,在企业与其客户的联系上,区域事业部制能实现更好更快的地区决策。

第二,与一切皆由总部来运作相比,建立地区工厂或办事处会削减成本费用。比如,可以削减差旅和交通费用。

第三,有利于海外经营企业应对各种环境变化。

区域事业部制结构的缺点如下:

第一,管理成本的重复。比如,一个国家企业被划分为10个区域,则每个区域办事处都需要一个财务部门。

第二,难以处理跨区域的大客户的事务。

②产品/品牌事业部制结构。产品型事业部制结构适用于具有若干生产线的企业。产品事业部结构是以企业产品的种类为基础设立若干产品部,而不是以职能或以区域为基础进行划分(见图4-4)。该结构可以将总体业务划分为若干战略业务单位。如果将某项工作按产品线划分,则单一的战略业务单位就负责与该特定产品相关的所有方面:产品开发、产品生产、产品营销等。

产品事业部结构的优点:

第一,生产与销售不同产品的不同职能活动和工作可以通过事业部/产品经理来予以协调和配合。

第二,各个事业部都可以集中精力在其自身的区域。这就是说,由于这种结构更具灵活性,因此更有助于企业实施产品差异化。

第三,易于出售或关闭经营不善的事业部。

采用产品事业部的缺点:

第一,各个事业部会为了争夺有限资源而产生摩擦。

第二,各个事业部之间会存在管理成本的重叠和浪费。

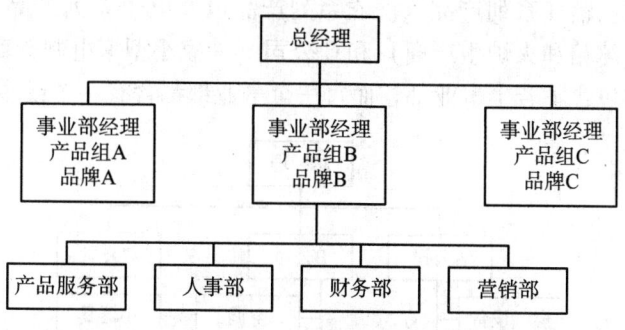

图4-4 产品/品牌事业部制结构

第三,若产品事业部数量较大,则难以协调。

第四,若产品事业部数量较大,事业部的高级管理层会缺乏整体观念。

品牌是设计的名称,用于区别制造商或供应商提供的产品或服务,并使之与竞争对手的产品或服务相区别。品牌可以表示同一企业生产的不同产品或(通常)类似产品,以便给客户一种感官差异。

品牌代表了一种独特的市场地位。在进行产品事业部制的同时,实行品牌事业部制也变得很有必要。在保留职能事业部制的基础上,品牌经理还负责进行品牌营销,而这会涉及各个职能。品牌事业部制与产品事业部制具有类似的优缺点。具体来说,会增加管理成本和管理结构的复杂性;处理不同的品牌部门与单一的生产部门之间的关系会变得尤为困难。

③客户细分或市场细分事业部制结构。客户事业部制结构通常与销售部门和销售工作相关,批销企业或分包企业也可能采用这种结构,在这些企业中由管理者负责联系主要客户。另一种方式是,将不同类型的市场按照客户进行划分,比如企业客户、零售客户或个人客户等。

图4-5是某银行集团按市场细分事业部制来管理的示例。

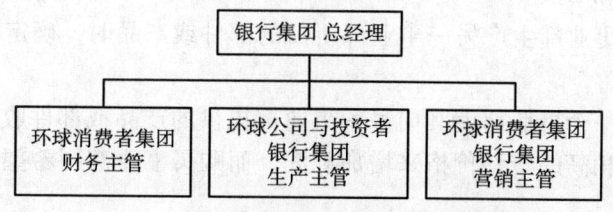

图4-5 某银行集团的市场细分事业部

如图4-5所示,某银行的零售业务基本上是在消费者集团中进行,包括信用卡、保险销售等业务,而私人银行被划归为投资管理集团。

(4)M型企业组织结构(多部门结构)。

通过产品线的增加,企业会不断扩张;随着企业规模的扩大,上述结构将不再适用。在这一阶段,具有多个产品线的企业应采用M型结构。M型结构将该企业划分成若干事业部,每一个事业部负责一个或多个产品线。

图4-6显示某公司(A公司)的例子。该器具企业的组织结构曾经非常简单,仅拥

有三个产品事业部：燃气系列产品、洗衣系列产品以及电子系列产品。但是通过收购 B 公司（一家空调、冰箱和火炉生产商）和 C 公司（一家小型家电制造商），企业不断扩张产品线。M 型结构包含了若干事业部，而每一个事业部都含有一个或多个产品线。

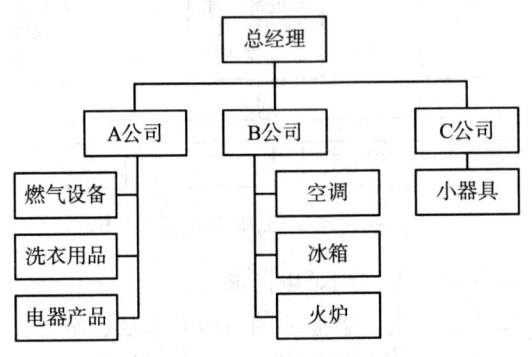

图 4-6  M 型组织结构

M 型组织结构的优点：

第一，便于企业的持续成长。随着新产品线的创建或收购，这些新产品线可能被整合到现有的事业部中，或者作为新开发的事业部的基础。

第二，由于每一个事业部都有其自身的高层战略管理者，因此首席执行官所在的总部员工的工作量会有所减轻。这样，首席执行官就有更多的时间分析各个事业部的经营情况以及进行资源配置。

第三，职权被分派到总部下面的每个事业部，并在每个事业部内部进行再次分派。

第四，能够通过诸如资本回报率等方法对事业部的绩效进行财务评估和比较。

M 型组织结构的缺点：

第一，为事业部分配企业的管理成本比较困难并略带主观性。

第二，由于每个事业部都希望取得更多的企业资源，因此经常会在事业部之间滋生功能失调性的竞争和摩擦。

第三，当一个事业部生产另一事业部所需的部件或产品时，确定转移价格也会产生冲突。

转移价格是指一个事业部就其向另一事业部提供的产品或部件收取的价格。销售事业部通常希望收取稍高的转移价格来增加利润，而购买事业部则希望支付稍低的价格来降低成本。

(5) 战略业务单位组织结构（SBU）。

企业的成长最终需要将相关产品线归类为事业部，然后将这些事业部归类为战略业务单位。战略业务单位组织结构尤其适用于规模较大的多元化经营的企业（见图 4-7）。

战略业务单位组织结构的优点：

第一，降低了企业总部的控制跨度。采用这种结构后，企业层的管理者只需要控制少数几个战略业务单位而无须控制多个事业部。

第二，由于不同的企业单元都向其上级领导报告其经营情况，因此控制幅度的降低也减轻了总部的信息过度情况。

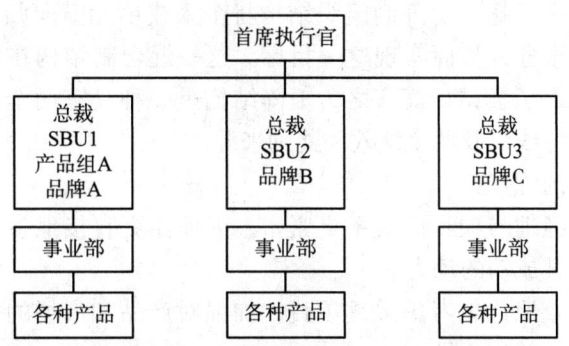

图4-7 战略业务单位组织结构

第三,这种结构使得具有类似使命的产品、市场或技术的事业部之间能够更好地协调。

第四,由于几乎无须在事业部之间分摊成本,因此易于监控每个战略业务单位的绩效(在职能式结构下也如此)。

战略业务单位组织结构的缺点:

第一,由于采用这种结构多了一个垂直管理层,因此总部与事业部和产品层的关系变得更疏远。

第二,战略业务单位经理为了取得更多的企业资源会引发竞争和摩擦,而这些竞争会变成功能性失调并会对企业的总体绩效产生不利影响。

(6)矩阵制组织结构。

矩阵制组织结构是为了处理非常复杂项目中的控制问题而设计的。这种结构在职能和产品或项目之间起到了联系的作用。这样,员工就拥有了两个直接上级,其中一名上级负责产品或服务,而另一名负责职能活动,如图4-8所示。

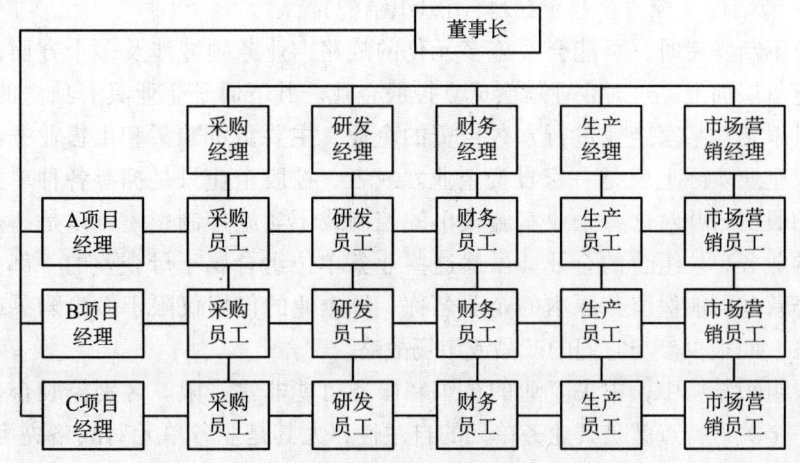

图4-8 矩阵制组织结构

在上述小组中,开发和生产产品C的员工不仅对产品C的主管负责,还对每个区域的主管负责。矩阵制组织结构的目标就是充分利用企业中专门技术的结合,而普通的分级结构就难以实现这一目标。矩阵制组织结构将个人或单元横向归类为小组，并由小组处理正在进行的战略事务，从而实现这一目标。这一混合制结构在保持职能制结构和 M 型结构的优点方面做出了尝试。简言之，矩阵结构是一种具有两个或多个命令通道的结构，包含两条预算权力线以及两个绩效和奖励来源。

矩阵制组织结构的优点：

第一，由于项目经理与项目的关系更紧密，因而能更直接地参与到与其产品相关的战略中来，从而激发其成功的动力。

第二，能更加有效地优先考虑关键项目，加强对产品和市场的关注，从而避免职能型结构对产品和市场的关注不足。

第三，与产品主管和区域主管之间的联系更加直接，从而能够做出更有质量的决策。

第四，实现了各个部门之间的协作以及各项技能和专门技术的相互交融。

第五，双重权力使得企业具有多重定位，这样职能专家就不会只关注自身的业务范围。

但是，这种结构也存在缺点：

第一，可能导致权力划分不清晰（比如谁来负责预算），并在职能工作和项目工作之间产生冲突。

第二，双重权力容易使管理者之间产生冲突。如果采用混合型结构，非常重要的一点就是确保上级的权力不相互重叠，并清晰地划分权力范围。下属必须知道其工作的各个方面应对哪个上级负责。

第三，管理层可能难以接受混合型结构，并且管理者可能会觉得另一名管理者将争夺其权力，从而产生危机感。

第四，协调所有的产品和地区会增加时间成本和财务成本，从而导致制订决策的时间过长。

（7）H 型结构（控股企业/控股集团组织结构）。

当企业不断发展时，可能会实施多元化的战略，业务领域涉及多个方面，甚至上升到全球化竞争层面上，这时企业就会成立控股企业。其下属子企业具有独立的法人资格。控股企业可以是对某家企业进行永久投资的企业，主要负责购买和出售业务。在极端形态下，控股企业实际上就是一家投资企业。或者，控股企业只是拥有各种单独的、无联系的企业的股份，并对这些企业实施较小的控制或不实施控制；还可以是一家自身拥有自主经营的业务单位组合的企业。虽然这些业务单位组合属于母企业的一部分，但是它们都独立经营并可能保留其原本的企业名称。母企业的作用仅限于做出购买或出售这些企业的决策，而很少参与它们的产品或市场战略。

在控股组织结构中，中央企业的员工和服务可能非常有限。区别控股企业与其他企业类型的一个关键特点就是其业务单元的自主性，尤其是业务单元对战略决策的自主性。企业无须负担高额的中央管理费，因为母企业的职员数量很可能非常少；而业务单元能够自负盈亏并从母企业取得较便宜的投资成本，并且在某些国家如果将这些企业看成一个整体，业务单元还能够获得一定的节税收益。控股企业可以将风险分散到多个企业中，但是有时也很容易撤销对个别企业的投资。

（8）国际化经营企业的组织结构。

前面阐述了7种企业组织结构的基本类型，国际化经营企业的组织结构也包括在这7种类型之中，只不过是范围扩展至国际市场甚至全球市场。

第三章阐述了企业国际化经营的战略基本上有4种类型，即国际战略、多国本土化战略、全球化战略与跨国战略（见图3-14），而这些战略所依托的组织结构如图4-9所示。

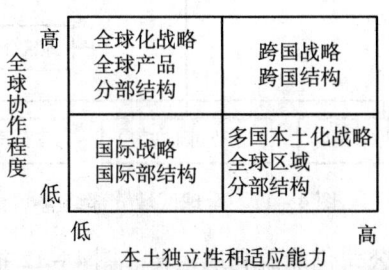

图4-9 国际化经营战略类型及其相对应的组织结构

①与"国际战略"相配套的"国际部结构"。

"国际战略"是企业国际化经营早期的战略类型。这时企业发挥全球协作的程度低，产品对东道国市场的需求的适应能力也比较弱，在这种情况下，企业多把产品开发的职能留在母国，而在东道国建立制造和营销职能。其组织结构往往采用国际部结构，如图4-10所示。

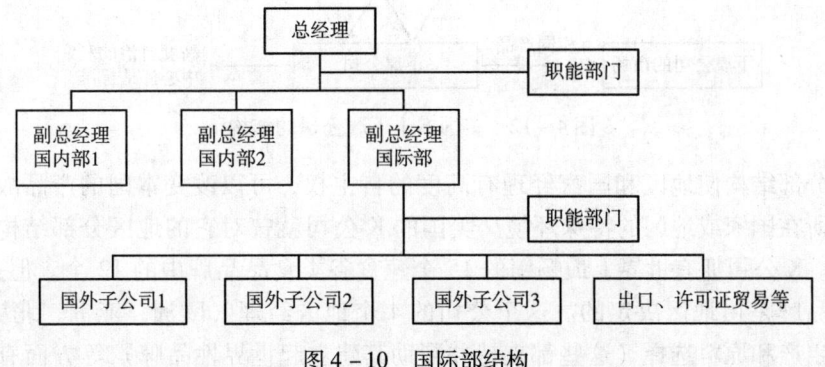

图4-10 国际部结构

在前面所提及的8种基本类型中，国际部也应该是一种事业部制，其事业部的划分可以是按区域划分，也可以是按产品划分，甚至还可能是按区域和产品的混合划分。

②与"多国本土化战略"相配套的"全球区域分部结构"。

多国本土化战略是根据不同国家的不同的市场，提供更能满足当地市场需要的产品和服务。采用这种类型的企业往往采用"全球区域分部结构"，如图4-11所示。

这里的地区分部可以是事业部，也可以是战略业务单位。东道国长期一直使用"袖珍翻牌"来描述传统的多国本土下属公司。用这个词是因为下属公司就像母公司的小型版本，它为较小的"国内"市场规模较少地生产了同样的产品。下属公司的生产成本通常比母公司高，因为它要以相对小的规模生产各种产品。但在很多情况下，贸易壁垒把

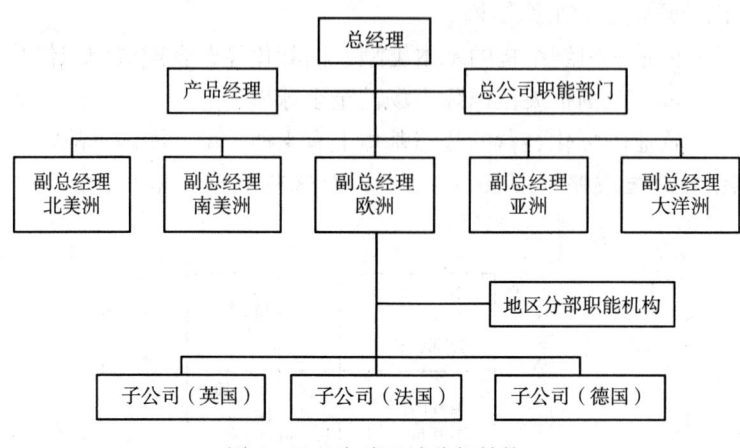

图4-11 全球区域分部结构

国际市场隔离开来,使下属公司仍能盈利地运转。图4-12描述了传统的多国本土下属公司的结构。

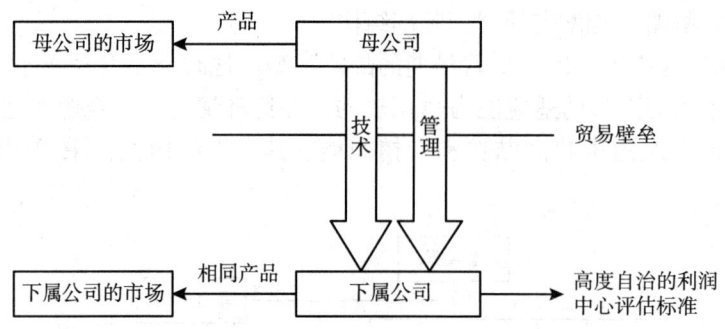

图4-12 多国本土下属公司的结构

地区分部结构使地区和国家经理有高度的自主权,可以改变本国的产品战略,使它能适应于所在国家或地区的特殊环境。美国的K公司就曾对它的地区分部结构下放了很大的权力。K公司拥有世界上最畅销的15个速食谷类食品品牌中的12个。但是,生产、销售哪个品牌是由地区决定的。这个公司的4个地区经理(欧洲、亚洲、北美、拉美)在营销、生产和原料选择(这些都支持并帮助其建立起世界性品牌)等方面有很大的决策权。

通常,当地情况对消费者需求影响越大,国家或地区经理所获的自主权也应越大。这样做的主要成效是公司获得了本地迅速适应的能力。因此,地区分部结构对追求多国本土化策略的公司最适用。

③与"全球化战略"相配套的"全球产品分部结构"。

全球化战略是向全世界的市场推销标准化的产品和服务,并在较有利的国家中集中地进行生产经营活动,由此形成经验曲线和规模经济效益,以获得高额利润。采用这种类型的企业往往采用"全球产品分部结构",如图4-13所示。

这里的产品分部可以是事业部,也可以是战略业务单位。当公司在全球范围内进行

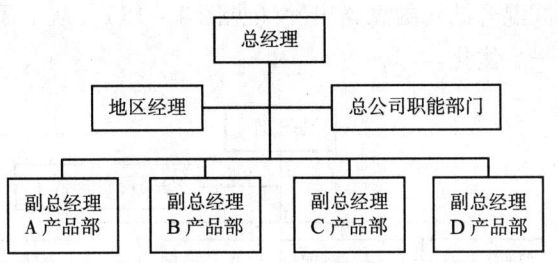

图4-13 全球产品分部结构

资源寻求时，产品经理可以根据各国成本和技术的差异来设置活动。在全球产品分部结构下，一些活动会被分散进行，如零件加工和装配，而其他活动则集中进行，如研制开发活动。为了降低成本，欧美公司通常是把一些劳动密集型的活动转移到那些工资水平低、拥有熟练技术工人的国家和免税地区。

在全球产品分部结构下，由企业总部确定企业的总目标和经营战略，各产品部根据总部的经营目标和战略分别制订本部的经营计划。下属公司的运营并没有太大自主权，他们成为全球组织的一个组成部分，下属公司生产的产品是提供整个公司使用的某一模型或部件，产品的设计和说明很少由下属公司来决定，因为它的主要目标不是这个下属公司自己的市场。在这些情况下，母公司和下属公司的协调变得非常关键，通常可以通过委派母公司的执行官员去下属公司工作3~5年的办法来实现。因为专门化是全球性公司战略的核心，因此各下属公司应以服从为重，并被作为一个成本中心来评估。"利润中心"的策略不符合这个战略。全球性的下属公司几乎没有战略自主权，也不采取什么自发行动。

在全球产品分部结构下运作的下属公司在很大程度上被视为供货的来源。工艺和零部件由母公司或其他下属公司提供，输入到这个纵向控制的结构中进一步加工，部件被精制、装配，再输送回母公司或下属公司的兄弟公司。部门经理控制每一输入品的目的地和售价，一旦最后的装配完成，通常来说，由母公司管理整个国际市场的营销，而下属公司可能会雇用自己市场的营销人员，这些营销人员一般对部门营销经理负责。图4-14描述了全球产品结构的下属公司的结构。

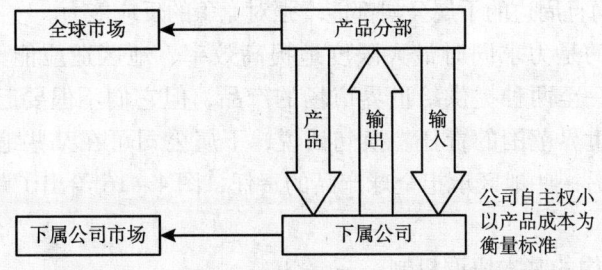

图4-14 全球产品分部结构的下属公司的结构

④与"跨国战略"相配套的"跨国结构"。

跨国战略是将全球化战略的高效率与多国本土化的适应能力结合起来的战略类型。采用这种战略的企业试图通过发展混合型的结构来同时获得两种结构的优势。跨国结构是从全球性产品—地区混合结构的思路出发（见图4-15），从下属公司的功能与权力角度，对组织结构作进一步优化。

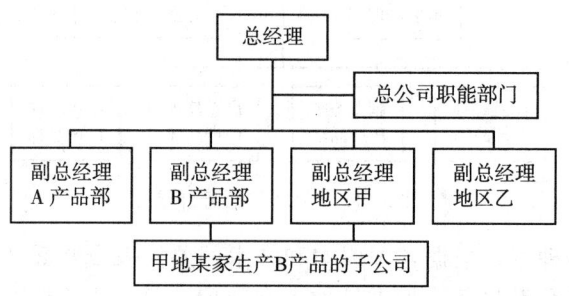

图4-15 全球性混合结构（产品—地区型）

全球性产品—地区混合结构也是一种矩阵结构，在这种结构中，产品分部和地区分部都由副总经理负责，企业总部从全球范围来协调各产品分部和地区分部的活动，以取得各种产品的最佳地区合作，管理各子公司的经营活动。公司凭借这种混合结构，能够针对不同产品或劳务的具体特点进行不同程度的集中决策和控制，并尽可能使集中决策和分散决策结合起来。全球性产品—地区混合结构适用于那些产品多样化程度很高、地区分散化程度也很大的跨国公司。尤其是那些销售、计划、财务、人事、研究与开发等职能难以全部下放到产品分部或地区分部，而这些职能又对各分部以下的子公司之间的协调具有重要意义的企业。

跨国结构试图同时获得地区分部结构和产品分部结构的所有优势。为获得这两种好处，企业活动的配置和协调应是相互关联的。下属公司应对某些业务有领导权，而对其他业务提供支持。决策建立在最大限度增大公司的经营技巧和实力的基础上，而不考虑业务的地点及下属公司所处的国家。为了有效和高效地运作，公司总部与分支机构之间、分支机构相互之间的联系要适应迅速的变化，因此，一个具有跨国结构的公司本质上是一个运作网络，其多个总部分布在不同国家。下属公司对本地产品有绝对的控制权，对某些全球化产品提供支持，并且控制其他部分全球化产品。下属公司角色随时间变化，相互了解和资源共享显得更重要了。为了有效地运作，跨国结构强调广泛的横向联系、有效的交流和极度的灵活性，使得不仅公司总部，而且周边的下属公司都能增强对竞争的反应能力。

跨国结构的目的是力求同时最大限度地提高效率、地区适应能力和组织学习能力。下属公司仍可生产一至两种提供给世界市场的产品，但它们不但要起到工厂的作用，还要对其他产品承担世界范围的责任。换句话说，下属公司可在某些地区起类似国内产品分部的作用，而在另一些地区承担全球产品的责任，图4-16给出了跨国下属公司结构的这些特征。

2. 横向分工结构的基本协调机制。

协调机制就是建立在企业的分工与协调之上的制度。企业组织的协调机制基本上有以下6种类型：

（1）相互适应，自行调整。

这是一种自我控制方式。组织成员直接通过非正式的、平等的沟通达到协调，相互之间

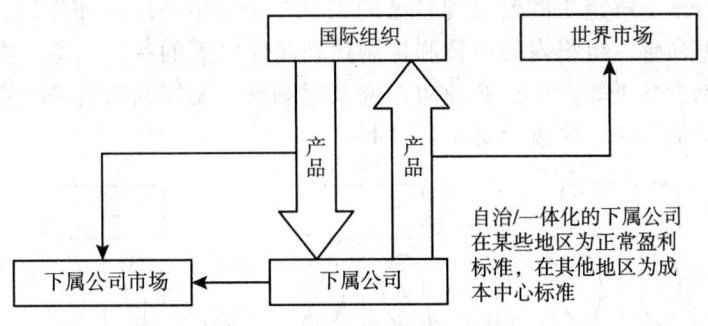

图4-16 跨国下属公司结构

不存在指挥与被指挥的关系，也没有来自外部的干预（见图4-17A）。这种机制适合于最简单的组织结构。在十分复杂的组织里，由于人员构成复杂，工作事务事先不能全部规范化，因而也采用这种协调机制，使组织成员边工作、边调整，互相适应、互相协调。

（2）直接指挥，直接控制。

这是指组织的所有活动都按照一个人的决策和指令行事（见图4-17B）。这位负责人发布指示，监督工作。形象地讲，这种协调机制如人的大脑一样，同时协调两只手的活动。

（3）工作过程标准化。

这是指组织通过预先制定的工作标准，来协调生产经营活动（见图4-17C）。在生产之前，企业向职工明确工作的内容，或对工作制定出操作规程及其规章制度，然后要求工作过程中所有活动都要按这些标准进行，以实现协调。例如，企业在制定好自动生产流水线的标准以后，工人在生产过程中便根据这个标准，进行生产和检验产品。一旦生产出现问题，管理人员便用这个标准来检查和调整。这样，企业的成员在执行标准的同时，就形成了某种程度的协调。

（4）工作成果标准化。

这是指组织通过预先制定的工作成果标准，实现组织中各种活动的协调（见图4-17D）。这种协调只规定最终目标，不限定达到目标的途径、方法、手段和过程。就像书籍装订一样，出版社只要求印刷厂按照一定的质量标准完成任务，而不限制书的内页和封皮在什么地方印刷。

（5）技艺（知识）标准化。

这是指组织对其成员所应有的技艺、知识加以标准化。有些组织内的工作专业性强，工作过程和工作成果均无法标准化。例如，外科大夫在给病人进行手术时，需要麻醉师的配合。在手术前配合方案可能已经制订好，但外科大夫在手术台上所遇到的情况往往难以预料，又没有过多的时间与麻醉师讨论，只有凭借他们各人所掌握的知识及经验各自处理自己的情况。因此，这种协调机制主要是依靠组织成员在任职以前就接受了必要的、标准化的训练，成为具有标准化知识和技能的人才，在实际工作中，他们便可以根据自己的知识和技艺，相互配合与协调。这是一种超前的间接协调机制（见图4-17E）。

（6）共同价值观。

这是指组织内全体成员要对组织的战略、目标、宗旨、方针有共同的认识和共同的价值观念，充分地了解组织的处境和自己的工作在全局中的地位和作用，互相信任、彼此团结，具有使命感，组织内的协调和控制达到高度完美的状态。鉴于内部条件和外部环境都是在不断变化的，因而，企业对内要及时调整，发挥创新精神、协同效果和整体优势；对外要灵活适应，快速行动（见图4-17F）。

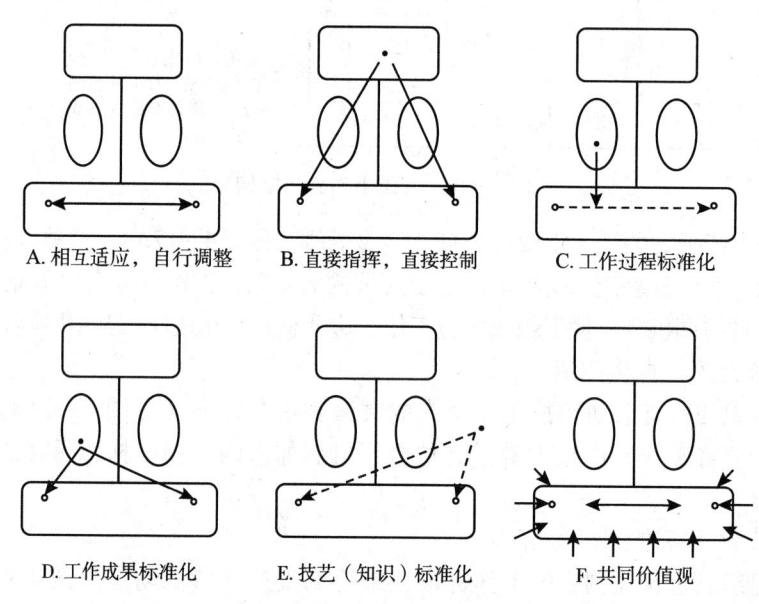

图4-17 组织基本协调机制

从6种类型的关系来看，企业组织简单时，只需要相互适应、自行调整的协调机制。企业组织扩大后需要某人单独执行控制工作时，便产生了直接指挥、直接控制机制。当工作变为更加复杂时，协调机制便趋向标准化。在工作任务相当复杂时，企业便需要采用成果标准化或技艺标准化。在工作极其复杂、工作过程和工作结果难以标准化时，企业往往自行又转回到互相适应调整这种最简单而又最灵活的协调机制上。不过，这不是一种简单的循环，而是螺旋式上升。实际上，企业不可能在一段时间内只依靠一种协调机制，往往根据不同任务的侧重点不同，混合使用这6种协调机制。

### 三、企业战略与组织结构

#### （一）组织结构与战略的关系

组织结构的功能在于分工和协调，是保证战略实施的必要手段。通过组织结构，企业的目标和战略转化成一定的体系或制度，融进企业的日常生产经营活动中，发挥指导和协调的作用，以保证企业战略的完成。

在探索战略与结构的关系方面，艾尔弗雷德·钱德勒（Chandler，A.D.）在其经典著作《战略和结构》中，首次提出组织结构服从战略的理论。

《战略和结构》一书给出了一系列有关杜邦公司、通用汽车公司、新泽西标准石油公司（后来成为埃克森公司），以及西尔斯公司的组织结构演化的案例研究。发现各个公司在处理战略与结构的关系上有一个共同的特点，即在企业选择一种新的战略以后，由于管理人员在现行结构中拥有既得利益，或不了解经营管理问题以外的情况，或对改变结构的必要性缺乏认识，使得现行结构未能立即适应新的战略而发生变化。直到行政管理出现问题，企业效益下降，企业才将改变结构纳入议事日程。组织结构改变以后，保证了战略的实施，企业的获利能力也大幅度提高。

通用电气公司的企业发展史证明了钱德勒论断的正确性。在20世纪50年代末期，通用电气公司执行的是简单的事业部制，但已开始从事大规模的多种经营战略。到了20世纪60年代，该公司的销售额大幅度提高，而行政管理工作跟不上，造成多种经营失控，影响了利润的增长。在20世纪70年代初，通用电气公司重新设计组织结构，采用了战略业务单位结构，使行政管理滞后的问题得到了解决，妥善地控制了多种经营，利润也相应得到了提高。

钱德勒的组织结构服从战略理论可以从以下两个方面展开。

1. 战略的前导性与结构的滞后性。

战略与结构的关系基本上是受产业经济发展制约的。在不同的发展阶段中，企业应有不同的战略，企业的组织结构也相应做出了反应。企业最先对经济发展做出反应的是战略，而不是组织结构，即在反应的过程中存在着战略的前导性和结构的滞后性现象。

（1）战略前导性。这是指企业战略的变化快于组织结构的变化。这是因为，企业一旦意识到外部环境和内部条件的变化提供了新的机会和需求时，首先会在战略上做出反应，以此谋求经济效益的增长。例如，经济的繁荣与萧条、技术革新的发展都会刺激企业发展或减少现有企业的产品或服务。而当企业自我积累了大量的资源以后，企业也会据此提出新的发展战略。当然，一个新的战略需要有一个新的组织结构，至少在一定程度上调整原来的组织结构。如果组织结构不做出相应的变化，新战略也不会使企业获得更大的效益。

（2）结构滞后性。这是指企业组织结构的变化常常慢于战略的变化速度。特别是在经济快速发展时期更是如此。结果，组织内部机构的职责在变革的过程中常常含糊不清。造成这种现象的原因有两种：一是新、旧结构交替有一定的时间过程。新的战略制定出来以后，原有的结构还有一定的惯性，原有的管理人员仍习惯运用旧的职权和沟通渠道去管理新、旧两种经营活动。二是管理人员的抵制。管理人员在感到组织结构的变化会威胁他们个人的地位、权利，特别是心理上的安全感时，往往会以运用行政管理的方式去抵制需要做出的变革。

从战略的前导性与结构的滞后性可以看到，经济发展时，企业不可错过时机，要制定出与发展相适应的经营战略与发展战略。一旦战略制定出来以后，要正确认识组织结构有一定反应滞后性的特性，不可操之过急。但是，结构反应滞后时间过长将会影响战略实施的效果，企业应努力缩短结构反应滞后的时间，使结构配合战略的实施。

2. 企业发展阶段与结构。

钱德勒有关结构跟随战略的理论是从对企业发展阶段与结构的关系的研究入手的。企业发展到一定阶段，其规模、产品和市场都发生了变化。这时，企业会采用合适的战略，并要求组织结构做出相应的反应。从第三章发展战略的各种类型中，可以看到企业在发展中发展阶段的变化，表4-1反映了企业发展阶段与组织结构的关系。

表4-1　　　　　　　　　　　企业发展阶段与结构

| 发展阶段 | 企业特征 | 结构类型 |
| --- | --- | --- |
| 1 | 简单的小型企业。只生产一种产品，或生产一个产品系列，面对一个独特的小型市场 | 从简单结构到职能结构 |
| 2 | 在较大的或多样化的市场上提供单一的或密切相关的产品与服务系列 | 从职能结构到事业部结构 |
| 3 | 在多样化的市场上扩展相关的产品系列 | 从事业部结构到矩阵结构 |
| 4 | 在大型的多元化产品市场进行多种经营，提供不相关的产品与服务 | 从事业部结构到战略业务单位结构 |

（1）市场渗透战略。

在产业处于发展阶段、外部环境竞争不激烈的条件下，企业着重发展单一产品，试图通过更强的营销手段而获得更大的市场占有率。这时，企业只需采用简单的结构或形式。

（2）市场开发战略。

随着产业进一步发展，在一个地区的生产或销售已不能满足企业的发展速度和需要时，则要求企业将产品或服务扩展到其他地区中去。为了协调这些产品和服务形成标准化和专业化，企业组织要求有职能部门结构。

（3）纵向一体化战略。

在产业增长阶段后期，竞争更加激烈，为了减少竞争的压力，企业需要拥有一部分原材料的生产能力，或拥有销售产品的渠道。在这种情况下，组织应运用事业部制结构。

（4）多元化经营战略。

在产业进入成熟期，企业为了避免投资或经营风险，开发与企业原有产品不相关的新产品系列。这时企业应根据规模和市场的具体情况，分别采用矩阵结构或经营业务单位结构。

组织结构服从战略理论已被应用于那些参与国际竞争的企业。前面关于"国际化经营企业的组织结构"的阐述已经展示了这一点。

随着在国内进行多元化经营的企业变得越来越大，它们开始向海外扩张，并最初创立了"国际部"来管理在国外的业务，但这种结构却在对国外的业务进行协调时逐渐变得无效，从而导致了企业按多国本土化战略的结构进行重组，即针对不同的国家设立各自独立的部门。

随着多国企业的海外业务的进一步发展，它们面临着来自跨国协调的进一步压力和在国家内部进行专业化分工的问题。这就导致了把全世界都看作是企业利益市场的全球化战略的产生。那些选择全球战略的企业，为了促进在全球的生产和分销活动中实现规模经济而进行了重组。

近年来，多国企业们发现，它们需要在对当地情况做出快速反应和为获得全球范围内的规模经济而要求的集中之间进行平衡。这就导致了跨国战略的产生，它正逐步与更加灵活的组织形式相联系，这种结构把矩阵结构和网络结构结合到了一起。

## （二）组织的战略类型

战略的一个重要特性就是适应性。它强调企业组织要运用已有的资源和可能占有的资源去适应组织外部环境和内部条件的变化。这种适应是一种复杂的动态的调整过程，要求企业在加强内部管理的同时，不断推出适应环境的有效组织结构。在选择的过程中，企业可以考虑以下4种类型：

1. 防御型战略组织。

防御型组织主要是要追求一种稳定的环境，试图通过解决开创性问题来达到自己的稳定性。从防御型组织的角度来看，所谓开创性问题就是要创造一个稳定的经营领域，占领一部分产品市场，即生产有限的一组产品，占领整个潜在市场的一小部分。在这个有限的市场中，防御型组织常采用竞争性定价或高质量产品等经济活动来阻止竞争对手进入它们的领域，保持自己的稳定。

一旦这种狭小的产品与市场被选定以后，防御型组织就要运用大量的资源解决自身的工程技术问题，尽可能有效地生产与销售产品或提供服务。一般来说，该组织要创造出一种具有高度成本效率的核心技术。防御型组织要开辟的是一种可以预见的经久不衰的市场，因此，技术效率是组织成功的关键。有的防御型组织通过纵向整合来提高技术效率，将从原材料供应到最终产品的销售的整个过程合并到一个组织系统里来。

在行政管理上，行政管理是为了保证组织严格地控制效率。为解决这一问题，防御型组织常常采取"机械式"结构机制。这种机制是由生产与成本控制专家形成的高层管理，注重成本和其他效率问题的集约式计划、广泛分工的职能结构、集中控制、正式沟通等。这些内容有利于产生并保持高效率，最终形成明显的稳定性。

防御型组织适合于较为稳定的产业。但是，该产业也有潜在的危险，不可能对市场环境做重大的改变。

2. 开拓型战略组织。

开拓型组织与防御型组织不同，它追求一种更为动态的环境，将其能力表现在探索和发现新产品和市场的机会上。在开拓型组织里，开创性问题是为了寻求和开发产品与市场机会。这就要求开拓型组织在寻求新机会的过程中必须具有一种从整体上把握环境变化的能力。

为了正确地服务于变化着的市场，开拓型组织要求它的技术和行政管理具有很大的灵活性。在工程技术问题上，开拓型组织不是局限在现有的技术能力上，它根据现在和将来的产品结构确定技术能力。因此，开拓型组织的全部工程技术问题就是如何避免长期陷于单一的技术过程，常常通过开发机械化程度很低和例外性的多种技术和标准技术来解决这一问题。

在行政管理方面，开拓型组织奉行的基本原则是灵活性，即在大量分散的单位和目标之间调度和协调资源，不采取集中计划与控制全部生产的方式。为了实行总体的协调工作，这类组织的结构应采取"有机的"机制。这种机制包括由市场、研究开发方面的专家组成的高层管理，注重产出结果的粗放式计划、分散式控制以及横向和纵向的沟通。

开拓型组织在不断求变当中可以减少环境动荡的影响，但它要冒利润较低与资源分散的风险。在工程技术问题上，该组织由于存在多种技术，很难发挥总体的效率。同样，在行政管理上有时也会出现不能有效地使用，甚至错误地使用组织的人力、物力和财力的问题。总之，开拓型组织缺乏效率性，很难获得最大利润。

3. 分析型战略组织。

从以上的论述可以看出，防御型组织与开拓型组织分别处于一个战略调整序列的两个极端。分析型组织处于中间，可以说是开拓型组织与防御型组织的结合体。这种组织总是对各种战略进行理智地选择，试图以最小的风险、最大的机会获得利润。

分析型组织在定义开创性问题时，综合了上述两种组织的特点，即在寻求新的产品和市场机会的同时，保持传统的产品和市场。分析型组织解决开创性问题的方法也带有前两种组织的特点。这类组织只有在新市场被证明具有生命力时，才开始在该市场上活动。就是说，分析型组织的市场转变是通过模仿开拓型组织已开发成功的产品或市场完成的。同时，该组织又保留防御型组织的特征，依靠一批相当稳定的产品和市场保证其收入的主要部分。因此，成功的分析型组织必须紧随领先的开拓型组织，同时又在自己稳定的产品和市场中保持良好的生产效率。

在工程技术问题上，分析型组织的两重性也表现比较突出。这种组织需要在保持技术的灵活性与稳定性之间进行平衡。要达到这种平衡，该组织需要将生产活动分成两部分，形成一个双重的技术核心。分析型组织技术稳定部分与防御型组织的技术极为类似。为了达到良好的成本效益，该组织按职能组织起来，使技术达到高度的标准化、例行化和机械化。技术的灵活部分，则类似于开拓型组织的工程技术问题。在实践中，分析型组织的双重技术核心主要是由具有一定权力的应用研究小组来解决的。在新产品方面，这个小组可以找到解决现有技术能力的方法，不需要像开拓型组织那样要花费大量的费用进行研究开发。

在行政管理方面，分析型组织也带有防御型组织和开拓型组织的双重特点。一般来说，分析型组织在行政管理方面的主要任务是如何区分组织结构的各个方面，以适应既稳定又变动的经营业务，使两种经营业务达到平衡。这个问题可以由分析型组织的矩阵结构解决。这种矩阵结构在市场和生产的各职能部门之间制订集约式的计划，而在新产品应用研究小组和产品经理之间制订粗放式的计划。同时，矩阵结构在职能部门中实行集权控制机制，而对产品开发小组使用分权控制方法。

分析型战略组织并不是完美无缺的。由于其经营业务具有两重性，该组织不得不建立一个双重的技术中心，同时还要管理各种计划系统、控制系统和奖惩系统。这种稳定性与灵活性并存的状态，在一定程度上限制了组织的应变能力。如果分析型组织不能保持战略与结构关系的必要平衡，它最大的危险就是既无效能又无效率。

4. 反应型战略组织。

上述3种类型的组织尽管各自的形式不同，但在适应外部环境上都具有主动灵活的特点。从两个极端来看，防御型组织在其现有的经营范围内，不断追求更高的效率，而开拓型组织则不断探索环境的变化，寻求新的机会。随着时间的推移，这些组织对外部环境的反应会形成一定的稳定一致的模式。

反应型组织在对其外部环境的反应上采取一种动荡不定的调整模式，缺少在变化的环境中随机应变的机制。它往往会对环境变化和不确定性做出不适当的反应，随后又会执行不力,对以后的经营行动犹豫不决。结果,反应型组织永远处于不稳定的状态。因此,反应型战略在战略中是一种下策。只有在上述 3 种战略都无法运用时,企业才可以考虑使用这种方法。

一个企业组织之所以成为反应型组织,主要有 3 个原因:

(1) 决策层没有明文表达企业战略。

这是指企业中只有某个负责人掌握企业的战略。在他领导下时,企业会有很好的发展。一旦该负责人由于某种原因离开这个企业时,企业便会陷入一种战略空白的状态。此时,如果企业的各个业务单位都卓有成效,它们会为各自的特殊市场和产品利益发生争执。在这种争执的情况下,新选出来的负责人不可能提出一种统一的企业战略,也不可能形成果断一致的行动。

(2) 管理层次中没有形成可适用于现有战略的组织结构。

在实践中,战略要与具体的经营决策、技术和行政管理决策统一起来。否则,战略只是一句空话,不能成为行动的指南。例如,企业考虑进一步发展某一经营领域,但被指定完成这一任务的事业部采用的是职能结构,又与其他事业部分享成批生产的技术。在这种情况下,该事业部很难对市场机会做出迅速反应。这个例子说明,这个企业的组织结构没有适应战略的要求。

(3) 只注重保持现有的战略与结构的关系,忽视了外部环境条件的变化。

有的企业在某些市场方面取得了领先地位,逐渐地采用防御战略。为了降低成本、提高效率,该企业将生产经营业务削减成少数几类产品,并将经营业务整合。但是,当企业的市场饱和以后,大多数产品利润已经减少时,这家企业如果还固守防御型战略和结构,不愿做出重大的调整,必然在经营上遭到失败。

总之,一个企业组织如果不是存在于经营垄断或被高度操纵的产业里,就不应采取反应型组织形态。即使采取了这种战略,也要逐步地过渡到防御型、开拓型或分析型战略组织形态。

## 第二节 公司战略与企业文化

### 一、企业文化的概念

什么是企业文化?企业界和学术界对于这一概念有多种定义。以下两种定义较为简单明了,一种是赫尔雷格尔等人(Hellreigel, D., et al.)在 1992 年提出的定义:企业文化是企业成员共有的哲学、意识形态、价值观、信仰、假定、期望态度和道德规范;另一种定义则是基于文化的经济学含义,考虑到企业所遵循的价值观、信念和准则这些构成文化基础的东西都很难被观察和测量,因而采用一个更易操作的观点:企业文化代表了企业内部的行为指针,它们不能由契约明确下来,但却制约和规范着企业的管理者和员工。

但是，必须看到，尽管存在着企业文化，然而要将它从其他文化中区别开来却可能很困难。在特定环境下所呈现出来的企业文化实际上可能是国家文化、地方文化、企业文化、子公司文化和团体文化相互交织的结果。此外，在一个大企业中要识别出一种能涵盖所有成员的单一文化是困难的，而且，企业的不同部门可能也有不同的文化。在这里，我们研究企业文化，所关心的只是那些能潜在影响企业经济绩效的方面，特别是主要存在于企业决策制定者中的文化（或亚文化）。

## 二、企业文化的类型

尽管在企业文化的定义和范围上存在着很大的分歧，也没有两个企业的文化是完全相同的。但是，查尔斯·汉迪（Charles Handy）在1976年提出的关于企业文化的分类至今仍具有相当重要的参考价值。他将文化类型从理论上分为四类：即权力（Power）导向型、角色（Role）导向型、任务（Task）导向型和人员（People）导向型。

### （一）权力导向型

这类企业中的掌权人试图对下属保持绝对控制，企业组织结构往往是传统框架。企业的决策可以很快地做出，但其质量在很大程度上取决于企业经理人员的能力。企业的变革主要由企业中心权力来决定。这类文化是小业主企业的典型模式，它要求相信个人，但在企业运行中明显忽视人的价值和一般福利。这类企业经常被看成是专横和滥用权力的，因此它可能因中层人员的低士气和高流失率而蒙受损失。权力导向型文化通常存在于家族式企业和刚开创企业。

### （二）角色导向型

角色导向型企业尽可能追求理性和秩序。与权力文化的独裁截然不同的是，角色文化十分重视合法性、忠诚和责任。这类文化一般是围绕着限定的工作规章和程序建立起来的，理性和逻辑是这一文化的中心，分歧由规章和制度来解决，稳定和体面几乎被看成与能力同等重要。但是，这类企业的权力仍在上层，这类结构十分强调等级和地位，权利和特权是限定的，大家必须遵守。这种企业被称作官僚机构，此类文化最常见于国有企业和公务员机构。

角色导向型文化具有稳定性、持续性的优点，企业的变革往往是循序渐进，而不是突变。在稳定环境中，这类文化可能导致高效率，但是这类企业不太适合动荡的环境。

### （三）任务导向型

在任务导向型文化中管理者关心的是不断地和成功地解决问题，对不同职能和活动的评估完全是依据它们对企业目标做出的贡献。这类企业采用的组织结构往往是矩阵式的，为了对付某一特定问题，企业可以从其他部门暂时抽调人力和其他资源，而一旦问题解决，人员将转向其他任务。所以无连续性是这类企业的一个特征。

实现目标是任务导向型企业的主导思想，不允许有任何事情阻挡目标的实现。企业强调的是速度和灵活性，专长是个人权力和职权的主要来源，并且决定一个人在给定情景中的相对权力。这类文化常见于新兴产业中的企业，特别是一些高科技企业。

这类文化具有很强的适应性，个人能高度控制自己分内的工作，在十分动荡或经常变化的环境中会很成功。但是，这种文化也会给企业带来很高的成本。由于这种文化有赖于不断地试验和学习，所以建立并长期保持这种文化是十分昂贵的。

### (四) 人员导向型

这类文化完全不同于上述三种。在这种情况下的企业存在的目的主要是为其成员的需要服务，企业是其员工的下属，企业的生存也依赖于员工。这类企业为其专业人员提供他们自己不能为自己提供的服务，职权往往是多余的。员工通过示范和助人精神来互相影响，而不是采用正式的职权。决策中的意见一致是企业所需要的，角色分配的依据是个人的爱好及学习和成长的需要。这一文化常见于俱乐部、协会、专业团体和小型咨询公司。

这类文化中的人员不易管理，企业能给他们施加的影响很小，因而很多企业不能持有这种文化而存在，因为它们往往有超越员工集体目标的企业目标。

虽然汉迪关于企业文化的分类不可能囊括所有的文化类型，而且一个企业内部可能还存在着不同的亚文化群，但是，这四种分类较好地总结了大多数企业的文化状况，可以作为研究企业文化与战略关系重要的分析基础。

## 第三节 战略控制

### 一、战略控制的过程

#### (一) 战略失效与战略控制

1. 战略失效与战略控制的概念。

(1) 战略失效。

在战略实施过程中，不容忽视的就是战略失效。战略失效，是指企业战略实施的结果偏离了预定的战略目标或战略管理的理想状态。导致战略失效的原因很多，主要有以下几点：

①企业内部缺乏沟通，企业战略未能成为全体员工的共同行动目标，企业成员之间缺乏协作共事的愿望；

②战略实施过程中各种信息的传递和反馈受阻；

③战略实施所需的资源条件与现实存在的资源条件之间出现较大缺口；

④用人不当，主管人员、作业人员不称职或玩忽职守；

⑤公司管理者决策错误，使战略目标本身存在严重缺陷或错误；

⑥企业外部环境出现了较大变化，而现有战略一时难以适应等。

按照时间顺序，战略失效可分为早期失效、晚期失效和偶然失效 3 种类型。在战略实施初期，一方面，由于新战略还没有被全体员工理解和接受；另一方面，战略实施者对新的环境、工作还不适应，就有可能导致较高的早期失效率。晚期失效是指当战略推进一段时间之后，之前对战略环境条件的预测与现实变化发展的情况之间的差距，会随着时间的推移变得越来越大，战略所依赖的基础就显得越来越糟，从而使失效率大为提高。

在战略实施过程中,偶然会因为一些意想不到的因素导致战略失效,这就是偶然失效。

还应注意的是,一个原始战略是否有效,并不在于它是否能原封不动地运用到底,也不在于它的每个细小目标和环节是否都在实际执行中得以实现,而在于它能否成功地适应不可知的现实,在于能否根据现实情况做出相应的调整和修正,并能最终有效地运用多种资源实现既定的整体目标,这就需要进行战略控制。

（2）战略控制。

战略控制是指监督战略实施进程,及时纠正偏差,确保战略有效实施,使战略实施结果符合预期战略目标的必要手段。如果没有达到既定的目标,控制的意向应当是修改企业战略或更好地实施该战略以使企业实现目标的能力能够得到提高。

从企业经营的层面上说,在预算的时候也常遇到控制问题。在预算费用的控制中,一年或者更短的一个期间内,使用定量方法来确定实际费用是否超过了计划支出,重点是内部经营,通常在预算期结束之后采取正确的行动。但是在战略控制中,该期间通常从几年到十几年不等,定性和定量的方法都要采用,且对内部经营和外部环境都要进行评估。表4-2中总结了战略控制和预算控制之间的差异。

表4-2　　　　　　　战略控制和预算控制之间的差异

| 战略控制 | 预算控制 |
| --- | --- |
| 期间比较长,从几年到十几年以上 | 期间通常为一年以下 |
| 定性方法和定量方法 | 定量方法 |
| 重点是内部和外部 | 重点是内部 |
| 不断纠正行为 | 通常在预算期结束之后纠正行为 |

2. 战略控制系统。

（1）战略控制系统的步骤。

正式的战略控制系统包括下列步骤：

①执行策略检查。

②根据企业的使命和目标,识别各个阶段业绩的里程碑（即战略目标）,给诸如市场份额、品质、创新、客户满意等要素进行定量和定性分析。"里程碑"一般具有如下特征：

第一,它是在标出关键性的成功因素之后识别出来的；

第二,它应当是长期目标的短期步骤；

第三,它能使管理者有效地监视行动及其结果。

③设定目标的实现层次。各层次目标设定不需要专门定量,但必须合理准确,应该包括实现战略目标的具体建议和对策。

④对战略过程进行正式监控。

⑤对于有效实现战略目标的业绩给予奖励。

战略控制系统的特点可以通过两个方面来反映：程序的正式程度以及能被识别的业绩评价指标的数目。构建战略控制系统时,应考虑如下方面：

第一是链接性。如果在重要机构之间架起沟通的桥梁,那么应以避免破坏的方式进行合作。

第二是多样性。如果系统具有多样性，要注意从多样策略控制系统选择适合性较高的控制系统。

第三是风险。高风险的企业战略决策状态可能会对整个企业不利。在高风险的企业战略控制系统中，需要包含较多性能标准，以便更容易地把可能存在的问题检测出来。

第四是变化。例如，时尚品制造商必须能够迅速地应对战略控制系统环境的变化。

第五是竞争优势。为控制目标，要有目的地区分两个类型的业务：一是具有较弱竞争优势的业务。在这种情况下，市场份额或质量是成功的源泉。二是具有较强竞争优势的业务。在这种情况下，需要在更多地区获得成功。

（2）战略性业绩计量。

战略性业绩计量的特征是：

①它重点关注长期的事项，对大多数企业而言可能是股东财富。

②它有助于识别战略成功的动因，如企业是如何长期创造股东价值的。

③它通过企业提高业绩来支持企业学习。

④它提供的奖励基础是基于战略性的事项而不仅仅是某年的业绩。

战略性业绩计量必须是可计量的、有意义的、持续计量的、定期重新评估的、战略定义或者与之相关的，并且是可接受的。

3. 战略控制和成功关键因素。

第二章已经对成功关键因素进行了阐述，它是指公司在特定市场获得盈利必须拥有的技能和资产，是对于企业的成功至关重要的少数关键指标。例如："必须做对的事情"。识别成功关键因素具有如下好处：

（1）识别成功关键因素的过程可以提醒管理层那些需要控制的事项，并显示出次要的事项。

（2）传统的预算控制可能使报告的成本与标准成本存在差异。而成功关键因素能够转化为按照相同方式定期报告的关键性业绩指标。

（3）成功关键因素能够保证管理层定期收到有关企业的关键信息，以指导信息系统的发展。

（4）它们能够用于将组织的业绩进行内部对比或者与竞争对手比较。

**（二）企业经营业绩的衡量**

1. 衡量企业业绩的重要性。

衡量企业业绩是战略分析中的一个步骤。企业战略关注的是企业目标的实现，因而战略分析中很有必要考察企业的业绩，特别是长期业绩。

业绩衡量可能基于财务信息也可能基于非财务信息。业绩衡量已经公认为企业日常经营中的一部分，以至于有时被人们忽视了它的目的。业绩衡量的主要目的有以下几点：

（1）业绩评价是整体控制或者反馈控制系统的一部分，提供了刺激任何必要的控制行为的必要反馈。

（2）业绩评价是与利益相关者群体沟通的重要组成部分。

（3）业绩评价与激励政策以及业绩管理系统紧密相关。

（4）由于管理层追求评价为满意的业绩，这会增加管理层的动力。

2. 对衡量企业业绩的不同观点。

（1）股东观。股东观认为企业应基于股东的利益而存在。如果没有股东投入的股本，企业将无法启动，如果没有股东的再投入，企业将会停止运转。这就引出一个结论，即企业是为股东盈利的，因而应该把股东回报率作为企业业绩的指标。股东回报率的计算由两部分组成——资本利得与股利。这是基于市场的方法，这种方法对传统会计方法的有效性提出了质疑：

①会计反映的是企业过去的业绩，而市场方法反映的是对企业未来业绩的预期。
②会计科目是用来记录交易的，而不是用于评价企业的战略地位。
③并不是所有的资产都能反映在财务报表上。
④债务政策是变化的。

（2）利益相关者观。本章第四节将阐述企业利益相关者的概念，是指对企业产生影响的或者受企业行为影响的任何团体和个人。除股东之外，企业的利益相关者还包括企业的管理层、雇员、工会、客户、供应商，以及对企业具有影响力的政府机构。每个利益相关者在一定程度上都对该企业具有依赖性，他们会对企业做出相应的要求，这些要求很可能与其他利益相关者的利益相冲突。例如，家族企业的经理人要求高增长率，这样容易稀释现有股东的控制权，这与家族企业的股东更在乎企业的控制权相矛盾。其他常见的利益冲突包括以下内容：

①为了企业的成长，企业必须牺牲短期盈利、现金流和工资水平；
②如果企业发展需要通过股权融资或债权融资获取资金，则可能要牺牲财务的独立性；
③公有制企业要求管理层具有很强的社会责任感。

对于如何衡量企业的业绩，利益相关者观不同于股东观。利益相关者观认为，企业是为所有利益相关者的利益而存在的。这种观点涉及更为复杂的衡量问题，例如，应用哪些衡量方法才是适合每个利益群体的？企业是如何权衡这些衡量方法的？当这些衡量方法之间存在冲突时，企业该怎么做？

3. 关键性业绩指标。

从多角度衡量业绩时，应当为每一个成功关键因素建立一个或多个的关键性业绩指标，以便于比较。

表4-3列出了一些常用的财务和非财务性的关键业绩指标可作为参考。

表4-3　　　　　　　　　财务和非财务性的关键业绩指标

| 活动 | 关键业绩指标 |
| --- | --- |
| 市场营销 | 销售数量<br>毛利率<br>市场份额 |
| 生产 | 利用能力<br>质量标准 |

续表

| 活动 | 关键业绩指标 |
|---|---|
| 物流 | 利用能力<br>服务水平 |
| 新的生产发展 | 投诉率<br>回购率 |
| 广告计划 | 了解水平<br>属性等级<br>成本水平 |
| 管理信息 | 报告时限<br>信息准确度 |

4. 比较业绩。

在确定了衡量方法以及按照此方法计算出具体的业绩后,又该怎样评价企业的业绩呢?例如,计算出了企业在过去三年 ROE 的平均值为 10%,或者顾客满意度为 85%,那么这个结果是好还是不好呢?

高级管理层需要将业绩与其他因素先进行比较后,才能够回答上述问题。

(1) 业绩的比较方法。包括:

①在一个时点上的衡量结果需要与相应的值进行比较,比如过去的业绩、内部设定的目标、产业的平均水平、产业最好的水平甚至世界最好的水平。

②衡量一段时间内的业绩可以使用趋势分析,结果可能是:改善的、不变的、下降的和不稳定的。衡量一段时间内的业绩也需要与相应的量进行比较。例如,业绩从趋势上来讲可以说成是不断上升的,但仍然低于行业平均水平。

(2) 获取信息的途径。内部信息广泛传播于整个企业。在评价一个企业时,内部信息是最易获取的信息。然而,许多企业特别是私有或家族企业认为内部信息是机密的,不可外泄的,因此会严格控制自己的信息,即便是内部人也不易获得。企业的外部人不容易获取到企业内部的信息,因而很难精准地评价企业的业绩。然而,有不少从外部获取信息的方式,包括:

①财务信息。互联网、产业出版刊物、政府官方的统计数据、产业协会和产业顾问以及专家,都是获取信息的来源。

②客户信息。市场份额的信息也可从上述财务信息的来源获取。市场研究机构有很多资料,其中一些信息是共享的。

③内部管理指标。财务指标,如资产回报率(ROA)以及销售回报率能部分反映内部信息。

④管理效率。其他信息也能在年度报告中找到,特别是相对比率,如平均每个员工的销售量以及每个商店的销售量。

⑤学习和成长指标。这是最难评估的指标。虽然企业有很多可以表征其前景的领域,比如开发新产品、进军新的市场,以及传播知识的能力等,但是这些都是不容易量化的。

(3) 对总体业绩的评价。在对单个部分进行评价后,接下来要做的就是对企业总体业绩的评价。由于要考察的是战略业绩,因此重点应放在企业的长期业绩上,从而应该考察至少 3 年的信息,并做出相应的趋势分析。

## 二、战略控制方法

### (一) 预算与预算控制

1. 预算与预算控制的目的。

预算就是财务计划。短期计划试图在长期战略计划的框架内提供一个短期目标。目标通常是用预算的形式来完成的。预算是一个多目标的活动,并在每个企业中广泛应用。

(1) 强迫计划。预算迫使管理层向前看,制订详细的计划来实现每个部门、每项业务甚至每个经理的目标,并预计将会出现的问题。

(2) 交流思想和计划。需要一个正式的系统以确保计划涉及的每个人意识到自己应该做的事情。沟通可能是单向的,如经理给部下布置任务,也可能是双向的对话。

(3) 协调活动。需要整合不同部门的活动,以确保向着共同目标一起努力。

(4) 资源分配。预算过程包括识别将来需要以及能够获得的资源。应当要求预算编制者根据期望的活动层级或者资源水平来判断他们的资源要求,以便最好地加以利用。

(5) 提供责任计算框架。预算要求预算中心经理对其预算控制目标负责。

(6) 授权。正规的预算应当作为对预算经理发生费用的授权。只要预算中包括费用支出项目,就不需在费用发生之前获得进一步的批准。

(7) 建立控制系统。可以通过比较现实结果和预算计划来提供对于实际业绩的控制。背离预算能够被调查,而且应将背离的原因区分为可控和不可控的因素。

(8) 提供绩效评估手段。它提供了可以与实际结果比较的目标,以便评估员工的绩效。

(9) 激励员工提高业绩。如果存在一个可以让员工了解其工作完成好坏的系统,员工就可以保持其兴趣和投入程度。管理层识别出背离预算的可控原因,为提高未来绩效提供了动力。

然而,不切实际的预算、经理对预算进行缓冲以保证实现目标的预算、仅仅关注目标的实现而没有实际行动的预算都不是好的预算。这些预算都没有关注长期后果。

预算控制是一个过程,总预算移交给责任中心,允许对于实际结果和预算的比较进行持续的监控,通过个人行为保证预算目标的实现,或者为修改预算提供基础。例如,市场营销部门得到 500 万元人民币的预算,该部门就要说明这笔资金将怎样使用,如在人员工资、广告促销和展览会等方面开支的比例,这些开支将根据规划定期受到审计。预算集中于资源的有效利用、生产成本和提供服务。应当认识到,成本并不是唯一的成功关键因素,因此预算控制系统通常是和其他绩效管理体系相辅相成的,从而产生了业绩计量的平衡计分卡。

2. 预算的类型。

编制预算最常用的方法有增量预算和零基预算。

(1) 增量预算 (incremental budgeting)。这种预算是指新的预算使用以前期间的预算或者实际业绩作为基础来编制,在此基础上增加相应的内容。资源的分配是基于以前期间的资源分配情况。这种方法并没有考虑具体情况的变化。这种预算关注财务结果,而不是定量的业绩计量,并且和员工的业绩没有联系。

增量预算的优点包括:
①预算是稳定的,并且变化是循序渐进的;
②经理能够在一个稳定的基础上经营他们的部门;
③系统相对容易操作和理解;
④遇到类似威胁的部门能够避免冲突;
⑤容易实现协调预算。

而增量预算的缺点在于:
①它假设经营活动以及工作方式都以相同的方式继续下去;
②不能拥有启发新观点的动力;
③没有降低成本的动力;
④它鼓励将预算全部用光以便明年可以保持相同的预算;
⑤它可能过期,并且不再和经营活动的层次或者执行工作的类型有关。

(2) 零基预算(zero-based budgeting)。这种预算方法是指在每一个新的期间必须重新判断所有的费用。零基预算开始于"零基础",需要分析企业中每个部门的需求和成本。无论这种预算比以前的预算高还是低,都应当根据未来的需求编制预算。

零基预算通过在企业中的特定部门的试行而在预算过程中实施高层次的战略性目标。此时应当归集成本,然后根据以前的结果和当前的预测进行计量。

零基预算的优点包括:
①能够识别和去除不充分或者过时的行动;
②能够促进更为有效的资源分配;
③需要广泛的参与;
④能够应对环境的变化;
⑤鼓励管理层寻找替代方法。

而零基预算的缺点在于:
①它是一个复杂的、耗费时间的过程;
②它可能强调短期利益而忽视长期目标;
③管理团队可能缺乏必要的技能。

**(二)企业业绩衡量指标**

1. 财务衡量指标。
(1) 盈利能力和回报率指标。
①毛利率与净利润率。利润通常由成本和收益两部分组成。因此企业的盈利水平与成本和收益两个方面息息相关。反映企业盈利水平和能力的指标主要有毛利率与净利润率。

$$毛利率 = [(营业收入 - 销售成本)/营业收入] \times 100\%$$

$$净利润率 = [(营业收入 - 销售成本 - 期间费用)/营业收入] \times 100\%$$

如果企业通过比较上年的盈利或亏损来对盈利能力进行明确的考核，毛利率的变化反映销售价格和销售成本之间差距的变化。企业可以综合考察产品销售价格的变化、销售数量的变化、销售成本的变化以及企业的业务范围（如是零售业还是制造业），综合考察企业盈利能力的变化。而与类似的企业相比，如果本企业毛利率较高，这就意味着在控制成本投入方面出现了问题。

不论是企业与自己上年比较，还是与类似企业比较，在毛利率变量固定的情况下，净利润率的高低可以判断企业对行政费用、销售费用或利息费用是否进行了严格控制。

②已动用资本报酬率（ROCE）。已动用资本回报率又称作投资回报率（ROI）或净资产回报率（RONA）。计算公式如下：

$$资本报酬率（ROCE）=（息税前利润/当期平均已动用资本）\times 100\%$$

这种测评方法的经济理论是由杜邦企业在20世纪初期提出的。该理论认为投资取得的回报应超过企业的资本成本，从而为投资者提供适度的回报。在实务中，这种测评方法非常流行，原因如下：

第一，它能得出一个理想的集团ROCE，即如果所有部门的ROCE都是15%，并假设将所有中心成本和资产都计入部门，那么集团整体的ROCE也占15%。集团ROCE的增长也可以刺激集团每股收益的增长，并因而刺激股票价格的增长。

第二，它能够对不同规模的部门加以比较，以此识别出创造集团价值或破坏集团价值的部门，并且还可以识别出绩效较高和绩效较低的部门管理者。

第三，由于这种方法与利率或其他资产收益率相类似，因此管理层较易理解。

第四，由于财务报告系统会计算出利润和资产价值，因此采用这种计算方法成本较低。

(2) 股东投资指标。

①每股盈余或市净率。每股盈余或者每股股利是确认企业为股东带来收益的主要指标。没有令人满意的每股盈余或每股股利将导致股东抛售他们的股票。比率的计算方法是：

$$每股盈余 = 净利润/股票数量$$
$$每股股利 = 股利/股数$$
$$市净率 = 每股盈余/每股市价$$

②股息率。股息率低表示企业保留大量利润进行再投资。股息率通常高于利息率。股东希望价格上升，并希望得到的回报（股息+资本利得）超过投资者从固定收益证券中得到的回报。

$$股息率 = 每股股利/每股市价 \times 100\%$$

③市盈率。流通市值是指企业在股票市场中的股票总值。在收益和股利很低的情况下，股票的市值也将下降，除非股利成长的前景很好。股东关心他们得到的报酬，以及获得这种报酬需要投资的规模。为了解决这个问题，收益和股利增长应当表示为收到股利加上市值中的资本增加。市盈率表示每股盈余和每股市价之间的关系。市盈率的计算公式是：

$$市盈率 = 每股市价/每股盈余 \times 100\%$$

市盈率高反映了市场对盈余的高速增长或低风险的信心。市盈率会受到利率变动的影响;利率的增加意味着股票的吸引力下降,这意味着市盈率的下降。市盈率也取决于市场预期和信心。

(3) 流动性指标。

计量企业提供服务和避免拖欠债务的能力最常用的指标包括:

流动比率 = 流动资产/流动负债 × 100%

速动比率 = (流动资产 − 存货)/流动负债 × 100%

存货周转期 = 存货 × 365/销售成本

应收账款周转期 = 应收账款借方余额 × 365/销售收入

应付账款周转期 = 应付账款贷方余额 × 365/购买成本

(4) 负债和杠杆作用。

为了评估企业的财务杠杆和评价企业经营所得的现金是否能够满足预计负债未来承诺债务,通常使用下列计量方法:

负债率 = 有息负债/股东权益 × 100%

现金流量比率 = 经营现金净流量/(流动负债 + 非流动负债) × 100%

总体而言,使用比率来进行绩效评价的主要原因有:

①通过比较各个时期的相应比率可以很容易地发现这些比率的变动。

②相对于实物数量或货币价值的绝对数,比率更易于理解。例如,分析市场占有率,一个企业可以致力于其产品或服务获得15%的市场占有率,并衡量与之有关的市场部门和产品或服务的质量,而不仅仅是货币数量。

③比率可以进行项目比较并有助于计量绩效。例如,销售利润率计量的是每获得1元的销售收入能够获得多少利润,并表明了销售毛利的多少。

④比率可以用作目标。目标可以是投资报酬率、销售利润率、资产周转率、容量和产量。随后管理层决定怎样来实现这些目标。

⑤比率提供了总结企业结果的途径,并在类似的企业之间进行比较。

但是比率评价仍有如下局限性:

①可比信息的可获得性。在和同产业的其他企业进行比较时,产业平均值可能在数字上变动比较大。类似公司的数值可能有比较好的指导作用,但是在识别哪些公司是类似公司以及获得足够详细的信息方面可能还有很多问题。

②历史信息的使用。如果该企业的股票最近下跌严重,或者即将下跌,或者有其他的潜在变动,那么和企业的历史信息进行比较可能就是有局限性的。并且,这种比较也可能受到通货膨胀的影响。

③比率不是一成不变的。各行业的理想标准不同,也不是一成不变的。比率远远低于同产业平均水平的企业也有可能很轻松地生存下来。

④需要仔细解读。例如,如果比较两个企业的流动性比率,一个企业可能比较高。这也许意味着"好",但是进一步的研究可能表明这种较高的流动性比率,是由于营运资本管理较差导致的较高的存货和应收账款所造成的。

⑤被扭曲的结果。经过会计的确认、估计与计量过程产生的财务指标本身很可能被

扭曲。对财务报告的限制性规定意味着内部财务控制对决策制定的价值是有限的，例如，缺乏对商标中无形资产的评估，以及没有估计存货和交易的机会成本等。

⑥鼓励短期行为。过度追求月度、季度及年度的目标可能不符合企业长期战略发展的需要。

⑦忽略战略目标。财务控制无法激励高级管理人员去关注更多影响企业成败的重要因素，如顾客服务和创新。

⑧无法控制无预算责任的员工。如果执行人员对财务结果不用负任何责任，那么财务指标无法激励员工的行为。

2. 非财务指标。

非财务业绩计量是基于非财务信息的业绩计量方法，可能产生于经营部门或者在经营部门使用，以监控非财务方面的活动。非财务业绩计量可能比财务业绩计量提供的业绩信息更为及时，也可能容易受到一些市场因素等不可控变化的影响。表4-4列出了一些非财务指标。

表4-4　　　　　　　　　　　　　非财务指标

| 评价的领域 | 业绩计量 |
| --- | --- |
| 服务质量 | 诉讼数量<br>客户等待时间 |
| 人力资源 | 员工周转率<br>旷工时间<br>每个员工的培训时间 |
| 市场营销效力 | 销量增长<br>每个销售人员的客户访问量<br>客户数量 |

和传统的财务报告不同，非财务信息计量能够很快地提供给管理层，而且很容易计算和被非财务管理层理解并有效使用。

选择这些非财务指标也有很多问题，并且报告太多这种计量指标也有很多危险。管理层的信息过多其实是无用的，或者传递了矛盾的信号。信息提供者必须和管理层紧密合作，才能使管理层确信他们的需求得到了适当的理解。

(三) 平衡计分卡的业绩衡量方法

1. 平衡计分卡的基本概念。

卡普兰 (Kaplan) 和诺顿 (Norton) 提出了名为平衡计分卡的方法，它是一种平衡4个不同角度的衡量方法。具体而言，平衡计分卡平衡了短期与长期业绩、外部与内部的业绩、财务与非财务业绩以及不同利益相关者的角度，包括：

- 财务角度
- 顾客角度
- 内部流程角度
- 创新与学习角度

平衡计分卡的定义是：平衡计分卡表明了企业员工需要什么样的知识技能和系统，

分配创新和建立适当的战略优势和效率,使企业能够把特定的价值带给市场,从而最终实现更高的股东价值。图4-18是对这四个不同角度进行衡量的应用实例。

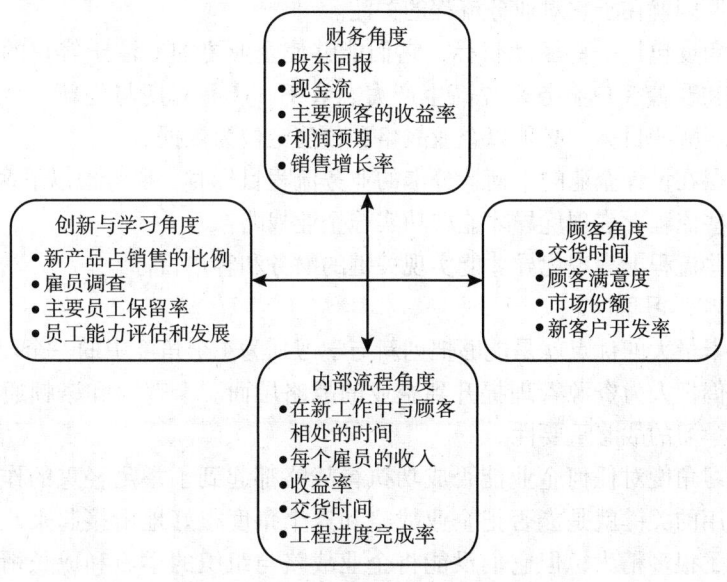

图4-18 平衡计分卡实例

(1) 财务角度。

平衡计分卡在财务角度中包含了股东的价值。企业需要股东提供风险资本,它也同样需要顾客购买产品和服务及需要员工生产这些产品和服务。财务角度主要关注股东对企业的看法,以及企业的财务目标。用来评估这些目标是否已达到的方法主要是考察管理层过去的行为,以及这些行为导致的财务层面的结果,通常包括利润、销售增长率、投资回报率以及现金流。

(2) 顾客角度。

运用平衡计分卡从更广、更平衡的角度来考虑企业的战略目标和绩效考核时,一定要非常重视客户。企业的平衡计分卡最典型的客户角度通常包括:定义目标市场和扩大关键细分市场的市场份额。

客户角度的目标和指针可以包括目标市场的销售额(或市场份额)以及客户保留率、新客户开发率、客户满意度和盈利率。卡普兰和诺顿把这些称为滞后指标。他们建议经理人要明确对客户提供的价值定位。在明确价值定位的过程中,卡普兰和诺顿定义了几个与客户满意度有关的驱动指标:时间、质量、价格、可选性、客户关系和企业形象。他们把这些称为潜在的领先指标,领先指标的设定取决于企业的战略和对目标市场的价值定位。在开发平衡计分卡时,需要考虑到这些领先指标。

高级管理层在设计企业的平衡计分卡的客户目标时要考虑以下3个关键问题:

①对目标市场提供的价值定位是什么?

②哪些目标最清楚地反映了对客户的承诺?

③如果成功兑现了这些承诺,在客户获取率、客户保留率、客户满意度和盈利率这几个方面会取得什么样的绩效?

(3) 内部流程角度。

把管理重心放在流程再造上将对促进组织改进起到十分重要的作用，运用平衡计分卡的一个重要原因就在于它对业务流程的关注。

业务流程角度包括一些驱动目标，它们能够使企业更加专注于客户的满意度，并通过开发新产品和改善客户服务来提高生产力、效率、产品周期与创新。至于重点要放在哪些方面或设定哪些目标，必须以企业战略和价值定位为依据。

高级管理层在设计企业的平衡计分卡的业务流程目标时，要考虑以下两个关键问题：
①要在哪些流程上表现优异才能成功实施企业战略？
②要在哪些流程上表现优异才能实现关键的财务和客户目标？

(4) 创新与学习角度。

平衡计分卡最大的优点就是能够把创新与学习列为4个角度中的一个。多年来，知识型领导一直提倡把人力资源管理提升到企业的战略层面。卡普兰和诺顿通过平衡计分卡确定了创新与学习的战略重要性。

创新与学习角度对任何企业能否成功执行战略都起到了举足轻重的作用。平衡计分卡能否成功运用的关键就是能否把企业战略和这个角度很好地衔接起来。很多企业都对人力资源投入了很多精力，但它们没能将企业战略与组织的学习和成长衔接起来。卡普兰和诺顿在对其创立的平衡计分卡工具进行描述时，特别强调了这个问题。

高级管理层在设计企业的平衡计分卡学习和成长目标时要考虑以下几个问题：
①经理（和员工）要提高哪些关键能力才能改进核心流程，达到客户和财务目标从而成功执行企业战略？
②如何通过改善业务流程，提高员工团队合作、解决问题的能力以及工作主动性，从而进一步提高员工的积极性和建立有效的组织文化，最终成功地执行企业战略？
③应如何通过实施平衡计分卡来创造和支持组织的学习文化并加以持续运用？

企业的成长与员工和企业素质能力的提高是息息相关的，从长远角度来看，企业唯有不断学习与创新，才能实现长远的发展。

2. 平衡计分卡的特点。

平衡计分卡方法因为突破了财务作为唯一指标的衡量工具，做到了多个方面的平衡。与传统评价体系比较，平衡计分卡具有如下特点：

(1) 平衡计分卡为企业战略管理提供强有力的支持。随着全球经济一体化进程的不断发展，市场竞争的不断加剧，战略管理对企业持续发展而言更为重要。平衡计分卡的评价内容与相关指标和企业战略目标紧密相连，企业战略的实施可以通过对平衡计分卡的全面管理来完成。

(2) 平衡计分卡可以提高企业整体管理效率。平衡计分卡所涉及的四项内容，都是企业未来发展成功的关键要素，通过平衡计分卡所提供的管理报告，将看似不相关的要素有机地结合在一起，可以大大节约企业管理者的时间，提高企业管理的整体效率，为企业未来成功发展奠定坚实的基础。

(3) 注重团队合作，防止企业管理机能失调。团队精神是一个企业文化的集中表现，平衡计分卡通过对企业各要素的组合，让管理者能同时考虑企业各职能部门在企业整体中的不同作用与功能,使他们认识到某一领域的工作改进可能是以其他领域的退步为代价换来的,促使企业管理部门考虑决策时要从企业出发,慎重选择可行方案。

(4) 平衡计分卡可增强企业激励作用,扩大员工的参与意识。传统的业绩评价体系强调管理者希望(或要求)下属采取什么行动,然后通过评价来证实下属是否采取了行动以及行动的结果如何,整个控制系统强调的是对行为结果的控制与考核。而平衡计分卡则强调目标管理,鼓励下属创造性地(而非被动)完成目标,这一管理系统强调的是激励动力。因为在具体管理问题上,企业高层管理者并不一定会比中下层管理人员更了解情况、所作出的决策也不一定比下属更明智。所以由企业高层管理人员规定下属的行为方式是不恰当的。另外,目前企业业绩评价体系大多是由财务专业人士设计并监督实施的,但是,由于专业领域的差别,财务专业人士并不清楚企业经营管理、技术创新等方面的关键性问题,因而无法对企业整体经营的业绩进行科学合理的计量与评价。

(5) 平衡计分卡可以使企业信息负担降到最少。在当今信息时代,企业很少会因为信息过少而苦恼,随着全员管理的引进,当企业员工或顾问向企业提出建议时,新的信息指标总是不断增加。这样,会导致企业高层决策者处理信息的负担大大加重。而平衡计分卡可以使企业管理者仅仅关注少数而又非常关键的相关指标,在保证满足企业管理需要的同时,尽量减少信息负担成本。

3. 平衡计分卡的作用。

(1) 平衡计分卡的出现,使得传统的绩效管理从人员考核和评估的工具转变成为战略实施的工具。

(2) 平衡计分卡的出现,使得领导者拥有了全面的统筹战略、人员、流程和执行四个关键因素的管理工具。

(3) 平衡计分卡的出现,使得领导者拥有了可以平衡长期和短期、内部和外部,确保持续发展的管理工具。

(4) 平衡计分卡被誉为近75年来世界上最重要的管理工具和方法。

(四)统计分析与专题报告

1. 统计分析报告。

统计分析结果可以通过表格式、图形式和文章式等多种形式表现出来。文章式的主要形式是统计分析报告。它是全部表现形式中最完善的一种。这种形式可以综合而灵活地运用表格、图形等形式;可以表现出表格式、图形式难以充分表现的不确定情况;可以使分析结果鲜明、生动、具体;可以进行深刻的定性分析。

统计分析报告,就是指运用统计资料和统计分析方法,以独特的表达方法和结构特点,表现所研究事物本质和规律性的一种应用文章。

统计分析报告的特点包括:

(1) 统计分析报告是以统计数据为主体。统计分析报告主要以统计数字语言来直观地反映事物之间的各种复杂的联系,以确凿的数据来说明具体时间、地点、条件下社会经济领域的成就和经验、问题与教训、各种矛盾及其解决办法。它是以统计数字为主体,用简洁的文字来分析叙述事物量的方面及其关系,并进行定量分析。

(2) 统计分析报告是以科学的指标体系和统计方法来进行分析研究说明的。统计是认识社会的武器,在着眼于社会经济现象总体的量的方面,并在质与量的辨证统一中进行研究。因此,统计分析报告是通过一整套科学的统计指标体系进行的数量研究,进而说明事物的本质。在整个分析研究中,运用一整套科学的方法,进行灵活、具体的分析。

(3) 统计分析报告具有独特的表达方式和结构特点。统计分析报告属于应用文体,基本表达方式是叙述事实,让数字说话,在阐述中议论,在议论中分析。表现事物时,不用夸张、虚构、想象等手法,而是用较少的文字,精确的数据,言简意赅,精练准确地表达丰富的内涵。

统计分析报告在结构上的突出特点是脉络清晰、层次分明。一般是先摆数据、事实,进行各种科学地分析,进而揭示问题,亮出观点,最后有针对性地提出建议、办法和措施。统计分析报告的行文,通常是先后有序,主次分明,详略得当,联系紧密,做到统计资料与基本观点统一,结构形式与文章内容统一,数据、情况、问题和建议融为一体。

2. 专题报告。

专题报告是根据企业管理人员的要求,指定专人对特定问题进行深入、细致的调查研究,形成包括现状与问题、对策与建议等有关内容的研究报告,以供决策者参考。例如,"关于房地产开发战略的研究""关于企业形象战略的研究""关于企业市场竞争力的调查报告"等。

专题报告有助于企业对具体问题进行控制,有助于企业管理人员开阔战略视野,有助于企业内外的信息沟通。专题报告可以由企业内部自己完成;也可以用课题、项目的形式委托大学、科研院所或咨询机构的专业人员完成;可以以企业为主,聘请有关专业人员参与来完成;也可以由外部专家牵头,企业有关人员参与来完成。这要视企业的具体情况而定。无论外部还是内部专业人员完成专题报告,都要有一定的投入,但这与因盲目决策而导致的战略失控所造成的损失相比要经济、划算得多。

经验证明,一份好的专题报告,不仅能揭示有关降低成本、提高市场份额或更好地运用资本的奥秘,而且对战略目标的实现、战略时空的选择、战略措施的实施都有很大的益处。

## 第四节 战略管理中的权力与利益相关者

美国管理学家卡斯特 (Kast F.)、罗森茨韦克 (Rosenzweig J. E.) 在其代表作《组织与管理:系统与权变的方法》一书中指出:"目标的制定过程基本上是一个政治过程,各不同利益集团之间讨价还价的结果形成了目标。"事实上,公司的使命与目标也是公司主要的利益相关者利益与权力均衡的结果。因此,权力与利益相关者分析是公司战略分析的重要组成部分,公司战略的制定与实施和各利益相关者利益与权力的均衡密不可分。

有关利益相关者的定义很多,本书采用如下定义:利益相关者是对企业产生影响的,或者受企业行为影响的任何团体和个人。利益相关者理论认为企业各类利益相关者的利益期望、利益冲突、利益均衡以及相对权力是问题的关键。

## 一、企业主要的利益相关者

企业主要利益相关者可分为内部利益相关者和外部利益相关者。

### （一）内部利益相关者及其利益期望

企业内部利益相关者主要有：

1. 向企业投资的利益相关者。

包括股东与机构投资者。投资者向企业提供资本，资本不仅是机器设备、厂房建筑、原料动力以及土地资源的一般形式，而且是获得其他生产要素，如一般劳动力、信息技术及管理人才的必要前提，有些投资者直接经营企业，在现代企业制度中，投资者一般不直接经营企业，而是将企业委托经理人员经营。不论投资者是否直接经营企业，他们都要直接参与企业的利益分配。投资者对企业主要的利益期望就是资本收益——股息、红利。

由于股息、红利是以企业利润为基础，按股权进行分配，所以传统理论认为投资者对企业的主要期望就是利润最大化。如果一个企业的投资者不止一方，那么，争得多数股权也是各方股东的利益所在。

2. 经理阶层。

一般指对企业经营负责的高、中层管理人员。他们向企业提供管理知识和技能，将各种生产力要素结合成整体。由于现代企业制度中所有权与经营权的相对分离，经理人员可以利用信息不对称控制企业。企业追求利润最大化是大多数经济理论的一个假定，然而普遍的感觉是，在现实中企业经理有其他目标。例如，使企业的规模、增长以及管理职位津贴最大化。企业的增长能够给经理人员带来金钱和非金钱方面的好处，例如，增长能够给经理和员工带来职业发展的机会，尽管这种增长未必会带来符合股东利益的企业利润的增长。企业增长又主要表现在销售额的增长，所以，经理对企业的主要利益期望是销售额最大化。

3. 企业员工。

企业员工是一个包括企业操作层劳动者、专业技术人员、基层管理人员及职员在内的具有相当厚度的阶层。他们向企业提供各种基本要素，是企业的基本力量。企业员工对企业的利益期望是多方面的，但从影响企业目标选择角度看，企业员工主要追求个人收入和职业稳定的极大化。

### （二）外部利益相关者及其利益期望

企业外部利益相关者主要有：

1. 政府。

政府向企业提供许多公共设施及服务，如道路、通讯、教育、安全等，制定各种政策法规，协调国内外各种关系，这些因素都是企业生产经营必不可少的环境条件。政府对企业的期望也是多方面的，例如，政府力图使企业在提供就业、支付税款、履行法律责任、促进经济增长、确保国际支付平衡等多个方面做出贡献。其中最直接的利益期望是政府对企业税收的期望。

2. 购买者和供应者。

购买者包括消费者和推销商，他们是企业产品（或服务）的直接承受者，是企业产品实现价值的基本条件。供应者为企业提供必需的生产要素，与企业、购买者一道构成产业价值链中的一个组成部分。如第二章所述，购买者与供应者对企业的期望是在他们各自的阶段增加更多的价值。

3. 债权人。

债权人与投资者一道，向企业提供资金，但与投资者不同的是，企业以偿付贷款本金和利息的方式给予债权人回报。因此，债权人期望企业有理想的现金流量管理状况，以及较高的偿付贷款和利息的能力。

4. 社会公众。

企业是社会经济生活的一部分，它的行为会给社会公众带来各种影响。社会公众期望企业能够承担一系列的社会责任，包括保护自然环境、赞助和支持社会公益事业等。值得一提的是，对于股票上市公司来说，社会公众中还有相当一批企业的股民，这是企业内部利益相关者与外部利益相关者的交集部分。这些股民对企业的期望除了利润最大化以外，还要求企业对广大股民负责，遵循正确的会计制度，提供公司财务绩效的适当信息，制止包括内幕交易、非法操纵股票和隐瞒财务数据等在内的不道德行为。

**二、企业利益相关者的利益矛盾与均衡**

企业的发展是企业各种利益实现的根本条件，是企业利益相关者的共同利益所在。但是，由于利益相关者的利益期望不同，他们对企业发展的方向和路径也就有不同的要求，因而会产生利益的矛盾和冲突。这些矛盾和均衡冲突主要表现在以下几方面。

**（一）投资者与经理人员的矛盾与均衡**

关于投资者与经理人员利益的矛盾与冲突，管理学界已有不少论述。以下的3个模型具有一定的代表性。

1. 鲍莫尔（Baumol W J.）"销售最大化"模型。

鲍莫尔用"销售最大化"模型表达了他对经理人员强调销售额的重要性的理解。作为企业的实际代表，经理总是期望企业获得最大化销售收益，但企业赚得的利润并不一定能满足股东对红利的需求，也不一定能达到资本市场的需求（如果企业要筹集补充资金的话）；另外利润最大化的产出点则往往要求企业的经营活动低于其全部生产能力。事实上，往往企业并不会去追求这两种产出量中的任何一种，各方利益均衡的结果是企业可能在这两种产出量中选择一个中间点，这个产出量反映了代表经理人员利益的销售额最大化与代表股东利益的利润最大化的均衡结果。

2. 马里斯（Marris R L.）的增长模型。

马里斯的增长模型是一种"平衡状态"模型。企业经理人员的主要目标是公司规模的增长，但这将受到那些分享某些共同利益的股东们的利益的制约。当然，较高的股票市场价格对经理和股东双方都有利，它有助于新资本证券发行和资产估价，有助于避免被廉价兼并等。事实上，由于市场评价、兼并的风险和其他共同利益，经理与股东利益均衡的结果可能会使企业的增长率确定在双方都可能接受的一个区域内。

3. 威廉森（Williamson O. E.）的管理权限理论。

威廉森在他的管理权限理论中也很强调经理人员的管理动机。他的基本论点是：经理们必须把他们的个人利益和作为经理本身所作出的决定区别开来。经理们将力求最大化他们自己的效用函数，从而使他们的权力和声望最大化。这主要体现在三个重要变量中：雇员开支（雇用人员的数量和质量）、酬金开支（支出账目、高质量办公服务等）和可支配的投资开支（超越严格经济动机，反映管理者权力和偏好的投资）。

威廉森的模型事实上反映了企业的经理人员运用自身相对股东的信息优势来实现其对企业的利益追求。特别是那些在市场上具有一定程度垄断力量的大公司，这些大公司大到足以使经理们抵制来自广泛的股东集团要求利润最大化的压力。

### （二）企业员工与企业（股东或经理）之间的利益矛盾与均衡

列昂惕夫（Leontief W.）模型描述了企业员工与企业之间的利益的矛盾与均衡。在这个模型中，企业员工代表企业工会决定工资，企业决定就业水平。企业员工追求工资收入最大化和工作稳定（反映在企业就业水平高）；而企业追求利润最大化，就要选择最佳就业水平，在工资水平的约束下以实现企业利润最大化。那么，企业员工与企业讨价还价的博弈结果将在一条直线上实现均衡，而最终均衡点更偏于哪一方的利益，要取决于双方讨价还价的实力大小。

### （三）企业利益与社会效益的矛盾与均衡

这里我们用"社会效益"代表所有企业外部利益相关者的共同利益。企业外部利益相关者对企业的共同期望是企业应承担一系列社会责任。这些社会责任包括三个方面：

（1）保证企业利益相关者的基本利益要求。例如，履行缴纳国家税金的义务；保证按时按量偿还债权人的债务；保护广大股民的基本权益；正确处理与供应者、购买者的利益分配等。

（2）保护自然环境。例如，处理好与企业生产有关的污水、有毒废料和一般废料；制定安全政策，减少可能引起的灾难性环境问题的事故；珍惜稀缺资源等。

（3）赞助和支持社会公益事业。例如，赞助慈善事业和非营利基金会或协会；积极支持公共卫生和教育事业；反对世界上存在的政治不平等，如种族隔离和独裁政治等；支援落后国家和地区；等等。

但是，企业的社会效益与企业利润最大化原则往往是不一致的。例如，企业要照章纳税，必然会降低企业的盈利水平；企业要保护环境，就需要加大在环保方面的投入，而这些投入与企业的直接效益是背道而驰的；企业要赞助公益事业，无异于从企业收益中拿出一块奉献给社会。

企业如何对待社会效益，被称为"商业伦理"问题。商业伦理的实质是一个企业或组织在社会中应发挥什么作用和负什么责任的问题。这不仅涉及企业外部利益相关者的利益或期望能否得到满足，而且也涉及企业的长远目标能否实现以及一个社会的均衡发展问题。

企业的社会效益目标与企业自身经济目标很难两全其美。弗里德曼（Friedman F.）认为："企业的任务就是经营企业""企业的唯一目标就是追求利润最大化"。这种伦理观念认为关心社会问题不是企业的责任，企业关心社会问题会使其对社会做贡献的最主要方式（如上缴税金和利润）受到破坏。因此，政府的主要责任是通过立法来阐明社会对企业追求效益所应施加的约束和限制。应该说，这种伦理观念有一定道理。如在计划经济体制下，国有大中型企业就是因为过多地承担了政府和社会应承担的责任，从而使包袱越来越重，削弱了竞争能力；又如，世界各国以满足社会需要而不以营利为目标的公共服务部门，虽然一般都有一个听起来很神圣的服务宗旨，但实际上，由于组织内部缺乏以利润最大化为目标的激励机制，滋长了官僚习气与懒惰作风，从而大大降低了组织的效率，也降低了组织对社会作贡献的能力。

但是，强调企业自身经济利益绝不意味着企业在追求利润最大化时，可以不负相应的社会责任。例如，一个医疗单位首先应该救死扶伤，其次才是追求经济目标，否则会受到社会公众的谴责；林业生产企业如果只图眼前经济效益，一味大规模砍伐树木，将导致严重的环境问题，最终也将失去自身的经济利益。所以，在社会效益与企业效益之间，企业实际上也总是处于一个讨价还价的均衡点。

以上所讨论的是企业利益相关者利益矛盾与均衡的几个主要方面。如果将利益相关者再进行细分，企业利益相关者的矛盾与均衡问题还涉及许多方面。例如，投资者之间的股权之争；各级经理人员集权与分权的关系；企业员工中专业技术人员与企业的矛盾；政府税收与企业利润最大化的矛盾；等等。在跨国经营的企业中，企业利益相关者的利益矛盾还体现在跨国公司进入东道国市场的利益追求与东道国政府吸引外资目标的差异上；等等。

西尔特（Cyert R. M.）和马奇（March J. G.）的论述可作为对以上各利益相关者利益博弈的总结。他们认为，企业在组织上由各种利益集团结合在一起，共同经营，由于成员们承认共存的需要，并有使他们的目标更为接近的欲望（相对于不组成该企业时的情况），从而使企业幸存下来。企业最后确定的各种目标是一种妥协，最终的有效性几乎总是低于最大值，这就是所谓的"组织呆滞"。由于承认这种低效率，上述呆滞导致的额外"支付"由各成员分摊，这个集团才能团结一致。这些支付或许是现金、实物，或是能对政策发生影响的权利。有关谈判进程是在不断的审议之中进行的，因此在企业经营过程中，企业目标会有变化。

### 三、权力与战略过程

由于权力（power）和与其相关的术语被广泛地运用于学术界和商业界，因而它们的含义很多且很容易混淆。在这里我们采用一个简单明了的概念：将权力定义为个人或利益相关者能够采取（或者说服其他有关方面采取）某些行动的能力。权力不同于职权（authority），它们主要有以下 4 点区别：第一，权力的影响力在各个方面；而职权沿着企业的管理层次方向自上而下。第二，受制权力的人不一定能够接受这种权力；而职权一般能够被下属接受。第三，权力来自各个方面；而职权包含在企业指定的职位或功能之内。第四，权力很难识别和标榜；而职权在企业的组织结构图上很容易确定。还应该将权力与政治区别开来。政治是权力的运用，它是由具体的战略和策略组成的。

#### （一）企业利益相关者的权力来源

1. 对资源的控制与交换的权力。

企业的利益相关者由于控制着企业所需的具体资源，而存在着许多交换权力的机会。他们可以利用这些权力争取和保卫自己的利益。如投资者可通过增减资本的投入，劳动者可通过增减单位时间内体力、脑力的支出，经营者可能表现不同的业绩，政府可通过对企业的政策来争取和保卫自己的利益，等等。但是他们争取和保卫利益行动的有效性取决于他们所提供的资源的稀缺程度与企业对这些资源的依赖程度。例如股票价格与资本供求情况有关，在资本过剩的不景气时期，股息自然下跌；职工工资与劳动力供求有关；有卓越经营才能的经理人员和掌握专用技术的专业人员由于掌握关键资源往往可争取到数倍于普通劳动力的薪酬；在波特的五种竞争力模型中，企业对其供应者和购买者的资源越依赖，供应者和购买者讨价还价能力就越强；等等。

2. 在管理层次中的地位。

企业管理层次的不同地位使得处在层次高的位置上的人比处于层次低的位置上的人拥有更多的正式权力，这种权力被称为职权。前面我们已经区分过权力与职权两种概念，职权也是权力的一种类型，但权力不一定是职权。由于在管理层次中的地位而获得的权力主要有三个基础：法定权（legitimate power）、奖励权（reward power）和强制权（coercive power）。法定权力意味着通过他或她的职位优势，在做出具体决策时，企业中其他人要遵从。法定权力又来源于对奖励或惩罚的行使。奖励权的行使，会使下属执行命令，因为下属相信他们会因此得到某种金钱上的或者精神上的奖励；强制权（或惩罚权）也会有同样作用，下属由于怕受到惩罚或怕被剥夺奖励而不得不服从命令。奖励权与强制权的区别在于实施者和被实施者之间关系强度的含义不一样。强制权意味着实施者和被实施者之间产生一种敌对关系而且会减少长期合作的预期；而奖励权则更为积极并能发展为一种长期关系。

3. 个人的素质和影响。

个人的素质和影响是一种非正式职权的权力的重要来源。约翰·科特（Kotter J.）提出，成功的管理者需要建立起一些基本权力，尤其是榜样权（referent power）和专家权（expert power），这两者比正式职权、奖励权或强制权更具有持久性。榜样权和专家权是个人素质和影响的重要方面。专家权来源于对其他人或作为整体组织而言有价值的特殊知识的占有，它也可以被认为是在特定情景中对专家的理所当然的遵从。榜样权为那些受人尊敬的人所拥有，他们得到尊重是因为他们具有某些特殊的能力或性格特征，或是具有能保证他人服从的个人气质或形象。榜样权与专家权不仅存在于正式组织之中，企业的非正式组织中也大量存在。

4. 参与或影响企业的战略决策与实施过程。

参与或影响企业战略决策与实施也会形成一定权力。例如，那些有机会接触决策制定人的人们可以说具有一定的权力，"能够接近那些有权力的人"本身就是一种权力来源。财务专家们经常参与企业战略决策与实施过程，这种参与实际上给了他们运用权力的机会。又如，企业内部那些和外部环境打交道的个人或利益相关者，能够减少、控制或者吸收环境当中的不确定因素而影响战略的制定与实施，往往也因此而具有一定权力。再如，那些支持企业价值链上关键环节的外部利益相关者享有权力，因为这种参与企业内部管理的知识是企业外部利益相关者与企业讨价还价的一种本钱。

5. 利益相关者集中或联合的程度。

团结就是力量，这是众人皆知的真理。股东、经理、劳动者影响企业决策的实力与他们自身的联合程度有关。例如，目前通行世界的八小时工作制及法定最低工资制等，就是工人阶级坚持不懈的联合斗争的结果。西欧及北欧由于产业工会强大，他们在与雇主谈判决定工资福利方面发挥着重要作用，导致了这些国家同一产业的企业工资福利差别较小的格局；而日本产业工会对劳动力市场缺乏控制力，因此企业之间工资差别较大。又如，小股东们如果团结一致，运用"用脚投票"的市场机制，能够对不称职的经理形成制约。再如，供应商、购买者的权力在很大程度上受到他们集中程度的影响，他们的集中程度越高，讨价还价的潜力就越大，就越能够争取到较好的协议和合同。

（二）在战略决策与实施过程中的权力运用

权力本身是战略管理过程中的重要基础，制定战略和有效地实施战略需要权力和影响力。战略家应该是一个有效的政治家。下面介绍的是5种一般的政治性策略，代表了企业各方利益相关者在企业战略决策与实施过程中权力的应用。

如果用合作性和坚定性两维坐标来描述企业某一利益相关者在企业战略决策与实施过程中的行为模式，可以分为以下5种类型。见图4-19。

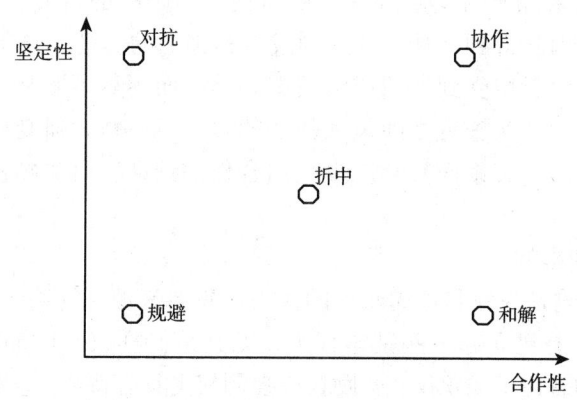

图4-19 对待矛盾与冲突的行为模式

1. 对抗。

对抗是坚定行为和不合作行为的组合。企业利益相关者运用这种模式处理矛盾与冲突，目的在于使对方彻底就范，根本不考虑对方的要求，并坚信自己有能力实现所追求的目标。

2. 和解。

和解是不坚定行为与合作行为的组合。一方利益相关者面对利益矛盾与冲突时，设法满足对方的要求，目的在于保持或改进现存的关系。和解模式通常表现为默认和让步。

3. 协作。

协作是坚定行为与合作行为的组合。在对待利益矛盾与冲突时，既考虑自己利益的满足，也考虑对方的利益，力图寻求相互利益的最佳结合点，并借助于这种合作，使双方的利益都得到满足。

4. 折中。

折中是中等程度的坚定性和中等程度的合作性行为的组合。通过各方利益相关者之间的讨价还价，相互做出让步，达成双方都能接受的协议。折中模式既可以采取积极的方式，也可以采取消极的方式。前者是指对冲突的另一方做出承诺，给予一定的补偿，以求得对方的让步；后者则以威胁、惩罚等要挟对方做出让步。多数场合，则是双管齐下。

5. 规避。

规避模式是不坚定行为与不合作行为的组合。以时机选择的早晚来区分，这种模式可分为两种情况：一种是当预期将要发生矛盾与冲突时，通过调整来躲避冲突；另一种情况是当矛盾与冲突实际发生时主动或被动撤出。

## 第五节 信息技术在战略管理中的作用

信息技术（Information Technology，IT），是主要用于管理和处理信息所采用的各种技术的总称。一切与信息的获取、加工、表达、交流、管理和评价等有关的技术都可以称为信息技术。它主要是应用计算机科学和通信技术来设计、开发、安装和实施信息系统及应用软件。它也常被称为信息和通信技术（Information and Communications Technology，ICT）。主要包括传感技术、计算机技术和通信技术。

### 一、信息技术与组织变革

#### （一）信息技术与组织变革的关系

信息技术与组织变革是相互影响的关系。一方面，信息技术是推动组织变革的诱因；另一方面，组织变革又进一步促进信息技术应用，二者相互影响，同时也受许多中介因素影响，如组织决策、组织政治、组织文化和组织环境等。

表4-5列出了信息技术对组织变革产生的一些影响。企业组织变革可以基于信息技术的支持，审视、优化、重新设计业务流程，并获得较高的效率和服务质量。

表4-5　　　　　　　　　　信息技术对组织的影响

| 组织概念 | 信息技术对组织的影响/组织的受益 |
| --- | --- |
| 阶层化 | 减少层次，扩大控制幅度 |
| 专业化 | 减少专业人员，增加多面手 |
| 规范化 | 增加规范 |
| 集中化 | 减少权力集中 |
| 组织文化 | 组织文化影响信息技术的行为 |
| 组织权力 | 信息技术会影响组织权力 |
| 组织的生长周期 | 信息技术应配合组织的生长阶段 |
| 目标的转移 | 要防止组织目标转移 |
| 组织学习 | 信息技术可提供偏差报告，供组织学习使用 |

## （二）信息技术与组织结构变革

一方面，传统组织结构在信息技术的支持下可以进行一些良性调整；另一方面，信息技术也带来了一些新的协调手段，使得一些新型的组织结构在现实中成为可能。信息技术对组织结构变革的影响具体表现为以下几个方面：

1. 支持组织扁平化调整。

组织扁平化就是减少管理的层次，扩大管理的幅度。扁平化是通过赋予低层员工有制定决策和解决问题的权力（也称为授权），而无须等待中层管理者的批准的组织结构调整。扁平化的组织结构具有更高的灵活性和更快的反应能力，能够降低成本、提高产品和服务的质量，更能适应当前动态的全球经济。

信息技术在组织扁平化过程中发挥着重要的作用。一方面，相应的管理层级变少，授权后的员工在信息技术支持下进行决策。如公司的销售员可以利用信息技术，取消某一订单或对某个客户的账单做出调整，车间的操作员也可利用信息技术停止自动装配线以解决问题。另一方面，基于信息技术的支持，强化了组织内部通信、监控协调能力，控制跨度可以得到显著的扩大。

2. 支持新型组织结构。

在信息技术的支持下，一些组织设计并采用了一些新型的组织结构以增强组织竞争力，其中最为重要的是团队结构和虚拟组织。

（1）团队结构（team structure），是以团队作为协调组织活动的主要方式，团队成员在动机、价值取向和目标追求上具有高度的一致性，要求成员既是全才又是专才。团队具有高度的自主性，对大多数操作性工作负全部责任。信息技术使得团队之间的沟通和组织对团队的有效监督成为可能。

（2）虚拟组织（virtual organization），是组织扁平化在企业之间的形式，是当市场出现新机遇时，具有不同资源与优势的企业为了共同开拓市场，共同对付其他的竞争者而组织、建立在信息网络基础上的共享技术与信息，分担费用，联合开发的、互利的企业联盟体。虚拟企业运用网络来联系人员、资产和创意，不受传统组织边界或地理位置的限制，制造产品，提供服务。通过组建虚拟企业，一个企业可以突破自身能力的限制，追求一种完全靠自身资源或能力难以达到的目标。只有依托于强有力的计算机网络，这种以信息流管理为核心能力的组织形式才可能存在。这种结构的优点在于灵活性强，有利于很快地重组社会的资源适应市场的需要。

## （三）信息技术与业务流程重组

传统的企业管理模式下的业务流程，非增值的环节比较多，信息传递较为缓慢，流程中各环节的关系混乱。特别是一个完整的业务流程被不同的职能部门分割开来，降低了流程的效率和效益。因此，企业只有对其流程进行改造与创新，才能在新的环境中得以生存与发展。

20世纪90年代初，"重新设计"的思想被引入管理领域，业务流程重组（business process reengineering，BPR）的概念应运而生。业务流程重组，简称重组，是通过对业务流程彻底地再设计而大幅度改善成本、质量、进度和服务效益，企业从而可以在市场上成为一名成功的竞争者的过程。

业务流程重组是企业过程创新活动，需要人们用归纳推理的方式来看待信息技术。信息处理能力以及计算机与互联网技术的连通性增加了组织信息和知识的存取性、存储量和传播性，不仅可以大大提高业务流程的效率，使现有过程运行得更快、更好，还在于使组织打破传统的规则，建立全新的工作方式。企业过程创新不是简单的自动化，而是利用技术的最新潜能达到崭新的目标。信息技术在重组业务流程中起到重要的作用。

**二、信息技术与竞争战略**

**（一）信息技术与成本领先战略**

信息技术在企业中的应用可以帮助企业在生产、工程、设计、服务等环节有效降低成本，甚至达到行业中最低的运营成本。

**（二）信息技术与差异化战略**

企业可以借助信息技术推出区别于竞争对手的新产品、新服务，从而获取竞争优势。借助这类信息技术，企业可以不需再响应竞争对手基于价格上的竞争，而是通过提供难以复制的产品和服务，拉开与竞争对手的差距，阻断竞争对手。

借助信息技术，已经有许多新产品和新服务被开发出来，如表4-6所示。

表4-6　　　　　　　　　　　基于信息技术的新产品、新服务

| 新产品与服务 | 所依赖的信息技术 |
| --- | --- |
| 在线银行 | 保密的通讯网络、Internet |
| 现金管理账户 | 全社会范围的客户记账系统 |
| 衍生投资 | 交易管理系统、大型事务处理系统 |
| 国际范围的航空、旅馆、自动预约系统 | 基于全球通讯的预约系统 |
| 邮件快递 | 全国范围内的包裹追踪系统 |
| 邮寄购物 | 共同客户数据库 |
| 语音信箱服务系统 | 公司内部网络化的数字通讯系统 |
| 自动存取款机 | 客户账户管理系统 |
| 服装定制 | 计算机辅助设计和制造系统 |

**（三）信息技术与集中化战略**

借助信息技术，可以帮助企业聚焦于目标市场，并在目标市场的竞争中胜出。借助类似数据挖掘这样的信息技术，企业可以利用产品销售和客户数据分析消费者的购买模式和偏好，从而更好地发现目标客户、服务于目标市场，并针对性地开展营销和市场竞争活动。

以数据挖掘为代表的信息技术在识别集中化战略中包括以下一些典型应用：确认那些从你的企业购买同一种产品的顾客的共性，预测哪些顾客将可能离开你、投入你的竞争者的怀抱里，确认哪些客户可以被列入邮售名单以达到高的收益率，预测访问网站的客户是否对所看到的产品有兴趣，了解哪些产品与服务通常被一起销售，揭示本月与上个月典型顾客的差别等。

### 三、信息技术与企业价值链网

#### (一) 信息技术与企业价值链

如本书第二章所述,迈克尔·波特在《竞争优势》一书中引入了"价值链"的概念。在价值链的每一个阶段,都可以考虑如何利用信息技术来改善运行效率,提升增值过程,为客户创造更多的价值。

信息技术对企业价值链的支持如图 4-20 所示。

| 支持活动 | 基础管理:电子日程安排和消息传送系统 | | | | | 公司价值 |
|---|---|---|---|---|---|---|
| | 人力资源:人力资源管理系统 | | | | | |
| | 技术:计算机辅助设计系统 | | | | | |
| | 采购:计算机化订货系统 | | | | | |
| 基本活动 | 内部后勤 | 生产作业 | 外部后勤 | 市场销售 | 服务 | |
| | 自动仓储系统 | 计算机控制的生产制造系统 | 自动化运输调度系统 | 计算机化的产品订购系统、自动销售系统 | 设备维护系统、客户在线服务系统 | |

图 4-20 信息技术对企业价值链的支持

由图 4-20 可以看到,信息技术对价值链基本活动的支持,可以通过自动仓储系统和自动化运输调度系统来提升企业内外部物流运作效率,通过计算机控制的生产制造系统提升生产运作效率,通过计算机化的产品销售和服务系统提升销售与服务的效能。信息技术对价值链支持活动的支持,可以通过计算机辅助设计系统来提升技术研发效能,通过人力资源管理系统提升人力资源效能,通过计算机化订货系统加强采购效率,通过办公自动化技术或电子化的日程安排和消息传送系统提升基础管理。

信息技术能够帮助企业全面渗透到企业价值链的各主要环节,有效降低成本,提升客户价值,赢得竞争优势。

#### (二) 信息技术与企业价值网

1. 价值网模型。

价值网模型是美国管理学家亚当·布兰德伯格(Adam Brandenburger)和巴里·纳尔波夫(Barry Nalebuff)在网络经济背景下提出的概念,价值网是由利益相关者之间相互影响而形成的价值生成、分配、转移和使用的关系及其结构。价值网络强调"以顾客为中心",在专业化分工的生产服务模式下,把处于"价值链"上不同位置并存在密切关联的企业或者相关利益体整合在一起,建立一个以顾客为核心的价值创造体系,共同为顾客创造价值。当顾客出现新的价值需求时,网络成员也可以联合起来进行共同研发,迅速地满足顾客需求。通过充分整合价值网络中相关成员的价值创造能力,可以更好地为顾客提供个性化的价值。价值网成员建立的相互关系不是零和博弈下的背弃式竞争,而是基于双赢思想的紧密合作,成员公司之间建立合作关系能够实现核心能力优势互补,共担风险和成本,共享市场和顾客忠诚。

价值网理论对价值链理论进行了拓展和提升。价值网络是围绕顾客价值重构原有价值链,通过网络中不同层次和不同主体之间的互动关系而形成的多条价值链在多个环节上网状的联系和交换关系。由这些关系形成的网络将产生网络效应,处于每个网络节点上的个体或组织可以从这种聚合作用中创造或者获取更多的价值。价值网在战略思维上发生了巨大的变化,它强调竞争和合作两个方面,这种竞争和合作的结合被称为合作竞争(co-competition)。

比起价值链,价值网更多是"以客户为本",很少以线性方式运作。这些由多价值链组成的体系能够灵活适应供求的变化,各成员之间的关系可以根据对市场的反应要求或紧或松。企业可以通过优化价值网络来快速决定谁能以合适的价格提供顾客所要求的产品和服务,从而加速其进入市场和顾客响应的时间。

2. 信息技术与企业生态系统。

企业生态系统(business ecosystems)的概念建立在价值网理念基础上,是有别于传统企业竞争模型的一种新的商业模型。企业生态系统是以组织和个人的相互作用为基础的经济联合体,该系统超越了传统价值链,也不局限于行业部门,而是涉及供应商、分销商、外包服务公司、融资机构、关键技术提供商、互补产品制造商,甚至包括竞争对手、客户、监管机构与媒体等对公司经营产生直接或间接影响的诸多因素。企业生态系统中相互依赖的企业通常是跨产业合作的,形成一个像自然生态系统的商业生态系统,类似一个由合作企业之间、企业与环境之间相互作用而形成的社会,每家企业最终都与整个企业生态系统共进化、共命运。其主要特点包括以下两个方面:

(1)由一个或少数几个企业统领着这个生态系统,并建造了平台以供其他专业定位企业应用。可以突破传统的组织边界限制,实现跨企业、跨区域、跨行业,甚至全球化的发展和合作。

(2)信息技术在企业生态系统建立与运作中扮演着强有力的角色。价值网络中的企业通过网络技术等构筑的信息技术平台凝聚在一起,形成整体运作的企业生态系统。

**四、大数据时代企业战略转型**

**(一)大数据时代的数据分析**

1. 大数据。

大数据是维克托·迈尔-舍恩伯格(Viktor Mayer-Schönberger)在2008年的著作《大数据时代》中提出的概念。维基百科给出的定义是,大数据指所涉及的资料规模巨大,无法通过目前常规软件工具,在合理时间内达到撷取、管理、处理、整理成为有用信息的数据集合。大数据的主要特征为大量性(Volume)、多样性(Variety)、高速性(Velocity)、价值性(Value)。

(1)大量性。是指大数据的数据量巨大。在大数据时代,个人电脑、手机、平板电脑等网络工具的使用和高度发达的网络技术的普及,数据资料的来源范围在不断拓展,数据的计量单位从PB到EB到ZB,数据量增长发生了质的飞跃。

(2)多样性。是指数据类型繁多。大数据不仅包括传统的以文本资料为主的结构化数据,还包括信息化时代所有的文本、图片、音频、视频等半结构数据和非结构化数据,且以半结构化和非结构化数据为主。

（3）高速性。指大数据处理时效性高。大数据产生速度快，有价值信息存在时间短，时效性强，在海量的数据面前，处理数据的效率关乎数据是否有使用价值，因此，能迅速有效的提取大量复杂数据中的有价值信息显得非常重要。

（4）价值性。指大数据价值巨大，但价值密度低。大数据中存在反映人们生产、生活、商业等各方面极具价值的信息，但由于大数据规模巨大，数据时时刻刻都在更新变化，这些有价值的信息可能转瞬即逝。因此，如何通过强大的机器算法迅速高效地完成数据的价值"提纯"成为大数据时代亟需解决的难题。

2. 大数据时代。

大数据时代是指在大量数据信息基础上所形成的新型信息时代，是建立在通过互联网、物联网等现代网络渠道广泛大量收集数据资源基础上的数据存储、价值提炼、智能处理和展示、促进数据发挥价值的信息时代。大数据时代，数据分析过程中数据的管理和应用效率得到提高，人们几乎能够从任何数据中获得可转换为推动人们生活方式变化的有价值的知识。大数据时代的发展会促进众多领域和行业进行变革，会对人们未来生活方式和生产方式产生深刻的影响。

3. 大数据时代的数据分析。

数据分析是指用合适的统计方法及与分析对象有关的知识，定量与定性相结合，对收集到的大量数据进行分析的过程，是为了提取有用信息和形成结论而对大量数据进行详细研究和概括总结的过程。数据分析的目的是把隐藏在一大批看似杂乱无章的数据背后的信息挖掘和提炼出来，进而总结出研究对象的内在规律。

数据分析是大数据处理流程的核心。大数据的价值产生于分析过程，从规模巨大的数据中挖掘隐藏的、有价值的信息所进行的分析过程就是大数据分析。

大数据分析和传统数据分析最重要的区别在于数据量。数据量的急剧增长及大数据的特征，决定了数据的存储、查询以及分析的难度增加，对数据处理技术的要求迅速提高。大数据分析建立在海量原始数据基础上，不需要预先设定研究目的和方法，而要从大量数据中通过数据挖掘技术找到数据之间的关系并建立模型，寻找导致现实情况的根源因素，甚至形成理论和新的认知，在此基础上对未来进行预测和优化，以实现社会运行中各个领域的持续改善与创新。

传统的数据分析是"向后分析"，分析的是已经发生的情况。而在大数据时代，数据分析是"向前分析"，具有预测性。传统的数据分析主要针对结构化数据，具备一整套行之有效且广泛使用的分析体系：利用数据库存储结构化数据→构建数据仓库→构建数据立方体进行分析。对于从大数据中提炼更深层次更有价值的信息的需要促使数据挖掘技术的产生，并发明了聚类、关联分析、分类、回归分析、估计、预测、描述和可视化等一系列行之有效的方法。同时大数据的到来使得在线分析数据成为可能，如 Web 页挖掘、OLAP 等。数据挖掘是在没有明确假设的前提下去挖掘信息、发现知识，用于指导以后的行动。

**（二）大数据对企业战略决策模式的影响**

1. 决策依据。

在传统管理决策模式中，企业管理者大多会根据自身的经验及判断能力，对企业适应市场环境变化的措施做出判断。在大数据决策模式中,企业管理者可以利用大数据技术充分分析企业当前的经营能力、市场环境的要求,进而做出更加符合企业需求的管理决策。

2. 决策主体。

在传统管理决策模式中,企业管理者不仅对数据进行了垄断,其掌握的数据可能具有不完整性且在决策时只有少数人可以参与;而在大数据时代,各级人员不仅能够轻松地获取影响决策的信息,且越来越主动的参与到决策当中来。大数据的应用使得企业的管理决策活动从原本的管理层独立决策模式转化成全员决策模式。企业所有员工的参与充分保障了管理决策的有效性。对于企业本身而言,基于大数据的全员决策管理会为企业带来更多的经济利润。

3. 决策技术与方法。

在大数据时代,数据处理与分析技术对企业的决策模式产生了颠覆性的影响。一是基于云计算的数据处理与分析技术,云计算作为管理、处理大数据的一种有效工具,可以为数据收集、整理、分析等提供技术上的支撑。二是大数据下的知识发现技术可以有效提升决策质量与决策速度,通过建立面向半结构化、非结构化存储数据的知识发现及融合技术。三是大数据下的决策支持系统,通过大数据云计算技术建立适应全员参与的决策方法。

**(三) 大数据时代企业战略转型的主要方面**

1. 市场调研与预测。

调研与预测是决策的前提。在大数据时代,人们可以通过数据收集和分析,将某一经济活动的过去、现状和未来更紧密、更充分地结合起来,使预测数据更加可靠、过程更加精细,结果更加贴近实际。

(1) 市场需求调研与预测。随着人们消费观念的改变,消费需求呈现出多元化、个性化、潮流化倾向。消费个体会将这种消费诉求在互联网上直接或间接地表达出来,从而留下消费需求数据。利用大数据技术分析、发掘、归类、综合需求数据背后所潜藏的消费偏好和倾向,合理估算需求数量。结合企业现有生产能力,可判断生产规模需要扩大还是缩小,现有品种需要保留还是转产,真正做到以销定产。尤其是当这些需求为市场新兴需求时,就为企业新产品的开发提供了机遇。当新兴需求又具有个性化和潮流化的特征时,定制产品、订单生产就将成为企业发展的新动向,单件或小批量生产组织形式的作用将更加凸显。

(2) 资金需要量预测。资金需要量预测,要用到预测期的销售额,其大小取决于预测期销售量和价格。在大数据技术条件下,这两个量就可以通过大数据分析,在综合考虑市场上的定性和定量因素后更加客观地确定下来。同时,当资金需要量确定后,在进行筹资决策时,还可以利用大数据分析在多种筹资渠道和筹资方式中充分地进行比较,选择成本相对较低、风险相对较小的资金。

(3) 现金流量预测。项目投资决策时,现金流量预测是计算有关财务指标进而判定项目是否可行的基础,估算一个项目未来几年甚至十几年的现金流量往往受制于人们的经验和对市场变化的认识。大数据分析可以有效地改进这一点,使人们能利用更多的有效数据把握市场的变化趋势，使现金流量的估算更加客观，使项目投资决策更加科学。

2. 营销管理。

（1）用户行为与特征分析。大数据时代，企业可以以前所未有的速度收集用户的海量行为数据，分析、洞察和预测消费者的偏好，并据此为消费者提供最能满足他们需求的产品、信息和服务，以及向他们传递准确的广告信息。

（2）企业重点客户的筛选。大数据时代，企业可以从用户访问的各种网站判断其最近关心的东西是否与企业相关。从用户在社会化媒体上所发布的各类内容及与他人互动的内容中，可以找出千丝万缕的信息，利用某种规则关联及综合起来，就可以帮助企业筛选重点的目标用户。

（3）客户分级管理。大数据时代，面对日新月异的新媒体，企业可以通过对粉丝的公开内容和互动记录分析，将粉丝转化为潜在的用户，激活社会化资产价值，并对潜在用户进行多个维度的画像。大数据可以分析活跃粉丝的互动内容，设定消费者画像和各种规则，关联潜在用户与会员数据，关联潜在用户与客服数据，筛选目标群体做精准营销，进而可以结合社会化数据优化传统客户关系管理，丰富用户不同维度的标签，并可动态更新消费者生命周期数据，保持信息新鲜有效。

（4）改善用户体验。要改善用户体验，关键在于真正了解用户及他们所使用的企业的产品的状况，做最适时的提醒。例如，汽车生产企业在其用户所使用的汽车关键部件发生问题之前，提前向用户或4S店预警，这对于保护生命大有裨益。事实上，美国的UPS快递公司早在2000年就利用这种基于大数据的预测性分析系统来检测全美60 000辆车辆的实时车况，以便及时地进行防御性修理。

（5）竞争对手监测与品牌传播。大数据时代，企业可以通过大数据监测分析了解竞争对手的行为和动向。此外，也可运用大数据分析手段和方法（如传播趋势分析、内容特征分析、互动用户分析、正负情绪分类、口碑品类分析、产品属性分布等）增强品牌传播的有效性。还可以依据竞争对手的传播态势、行业标杆用户策划，用户的反馈等多方面信息进行品牌传播策划。

（6）品牌危机监测与管理。大数据时代，企业能够提前洞悉公司的品牌危机并及时进行处理。在危机爆发过程中，最需要的是跟踪危机发展趋势，识别重要参与人员，方便快速应对。大数据可以及时采集品牌危机状况与焦点问题所在，及时启动危机跟踪和报警，按照人群的社会属性分析、聚类事件过程中的主要观点，识别关键人物及危机传播路径，进而可以抓住源头和关键节点，快速有效地处理危机，保护企业与产品的声誉。

3. 生产管理。

（1）产品创新过程调研。大数据时代，企业可以收集到客户与企业之间交易而产生的大量行为动态数据，同时能够对产品的使用情况跟踪记录，产生产品使用动态数据。对这些数据进行挖掘和分析，将分析结果运用到产品改进设计、创新等活动中，相当于让客户参与到产品的需求分析和产品设计等创新活动中，对产品创新具有不可估量的贡献。

（2）生产流程优化。现代化的工业制造生产线安装有数以千计的小型传感器，在生产的全过程中可以探测温度、压力、振动和噪声等。整个生产流程将产生大量数据，对这些数据从不同角度（如设备诊断、能耗分析、工艺分析等）进行挖掘分析，并在此基础上，对生产过程建立虚拟模型，仿真并优化改进生产流程，提高设备使用率、降低能耗、减少质量事故发生几率、优化工艺等，从而提高生产效率。

（3）提高质量管理水平。高度自动化的设备在加工产品的同时记录了庞大的检测结果。利用检测结果进行质量分析，可以提高质量管理水平。此外，无处不在的传感器、互联网技术，使得产品故障诊断实时进行，利用数据挖掘与分析技术，对记录的数据进行建模与仿真，可以对产品故障实行动态预测。

（4）科学制定生产计划。对生产环节的大数据进行挖掘，通过对计划与完成的数据进行对比分析，发现计划与实际完成的偏差，在考虑产能约束、人员技能、物料供应、工装模具等生产资源的基础上，通过智能的优化算法，建立计划制定模型，从而能够制定更加科学合理的生产计划。

（5）产品科学合理定价。一方面获取更加详细的微观数据信息，使产品成本的分析更加科学精确；另一方面通过销售数据研究客户对产品定价的敏感度。通过这些数据分析，为产品科学合理的定价提供决策依据。

（6）优化库存管理。在大数据时代，产品原材料和产成品库存量是多少、存货价格是否稳定、市场供应是否充足、缺货是否会出现等真实状况均可利用大数据分析得到充分评定，在此基础上进行采购和确定经济批量，可以避免盲目购进，减少存货积压，促进效益提高。

（7）完善供应商管理。在对原材料大量数据挖掘和分析的基础上，可以选择最合适的供应商，实现准时化采购，增加了制造的敏捷性与柔性。这不仅能够保证原材料质量，还能够有效降低库存成本。

（8）实现产品生命周期管理。随着物联网的发展，条形码、二维码、RFID等能够作为产品的唯一标识，可以运用传感器、可穿戴设备、智能感知、视频采集、增强现实等技术将产品生命周期的信息进行实时采集和分析。这些数据能够帮助企业在供应链的各个环节跟踪产品，收集产品使用信息，从而实现产品生命周期的管理。这些数据还可以用于售后服务，提高售后服务质量，从而提高产品竞争力。

（9）提高固定资产利用率。一般情况下，企业在增加固定资产时都会充分考虑生产能力和生产任务的均衡。但受市场和其他因素影响，生产任务常常会发生变化，从而导致生产能力和生产任务的失衡。当生产能力大于生产任务时，固定资产就会出现剩余生产能力。为了提高固定资产的利用效率，企业通常会对剩余生产能力寻租，但生产能力的特定性和市场信息的不对称性往往使企业的寻租困难重重。大数据技术的运用使剩余生产能力寻租更加便捷。出租方和承租方可利用互联网发布、收集、加工、整理、分析相关的租赁信息，也可以直接利用信息中介公司提供的租赁信息，在更大的市场范围内完成租赁结合，提高固定资产的利用率。

4. 应收账款管理。

应收账款管理属于财务管理范畴。大数据时代对财务管理转型的要求贯穿于企业经营管理的全过程和各个业务领域。应收账款管理难以归类在前面的各项活动之中。因此，以下着重阐述大数据时代对应收账款管理的影响。

应收账款的存在可以增加销售、减少存货，但同时也会产生机会成本、管理成本、坏账成本等持有成本。企业应当制定合理的应收账款政策，科学管理应收账款。为此，对客户进行信用调查就是首要工作。相对于传统式的信用调查，利用大数据技术可以在更大的范围内进行客户信用评级查阅、信用变化跟踪、以往失信记录查找等。在现代电子技术的支撑下，几乎可以对所有客户的信用动态、支付能力进行实时追踪，从而对接近信用期、超过信用期的不同客户采用不同的收账政策。对于超过信用期较长时间未付款的客户，实行重点跟踪，分析其信用变化原因，更为准确地预计坏账损失，及时、足额地计提坏账准备，保证应收账款信息的真实性，有效防范企业资金链断裂。

**（四）大数据时代企业战略转型面临的困难**

1. 数据容量问题。

在传统的管理模式下，无论是数据储备还是数据整合分析的工作量在企业经营管理中所占比重并不大，甚至不需要使用信息技术即可进行统计、处理，也无需担心数据的储存问题，更不需要先进的储存设备。大数据背景下数据飞速剧增，传统的普通计算机已经无法容纳海量的数据。与此同时，对后台运行、终端处理技术也提出了更高的要求。

2. 数据安全问题。

大数据时代，无论是企业内部数据还是客户个人数据，都需要运用网络进行收集、整理和分析，这对企业和个人来说都是一种隐私安全上的威胁。每个企业都有自己固定的客户和大量的业务联系，其中很多信息属于企业机密，是不能公布于众的。大数据时代，有些不法分子会利用其高超的网络技术直接侵入企业的数据体系，窃取相应的数据信息。一旦这些数据遭到不良泄露，不仅使企业内部的机密被窃取，还会使企业失去现有的客户资源，给企业带来不可估量的损失。

3. 数据分析与处理问题。

大数据本身所存在的许多特点，如数据量极其庞大、数据类型繁多以及价值密度低等，都是企业传统的信息处理技术难以应对的，企业在观念、人才、技术和设备等方面的限制也会使企业无法完全掌握大数据提供的有效价值。

**（五）大数据时代企业战略转型的主要任务**

1. 树立大数据思维，转变经营管理模式。

大数据背景下，企业领导层应当积极树立大数据思维，努力转变传统的经营管理模式，紧跟大数据快速发展的时代潮流。大数据时代企业经营管理模式的转变最重要的体现是决策体系的转变，即由少数人决策变为多数人合作完成。全员参与决策的模式使更多的知识和信息能相互沟通、构建一个大数据下的资源平台或知识储备库，这是大数据时代企业决策的基础，也是大数据时代的必然要求。

2. 优化专业人才队伍，提升对数据收集、挖掘与分析的能力。

大数据时代企业对各类数据收集与分析能力决定了企业的竞争力。而强化专业人才，又是其中的关键所在。企业要不断加强人才队伍的建设，对外聘请大数据方面的专业人才，对内加强在计算机、互联网、数据挖掘和分析等方面对人才的专业培训力度。同时，从薪酬制度上给予大数据专业人才以适度倾斜，激励他们不断提升对数据收集、挖掘与分析的能力。

3. 加强基础设施建设，积极推进共享模式。

企业要注重加强大数据收集和分析所需的硬件设施和软件系统的配置，这是大数据时代提升企业竞争力的物质保障。还可以采用共享模式降低数据成本、解决容量不足的问题。面对数据容量的压力，企业开放一定资源进行共享势在必行，租用云端服务器就是采用共享模式解决容量最经济的手段。积极推进人工智能的BAT（百度、阿里、腾讯）也都以共享算法的方式获取数据。

4. 提高风险管理水平，确保企业与客户信息安全。

（1）客户个人数据管理。企业要有效控制消费者信息泄露的风险。征集客户个人信息必须明确告知客户，经客户同意并承诺承担保管信息的责任后方能采集。企业还要聘请法律顾问提供法律帮助，合法采集客户个人信息数据，并在使用时转换成匿名方式进行数据分析，维护客户个人信息的隐私安全。

（2）企业数据管理。首先，企业要建立一套系统、切实有效的内部数据管理制度，从职责上细化使用权限，确保企业信息资料的安全可靠。其次，要有目的、有计划地对员工进行专业培训，提高员工对数据的管理水平，确保安全使用大数据。

（3）建立应急管理系统。在企业层面建立两套相互独立的数据库，两套数据库的内容同时更新，其中一个数据库在日常使用，另一个数据库作为备份。当数据受到网络黑客的入侵时，可以在不伤害企业利益的前提下销毁被入侵的数据库来维护企业的数据安全。要尽量简化数据库安全效验与应急程序的流程，让安全检测人员的检测结果直接对接决策层。在企业财务允许的情况下，也可以使用运营商提供的安全解决方案，可以简化企业的危机管理工作。

# 第五章　公司治理

## 第一节　公司治理概述

### 一、企业的起源与演进

纵观企业制度的演进发展史，基本可以划分为两大阶段：以业主制企业和合伙制企业为代表的古典企业制度时期和以公司制企业为代表的现代企业制度时期。随着生产经营规模的扩大和资本筹措与供应途径的变化，企业的形式经历了"业主制—合伙制—公司制"的发展。

**（一）业主制企业**

业主制（the sole proprietorship）是最早存在的企业制度，其发源于工业革命时期由传统家庭作坊演变而来的手工工厂组织，是由自然人个人投资成立和经营控制的组织，是生产技术水平提高和市场规模扩大对专业化分工合作生产提出要求的必然产物。业主制企业不具有法人资格，对企业的负债承担无限责任，即当企业资不抵债的时候，业主需要拿出个人财产偿还企业债务。

业主制企业的优点有：

①企业内部组织形式简单，经营管理的制约因素少，经营管理灵活，法律登记手续简单，容易创立和解散。

②企业的资产所有权、控制权、经营权、收益权均归业主所有，业主享有完全自主权，便于发挥其个人能动性、生产力及创造力。

③业主自负盈亏，对企业负债承担无限责任，个人资产与企业资产不存在绝对的界限，当企业出现资不抵债时，业主要用其全部资产来抵偿。因此业主会更加关注于预算和成本控制以降低经营风险。

业主制企业的缺点有：

①所有者只有一人，企业资产规模小，资金筹集困难，企业容易因资金受限而难以扩大生产和规模。

②企业所有权、收益权、控制权、经营权高度统一归业主所有，使企业存续受制于

业主的经营意愿、生命期、继承者能力等因素。

③企业经营者也只是所有者一人，当企业发展到一定规模后，限制在个人内的人力资本就很可能会影响到组织决策的质量。

④因业主承担无限责任所带来的风险较大，企业为规避风险而缺乏动力进行创新，不利于新产业发展。

因此，随着企业规模的不断扩大，业主制企业逐渐被合伙制企业所取代。

### （二）合伙制企业

合伙制企业（the partnership）是由两个或多个出资人联合组成的企业。在基本特征上，它与业主制企业并无本质的区别。同业主制企业一样，合伙制企业也不具有法人地位，合伙人才是民事主体，并对企业债务承担无限责任。在合伙制企业中，企业归出资人共同所有、共同管理，并分享企业剩余或承担亏损，对企业债务承担无限责任。一般意义上，合伙制企业运行在共同出资、共同经营、共享利润、共担风险的契约关系之下。合伙人原则上拥有平等参与企业决策的权力，以及平等承担企业责任的义务。

与业主制企业相比，合伙制企业具有以下优点：

①扩大了资金来源，有助于企业扩大规模、生产发展，部分缓解了业主制资金不足的问题。

②合伙企业虽然拥有多个产权主体，但其产权结构完整统一，更有利于整合发挥合伙人的资源优势，促进人力、技术、土地、资金等资源共享，部分缓解了业主制人力资本不足的问题。

③合伙人共同经营企业、共担风险，在企业经营管理上可以实现优势互补、集思广益，一定程度上分散了经营压力。

合伙制企业缺点主要有：

①合伙人对企业债务承担无限责任，风险较大。

②合伙人间缺乏有效制约机制，监督履责困难，可能产生"搭便车"行为，单个合伙人没有全部承担他的行动引起的成本或收益，在无限责任下这种外部性导致了很大的连带风险。

③在经营管理决策中合伙人之间产生的分歧带来很多的组织协调成本，降低了决策效率。

④合伙人的退伙会影响企业的生存和寿命。

受到上述局限，合伙制企业又不断向公司制企业演变。

### （三）公司制企业

公司制企业（the corporation）是企业制度与经济、社会和技术发展适应变迁的结果，是现代经济生活中主要的企业存在形式。它使企业的创办者和企业家在资本的供给上摆脱了对个人财富、银行和金融机构的依赖。在最简单的公司制企业中，公司由三类不同的利益主体即股东、公司管理者、雇员组成。与传统的企业或古典企业相比，公司制企业具有以下三个重要特点：

（1）有限责任制。

有限责任制指公司应当以其全部财产承担清偿债务的责任。公司的股东以其认购的股份为限对公司承担责任，具体而言，有两层含义：一是公司以其全部法人财产对其债务承担有限责任；二是当公司破产清算时，股东仅以其出资额为限，对其公司承担有限责任。有限责任可以：降低股东风险，激励投资行为；促进资本流动，股东自由转让股票转移投资风险的行为也推动了现代证券市场的发展；此外，相较于无限责任制下，投资者为了避免承担与自身投资收益不成比率的巨额债务风险而需付出高昂监督成本的局限，有限责任制可转移，多样化分散化的投资风险极大地降低了大部分中小股东的监督成本，实现了减少交易费用、降低管理成本的目标。

虽然有限责任制减少了股东的投资风险，但与之相对应的经营风险并没有消失，而是转移到了包括外部债权人在内的利益相关者身上，股东可能产生不谨慎的投资行为，做出错误的经营决策，间接损害了利益相关方权益。此外，股东还更有可能利用有限责任的制度漏洞规避法律义务甚至从事违法活动，做出损害公众利益的行为。因此有限责任制度也对现代市场经济的法律监管、市场秩序、社会稳定、公平交易提出了更高的要求。

（2）股东财产所有权与企业控制权分离。

有限责任将股东的风险上限确定后，股东不仅降低了相互监督的必要性，也降低了直接参与经营管理活动的积极性。而且随着技术发展、市场竞争加剧和企业规模不断扩大，企业的经营管理越来越复杂，对管理者的技能、知识和经验要求越来越高，企业的经营管理也成为一项专业要求很高的活动。这些都为公司从外部引入职业经理人提供了机会。

在业主制和合伙制企业中，企业的所有权和经营权紧密结合。而职业经理人出现后，决策活动中最需要专业能力的部分由职业经理人来承担。一般来说，一项决策活动可以分为四个阶段：决策制定、决策审批、决策执行和执行监督，其中的决策制定和决策执行可称为决策管理，决策审批和执行监督可称为决策控制。在公司制企业中，股东保留决策控制权，职业经理人获得决策管理权，这大大缓解了公司对经营管理方面的人力资本的需求问题。股东财产所有权与企业控制权两权分离是公司治理的基础，其最大优势是可以将掌握资产但缺乏管理能力的投资者与富有经营管理经验却缺乏资产的经理人结合在一起，实现企业资源与经营管理人员的最优组合，从而实现企业利润最大化的经营目标。

（3）规模增长和永续生命。

现代公司制度中，企业以独立法人的形态存在，克服了传统合伙制退伙、散伙致使公司消灭的潜在风险。业主制、合伙制企业经营权和所有权相结合，受所有者个人因素影响较大，更为关注短期利益，不利于企业规模的扩大和长期存续发展。公司制企业初始即实现了产权与经营权的分离，所有者与法人财产权的分离，使企业实现永续运行，理论上可以多达几千万的股东数量极大提升了公司筹集资金的能力，公司规模可以迅速增长，在很多领域能够实现规模经济，迅速提升运行效率和降低成本，在市场竞争中取得核心竞争力。

公司制企业主要包括有限责任公司和股份有限公司，除此之外，还有两种特殊的形式，即一人有限责任公司、国有独资公司。

有限责任公司是指依法设立的由一定人数（我国的规定是 50 人之内）的股东出资组成，每个股东以其出资额为限对公司承担责任，公司以其全部资产对公司债务承担责任的企业法人。有限责任公司具有以下的特征：

①有限责任公司的股东数量有最高数额的限制。

②有限责任公司的资本不划分为等额股份，也不能公开筹集股份，不能发行股票，对股东出资的转让限制严格，一般要经过其他股东的同意，而且其他股东有优先购买权。

③有限责任公司只有发起设立而无募集设立，程序较为简单，可以由一个或几个人发起，管理机构也较为简单、灵活，公司账目及资产负债情况无须向公众公开，我国《公司法》规定，有限责任公司注册资本的最低限额为人民币三万元。

④有限公司的经营管理机构比较简单。股东会是最高权力机构，有权决定公司的一切活动事项，由股东按照出资比例行使表决权。有限公司董事会可设可不设，不设董事会的，股东会会议由执行董事召集和主持。有限责任公司设监事会，其成员不得少于三人。股东人数较少或者规模较小的有限责任公司，可以设一至二名监事，不设监事会。

由于有限责任公司的上述特点，许多中小规模的企业往往采取这种公司制度，由于有限责任公司为非上市公司，不能公开发行股票，受股东人数限制，筹集资金的范围和规模一般也有限，因此难以适应大规模生产经营活动的需要。

股份有限公司是指将全部资本划分为等额股份，股东以其认购的股份为限对公司承担责任，公司以全部财产对公司债务承担责任的法人。有限责任公司和股份有限公司主要在股东人数、股份形成、经营规模等方面存在差异。股份有限公司具有以下的特征：

①股份有限公司的设立，可以采取发起设立或者募集设立的方式。发起设立，是指由发起人认购公司应发行的全部股份而设立公司。募集设立，是指由发起人认购公司应发行股份的一部分，其余股份向社会公开募集或者向特定对象募集而设立公司。

②对发起人有明确规定。我国《公司法》规定，设立股份有限公司，应当有二人以上二百人以下为发起人，其中须有半数以上的发起人在中国境内有住所。股份有限公司发起人承担公司筹办事务。我国《公司法》规定，股份有限公司注册资本的最低限额为人民币五百万元。

③股份有限公司可以向社会公开发行股票，股票可以依法转让或交易。股份有限公司必须向全体股东以及有关部门、潜在的投资者、债权人及其他社会公众公开披露财务状况，包括董事会的年度报告、公司损益表和资产负债表等，以便股东了解公司的财务状况。

## 二、公司治理问题的产生

随着公司制企业的不断发展，现代公司呈现出股权结构分散化、所有权与经营权分离等典型特征，由此产生了治理问题，使公司治理成为现代企业所应关注的核心问题。

股权结构的分散化是现代公司的第一个特征。公司的股权结构，经历了由少数人持股到社会公众持股再到机构投资者持股的历史演进过程。在公司制企业发展早期，公司只有少数的个人股东，股权结构相对集中。随着公司规模的扩大及证券市场的发展和成熟，公司的股权结构逐步分散化。尽管机构投资者也经历着快速的发展，但这些机构的投资策略较为分散,大量的公司股票还是分散到了社会公众手中。高度分散化的公司股权结构,对经济运行产生了重要的影响。一方面,明确、清晰的财产权利关系为资本市场的有效运转奠定了牢固的制度基础。不管公司是以个人持股为主,还是以机构持股为主,公司的终极所有权或所有者始终是清晰可见的,所有者均有明确的产权份额以及追求相应权益的权利和承担一定风险的责任;另一方面,高度分散化的个人产权制度是现代公司赖以生存和资本市场得以维持和发展的润滑剂,因为高度分散化的股权结构意味着作为公司所有权的供给者和需求者都很多,当股票的买卖者数量越多,股票的交易就越活跃,股票的转让就越容易,规模发展就越快,公司通过资本市场投融资越便捷。但是,公司股权分散化也对公司经营造成了不利影响:首先,股权分散化的最直接的影响是公司的股东们无法在集体行动上达成一致,从而提高了治理成本;其次是对公司的经营者的监督弱化,特别是大量存在的小股东,他们不仅缺乏参与公司决策和对公司高层管理人员进行监督的积极性,而且也不具备这种能力;最后,分散的股权结构使得股东和公司其他利益相关者处于被机会主义行为损害、掠夺的风险之下。

所有权和控制权的分离是现代公司的第二个重要特点。1932年,美国学者Berle和Means在其著名的《现代公司与私有产权》一书中提出,公司所有权与经营权出现了分离,现代公司已由受所有者控制转变为受经营者控制,管理者权力的增大有损害资本所有者利益的危害。在古典企业里,所有者与经营管理者合二为一,因此,不会产生所有者与经营者的利益分歧。而所有权和控制权的分离,自然是在两个利益主体之间的分割,由此产生了公司行为目标的冲突以及两种权利、两种利益之间的竞争。然而,在现代经济生活中,大多数的股份制企业是所谓的公众公司,它们在社会范围内募集资本,向全社会发行股票。在这里,股票所有者或者不再参与公司的经营管理,或者作为经营者参与公司的经营事务,但只拥有小部分本公司的股权。在这种条件下,股东利益目标就有可能与经营管理者的利益目标发生偏离,甚至冲突,而在实践中也确实出现了经营者损害股东权益的倾向。

### 三、公司治理的概念

#### (一)公司治理的定义

从公司治理的实践及这一问题的产生和发展来看,可以从狭义、广义两个方面来理解公司治理的定义。狭义的公司治理是指所有者(主要是股东)对经营者的一种监督与制衡机制,即通过一种制度安排,合理地配置所有者和经营者之间的权力和责任关系。它是借助股东大会、董事会、监事会、经理层所构成的公司治理结构来实现的内部治理。其目标是保证股东利益的最大化,防止经营者对所有者利益的背离。

广义的公司治理不局限于股东对经营者的制衡,还涉及广泛的利益相关者,包括股东、雇员、债权人、供应商和政府等与公司有利害关系的集体或个人。公司治理是通过一套包括正式或非正式的、内部或外部的制度或机制来协调公司与所有利益相关者之间的利益关系,以保证公司决策的科学性与公正性,从而最终维护各方面的利益。因为在广义上,公司已不仅是股东的公司,而是一个利益共同体,公司的治理机制也不仅限于以治理结构为基础的内部治理,而是利益相关者通过一系列的内部、外部机制来实施的共同治理，治理的目标不仅是股东利益的最大化，而且是保证所有利益相关者的利益最大化。要实现这一目的，公司治理不能局限于权力制衡，而必须着眼和确保企业决策的科学化与公正性；不仅需要建立完备有效的公司治理结构，更需要建立行之有效的公司治理机制。在此基础上，学术界还产生了泛广义的公司治理概念，认为公司治理是董事和高级管理人员为了股东、职员、顾客、供应商及提供间接融资的金融机构的利益而管理与控制公司的制度或方法。也就是说，泛广义的公司治理概念在涵盖狭义与广义的公司治理内涵的同时，还包括了企业的战略决策系统、企业文化、企业高管控制制度、收益分配激励制度、财务制度、人力资源管理等制度。

（二）公司治理的概念理解

为了更好地把握公司治理的内涵，可以从以下三个方面进一步思考和理解公司治理问题。

1. 公司治理结构与治理机制。

依据公司内外部环境差异，公司治理可以被划分为治理结构和治理机制两个维度。治理结构主要侧重于公司的内部治理，包括股东大会、董事会、监事会、高级管理团队及公司员工间权责利相互监督制衡的制度体系。显然，在现代市场经济环境下，仅靠公司内部的治理结构很难解决公司治理的所有问题。因此，还需要超越公司内部治理结构的外部治理机制监控公司的经营决策。

治理机制主要指除企业内部的各种监督机制外的各项市场机制对公司多维度的监督与约束。包括限制经理人的道德风险、公司并购和接管市场及公司产品市场的竞争程度等。此外，信用中介机构、政府、媒体舆论等依据公司法、证券法、会计准则等政策法规对公司进行监督也发挥了重要的作用。公司治理机制主要有三大类，即权益机制、市场机制和管理机制。此处对权益的界定是对专用性资产的求偿权。权益性的公司治理机制主要是与利益相关者的专用性资产相对应，包括股权机制、债权机制、经营者机制、工会机制和消费者供给者机制。

2. 从权力制衡到科学决策。

公司治理的实质就是委托代理关系下利益相关方的权、责、利配置问题。由于市场信息不对称、合约不完备及代理成本的存在，在利益不一致的委托人和代理人间可能产生逆向选择和道德风险等代理问题。因此，需要通过信号显示机制、契约的完善、委托人的监督及对经理人的激励来降低代理问题发生的可能性。但是，传统公司的治理理论一般只关注在两权分离的条件下，力求通过建立一种制度体系以实现权力的配置与制衡来降低代理成本、减少代理风险。但在现实生活中，公司治理仅仅关注权力的分配与制衡，很难实现各方利益最大化的目标，因此，应当理顺各利益相关方的权、责、利关系，使其利益在公司实体中得到最大限度的满足，才能保证公司可持续的良好经营与发展。即"公司治理的目标不是相互制衡，它只是保证公司科学决策的方式与途径"，权力制衡只是方法，科学决策才是公司治理的核心。

3. 公司治理能力。

前面介绍了公司治理结构与治理机制对公司治理的重要性，这并不证明只要建立健全了公司治理结构与治理机制就能取得良好的治理效果。在实践中，拥有相同或类似的治理结构和治理机制的企业，绩效却存在着差异。当同一企业处于建立初期、成长期、成熟期等不同发展阶段时，相同的治理结构与治理机制也会表现出不同的绩效。这是由于在理论上，治理结构和治理机制可被视作企业的两种重要资源，究其本源这两种资源只是公司治理能力的载体和构成要素。这种能力与公司领导者的个人能力、治理工具、治理环境等要素密切相关。这些要素相互影响、相互作用，综合体现了公司的治理能力。一个公司的治理结构与治理机制是可以模仿的，但其背后的治理能力是难以学习和替代的。公司治理结构、治理机制、治理能力以及治理环境等因素共同组成了完整的公司治理体系，并综合地形成了公司的治理能力系统。

### 四、公司治理理论

1932年，伯勒和明斯（Berle & Means）合作出版了《现代公司与私有财产》一书，正式拉开了公司治理理论研究的序幕。经历了80多年的理论发展，时至今日，公司治理理论已取得了极其丰硕的成果。这里主要介绍三种公司治理理论，即委托代理理论、资源依赖理论和利益相关者理论。

#### （一）委托代理理论

委托代理理论是制度经济学契约理论的主要内容之一，主要研究的委托代理关系是指一个或多个行为主体（股东等）根据一种明示或隐含的契约，指定、雇佣另一些行为主体（经理等）为其服务，同时授予后者一定的决策权利，并根据后者提供的服务数量和质量对其支付相应的报酬。授权者就是委托人，被授权者就是代理人。

委托代理理论的主要观点认为：委托代理关系是随着生产力大发展和规模化大生产的出现而产生的。其原因一方面是生产力发展使得分工进一步细化，权利的所有者由于知识、能力和精力的原因不能行使所有的权利了；另一方面是专业化分工产生了一大批具有专业知识的代理人，他们有精力、有能力代理行使好被委托的权利。

20世纪初，伴随着规模巨大的开放型股份制企业的大量出现，企业的股权也日益分散化。股份制企业中作为企业所有者的股东所拥有的企业控制权越来越少，而企业的经营管理者几乎完全拥有了企业的控制权和支配权。所有权与控制权分离导致的直接后果是委托—代理问题的产生。这就是作为委托人的股东怎样才能以最小的代价，使得作为代理人的经营者愿意为委托人的目标和利益而努力工作。从委托人方面来看：①股东或者因为缺乏有关的知识和经验，以至于没有能力来监控经营者；或者因为其主要从事的工作太繁忙，以至于没有时间、精力来监控经营者。②对于众多中小股东来说，由股东监控带来的经营业绩改善是一种公共物品；对致力于公司监控的任何一个股东来说，他要独自承担监控经营者所带来的成本，如搜集信息、说服其他股东、重组企业所花费的成本，而监控公司所带来的收益却由全部股东享受，监控者只按他所持有的股票份额来享受收益。这对于他本人来说得不偿失，因此股东们都想坐享其成，免费"搭便车"。在这种情况下，即使加强监控有利于公司绩效和总剩余的增加，但只要每个股东在进行私人决策的时候发现其行为的私人收益小于私人成本，他就不会有动力实施这种行为。从代理人方面来看：①代理人有着不同于委托人的利益和目标，所以，他们的效用函数和委托人的效用函数不同；②代理人对自己所做出的努力拥有私人信息，代理人会不惜损害委托人的利益来谋求自身收益的最大化,即产生机会主义行为。在所有权分散的现代公司中与所有权与控制权分离相关的所有问题,最终都与代理问题有关。

(二) 资源依赖理论

资源依赖理论认为组织需要通过获取环境中的资源来维持生存,没有组织可以完全实现资源自给,企业经营所需的资源大多需要在环境中进行交换获得。组织对环境及其中资源的依赖,也是资源依赖学派解释组织内权力分配问题的起点。资源依赖理论强调组织权力,把组织视为一个政治行动者,认为组织的策略无不与组织试图获取资源、控制其他组织的权力行为相关。资源依赖理论也考虑了组织内部的因素,认为组织对某些资源的需要程度、该资源的稀缺程度、该资源能在多大程度上被利用并产生绩效以及组织获取该项资源的能力,都会影响组织内部的权力分配格局。因此,那些能帮助组织获得稀缺性资源的利益相关者往往能在组织中获得更多的话语权,即资源的依赖状况决定组织内部的权力分配状况。

相较于委托代理理论,资源依赖理论可以更好地解释企业董事会的功能。董事会可以管理环境依赖并且应该反映环境的需要。具体而言,董事会有能力获得并降低企业的依赖性,董事会的规模和构成影响董事会为公司提供核心资源的能力。而董事会的规模并不是随意的、独立的,是对外部环境条件的理性反映,随着环境的改变董事会的构成也应随之改变。同时,公司当前的战略和早期财务绩效也是影响董事会规模的因素。除规模外,董事会成员给公司带来资源的能力也是公司治理关注的重要问题。董事会为获取资源发挥的作用主要包括:①为企业带来忠告、建议形式的信息;②获得公司和外部环境之间的信息通道;③取得资源的优先条件;④提升企业的合法性。此外,处于不同生命周期的企业对董事的资源依赖也不同,小公司由于缺乏关键资源,资源提供功能较监督功能对其绩效的影响就更为显著。而处于组织衰退和破产期的公司正经历着资源基础的锐减,作为资源提供者的董事发挥的作用更为明显。例如,有更多外部董事的公司,更可能从破产中重组,再次验证了资源依赖理论的论断。

(三) 利益相关者理论

1984年,弗里曼出版了《战略管理:利益相关者管理的分析方法》一书,明确提出了利益相关者管理理论。利益相关者管理理论是指企业的经营管理者为综合平衡各个利益相关者的利益要求而进行的管理活动。与传统的股东至上主义相比较,该理论认为任何一个公司的发展都离不开各利益相关者的投入或参与,企业追求的是利益相关者的整体利益,而不仅仅是某些主体的利益。

企业的利益相关者是指那些与企业决策行为相关的现实及潜在的、有直接和间接影响的人和群体,包括企业的管理者、投资人、雇员、消费者、供应商、债权人、社区、政府等,这既包括股东在内,又涵盖了股东之外与企业发展相关的群体。每个利益相关者群体都希望组织在制订战略决策时能给他们提供优先考虑,以便实现他们的目标,但这些权益主体的相关利益及所关心的焦点问题存在很大的差别,且往往互有矛盾。公司不得不根据对利益相关者的依赖程度做出权衡,优先考虑某类利益相关者。"股东优先"的治理模式正是因此而产生的。然而,企业虽是由出资者设立、以获取盈利为出发点,但其毕竟是存在于社会之中,与社会及其他社会成员之间存在着千丝万缕的联系。而且这些利益相关者都对企业承担着不同的风险，企业的生存和发展取决于其能否有效处理同各个利益相关者之间的关系，而股东只是利益相关者之一。因此从利益相关者视角来分析企业的公司治理问题，如今得到了普遍的认可。

利益相关者理论的要点主要体现在以下几个方面：

（1）在现代公司中，所有权是一个复杂的概念，讨论公司治理以所有权为起点"是彻底错误的，是高水平的误导"，股东并不是唯一的所有者，他们只能拥有企业的一部分。传统理论把作为所有者的一切权利和责任赋予股东，并非出于社会科学的规律，而仅仅是一种法律和社会惯例而已。

（2）并不是只有股东承担剩余风险，职工、债权人、供应商都可能是剩余风险的承担者，所有利益相关者的投入都可能是相关专用性资产，这部分资产一旦改作他用，其价值就会降低。因此，投入公司的这部分资产是处于风险状态的，为激励专用性资产进入公司，需要给予其一定的剩余收益，应该设计一定的契约安排和治理制度来分配给所有的利益相关者一定的企业控制权，即所有的利益相关者都应该参与公司治理。

（3）该理论还从对企业发展的贡献上说明了重视非股东的其他利益相关者的必要性。在现代经济生活中，绝大多数资本所有者只是小股东，只不过是市场上的寻利者，大多只会"用脚投票"，而放弃"用手投票"权，对企业承担的责任日益减少；真正为企业的生存和发展操心的，是与企业利害关系更为密切的经理人员和广大职工。公司治理结构不能仅仅局限于调节股东与经理之间的关系，董事会等决策机构中除了股东代表以外还应有其他利益相关者的代表。

（4）该理论还从产权角度论证了其"新所有权观"的合理性。出资者投资形成的资产、公司经营过程中的财产增值和无形资产共同组成公司的法人财产，法人财产是相对独立的。

**五、公司治理的重要性**

公司治理被人们高度重视的实践根源在于，公司发展所产生的各式各样的问题引起了股东、经理、员工等利益相关者的不满。影响公司治理重要性的主要因素有：①公司高管的高薪酬引起了股东及其他利益相关者的不满：在西方发达国家，即便公司业绩面临下降时，公司高管的薪酬仍然居高不下，甚至还有逐步上升的趋势。高管薪酬与基层员工薪酬间的两极分化引发了基层员工的不满，激发了更多员工的机会主义行为，损害了公司及股东的利益，因此股东需要一种治理机制来保证自己的权益。②机构投资者的监管意识在不断提高：随着机构投资者规模的增大以及持股比例的提高，机构投资者相比于其他小股东对公司经营监管的动力和能力提高。③更多的利益相关者接入到公司治理中：在快速变化的新环境中，中小股东之外的其他利益相关者也受到公司业绩等方面的巨大影响，因此参与公司治理的需求也变得迫切。④随着公司的市场化，"内部人控制"现象更为明显：在一些从计划经济向市场经济转型的国家里，由于监管制度不完善，董事长和总经理两职合一使得"内部人控制现象"更加显著，存在损害更多利益相关者利益的风险。⑤大股东和中小股东的冲突加剧：现代公司中股权普遍相对集中，因此大股东侵害小股东利益的动机更加强烈，从而加剧了两者间的冲突。面对这些问题，公司治理的直接功能是在现代公司制度的安排上，建立一种保障机制，以减小公司权力结构安排的负面影响。

良好的公司治理可以促进企业的股权结构合理化。加强企业的内部控制、降低企业的代理成本，增强企业的核心竞争力、提高经营业绩、实现企业的可持续发展。随着经济全球一体化的发展和现实经济环境的变化，现代公司治理面临着更多问题，如何建立有效的公司治理机制引起了国际社会越来越多的关注。市场环境的快速变化与竞争的加剧，使许多国家与企业组织都清楚地认识到，良好的公司治理既需要国家强制性法规的作用，还需要那些与市场环境变化相适应的、具有非约束性的、灵活的公司治理原则。

公司治理问题的根源是公司制度本身，因此公司治理是针对公司制度的治理。然而企业制度的不断演进，导致公司治理过程并非一劳永逸。企业制度、国家制度的演进引发了公司治理的改革。近年来，公司治理改革不限于某一个特定地区或某些特定国家，而是一个全球性的现象。在东欧等转轨经济体制中，公司私有化之后未能实现其公司结构重组，导致公司治理失败；在亚洲，不良的公司治理是导致1997年金融危机的一个重要因素。受危机和不良公司治理影响的国家迫切需要通过治理机制的改革来重建市场信心、吸引投资者。

公司治理最大的特点是动态性。企业需要基于自身特点及股东权责分配过程建立不同的公司治理机制。此外，公司治理模式因不同国家的制度环境差异而具有明显的国别差异，并在一定程度上称为特定国家的政治、法律、经济、历史和文化等环境因素的产物。受到制度环境、资源稀缺性、竞争全球化等多种原因的影响，公司治理所具有的动态发展的特征，对学者和企业家持续性关注公司治理问题提出了要求。

# 第二节 三大公司治理问题

公司治理的问题主要包括：代理型公司治理问题和剥夺型公司治理问题。代理型公司治理问题面对的是股东与经理之间的关系，即传统意义上的委托代理关系；而剥夺型公司治理问题则涉及股东与股东间的利益关系。就本质而言，这两类公司治理问题都属于委托代理问题，只不过第一类公司治理问题是公司所有者与经营者（亦即股东与经理之间）的代理问题，而第二类公司治理问题是大股东与中小股东之间的代理问题。可以将第一类公司治理问题形象地称作"经理人对于股东的内部人控制"问题，将第二类公司治理问题称为"终极股东对于中小股东的隧道挖掘"问题。除此之外，在更多利益相关者涉及公司经营方方面面事务的今天，企业与其他利益相关者之间的关系问题成为了公司治理的第三类问题。

## 一、经理人对于股东的"内部人控制"问题

按照委托代理理论，现代企业可以看作是一系列委托代理合约的结合，在这一合约中，所有者与经营者之间虽然具有委托代理关系，但是由于存在着目标利益的不一致与

信息的不对称，企业的外部成员（如股东、债权人、主管部门等）无法实施有效的监督，从而使企业的内部成员（如厂长、经理或工人）能够直接参与企业的战略决策，并掌握大部分企业实际控制权，他们在公司战略决策中追求自身利益，甚至与内部各方面联手谋取各自的利益，从而架空所有者的有效控制，并以此来侵蚀作为外部人（股东）的合法权益，这就是所谓的"内部人控制"现象。

经理人对股东负有忠诚、勤勉的义务，然而由于委托代理问题和缺乏足够的监督，经理人在经营管理中通常会违背忠诚和勤勉义务，从而导致内部人控制问题。

一般认为违背忠诚义务导致的内部人控制问题的主要表现有：过高的在职消费，盲目过度投资，经营行为的短期化；侵占资产，资产转移；工资、奖金等收入增长过快，侵占利润；会计信息作假、财务作假；大量负债，甚至严重亏损；建设个人帝国。

一般认为违背勤勉义务导致的内部人控制问题的主要表现有：信息披露不完整、不及时；敷衍偷懒不作为；财务杠杆过度保守；经营过于稳健、缺乏创新等等。

国有资产流失、会计信息失真是我国国企改革过程中的"内部人控制"的主要表现形式。

### （一）"内部人控制"问题提出的背景

"内部人控制"最早由日本经济学家青木昌彦先生提出，他通过研究苏联、东欧这些社会主义国家在体制转轨过程中出现的一些特有情况后发现，从20世纪80年代起，这些国家开始由计划经济向市场经济转轨。由于历史、文化、制度和习俗等多方面的不同，这些国家直接套用西方发达国家的公司治理模式企图构建自己的公司治理系统，但难以实现预期的良好效果。针对这些问题和现象研究，青木昌彦、钱颖一等提出了较具代表性的"内部人控制"的公司治理理论。

"内部人控制"是体制转轨过程中所固有的一种潜在的可能现象。在一般的公司治理模式中，经理层的偷懒以及"道德风险"问题可以由外部（或市场）抑制其发生，如竞争性的劳动力市场、有效率的资本市场等。但是，由于体制转轨过程中存在路径依赖现象，要在制度转型时期重建新的公司治理机制必然会遇到相当大的阻力。"内部人控制"造成的直接后果就是企业所有者的利益遭到内部人的侵害，企业效率遭受损失。青木昌彦主张寻找一种对企业监控的特殊外部机制，在这种机制下，即便在经理和员工不自愿放弃其既得利益的情况下，治理机制依然可以有效地发挥作用。

### （二）"内部人控制"的成因

内部人控制问题的形成，实际上是在所有权和经营权分离的公司制度下，委托代理关系所带来的必然结果。虽然从某种意义上讲，所有者与经营者利益一致、目标相同，公司经营好坏与两者息息相关，但两者实际上并非相同的利益主体，所有者目标较为单一，追求企业利益最大化；而代理人的目标更为多元化，既追求个人收入也追求权力、地位与在职消费等。当两者之间发生利益冲突时，经营者往往会利用控制公司的特殊地位和拥有公司大量信息的有利条件，设法弱化所有者的约束，放弃甚至侵害所有者的权益以实现自身利益的最大化。

另外，公司治理机制的不完善为内部人控制提供了有利条件。通过对股份制企业的运行状况进行研究分析可以发现许多公司的内部治理结构是扭曲的，在我国国有股份占主导地位的企业中表现地更为严重。股东大会流于形式，企业并没有把股东大会作为最高权力机构，董事会凌驾于股东大会之上，甚至是董事长兼任总经理一揽大权，董事会、监事会成员由股东大会选举产生的比例也不高，所以难以产生监督和制衡的作用。

**（三）治理"内部人控制"问题的基本对策**

当前公司治理中存在的内部人控制问题虽然出现在企业内部，但根源却在企业外部的制度和机制，即外部职责的懈怠和治理功能的缺失。要解决内部人控制问题可以从以下几方面着手：

首先，完善公司治理体系，加大监督力度。在明确股东大会、董事会、监事会和经理层职责的基础上，使其运作流程更加规范，信息更加透明、公开。这既有利于监管企业的日常经营活动，也能为建立更好的经理人激励机制提供条件。

其次，强化监事会的监督职能，形成企业内部权力制衡体系。吸纳具有良好专业素质的外部人员担任独立董事，以此削弱监事会对董事会的依附，从而加强对企业经理人员的监督。监督机构独立运作，与日常经营相互制约、相互扶持。从长远看，这有助于形成内部不同利益集团间的监督制衡机制。

最后，完善和加强公司的外部监督体系，使利益相关者参与到公司的监管中，再结合以经济、行政、法律等手段，构建对企业经营者的外部监督机制。

**二、终极股东对于中小股东的"隧道挖掘"问题**

**（一）"隧道挖掘"问题的成因**

在传统的公司治理理论中，一般都是将如何保障公司股东利益不被侵占作为关注的重点，相应的治理结构和治理机制也都是基于此种考虑进行设计的。但在如今的现实世界中，许多公司都存在着一个或几个具有绝对影响力的大股东，对于那些数量上占绝大多数的中小股东而言，他们实际上只拥有名义上的控制权，这与其所承担的实际风险并不对等。在这种股权结构下，委托—代理问题又主要集中体现为大股东与中小股东之间的利益冲突。尤其是当资本市场缺乏对小股东利益的保护机制时，对公司经营活动具有控制力的大股东就更加不容易受到约束，他们可能以牺牲众多的中小股东利益为代价，通过追求自利目标而不是公司价值目标来实现自身福利最大化，导致终极股东的"隧道挖掘"问题。因此，当公司有大股东存在时，公司的主要代理问题将不再是管理人员与股东之间的冲突，而是控股股东与中小股东之间的利益冲突问题。因此，此时公司治理的重点应是如何防止大股东利用对企业的控制权对其他中小股东利益的侵占。除了法律、法规层次上明确对小股东的保护条款外，还需要从公司治理的制度设计层次上增加对这类弱势群体的保护，以防止"隧道挖掘"行为的出现。

"隧道挖掘"行为的产生，在于控制股东"隧道挖掘"的收益大于其"隧道挖掘"的成本。而收益来源于控制股东所掌控的权利，成本则反映了控制股东对其行为所承担的责任。于是，"隧道挖掘"问题的成因就是，控制股东对于公司的控制权比例大于其对于公司的现金流权，权利和收益、责任不匹配。

**（二）"隧道挖掘"问题的表现**

剥夺型公司治理问题主要是控制股东剥夺其他中小股东利益的行为，即"隧道挖掘"

行为。剥夺是指终极股东利用控制股东身份侵犯公司资源,进而损害其他股东(以及其他利益相关者)利益的行为,其可以分为以下两种类型:

1. 滥用公司资源。

滥用公司资源是指并非以占有公司资源为目的,但也未按照公司整体目标为行动导向的行为。例如终极股东是某家族或国有企业的时候,终极股东做的一些决策可能更多从家族利益(如为了家族荣耀等目标采取过度保守的经营策略)或政府社会性功能的角度出发(如保障社会就业而导致国有企业的冗员),从而偏离了股东财富最大化目标。终极股东滥用公司资源违背了其作为代理人的勤勉义务。

2. 占用公司资源。

占用公司资源是指终极股东通过各种方法将公司的利益输送至自身的行为,即"隧道挖掘"行为。违背了其作为代理人的忠实义务。

终极股东"隧道挖掘"的利益输送行为,又可以分为直接占用资源、关联性交易和掠夺性财务活动三类。

(1)直接占用资源。直接占用资源是指终极股东直接从公司将利益输送给自己,在中国上市公司中这种行为一度盛行,表现为直接借款、利用控制的企业借款、代垫费用、代偿债务、代发工资、利用公司为终极股东违规担保、虚假出资。例如2015年,上市公司甲公司向实际控制人控制的乙公司直接或间接拆出资金6 347万元,占用形成原因系关联方资金周转。当年,公司还向另一个关联方丙公司拆出资金1 377万元,后者系公司原子公司、大股东控制的企业,仅这两笔拆出资金,就已占到公司2015年末净资产5 850万元的132%。例如2016年11月,上市公司X公司的主办券商某证券发布风险提示,指出X公司违规为控股股东提供3亿元贷款担保。公告显示,X公司为控股股东Y公司通过某融资租赁有限公司向银行申请3亿元委托贷款提供连带责任保证,担保期限自2016年10月14日至2017年4月14日。根据X公司的相关公告,截至2016年11月9日,其对外担保累计总额为3.3亿元,占最近一期(2015年12月31日)经审计净资产的比例为150.06%。

(2)通过关联交易进行利益输送。关联交易的利益输送又可以分为商品服务交易活动、资产租用和交易活动、费用分摊活动。这些活动本属企业的正常经营管理业务,但是如果这些活动都以非市场的价格进行交易,就容易成为终极股东进行隧道挖掘谋取私利的工具。

①商品服务交易活动。商品服务交易活动在公司经营中比较普遍,我国很多上市公司都是原国有企业剥离改制上市的,因为很多上市公司后面都有一个控股的母公司国有企业集团,上市公司和母公司之间的买卖购销非常紧密。终极股东经常以高于市场价格向公司销售商品和提供服务,以低于市场价格向公司购买商品和服务,利用明显的低价或高价来转移利润、进行利益输送。例如,甲硅业公司是乙公司终极股东张某的私人控制企业。2012年1月,甲硅业公司成立不到一个月时间,就获得了来自乙公司的一份大单:乙公司与其签订了长达20年期限的15亿美元无条件支付合约,用来购买高纯度多晶硅材料,事后发现交易价格明显高于市场公允价格的30%,单就这一笔买卖,乙公司就给张某利益输送了几亿美元。

②资产租用和交易活动。资产租用和交易活动与商品服务交易活动很相似，仅仅是交易的标的物不同。租用和交易的资产有房屋、土地使用权、机器设备、商标和专利等无形资产。托管经营活动中的非市场交易，也属于这一类。例如，2017年，甲公司发布公告称，为了满足办公需求从公司实际控制人刘某处购买总面积约2 500平方米的房产，耗资约1.1亿元，以现金支付。根据公司第一季财报，公司货币资金仅有22 977万元。另外，购买的房产就是现在公司的办公场地。根据年报显示：双方签署的租赁合同在2018年12月31日才会到期。根据公告，甲公司已经为上述办公场地支付租赁费用4 893 900元，这意味着租赁价格高达13元左右/平方米/天，显著高于市场均价为6.5元左右/平方米/天，作为公司大股东向公司出租房产，价格不但没优惠，反而一次性收取一年的费用，还高于市场价格。当前也正是甲公司处境艰难、需要大量资金的时候，用公司宝贵的现金去购买实控人的房产，明显属于利益输送的行为。

③费用分摊活动。在我国，上市公司后面经常有一个控股的母公司，双方在财务、人事、经营、管理等方面存在千丝万缕的联系，所以上市公司和控股母公司常常要共同分担一系列费用，比如广告费用、离退员工费用、各类员工福利费用如医疗、住房、交通等费用，这些费用的分摊过程经常充满了随意性，且属于内部信息，控股的终极股东常常利用费用分摊活动从上市公司获取利益，进行"隧道挖掘"。另外，终极股东自己或者派人到公司担任董事、监事和高管等职位后，将相关的高额薪酬、奖金、在职消费等费用分摊到公司，这样终极股东就变相地从公司进行了利益输送。

（3）掠夺性财务活动。掠夺性财务活动更为复杂和隐蔽，具有多种表现形式，具体可以分为掠夺性融资、内幕交易、掠夺性资本运作和超额股利等。

①掠夺性融资。在我国，上市公司是稀缺资源，有了上市公司这个平台，一些上市公司可以大量融资、圈钱。一些公司通过财务作假骗取融资资格、虚假包装以及过度融资的行为，损害外部中小投资者利益。另外，公司向终极股东低价定向增发股票也属于掠夺性融资行为。例如，甲公司在2017年完成了挂牌上市后的首次定增，以1元/股向公司两名控股股东张某、李某发行5 000万股。而当时股价为5元，在随后公司披露的2015年年报里，甲公司当年净利润有1.2亿元，市盈率仅2.8倍，这属于明显的低价定向增发行为，本质上是向大股东进行利益输送。

②内幕交易。内幕交易是指内幕人员根据内幕消息买卖证券或者帮助他人，违反了证券市场"公开、公平、公正"的原则，内幕交易行为必然会损害证券市场的秩序，因此《证券法》明文规定禁止这种行为。终极股东经常利用信息优势，利用所知悉、尚未公开的可能影响证券市场价格的重大信息来进行内幕交易，谋取不当利益。例如，钱某父子涉嫌内幕交易以及信息披露违规遭到证监会罚没款超3.2亿元。经过证监会的查实，A公司2018年三季度末发生重大亏损，并持续至2018年全年，重大亏损属于证券法规定的内幕信息，而董事长、实际控制人钱某、总经理钱某父子二人在内幕信息敏感期内减持A公司股份，减持金额分别为近3亿元和近1亿元，避损金额分别为近5 000万元和近3 000万元，钱某父子的行为涉嫌违反《证券法》相关规定，构成内幕交易行为。

③掠夺性资本运作。掠夺性资本运作活动，有点类似于资产租用和交易活动，但是掠夺性资本运作的标的物是公司的股权，终极股东经常利用公司进行资本运作，实现相

关公司的股权交易，经常是公司高价收购终极股东持有的其他公司股权，造成公司的利益流向了终极股东，这属于典型的"隧道挖掘"行为。例如2018年11月，长征公司发布一份收购方案，计划向其终极股东甲公司定向发行4亿股股份，发行价格为每股8元，用于收购甲公司100%持有的乙公司的全部股权，由此计算乙公司整体估值超过30亿元。吊诡之处在于，乙公司被收购前账面净资产仅为3 200万元。很容易估算出，长征公司收购终极股东控制的乙公司付出的代价，相当于其账面资产价值的近100倍。

④超额股利。以终极股东需求为导向的股利政策操纵也是一种"隧道挖掘"行为。对于我国上市公司的终极股东和小股东而言，现金股利并非利益均沾。我国股权分置改制之前上市公司的"二元"股权结构使得通常持有非流通股的大股东与通常持有流通股的小股东在股权成本与股权利益上都存在明显的差异，大股东所持股份无法在股票市场流通，股权转让只能通过协议转让等形式进行，而且转让价格的确定一般依据账面净资产，而非股票市价，与小股东相比，大股东无法分享股票价格上涨带来的好处，因此其正常的利益实现形式只有现金股利。比如赵某是上市公司丙公司的最大股东，他在上市第一年的0.7元（含税）分红中得到了4 200万元的股利。根据计算，当初赵某出资9 000多万元的大股东，一年分得红利5 000万元，回报率超过50%，不到两年就能收回投资。而出资20亿元的流通股股东分得红利1 600万元，回报率只有1.7%，需要近100年才能收回投资。还有一些公司刚融到钱就大笔超额地进行股利分配，利益输送的特征更加明显。例如A公司抛出一份震惊市场的分红方案：公司拟以股权登记日总股本为基数，以资本公积金向全体股东每10股转增110股，以未分配利润向全体股东每10股派发现金股利100元（含税）、送红股100股。但是A公司当年财务年报披露货币资金仅5 000万元左右，总资产也仅有2.3亿元。就在一个月前，公司刚刚完成了一笔公开市场的5 000万元新股增发。由此看来，这笔分红更像是"把公司融来的钱还给大股东"。

大股东通过各种"隧道挖掘"行为侵占公司及中小股东利益已经不是个别现象，带来的影响已经非常严重，这必须引起我们相关部门的关注。因为这不但严重损害了广大中小股东的利益，造成了明显的不公平结果，削弱了广大中小投资者参与资本市场的积极性，而且还会严重阻碍金融市场的健康稳定和长远发展。大股东掠夺小股东现象的普遍存在说明了在公司治理机制中需要健全对大股东行为的制约机制，保护中小股东的权益。

（三）如何保护中小股东的权益

1. 累积投票制。

我国《公司法》第一百零六条明确规定："股东大会选举董事、监事，可以依照公司章程的规定或者股东大会的决议，实行累积投票制。本法所称累积投票制，是指股东大会选举董事或者监事时，每一股份拥有与应选董事或者监事人数相同的表决权，股东拥有的表决权可以集中使用。"我国2018年颁布的《上市公司治理准则》第十七条规定："董事、监事的选举，应当充分反映中小股东意见。股东大会在董事、监事选举中应当积极推行累积投票制。单一股东及其一致行动人拥有权益的股份比例在30%及以上的上市公司，应当采用累积投票制。采用累积投票制的上市公司应当在公司章程中规定实施细则。"

累积投票制，即当股东应用累积投票制度行使表决权时，每一股份代表的表决权数不是一个，而是与待选人数相同，并且股东可以将与持股数目相对应的表决票数以任何集中组合方式投向所选择的对象。累积投票制对应的是直接投票制，直接投票制是指将董事会席位逐一进行表决，根据投票多少决定人选，直接投票制体现的是一种由大股东控制公司的权利义务对等的理念。为了简单比较两种投票制度在董事会席位选举中的差别，用一个简单案例来演示一下，假如公司有两位股东，张某有80股，李四有20股。现在要选举5位董事。若采取直接投票制，股东张三提名的5位候选人每人可以得到80%的选票，而股东李四提名的5位候选人全部没有胜算。若采用累积投票制度，张三有80×5＝400张选票，李四有20×5＝100张选票，如果李四把100张选票都集中起来投给一位他自己最信任的候选人或者他自己，这个候选人肯定能当选。因为张三的400张选票想确保5名候选人都成功当选，那票数最少的候选人票数最多80张选票（张三的5位候选人的票数相等）也低于100张选票。

可见，累积投票制度让小股东可以将其表决权集中投给自己的提名候选人，通过这种局部集中的投票方法，能够使小股东选出代表自己利益的人，从而对终极股东形成制衡，增强中小股东的话语权，提升中小股东权益的保护水平。

2. 建立有效的股东民事赔偿制度。

为了加强对终极股东的权力滥用的监控，限制其"隧道挖掘"行为，我国也出台了相应的法律规定，例如我国《公司法》第二十条规定："公司股东应当遵守法律、行政法规和公司章程，依法行使股东权利，不得滥用股东权利损害公司或者其他股东的利益；不得滥用公司法人独立地位和股东有限责任损害公司债权人的利益。公司股东滥用股东权利给公司或者其他股东造成损失的，应当依法承担赔偿责任。公司股东滥用公司法人独立地位和股东有限责任，逃避债务，严重损害公司债权人利益的，应当对公司债务承担连带责任。"

我国《公司法》还规定："公司的控股股东、实际控制人、董事、监事、高级管理人员不得利用其关联关系损害公司利益。违反前款规定，给公司造成损失的，应当承担赔偿责任。公司股东会或者股东大会、董事会的决议内容违反法律、行政法规的无效。"

3. 建立表决权排除制度。

表决权排除制度也被称为表决权回避制度，是指当某一股东与股东大会讨论的决议事项有特别的利害关系时，该股东或其代理人均不得就其持有的股份行使表决权的制度。建立表决权排除制度实际上是对利害关系和控股股东表决权的限制，因为有机会进行关联交易或者在关联交易中有利害关系的往往都是终极股东。有利害关系的终极股东不参与表决使得表决更能体现公司整体利益，从而保护了中小股东的权益。特别在我国上市公司中，关联交易情况比较频繁，更加应该实施表决权排除制度。

我国《公司法》第十六条规定："公司向其他企业投资或者为他人提供担保，依照公司章程的规定，由董事会或者股东会、股东大会决议；公司章程对投资或者担保的总额及单项投资或者担保的数额有限额规定的，不得超过规定的限额。公司为公司股东或者实际控制人提供担保的，必须经股东会或者股东大会决议。前款规定的股东或者受前款规定的实际控制人支配的股东，不得参加前款规定事项的表决。该项表决由出席会议的其他股东所持表决权的过半数通过。"

我国《公司法》第一百二十五条规定:"上市公司董事与董事会会议决议事项所涉及的企业有关联关系的,不得对该项决议行使表决权,也不得代理其他董事行使表决权。该董事会会议由过半数的无关联关系董事出席即可举行,董事会会议所作决议须经无关联关系董事过半数通过。出席董事会的无关联关系董事人数不足三人的,应将该事项提交上市公司股东大会审议。"

4. 完善小股东的代理投票权。

股东可以委托代理人出席股东大会会议,代理人应当向公司提交股东授权委托书,并在授权范围内行使表决权。代理投票制是指股东委托代理人参加股东大会并代行投票权的法律制度。在委托投票制度中,代理人以被代理人的名义,按自己的意志行使表决权。我国《公司法》第一百零七条规定:"股东可以委托代理人出席股东大会,代理人应当向公司提交股东委托授权书,并在授权范围内行使表决权。"

2018年《上市公司治理准则》第十五条规定:"股东大会会议应当设置会场,以现场会议与网络投票相结合的方式召开。现场会议时间、地点的选择应当便于股东参加。上市公司应当保证股东大会会议合法、有效,为股东参加会议提供便利。股东大会应当给予每个提案合理的讨论时间。股东可以本人投票或者依法委托他人投票,两者具有同等法律效力"。

表决权代理制度可分为:①股东本人主动委托他人代为行使表决权;②他人劝诱股东将表决权委托给自己代为行使。后者引出了一种有价值的公司治理工具,称为股东表决权征集。表决权代理制度可以给中小股东更多参与公司治理的机会。

2018年《上市公司治理准则》第十六条规定:"上市公司董事会、独立董事和符合有关条件的股东可以向公司股东征集其在股东大会上的投票权。上市公司及股东大会召集人不得对股东征集投票权设定最低持股比例限制。投票权征集应当采取无偿的方式进行,并向被征集人充分披露具体投票意向等信息。不得以有偿或者变相有偿的方式征集股东投票权"。

5. 建立股东退出机制。

当公司被终极股东控制时,为了降低中小股东的投资风险,降低其受终极股东剥夺的程度,当作为少数派的外部中小股东无法实现其诉求时,退出就成为中小股东降低风险的最后退路。股东退出机制,包括两类方式:

(1) 转股。转股是指股东将股份转让给他人从而退出公司,也称为"用脚投票"。我国《公司法》第七十二条规定:"有限责任公司的股东之间可以相互转让其全部或者部分股权。股东向股东以外的人转让股权,应当经其他股东过半数同意。股东应就其股权转让事项书面通知其他股东征求同意,其他股东自接到书面通知之日起满三十日未答复的,视为同意转让。其他股东半数以上不同意转让的,不同意的股东应当购买该转让的股权;不购买的,视为同意转让。经股东同意转让的股权,在同等条件下,其他股东有优先购买权。两个以上股东主张行使优先购买权的,协商确定各自的购买比例;协商不成的,按照转让时各自的出资比例行使优先购买权。公司章程对股权转让另有规定的,从其规定"。

（2）退股。退股是指在特定条件下股东要求公司以公平合理价格回购其股份从而退出公司，这种机制来源于异议股东股份回购请求权制度。

异议股东股份回购请求权制度是指对于提交股东大会表决的公司重大交易事项持有异议的股东，在该事项经股东大会资本多数表决通过时，有权依法定程序要求对其所持有的公司股份的"公平价值"进行评估并由公司以此为标准买回其股票，从而实现自身退出公司的制度。该制度是一种中小股东在特定条件下的解约退出权。

对于有限责任公司，我国《公司法》第七十五条规定："有下列情形之一的，对股东会该项决议投反对票的股东可以请求公司按照合理的价格收购其股权：①公司连续五年不向股东分配利润，而公司该五年连续盈利，并且符合本法规定的分配利润条件的；②公司合并、分立、转让主要财产的；③公司章程规定的营业期限届满或者章程规定的其他解散事由出现，股东会会议通过决议修改章程使公司存续的"。

对于股份有限公司，我国《公司法》第一百四十三条规定："公司不得收购本公司股份。但是，有下列情形之一的除外：①减少公司注册资本；②与持有本公司股份的其他公司合并；③将股份奖励给本公司职工；④股东因对股东大会做出的公司合并、分立决议持异议，要求公司收购其股份的"。

### 三、企业与其他利益相关者之间的关系问题

传统股东价值理论认为，企业归股东所有，企业的首要职责是为股东创造价值。所对应的治理模式也是以股东利益最大化为核心目标，过度关注投资者利益而忽略了债权人、员工、供应商、社区、顾客等预期也密切相关的利益群体。大量公司治理实践证明，现代社会任何一个公司的发展均离不开各种利益相关者的投入与参与。企业并不单纯是所有者的企业，而是所有其他利益相关者共同的企业。这些利益相关者都为企业的生存和发展注入了一定的专用型投资或者是分散了一定程度的经营风险，因此应当拥有企业的剩余控制权，企业的经营决策者必须要考虑他们的利益并给予相应的报酬或是补偿。只有当各利益相关者的利益得到合理的配置与满足时，才能建立更有利于企业长远可持续发展的外部环境，这有利于实现企业价值最大化，股东财富积累增加的目标。当前，在企业的治理模式中过度强调股东利益最大化，而缺乏必要机制维护各利益相关者权益的现象十分普遍。在利益相关者对企业经营和公司治理的影响越来越明显的背景下，企业经营必须重视将利益相关者融入企业的治理模式中，让外部与企业利益相关的主体共同参与公司治理。

与此同时，也有学者提出了让所有利益相关者直接参与公司治理事务的弊端。所有利益相关者共同参与公司治理会产生权责不清的问题，从而降低公司运作效率，企业容易陷入"泛利益相关者治理"的困境。所以应当对利益相关者进行选择，应当依据潜在利益相关者对公司稀缺资源的贡献程度、利益相关者因公司破产或关系终结而承担的风险损失的大小、优先利益相关者的利益诉求、利益相关者在组织里的权力大小来安排公司治理。当然，利益相关者的重要性也不是一成不变的，它会随着政治经济或社会环境的变化而变化，加上不同企业对利益相关者识别的标准不同，使得利益相关者参与公司治理的机制和具体措施尚处于探索阶段，缺乏统一的框架和标准。

# 第三节　公司内部治理结构和外部治理机制

## 一、公司内部治理结构

公司内部治理结构是指主要涵盖股东大会、董事会（监事会）、高级管理团队以及公司员工之间责权利相互制衡的制度体系。由于经理人员与股东的利益不一致、合约的不完备和信息的不对称所产生的不确定性，使得委托代理问题不太可能通过合约来解决。这样在公司内部就需要一个制度机制，来约束经理人员的败德行为。所以，在实践中股东并不是将公司的控制权直接交给经理人员，而是以一种信托关系首先交给了董事会，董事会再通过委托代理关系聘用经理人员进行经营管理。为了使公司能够有效地运作，各层权力机构应明确自身的权利与义务，避免出现越级管理的现象。

### （一）股东大会

1. 股东及股东权利。

股东是出资设立公司并对公司债务负责的人。股东向公司投资，从而持有公司股票，并且凭借持有的股票行使其权利，享受法定的经济利益，并承担相应的义务。股东可以是自然人，也可以是各种类型的法人实体。股东与其所持股的公司互为独立的法律人格并互为权利义务关系，是相互独立的两个民事主体。依据《公司法》及公司章程的规定，股东拥有公司，公司拥有法人财产。因而两者之间存在互动关系。股东可以分为普通股股东和优先股股东。

（1）普通股股东。

普通股是股份公司发行的无特别权利的股份，也是最基本、最标准的股份。一般情况下，股份公司只发行一种普通股，所有的普通股股东都享有同样的权利和义务。普通股股票的票面价值是股票票面表明的金额，其大小通常由公司章程规定。票面价值的主要作用是确定每股股票占公司股本总额的比例。我国法律规定，股票必须有票面金额，不允许公司发行无面额股票。普通股股东享有的权利可以概述如下：

①剩余收益请求权和剩余财产清偿权：在公司持续经营的条件下，作为公司的投资者，普通股股东有权按照其出资比例从公司获得投资收益。但是他们的投资收益是公司经营收益被所有其他利益相关者分割完毕后剩余的部分，故称为剩余收益请求权。在公司因故解散清算的条件下，普通股股东有权按照其出资比例分得公司的剩余财产。同样，这种清偿权也是要在所有其他有关人员的清偿要求得到满足之后才能实现，故称为剩余财产清偿权。正是由于普通股股东的剩余收益请求权和剩余财产清偿权的特征加大了投资风险，普通股股东必然要求较高的报酬率。所以，普通股的资本成本一般是最高的。

②监督决策权：由于普通股股东享有公司剩余收益请求权，其投资收益的高低完全取决于公司经营业绩的好坏，是公司经营风险的主要承担者。因此，他们必然要拥有对公司重大经济行为的监督权和决策参与权。这种监督权和决策参与权是多方面的，包括

对选举公司董事、公司利润分配、公司合并分立等重大事项依其持有的股份行使表决权，是普通股股东"用手投票"的途径和体现。

③优先认股权：这方面的权利主要体现为在公司增发新股时，普通股股东有权按其持股比例优先认购一定比例的新股。普通股股东的这种优先认股权，主要是为了在公司扩股时使他们有机会保持自己对公司的控股比例，即不稀释控制权。当然，普通股股东可以根据自己的意愿转让甚至放弃这一权利。

④股票转让权：公司的股东有权按照自己的意愿随时转让手中的公司股票。其中，上市公司的普通股股东可以在证券交易所进行转让，而非上市公司的股东只能在场外交易市场上转让手中的股票。转让股票是普通股股东"用脚投票"的途径和体现。

（2）优先股股东。

优先股制度是有关优先股的一系列规范安排。优先股的根本特征在于优先股股东在公司收益分配和财产清算方面比普通股股东享有优先权。与这种优先权相伴随的是，优先股股东一般不享有股东大会投票权。从公司资本结构上看，优先股属于公司的权益资本，是介于公司债和普通股之间的一种筹资工具。优先股股东对公司的投资在公司成立后不得抽回，其投资收益从公司的税后利润中提取，在公司清算时其公司财产的要求权也排在公司债权人之后，这些都表现出了优先股的股票性质。同时，与普通股相比，优先股股东在利润分配和财产清算方面又优于普通股股东。在利润分配方面，公司要在支付了优先股股利之后才能向普通股股东支付股利。当公司因故解散清算时，在偿清全部债务和清算费用之后，优先股股东按照股票面值先于普通股股东分配公司的剩余财产。这些优于普通股的权利使优先股又具有一定的公司债的性质。

优先股股东的权利主要集中于以下几方面：

①利润分配权：优先股股东在利润分配上有优于普通股股东的权利。在利润分配方面，公司要在支付了优先股股利之后才能向普通股股东支付股利。其中，优先股股利通常是按照面值的固定比例支付的，无特殊情况，不随公司的经营业绩波动而波动。有一些国家的股份公司章程规定，在公司未发放优先股股利之前，不得发放普通股股利。有时，为了保护优先股股东的权利，公司还规定在某些特殊情况下不得发放普通股股利。例如，有些公司规定，当流动比率低于某一临界水平时，不得发放普通股股利，以使公司保留较多的经营资金。

②剩余财产清偿权：优先股具有收益凭证和产权凭证的双重属性。国内不少学者认为优先股制度是实现国有股流通、国有企业产权改革的一种有效方式。当公司因经营不善而破产时，在偿还全部债务和清理费用之后，如有剩余财产，优先股东有权按票面价值优先于普通股股东得到清偿。

③管理权：优先股股东的管理权是有严格限制的。通常，在公司的股东大会上，优先股股东没有表决权。但是，当公司研究与优先股有关的问题时有权参加表决。当然，有表决权的优先股股东有权参与公司的管理，能够参加股东大会并选举董事，但是这种优先股在实践中并不多见。

2. 股东大会。

一般来说，股东主要是通过其参与股东大会来行使权利。股东大会具有两个基本特征：第一，它是公司内部的最高权力机构和决策机构；第二，它是公司的非常设机构，除了每年的例行年会和特别会议外，股东大会并不会在公司出现。根据《公司法》规定，公司实行权责明确、管理科学、激励和约束相结合的内部管理体制。公司设立由股东组成的股东会（股东大会），股东大会是公司的权力机构，行使决定公司重大问题的权力，决定公司合并、分立、解散、年度决算、利润分配、董事会成员等重大事项。股东大会按照股东持有的股份进行表决。公司设立的董事会，是公司的决策机构。股东大会是权力机构，因此，如果法律没有保护小股东的特别条款，拥有绝对控制权的大股东便可以在任何时候、任何条件下绝对地控制公司。即在大股东的绝对控制之下，董事会与股东大会的效果是完全等价的，董事会完全按照大股东的意愿履行决策职能，小股东通常只能听任，股东大会自然成为大股东履行法定手续的"橡皮图章"。因此，在股权集中的公司，大股东通过董事会直接对公司进行监管，股东大会只是可以利用的法律工具。在资本市场不完善的状况下，为了保护小股东的利益，并维护市场的健康成长，国家需要借助于法律的手段。在小股东无法通过股东大会表达意愿的情况下，市场的有效性也就无法维护小股东的利益，当小股东利益受到大股东侵害时，小股东可以借助于法律来维护其合法权益。因此，在健全的法律制度下（包括立法和司法制度），对于小股东而言，股东大会没有经济上的实际意义，而只有法律手续上的意义。股东大会是股东表达意见的主要渠道。在股东大会上，股东不但可以对公司的经营方针做出决策，还可以通过改选董事会，来对经理层施加压力。也就是说，股东虽然没有权力直接解聘不称职的经理人员，但他们可以通过手中的投票权威胁董事会，使公司的董事会更加尽责，进而使得经理人员不敢随意侵占股东的利益。

股东大会分为一年一度定期召开的年度股东大会和非定期的、因公司特殊事项而组织召开的临时性股东大会。我国《公司法》规定，股东大会应当每年召开一次年会。年度股东大会应当于上一会计年度结束后的6个月内举行。除了年度股东大会之外，有下列情形之一的，应当在2个月内召开临时股东大会。一是董事人数不足本法规定的人数或者公司章程所定人数的三分之二时；二是公司未弥补的亏损达股本总额三分之一时；三是持有公司股份10%以上的股东请求时；四是董事会认为必要时；五是监事会提议召开时。

法律上，股东大会主要行使以下职权：①决定公司的经营方针和投资计划；②选举和更换非由职工代表担任的董事、监事，决定有关董事、监事的报酬事项；③审议批准董事会的报告；④审议批准监事会或者监事的报告；⑤审议批准公司的年度财务预算方案、决算方案；⑥审议批准公司的利润分配方案和弥补亏损方案；⑦对公司增加或者减少注册资本作出决议；⑧对发行公司债券作出决议；⑨对公司合并、分立、解散、清算或者变更公司形式作出决议；⑩修改公司章程；⑪公司章程规定的其他职权。

3. 机构投资者。

（1）机构投资者概述。

机构投资者是指用自有资金或者从分散的公众手中筹集的资金专门进行有价证券投资活动的法人机构，包括证券投资基金、社会保障基金、商业保险公司和各种投资公司等。与机构投资者对应的是个人投资者，一般来说，机构投资者投入的资金数量很大，而个人投资者投入的资金数量较小。随着公司投资者中机构投资者规模的扩大，机构投资者的所有权不再被视作是被动的，而是可以通过参与股东大会表决参与公司管理，这就形成了机构投资者的行动主义，从而使公司治理变得更加有效。证券投资基金、证券公司、信托投资公司、财务公司、社保基金、保险公司、合格的外国机构投资者（QFII）、三类企业（国有企业、国有控股企业、上市公司）是我国证券市场中的主要机构投资者。

（2）机构投资者的特征。

机构投资者作为证券市场中一个重要的市场主体，具有如下特征：

①相对个人投资者而言，机构投资者具有显著的人才优势。为了实现投资收益最大化，机构投资者重视对宏观经济、行业状态及微观层面的公司基本面的研究，因此，机构投资者会拥有宏观经济研究、行业研究及公司分析的各类专家，具有人才优势，他们利用这些专业人士对上市公司及其所处行业基本情况和发展前景进行分析研究，从而投资那些行业发展前景好、公司基本面好的上市公司。

②机构投资者往往奉行稳健的价值投资理念，投资具有中长期投资价值的股票。一般来说，机构投资者多是专家理财型的长期投资者，投资偏好那些具有中长期投资价值的股票，特别关注公司的经营稳定性和上市公司未来的长期业绩，因此，相对个人投资者而言，机构投资者更加重视上市公司的基本面情况、长期的发展情况、和公司所处行业的发展前景。

③相对个人投资者而言，机构投资者可以利用股东身份，从而更可能参与上市公司的治理。作为机构投资者，具有资金优势，持有股票数量显著超过一般的个人投资者，同时具备专家的优势，所以机构投资者既有动机又有能力参与被投资公司的治理事务，其利用股东身份，加强对上市公司的影响。例如：机构投资者可以对所持股票的公司献计献策，提升公司经营管理水平，更重要的是可以给被投资公司施加压力让其改善经营状况、提高内部控制和风险管理水平，从而提高公司盈利能力，最终实现公司股东财富最大化，作为股东身份的机构投资者也可以获取丰厚的投资回报。

（3）机构投资者参与公司治理。

机构投资者并不是一开始就积极地参与到公司治理活动中的。事实上，早期的机构投资者作为公司所有者的公司治理色彩很淡，机构投资者只是消极股东，并无动机干预公司的行为，而是热衷于短线投机交易牟利，所以，早期的机构投资者在公司治理结构中的作用是可以忽略不计的，喜欢"用脚投票"来表示自己的意愿。但是，到了20世纪末，许多机构投资者都逐步转变投资理念，奉行基于长期的价值投资理念，在对公司业绩不满或对公司内部管理有不满时，他们不再是简单地把股票卖掉，"用脚投票"，而是开始使用"用手投票"，积极参与和改进公司治理。

机构投资者主要通过以下两种途径参与公司治理、改善上市公司治理结构：

①行为干预。行为干预其实就是机构投资者作为投资人积极参与到被投资公司的管理的行为。如果机构投资者发现一家公司因为管理低效造成股价被低估，机构投资者就会大量购买该公司的股票，然后对董事会、管理层加以改组，从而给市场传递一个积极的信号，股价显著增长，从而使包括机构投资者在内的全体股东获取投资回报。因为上市公司首先是由于管理层腐败无能而导致股价不断下跌，股价严重低估，从而使股东价

值遭到严重损耗。机构投资者有可能通过干预公司组织架构，重组董事会和管理层，从而调动市场的积极反应。作为上市公司的合作伙伴，机构投资者一般遵循长期性价值投资的理念，公司运作的成功需要机构投资者更积极地参与。

②外界干预。机构投资者还可以直接对公司董事会或经理层施加影响，使其意见受到公司内部的重视。机构投资者可以通过董事会选举获取董事会席位，通过入驻董事会和出席股东大会就可以对公司重大决策如公司的经营方针和投资计划、公司的利润分配方案和弥补亏损方案、对公司增加或者减少注册资本作出决议、对发行公司债券作出决议、对公司合并、分立、解散、清算或者变更公司形式作出决议等事项表明意见；机构投资者可以通过向管理层提高信息披露质量提出自己的要求或意见，从而使管理层接受市场的约束。同时公司业绩的变化也迫使管理层能够及时对股东等利益相关者的要求作出反应，这样就促使管理层勤勉工作，为提升公司绩效而努力，以减少逆向选择和道德风险。

**（二）董事会**

董事会是由股东大会选举产生的，负责公司及其经营活动的指挥与管理。它对股东大会负责，是股东大会闭幕期间公司常设的权力机构，是集体行使权力的机构。股东大会所作的公司重大事项的决定，董事会必须执行。

1. 董事会的职能。

我国《公司法》对董事会的职权进行了相应的规定：第一百一十二条股份有限公司设董事会，董事会对股东大会负责，行使下列职权：①负责召集股东大会，并向股东大会报告工作；②执行股东大会的决议；③决定公司的经营计划和投资方案；④制订公司的年度财务预算方案、决算方案；⑤制订公司的利润分配方案和弥补亏损方案；⑥制订公司增加或者减少注册资本的方案以及发行公司债券的方案；⑦拟订公司合并、分立、解散的方案；⑧决定公司内部管理机构的设置；⑨聘任或者解聘公司经理，根据经理的提名，聘任或者解聘公司副经理、财务负责人，决定其报酬事项；⑩制定公司的基本管理制度。另外，《公司法》第四十六条对有限责任公司董事会的职权也有相似的规定，除了第七种职权为"拟订公司合并、分立、变更公司形式、解散的方案"以外，其他都相同。

2. 董事及其分类。

董事是指由公司股东大会选举产生的具有实际权力和权威的管理公司事务的人员，是公司内部治理的主要力量，对内管理公司事务，对外代表公司进行经济活动。占据董事职位的人可以是自然人，也可以是法人。但法人充当公司董事时，应指定一名有行为能力的自然人为代理人。

董事按照其与公司的关系分为内部董事与外部董事。内部董事也称执行董事，主要指担任董事的本公司管理人员，如总经理、常务副总经理等。外部董事是指不在公司担任除董事以外的其他职务的董事，如其他上市公司总裁、公司咨询顾问和大学教授等。

此外，公司的外部董事还可以进一步分为关联董事和独立董事。关联董事是指虽然不在公司中担任其他职位，但仍与公司保持着利益关系的董事，如公司关联机构的雇员或咨询顾问等。而独立董事才是真正具有独立性的董事，他们不仅是公司的外部董事，而且还是需要与公司或公司经营管理者保持重要的业务联系或专业联系,并对公司事务做出独立判断的董事,如大学的教授、退休的政府官员等。

3. 董事的权利及义务。

董事的权利主要见于公司章程,包括:①出席董事会会议。依公司法规定,董事会会议,应由董事本人出席。董事因故不能出席,可以书面委托其他董事代为出席董事会,委托书中应载明授权范围。②表决权。董事在董事会议上,有就所议事项进行表决的权利。③董事会临时会议召集的提议权。公司法只规定董事会可以召开临时会议,而未规定如何召集。当然,董事长可视情况主动召集,也可以根据一定人数的董事的提议而召集,由后者产生董事对召集董事临时会议的提议权。④通过董事会行使职权而行使权利。董事会的职权不是董事个人的职权,因而不能由董事分别行使。但是没有董事的参与,董事会无法行使其职权。并且,董事作为董事会的成员,可以通过行使决议权影响董事会的决定。

董事义务又称作勤勉义务或专项,主要包括善管义务和竞业禁止义务。

(1) 善管义务。董事在执行职务中应尽善管人的注意义务。尤其在公司所有权与经营权分离的情况下,董事对公司的正常运转负有责任。所以,强化董事的善管义务十分必要。董事的善管义务可以分为以下三条:①董事必须忠实于公司。董事的这一忠实义务是对善管义务的具体化,它对董事的要求是:遵守公司章程,忠实履行职务,维护公司利益,不得利用在公司的地位和职权为自己谋取私利;不得利用职权收受贿赂或者其他非法收入,不得侵占公司的财产;除依照法律规定或者经股东大会同意外,不得泄露公司秘密。公司董事应当向公司申报所持有的本公司的股份,并在任职期内不得转让。②董事必须维护公司资产。公司资产是公司业务活动的前提,维护公司资产是对董事会这个业务执行和经营决策机构的组成人员的最基本要求。为此,董事应该做到:不私自挪用公司资金或者擅自将公司资金借贷给他人;不将公司资产以其个人名义或者以其他个人名义开立账户存储;不以公司资产为本公司的股东或者其他个人债务提供担保。满足这些要求,可以防止将公司资产转为个人资产,保证公司财产的安全。③董事在董事会上有审慎行使决议权的义务。董事不仅负有上述对公司的善管义务,也承担因未尽到义务而应负的责任。董事不得从事损害本公司利益的活动。否则,公司可对其行使归入权,即将从事上述活动的所得收入归公司所有。董事执行职务时违反法律、行政法规或者公司章程的规定,给公司造成损害的,应当承担赔偿责任。董事会的决议违反法律、行政法规或者公司章程,致使公司遭受严重损失的,参与决议的董事应对公司负赔偿责任。按照监事会的职权,当董事行为损害公司的利益时,监事会有权要求董事予以纠正。如监事会纠正后,董事仍拒不赔偿公司损失,则会酿成以公司为原告、以董事为被告的损害赔偿诉讼。

(2) 竞业禁止义务。

竞业禁止即竞业行为的禁止,指特定地位的人不得实施与其所服务的营业具有竞争性质的行为。在股份有限公司中,董事是具有特定地位的人之一。依公司法规定,董事不得自营或者为他人经营与其所任职公司同类的营业。这里,其行为要素是董事自营或为他人经营的营业与所任公司的营业同类。董事违反上述竞业禁止义务,公司可以依法行使归入权。公司法之所以做出这些规定,主要是基于这种行为对公司的危害性。董事从事上述竞业行为,极有可能夺取公司的交易机会,还可能利用对公司秘密的了解,对公司造成损害。无疑,公司法对董事竞业禁止义务的规定尚需进一步完善:一是要明确董事实施此种行为应向股东大会说明其重要事实,取得股东大会的认可;二是应禁止股东大会未认可的上述行为;三是要确认公司行使归入权的程序和时效;四是如果上述行为给公司造成损失,应进行赔偿。

4. 几个专门委员会。

为了更有效解决公司内部治理问题,董事会一般可以下设几个专门委员会,分别从事各方面的工作。董事会的这些委员会原则上都应由独立董事构成,分别召开会议,承担各自的工作。其中,最常见的是审计委员会、薪酬委员会、提名委员会与战略委员。

(1) 审计委员会。其主要职责是:①检查公司会计政策、财务状况和财务报告程序;②与公司外部审计机构进行交流;③对内部审计人员及其工作进行考核;④对公司的内部控制进行考核;⑤检查、监督公司存在或潜在的各种风险;⑥检查公司遵守法律、法规的情况。

(2) 薪酬与考核委员会。其主要职责是:①负责制定董事、监事与高级管理人员考核的标准,并进行考核;②负责制定、审查董事、监事、高级管理人员的薪酬政策与方案。

(3) 提名委员会。其主要职责是:①分析董事会构成情况,明确对董事的要求;②制定董事选择的标准和程序;③广泛搜寻合格的董事候选人;④对股东、监事会提名的董事候选人进行形式审核;⑤确定董事候选人,提交股东大会表决。

(4) 战略决策委员会。其主要职责是:①制定公司长期发展战略;②监督、核实公司重大投资决策等。

### (三) 监事会

虽然各国公司治理结构中都有履行监督职能的机构或人员,但这些机构或人员是设在董事会内部,还是在董事会之外另设专门的监督机构监事会,在国际上并无统一的模式。是否设立这一机构,与一国董事会的模式和构成有十分密切的关系。依据董事会的模式,监事会的设置在国际上有以下三种类型:①公司内部不设监事会,相应的监督职能由独立董事发挥,以美国为代表。在这种模式下,董事会既有监督职能又有决策职能。②设立监事会,且监事会的权力在董事会之上,这种董事会模式又名为双层董事会,以德国为代表。在这种模式下,监事与董事不能兼任,从而使监督权与执行权从机构上明确分开,而且监事会具有任命和监督董事会成员的权利。③设立监事会,但监事会与董事会是平行机构,也叫复合结构。这种董事会模式以日本最为典型,在我国大陆和台湾地区、韩国以及东南亚的一些国家也采取类似模式。这种模式下的董事会具有决策职能,但由于董事会大都由执行董事构成,因此同时具有执行职能。为了避免监督者监督自己,法律规定由股东大会选举法定审计人或监事,对董事和经理层进行监督。

我国《公司法》第五十二条规定:有限责任公司,经营规模较大的,设立监事会,其成员不得少于3人。监事会应在其组成人员中推选1名召集人。监事会由股东代表和适当比例的公司职工代表组成,具体比例由公司章程规定。监事会中的职工代表由公司职工民主选举产生。有限责任公司，股东人数较少和规模较小的，可以设1至2名监事。董事、经理及财务负责人不得兼任监事。第一百二十四条规定：股份有限公司设监事会，其成员不得少于3人。关于监事会组成和人员产生方式的要求与有限责任公司相同。

（四）经理层

经理人是公司日常经营管理和行政事务的负责人，由公司董事会聘任，在法律、法规及公司章程规定和董事会授权范围内，代表公司从事业务活动的高级管理人员。

1. 经理人的职权。

在我国，总经理虽受聘于董事会，但其职权的主体部分却不为董事会所授权，而是由《公司法》明文规定。我国《公司法》规定，公司经理人员的职权包括：

（1）主持公司的生产经营管理工作，组织实施董事会决议；
（2）组织实施公司年度经营计划和投资方案；
（3）拟定公司内部管理机构设置方案；
（4）拟定公司的基本管理制度；
（5）制定公司的具体规章；
（6）提请聘任或者解聘公司副经理、财务负责人；
（7）决定聘任或者解聘除应由董事会决定聘任或者解聘以外的负责管理人员；
（8）董事会授予的其他职权。

同时，考虑到各公司的情况不同，《公司法》也指出，当公司章程对经理职权另有规定的，从其规定。

2. 经理人的薪酬激励。

经理人的激励——约束机制是公司治理结构中的一个核心问题。传统上，薪酬激励一直是委托人用来解决代理问题的主要手段。一般来说，在人对经济利益无限追求的前提下，一个设计合理的薪酬机制能够使经营者努力工作，为委托人创造更大的财富。

（1）年薪制。

所谓"年薪制"是指以企业经营者为实施对象，以一个经营周期即以年度为单位，确定经营者的基本报酬，并视其经营业绩发放风险收入的一种薪酬制度。这一制度将经营者的收入与其经营业绩挂钩，体现出了经营者人力资本的价值，从而能更好地发挥经营者的积极性和创造性。

年薪制的根本缺陷在于易导致经营者的短期行为。由于年薪制中的企业家收入以年度来计算，收入主要取决于当年企业的经营效益状况，经营者有可能通过削减企业某些支出或选择那些回收期短的投资项目来提高企业当年的经营效益，这显然不利于企业的未来发展。

（2）股权激励。

为了弥补年薪制的缺陷，公司一般都会对经理人进行股权激励。股权激励是一种通过经营者获得公司股权的形式给予企业经营者一定的经济权利，使他们能够以股东的身份参与企业决策、分享利润、承担风险，从而勤勉尽责地为公司的长期发展服务的一种激励方法。

一般来说，股权激励兼具"报酬激励"和"所有权激励"双重作用。如果公司经营得好，公司股票的价格就能不断地上涨，经营者就可以通过出售股权而获得可观的收益；反之，如果公司经营不善，股票价格就难以上涨，甚至还会下跌，在这种情况下，经营者就可能会遭受损失。因此，股权激励的目的是通过报酬机制把经营者的行为与公司所有者的利益体系相互联系在一起。同时，一旦经营者购买了公司的股票，他们就处于和普通股东同样的地位，成了企业的所有者。作为企业的所有者，他们当然也期望公司能实现利润的最大化和资产的保值增值，因此，股权激励可以通过所有权机制保证经营者行为与所有者的利益保持一致。

股权激励的具体方式有多种，包括股票期权、股票增值权、虚拟股票、业绩股票及限制性股票、延期支付、经理人持股等。

**二、外部治理机制**

从科学决策的角度看，公司内部治理结构不能解决公司治理的所有问题，更需要若干具体的超越结构的外部治理机制。而外部治理机制主要是指除企业内部的各种监控机制外的各个市场机制（如产品市场、资本市场、经理人市场）对公司的监控和约束。

**（一）产品市场**

产品市场的竞争对经理人员的约束主要来自两个方面：一方面，在充分竞争的市场上，只有最有效率的企业才能生存，作为企业的经理人员自然也就面临更大的压力。企业的经理人员如果不努力的话，企业就可能破产，经理人员自己也就可能失业。在生存的压力下，经理人员就可能付出更大的努力，而且产品市场的竞争越激烈，经理人员的这种压力就越大。也就是说，市场竞争越激烈，经理人员败德行为的空间就越小。

另一方面，产品市场的竞争可以提供有关经理人员行为的更有价值的信息。如果企业所在行业没有竞争，全行业只有一家企业，企业的股东就很难评判经理人员工作的好坏。但是，如果同时有几家企业在同一行业内竞争，并且，影响不同企业收益和成本的因素是相同的，那么企业的股东就可以通过把自己企业与其他企业进行比较而获得经理人员工作好坏的更准确的信息。有了产品市场上的比较，股东就可以把经理人员的报酬与同行业其他企业经理人员的业绩相联系，也就可以为经理人员提供更强的激励。

**（二）资本市场**

资本市场也称为控制权市场。资本市场对经理人员行为的约束是通过接管和兼并方式进行的，也就是通过资本市场上对企业控制权的争夺的方式进行的。简单地说，就是当公司现有经理人员经营不努力时，企业的业绩就可能下降，企业的股票价格就会下跌，股票的价值也会小于可能的最大价值。这时，就会有人通过资本市场上的收购，控制这家公司的控制权，经营无方的管理者将被替代，以期待改进管理后实现增值。

即使收购不成功，在位管理者也会因面临被替代的威胁而主动改变经营行为。此时，即使没有其他的激励措施，经理人员也可能付出更多的努力，从而有可能使其行为与股东利益和公司价值最大化目标更趋一致。因此，收购和重组的威胁被认为是控制经理人员行为的最有效方法之一。

**（三）经理人市场**

存在于公司所有者和管理者之间的委托代理问题会因为管理者对自己的职业生涯的

关注而得到缓解。而管理者对自己职业生涯的关注主要来源于经理人市场。经理人市场之所以对经理人员的行为有约束作用，是因为在竞争的市场上声誉是决定个人价值的重要因素。经理人员如果不努力，其业绩表现就会不佳，声誉就会下降。同时，经理人员也必须关心自己的名声，因为只有信誉好了在未来才会有人愿意聘请他，他才能获得更高的报酬。

## 第四节 公司治理的基础设施

### 一、公司治理基础设施

影响公司治理效率的因素不仅包括公司内部治理结构和公司外部治理机制，还包括公司治理的基础设施。公司治理基础设施主要包括公司信息披露制度、评价公司财务信息和治理水平的信用中介机构、保护投资者利益的法律法规、政府监管以及媒体和专业人士的舆论监督等。这几个方面可以围绕确保披露高质量的公司信息而被有机地联系起来。公司治理的一个重要目标是提供高质量的公司信息。但是，披露的信息质量很难保证，因此需要会计、审计等信用中介机构进行评价，为披露出的公司信息出具独立意见。但有了这些中介机构并不能保证公司披露的信息一定是真实可靠的，一旦出现问题，就可能要诉诸事后的惩罚机制，也就是法律法规的介入，如果有完善的投资者法律保护，并且有公正透明的执法程序，那么，即使出现信用中介机构伙同公司欺骗信息使用者尤其是投资者的情况，相关法律制裁机制便立即启动，同样可以在最大限度上挽回投资者损失。除此之外，还有从公司信息的产生到披露过程中的政府监管和专业人士的舆论监督，他们可以在事中控制信息披露的质量。因此，我们可以把公司治理基础设施统一到公司信息披露的分析框架下。

在考虑公司治理基础设施后，我们可以整理出公司治理效率影响因素的分析框架。如图 5-1 所示：

从这个分析框架中可以看出，公司治理效率影响因素除了公司内部治理结构和公司外部治理机制以外，还包括公司治理的基础设施。并且，公司内部治理结构和外部治理机制还通过公司治理的基础设施影响公司治理效率。因此，公司治理基础设施的建设情形不仅影响其自身对公司治理效率的作用程度，还对公司治理结构、公司外部治理机制以及二者的互补关系产生影响。下面分别介绍公司治理基础设施的各个方面。

#### （一）信息披露制度

信息披露制度，是上市公司为保障投资者利益、接受社会公众的监督而依照法律规定必须将自身的财务变化、经营状况等信息和资料向证券管理部门和证券交易所报告，并向社会公开或公告，以便使投资者充分了解情况的制度。它包括公司证券发行前的披露和上市后的持续信息公开，主要由招股说明书制度、定期报告制度和临时报告制度组成。信息披露制度的特征主要包括：信息披露义务的强制性和自愿性、信息披露内容的

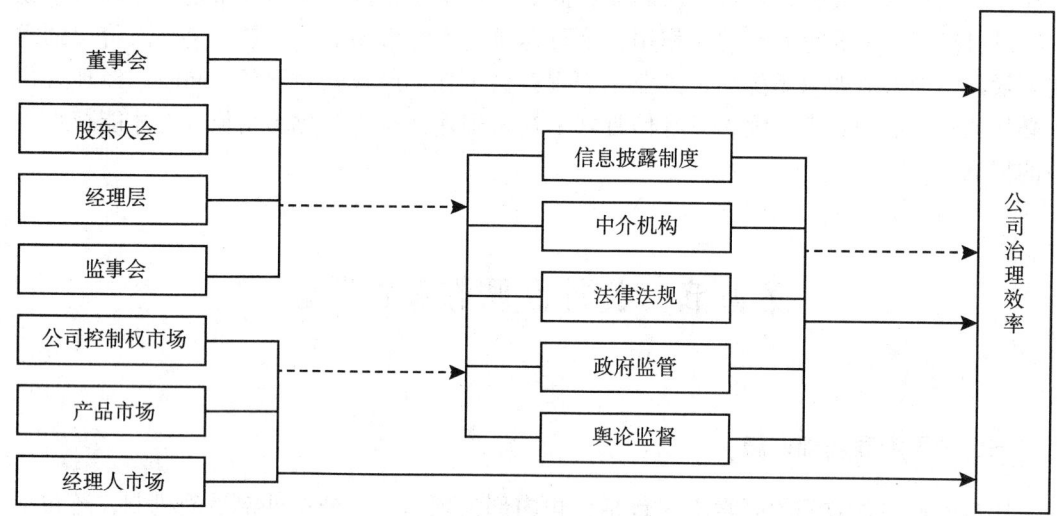

图 5-1 公司治理效率影响因素的分析框架

多样性和信息披露时间的持续性等。中国上市公司信息披露包括三类：（1）上市披露（对一级市场的招股说明书；对二级市场的上市公告书）。上市阶段的信息披露在公司完成上市以后就结束了。（2）定期披露（年度报告、中期报告）。公司年度报告基本上包括了所有最重要的、正式的应披露信息。上市公司的信息披露，主要采取定期披露方式。（3）临时披露（重要事件公告、收购与合并公告等）。后两类信息披露在上市公司运营期间长期存在。

我们主要从以下四个方面评估信息披露的质量：①财务信息。包括使用的会计准则、公司的财务状况、关联交易等。②审计信息。包括注册会计师的审计报告、内部控制评估等，审计及信息披露比较注重评价当前审计关系本身的合规性、独立性。③披露的公司治理信息是否符合相关规定。目前虽具有较高的定性标准，但缺乏具体的量化标准；④信息披露的及时性。公司应建立网址、网站，便于投资者及时查阅有关信息。总体而言，信息透明度的核心是完整性、真实性、及时性。

会计信息披露在公司治理结构中的作用表现在：

1. 信息披露在内部治理结构中的监督作用。

如何监督高级经理人员和大股东的行为是公司治理的关键。监督需要信息，尤其是公司财务方面的信息。财务信息通过对一个企业财务状况、经营成果和现金流量的披露，降低了股东与经理人员之间以及大股东和中小股东之间的信息不对称，从而比较有效地降低管理人员和大股东的机会主义行为。

2. 信息披露在内部治理结构中的激励作用。

信息披露，特别是财务信息的披露为激励经理人员提供了依据。激励经理人员的关键在于如何评价经理人员与其签订的报酬契约。财务信息披露是对经理人员进行评价的基础，对经理人员真实、客观的评价可以起到降低道德风险、提高激励的作用。

3. 信息披露在内部治理结构中的契约沟通作用。

企业是一系列契约关系的联结。财务信息为企业各种契约的签订、执行与监督提供基础性数据，并成为企业契约的重要组成部分，以降低契约沟通成本（如签约成本和监督成本）。同时，契约是不完备的，缔约各方不可能对所有情况事无巨细地进行约定，因此，公司股东、董事会和经理层必然为获得财务信息相关的各种权利展开沟通和博弈。内部治理结构各个契约环节的有效运行，如股东控制权和投票权的行使，董事会决策权的实施和经理层薪酬计划制定，同样以信息披露为依托。信息披露有效缓解了内部治理结构中的契约摩擦和沟通摩擦，降低了公司治理成本。

4. 信息披露有助于外部治理机制的有序运作。

公司外部治理机制的有效运作同样需要相关、可靠、及时和充分的财务信息。

（二）中介机构

1. 主要信用中介机构及业务。

信息披露制度旨在向公司利益相关者提供必要的公司信息，进一步，通过信用中介机构让公司利益相关者相信公司所提供信息的真实性和可靠性。信用中介机构需要保持足够的独立性，对公司披露的信息出具客观公正的评估，为公司的利益相关者负责，避免公司利益相关者的利益受到损害。主要的信用中介机构包括：会计师事务所、投资银行和律师事务所等。一般而言，这些信用中介机构在担保公司信息披露质量方面很守信用。如果它们对公司披露的虚假信息表示认可，那么就会面临承担相应法律责任的风险，可能会受到政府部门的民事或刑事起诉，后果比较严重，所以，它们在工作中一般会严格遵守工作准则和职业道德。

（1）会计师事务所。

会计师事务所一方面为公司起草和审查财务报告，另一方面还要查找公司账目的漏洞，防止虚假信息的出现，从而保证真实、准确地描述公司财务状况。专业会计师是保证会计师事务所信用的关键，他们通过审计服务建议公司建立严格的内部程序，以保证审计结果或审计的财务报告达到最低质量标准。

（2）投资银行。

投资银行是主要从事证券发行、承销、交易、企业重组、兼并与收购、投资分析、风险投资及项目融资等业务的非银行金融机构。它主要由一些专业金融投资分析师组成，他们能够对公司进行深度投资分析，评价公司投资价值，这是一般投资者所不具有的能力，因此，投资分析结论对广大投资者投资决策有重大影响。另外，有投资银行参与的企业兼并、收购和重组等业务充分体现出投资银行的公司治理功能。

（3）律师事务所。

律师事务所是第三个主要的信用中介机构，尽管与会计师事务所、投资银行相比，投资者对它们并不是很关注。但在发达的证券市场中，它们的作用不容忽视。律师事务所会综合考虑接受发行公司准备的相关文件，提醒发行公司和投资银行遵守信息披露制度。

中介机构独立性的制度安排对于中介机构信用机制的建立至关重要。而这种制度的安排是否有效，一方面取决于中介机构人员的职业操守和专业能力，即进行专业业务服务既要有专业胜任能力，又要有独立的地位，并保持合理的职业谨慎；另一方面取决于相关的制度设计。这样，如何通过制度安排确保中介机构的独立性就成了公司治理中中介机构信用机制建构的核心。

2. 信用中介机构的公司治理作用。

信用中介机构的主要作用是保证公司披露信息的质量，以减少利益相关者的信息不对称程度。但如果信用中介机构出现失信行为，非但不能为利益相关者提供有效的公司信息，还可能加重公司对投资者的利益侵害，增加投资风险。因此，必须通过有效的信息披露及监督机制进行弥补，因此中介机构独立性保证和信用机制体系的建立至关重要。这些制度的有效性一方面依赖于中介机构人员的职业道德和专业能力，另一方面取决于有效的制度设计。因此，如何通过制度安排确保中介机构的独立性成为了公司治理中，建立中介机构信用机制的核心。提高中介机构的独立性可以采取两种方案：一方面通过制定一系列法律法规促使信用中介机构对投资者承担责任，如设立代表最低质量标准的信用中介机构许可证、调查中介机构违规案件、取消中介机构经营许可证，对情节严重者追究其刑事责任。另一方面，建立评价二级信用中介机构以保证一级信用中介机构的质量，比如行业协会和自律组织等。

（三）法律法规

公司治理是以法治为基础的，公司法、银行法、证券法、破产法、劳工法等各部门法律均会对公司治理产生重大影响。投资者法律保护主要是指一个国家的法律法规对投资者的保护条款及这些条款的执行情况。对中小投资者法律保护越好，公司价值越高。对小股东的权利保护较好时，普通投资者预期他们未来的投资收益被大股东剥夺的可能性较小，从而更愿意购买这些公司的股票。相反，对小股东的权利保护较差时，普通投资者面临着很大的被大股东欺诈的可能性，因而不能实现他们应该得到的未来收益。在这种情况下，普通投资者愿意为这些公司的股票付出的价格就低，在极端的情况下甚至可能迫使一些公司退出股票市场。

（四）政府监管

政府监管的必要性和重要性在于：一是信息不对称问题导致市场失灵，从而需要政府监管；二是由于法律的不完备，需要通过政府监管加以弥补。我国还处于转型期，市场所存在的缺陷，无法通过市场本身来克服，必须借助公共权威机构，即政府，来克服市场缺陷。一个有效的政府才是市场经济转型的前提条件。同时，政府为了促进就业经济增长、收取税收，也必然要关注公司稳定和公司各方的利益，也就必然要对公司实施监管。

有效的政府监管体系应包括以下四个方面：

1. 法律监管。

法律具有权威性与强制性，对公司治理中各主体和客体的行为具有最高权威的强制性约束，是其他形式监督的依据和基础。法律监管应从两个方面进行：①制定法律规章，即立法监管；②法院执法，即司法介入监管。

2. 行政监管。

法律监管有其不足之处：①法律规章的制定不完善、不健全；②司法介入监管一般是被动的和事后的，不利于保护受损人的利益。因此，有必要引入一个能主动执法的机构，即政府各级行政机关。行政监管就是指各级行政机关依法律的授权和规定对公司治理中各主体和客体的行为进行的监督。行政监管的主体主要有证券委及其派出机构、财政部、国资委、保监会等。

3. 市场环境监管。

是指政府通过对市场环境的建设来达到公司治理的目的。良好的公司治理依赖充分竞争和完备的市场体系，如竞争的产品市场、资本市场、经理人市场、劳动力市场、健康的破产机制等，这些都是有效的公司治理体系的重要组成部分。而良好的市场体系，必然要依靠政府去培育和建设。

4. 信息披露监管。

上市公司信息披露的管理体制是一国或地区对上市公司信息披露行为所采取的管理体系、管理结构和管理手段的总称，是上市公司监管体制的重要组成部分。负责上市公司信息披露监管的管理机构主要包括证券主管机关和证券交易所。

### （五）媒体、专业人士的舆论监督

舆论监督的实施主体主要分为两个层次，即公众和媒体层次。公众作为舆论监督的主体，是舆论话题的发现者与提供者。而媒体一方面是公众舆论监督的实现途径和输出管道；另一方面也是舆论监督话题的发现者与供应者。可以说，媒体在舆论监督中负有双重任务。

媒体监督具有全方位性和独立性，它无处不在，对公司治理主体和客体构成现实的和潜在的监督。它通过对公司的一些重大违法事件的揭露来大大提高监督效率。同时它还对行政监管行为进行监督，通过对公司违规行为的调查披露，迫使行政监管部门提高监管效率，迫使立法机关加快立法的进程，从而促进了行政监管效率和法律监管效率的提升。

公众监督对公司治理的影响主要来自包括公司治理、公司财务等方面的专家和学者等专业人士的作用。他们对上市公司治理评价以及虚假信息披露等问题的分析发挥了专业人士积极的公司治理监督作用。

## 二、公司治理原则

经济合作与发展组织（OECD）早在1999年就出台了公司治理原则，旨在帮助OECD成员国及非成员国政府评估和改善本国公司治理的法律、制度和监管体系，为股票交易所、投资者、公司和其他在推进良好公司治理过程中发挥作用的机构提供指引和建议。《OECD公司治理原则》应当被视为一份不断完善的文件，自1999年以来进行过数次重要的修改，2004年的修改版获得OECD成员方的一致认可，它被认为是全球范围内政策制定者、投资人、公司和其他利益相关者的国际标准，成为目前体现各成员国及非成员国公司治理挑战及经验的范本。《OECD公司治理原则》是一个灵活的工具，提供了适用于各个国家和地区特殊情况的非约束性标准、良好实践和实施指南。《OECD公司治理原则》主要包括以下内容：

1. 确保有效的公司治理框架。

公司治理框架应当促进市场的透明度和有效性，符合依法原则，并明确划分各类监督、管理和执行部门的责任。

（1）公司治理框架的构建应着眼于其对于整体经济运行的影响，着眼于其对市场参与者的激励，着眼于提升市场的透明度和效率。

(2) 影响一国公司治理实践的法律和监管应符合法治原则,并且具有透明性和可执行性。

(3) 一国监管当局的责任划分应明确并且确保维护公众的利益。

(4) 监督、管理和执行当局应当拥有相关的权力、操守和资源,以专业、客观的方式行使职责,对他们的决定应给予及时、透明和全面的解释。

2. 股东权利和关键所有权功能。

公司治理框架应该保护和促进股东权利的行使。

(1) 股东的基本权利。包括:①可靠的所有权登记办法;②委托他人管理股份或向他人转让股份;③及时、定期地获得公司的实质性信息;④参加股东大会和参与投票表决;⑤选举和罢免董事会成员;⑥分享公司利润。

(2) 股东有权参与涉及公司重大变化的决策并为此获得充分信息,这些重大变化包括:①修改公司规章、公司章程或其他类似的公司治理文件;②授权增发股份;③重大交易,包括转让全部或大部分资产而造成公司被出售的结果。

(3) 股东应有机会参加股东大会并行使投票权,有权了解包括投票程序在内的股东大会的有关规则。

①股东应当充分、及时收到关于股东大会召开的日期、地点、议程等信息,也包括关于会议将要做出决定的事项的全部信息。

②在合理的范围内,股东应当有机会对董事会提出问题,包括与年度审计报告的问题,应当有机会增加股东大会议程中的议题并提出议案。

③应当创造便利条件,使股东能有效参与关键的公司治理决策,如提名和选举董事会成员。股东应能够对董事会成员和关键经理人员的薪酬公开发表意见。董事会成员和雇员的薪酬方案中的股权部分应得到股东的批准。

④股东可以亲自或由代理人投票,两者都赋予投票结果以同等效力。

(4) 如果公司的资本结构和安排使得一部分股东享有与其所有权不相称的控制权,相关的情形应予以披露。

(5) 应允许公司控制权市场以有效和透明的方式运作。

①有关资本市场中公司控制权收购、较大比例公司资产的出售、类似于合并的特别交易的规则和程序,都应明确制定和披露,以便投资者理解他们的权利和追索权。交易应在透明的价格和公平的条件下进行,以便各类股东的权利都受到保护。

②反并购机制不应作为董事会和管理层免受监督的借口。

(6) 应为包括机构投资者在内的所有股东行使权利创造有利条件。

①作为受托人的机构投资者,应当披露与其投资有关的全部公司治理及投票的政策,包括决定使用其投票权的现有程序。

②作为受托人的机构投资者,对于那些可能影响其行使与其投资相关的关键性的所有者权利的实质性的利益冲突,应予以披露。

(7) 包括机构投资者在内的全体股东应有权利就与上述基本股东权利有关的问题互相咨询,可能造成不正当密谋的情形除外。

3. 平等对待全体股东。

公司治理框架应确保所有股东(包括少数股东和外国股东)受到平等对待。所有股东在权利受到侵害时都有权得到有效的赔偿。

(1) 同一类别、同一系列的股东应当得到同样的公平待遇。

①在同一类别任何系列内,所有的股份都应该具有同样的权利。所有的投资者在他们购买之前都应该获得有关全部类别和系列股份所享有的权利的信息。投票权上的任何改变都应该由受到负面影响的股份类别核准。

②小股东应当受到保护,使其不受控股股东滥用权力的行为的直接或间接伤害,且有赔偿的实际手段。

③托管人或代理人投票,应该按照有表决权的股权所有者同意的方式进行。

④对远程投票的妨碍应当去除。

⑤股东大会的议程和程序应该使所有股东都得到公平对待,公司程序不应使得投票过分复杂困难和花费昂贵。

(2) 禁止内部交易和滥用权力的自我交易。

(3) 在直接影响到公司的任何交易或事件中,如果董事会成员和关键经营人员有直接、间接或代表第三方的实质性利益,都应当被要求公开。

4. 利益相关者在公司治理中的作用。

公司治理框架应承认法律规定的利益相关者在公司治理中的权利,并鼓励公司与利益相关者在创造财富和工作岗位以及促进企业财务的持续稳健性等方面开展积极合作。

(1) 受法律保护的利益相关者的权利应得到尊重。

(2) 如果利益相关者的权利受法律保护,利益相关者在权利受到侵害时应能够获得有效的赔偿。

(3) 应允许开发那些有利于业绩提升的员工参与机制。

(4) 如果利益相关者参加了公司治理程序,则他们有权及时、定期获取与他们的权利有关的充分信息。

(5) 利益相关者(包括个人雇员及其代表团体)应有权自由地同公司董事会就公司的非法或不道德的做法进行交流,并不得因行使该权利而妨碍其他权利的行使。

(6) 公司治理框架应以有作用、有效率的破产制度框架和有效的债权人权利执行机制作为补充。

5. 信息披露和透明度。

公司治理框架应确保及时、准确地披露公司所有重大事件的信息,包括财务状况、业绩、所有权及公司的治理情况。

(1) 应当披露的重大信息至少包括:①公司的财务和业绩状况;②公司经营目标;③公司主要的股票所有权及相关的投票权;④董事会成员和主要行政人员的薪酬政策;董事会成员的其他信息,包括他们的资格、选举过程、就任其他公司董事职务情况、是否被董事会认定是独立董事等;⑤关联方交易;⑥可预期的重大风险因素;⑦与雇员和其他利益相关者有关的重要问题;⑧公司的治理结构和政策,尤其是其执行所依据的任何公司治理规则或政策及程序的内容。

(2) 应根据会计、财务和非财务披露的高质量标准,准备并披露信息。

(3) 公司每年应聘请独立、尽职、有执业资格的审计人员出具年度审计报告,由外部人员为董事会和股东对财务报表的编制和呈报的方式提供客观的依据。

(4) 外部审计人员向股东负责,对公司负有在审计中发挥应有的职业审慎的义务。

(5) 信息传播的途径应确保信息使用人能够平等、及时、低成本地获取有关信息。

(6) 作为公司治理框架的补充,应有一种有效措施,促使分析师、经纪人、评级机构以及其他机构提出与投资者决策有关的分析或建议,并避免产生可能影响其分析或建议诚实性的利益冲突。

6. 董事会的义务。

公司治理结构应确保董事会对公司的战略指导和对管理层的有效监督,确保董事会对公司和股东的责任和忠诚。

(1) 董事会成员应在全面了解情况的基础上,诚实、尽职、谨慎地开展工作,最大程度地维护公司和股东的利益。

(2) 当董事会的决策可能对不同股东团体造成不同的影响时,董事会应做到公平对待所有股东。

(3) 董事会应具备高度的道德准则,并考虑利益相关者的利益。

(4) 董事会应履行以下主要职责,包括:

①审查和指导公司的战略、重要行动计划、风险政策、年度预算和商业计划;设定公司的业绩目标;监督业绩目标的执行情况和公司的行为;监督重大的资本支出、并购和出售等行为。

②对公司治理的有效性进行监督并根据实际需要加以调整。

③选举主要经理人员,确定其薪酬,监督他们的行为和业绩,在必要的时候更换新的人员并对他们职务的交接进行监督。

④促使主要行政人员和董事会成员的报酬与公司的长期利益相一致。

⑤确保董事会成员的提名和选举过程的正规性和透明度。

⑥对管理层、董事会成员和股东之间的潜在的利益冲突进行监督和管理,其中包括滥用公司资产和不当关联方交易。

⑦确保包括独立审计在内的公司会计和财务报告系统诚实可靠;确保公司具备恰当的控制制度,特别是风险管理制度、财务和营运控制制度等,确保公司的行为不违反法律和相关的准则等。

⑧监督信息披露和对外交流的过程。

(5) 董事会应能够在公司事务中做出客观独立的判断。

①董事会应考虑委派相当数量地非执行董事对可能存在利益冲突的事项进行判断。例如,确保财务和非财务报告制度的完整性、对关联方交易进行审查、关注董事会的提名以及主要经理人员和董事会成员的薪酬等。

②如果董事会成立了专门的委员会,他们的职责、组成和工作程序应予以明确并由董事会进行披露。

③董事会成员应有足够的精力和时间履行职责。

(6) 为了更好地履行其职责,董事会成员应能够及时、准确地获取有关的信息。

# 第六章 风险与风险管理

## 第一节 风险与风险管理概述

### 一、风险的概念

早在 19 世纪,西方古典经济学派就提出了风险的概念,他们认为风险是经营活动的副产品,经营者的收入是其在经营活动中承担风险的报酬。

在现代市场经济中,随着全球贸易以及电子信息技术的发展,人们意识到必须重视"风险能够导致变革和机会",对待风险的看法具有质的不同。表 6-1 汇总了随着社会的发展,人们的风险观念发生的转变。

表 6-1 风险观念的改变

| | 风险内涵 | 对风险的反应 | 应对风险机制 |
|---|---|---|---|
| 前现代社会 | 命运、迷信、罪恶 | 接受、责备 | 补偿、惩罚、复仇、报应 |
| 现代社会 | 可预测、可度量的负面因素 | 避免、保护 | 赔偿、财务 |
| 现代市场经济 | 可管理、可操纵的机会 | 接受专业的控制建议,并建立自我纠错系统 | 系统改善 |

2006 年国务院国有资产监督管理委员会发布《中央企业全面风险管理指引》,将企业风险(business risk)定义为"未来的不确定性对企业实现其经营目标的影响",并以能否为企业带来盈利等机会为标志,将风险分为纯粹风险(只有带来损失一种可能性)和机会风险(带来损失和盈利的可能性并存)。

理解这个定义需要从以下几个方面把握:

(1)企业风险与企业战略相关。由于企业风险是影响企业实现战略目标的各种因素和事项,公司经营中战略目标不同,企业面临的风险也就不同。

(2)风险是一系列可能发生的结果,不能简单理解为最有可能的结果。由于风险的可能结果不是单一的,而是一系列的,所以理解和评估风险时,"范围"这个概念对应了众多的不确定性。

（3）风险既具有客观性，又具有主观性。风险是事件本身的不确定性，但却是在一定具体情况下的风险，可以由人的主观判断来决定选择不同的风险。

（4）风险总是与机遇并存。大多数人只关注风险不利面，如风险带来的竞争失败、经营中断、法律诉讼、商业欺诈、无益开支、资产损失、决策失误等，因而害怕风险。但风险本身并不一定是坏事，必须学会平衡风险可能导致的相反结果所带来的机遇。有风险才有机会，风险是机会存在的基础。为此，可以把负面的风险称为威胁，而把正面的风险称为机会。

**二、企业面对的风险种类**

企业面对的主要风险分为两大类：外部风险和内部风险。外部风险主要包括政治风险、法律风险、社会文化风险、技术风险、市场风险等；内部风险主要包括战略风险、运营风险、财务风险等。

**（一）外部风险**

1. 政治风险。

政治风险是指完全或部分由政府官员行使权力和政府组织的行为而产生的不确定性。虽然政治风险更多地与海外市场风险有关，但这一定义适用于国内外所有市场。

政治风险常常表现为：

（1）限制投资领域。出于对东道国产业安全保护的目的，大多数国家对于外国企业对本国的投资领域进行限制。例如，2018 年某发达国家出台相关政策，限制外国企业对该国科技公司投资，以保护该国敏感技术外流。

（2）设置贸易壁垒。近年来，一些发达国家对于新兴经济体企业与本国的贸易设置了多种壁垒，如制定限制本国高新技术产品出口等知识产权保护政策，开展对进口产品反倾销、反补贴、反垄断等的调查与诉讼等。

（3）外汇管制规定。通常欠发达国家制定的外汇管制规定更为严格。例如，外币供应实行定量配给，从而限制东道国的企业从外国购买商品和禁止其向外国股东支付股利，这些企业继而可能会陷入资金被冻结的局面。

（4）进口配额和关税。规定进口配额可以限制在东道国内的子公司从其控股公司购买以投放到国内市场上销售的商品数量。有些时候东道国会要求征收额外税收，即对外国企业按高于本地企业的税率征税，目的是为本地企业提供优势条件，甚至有可能故意按超高税率征税，使得外国企业难以盈利。

（5）组织结构及要求最低持股比例。凭借要求所有投资必须采取与东道国的公司联营的方式，东道国政府可决定组织结构。最低持股比例是指外资公司的部分股权必须由当地投资人持有。

（6）限制向东道国的银行借款。限制甚至包括禁止外资企业向东道国的银行和发展基金按最低利率借款。某些国家仅向本国的企业提供获取外币的渠道，以迫使外资企业将外币带入本国。

（7）没收资产。出于国家利益的考虑，东道国可能会没收外国财产。国际法认为，这是主权国的权力，但主权国要按照公平的市场价格迅速地以可自由兑换的货币进行赔偿。问题常常出现在"迅速"和"公平"这两个词所代表的准确含义、货币的选择以及如果对主权国提出的赔偿不满，企业可以采取哪些措施等方面。

2. 法律风险与合规风险。

法律风险与合规风险都是现代企业风险体系中重要的部分，两者各有重合，又各有侧重。

合规风险是指因违反法律或监管要求而受到制裁、遭受金融损失以及因未能遵守所有适用法律、法规、行为准则或相关标准而给企业信誉带来的损失的可能性。

法律风险是指企业在经营过程中因自身经营行为的不规范或者外部法律环境发生重大变化而造成的不利法律后果的可能性。法律风险通常包括以下三方面：一是法律环境因素，包括立法不完备、执法不公正等；二是市场主体自身法律意识淡薄，在经营活动中不考虑法律因素等；三是交易对方的失信、违约或欺诈等。

合规风险侧重于行政责任和道德责任的承担，而法律风险则侧重于民事责任的承担。以下的例子可以说明法律风险与合规风险的关系。比如银行与客户约定的利率超出了人民银行规定的基准利率幅度，那么银行合规风险突出表现在监管机关的行政处罚、重大财产损失和声誉损失几方面，而法律风险则侧重于表现为银行对客户民事赔偿责任的承担。

合规风险和法律风险有时会同时发生，比如上一个例子中，银行将会同时面临监管机关的处罚和客户的起诉。但两者有时也会发生分离，比如银行的违规经营被媒体曝光，银行的声誉将面临重大损失，这显然属于合规风险，但其与法律风险无关。

3. 社会文化风险。

文化风险是指文化这一不确定性因素给企业经营活动带来的影响。从文化风险成因来看；文化风险存在并作用于企业经营的更深领域，主要有以下方面：

(1) 跨国经营活动引发的文化风险。跨国经营使企业面临东道国文化与母国文化的差异，这种文化的差异直接影响着管理的实践，构成经营中的文化风险。将在一种特定文化环境中行之有效的管理方法，应用到另一种文化环境中，也许会产生截然相反的结果。

(2) 企业并购活动引发的文化风险。并购活动导致企业双方文化的直接碰撞与交流。尤其对于跨国并购而言，面临组织文化与民族文化的双重风险。如果一个组织之中存在两种或两种以上的组织文化，对于任何一个成员来说，识别组织的目标都将是困难的；同样，在为达成组织目标而努力时，判断应当针对不同情景实施何种行为也会是困难的。

(3) 组织内部因素引发的文化风险。组织文化的变革、组织员工队伍的多元文化背景会导致个人层面的文化风险。广泛开展的跨国跨地区的经济合作与往来，会导致组织内部的价值观念、经营思想与决策方式不断面临冲击、更新与交替，进而在组织内部引发多种文化的碰撞与交流。即使没有并购和跨国经营，企业也会面临组织文化与地区文化、外来文化的交流问题以及组织文化的更新问题。

4. 技术风险。

从技术风险范围考察，技术风险的定义有广义和狭义之分。

(1) 广义技术风险是指与某一种新技术给某一行业或某些企业带来增长机会的同时，

可能对另一行业或另一些企业形成巨大威胁。例如，晶体管的发明和生产严重危害了真头管行业；高性能塑料和陶瓷材料的研制和开发严重削弱了钢铁业的获利能力。

（2）狭义的技术风险是指技术在创新过程中，由于技术本身复杂性和其他相关因素变化的不确定性而导致技术创新遭遇失败的可能性。例如技术手段的局限性、技术系统内部的复杂性、技术难度过高、产品寿命的不可预测性、替代性技术的缺乏等原因都可能导致技术创新夭折；又如，如果技术创新目标出现较大起伏，企业现有科研水平一旦不能满足新技术目标的需求，那么技术创新就有面临失败的风险。

从技术活动过程所处的不同阶段考察，技术风险可以划分为技术设计风险、技术研发风险和技术应用风险。

（1）技术设计风险是指技术在设计阶段，由于技术构思或设想的不全面性致使技术及技术系统存在先天"缺陷"或创新不足而引发的各种风险。如氟利昂技术在设计之初就存在着"缺陷"，其产生的氯原子会不断分解大气中的臭氧分子从而破坏臭氧层。又如，我国采用模仿创新途径开发的一些技术不能适用中国国情，在设计思路上就存在创新不足引发的风险。

（2）技术研发风险是指在技术研究或开发阶段，由于外界环境变化的不确定性、技术研发项目本身的难度和复杂性、技术研发人员自身知识和能力的有限性都可能导致技术的研发面临着失败的危险。例如，外部环境不具备一个协调规范的产权制度、市场结构、投资管理、政策组成的社会技术创新体系，没有形成一个由社会流动资本、专业技术人员、风险投资者/风险投资公司、筹资/退资渠道组成的高效便利的风险投资体系，或者从微观组织结构看，缺乏灵活的技术开发组织形式，缺乏创新观念和创业理念的企业家精神等，都会由于低水平管理、低效率运行等可能使企业的技术研发活动陷入困境，难以实现预期目标。

（3）技术应用风险是指由于技术成果在产品化、产业化的过程中所带来的一系列不确定的负面影响或效应。例如，外部环境没有良好的社会化服务和技术的聚集效应，缺乏成熟的市场经济体制、规范的市场环境、透明的行业政策等；或市场对新技术的接受程度不高；或他人的技术模仿行为；或由于市场准入的技术门槛较低，大量企业涌入致使竞争激烈；或人为的道德诚信问题等都可能使企业面临技术应用风险。

5. 市场风险。

市场风险指企业所面对的外部市场的复杂性和变动性所带来的与经营相关的风险。依据《中央企业全面风险管理指引》，市场风险至少要考虑以下几个方面：

（1）产品或服务的价格及供需变化带来的风险；

（2）能源、原材料、配件等物资供应的充足性、稳定性和价格的变化带来的风险；

（3）主要客户、主要供应商的信用风险；

（4）税收政策和利率、汇率、股票价格指数的变化带来的风险；

（5）潜在进入者、竞争者、与替代品的竞争带来的风险。

（二）内部风险

1. 战略风险。

战略风险指企业在战略管理过程中，由于内外部环境的复杂性和变动性以及主体对环境的认知能力和适应能力的有限性，而导致企业整体性损失和战略目标无法实现的可能性及损失。我国《企业内部控制应用指引第 2 号——发展战略》从企业制定与实施发展战略角度阐明企业战略风险具体体现在以下 3 个方面：

（1）缺乏明确的发展战略或发展战略实施不到位，可能导致企业盲目发展，难以形成竞争优势，丧失发展机遇和动力。

（2）发展战略过于激进，脱离企业实际能力或偏离主业，可能导致企业过度扩张，甚至经营失败。

（3）发展战略因主观原因频繁变动，可能导致资源浪费，甚至危及企业的生存和持续发展。

2. 运营风险。

运营风险是指企业在运营过程中，由于内外部环境的复杂性和变动性以及主体对环境的认知能力和适应能力的有限性，而导致的运营失败或使运营活动达不到预期的目标的可能性及损失。

（1）运营风险所要考虑的主要方面。依据《中央企业全面风险管理指引》，运营风险至少要考虑以下几个方面：

①企业产品结构、新产品研发方面可能引发的风险；

②企业新市场开发，市场营销策略（包括产品或服务定价与销售渠道，市场营销环境状况等）方面可能引发的风险；

③企业组织效能、管理现状、企业文化、高、中层管理人员和重要业务流程中专业人员的知识结构、专业经验等方面可能引发的风险；

④期货等衍生产品业务发生失误带来的风险；

⑤质量、安全、环保、信息安全等管理发生失误导致的风险；

⑥因企业内、外部人员的道德风险或业务控制系统失灵导致的风险；

⑦给企业造成损失的自然灾害等风险；

⑧企业现有业务流程和信息系统操作运行情况的监管、运行评价及持续改进能力方面引发的风险。

（2）从内部控制角度展开几个主要运营风险。

①组织架构。依据《企业内部控制应用指引第 1 号——组织架构》，组织架构设计与运行中需关注的主要风险包括：

第一，治理结构形同虚设，缺乏科学决策、良性运行机制和执行力，可能导致企业经营失败，难以实现发展战略。

第二，内部机构设计不科学，权责分配不合理，可能导致机构重叠、职能交叉或缺失、推诿扯皮，运行效率低下。

②人力资源。依据《企业内部控制应用指引第 3 号——人力资源》，人力资源管理需关注的主要风险包括：

第一，人力资源缺乏或过剩、结构不合理、开发机制不健全，可能导致企业发展战略难以实现。

第二，人力资源激励约束制度不合理、关键岗位人员管理不完善，可能导致人才流失、经营效率低下或关键技术、商业秘密和国家机密泄露。

第三，人力资源退出机制不当，可能导致法律诉讼或企业声誉受损。

③社会责任。依据《企业内部控制应用指引第 4 号——社会责任》，履行社会责任方面需关注的主要风险包括：

第一，安全生产措施不到位，责任不落实，可能导致企业发生安全事故。

第二，产品质量低劣，侵害消费者利益，可能导致企业巨额赔偿、形象受损，甚至破产。

第三，环境保护投入不足，资源耗费大，造成环境污染或资源枯竭，可能导致企业巨额赔偿、缺乏发展后劲，甚至停业。

第四，促进就业和员工权益保护不够，可能导致员工积极性受挫，影响企业发展和社会稳定。

④企业文化。依据《企业内部控制应用指引第 5 号——企业文化》，企业文化建设需关注的主要风险包括：

第一，缺乏积极向上的企业文化，可能导致员工丧失对企业的信心和认同感，企业缺乏凝聚力和竞争力。

第二，缺乏开拓创新、团队协作和风险意识，可能导致企业发展目标难以实现，影响可持续发展。

第三，缺乏诚实守信的经营理念，可能导致舞弊事件的发生，造成企业损失，影响企业信誉。

第四，忽视企业间的文化差异和理念冲突，可能导致并购重组失败。

⑤采购业务。依据《企业内部控制应用指引第 7 号——采购业务》，采购业务需关注的主要风险包括：

第一，采购计划安排不合理，市场变化趋势预测不准确，造成库存短缺或积压，可能导致企业生产停滞或资源浪费。

第二，供应商选择不当，采购方式不合理，招投标或定价机制不科学，授权审批不规范，可能导致采购物资质次价高，出现舞弊或遭受欺诈。

第三，采购验收不规范，付款审核不严，可能导致采购物资、资金损失或信用受损。

⑥资产管理。依据《企业内部控制应用指引第 8 号——资产管理》，资产管理需关注的主要风险包括：

第一，存货积压或短缺，可能导致流动资金占用过量、存货价值贬损或生产中断。

第二，固定资产更新改造不够、使用效能低下、维护不当、产能过剩，可能导致企业缺乏竞争力、资产价值贬损、安全事故频发或资源浪费。

第三，无形资产缺乏核心技术、权属不清、技术落后、存在重大技术安全隐患，可能导致企业出现法律纠纷、缺乏可持续发展能力。

⑦销售业务。依据《企业内部控制应用指引第 9 号——销售业务》，销售业务需关注的主要风险包括：

第一，销售政策和策略不当，市场预测不准确，销售渠道管理不当等，可能导致销售不畅、库存积压、经营难以为继。

第二，客户信用管理不到位，结算方式选择不当，账款回收不力等，可能导致销售款项不能收回或遭受欺诈。

第三，销售过程存在舞弊行为，可能导致企业利益受损。

⑧研究与开发。依据《企业内部控制应用指引第 10 号——研究与开发》，开展研发活动需关注的主要风险包括：

第一，研究项目未经科学论证或论证不充分，可能导致创新不足或资源浪费。

第二，研发人员配备不合理或研发过程管理不善，可能导致研发成本过高、舞弊或研发失败。

第三，研究成果转化应用不足、保护措施不力，可能导致企业利益受损。

⑨工程项目。依据《企业内部控制应用指引第 11 号——工程项目》，工程项目需关注的主要风险包括：

第一，立项缺乏可行性研究或者可行性研究流于形式，决策不当，盲目上马，可能导致难以实现预期效益或项目失败。

第二，项目招标暗箱操作，存在商业贿赂，可能导致中标人实质上难以承担工程项目、中标价格失实及相关人员涉案。

第三，工程造价信息不对称，技术方案不落实，概预算脱离实际，可能导致项目投资失控。

第四，工程物资质次价高，工程监理不到位，项目资金不落实，可能导致工程质量低劣，进度延迟或中断。

第五，竣工验收不规范，最终把关不严，可能导致工程交付使用后存在重大隐患。

⑩担保业务。依据《企业内部控制应用指引第 12 号——担保业务》，担保业务需关注的主要风险包括：

第一，对担保申请人的资信状况调查不深。审批不严或越权审批，可能导致企业担保决策失误或遭受欺诈。

第二，对被担保人出现财务困难或经营陷入困境等状况监控不力，应对措施不当，可能导致企业承担法律责任。

第三，担保过程中存在舞弊行为，可能导致经办审批等相关人员涉案或企业利益受损。

⑪业务外包。依据《企业内部控制应用指引第 13 号——业务外包》，企业的业务外包需关注的主要风险包括：

第一，外包范围和价格确定不合理，承包方选择不当，可能导致企业遭受损失。

第二，业务外包监控不严、服务质量低劣，可能导致企业难以发挥业务外包的优势。

第三，业务外包存在商业贿赂等舞弊行为，可能导致企业相关人员涉案。

⑫合同管理。依据《企业内部控制应用指引第 16 号——合同管理》，合同管理需关注的主要风险包括：

第一，未订立合同、未经授权对外订立合同、合同对方主体资格未达要求、合同内容存在重大疏漏和欺诈，可能导致企业合法权益受到侵害。

第二，合同未全面履行或监控不当，可能导致企业诉讼失败、经济利益受损。

第三，合同纠纷处理不当，可能损害企业利益、信誉和形象。

⑬内部信息传递。依据《企业内部控制应用指引第 17 号——内部信息传递》，内部信息传递需关注的主要风险包括：

第一，内部报告系统缺失、功能不健全、内容不完整，可能影响生产经营有序运行。

第二，内部信息传递不通畅、不及时，可能导致决策失误、相关政策措施难以落实。

第三，内部信息传递中泄露商业秘密，可能削弱企业核心竞争力。

⑭信息系统。依据《企业内部控制应用指引第 18 号——信息系统》，信息系统需关注的主要风险包括：

第一，信息系统缺乏或规划不合理，可能造成信息孤岛或重复建设，导致企业经营管理效率低下。

第二，系统开发不符合内部控制要求，授权管理不当，可能导致无法利用信息技术实施有效控制。

第三，系统运行维护和安全措施不到位，可能导致信息泄露或毁损，系统无法正常运行。

3. 财务风险。

财务风险，是指企业在生产经营过程中，由于内外部环境的各种难以预料或无法控制的不确定性因素的作用，使企业在一定时期内所获取的财务收益与预期收益发生偏差的可能性。财务风险是客观存在的，企业管理者对财务风险只有采取有效措施来降低风险，而不可能完全消除风险。从企业内部控制角度考察，财务风险可以从以下几个方面展开。

（1）全面预算。依据《企业内部控制应用指引第 15 号——全面预算》，实行全面预算管理需关注的主要风险包括：

①不编制预算或预算不健全，可能导致企业经营缺乏约束或盲目经营。

②预算目标不合理、编制不科学，可能导致企业资源浪费或发展战略难以实现。

③预算缺乏刚性、执行不力、考核不严，可能导致预算管理流于形式。

（2）资金活动。依据《企业内部控制应用指引第 6 号——资金活动》，资金活动需关注的主要风险包括：

①筹资决策不当，引发资本结构不合理或无效融资，可能导致企业筹资成本过高或债务危机。

②投资决策失误，引发盲目扩张或丧失发展机遇，可能导致资金链断裂或资金使用效益低下。

③资金调度不合理、营运不畅，可能导致企业陷入财务困境或资金冗余。

④资金活动管控不严，可能导致资金被挪用、侵占、抽逃或企业遭受欺诈。

（3）财务报告。依据《企业内部控制应用指引第 14 号——财务报告》，编制、对外提供和分析利用财务报告需关注的主要风险包括：

①编制财务报告违反会计法律法规和国家统一的会计准则制度，可能导致企业承担法律责任和声誉受损。

②提供虚假财务报告，误导财务报告使用者，造成决策失误，干扰市场秩序。

③不能有效利用财务报告，难以及时发现企业经营管理中存在的问题，可能导致企业财务和经营风险失控。

### 三、风险管理的概念

#### （一）风险偏好与风险承受度

风险偏好和风险承受度是风险管理概念的重要组成部分。

风险偏好是企业希望承受的风险范围，分析风险偏好要回答的问题是公司希望承担什么风险和承担多少风险。例如：

- 应当与这个公司联盟吗？
- 是否需要套期保值？
- 应当在美国投资吗？
- 应当保持多高的资产负债率？

风险承受度是指企业风险偏好的边界，分析风险承受度可以将其作为企业采取行动的预警指标，企业可以设置若干承受度指标以显示不同的警示级别。例如：

- 市场表现到什么时候，我们就应当追回投资或一定退出？
- 资产负债率高到什么时候，我们就需要停止投资？

风险偏好和风险承受度概念的提出基于企业风险管理理念的变化。传统风险管理理念认为风险只是灾难，被动地将风险管理作为成本中心；而全面风险管理的理念认为风险具有二重性，风险总是与机遇并存。企业风险管理要在机遇和风险中寻求平衡点，以实现企业价值最大化的目标。

因此，风险偏好概念提出的意义在于研究企业风险和收益的关系，明确了企业的风险偏好和风险承受度，就能够把握企业如何在风险和收益之间作出选择。

#### （二）风险管理的定义与特征

《中央企业全面风险管理指引》对风险管理给出如下定义："全面风险管理，指企业围绕总体经营目标，通过在企业管理的各个环节和经营过程中执行风险管理的基本流程，培育良好的风险管理文化，建立健全全面风险管理体系，包括风险管理策略、风险理财措施、风险管理的组织职能体系、风险管理信息系统和内部控制系统，从而为实现风险管理的总体目标提供合理保证的过程和方法。"

这一定义体现了企业风险管理以下几个主要特征：

（1）战略性。尽管风险管理渗透企业各项活动中，存在于企业管理者对企业的日常管理当中，但它主要运用于企业战略管理层面，站在战略层面整合和管理企业层面风险是全面风险管理的价值所在。

（2）全员化。企业全面风险管理是一个由企业治理层、管理层和所有员工参与、旨在把风险控制在风险容量以内，增进企业价值的过程。企业风险管理本身并不是一个结果，而是实现结果的一种方式。在这个过程中，只有将风险意识转化为全体员工的共同认识和自觉行动，才能确保风险管理目标的实现。

（3）专业性。要求风险管理的专业人才实施专业化管理。

（4）二重性。企业全面风险管理的商业使命在于：①损失最小化管理；②不确定性管理;③绩效最优化管理。当风险损失不能避免时,尽量减少损失至最小化;风险损失可能发生或可能不发生时,设法降低风险发生的可能;风险预示着机会时,化风险为增进企业价值的机会。全面风险管理既要管理纯粹的风险,也要管理机会风险。

(5) 系统性。全面风险管理必须拥有一套系统的、规范的方法,建立健全全面风险管理体系,包括风险管理策略、风险理财措施、风险管理的组织职能体系、风险管理信息系统和内部控制系统,从而为实现风险管理的总体目标提供合理保证。

风险管理理念从传统风险管理到全面风险管理的变化,风险管理的概念、目标、内容以及公司风险管理文化都发生了根本性变化。表6-2对比了风险管理新旧理念之间的差异。

表6-2　　　　　　　　　　风险管理的新旧理念对比

| | 传统风险管理 | 全面风险管理 |
|---|---|---|
| 涉及面 | 主要是财务会计主管和内部审计等部门负责;就单个风险个体实施风险管理,主要是可保风险和财务风险 | 在高层的参与下,每个成员都承担与自己行为相关的风险管理责任;从总体上集中考虑和管理风险(包括纯企业风险和机会风险) |
| 连续性 | 只有管理层认为必要时才进行 | 是企业系统的、有重点的、持续的行为 |
| 态度 | 被动地将风险管理作为成本中心 | 主动积极地将风险管理作为价值中心 |
| 目标 | 与企业战略联系不紧,目的是转移或避免风险 | 紧密联系企业战略,目的是寻求风险优化措施 |
| 方法 | 事后反应式的风险管理方法,即先检查和预防经营风险,然后采取应对措施 | 事前风险防范,事中风险预警和及时处理,事后风险报告、评估、备案及采取其他相应措施 |
| 注意焦点 | 专注于纯粹和灾害性风险 | 焦点在所有利益相关者的共同利益最大化上 |

## 第二节　风险管理的目标

传统的风险管理与企业战略联系不紧,目标是转移或避免风险,重点放在对公司行为的监督和检查上,因而传统的风险管理的目标一般与实现公司战略目标没有关系。而全面风险管理紧密联系企业战略,为实现公司总体战略目标寻求风险优化措施,因而风险管理目标的设计要充分体现这一思想。

我国《中央企业全面风险管理指引》设定了风险管理如下的总体目标,充分体现了这一思想。

(1) 确保将风险控制在与公司总体目标相适应并可承受的范围内;

(2) 确保内外部,尤其是企业与股东之间实现真实、可靠的信息沟通,包括编制和提供真实、可靠的财务报告;

(3) 确保遵守有关法律法规;

(4) 确保企业相关规章制度和为实现经营目标而采取的重大措施贯彻执行,保障经营管理的有效性,提高经营活动的效率和效果,降低实现经营目标的不确定性;

（5）确保企业建立针对各项重大风险发生后的危机处理计划，保护企业不因灾害性风险或人为失误而遭受重大损失。

本书在第六章将具体阐述内部控制的相关内容。Treadway 委员会的发起组织委员会（Committee of Sponsoring Organizations of the Treadway Commission，以下简称 COSO）于 2004 年发布了《企业风险管理——整合框架》（被称之为"广义内部控制"），与其 1992 年发布的指导内部控制实践的纲领性文件《内部控制——整合框架》相比较，风险管理框架中的目标设计中增加了统驭经营、财务报告和遵循法律法规的最高层次——战略目标。

## 第三节 风险管理基本流程

风险管理基本流程包括以下主要工作：（1）收集风险管理初始信息；（2）进行风险评估；（3）制定风险管理策略；（4）提出和实施风险管理解决方案；（5）风险管理的监督与改进（见图 6-1）。

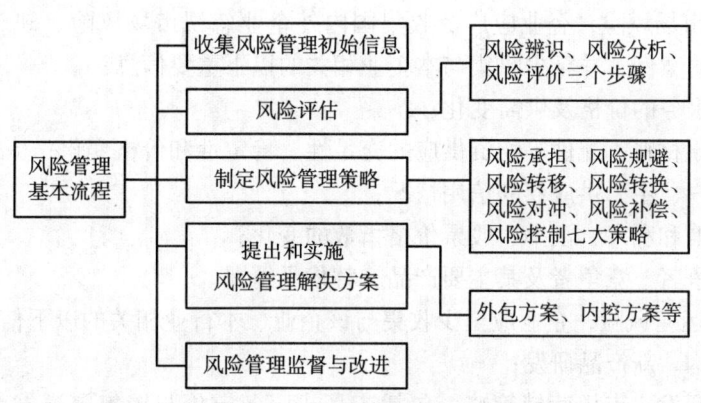

图 6-1 风险管理基本流程

### 一、收集风险管理初始信息

风险管理基本流程的第一步，要广泛地、持续不断地收集与本企业风险和风险管理相关的内外部初始信息，包括历史数据和未来预测。应把收集初始信息的职责分工落实到各有关职能部门和业务单位。

收集初始信息要根据所分析的风险类型具体展开。例如：

（1）分析战略风险，企业应广泛收集国内外企业战略风险失控导致企业蒙受损失的案例，并至少收集与本企业相关的以下重要信息：

①国内外宏观经济政策以及经济运行情况、企业所在产业的状况、国家产业政策；

②科技进步、技术创新的有关内容；

③市场对该企业产品或服务的需求；

④与企业战略合作伙伴的关系，未来寻求战略合作伙伴的可能性；
⑤该企业主要客户、供应商及竞争对手的有关情况；
⑥与主要竞争对手相比，该企业实力与差距；
⑦本企业发展战略和规划、投融资计划、年度经营目标、经营战略，以及编制这些战略、规划、计划、目标的有关依据；
⑧该企业对外投融资流程中曾发生或易发生错误的业务流程或环节。

（2）分析财务风险，企业应广泛收集国内外企业财务风险失控导致危机的案例，并至少收集本企业的以下重要信息：
①负债、或有负债、负债率、偿债能力；
②现金流、应收账款及其占销售收入的比重、资金周转率；
③产品存货及其占销售成本的比重、应付账款及其占购货额的比重；
④制造成本和管理费用、财务费用、营业费用；
⑤盈利能力；
⑥成本核算、资金结算和现金管理业务中曾发生或易发生错误的业务流程或环节；
⑦与本企业相关的产业会计政策、会计估算、与国际会计制度的差异与调节（如退休金、递延税项等）等信息。

（3）分析市场风险，企业应广泛收集国内外企业忽视市场风险、缺乏应对措施导致企业蒙受损失的案例，并至少收集与本企业相关的以下重要信息：
①产品或服务的价格及供需变化；
②能源、原材料、配件等物资供应的充足性、稳定性和价格变化；
③主要客户、主要供应商的信用情况；
④税收政策和利率、汇率、股票价格指数的变化；
⑤潜在竞争者、竞争者及其主要产品、替代品情况。

（4）分析运营风险，企业应至少收集与该企业、本行业相关的以下信息：
①产品结构、新产品研发；
②新市场开发，市场营销策略，包括产品或服务定价与销售渠道，市场营销环境状况等；
③企业组织效能、管理现状、企业文化，高、中层管理人员和重要业务流程中专业人员的知识结构、专业经验；
④期货等衍生产品业务中曾发生或易发生失误的流程和环节；
⑤质量、安全、环保、信息安全等管理中曾发生或易发生失误的业务流程或环节；
⑥因企业内、外部人员的道德风险致使企业遭受损失或业务控制系统失灵；
⑦给企业造成损失的自然灾害以及除上述有关情形之外的其他纯粹风险；
⑧对现有业务流程和信息系统操作运行情况的监管、运行评价及持续改进能力；
⑨企业风险管理的现状和能力。

（5）分析法律风险方面，企业应广泛收集国内外企业忽视法律法规风险、缺乏应对措施导致企业蒙受损失的案例，并至少收集与该企业相关的以下信息：
①国内外与该企业相关的政治、法律环境；

②影响企业的新法律法规和政策；
③员工道德操守的遵从性；
④该企业签订的重大协议和有关贸易合同；
⑤该企业发生重大法律纠纷案件的情况；
⑥企业和竞争对手的知识产权情况。

企业还要对收集的初始信息应进行必要的筛选、提炼、对比、分类、组合，以便进行风险评估。

### 二、进行风险评估

完成了风险管理初始信息收集之后，企业要对收集的风险管理初始信息和企业各项业务管理及其重要业务流程进行风险评估。

风险评估包括风险辨识、风险分析、风险评价三个步骤。

风险辨识是指查找企业各业务单元、各项重要经营活动及其重要业务流程中有无风险、有哪些风险。风险分析是对辨识出的风险及其特征进行明确定义描述，分析和描述风险发生可能性的高低、风险发生的条件。风险评价是评价风险对企业实现目标的影响程度、风险的价值等。

进行风险辨识、分析、评价，应将定性与定量方法相结合。定性方法可采用问卷调查、集体讨论、专家咨询、情景分析、政策分析、行业标杆比较、管理层访谈、由专人主持的工作访谈和调查研究等。定量方法可采用统计推论（如集中趋势法）、计算机模拟（如蒙特卡洛分析法）、失效模式与影响分析、事件树分析等。这些方法具体内容在本章第五节展开。进行风险定量评估时，应统一制定各风险的度量单位和风险度量模型，并通过测试等方法，确保评估系统的假设前提、参数、数据来源和定量评估程序的合理性和准确性。要根据环境的变化，定期对假设前提和参数进行复核和修改，并将定量评估系统的估算结果与实际效果对比，据此对有关参数进行调整和改进。

风险分析应包括风险之间的关系分析，以便发现各风险之间的自然对冲、风险事件发生的正负相关性等组合效应，从风险策略上对风险进行统一集中管理。

企业在评估多项风险时，应根据对风险发生可能性的高低和对目标的影响程度的评估，绘制风险坐标图，对各项风险进行比较，初步确定对各项风险的管理优先顺序和策略。

风险评价应由企业组织有关职能部门和业务单位实施，也可聘请有资质、信誉好、风险管理专业能力强的中介机构协助实施。

企业应对风险管理信息实行动态管理，定期或不定期实施风险辨识、分析、评价，以便对新的风险和原有风险的变化重新评估。

### 三、制定风险管理策略

风险管理基本流程的第三步是制定风险管理策略。风险管理策略，是指企业根据自身条件和外部环境，围绕企业发展战略，确定风险偏好、风险承受度、风险管理有效性标准，选择风险承担、风险规避、风险转移、风险转换、风险对冲、风险补偿、风险控制等适合的风险管理工具的总体策略，并确定风险管理所需人力和财力资源的配置原则。这些风险管理策略的具体内容在本章下一节展开。

企业在制定风险管理策略时，要根据风险的不同类型选择其适宜的风险管理策略。例如，一般认为，对战略、财务、运营、政治风险、法律风险等，可采取风险承担、风险规避、风险转换、风险控制等方法。对能够通过保险、期货、对冲等金融手段进行理财的风险，可以采用风险转移、风险对冲、风险补偿等方法。

制定风险管理策略的一个关键环节是企业应根据不同业务特点统一确定风险偏好和风险承受度，即企业愿意承担哪些风险，明确风险的最低限度和不能超过的最高限度，并据此确定风险的预警线及相应采取的对策。确定风险偏好和风险承受度，要正确认识和把握风险与收益的平衡，防止和纠正两种错误倾向：一是忽视风险，片面追求收益而不讲条件、范围，认为风险越大、收益越高的观念和做法；二是单纯为规避风险而放弃发展机遇。

在制定风险管理策略时，还应根据风险与收益相平衡的原则以及各风险在风险坐标图上的位置，进一步确定风险管理的优选顺序，明确风险管理成本的资金预算和控制风险的组织体系、人力资源、应对措施等总体安排。

对于已经制定和实施的风险管理策略，企业应定期总结和分析已制定的风险管理策略的有效性和合理性，结合实际不断修订和完善。其中，应重点检查依据风险偏好、风险承受度和风险控制预警线实施的结果是否有效，并提出定性或定量的有效性标准。

**四、提出和实施风险管理解决方案**

按照风险管理的基本流程，制定风险管理策略后的工作是制定实施风险管理解决方案，也就是执行前一阶段制定的风险管理解决策略，进一步落实风险管理工作。在这一阶段，企业应根据风险管理策略，针对各类风险或每一项重大风险制定风险管理解决方案。方案一般应包括风险解决的具体目标，所需的组织领导，所涉及的管理及业务流程，所需的条件、手段等资源，风险事件发生前、中、后所采取的具体应对措施以及风险管理工具（如关键风险指标管理、损失事件管理等）。

**（一）风险管理解决方案的两种类型**

从大的分类看，风险管理解决方案可以分为外部和内部解决方案。

1. 外部解决方案。

外部解决方案一般指外包。企业经营活动外包是利用产业链进行专业分工、提高运营效率的必要措施。企业许多风险管理工作可以外包出去，如企业使用投资银行、信用评级公司、保险公司、律师事务所、会计师事务所、风险管理咨询公司等专业机构，将有关方面的工作外包，可以降低企业的风险、提升效率。外包可以使企业规避一些风险，但同时可能带来另一些风险，应当加以控制。

企业制定风险管理解决的外包方案，应注重成本与收益的平衡、外包工作的质量、自身商业秘密的保护以及防止自身对风险解决外包产生依赖性风险等，并制定相应的预防和控制措施。

2. 内部解决方案。

内部解决方案是后面要阐述的风险管理体系的运转。在具体实施中，一般是以下几种手段的综合应用：风险管理策略；组织职能；内部控制（简称内控），包括政策、制度、程序；信息系统，包括报告体系；风险理财措施。

在上述内部解决方案中，企业制定风险解决的内控方案，应满足合规的要求，坚持经营战略与风险策略一致、风险控制与运营效率及效果相平衡的原则，针对重大风险所涉及的各管理及业务流程，制定涵盖各个环节的全流程控制措施；对其他风险所涉及的业务流程，要把关键环节作为控制点，采取相应的控制措施。

内部控制是通过有关企业流程的设计和实施的一系列政策、制度、程序和措施，控制影响流程目标的各种风险的过程。内部控制是全面风险管理的重要组成部分，是全面风险管理的基础设施和必要举措。一般说来，内部控制系统针对的风险是可控纯粹风险，其控制对象是企业中的个人，其控制目的是规范员工的行为，其控制范围是企业的业务和管理流程。

企业制定内控措施，一般至少包括以下内容：

（1）建立内控岗位授权制度。对内控所涉及的各岗位明确规定授权的对象、条件、范围和额度等，任何组织和个人不得超越授权做出风险性决定。

（2）建立内控报告制度。明确规定报告人与接受报告人，报告的时间、内容、频率、传递路线、负责处理报告的部门和人员等。

（3）建立内控批准制度。对内控所涉及的重要事项，明确规定批准的程序、条件、范围和额度、必备文件以及有权批准的部门和人员及其相应责任。

（4）建立内控责任制度。按照权利、义务和责任相统一的原则，明确规定各有关部门和业务单位、岗位、人员应负的责任和奖惩制度。

（5）建立内控审计检查制度。结合内控的有关要求、方法、标准与流程，明确规定审计检查的对象、内容、方式和负责审计检查的部门等。

（6）建立内控考核评价制度。具备条件的企业应把各业务单位风险管理执行情况与绩效薪酬挂钩。

（7）建立重大风险预警制度。对重大风险进行持续不断的监测，及时发布预警信息，制定应急预案，并根据情况变化调整控制措施。

（8）建立健全以总法律顾问制度为核心的企业法律顾问制度。大力加强企业法律风险防范机制建设，形成由企业决策层主导、企业总法律顾问牵头、企业法律顾问提供业务保障、全体员工共同参与的法律风险责任体系。完善企业重大法律纠纷案件的备案管理制度。

（9）建立重要岗位权力制衡制度，明确规定不相容职责的分离，主要包括授权批准、业务经办、会计记录、财产保管和稽核检查等职责。对内控所涉及的重要岗位可设置一岗双人、双职、双责，相互制约；明确该岗位的上级部门或人员对其应采取的监督措施和应负的监督责任；将该岗位作为内部审计的重点等。

更多的有关内部控制的内容，可参考本章第四节"风险管理体系"第三部分"内部控制系统"。

企业应当按照各有关部门和业务单位的职责分工，认真组织实施风险管理解决方案，确保各项措施落实到位。

## （二）关键风险指标管理

关键风险指标管理是对引起风险事件发生的关键成因指标进行管理的方法。关键风险指标管理可以管理单项风险的多个关键成因，也可以管理影响企业主要目标的多个主要风险。例如，假设公司现在关心的主要目标是年度盈利指标，那么，影响年度盈利指标的风险因素有许多，包括年度销售额、原材料价格、制造成本、销售成本、投资收入、利息、应收账款等。

1. 关键风险指标管理的步骤。

关键风险指标管理的步骤一般分为以下六步：

（1）分析风险成因，从中找出关键成因。例如，在前例中，经过数据分析，认定影响盈利的主要风险是信用风险，其代表性的风险事件是客户还款不及时，导致应收账款大量增加。

（2）将关键成因量化，确定其度量，分析确定导致风险事件发生（或极有可能发生）时该成因的具体数值。上例中，将应收账款进一步量化，得到月度坏账损失额、每日未回收的应收账款和客户结构变化率三个量化指标，并得出预警值。

（3）以该具体数值为基础，以发出风险信息为目的，加上或减去一定数值后形成新的数值，该数值即为关键风险指标。

（4）建立风险预警系统，即当关键成因数值达到关键风险指标时，发出风险预警信息。

（5）制定出现风险预警信息时应采取的风险控制措施。

（6）跟踪监测关键成因的变化，一旦出现预警，即实施风险控制措施。

2. 关键风险指标分解。

企业目标的实现要靠企业的各个职能部门和业务单位的共同努力，同样，企业的关键风险指标也要分解到企业的各个职能部门和业务单位。

但是，对于关键风险指标的分解要注意职能部门和业务单位之间的协调，关键是从企业整体出发和把风险控制在一定范围内。对一个具体单位而言，不可采用"最大化"的说法。比如，信用管理部门负责信用风险的管理，如果其强调最小化信用风险，紧缩信用，则会给负责扩大市场占有率和销量的市场和销售部门造成伤害，从而影响公司整体目标的实现。

对于关键风险指标的分解，要兼顾各职能部门和业务单位的诉求。一个可行的方法是在企业的总体领导和整体战略的指导下进行部门和业务单位间的协调。

## （三）落实风险管理解决方案

（1）高度重视，要认识到风险管理是企业时刻不可放松的工作，是企业价值创造的根本源泉。

（2）风险管理是企业全员的分内工作，没有风险的岗位是不创造价值的岗位，没有理由存在。

（3）落实到组织，明确分工和责任，进行全员风险管理。

（4）为确保工作的效果，落实到位，要对风险管理解决方案的实施进行持续监控改进，并与绩效考核联系起来。

## 五、风险管理监督与改进

风险管理基本流程的最后一个步骤是风险管理监督与改进。企业应以重大风险、重大事件和重大决策、重要管理及业务流程为重点,对风险管理初始信息、风险评估、风险管理策略、关键控制活动及风险管理解决方案的实施情况进行监督,采用压力测试、返回测试、穿行测试以及风险控制自我评估等方法对风险管理的有效性进行检验,根据变化情况和存在的缺陷及时加以改进。

企业应建立贯穿于整个风险管理基本流程,连接各上下级、各部门和业务单位的风险管理信息沟通渠道,确保信息沟通的及时、准确、完整,为风险管理监督与改进奠定基础。

企业各有关部门和业务单位应定期对风险管理工作进行自查和检验,及时发现缺陷并改进,其检查、检验报告应及时报送企业风险管理职能部门。

企业风险管理职能部门应定期对各部门和业务单位风险管理工作实施情况和有效性进行检查和检验,要根据在制定风险策略时提出的有效性标准的要求对风险管理策略进行评估,对跨部门和业务单位的风险管理解决方案进行评价,提出调整或改进建议,出具评价和建议报告,及时报送企业总经理或其委托分管风险管理工作的高级管理人员。

企业内部审计部门应至少每年一次对包括风险管理职能部门在内的各有关部门和业务单位能否按照有关规定开展风险管理工作及其工作效果进行监督评价,监督评价报告应直接报送董事会或董事会下设的风险管理委员会和审计委员会。此项工作也可结合年度审计、任期审计或专项审计工作一并开展。

企业可聘请有资质、信誉好、风险管理专业能力强的中介机构对企业全面风险管理工作进行评价,出具风险管理评估和建议专项报告。报告一般应包括以下几方面的实施情况、存在缺陷和改进建议:

(1) 风险管理基本流程与风险管理策略;
(2) 企业重大风险、重大事件和重要管理及业务流程的风险管理及内部控制系统的建设;
(3) 风险管理组织体系与信息系统;
(4) 全面风险管理总体目标。

# 第四节 风险管理体系

《中央企业全面风险管理指引》指出,企业风险管理体系包括五大体系:(1) 风险管理策略;(2) 风险理财措施;(3) 风险管理的组织职能体系;(4) 风险管理信息系统;(5) 内部控制系统。企业风险管理体系如图6-2所示。

## 一、风险管理策略

### (一) 风险管理策略总体定位与作用

风险管理策略,指企业根据自身条件和外部环境,围绕企业发展战略,确定风险偏

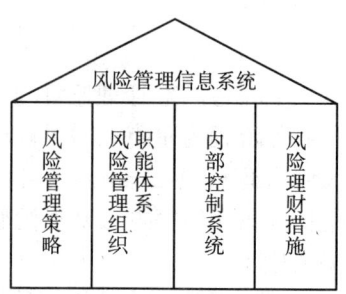

图6-2 企业风险管理体系

好、风险承受度、风险管理有效性标准，选择风险承担、风险规避、风险转移、风险转换、风险对冲、风险补偿、风险控制等适合的风险管理工具的总体策略，并确定风险管理所需人力和财力资源的配置原则。

从这一纲领性的指引中不难看到风险管理策略的总体定位有：

（1）风险管理策略是根据企业经营战略制定的全面风险管理的总体策略；

（2）风险管理策略在整个风险管理体系中起着统领全局的作用；

（3）风险管理策略在企业战略管理的过程中起着承上启下的作用，制定与企业战略保持一致的风险管理策略减少了企业战略错误的可能性。从企业经营战略到风险管理策略如图6-3所示。

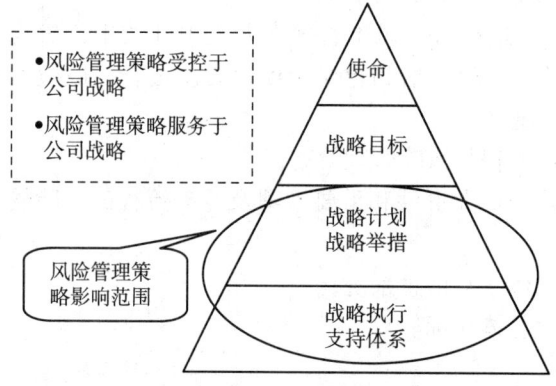

图6-3 从企业经营战略到风险管理策略

风险管理策略的总体定位决定了风险管理策略的作用：

（1）为企业的总体战略服务，保证企业经营目标的实现；

（2）连接企业的整体经营战略和运营活动；

（3）指导企业的一切风险管理活动；

（4）分解为各领域的风险管理指导方针。

**（二）风险管理策略的组成部分**

（1）风险偏好和风险承受度。明确公司要承担什么风险、承担多少。

（2）全面风险管理的有效性标准。明确怎样衡量我们的风险管理工作成效。

（3）风险管理的工具选择。明确怎样管理重大风险。

(4) 全面风险管理的资源配置。明确如何安排人力、财力、物资、外部资源等风险管理资源。

### (三) 风险管理策略的工具

风险管理策略的工具共有七种：风险承担、风险规避、风险转移、风险转换、风险对冲、风险补偿和风险控制。在实施中，企业要注意策略性工具使用的技术并选择合适的手段。

1. 风险承担。

风险承担亦称风险保留、风险自留，是指企业对所面临的风险采取接受的态度，从而承担风险带来的后果。

企业面临的风险有很多，通常企业能够明确辨识的风险只占全部风险的少数。风险评估的工作结果对于企业是否采用风险承担影响很大。

对未能辨识出的风险，企业只能采用风险承担。

对于辨识出的风险，企业也可能由于以下几种原因采用风险承担：①缺乏能力进行主动管理，对这部分风险只能承担；②没有其他备选方案；③从成本效益考虑，这一方案是最适宜的方案。

对于企业的重大风险，即影响到企业目标实现的风险，企业一般不应采用风险承担。

2. 风险规避。

风险规避是指企业回避、停止或退出蕴含某一风险的商业活动或商业环境，避免成为风险的所有人。例如：

(1) 退出某一市场以避免激烈竞争；
(2) 拒绝与信用不好的交易对手进行交易；
(3) 外包某项对工人健康安全风险较高的工作；
(4) 停止生产可能有潜在客户安全隐患的产品；
(5) 禁止各业务单位在金融市场进行投机；
(6) 不准员工访问某些网站或下载某些内容。

3. 风险转移。

风险转移是指企业通过合同将风险转移到第三方，企业对转移后的风险不再拥有所有权。转移风险不会降低其可能的严重程度，只是从一方移除后转移到另一方。例如：

(1) 保险：保险合同规定保险公司为预定的损失支付补偿，作为交换，在合同开始时，投保人要向保险公司支付保险费。
(2) 非保险型的风险转移：将风险可能导致的财务风险损失负担转移给非保险机构，如服务保证书等。
(3) 风险证券化：通过证券化保险风险构造的保险连接型证券（ILS）。这种债券的利息支付和本金偿还取决于某个风险事件的发生或严重程度。

4. 风险转换。

风险转换指企业通过战略调整等手段将企业面临的风险转换成另一个风险。风险转换的手段包括战略调整和衍生产品等。

风险转换一般不会直接降低企业总风险，其简单形式就是在减少某一风险的同时，增加另一风险。例如，通过放松交易客户信用标准，增加应收账款，扩大销售。

企业可以通过风险转换在两个或多个风险之间进行调整，以达到最佳效果。

风险转换可以在低成本或者无成本的情况下达到目的。

5. 风险对冲。

风险对冲是指采取各种手段，引入多个风险因素或承担多个风险，使得这些风险能够互相对冲，也就是，使这些风险的影响互相抵销。

常见的例子有资产组合使用、多种外币结算的使用和战略上的多种经营等。

在金融资产管理中，对冲也包括使用衍生产品，如利用期货进行套期保值。

在企业的风险中，有些风险具有自然对冲的性质，应当加以利用，如不同行业的经济周期风险对冲。

风险对冲必须涉及风险组合，而不是对单一风险；对于单一风险，只能进行风险规避、风险控制。

6. 风险补偿。

风险补偿是指企业对风险可能造成的损失采取适当的措施进行补偿。风险补偿表现在企业主动承担风险，并采取措施以补偿可能的损失。

风险补偿的形式有财务补偿、人力补偿、物资补偿等。

财务补偿是损失融资，包括企业自身的风险准备金或应急资本等。例如，某公司一直购买灾害保险，但经过数据分析后，认为保险公司历年的赔付不足以平衡相应的保险费用支出而不再续保。同时，为了应付可能发生的灾害性事件，公司与银行签订应急资本协议，规定在灾害发生时，由银行提供资本以保证公司的持续经营。

7. 风险控制。

风险控制是指控制风险事件发生的动因、环境、条件等，来达到减轻风险事件发生时的损失或降低风险事件发生概率的目的。

通常影响某一风险的因素有很多。风险控制可以通过控制这些因素中的一个或多个来达到目的，但主要的是风险事件发生的概率和发生后的损失。控制风险事件发生概率的例子如室内使用不易燃地毯、山上禁止吸烟等，而控制风险事件发生后损失的例子如修建水坝防洪、设立质量检查防止次品出厂等。

风险控制对象一般是可控风险，包括多数运营风险，如质量、安全和环境风险以及法律风险中的合规性风险。

与传统的风险应对策略相比较，传统的风险应对策略只有风险规避、风险承担、风险控制和风险转移，其目的在于风险减低和风险预防。传统风险管理基于风险是负面影响的看法，将每个风险分开管理，手段相当程度上局限在内部控制和风险转移中，因此只注意到流程中的风险和灾害性风险，没有与整体战略结合，忽视了战略管理手段。

一般情况下，对战略、财务、运营和法律风险，可采取风险承担、风险规避、风险转换、风险控制等方法。对能够通过保险、期货、对冲等金融手段进行理财的风险，可以采用风险转移、风险对冲、风险补偿等方法。

（四）确定风险偏好和风险承受度

风险偏好和风险承受度是风险管理策略的重要组成部分。《中央企业全面风险管理指引》指出，"确定风险偏好和风险承受度，要正确认识和把握风险与收益的平衡，防止和纠正忽视风险、片面追求收益而不讲条件、范围、认为风险越大、收益越高的观念和做法；同时，也要防止单纯为规避风险而放弃发展机遇。"

确定企业整体风险偏好要考虑以下因素：

（1）风险个体：对每一个风险都可以确定风险偏好和风险承受度。

（2）相互关系：既要考虑同一个风险在各个业务单位或子公司之间的分配，又要考虑不同风险之间的关系。

（3）整体形状：一个企业的整体风险偏好和风险承受度是基于针对每一个风险的风险偏好和风险承受度。

（4）行业因素：同一风险在不同行业风险偏好不同。

一般来讲，风险偏好和风险承受度是针对公司的重大风险制定的，对企业的非重大风险的风险偏好和风险承受度不一定要十分明确，甚至可以先不提出。

企业的风险偏好依赖于企业风险评估的结果，由于企业的风险不断变化，企业需要持续进行风险评估，并调整自己的风险偏好。

重大风险的风险偏好是企业的重大决策，应由董事会决定。

## （五）风险度量

1. 关键在于量化。

风险承受度的表述需要对所针对的风险进行量化描述，风险偏好可以定性，但风险承受度一定要定量。如果不能量化，仅靠直觉观察或感觉很可能出错，不容易在整个企业统一思想，不能够准确计算成本与收益的关系，也不容易管理，不容易同绩效考核联系起来。很多风险管理手段如风险理财必须有风险的量化描述。

2. 风险度量。

风险度量模型是指度量风险的方法。确定合适的企业风险度量模型是建立风险管理策略的需要。企业应该采取统一制定的风险度量模型，对所采取的风险度量取得共识，但不一定在整个企业使用唯一的风险度量，允许对不同的风险采取不同的度量方法。

所有的风险度量应当在企业层面的风险管理策略中得到评价，比如，对企业战略目标影响的评价。

3. 风险度量方法。

常用的风险度量包括：最大可能损失；概率值：损失发生的概率或可能性；期望值：统计期望值，效用期望值；波动性；方差或均方差；在险值（又称 VaR）以及其他类似的度量。

（1）最大可能损失。最大可能损失指风险事件发生后可能造成的最大损失。用最大可能损失来定义风险承受度是最差情形的思考逻辑。企业一般在无法判断发生概率或无须判断概率的时候，使用最大可能损失作为风险的衡量。

（2）概率值。概率值是指风险事件发生的概率或造成损失的概率。在可能的结果只有好坏、对错、是否、输赢、生死等简单情况下，常常使用概率值。在实践中，统计意义上的频率和主观概率的判断都是可以用的，但是要分清不同的场合。有时，人们的主观判断会由于心理上的原因造成失误；同时，在许多场合使用频率作为概率值是没有意义的，特别是在缺少数据或者一次性的决策场合。

（3）期望值。期望值通常指的是数学期望，即概率加权平均值：所有事件中，每一事件发生的概率乘以该事件的影响的乘积，然后将这些乘积相加得到和。常用的期望值有统计期望值和效用期望值，期望值的办法综合了概率和最大损失两种方法，如图6-4所示。

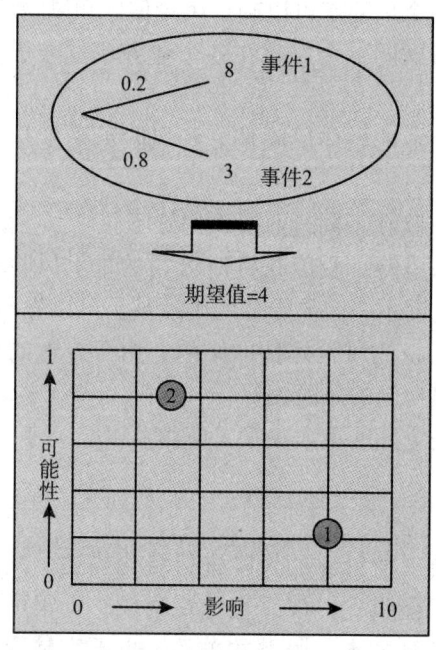

图6-4　期望值

（4）在险值。在险值，又称VaR，是指在正常的市场条件下，在给定的时间段中，在给定的置信区间内，预期可能发生的最大损失，如图6-5所示。在险值具有通用、直观、灵活的特点，为《巴塞尔协议》采用。在险值的局限性是适用的风险范围小，对数据要求严格，计算困难，对肥尾效应无能为力。

4. 概率方法与直观方法。

以上例子都是建立在概率统计基础上的度量，另外，不依赖于概率统计结果的度量是人们直观的判断，如专家意见。

当统计数据不足或需要度量结果包括人们的偏好时，可以使用直观的度量方法如层次分析法（AHP）等。

很多情况下，统计和直观的方法会综合使用。如，首先使用专家意见来缩小范围，取得初始数据，然后再使用统计的度量方法。

5. 选择适当的度量。

对不同种类的风险要使用不同的度量模型。对外部风险的度量包括市场指标、景气指数等。对内部运营风险的度量相对来讲比较容易，如各种质量指标、执行效果、安全指数等。要找到一种普遍性的风险度量是很困难的，也没有必要，因为人们有不同的目的和偏好。

6. 风险量化的困难。

方法误差：企业情况很复杂，致使建立的风险度量不能够准确反映企业的实际情况。

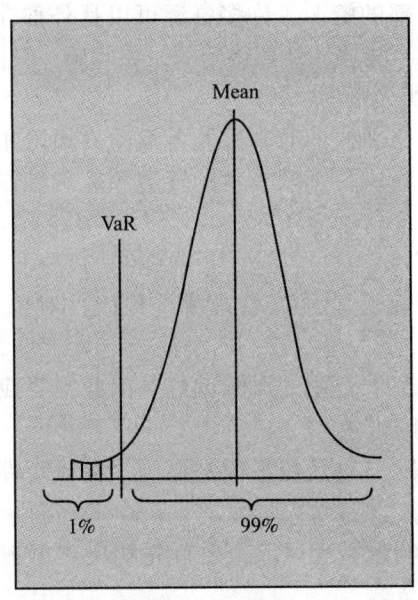

图 6-5 在险值

数据：很多情况下，企业的有关风险数据不足，质量不好。

信息系统：企业的信息传递不够理想，导致需要的信息未能及时到达。

整合管理：在数据和管理水平的现实条件下，不能与现存的管理连接，因而不能有效应用结果。

**（六）风险管理的有效性标准**

风险管理的有效性标准是指企业衡量企业风险管理是否有效的标准。风险管理有效性标准的作用是帮助企业了解：

（1）企业现在的风险是否在风险承受度范围之内，即风险是否优化；

（2）企业风险状况的变化是否是所要求的，即风险的变化是否优化。

量化的企业风险管理的有效性标准与企业风险承受度有相同的度量基础。

风险管理有效性标准的原则如下：

（1）风险管理的有效性标准要针对企业的重大风险，能够反映企业重大风险管理的现状；

（2）风险管理有效性标准应当对照全面风险管理的总体目标，保证企业的运营效果；

（3）风险管理有效性标准应当在企业的风险评估中应用，并根据风险的变化随时调整；

（4）风险管理有效性标准应当用于衡量全面风险管理体系的运行效果。

**（七）风险管理的资源配置**

风险管理的资源包括人才、组织设置、政策、设备、物资、信息、经验、知识、技术、信息系统、资金等。

由于全面风险管理覆盖面广，资源的使用一般是多方面的、综合性的。企业应当统筹兼顾，将资源用于管理需要优先管理的重大风险。

企业可以使用内部和外部的资源，许多资源可以从外部获得，如信息、知识、技术等。但要注意，有些资源是不能够从外部得到的，如经验，只能靠内部积累。

### （八）确定风险管理的优先顺序

企业应根据风险与收益相平衡的原则以及各风险在风险坐标图上的位置，进一步确定风险管理的优选顺序，明确风险管理成本的资金预算和控制风险的组织体系、人力资源、应对措施等总体安排。

1. 风险管理的优先顺序。

风险管理的优先顺序决定企业优先管理哪些风险，对哪些风险管理进行资源优先配置。

风险管理的优先顺序体现了企业的风险偏好。因此，要找到一种普适性的方法来确定风险管理的优先顺序是很困难的。

一个很重要的原则是风险与收益相平衡的原则，在风险评估结果的基础上，全面考虑风险与收益。

要特别重视对企业有影响的重大风险，要首先解决"颠覆性"风险问题，保证企业持续发展。

2. 确定风险管理的优先顺序。

根据风险与收益平衡原则，确定风险管理的优先顺序可以考虑以下几个因素：

（1）风险事件发生的可能性和影响；
（2）风险管理的难度；
（3）风险的价值或管理可能带来的收益；
（4）合规的需要；
（5）对企业技术准备、人力、资金的需求；
（6）利益相关者的要求。

### （九）风险管理策略检查

企业应定期总结和分析已制定的风险管理策略的有效性和合理性，结合实际不断修订和完善。其中，应重点检查依据风险偏好、风险承受度和风险控制预警线实施的结果是否有效，并提出定性或定量的有效性标准。

风险管理策略要随着企业经营状况的变化、经营战略的变化，外部环境风险的变化而调整。

风险管理策略定期检查的频率依赖于企业面临的风险。

企业经营战略回顾时应该同时总结和分析风险管理策略。

要重新评估风险以便确认风险管理策略的有效性。

必要时，调整有效性标准。

制定风险管理策略要注意整个全面风险管理体系的配合，如是否有强有力的组织职能支撑，经济上是否划算，技术上能否掌握，等等。因此，一个好的风险管理策略往往要到解决方案完善后才能完成。

## 二、风险管理组织职能体系

企业风险管理组织体系，主要包括规范的公司法人治理结构，风险管理职能部门、内部审计部门和法律事务部门以及其他有关职能部门、业务单位的组织领导机构及其职责。

### 三、内部控制系统

内部控制系统，指围绕风险管理策略目标，针对企业战略、规划、产品研发、投融资、市场运营、财务、内部审计、法律事务、人力资源、采购、加工制造、销售、物流、质量、安全生产、环境保护等各项业务管理及其重要业务流程，通过执行风险管理基本流程，制定并执行的规章制度、程序和措施。

#### （一）COSO委员会关于内部控制的定义与框架

成立于1985年的COSO委员会（Committee of Sponsoring Organization）为美国全国舞弊报告委员会提供支持。该组织包括美国会计协会和美国注册会计师协会。COSO委员会负责制定有关大型和小型企业实施内部控制系统的指南。

COSO委员会对内部控制的定义是"公司的董事会、管理层及其他人士为实现以下目标提供合理保证而实施的程序：运营的效益和效率、财务报告的可靠性和遵守适用的法律法规。"

COSO委员会的上述定义为内部控制的基本概念提供了一些深入见解，并特别指出：

（1）内部控制是一个实现目标的程序及方法，而其本身并非目标；
（2）内部控制只提供合理保证，而非绝对保证；
（3）内部控制要由企业中各级人员实施与配合。

内部控制的三项目标包括：取得经营的效率和有效性、确保财务报告的可靠性、遵循适用的法律法规。

内部控制的五大要素包括：控制环境（包括员工的正直、道德价值观和能力，管理当局的理念和经营风格，管理当局确立权威性和责任、组织和开发员工的方法等）、风险评估（为了达成组织目标而对相关的风险所进行的辨别与分析）、控制活动（为了确保实现管理当局的目标而采取的政策和程序，包括审批、授权、验证、确认、经营业绩的复核、资产的安全性等）、信息与沟通（为了保证员工履行职责而必须识别、获取的信息及相关沟通）、监控（对内部控制实施质量的评价，主要包括经营过程中的持续监控，即日常管理和监督、员工履行职责的行动等，也包括个别评价或者是两者的结合）。

这些要素从管理当局运营的业务中衍生出来并整合在管理过程当中。

COSO委员会提出的《内部控制——整合框架》被称为最受广泛认可的关于内部控制整体框架的国际标准。2013年5月，COSO委员会发布其最新内部控制框架，其中一个重大变化是基于原有COSO五要素提出的17条核心内控原则，大幅度增强了五要素的可操作性。

#### （二）我国内部控制规范体系

2008年6月28日，财政部会同证监会、审计署、银监会、保监会制定并印发《企业内部控制基本规范》（以下简称《基本规范》）；2010年4月26日，财政部、证监会、审计署、银监会及保监会联合发布了《企业内部控制配套指引》（下称《配套指引》），其中包括18项《企业内部控制应用指引》（下称《应用指引》）、《企业内部控制评价指引》

（下称《评价指引》）和《企业内部控制审计指引》（下称《审计指引》）。基本规范、应用指引、评价和审计指引三个类别构成一个相辅相成的整体，标志着适应我国企业实际情况、融合国际先进经验的中国企业内部控制规范体系基本建成。

1. 《企业内部控制基本规范》。

《企业内部控制基本规范》规定内部控制的目标、要素、原则和总体要求，是内部控制的总体框架，在内部控制标准体系中起统领作用。

《基本规范》要求企业建立内部控制体系时应符合以下目标：合理保证企业经营管理合法合规、资产安全、财务报告及相关信息真实完整；提高经营效率和效果；促进企业实现发展战略。

《基本规范》借鉴了以COSO委员会内部控制整合报告为代表的国际内部控制框架，并结合中国国情，要求企业所建立与实施的内部控制应当包括下列5个要素：（1）内部环境；（2）风险评估；（3）控制活动；（4）信息与沟通；（5）内部监督。

2. 《企业内部控制应用指引》。

《企业内部控制应用指引》是对企业按照内部控制原则和内部控制"五要素"建立健全本企业内部控制所提供的指引，在配套指引乃至整个内部控制规范体系中占据主体地位。

《应用指引》针对组织结构、发展战略、人力资源、社会责任、企业文化、资金活动、采购业务、资产管理、销售业务、研究与开发、工程项目、担保业务、业务外包、财务报告、全面预算、合同管理、内部信息传递、信息系统共18项企业主要业务的内控领域或内控手段，提出了建议性的应用指引，为企业以及外部审核人建立与评价内控体系提供了参照性标准。

3. 《企业内部控制评价指引》和《企业内部控制审计指引》。

《企业内部控制评价指引》和《企业内部控制审计指引》是对企业按照内部控制原则和内部控制"五要素"建立健全本企业"事后控制"的指引，是对企业贯彻《基本规范》和《应用指引》效果的评价与检验。

《评价指引》为企业对内部控制的有效性进行全面评价，形成评价结论、出具评价报告提供了指引。该评价指引明确内部控制评价应围绕内部环境、风险评估、控制活动、信息与沟通、内部监督等要素，企业应当确定评价的具体内容及对内部控制设计与运行情况进行全面评价。同时，指引中对内部控制评价的内容、程序、缺陷的认定、评价报告、工作底稿要求、评估基准日等方面做出了规定。

《审计指引》为会计师事务所对特定基准日与财务报告相关内部控制设计与执行有效性进行审计提供了指引。它明确注册会计师应对财务报告内部控制的有效性发表审计意见，并对内部控制审计过程中注意到的非财务报告内部控制的重大缺陷予以披露。同时，就审计计划工作、审计实施、如何评价控制缺陷、审计期后事项、审计报告内容和方法以及审计工作底稿做出规定。

### （三）内部控制的要素

1. 控制环境。

（1）COSO《内部控制框架》关于控制环境要素的要求与原则。

COSO《内部控制框架》关于控制环境要素的要求为：

控制环境决定了企业的基调，直接影响企业员工的控制意识。控制环境提供了内部控制的基本规则和构架，是其他四要素的基础。控制环境包括员工的诚信度、职业道德和才能；管理哲学和经营风格；权责分配方法、人事政策；董事会的经营重点和目标等。

根据 2013 年修订发布的 COSO 内部控制框架，控制环境要素应当坚持以下原则：

①企业对诚信和道德价值观做出承诺。

②董事会独立于管理层，对内部控制的制定及其绩效施以监控。

③管理层在董事会的监控下，确立目标实现过程中所涉及的组织架构、报告路径以及适当的权利和责任。

④企业致力于吸引、发展和留任优秀人才，以配合企业达成目标。

⑤企业根据其目标，使员工各自担负起内部控制的相关责任。

（2）我国《企业内部控制基本规范》关于内部环境要素的要求。

①企业应当根据国家有关法律法规和企业章程，建立规范的公司治理结构和议事规则，明确决策、执行、监督等方面的职责权限，形成科学有效的职责分工和制衡机制。

②董事会负责内部控制的建立健全和有效实施。监事会对董事会建立与实施内部控制进行监督。经理层负责组织领导企业内部控制的日常运行。企业应当成立专门机构或者指定适当的机构具体负责组织协调内部控制的建立实施及日常工作。

③企业应当在董事会下设立审计委员会。审计委员会负责审查企业内部控制，监督内部控制的有效实施和内部控制自我评价情况，协调内部控制审计及其他相关事宜等。审计委员会负责人应当具有相应的独立性、良好的职业操守和专业胜任能力。

④企业应当结合业务特点和内部控制要求设置内部机构，明确职责权限，将权利与责任落实到各责任单位。企业应当通过编制内部管理手册，使全体员工掌握内部机构设置、岗位职责、业务流程等情况，明确权责分配，正确行使职权。

⑤企业应当加强内部审计工作，保证内部审计机构设置、人员配备和工作的独立性。内部审计机构应当结合内部审计监督，对内部控制的有效性进行监督检查。内部审计机构对监督检查中发现的内部控制缺陷，应当按照企业内部审计工作程序进行报告；对监督检查中发现的内部控制重大缺陷，有权直接向董事会及其审计委员会、监事会报告。

⑥企业应当制定和实施有利于企业可持续发展的人力资源政策。人力资源政策应当包括下列内容：员工的聘用、培训、辞退与辞职；员工的薪酬、考核、晋升与奖惩；关键岗位员工的强制休假制度和定期岗位轮换制度；掌握国家秘密或重要商业秘密的员工离岗的限制性规定；有关人力资源管理的其他政策。

⑦企业应当将职业道德修养和专业胜任能力作为选拔和聘用员工的重要标准，切实加强员工培训和继续教育，不断提升员工素质。

⑧企业应当加强文化建设，培育积极向上的价值观和社会责任感，倡导诚实守信、爱岗敬业、开拓创新和团队协作精神，树立现代管理理念，强化风险意识。董事、监事、经理及其他高级管理人员应当在企业文化建设中发挥主导作用。企业员工应当遵守员工行为守则，认真履行岗位职责。

⑨企业应当加强法制教育，增强董事、监事、经理及其他高级管理人员和员工的法制观念，严格依法决策、依法办事、依法监督，建立健全法律顾问制度和重大法律纠纷

案件备案制度。

2. 风险评估。

（1）COSO《内部控制框架》关于风险评估要素的要求与原则。

COSO《内部控制框架》关于风险评估要素的要求为：

每个企业都面临诸多来自内部和外部的有待评估的风险。风险评估的前提是使经营目标在不同层次上相互衔接、保持一致。风险评估指识别、分析相关风险以实现既定目标，从而形成风险管理的基础。由于经济、产业、法规和经营环境的不断变化，需要确立一套机制来识别和应对由这些变化带来的风险。

根据2013年修订发布的COSO内部控制框架，风险评估要素应当坚持以下原则：

①企业制定足够清晰的目标，以便识别和评估有关目标所涉及的风险。

②企业从整个企业的角度来识别实现目标所涉及的风险并分析风险，据此决定应如何管理这些风险。

③企业在评估影响目标实现的风险时，考虑潜在的舞弊行为。

④企业识别并评估可能会对内部控制系统产生重大影响的变更。

（2）我国《企业内部控制基本规范》关于风险评估要素的要求。

①企业应当根据设定的控制目标，全面系统持续地收集相关信息，结合实际情况，及时进行风险评估。

②企业开展风险评估，应当准确识别与实现控制目标相关的内部风险和外部风险，确定相应的风险承受度。风险承受度是企业能够承担的风险限度，包括整体风险承受能力和业务层面的可接受风险水平。

③企业识别内部风险，应当关注下列因素：董事、监事、经理及其他高级管理人员的职业操守、员工专业胜任能力等人力资源因素；组织机构、经营方式、资产管理、业务流程等管理因素；研究开发、技术投入、信息技术运用等自主创新因素；财务状况、经营成果、现金流量等财务因素；营运安全、员工健康、环境保护等安全环保因素；其他有关内部风险因素。

④企业识别外部风险，应当关注下列因素：经济形势、产业政策、融资环境、市场竞争、资源供给等经济因素；法律法规、监管要求等法律因素；安全稳定、文化传统、社会信用、教育水平、消费者行为等社会因素；技术进步、工艺改进等科学技术因素；自然灾害、环境状况等自然环境因素；其他有关外部风险因素。

⑤企业应当采用定性与定量相结合的方法，按照风险发生的可能性及其影响程度等，对识别的风险进行分析和排序，确定关注重点和优先控制的风险。企业进行风险分析，应当充分吸收专业人员，组成风险分析团队，严格按照规范的程序开展工作，确保风险分析结果的准确性。

⑥企业应当根据风险分析的结果，结合风险承受度，权衡风险与收益，确定风险应对策略。企业应当合理分析、准确掌握董事、经理及其他高级管理人员、关键岗位员工的风险偏好，采取适当的控制措施，避免因个人风险偏好给企业经营带来重大损失。

⑦企业应当综合运用风险规避、风险降低、风险分担和风险承受等风险应对策略，实现对风险的有效控制。

⑧企业应当结合不同发展阶段和业务拓展情况，持续收集与风险变化相关的信息，进行风险识别和风险分析，及时调整风险应对策略。

3. 控制活动。

（1）COSO《内部控制框架》关于控制活动要素的要求与原则。

COSO《内部控制框架》关于控制活动要素的要求为：

控制活动指那些有助于管理层决策顺利实施的政策和程序。控制行为有助于确保实施必要的措施以管理风险，实现经营目标。控制行为体现在整个企业的不同层次和不同部门中，它们包括诸如批准、授权、查证、核对、复核经营业绩、资产保护和职责分工等活动。

根据2013年修订发布的COSO内部控制框架，控制活动要素应当坚持以下原则：

①企业选择并制定有助于将目标实现风险降低至可接受水平的控制活动。

②企业进行技术选择并制定一般控制政策。

③企业通过政策和程序来部署控制活动：政策用来确定所期望的目标；程序则将政策付诸于行动。

（2）我国《企业内部控制基本规范》关于控制活动要素的要求。

①企业应当结合风险评估结果，通过手工控制与自动控制、预防性控制与发现性控制相结合的方法，运用相应的控制措施，将风险控制在可承受度之内。控制措施一般包括：不相容职务分离控制、授权审批控制、会计系统控制、财产保护控制、预算控制、运营分析控制和绩效考评控制等。

②不相容职务分离控制要求企业全面系统地分析、梳理业务流程中所涉及的不相容职务，实施相应的分离措施，形成各司其职、各负其责、相互制约的工作机制。

③授权审批控制要求企业根据常规授权和特别授权的规定，明确各岗位办理业务和事项的权限范围、审批程序和相应责任。企业应当编制常规授权的权限指引，规范特别授权的范围、权限、程序和责任，严格控制特别授权。常规授权是指企业在日常经营管理活动中按照既定的职责和程序进行的授权。特别授权是指企业在特殊情况、特定条件下进行的授权。企业各级管理人员应当在授权范围内行使职权和承担责任。企业对于重大的业务和事项，应当实行集体决策审批或者联签制度，任何个人不得单独进行决策或者擅自改变集体决策。

④会计系统控制要求企业严格执行国家统一的会计准则制度，加强会计基础工作，明确会计凭证、会计账簿和财务会计报告的处理程序，保证会计资料真实完整。企业应当依法设置会计机构，配备会计从业人员。从事会计工作的人员，必须取得会计从业资格证书。会计机构负责人应当具备会计师以上专业技术职务资格。大中型企业应当设置总会计师，设置总会计师的企业，不得设置与其职权重叠的副职。

⑤财产保护控制要求企业建立财产日常管理制度和定期清查制度，采取财产记录、实物保管、定期盘点、账实核对等措施，确保财产安全。企业应当严格限制未经授权的人员接触和处置财产。

⑥预算控制要求企业实施全面预算管理制度，明确各责任单位在预算管理中的职责权限，规范预算的编制、审定、下达和执行程序，强化预算约束。

⑦运营分析控制要求企业建立运营情况分析制度，经理层应当综合运用生产、购销、投资、筹资、财务等方面的信息，通过因素分析、对比分析、趋势分析等方法，定期开展运营情况分析，发现存在的问题，及时查明原因并加以改进。

⑧绩效考评控制要求企业建立和实施绩效考评制度，科学设置考核指标体系，对企业内部各责任单位和全体员工的业绩进行定期考核和客观评价，将考评结果作为确定员工薪酬以及职务晋升、评优、降级、调岗、辞退等的依据。

⑨企业应当根据内部控制目标，结合风险应对策略，综合运用控制措施，对各种业务和事项实施有效控制。

⑩企业应当建立重大风险预警机制和突发事件应急处理机制，明确风险预警标准，对可能发生的重大风险或突发事件，制定应急预案、明确责任人员、规范处置程序，确保突发事件得到及时妥善处理。

4. 信息与沟通。

（1） COSO《内部控制框架》关于信息与沟通要素的要求与原则。

COSO《内部控制框架》关于信息与沟通要素的要求为：

公允的信息必须被确认、捕获并以一定形式及时传递，以便员工履行职责。信息系统产出涵盖经营、财务和遵循性信息的报告，以助于经营和控制企业。信息系统不仅处理内部产生的信息，还包括与企业经营决策和对外报告相关的外部事件、行为和条件等。有效的沟通从广义上说是信息的自上而下、横向以及自下而上的传递。所有员工必须从管理层得到准确的信息，认真履行控制职责。员工必须理解自身在整个内控系统中的位置，理解个人行为与其他员工工作的相关性。员工必须有向上传递重要信息的途径。同时，与外部诸如客户、供应商、管理当局和股东之间也需要有效的沟通。

根据 2013 年修订发布的 COSO 内部控制框架，信息与沟通要素应当坚持以下原则：

①企业获取或生成和使用相关的高质量信息，以支持内部控制其他要素发挥效用。

②企业于内部沟通的内部控制信息，包括内部控制目标和职责范围，必须能够支持内部控制的其他要素发挥效用。

③企业就影响内部控制其他要素发挥效用的事项与外部方进行沟通。

（2） 我国《企业内部控制基本规范》关于信息与沟通要素的要求。

①企业应当建立信息与沟通制度，明确内部控制相关信息的收集、处理和传递程序，确保信息及时沟通，促进内部控制有效运行。

②企业应当对收集的各种内部信息和外部信息进行合理筛选、核对、整合，提高信息的有用性。企业可以通过财务会计资料、经营管理资料、调研报告、专项信息、内部刊物、办公网络等渠道获取内部信息。企业可以通过行业协会组织、社会中介机构、业务往来单位、市场调查、来信来访、网络媒体以及有关监管部门等渠道获取外部信息。

③企业应当将内部控制相关信息在企业内部各管理级次、责任单位、业务环节之间以及企业与外部投资者、债权人、客户、供应商、中介机构和监管部门等有关方面之间进行沟通和反馈。信息沟通过程中发现的问题，应当及时报告并加以解决。重要信息应当及时传递给董事会、监事会和经理层。

④企业应当利用信息技术促进信息的集成与共享，充分发挥信息技术在信息与沟通

中的作用。企业应当加强对信息系统开发与维护、访问与变更、数据输入与输出、文件储存与保管、网络安全等方面的控制,保证信息系统安全稳定运行。

⑤企业应当建立反舞弊机制,坚持惩防并举、重在预防的原则,明确反舞弊工作的重点领域、关键环节和有关机构在反舞弊工作中的职责权限,规范舞弊案件的举报、调查、处理、报告和补救程序。企业至少应当将下列情形作为反舞弊工作的重点:①未经授权或者采取其他不法方式侵占、挪用企业资产,牟取不当利益;②在财务会计报告和信息披露等方面存在的虚假记载、误导性陈述或者重大遗漏等;③董事、监事、经理及其他高级管理人员滥用职权;④相关机构或人员串通舞弊。

⑥企业应当建立举报投诉制度和举报人保护制度,设置举报专线,明确举报投诉处理程序、办理时限和办结要求,确保举报、投诉成为企业有效掌握信息的重要途径。举报投诉制度和举报人保护制度应当及时传达至全体员工。

5. 监控。

(1) COSO《内部控制框架》关于监控要素的要求与原则。

COSO《内部控制框架》关于监控要素的要求为:

内部控制系统需要被监控,即对该系统有效性进行评估的全过程。可以通过持续性的监控行为、独立评估或两者结合来实现对内控系统的监控。持续性的监控行为发生在企业的日常经营过程中,包括企业的日常管理和监督行为、员工履行各自职责的行为。独立评估活动的广度和频度有赖于风险预估和日常监控程序的有效性。内部控制的缺陷应该自下而上进行汇报,性质严重的应上报最高管理层和董事会。

根据2013年修订发布的COSO内部控制框架,监控要素应当坚持以下原则:

①企业选择、制定并实行持续及/或单独的评估,以判定内部控制各要素是否存在且发挥效用。

②企业及时评估内部控制缺陷,并将有关缺陷及时通报给负责整改措施的相关方,包括高级管理层和董事会(如适当)。

(2) 我国《企业内部控制基本规范》关于内部监督要素的要求。

①企业应当根据本规范及其配套办法,制定内部控制监督制度,明确内部审计机构(或经授权的其他监督机构)和其他内部机构在内部监督中的职责权限,规范内部监督的程序、方法和要求。内部监督分为日常监督和专项监督。日常监督是指企业对建立与实施内部控制的情况进行常规、持续的监督检查;专项监督是指在企业发展战略、组织结构、经营活动、业务流程、关键岗位员工等发生较大调整或变化的情况下,对内部控制的某一或者某些方面进行有针对性的监督检查。专项监督的范围和频率应当根据风险评估结果以及日常监督的有效性等予以确定。

②企业应当制定内部控制缺陷认定标准,对监督过程中发现的内部控制缺陷,应当分析缺陷的性质和产生的原因,提出整改方案,采取适当的形式及时向董事会、监事会或者经理层报告。内部控制缺陷包括设计缺陷和运行缺陷。企业应当跟踪内部控制缺陷整改情况,并就内部监督中发现的重大缺陷,追究相关责任单位或者责任人的责任。

③企业应当结合内部监督情况,定期对内部控制的有效性进行自我评价,出具内部控制自我评价报告。内部控制自我评价的方式、范围、程序和频率,由企业根据经营业

务调整、经营环境变化、业务发展状况、实际风险水平等自行确定。国家有关法律法规另有规定的，从其规定。

④企业应当以书面或者其他适当的形式，妥善保存内部控制建立与实施过程中的相关记录或者资料，确保内部控制建立与实施过程的可验证性。

### 四、风险理财措施

风险管理体系中的一个重要部分是风险理财措施。在这里先介绍风险理财的基本概念。

#### （一）风险理财的一般概念

风险理财是用金融手段管理风险。例如：

（1）公司为了转移自然灾害可能造成的损失而购买巨灾保险；

（2）公司在对外贸易中产生了大量的外币远期支付或应收账款，为了对冲可能出现的利率变化造成的损失，公司使用了外币套期保值，以降低汇率波动的风险；

（3）公司为了应对原材料价格的波动风险，在金属市场上运用期货进行套期保值；

（4）公司为了应对可能的突发事件造成的资本需求，与银行签订了应急资本合同。

以上这些措施都属于风险理财措施。

1. 风险理财的历史发展。

最初的风险理财只是准备金，然后有了保险、期货等金融市场的单一方法。

20世纪80年代财产保险和责任保险承保能力的不足，迫使许多公司开始考虑传统保险替代品，如自保或专属保险公司、对财务损失的应急借款协议等。

从20世纪80年代开始，随着金融混业经营的发展，金融和保险之间的联系变得越来越密切，特别是20世纪90年代以来，投资银行等其他金融机构也通过新的融资安排提供需要的保险。衍生产品的出现和金融市场的管制放松呈现出金融一体化加速的趋势。

20世纪90年代对巨灾保险的需求导致了保险期货和期权的发展。人们开始在投资组合中使用结构化证券，比如利率指数化的债券，大量新型的风险理财产品进入市场。

全球经济一体化的发展，全球产业链的再分工，发达国家的产业升级加速，使得大量的、非金融跨国公司进入金融领域。传统产业与金融业的融合，造成新一轮规模更大的"混业经营"，传统产业链中的许多风险金融化，衍生产品蓬勃发展。

2. 风险理财的必要性。

风险理财是全面风险管理的重要组成部分。

对于可控的风险，所有的风险控制措施，除了规避风险在特定范畴内完全有效外，其余均无法保证不会发生。因此，即使是可控风险，如果存在重大损失的可能，只有风险控制而无风险理财，仍然无法提供合理的保证，使人安心。

风险理财还可以针对不可控的风险。

风险理财迅速发展，形式灵活，覆盖的风险面广，有很多创新，日益成为企业经营中不可回避的重要内容。

3. 风险理财的特点。

（1）风险理财的手段既不改变风险事件发生的可能性，也不改变风险事件可能引起的直接损失程度。

(2) 风险理财需要判断风险的定价,因此量化的标准较高,更需要量化风险本身的价值。

(3) 风险理财的应用范围一般不包括声誉等难以衡量其价值的风险,也难以消除战略失误造成的损失。

(4) 风险理财手段技术强,许多风险理财工具本身有着比较复杂的风险特性,使用不当容易造成重大损失。

4. 风险理财与公司理财。

风险理财过去被认为是公司财务管理的一部分,现在则认为其在很多情况下超出了公司财务管理的范畴。具体表现在:

(1) 风险理财注重风险因素对现金流的影响;

(2) 风险理财影响公司资本结构,注意以最低成本获得现金流;

(3) 风险理财成为公司战略的有机部分,其风险经营的结果直接影响公司整体价值的提升。

5. 风险理财创造价值。

传统的风险理财是损失理财,即为可能发生的损失融资,补偿风险造成的财务损失,如购买保险。传统的风险理财的目的是降低公司承担的风险。

与损失理财相反,公司可能通过使用金融工具来承担额外的风险,改善公司的财务状况,创造价值。例如,一家公司在公司应收账款的限度之内,加大一般客户的交易份额,并对其收取较高的信用费用。又如,一家矿产公司在市场上通过期货的方式出卖产品,增加收入的稳定性,提高回报。

因此,风险理财对机会的利用是整个经营战略的有机组成部分和战略举措。

### (二) 风险理财的策略与方案

前面已经提到风险管理策略的七大工具:风险承担、风险规避、风险转移、风险转换、风险对冲、风险补偿、风险控制。风险理财是运用金融手段来实施这些策略的。

1. 选择风险理财策略的原则和要求。

(1) 与公司整体风险管理策略一致。选择风险理财的策略,要与公司整体风险管理策略一起考虑。应根据公司风险管理整体策略确定的风险偏好和承受度确定风险理财的目标,并量化风险的特性及其价值。要考虑到诸如对公司的资产负债率等方面的影响,以及对诸如"零容忍度"的具体安排等问题。

(2) 与公司所面对风险的性质相匹配。前面阐述了公司面对的外部和内部各种类型的风险,这些风险性质差异很大,适宜使用的风险管理手段都不尽相同。要采用与公司所面对风险的性质相匹配的风险理财手段。

(3) 选择风险理财工具的要求。风险理财工具有多种,如准备金、保险、应急资本、期货、期权、其他衍生产品等,企业在选择这些风险理财工具时,要考虑如下几点:合规的要求、可操作性、法律法规环境、企业的熟悉程度、风险理财工具的风险特征。不同的风险理财手段可能适用同一风险。

(4) 成本与收益的平衡。公司进行风险管理时要注意风险管理成本与收益的平衡,同样，选择风险理财策略时，也要考虑这一原则。风险理财的基础是对风险的定价，相对于其他的风险手段，风险理财的成本与收益比较容易计算，但是要注意纠正忽视风险价值的心理。

风险理财的方案可以简单，也可以复杂，如下面两个例子，见图6-6与图6-7。

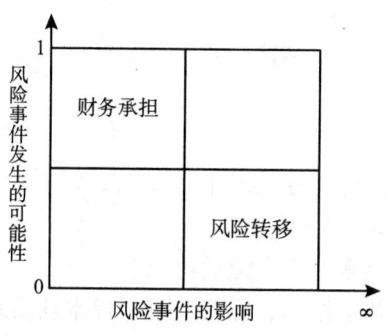

图6-6　简单的风险理财方案

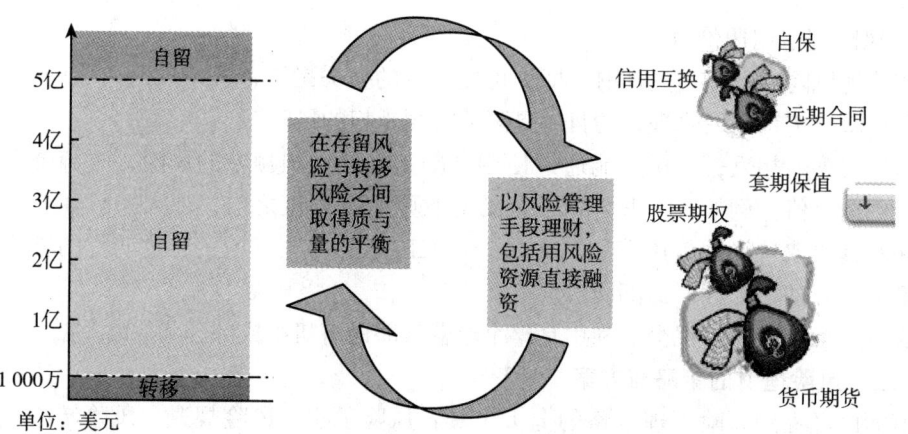

图6-7　复杂的风险理财方案

企业选择的风险理财方案的复杂程度要考虑风险的性质、企业的资源能力等多方面因素。

2. 对金融衍生产品的选择。

在企业选择风险理财的策略与方案时，涉及对金融衍生产品的选择。

（1）金融衍生产品的概念和类型。衍生产品是其价值决定于一种或多种基础资产或指数的金融合约，常用衍生产品包括远期合约、互换交易、期货、期权等。

①远期合约（Forward Contract）。远期合约指合约双方同意在未来日期按照固定价格交换金融资产的合约，承诺以当前约定的条件在未来进行交易的合约，会指明买卖的商品或金融工具种类、价格及交割结算的日期。远期合约是必须履行的协议，不像可选择不行使权利（即放弃交割）的期权。远期合约亦与期货不同，其合约条件是为买卖双方量身定制的，通过场外交易（OTC）达成，而后者则是在交易所买卖的标准化合约。远期合约规定了将来交换的资产、交换的日期、交换的价格和数量，合约条款因合约双方

的需要不同而不同。远期合约主要有远期利率协议、远期外汇合约、远期股票合约。

远期合约是现金交易,买方和卖方达成协议在未来的某一特定日期交割一定质量和数量的商品。价格可以预先确定或在交割时确定。

远期合约是场外交易,如同即期交易一样,交易双方都存在风险。因此,远期合约通常不在交易所内交易。伦敦金属交易所中的标准金属合约是远期合约,它们在交易所大厅中交易。

在远期市场中经常用到两个术语:如果即期价格低于远期价格,市场状况被描述为正向市场或溢价(Contango);如果即期价格高于远期价格,市场状况被描述为反向市场或差价(Backwardation)。

②互换交易(Swap Transaction,Swaps)。互换交易,主要指对相同货币的债务和不同货币的债务通过金融中介进行互换的一种行为。金融互换曾被西方金融界誉为20世纪80年代来最重要的金融创新。互换交易从1982年始创后,得到了迅速发展。目前,许多大型的跨国银行和投资银行机构都提供互换交易服务,其中最大的互换交易市场是伦敦和纽约的国际金融市场。

互换的种类包括:

- 利率互换:指双方同意在未来的一定期限内根据同种货币的同样的名义本金交换现金流,其中一方的现金根据浮动利率计算出来,而另一方的现金流根据固定利率计算。
- 货币互换:指将一种货币的本金和固定利息与另一货币的等价本金和固定利息进行交换。
- 商品互换:是一种特殊类型的金融交易,交易双方为了管理商品价格风险,同意交换与商品价格有关的现金流。它包括固定价格及浮动价格的商品价格互换和商品价格与利率的互换。
- 其他互换:股权互换、信用互换、气候互换和互换期权等。

③期货(Futures)。期货是指在约定的将来某个日期按约定的条件(包括价格、交割地点、交割方式)买入或卖出一定标准数量的某种资产。期货合约(Futures Contract)是期货交易的买卖对象或标的物,是由期货交易所统一制定的,规定了某一特定的时间和地点交割一定数量和质量商品的标准化合约。期货价格则是通过公开竞价而达成的。

通常期货集中在期货交易所进行买卖,但亦有部分期货合约可透过柜台交易进行买卖。期货是一种衍生性金融商品,按现货标的物之种类,期货可分为商品期货与金融期货两大类。

期货合约的主要类型有:

- 商品期货是指标的为实物商品的期货;
- 外汇期货的标的物是外汇,如美元、欧元、英镑、日元等;
- 利率期货是标的资产价格依赖于利率水平的期货合约,如长期国债、短期国债、商业汇票据和欧洲美元期货;
- 股票指数期货的标的物是股价指数。

④期权(Option)。期权是在规定的一段时间内,可以以规定的价格购买或者出卖某种规定的资产的权利。期权是在期货的基础上产生的一种金融工具。这种金融衍生工具的最大

魅力在于，可以使期权的买方将风险锁定在一定的范围之内。从其本质上讲，期权实质上是在金融领域中将权利和义务分开进行定价，使得权利的受让人在规定时间内对于是否进行交易行使其权利，而义务方必须履行。在期权的交易时，购买期权的合约方称作买方，而出售合约的一方则叫作卖方；买方即是权利的受让人，而卖方则是必须履行买方行使权利的义务人。

按交易主体划分，期权可分为的买方期权和卖方期权两类：

- 买方期权，是指赋予期权持有人在期权有效期内按履约价格买进（但不负有必须买进的义务）规定的资产的权利。
- 卖方期权，是指期权持有人在期权有效期内按履约价格卖出（但不负有必须卖出的责任）规定的资产的权利。

期权合约（Option Contract）指以金融衍生产品作为行权品种的交易合约，指在特定时间内以特定价格买卖一定数量交易品种的权利。期权合约的内容一般包括：

- 标的资产：是指期权能够买入或者卖出的规定资产。
- 执行价格：是指行权时，可以以此价格买入或卖出规定资产的价格。
- 到期日：期权有效期截止的时间。
- 行权方式：如果在到期日之前的任何时间以及到期日都能执行，则称这种期权为美式期权。如果只能在到期日执行，则称为欧式期权。
- 期权价格：指为获得该期权，期权的持有人付出的代价。

（2）运用衍生产品进行风险管理的主要思路。

①增加自己愿意承担的风险；

②消除或减少自己不愿承担的风险；

③转换不同的风险。

（3）衍生产品的特点。

①优点：准确性、时效、使用方便、成本优势、灵活性、对于管理金融市场等市场风险有不可替代的作用。

②衍生产品的杠杆作用很大，因而风险很大，如用来投机可能会造成巨大损失。

（4）运用衍生产品进行风险管理需满足的条件。

①满足合规要求；

②与公司的业务和发展战略保持一致；

③建立完善的内部控制措施，包括授权、计划、报告、监督、决策等流程和规范；

④采用能够准确反映风险状况的风险计量方法，明确头寸、损失、风险限额；

⑤完善的信息沟通机制，保证头寸、损失、风险敞口的报告及时可靠；

⑥合格的操作人员。

以上阐述了风险理财的基本概念，下面将介绍两类主要的风险理财措施：损失事件管理与套期保值。

### （三）损失事件管理

损失事件管理是指对可能给企业造成重大损失的风险事件的事前、事后管理的方法。损失的内容包括企业的资金、声誉、技术、品牌、人才等。

1. 损失融资。

损失融资是为风险事件造成的财物损失融资,是从风险理财的角度进行损失事件的事后管理,是损失事件管理中最有共性,也是最重要的部分。

企业损失分为预期损失和非预期损失,因此损失事件融资也相应分为预期损失融资和非预期损失融资。

预期损失融资一般作为运营资本的一部分,而非预期损失融资则是属于风险资本的范畴。

2. 风险资本。

风险资本即除经营所需的资本之外,公司还需要额外的资本用于补偿风险造成的财务损失。传统的风险资本表现形式是风险准备金。风险资本是使一家公司破产的概率低于某一给定水平所需的资金,因此取决于公司的风险偏好。

例如,一家公司每年最低运营资本是5亿元,但是有5%的可能性需要7.5亿元维持运营,有1%的可能性需要10亿元才能维持运营。换句话说,如果风险资本为2.5亿元,那么这家公司的生存概率就是95%,而5亿元的风险资本对应的则是99%的生存概率。风险资本作为负险成本模型如图6-8所示。

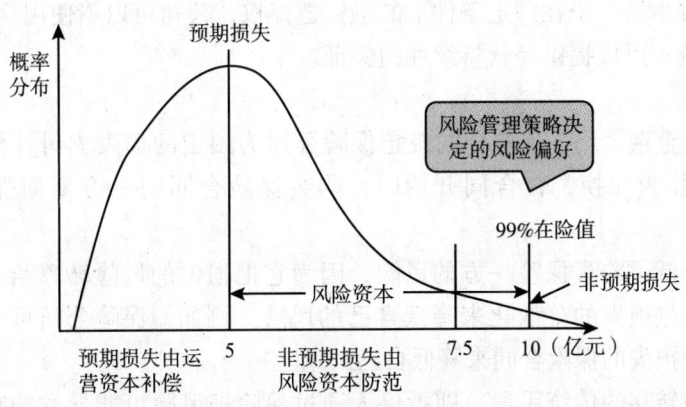

图6-8 风险资本作为风险成本

3. 应急资本。

应急资本是风险资本的表现形式之一。

应急资本是一个金融合约,规定在某一个时间段内、某个特定事件发生的情况下公司有权从应急资本提供方处募集股本或贷款(或资产负债表上的其他实收资本项目),并为此按时间向资本提供方缴纳权力费,这里特定事件称为触发事件。

应急资本费用、利息和额度在合同签订时约定。

应急资本最简单的形式是公司为满足特定条件下的经营需要而从银行获得的信贷额度,一般通过与银行签订协议加以明确,比如信用证、循环信用工具等。

图6-9显示了某公司应急资本的结构。

应急资本具有如下特点:

(1)应急资本的提供方并不承担特定事件发生的风险,而只是在事件发生并造成损失后提供用于弥补损失、持续经营的资金。事后公司要向资本提供者归还这部分资金,

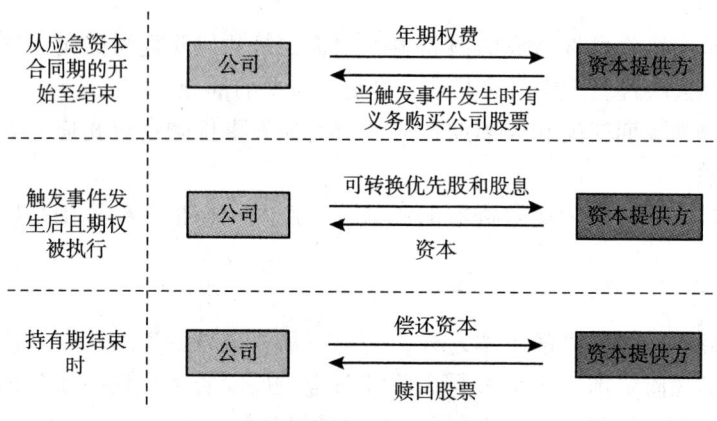

图6-9 某公司应急资本的结构

并支付相应的利息。

（2）应急资本是一个综合运用保险和资本市场技术设计和定价的产品。与保险不同，应急资本不涉及风险的转移，是企业风险补偿策略的一种方式。

（3）应急资本是一个在一定条件下的融资选择权，公司可以不使用这个权利。

（4）应急资本可以提供经营持续性的保证。

4. 保险。

保险是一种金融合约。保险合同规定保险公司为预定的损失支付补偿（也就是为损失进行融资），作为交换，在合同开始时，购买保险合同的一方要向保险公司支付保险费。

保险合同降低了购买保险一方的风险，因为它把损失的风险转移给了保险公司。而保险公司则是通过损失的分散化来降低自己的风险。例如，保险公司可以通过出售大量的涉及多种类型损失的保险合同来降低自己的风险。

保险是风险转移的传统手段，即投保人通过保险把风险可能导致的财务损失负担转移给保险公司。

可保风险是纯粹风险，机会风险不可保。表6-3显示了保险的主要类型和适应企业风险的类型。

表6-3　　　　　　　保险的主要类型和适应企业风险的类型

| 风险 | 保单类型 | 简要描述 |
| --- | --- | --- |
| 财产 | 商业财产险 | 由于火灾、爆炸、暴风雨及其他风险因素造成的直接损失 |
| | 企业收入损失险 | 由于财产损失事件使经营中断而造成的收入损失 |
| | 汽车物理损失险 | 汽车的物理损害和失窃 |
| 责任 | 商业一般责任险 | 涉及房屋、产品及许多合同化责任风险标的的一般责任保险 |
| | 汽车责任险 | 汽车事故造成的责任 |
| | 员工赔偿和雇主责任险 | 依据法律应支付给受伤或生病雇员的福利；雇主责任险针对的是员工赔偿险中未包括的某些损害赔偿 |

续表

| 风险 | 保单类型 | 简要描述 |
|---|---|---|
| 多种财产 | 商业综合险 | 包括财产、责任、汽车及其他的一揽子保单,如商业一揽子保单和业主保险 |
| 海险 | 海运险 | 与海关相关的船舶、货物、运营的损失及对他人的责任 |
| | 内陆航运险 | 通过内陆、水路运输的货物损失及对他人的责任 |
| 雇员福利 | 人寿保险 | 向雇员提供人寿保险给付的团体人寿保险 |
| | 医疗保险 | 向雇员提供医疗费用给付的团体医疗费用保险 |
| | 伤残保险 | 向雇员提供短期或长期伤残给付的团体伤残保险 |

保险市场的运行结构如图 6-10 所示。

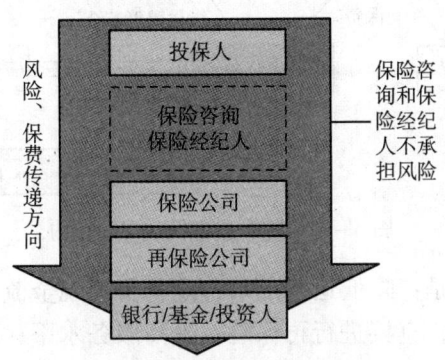

图 6-10 保险市场的运行结构

运用保险这种工具实施风险转移策略只适合一定的条件。图 6-11 以 B 石油公司的保险实例说明公司运用保险的条件及其原因。

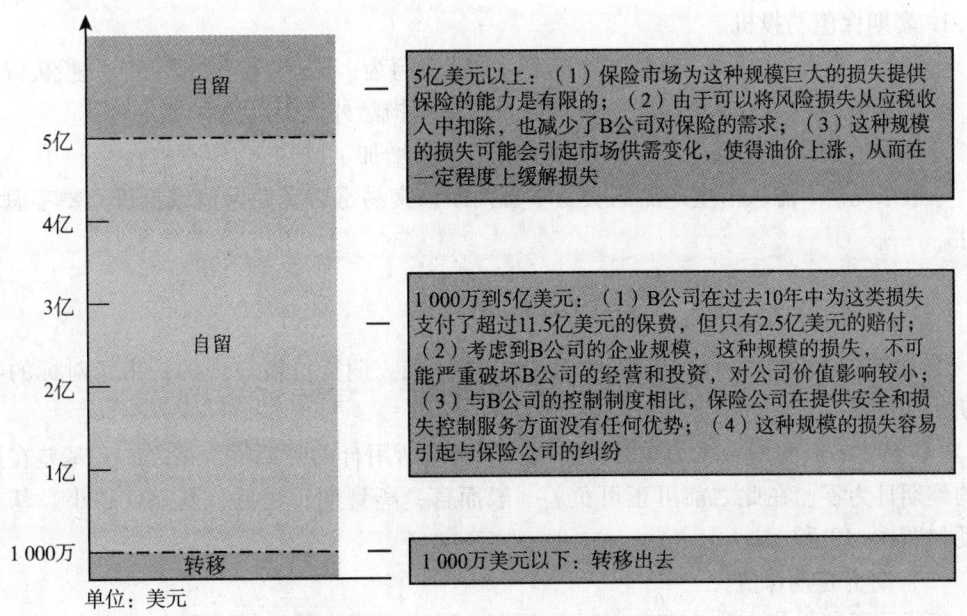

图 6-11 B 石油公司保险实务举例

5. 专业自保。

专业自保公司又称专属保险公司，是非保险公司的附属机构，为母公司提供保险，并由其母公司筹集保险费，建立损失储备金。几乎所有的大跨国公司都有专业自保公司。

专业自保的特点是：由被保险人所有和控制，要承保其母公司的风险，但可以通过租借的方式承保其他公司的保险，不在保险市场上开展业务。图6-12显示了纯专业自保公司的结构。

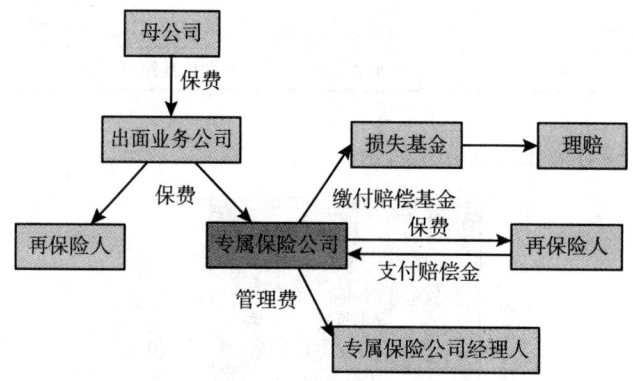

图6-12 纯专业自保公司的结构

专业自保公司的优点是：降低运营成本；改善公司现金流；保障项目更多；公平的费率等级；保障的稳定性；直接进行再保险；提高服务水平；减少规章限制；国外课税扣除和流通转移。

专业自保公司的缺点是：内部管理成本；资本与投入；管理人员的新核心；损失储备金不足和潜在损失；税收检查；成本增加或减少其他保险的可得性。

**（四）套期保值**

1. 套期保值与投机。

套期保值是指为冲抵风险而买卖相应衍生产品的行为；与套期保值相反的便是投机行为。

套期保值的目的是降低风险；投机的目的是承担额外风险以盈利。

套期保值的结果是降低了风险；投机的结果是增加了风险。

一般来说，不能从衍生产品的交易本身判断该交易是否套期保值或投机，要考虑它的头寸。

2. 期货套期保值。

（1）期货价格与现货价格。

绝大多数期货合约不会在到期日用标的物兑现。期货价格表现的是市场对标的物的远期预期价格。

"基差"的概念用来表示标的物的现货价格与所用合约的期货价格之差。基差在期货合约到期日为零，在此之前可正可负。一般而言，离到期日越近，基差就越小。基差的变动如图6-13所示。

（2）期货套期保值。

期货的套期保值亦称为期货对冲，是指为配合现货市场上的交易，而在期货市场上

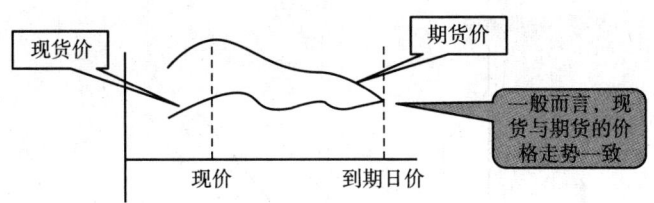

图 6-13 基差的变化

做与现货市场商品相同或相近但交易部位相反的买卖行为,以便将现货市场的价格波动的风险在期货市场上抵销。

期货的套期保值交易之所以有利于回避价格风险,其基本原理就在于某一特定商品的期货价格和现货价格受相同的经济因素影响和制约。

利用期货套期保值有两种方式:

①空头期货套期保值:如果某公司要在未来某时间出售资产,可以通过持有该资产期货合约的空头来对冲风险。如果到期日资产价格下降,现货出售资产亏了,但期货的空头获得。如果到期日资产价格上升,现货出售获利(相对合约签订日期)但期货的空头亏了。

②多头套期保值:如果要在未来某时买入某种资产,则可采用持有该资产期货合约的多头来对冲风险。

(3) 期货投机的风险。

期货投机:指基于对市场价格走势的预期,为了盈利在期货市场上进行的买卖行为。由于远期市场价格的波动性,与套期保值相反,期货的投机会增加风险。

例如,假设原油市场现价每桶 75 美元,而公司判断原油市场在半年后会大跌至每桶 50 美元。因此公司卖出 100 万桶半年后交割的原油期货,卖出价格每桶 80 美元。如果市场发展如公司预期,则公司将营利 3 000 万美元。但半年后,原油价格涨为每桶 100 美元,公司因此亏损 2 000 万美元。假设半年后,原油价格涨为每桶 200 美元,则公司亏损将为 1.2 亿美元。

3. 期权套期保值。

(1) 利用期权套期保值。

期权作为对冲的工具可以起到保险的作用。例如,现持有某股票,价格为 100 美元,为了防止该股票价格下降造成的损失,而购进在一定期间内、行权价格为 100 美元的卖方期权。假设成本为 7.5 美元。此时该股票期权组合的收益曲线如图 6-14 所示。从该曲线的形状可以看出期权对冲风险的作用。

(2) 期权投机的风险。

期权也可以作为投机的工具,但风险更大。例如,公司判断半年内原油价格不会超过每桶 80 美元,因此卖出半年期行权价格为每桶 80 美元的原油期货的买方期权,价格为 7 美元。该期权的收益曲线如图 6-15 所示。

如果半年内原油价格不超过 80 美元,交易对手不会行权,公司将盈利每桶 7 美元。

如果原油价格高于 80 美元,但不超过 87 美元,对手行权,但公司仍将盈利,盈利小

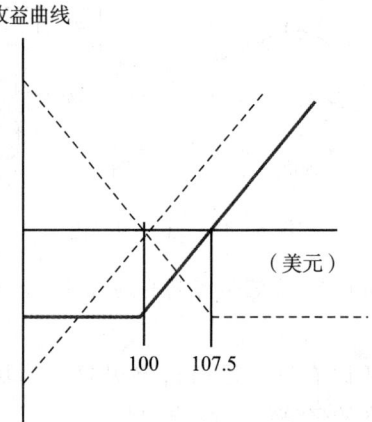

图 6-14 期权套期保值

于 7 美元。

如果原油价格高于 87 美元，交易对手行权，公司将亏损，且亏损额随原油价格上升而上升，上不封顶。

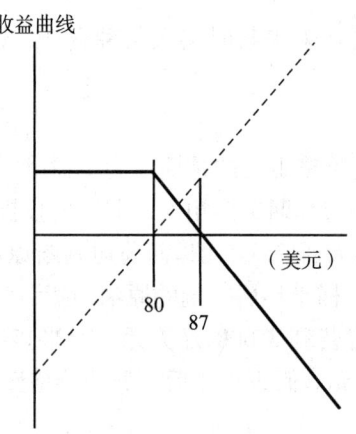

图 6-15 期权投机的风险

综上所述，运用风险理财措施要明确以下几点：

（1）风险理财是全面风险管理的重要组成部分，在对许多风险的管理上，有着不可替代的地位和作用；

（2）风险理财形式多样，应用灵活，时效性强，具有许多其他手段不可比拟的优点；

（3）风险理财技术性强，需要相关人才、知识、组织结构、程序和法律环境；

（4）风险理财手段的不当使用，包括策略错误和内控失灵，可能带来巨大损失。因此风险理财本身的风险管理尤为重要。

**五、风险管理信息系统**

企业的管理信息系统在风险管理中发挥着至关重要的作用。

企业应将信息技术应用于风险管理的各项工作，建立涵盖风险管理基本流程和内部控制系统各环节的风险管理信息系统，包括信息的采集、存储、加工、分析、测试、传递、报告、披露等。

企业应采取措施确保向风险管理信息系统输入的业务数据和风险量化值的一致性、准确性、及时性、可用性和完整性。对输入信息系统的数据，未经批准，不得更改。

风险管理信息系统应能够进行对各种风险的计量和定量分析、定量测试；能够实时反映风险矩阵和排序频谱、重大风险和重要业务流程的监控状态；能够对超过风险预警上限的重大风险实施信息报警；能够满足风险管理内部信息报告制度和企业对外信息披露管理制度的要求。

风险管理信息系统应实现信息在各职能部门、业务单位之间的集成与共享，既能满足单项业务风险管理的要求，也能满足企业整体和跨职能部门、业务单位风险管理的综合要求。

企业应确保风险管理信息系统稳定运行，并根据实际需要不断进行改进、完善或更新。

已建立或基本建立企业管理信息系统的企业，应补充、调整、更新已有的管理流程和管理程序，建立完善的风险管理信息系统；尚未建立企业管理信息系统的，应将风险管理与企业各项管理业务流程、管理软件统一规划、统一设计、统一实施、同步运行。

## 第五节　风险管理技术与方法

风险管理的技术与方法很多，既有定性分析，也有定量分析，这取决于不同风险识别技术和方法的特点。风险定性分析，往往带有较强的主观性，需要凭借分析者的经验和直觉，或者是以行业标准和惯例为风险各要素的大小或高低程度定性分级，虽然看起来比较容易，但实际上要求分析者具备较高的经验和能力，否则会因操作者经验和直觉的偏差使分析结果失准。定量分析是对构成风险的各个要素和潜在损失的水平赋予数值或货币金额，当度量风险的所有要素都被赋值时，风险分析和评估过程和结果就得以量化。定量分析比较客观，但对数据的要求较高，同时还需借助数学工具和计算机程序，其操作难度较大。

风险管理的技术与方法同样也可以在企业战略分析中使用。本节主要介绍头脑风暴法、德尔菲法（Delphi Method）、失效模式影响和危害度分析法（FMECA）、流程图分析法（Flow Charts Analysis）、马尔科夫分析法（Markov Analysis）、风险评估系图法、情景分析法、敏感性分析法、事件树分析法（ETA）、决策树法、统计推论法。

### 一、头脑风暴法

头脑风暴法又称智力激励法、BS法、自由思考法，是指刺激并鼓励一群知识渊博、知悉风险情况的人员畅所欲言，开展集体讨论的方法。头脑风暴法又可分为直接头脑风暴法（通常简称为"头脑风暴法"）和质疑头脑风暴法（也称"反头脑风暴法"）。前者是专家群体决策，尽可能激发创造性，产生尽可能多设想的方法，后者则是对前者提出的设想、方案逐一质疑，分析其现实可行性的方法。将头脑风暴法应用于风险识别，就是由指定的主持人提出与风险有关的问题，然后要求小组成员依次在第一时间给出问题的看法。之后由风险管理小组对集体讨论后识别的所有风险进行复核，并且认定核心风险。

### （一）适用范围

适用于充分发挥专家意见，在风险识别阶段进行定性分析。

### （二）实施步骤

（1）会前准备：参与人、主持人和课题任务落实要讨论识别的风险主题。

（2）风险主题展开探讨：由主持人公布会议主题并介绍与风险主题相关的情况；突破思维惯性，大胆进行联想；主持控制好时间，力争在有限的时间内获得尽可能多的创意性设想。

（3）风险主题探讨意见分类与整理。

### （三）主要优点与局限性

主要优点：（1）激发了想象力，有助于发现新的风险和全新的解决方案；（2）让主要的利益相关者参与其中，有助于进行全面沟通；（3）速度较快并易于开展。

局限性：（1）参与者可能缺乏必要的技术及知识，无法提出有效的建议；（2）由于头脑风暴法相对松散，因此较难保证过程的全面性；（3）可能会出现特殊的小组状况，导致某些有重要观点的人保持沉默而其他人成为讨论的主角；（4）实施成本较高，要求参与者有较好的素质，这些因素是否满足会影响头脑风暴法实施的效果。

## 二、德尔菲法（Delphi Method）

德尔菲法又名专家意见法，是在一组专家中取得可靠共识的程序，其基本特征是专家单独、匿名表达各自的观点，同时随着过程的进展，他们有机会了解其他专家的观点。德尔菲法采用背对背的通信方式征询专家小组成员的意见，专家之间不得互相讨论，不发生横向联系，只能与调查人员发生关系。通过反复填写问卷，搜集各方意见，以形成专家之间的共识。

### （一）适用范围

适用于在专家一致性意见基础上，在风险识别阶段进行定性分析。

### （二）实施步骤

（1）组成专家小组。按照课题所需要的知识范围确定专家。专家人数的多少，可根据预测课题的大小和涉及面的宽窄而定，一般不超过20人。

（2）向所有专家提出所要预测的问题及有关要求，并附上有关这个问题的所有背景材料，同时请专家提出还需要什么材料。然后，由专家做书面答复。

（3）各个专家根据他们所收到的材料，提出自己的预测意见，并说明自己是怎样利用这些材料并提出预测值的。

（4）将各位专家第一次判断的意见汇总，列成图表，进行对比，再分发给各位专家，让专家比较自己同他人的不同意见，修改自己的意见和判断，也可以把各位专家的意见加以整理，或请身份更高的其他专家加以评论，然后把这些意见再分送给各位专家，以便他们参考后修改自己的意见。

（5）将所有专家的修改意见收集起来汇总，再次分发给各位专家，以便做第二次修改。逐轮收集意见并为专家反馈信息是德尔菲法的主要环节。收集意见和信息反馈一般要经过三四轮。在向专家进行反馈的时候，只给出各种意见，但并不说发表各种意见的专家具体姓名。这一过程重复进行，直到每一个专家不再改变自己的意见为止。

（6）对专家的意见进行综合处理。

以上6个步骤并非一定都发生，如果在第4步专家意见就已经达成一致，则不需要第5步和第6步了。

### （三）主要优点和局限性

主要优点：（1）由于观点是匿名的，因此更有可能表达出那些不受欢迎的看法；（2）所有观点有相同的权重，避免重要人物占主导地位；（3）专家不必一次聚集在某个地方，比较方便；（4）这种方法具有广泛的代表性。

局限性：（1）权威人士的意见影响他人的意见；（2）有些专家碍于情面，不愿意发表与其他人不同的意见；（3）出于自尊心而不愿意修改自己原来不全面的意见。德尔菲法的主要缺点是过程比较复杂，花费时间较长。

## 三、失效模式影响和危害度分析法（FMECA）

FMECA（Failure Mode Effects and Criticality Analysis），即失效模式影响及危害度分析法，是一种 bottom-up 分析方法，可用来分析、审查系统的潜在故障模式。FMECA 按规则记录系统中所有可能存在的影响因素，分析每种因素对系统的工作及状态的影响，将每种影响因素按其影响的严重度及发生概率排序，从而发现系统中潜在的薄弱环节，提出可能采取的预防措施，以消除或减少风险发生的可能性，保证系统的可靠性。根据其重要性和危害程度，FMECA 可对每种被识别的失效模式进行排序。FMECA 可用协助挑选具有高可靠性的替代性设计方案，确保所有的失效模式及其对运行成功的影响得到分析；列出潜在的故障并识别其影响的严重性；为测试及维修工作的规划提供依据；为定量的可靠性及可用性分析提供依据。FMECA 可以为其他风险方法，例如，为定性及定量的故障树分析提供数据支持。

### （一）适用范围

适用于对失效模式、影响及危害进行定性或定量分析，还可以为其他风险识别方法提供数据支持。

### （二）实施步骤

（1）将系统分成组件或步骤，并确认各部分出现明显故障的方式，造成这些失效模式的具体机制，故障可能产生的影响，失败是无害的还是有破坏性的？故障如何检测？

（2）根据故障结果的严重性，将每个识别出的失效模式进行分类并确定风险等级。通常情况下，风险等级可以通过故障模式后果与故障发生的概率的组合获得，并以定性、半定量或定量表达。

（3）识别风险优先级（The Risk Priority Number），这是一种半定量的危害度测量方法,其将故障后果、可能性和发现问题的能力(如果故障很难发现,则认为其优先级较高)进行等级赋值(通常在 1~10 之间)并相乘来获得危险度。

(4) FMECA 将获得一份故障模式、失效机制及其对各组件或者系统或过程步骤影响的清单,该清单将包含系统失效的可能性、失效模式导致的风险程度等结果,如果使用合适的故障率资料和定量后果,FMECA 可以输出定量结果。

**(三)主要优点和局限性**

主要优点:(1)广泛适用于人力设备和系统失效模式以及硬件、软件和程序;(2)识别组件失效模式及其原因和对系统的影响,同时用可读性较强的形式表现出来;(3)通过在设计初期发现问题,避免了开支较大的设备改造;(4)识别单点失效模式以及对冗余或安全系统的需要。

局限性:(1)只能识别单个失效模式,无法同时识别多个失效模式;(2)除非得到充分控制并集中充分精力,否则研究工作既耗时又开支较大。

### 四、流程图分析法(Flow Charts Analysis)

流程图分析法是对流程的每一阶段、每一环节逐一进行调查分析,从中发现潜在风险,找出导致风险发生的因素,分析风险产生后可能造成的损失以及对整个组织可能造成的不利影响。流程图是指使用一些标准符号代表某些类型的动作,直观地描述一个工作过程的具体步骤。流程图法将一项特定的生产或经营活动按步骤或阶段顺序以若干个模块形式组成一个流程图系列,在每个模块中都标示出各种潜在的风险因素或风险事件,从而给决策者一个清晰的总体印象。在企业风险识别过程中,运用流程图绘制企业的经营管理业务流程,可以将与企业各种活动有影响的关键点清晰地表现出来,结合企业中这些关键点的实际情况和相关历史资料,就能够明确企业的风险状况。

**(一)适用范围**

通过业务流程图方法,对企业生产或经营中的风险及其成因进行定性分析。

**(二)实施步骤**

(1)根据企业实际绘制业务流程图;

(2)识别流程图上各业务节点的风险因素,并予以重点关注;

(3)针对风险及产生原因,提出监控和预防的方法。

**(三)主要优点和局限性**

主要优点:流程图分析是识别风险最常用的方法之一,其主要优点是清晰明了,易于操作,且组织规模越大,流程越复杂,流程图分析法就越能体现出优越性。通过业务流程分析,可以更好地发现风险点,从而为防范风险提供支持。

局限性主要是该方法的使用效果依赖于专业人员的水平。

### 五、马尔科夫分析法(Markov Analysis)

如果系统未来的状况仅取决于其现在的状况,那么就可以使用马尔科夫分析法。这种分析通常用于对那些存在多种状态(包括各种降级使用状态)的可维修复杂系统进行分析。马尔科夫分析是一项定量技术,可以是不连续的(利用状态间变化的概率)或者连续的（利用各状态的变化率）。虽然马尔科夫分析可以手动进行，但是该技术的性质使其更适合于计算机程序。马尔科夫分析方法主要围绕"状态"这个概念展开。随机转移概率矩阵可用来描述状态间的转移，以便计算各种输出结果。

**（一）适用范围**

适用于对复杂系统中不确定性事件及其状态改变的定量分析。

**（二）实施步骤**

（1）调查不确定性事件各状态及其变化情况；

（2）建立数学模型；

（3）求解模型，得到风险事件各个状态发生的可能性。

**（三）主要优点和局限性**

主要优点：能够计算出具有维修能力和多重降级状态的系统概率。

局限性：（1）无论是故障还是维修，都假设状态变化的概率是固定的；（2）所有事项在统计上具有独立性，因此未来的状态独立于一切过去的状态，除非两个状态紧密相接；（3）需要了解状态变化的各种概率；（4）有关矩阵运算的知识比较复杂，非专业人士很难看懂。

## 六、风险评估系图法

用以评估风险影响的常见的定性方法是制作风险评估系图。风险评估系图识别某一风险是否会对企业产生重大影响，并将此结论与风险发生的可能性联系起来，为确定企业风险的优先次序提供框架。

**（一）适用范围**

适用于对风险初步的定性分析。

**（二）实施步骤**

如图6-16所示，根据企业实际绘制风险评估系图。与影响较小且发生可能性较低的风险（图6-16中的点2）相比，具有重大影响且发生的可能性较高的风险（图6-16中的点1）更加需要关注，然后分析每种风险的重大程度及影响。

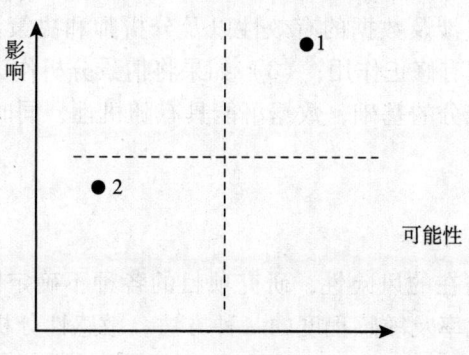

图6-16 风险评估系图

**（三）主要优点和局限性**

主要优点：风险评估系图法作为一种简单的定性方法，直观明了。

局限性：如需要进一步探求风险原因，则显得过于简单，缺乏有效的经验证明和数据支持。

### 七、情景分析法

情景分析可用来预计威胁和机遇可能发生的方式，以及如何将威胁和机遇用于各类长期及短期风险。在周期较短及数据充分的情况下，可以从现有情景中推断出可能出现的情景。对于周期较长或数据不充分的情况，情景分析的有效性更依赖于合乎情理的想象力。在识别和分析那些反映诸如最佳情景、最差情景及期望情景的多种情景时，可用来识别在特定环境下可能发生的事件并分析潜在的后果及每种情景的可能性。如果积极后果和消极后果的分布存在比较大的差异，情景分析就会有很大用途。

情景分析需要分析的变化可能包括：外部情况的变化（如技术变化）；不久将要做出的决定，而这些决定可能会产生各种不同的后果；利益相关者的需求以及需求可能的变化方式；宏观环境的变化（如监管及人口统计等）。有些变化是必然的，而有些是不确定的。有时，某种变化可能归因于另一个风险带来的结果。例如，气候变化的风险正在造成与食物链有关的消费需求发生变化。局部及宏观因素或趋势可以按重要性和不确定性进行列举并排序。应特别关注那些最重要、最不确定的因素。可以绘制出关键因素或趋势的图形，以显示哪些情景是可以进行开发的区域。

（一）适用范围

通过模拟不确定性情景，对企业面临的风险进行定性和定量分析。

（二）实施步骤

（1）在建立了团队和相关沟通渠道，同时确定了需要处理的问题和事件的背景之后，下一步就是确定可能出现变化的性质。

（2）对主要趋势、趋势变化的可能时机以及对未来的预见进行研究。

（三）主要优点和局限性

主要优点：对于未来变化不大的情况能够给出比较精确的模拟结果。

局限性：（1）在存在较大不确定性的情况下，有些情景可能不够现实；（2）在运用情景分析时，主要的难点涉及数据的有效性以及分析师和决策者开发现实情境的能力，这些难点对结果的分析具有修正作用；（3）如果将情景分析作为一种决策工具，其危险在于所用情景可能缺乏充分的基础，数据可能具有随机性，同时可能无法发现那些不切实际的结果。

### 八、敏感性分析法

敏感性分析是针对潜在的风险性，研究项目的各种不确定因素变化至一定幅度时，计算其主要经济指标变化率及敏感程度的一种方法。敏感性分析是在确定性分析的基础上，进一步分析不确定性因素对项目最终效果指标的影响及影响程度。敏感性因素一般可选择主要参数（如销售收入、经营成本、生产能力、初始投资、寿命期、建设期、达产期等）进行分析。若某参数的小幅度变化能导致效果指标的较大变化，则称此参数为敏感性因素，反之则称其为非敏感性因素。该分析从改变可能影响分析结果的不同因素的数值入手，估计结果对这些变量变动的敏感程度。

敏感性分析可以寻找出影响最大、最敏感的主要变量因素，进一步分析、预测或估算其影响程度，找出产生不确定性的根源，采取相应有效措施；通过计算主要变量因素的变化引出项目评价指标变动的范围，使决策者全面了解项目方案可能出现的效益变动情况，以减少和避免不利因素的影响；通过可能出现的最有利与最不利的效益变动范围的分析，为决策者预测可能出现的风险程度，并为原方案采取某些控制措施或寻找可替代方案，为最后确定可行方案提供可靠的决策依据。敏感性分析最常用的显示方式是龙卷风图。龙卷风图有助于比较具有较高不确定性的变量与相对稳定的变量之间的相对重要程度，它因其显示形式像龙卷风一样而得名。

**（一）适用范围**

适用于对项目不确定性对结果产生的影响进行的定量分析。

**（二）实施步骤**

（1）选定不确定因素，并设定这些因素的变动范围；
（2）确定分析指标；
（3）进行敏感性分析；
（4）绘制敏感性分析图；
（5）确定变化的临界点。

**（三）主要优点和局限性**

主要优点：为决策提供有价值的参考信息；可以清晰地为风险分析指明方向；可以帮助企业制定紧急预案。

局限性：分析所需要的数据经常缺乏，无法提供可靠的参数变化；分析时借助公式计算，没有考虑各种不确定因素在未来发生变动的概率，无法给出各参数的变化情况，因此其分析结果可能和实际相反。

## 九、事件树分析法（ETA）

事件树（Event Tree Analysis，ETA）是一种表示初始事件发生之后互斥性后果的图解技术，其依据是为减轻其后果而设计的各种系统是否起作用，它可以定性地和定量地应用。

**（一）适用范围**

适用于对故障发生以后，在各种减轻事件严重性的影响下，对多种可能后果的定性和定量分析。

**（二）实施步骤**

（1）事件树首先要挑选初始事件。初始事件可能是粉尘爆炸这样的事故或是停电这样的事项。

（2）按序列出那些旨在缓解结果的现有功能或系统。用一条线来表示每个功能或系统成功（用"是"表示）或失败（用"否"表示）。

（3）在每条线上标注一定的失效概率，同时通过专家判断或故障树分析的方法来估算这种条件概率。这样，初始事件的不同途径就得以建模。

注意，事件树的可能性是一种有条件的可能性，例如，启动洒水功能的可能性并不是正常状况下测试得到的可能性，而是爆炸引起火灾状况下的可能性。事件树的每条路径代表着该路径内各种事项发生的可能性。鉴于各种事项都是独立的，结果的概率用单个条件概率与初始事项频率的乘积来表示。

### （三）主要优点和局限性

主要优点：（1）ETA以清晰的图形显示了经过分析的初始事项之后的潜在情景，以及缓解系统或功能成败产生的影响；（2）它能说明时机、依赖性，以及故障树模型中很繁琐的多米诺效应；（3）它生动地体现事件的顺序，而使用故障树是不可能表现的。

局限性：（1）为了将ETA作为综合评估的组成部分，一切潜在的初始事项都要进行识别，这可能需要使用其他分析方法（如危害及可操作研究法），但总是有可能错过一些重要的初始事项；（2）事件树只分析了某个系统的成功及故障状况，很难将延迟成功或恢复事项纳入其中；（3）任何路径都取决于路径上以前分支点处发生的事项。因此，要分析各可能路径上众多从属因素。然而，人们可能会忽视某些从属因素，如常见组件、应用系统以及操作员等。如果不认真处理这些从属因素，就会导致风险评估过于乐观。

## 十、决策树法

决策树（Decision Tree）是考虑到在不确定性的情况下，以序列方式表示决策选择和结果。类似于事件树，决策树开始于初因事项或是最初决策，同时由于可能发生的事项及可能做出的决策，它需要对不同路径和结果进行建模。决策树用于项目风险管理和其他环境，以便在不确定的情况下选择最佳的行动步骤。图形显示也有助于沟通决策原因。

决策树开始于最初决策，例如继续项目A，而不是项目B。随着两种假定项目的继续，不同的事项会发生，同时需要做出不同的可预见性决定，并用树形格式表示。事项发生的可能性能够与路径最终结果的成本或用途一起进行估算。有关最佳决策路径的信息是富有逻辑性的，考虑各条路径上的条件概率和结果值可以产生最高的期望值。决策树显示采取不同选择的风险逻辑分析，同时给出每一个可能路径的预期值计算结果。

### （一）适用范围

适用于对不确定性投资方案期望收益的定量分析。

### （二）实施步骤

决策树中的方块代表决策节点，从它引出的分枝叫方案分枝。每条分枝代表一个方案，分枝数就是可能的相当方案数。圆圈代表方案的节点，从它引出的概率分枝，每条概率分枝上标明了状态及其发生的概率。概率分枝数反映了该方案面对的可能状态数。根据右端的损益值和概率枝的概率，计算出期望值的大小，确定方案的期望结果，然后根据不同方案的期望结果作出选择。计算完毕后，开始对决策树进行剪枝，在每个决策结点删除了最高期望值以外的其他所有分枝，最后步步推进到第一个决策结点，这时就找到了问题的最佳方案。方案的舍弃叫作修枝，被舍弃的方案用"≠"的记号来表示，最后的决策点留下一条树枝，即为最优方案。

### （三）主要优点和局限性

主要优点：（1）为决策问题的细节提供了一种清楚的图解说明；（2）能够计算得到

一种情形的最优路径。

局限性：（1）大的决策树可能过于复杂，不容易与其他人交流；（2）为了能够用树形图表示，可能有过于简化环境的倾向。

### 十一、统计推论法

统计推论是进行项目风险评估和分析的一种十分有效的方法，它可分为前推、后推和旁推三种类型。前推就是根据历史的经验和数据推断出未来事件发生的概率及其后果。如果历史数据具有明显的周期性，就可据此直接对风险做出周期性的评估和分析，如果从历史记录中看不出明显的周期性，就可用一曲线或分布函数来拟合这些数据再进行外推，此外还得注意历史数据的不完整性和主观性。后推是在手头没有历史数据可供使用时所采用的一种方法，由于很多项目风险具有一次性和不可重复性，所以在这些项目风险评估和分析时常用后推法。后推是把未知想象的事件及后果与一已知事件与后果联系起来，把未来风险事件归结到有数据可查的造成这一风险事件的初始事件上，从而对风险做出评估和分析。旁推法就是利用类似项目的数据进行外推，用某一项目的历史记录对新的类似建设项目可能遇到的风险进行评估和分析，当然这还得充分考虑新环境的各种变化。这三种外推法在项目风险评估和分析中都得到了广泛采用。

**（一）适用范围**

适合于各种风险分析预测。

**（二）实施步骤**

（1）收集并整理与风险相关的历史数据；

（2）选择合适的评估指标并给出数学模型；

（3）根据数学模型和历史数据预测未来风险发生的可能性和损失大小。

**（三）主要优点和局限性**

主要优点：（1）在数据充足可靠的情况下简单易行；（2）结果准确率高。

局限性：（1）由于历史事件的前提和环境已发生了变化，不一定适用于今天或未来；（2）没有考虑事件的因果关系，使外推结果可能产生较大偏差。为了修正这些偏差，有时必须在历史数据的处理中加入专家或集体的经验修正。

# 经济法篇

# 第一章 法律基本原理

## 第一节 法律基本概念

### 一、法的概念与特征

法的概念是法理学的本源性问题。不同的学派对法的概念和本质有不同的观点。与其他类型的社会规范相比,法具有以下特征:

(1) 法是由一定物质生活条件所决定的统治阶级意志的体现;
(2) 法是由国家制定或认可的行为规范;
(3) 法是由国家强制力保证实施的行为规范;
(4) 法是调整人的行为和社会关系的行为规范;
(5) 法是确定社会关系参加者的权利和义务的规范。

### 二、法律体系

我国法律体系包含以下七个法律部门:(1) 宪法及宪法相关法;(2) 刑法;(3) 行政法;(4) 民商法;(5) 经济法;(6) 社会法;(7) 诉讼与非诉讼程序法。

### 三、法律渊源

我国的法律渊源主要有:(1) 宪法;(2) 法律;(3) 法规;(4) 规章;(5) 司法解释;(6) 国际条约和协定。

### 四、法律规范

#### (一)法律规范的概念与特征

法律规范是由国家制定或认可的,具体规定主体权利、义务及法律后果的行为准则。法律规范是法律构成的基本单位,具体体现法律的属性,实现法律的功能。法律规范具有如下特征:(1) 法律规范具体规定权利、义务及法律后果;(2) 法律规范规定主体的行为模式,具有可重复适用性和适用的普遍性;(3) 法律规范的可操作性强,确定性程度高。

### （二）法律规范的种类

按照不同标准可以将法律规范进行不同的分类，例如，按照法律调整的是国内关系还是国际关系，可以将法律规范分为国内法规范和国际法规范；按照法的渊源形式，可以将法律规范分为成文法规范和不成文法规范；按照法律调整的对象和领域，可以将法律规范分为不同部门法律规范等。在法的应用意义上，更为重要的几种分类是：（1）授权性规范和义务性规范；（2）强行性规范和任意性规范；（3）确定性规范和非确定性规范。

### （三）法律规范的逻辑结构

法律规范的逻辑结构是指法律规范的构成要素及要素间在逻辑上的相互关系。通常认为，一个完整的法律规范由假定（或称条件）、模式和后果三部分构成。

## 第二节 法 律 关 系

### 一、法律关系的概念和特征

法律关系是根据法律规范产生、以主体间的权利与义务关系为内容表现的特殊的社会关系。与其他社会关系相比，法律关系具有以下特征：

（1）法律关系是以法律规范为前提的社会关系。
（2）法律关系是以权利义务为内容的社会关系。
（3）法律关系是以国家强制力为保障的社会关系。

### 二、法律关系的种类

#### （一）绝对法律关系和相对法律关系

根据法律关系的主体是单方确定还是双方确定，可以将法律关系分为绝对法律关系和相对法律关系。

#### （二）调整性法律关系和保护性法律关系

按照法律关系产生的依据是合法行为还是违法行为、是否适用法律制裁，可以将法律关系分为调整性法律关系和保护性法律关系。

### 三、法律关系的基本构成

一般认为，法律关系由主体、客体和内容三部分构成，此三者也被称为法律关系的三要素。

#### （一）法律关系的主体

法律关系的主体，即法律关系的参加者，是指参加法律关系，依法享有权利和承担义务的当事人。享有权利的一方称为权利人，承担义务的一方称为义务人。

1. 法律关系主体的种类。

（1）自然人。自然人既包括本国公民，也包括居住在一国境内或在境内活动的外国公民和无国籍人。

（2）法人和非法人组织。

（3）国家。

2. 法律关系主体的权利能力和行为能力。

权利能力是指权利主体享有权利和承担义务的能力，它反映了权利主体取得权利和承担义务的资格。各种具体权利的产生必须以主体的权利能力为前提；同时，权利能力通常与国籍相联系，一个国家的所有公民都应具有权利能力。《民法总则》第十四条宣告："自然人的民事权利能力一律平等。"

法律关系主体要自己参与法律活动，必须具备相应的行为能力。行为能力是指权利主体能够通过自己的行为取得权利和承担义务的能力。行为能力必须以权利能力为前提，无权利能力就谈不上行为能力。

**（二）法律关系的客体**

法律关系的客体，是指法律关系主体间权利义务所指向的对象。法律关系的客体通常包括：（1）物；（2）行为；（3）人格利益；（4）智力成果。

**（三）法律关系的内容**

法律关系的内容即法律关系主体享有的权利和承担的义务。

**四、法律关系的变动原因——法律事实**

法律事实根据其是否以权利主体的意志为转移可以分为行为和事件两类。

**（一）行为**

行为是指以权利主体的意志为转移、能够引起法律后果的法律事实。根据人的行为是否属于表意行为，可以分为两类：

1. 法律行为，即以行为人的意思表示为要素的行为。行为人做出意思表示应当具有相应的行为能力。

2. 事实行为，即与表达法律效果、特定精神内容无关的行为。由于事实行为通常与表意无关，因此事实行为构成通常不受行为人行为能力的影响。

**（二）事件**

事件是指与当事人意志无关，但能够引起法律关系发生、变更和消灭的客观情况，常见的有：（1）人的出生与死亡；（2）自然灾害与意外事件；（3）时间的经过。

# 第三节 全面依法治国基本方略

**一、全面依法治国新理念新思想新战略**

全面推进依法治国是新时代中国特色社会主义思想的重要组成部分。依法治国，是指依照法律治理国家的原则和方法。法是治国重器，法治是国家治理体系和治理能力的重要依托。全面依法治国，是深刻总结我国社会主义法治建设成功经验和深刻教训作出的重大抉择。新中国成立之后，我国法治建设有过曲折探索的经历。改革开放后，1982年《宪法》强化人民民主，强调法制原则。1997年党的十五大报告明确提出"依法治国，建设社会主义法治国家"的治国基本方略。1999年，"依法治国"写入宪法，获得了宪法确认。党的十八大以来，党中央将依法治国提升至"全面推进依法治国"的新高度，并作出一系列重大决策，提出一系列全面依法治国新理念新思想新战略。

党的十九大报告提出，"成立中央全面依法治国领导小组，加强对法治中国建设的统一领导"。2018年3月，中共中央印发《深化党和国家机构改革方案》，组建中央全面依法治国委员会，负责全面依法治国的顶层设计、总体布局、统筹协调、整体推进、督促落实，作为党中央决策议事协调机构。中央全面依法治国委员会的主要职责是，统筹协调全面依法治国工作，坚持依法治国、依法执政、依法行政共同推进，坚持法治国家、法治政府、法治社会一体建设，研究全面依法治国重大事项、重大问题，统筹推进科学立法、严格执法、公正司法、全民守法，协调推进中国特色社会主义法治体系和社会主义法治国家建设等。中央全面依法治国委员会办公室设在司法部。

法治的价值在于固根本、稳预期、利长远。全面依法治国是坚持和发展中国特色社会主义的本质要求和重要保障，是实现国家治理体系和治理能力现代化的必然要求，是全面建成小康社会、加快推进社会主义现代化的重要保证，是着眼于实现中华民族伟大复兴的中国梦、实现党和国家长治久安的长远考虑，具有基础性、保障性作用。改革开放越深入越要强调法治。法治是最好的营商环境。坚持和完善法治，可以使各类市场主体的产权和合法权益受到平等保护；可以规范政府和市场的边界，尊重市场经济规律，通过市场化手段，在法治框架内调整各类市场主体的利益关系；可以强化企业合规意识，保障和服务高水平对外开放。

党的十八大以来，党中央提出一系列全面依法治国新理念新思想新战略，强调要坚持加强党对依法治国的领导，坚持人民主体地位，坚持中国特色社会主义法治道路，坚持建设中国特色社会主义法治体系，坚持依法治国、依法执政、依法行政共同推进，法治国家、法治政府、法治社会一体建设，坚持依宪治国、依宪执政，坚持全面推进科学立法、严格执法、公正司法、全民守法，坚持处理好全面依法治国的辩证关系，坚持建设德才兼备的高素质法治工作队伍，坚持抓住领导干部这个"关键少数"，明确了全面依法治国的指导思想、发展道路、工作布局、重点任务。这些新理念新思想新战略，是全面依法治国的根本遵循，必须长期坚持、不断丰富发展。

全面推进依法治国的总目标是建设中国特色社会主义法治体系、建设社会主义法治国家。这个总目标既明确了全面推进依法治国的性质和方向，又突出了全面推进依法治国的工作重点和总抓手，对全面推进依法治国具有纲举目张的意义。

### 二、全面推进依法治国的基本原则

为实现全面推进依法治国的总目标，应坚持以下基本原则：

第一，坚持中国共产党的领导。

第二,坚持人民主体地位。
第三,坚持法律面前人人平等。
第四,坚持依法治国和以德治国相结合。
第五,坚持从中国实际出发。

### 三、建设中国特色社会主义法治体系

建设中国特色社会主义法治体系,是全面推进依法治国的总抓手,是国家治理体系的骨干工程。加快建设中国特色社会主义法治体系,就要加快形成完备的法律法规体系、高效的法治实施体系、严密的法治监督体系、有力的法治保障体系,形成完备的党内法规体系。

建设中国特色社会主义法治体系,首要的是完善以宪法为核心的中国特色社会主义法律体系,主要标准包括:第一,法的部门要齐全;第二,不同法律部门内部基本的、主要的法律规范要齐备;第三,不同法律部门之间、不同的法律规范之间、不同层级的法律规范之间,要做到逻辑严谨、结构合理、和谐统一。当前,中国特色社会主义法律体系已经形成,但仍需要紧紧围绕提高立法质量和立法效率,继续加强和改进立法工作,坚持科学立法、民主立法、依法立法,坚持立改废释并举,增强法律法规的及时性、系统性、针对性、有效性,提高法律法规的可执行性、可操作性。

# 第二章 基本民事法律制度

## 第一节 民事法律行为制度

### 一、民事法律行为理论

**(一) 民事法律行为的概念与特征**

根据《民法总则》第一百三十三条的规定，民事法律行为是民事主体通过意思表示设立、变更或终止民事法律关系的行为。民事法律行为是法律关系变动的原因之一，是一种重要的法律事实。当事人可以通过民事法律行为自主设立、变更或终止某种法律关系，实现自己追求的法律效果，因此，民事法律行为真正体现了意思自治精神。民事法律行为具有以下特征：(1) 以意思表示为要素；(2) 以设立、变更或终止权利义务为目的。

**(二) 民事法律行为的分类**

民事法律行为可以从不同角度作不同的分类：(1) 单方民事法律行为、双方民事法律行为和多方民事法律行为；(2) 有偿民事法律行为和无偿民事法律行为；(3) 负担行为与处分行为；(4) 要式的民事法律行为和不要式的民事法律行为；(5) 主民事法律行为和从民事法律行为。

### 二、意思表示

民事法律行为以意思表示为核心，因此，认识民事法律行为必须以意思表示为切入点。意思表示包括意思和表示两个方面。意思主要是指当事人欲使其内心意思发生法律上效力的效果意思。表示是指行为人将其内在的效果意思以一定方式表现于外部，为行为相对人所了解。意思表示可以分为无相对人的意思表示和有相对人的意思表示；意思表示可以明示或者默示；意思表示可以撤回；意思表示存在解释问题。

### 三、民事法律行为的效力

**(一) 民事法律行为的成立**

民事法律行为要产生法律效力，首先应当符合民事法律行为的构成要素，即必须具有当事人、意思表示、标的三个要素。

### （二）民事法律行为的生效

民事法律行为的生效，是指已经成立的民事法律行为因为符合法律规定的有效要件而取得法律认可的效力。

民事法律行为生效，应当具备一定的条件，即民事法律行为的有效要件。民事法律行为的有效要件包括实质要件和形式要件。

1. 民事法律行为有效的实质要件。
（1）行为人具有相应的民事行为能力；
（2）行为人的意思表示真实；
（3）不违反法律、行政法规的强制性规定，不违背公序良俗。

2. 民事法律行为有效的形式要件。
这是指行为人的意思表示的形式必须符合法律的规定。《民法总则》第一百三十五条规定："民事法律行为可以采用书面形式、口头形式或者其他形式。法律规定用特定形式的，应当依照法律规定。"如果行为人进行某项特定的民事法律行为时，未采用法律规定的特定形式，则不能产生法律效力。民事法律行为的形式主要有：（1）口头形式；（2）书面形式；（3）推定形式；（4）沉默形式。

### （三）无效民事法律行为

无效民事法律行为是指因欠缺民事法律行为的有效条件，不发生当事人预期法律后果的民事法律行为。

1. 无效民事法律行为的特征。
（1）自始无效；
（2）当然无效；
（3）绝对无效。

2. 无效民事法律行为的种类。
（1）无民事行为能力人独立实施的民事法律行为无效；
（2）以虚假意思表示实施的民事法律行为无效；
（3）恶意串通损害他人利益的民事法律行为无效；
（4）违反强制性规定或者公序良俗的民事法律行为无效。

### （四）可撤销的民事法律行为

可撤销的民事法律行为，是指依照法律规定，由于行为的意思与表示不一致或者意思表示不自由，导致非真实的意思表示，可由当事人请求人民法院或者仲裁机构予以撤销的民事法律行为。

1. 可撤销民事法律行为的种类。
（1）因重大误解而为的民事法律行为；
（2）受欺诈而为的民事法律行为；
（3）受胁迫而为的民事法律行为；
（4）显失公平的民事法律行为。

2. 撤销权。
撤销权是权利人以其单方的意思表示撤销已经成立的民事法律行为的权利。撤销权有存续时间。

**（五）效力待定的民事法律行为**

效力待定的民事法律行为，是指民事法律行为成立时尚未生效，须经权利人追认才能生效的民事法律行为。效力待定的民事法律行为主要有：（1）限制民事行为能力人依法不能独立实施的民事法律行为；（2）无权代理人实施的民事法律行为。

**（六）民事法律行为被确认无效或被撤销的法律后果**

可撤销民事法律行为在成立之时具有法律效力，对当事人有约束力。如果当事人行使撤销权，该民事法律行为因撤销而归于无效。一旦被撤销，其行为效果与无效民事法律行为的效果一样。民事法律行为存在部分无效情形，如果民事法律行为部分无效，不影响其他部分效力的，其他部分仍然有效。

**四、民事法律行为的附条件和附期限**

**（一）附条件的民事法律行为**

附条件的民事法律行为是指在民事法律行为中规定一定条件，并且把该条件的成就与否作为民事法律行为效力发生或者消灭根据的民事法律行为。并非所有的民事法律行为都可以附条件，下列民事法律行为不得附条件：（1）条件与行为性质相违背的；（2）条件违背社会公共利益或社会公德的。

1. 条件的特征。

民事法律行为所附条件，既可以是自然现象、事件，也可以是人的行为。但它应当具备下列特征：（1）必须是将来发生的事实。作为条件的事实，必须是在进行民事法律行为时尚未发生的。（2）必须是将来不确定的事实。（3）条件应当是双方当事人约定的。（4）条件必须合法。

2. 条件的分类。

按照所附条件对民事法律行为产生的效力的不同，可以分为附延缓条件的民事法律行为和附解除条件的民事法律行为。

3. 附条件民事法律行为的效力。

附条件的民事法律行为一旦成立，则已经在当事人之间产生了法律关系，当事人各方均应受该法律关系的约束。

**（二）附期限的民事法律行为**

附期限的民事法律行为，指当事人设定一定的期限，并将期限的到来作为效力发生或消灭前提的民事法律行为。根据期限对民事法律行为效力所起作用的不同，可以将其分为延缓期限和解除期限。

附条件的民事法律行为与附期限的民事法律行为的区别在于：附条件的民事法律行为是以未来不确定的事实作为民事法律行为效力产生或消灭的依据，所以该民事法律行为效力的产生或消灭具有不确定性；而附期限的民事法律行为是以一定期限的到来作为民事法律行为效力产生或消灭的依据，由于期限的到来是一个必然发生的事件，所以附期限的民事法律行为的效力的产生或消灭是确定的、可预知的。

## 第二节 代理制度

**一、代理的基本理论**

**（一）代理的概念及特征**

代理是指代理人在代理权限内，以被代理人的名义与第三人实施民事法律行为，由此产生的法律后果直接由被代理人承担的一种法律制度。代理关系的主体包括代理人、被代理人（亦称本人）和第三人（亦称相对人）。代理关系包括三种关系：一是被代理人与代理人之间的代理权关系；二是代理人与第三人之间实施民事法律行为的关系；三是被代理人与第三人之间承受代理行为法律后果的关系。

代理具有以下几个法律特征：

（1）代理行为是民事法律行为；

（2）代理人以被代理人的名义为民事法律行为；

（3）代理人是在代理权限内独立向第三人为意思表示；

（4）代理人所为的民事法律行为的法律效果归属于被代理人。

**（二）代理与相关概念的区别**

1. 代理与委托。

委托与代理有如下区别：（1）行使权利的名义不同。（2）从事的事务不同。（3）代理涉及三方当事人，即被代理人、代理人、第三人；委托则属于双方当事人之间的关系，即委托人和受托人。

2. 代理与行纪。

行纪与代理的区别体现在：（1）行纪是以行纪人自己的名义实施民事法律行为；代理是以被代理人的名义实施民事法律行为。（2）行纪的法律效果先由行纪人承受，然后通过其他法律关系（如委托合同）转给委托人；代理的法律效果直接归属被代理人享有。（3）行纪必为有偿民事法律行为；代理既可为有偿，亦可为无偿。

3. 代理与传达。

传达是将当事人的意思表示忠实地转述给对方当事人的事实行为。代理与传达之间的区别在于：（1）传达的任务是忠实传递委托人的意思表示，传达人自己不进行意思表示。代理关系中代理人是独立向第三人进行意思表示，以代理人自己的意志决定意思表示的内容。（2）代理人要与第三人为意思表示，故要求代理人具有相应的民事行为能力；传达人是忠实传递委托人的意思表示，不以具有民事行为能力为条件。（3）身份行为必须由本人亲自实施，不可以代理；身份行为可以借助传达人传递意思表示。

## （三）代理的种类

根据《民法总则》的规定，代理可分委托代理和法律代理两种。

## 二、委托代理

### （一）委托代理概述

委托代理是指基于被代理人授权的意思表示而发生的代理，又称意定代理。由于委托代理基于被代理人授权的意思表示而发生，因此委托代理的被代理人在授权时必须具有相应的民事行为能力。

### （二）委托代理中的代理权

代理权是代理人以他人名义独立为意思表示，并使其效果归属于他人的一种法律资格。

1. 代理权的滥用。

代理权是整个代理关系的基础，代理人之所以能代替被代理人实施民事法律行为，就在于代理人拥有代理权。违背代理权的设定宗旨和代理行为的基本准则，损害被代理人利益，行使代理权的行为构成滥用代理权。滥用代理权的行为包括自己代理、双方代理和代理人和第三人恶意串通。自己代理和双方代理使得代理人不能最大限度维护被代理人的利益，违背代理制度"受人之托，忠人之事"的初衷。

2. 无权代理。

所谓无权代理，就是没有代理权的代理。无权代理不是代理的一种形式，而是具备代理行为的表象但是欠缺代理权的行为。无权代理在法律上并非当然无效，应当根据具体情形具体分析。无权代理的发生原因在于代理人无代理权。无权代理的情形一般包括：没有代理权的代理行为；超越代理权的代理行为；代理权终止后的代理行为。

无权代理中当事人的权利义务主要体现为：

（1）无权代理经被代理人追认，即直接对被代理人发生法律效力，产生与有权代理相同的法律后果；

（2）相对人的保护。

3. 表见代理。

表见代理，指无权代理人的代理行为客观上存在使相对人相信其有代理权的情况，且相对人主观上为善意，因而可以向被代理人主张代理的效力。表见代理属于广义的无权代理的一种。

要成立表见代理，应当具备如下构成要件：

（1）代理人无代理权；

（2）相对人主观上为善意且无过失；

（3）客观上有使相对人相信无权代理人具有代理权的情形；

（4）相对人基于这种客观情形而与无权代理人成立民事法律行为。

## 第三节 诉讼时效制度

### 一、诉讼时效基本理论

**（一）诉讼时效的概念与特点**

1. 诉讼时效概念。

诉讼时效是指请求权不行使达一定期间而失去国家强制力保护的制度。

2. 诉讼时效特点。

诉讼时效具有以下特点：

（1）有债权人不行使权利的事实状态存在，而且该状态持续了一段期间；

（2）诉讼时效届满不消灭债权人实体权利，只是让债务人产生抗辩权；

（3）诉讼时效具有强制性。

**（二）诉讼时效的适用对象**

诉讼时效并非适用于所有的请求权，下列请求权不适用诉讼时效的规定：请求停止侵害、排除妨碍、消除危险；不动产物权和登记的动产物权的权利人请求返还财产；请求支付抚养费、赡养费或者扶养费；依法不适用诉讼时效的其他请求权。另外，还有一些不适用诉讼时效的债权请求权：支付存款本金及利息请求权；兑付国债、金融债券以及向不特定对象发行的企业债券本息请求权；基于投资关系产生的缴付出资请求权。

诉讼时效和除斥期间都是以一定的事实状态存在和一定期间的经过为条件而发生一定的法律后果，都属于法律事实中的事件。但两者有如下区别：（1）适用对象不同。诉讼时效适用于债权请求权；除斥期间一般适用于形成权，如追认权、解除权、撤销权等。（2）可以援用的主体不同。人民法院不能主动援用诉讼时效，诉讼时效须由当事人主张后，人民法院才能审查；除斥期间无论当事人是否主张，人民法院均可主动审查。（3）法律效力不同。诉讼时效届满只是让债务人取得抗辩权，债权人实体权利不消灭；除斥期间届满，实体权利消灭。

### 二、诉讼时效的种类与起算

**（一）诉讼时效的种类**

根据《民法总则》规定，诉讼时效有以下几种：

（1）普通诉讼时效。除了法律有特别规定，民事权利适用普通诉讼时效期间。

（2）长期诉讼时效。长期诉讼时效，指时效期间比普通诉讼时效的3年要长，但不到20年的诉讼时效。

（3）最长诉讼时效。最长诉讼时效是指期间为20年的诉讼时效期间。权利被侵害超过20年的，人民法院不予保护。

## （二）诉讼时效期间的起算

诉讼时效起算有不同的情况：

（1）附条件的或附期限的债的请求权，从条件成就或期限届满之日起算。

（2）定有履行期限的债的请求权，从清偿期届满之日起算。

（3）未定有履行期限或者履行期限不明确的债的请求权，依照《合同法》第六十一条、第六十二条的规定，可以确定履行期限的，诉讼时效期间从履行期限届满之日起计算；不能确定履行期限的，诉讼时效期间从债权人要求债务人履行义务的宽限期届满之日起计算，但债务人在债权人第一次向其主张权利之时明确表示不履行义务的，诉讼时效期间从债务人明确表示不履行义务之日起计算。

（4）无民事行为能力人或者限制民事行为能力人对其法定代理人的请求权的诉讼时效期间，自该法定代理终止之日起计算。

（5）未成年人遭受性侵害的损害赔偿请求权的诉讼时效期间，自受害人年满十八周岁之日起计算。

（6）请求他人不作为的债权请求权，应当自权利人知道义务人违反不作为义务时起算。

（7）国家赔偿的诉讼时效的起算，自赔偿请求人知道或者应当知道国家机关及其工作人员行使职权时的行为侵犯其人身权、财产权之日起计算，但被羁押等限制人身自由期间不计算在内。

## 三、诉讼时效的中止

《民法总则》第一百九十四条规定，在诉讼时效期间的最后 6 个月内，因不可抗力或者其他障碍不能行使请求权的，诉讼时效中止。

### （一）诉讼时效中止的事由

根据《民法总则》的规定，中止诉讼时效的事由有两类：一是不可抗力；二是其他障碍。

### （二）诉讼时效中止的时间

根据《民法总则》第一百九十四条的规定，只有在诉讼时效的最后 6 个月内发生中止事由，才能中止诉讼时效的进行。如果在诉讼时效期间的最后 6 个月以前发生权利行使障碍，而到最后 6 个月时该障碍已经消除，则不能发生诉讼时效的中止；如果该障碍在最后 6 个月时尚未消除，则应从最后 6 个月开始时起中止时效期间，直至该障碍消除。

### （三）诉讼时效中止的法律效力

在诉讼时效中止的情况下，在时效中止的原因消除后，诉讼时效始终剩下 6 个月。即自中止时效的原因消除之日起满 6 个月，诉讼时效期间届满。在民法规定的最长诉讼时效期间内，诉讼时效中止的持续时间没有限制。

## 四、诉讼时效的中断

### （一）诉讼时效中断的法定事由

1. 权利人向义务人提出履行请求。

具有下列情形之一的，应当认定为"当事人一方提出要求"：（1）当事人一方直接向对方当事人送交主张权利文书,对方当事人在文书上签字、盖章或者虽未签字、盖章但能够以其他方式证明该文书到达对方当事人的;(2)当事人一方以发送信件或者数据电文方式主张权利,信件或者数据电文到达或者应当到达对方当事人的;(3)当事人一方为金融机构,依照法律规定或者当事人约定从对方当事人账户中扣收欠款本息的;(4)当事人一方下落不明,对方当事人在国家级或者下落不明的当事人一方住所地的省级有影响的媒体上刊登具有主张权利内容的公告的,但法律和司法解释另有特别规定的,适用其规定;(5)权利人对同一债权中的部分债权主张权利,诉讼时效中断的效力及于剩余债权,但权利人明确表示放弃剩余债权的情形除外。

2. 义务人同意履行义务。

3. 提起诉讼或者申请仲裁。

提起诉讼是指通过司法程序行使请求权。当事人一方向人民法院提交起诉状或者口头起诉的,诉讼时效从提交起诉状或者口头起诉之日起中断。权利人向人民调解委员会以及其他依法有权解决相关民事纠纷的国家机关、事业单位、社会团体等社会组织提出保护相应民事权利的请求,诉讼时效从提出请求之日起中断。权利人向公安机关、人民检察院、人民法院报案或者控告,请求保护其民事权利的,诉讼时效从其报案或者控告之日起中断。

### (二)诉讼时效中断的法律效力

诉讼时效中断的法律效力为诉讼时效的重新起算,即已经经过的诉讼时效期间失去意义。诉讼时效的中断如果是一个时间点,则从该时间点重新起算诉讼时效。如果诉讼时效的中断是一个程序,则在相关程序终结时,诉讼时效重新起算。

# 第三章 物权法律制度

## 第一节 物权法律制度概述

### 一、物权法律制度概况

物权法是调整因物的归属和利用而产生的民事关系的法律。财产法的两根支柱分别是物权法和债权法,其中,物权法属于财产的归属法,债权法则属于财产的流转法。作为财产归属法,物权法是财产制度的基础,亦是区隔不同经济制度的标志。

### 二、物的概念与种类

(一)物的概念

物权法上的物指的是有体物,是除人的身体之外,凡能为人力所支配,独立满足人类社会生活需要之物。物权法上的物具有的特点是:(1)有体性;(2)可支配性;(3)在人的身体之外。

(二)物的种类

物的种类包括:(1)流通物、限制流通物与禁止流通物;(2)动产与不动产;(3)可替代物与不可替代物;(4)消费(耗)物与非消费(耗)物;(5)可分物与不可分物;(6)主物与从物;(7)原物与孳息物。

### 三、物权的概念与种类

(一)物权的概念

物权是指权利人依法对特定的物享有直接支配和排他的权利。物权的特点是:(1)支配性;(2)排他性;(3)绝对性。

(二)物权的种类

物权的种类包括:(1)自物权和他物权;(2)用益物权与担保物权;(3)动产物权与不动产物权;(4)独立物权与从物权。

### 四、物权法的基本原则

#### （一）物权法定原则

物权法定原则包括两方面的含义：一是种类法定，即不得创设民法或其他法律所不承认的物权；二是内容法定，即不得创设与物权法定内容相异的内容。

物权法定原则的效力包括：第一，行为人违反种类法定原则，在法定物权种类之外创设物权，该物权创设行为无效。第二，行为人设定与法定物权相异的内容，该设定行为无效。

#### （二）物权客体特定原则

物权客体特定原则亦称一物一权原则，基本含义是：物权只存在于确定的一物之上，物尚未存在固然不可能存在物权，物尚未确定也谈不上物权；相应地，一项行为亦只能处分一物。

一物一权原则与以下情形并不矛盾：

（1）多人共同对一物享有一项物权，因为多人只涉及多数物权人，而一物一权表现的是物权客体与权利本身的关系。

（2）在一物之上成立数个互不冲突的物权。如所有权与他物权的共容、用益物权与担保物权的共容等。

#### （三）物权公示原则

物权以法定方式公之于外，称公示原则。公示方式依动产不动产而有不同，原则上，前者以交付占有为公示手段，后者则以登记为公示手段。

公示的效力有：（1）物权移转效力；（2）物权推定效力；（3）公信效力。

## 第二节 物权变动

### 一、物权变动的原因

物权变动的原因可分为两大类，一是基于法律行为的物权变动，二是非基于法律行为的物权变动。非基于法律行为的物权变动主要包括：（1）基于事实行为；（2）基于法律规定；（3）基于公法行为。

### 二、物权行为

物权行为的特点可在与债权行为的比较中看出，两者主要有以下区别：

1. 法律效果。

债权行为不会直接引起积极财产（物权）的减少，却会使得消极财产（义务）增加。物权行为则直接导致行为人积极财产的减少。

2. 处分权。

物权行为使得物权发生变动,故出让人需要对标的物具有处分权。无处分权而转让他人物权(如所有权),称无权处分。无权处分行为处于效力待定状态,在得到真权利人追认或处分人取得处分权后变得有效,否则,该无权处分行为将归于无效。

3. 兼容性。

物权只能被转让一次,出让人在实施转让物权的物权行为后,即失去所转让的物权,故对于同一物不能实施两次处分行为。但债权行为因其仅负担义务,而不涉及物权变动,故可反复作出,在同一标的物上成立的数重买卖合同均可有效。

### 三、物权变动的公示方式

公示乃是物权发生变动的法律标志。公示方式依动产或不动产物权变动而有不同。动产物权变动的公示方式为交付,不动产物权变动的公示方式为登记。

## 第三节 所 有 权

所有权是指在法律限制范围内,对物为全面支配的权利。

### 一、所有权的类型

#### (一)所有权的法定分类

所有权分为国家所有权、集体所有权和私人所有权三类。

#### (二)共有

1. 共有的形态。物可为单一主体独自享有所有权,亦可在不作质的分割的情况下由数个主体共享,前者称单一所有,后者则称共有。共有包括按份共有和共同共有。

2. 共有形态的推定。

共有人对共有的不动产或者动产没有约定为按份共有或者共同共有,或者约定不明确的,除共有人具有家庭关系等外,视为按份共有。

3. 共有的一般效力。(1)共有人的权利义务;(2)共有物的分割方式;(3)对外债权债务。

4. 按份共有。

按份共有是对同一个所有权作量上分割的共有形态,按份共有人对共有的不动产或者动产按照其份额享有所有权。

(1)按份共有的内部关系。按份共有的内部关系主要体现于共有物的管理、共有物的分割以及对外债权债务的内部效力三个方面。

(2)按份共有的外部关系。按份共有的外部关系涉及两方面,一是共有物的处分,二是份额处分。

(3)按份共有人的优先购买权。按份共有人向共有人之外的人转让其份额,其他按份共有人有权依同等条件优先购买该共有份额。

5. 共同共有。

所谓共同享有所有权,指的是共同共有人对共有财产享有共同的权利,承担共同的义务。

有如按份共有,共同共有的内部关系也主要体现在共有物的管理、共有物的分割以及对外债权债务的内部效力三个方面。

### 二、善意取得制度

#### (一) 制度价值

无处分权人将不动产或者动产转让给受让人的,所有权人有权追回;除法律另有规定外,符合下列情形的,受让人取得该不动产或者动产的所有权:

(1) 受让人受让该不动产或者动产时是善意的;

(2) 以合理的价格转让;

(3) 转让的不动产或者动产依照法律规定应当登记的已经登记,不需要登记的已经交付给受让人。根据前一分句,所有权人有权否认无权处分行为之效力,后一分句则通过善意取得制度排除了这一权利,换言之,若符合善意取得的要件,则所有权人不得否认无权处分行为之效力。

善意取得制度对于动产与不动产均可适用,但构成要件有所不同。

#### (二) 动产善意取得

1. 构成要件。

动产善意取得必须具备如下要件:(1) 依法律行为转让所有权;(2) 转让人无处分权;(3) 受让人为善意;(4) 以合理的价格转让;(5) 物已交付;(6) 转让人基于真权利人意思合法占有标的物;(7) 转让合同有效。

2. 法律效果。

动产善意取得产生直接与间接两项法律效果:

(1) 直接法律效果——所有权发生转移。

(2) 间接法律效果——赔偿请求权。

#### (三) 不动产善意取得

1. 特别构成要件:(1) 交付问题;(2) 善意问题。

2. 特别法律效果。善意取得不动产,不消除不动产上其他已登记之物权,此与动产不同。

### 三、动产所有权的特殊取得方式

动产所有权有若干特殊的取得方式,包括先占、拾得遗失物、发现埋藏物及添附等。

#### (一) 先占

所谓先占,就是以所有权人的意思占有无主动产。先占人基于先占行为取得无主动产的所有权。

## （二）拾得遗失物

所谓拾得遗失物，是指发现他人遗失之物而实施占有。

## （三）发现埋藏物

对于发现埋藏物并实施占有者，参照拾得遗失物的有关规定适用。

## （四）添附

添附是附合、混合与加工的总称。原物经过添附而成新物，所有权仍为一个，因而需要确定添附之后物的所有权归属。

1. 附合。不同所有人的物密切结合，构成不可分割的一物，称附合。包括动产附合于不动产与动产附合于动产两种情形。

2. 混合。所有权不属同一人的动产，相互混杂，难以识别或分离，称混合。关于混合，确定所有权时，准用动产附合之规则。

3. 加工。在他人之动产上进行改造或劳作，并生成新物的法律事实，称为加工。

4. 失去权利之人的救济。因为添附而失去所有权之人，有权请求取得添附新物所有权之人赔偿损失。

# 第四节　用　益　物　权

## 一、用益物权概述

以使用他人之物为目的的物权，称用益物权。用益物权人对他人所有的不动产或者动产，依法享有占有、使用和收益的权利。用益物权仅涉及物的使用价值，不包含处分权能。用益物权可使得需要使用某物之人能够以较低对价实现目的，而不必付出获得所有权的代价，亦可使得所有权人能够就其物获得收益，而不至于失去所有权。

《物权法》规定的用益物权包括土地承包经营权、建设用地使用权、宅基地使用权与地役权。

## 二、建设用地使用权

《物权法》上的建设用地使用权在《城市房地产管理法》中被称为土地使用权，两概念均指国有建设用地使用权。

### （一）建设用地使用权的取得

建设用地使用权有创设取得与移转取得两种方式，分别对应国有土地的一级市场与二级市场。

1. 创设取得包括：（1）无偿划拨；（2）有偿出让。
2. 移转取得包括：（1）移转取得的方式；（2）让与禁止。
3. 登记。

## （二）建设用地使用权的期限

以无偿划拨方式取得的建设用地使用权，除法律、行政法规另有规定外，没有使用期限的限制。

土地使用者通过转让方式取得的土地使用权，其使用年限为土地使用权出让合同规定的使用年限减去原土地使用者已使用年限后的剩余年限。

## （三）建设用地使用权的终止

建设用地使用权因土地使用权出让合同规定的使用年限届满、提前收回及土地灭失等原因而终止。

# 第五节 担保物权

## 一、担保物权概述

### （一）担保物权的概念与种类

以担保债权实现为目的的物权，为担保物权。担保物权人在债务人不履行到期债务或者发生当事人约定的实现担保物权的情形，依法享有就担保财产优先受偿的权利。担保物权的功能在于担保债务之履行，针对物的交换价值，因而，担保物权人虽对担保物享有处分权能，却不得使用或收益。《物权法》规定了抵押权、质权与留置权三种担保物权。

担保物权可分意定担保物权与法定担保物权两类。

### （二）担保物权的特性

1. 从属性。
2. 权利行使的附条件性。
3. 优先受偿性。

### （三）担保物权的消灭

有下列情形之一，担保物权消灭：（1）主债权消灭；（2）担保物权实现；（3）债权人放弃担保物权；（4）法律规定担保物权消灭的其他情形。

## 二、抵押权

### （一）抵押权的概念与特性

1. 抵押权的概念。

所谓抵押权，是指为担保债务的履行，债务人或者第三人不转移财产的占有，将该财产抵押给债权人，债务人不履行到期债务或者发生当事人约定的实现抵押权的情形，债权人有权就该财产优先受偿。其中，债务人或者第三人为抵押人，债权人为抵押权人，提供担保的财产为抵押财产或称抵押物。

2. 抵押权的特性。

除拥有担保物权的一般特性外，抵押权还具有不可分性，即，一旦抵押物被用来提供担保,抵押物的分割、被担保之债的分割,不导致抵押权分割;抵押物部分灭失,剩余部分仍担保债之全部;债权部分清偿,不产生抵押权部分消灭之效力。

### (二) 抵押财产范围

1. 一般规定。

由于抵押权不移转抵押物的占有,而动产以占有为公示方式,因此,基于公示以及由此带来的安全性考虑,传统上,抵押权不能以动产为客体。

2. 动产的浮动抵押。

经当事人书面协议,企业、个体工商户、农业生产经营者可以将现有的以及将有的生产设备、原材料、半成品、产品抵押,债务人不履行到期债务或者发生当事人约定的实现抵押权的情形,债权人有权就实现抵押权时的动产优先受偿。由于设定此类抵押时抵押财产的范围尚未确定,而处于浮动之中,故称浮动抵押。

3. 房地一体原则。

土地与建筑物虽然各自独立为权利客体,但毕竟相互紧密结合,不可分离,故在确定抵押财产时,实行房地一体原则,即,以建筑物抵押的,该建筑物占用范围内的建设用地使用权一并抵押;以建设用地使用权抵押的,该土地上的建筑物一并抵押,但土地上的新增建筑物不作为抵押财产。另外,乡镇、村企业的建设用地使用权不得单独抵押,以乡镇、村企业的厂房等建筑物抵押的,其占用范围内的建设用地使用权一并抵押。

4. 禁止抵押的财产。

下列财产不得抵押:(1) 土地所有权;(2) 耕地、宅基地、自留地、自留山等集体所有的土地使用权,但法律规定可以抵押的除外;(3) 学校、幼儿园、医院等以公益为目的的事业单位、社会团体的教育设施、医疗卫生设施和其他社会公益设施;(4) 所有权、使用权不明或者有争议的财产;(5) 依法被查封、扣押、监管的财产;(6) 法律、行政法规规定不得抵押的其他财产。

### (三) 抵押权的设定

1. 抵押权设定行为。

设立抵押权,当事人应当采取书面形式订立抵押合同。

2. 登记。

抵押合同不以登记为生效要件,但抵押权本身却须登记。不同的抵押财产,登记产生的效力有所不同,具体有登记生效与登记对抗两种情形。

### (四) 抵押担保的范围

1. 所担保的债权范围。

抵押权的担保范围包括主债权及其利息、违约金、损害赔偿金、保管担保财产和实现担保物权的费用。当事人另有约定的,按照约定。

2. 抵押物范围。

原则上,抵押物的范围以双方当事人约定为准。唯以下特殊情况需要特别处理:

(1) 抵押物登记记载的内容与抵押合同约定的内容不一致的,以登记记载的内容为准。

(2) 抵押物所有人为附合物、混合物或者加工物的所有人的,抵押权的效力及于附合物、混合物或者加工物；第三人与抵押物所有人为附合物、混合物或者加工物的共有人的，抵押权的效力及于抵押人对共有物享有的份额。

（3）抵押权设定前为抵押物的从物的，抵押权的效力及于抵押物的从物。但是，抵押物与其从物为两个以上的人分别所有时，抵押权的效力不及于抵押物的从物。

（4）城市房地产抵押合同签订后，土地上新增的房屋不属于抵押物。需要拍卖该抵押的房地产时，可以依法将该土地上新增的房屋与抵押物一同拍卖，但对拍卖新增房屋所得，抵押权人无权优先受偿。

（5）建设用地使用权抵押后，该土地上新增的建筑物不属于抵押财产。该建设用地使用权实现抵押权时，应当将该土地上新增的建筑物与建设用地使用权一并处分，但新增建筑物所得的价款，抵押权人无权优先受偿。

3. 抵押物的物上代位。

担保期间，担保财产毁损、灭失或者被征收等，担保物权人可以就获得的保险金、赔偿金或者补偿金等优先受偿。被担保债权的履行期未届满的，也可以提存该保险金、赔偿金或者补偿金等。

抵押物因附合、混合或者加工使抵押物的所有权为第三人所有的，抵押权的效力及于补偿金。

（五）抵押权人的优先受偿权

债务人不履行债务时，债权人有权依法以该财产折价或者以拍卖、变卖该财产的价款优先受偿。

1. 优先受偿的方式。
2. 流押合同之禁止。
3. 土地出让金优先于抵押权。

（六）抵押物转让限制

抵押物的所有权人仍是抵押人，故抵押人有权转让抵押物所有权，但转让可能影响抵押权人利益，故须受一定限制。

（七）涤除权

受让人以清偿债务的方式涤除抵押权、以获得抵押物所有权的权利，称涤除权。抵押权的存在价值就是为保障债权实现，若债权已得到清偿，抵押权便随之消灭，此时，抵押物的转让，自然无需债权人表示同意。

（八）抵押权之保全

抵押人的行为足以使抵押财产价值减少的，抵押权人有权要求抵押人停止其行为。抵押财产价值减少的，抵押权人有权要求恢复抵押财产的价值，或者提供与减少的价值相应的担保。抵押人不恢复抵押财产的价值也不提供担保的，抵押权人有权要求债务人提前清偿债务。

（九）抵押权人的孳息收取权

债务人不履行到期债务或者发生当事人约定的实现抵押权的情形，致使抵押财产被人民法院依法扣押的，自扣押之日起抵押权人有权收取该抵押财产的天然孳息或者法定孳息，但抵押权人未通知应当清偿法定孳息的义务人的除外。抵押权人所收取的孳息应当先充抵收取孳息的费用。

**（十）抵押与租赁**

当同一物上既存在抵押权又存在租赁关系时，如同"买卖不破租赁"，我国物权法律制度亦确立了"抵押不破租赁"规则，准确地说，应是"在后抵押不破在先租赁"规则。

**（十一）抵押权的实现**

一般情况下，抵押财产折价或者拍卖、变卖后，直接以所得价款清偿债务，价款若超过债权数额，剩余部分归抵押人所有，若不足债权数额，债务人负继续清偿义务，只不过剩余债权不再享有优先受偿权。

以抵押物所得价款清偿债务时，须首先支付实现抵押权的费用，其次支付主债权的利息，最后支付主债权。

若同一抵押财产为数项债权设定抵押，情形将较为复杂，尤其是在抵押物拍卖或变卖金额不足以清偿全部抵押债权时，抵押权如何实现，更将直接影响抵押权人的利益。我国物权法律制度规定了六项基本规则：

1. 抵押权已登记的，按照登记的先后顺序清偿；顺序相同的，按照债权比例清偿。
2. 抵押权已登记的先于未登记的受偿。
3. 顺位在后的抵押权所担保的债权先到期的，抵押权人只能就抵押物价值超出顺位在先的抵押担保债权的部分受偿。
4. 顺位在先的抵押权所担保的债权先到期的，抵押权实现后的剩余价款应予提存，留待清偿顺位在后的抵押担保债权。
5. 抵押权均未登记的，按照债权比例清偿。
6. 抵押权人可以放弃抵押权或者抵押权的顺位，同时，抵押权人与抵押人也可以协议变更抵押权顺位以及被担保的债权数额等内容，但抵押权的变更，未经其他抵押权人书面同意，不得对其他抵押权人产生不利影响。

**（十二）最高额抵押**

最高额抵押是指抵押人与抵押权人协议，在最高债权额限度内，以抵押物对一定期间内连续发生的债权作担保。

1. 最高额抵押权的从属性与不可分性。

最高额抵押担保的债权确定前，债权可转让，但最高额抵押权不得转让，当事人另有约定的除外。

2. 债权之确定。

浮动抵押是抵押权生效时抵押财产尚未确定，最高额抵押则是抵押权生效时所担保的债权额尚未确定，因而同样需要经过确定步骤。依《物权法》第二百零六条之规定，有下列情形之一的，抵押权人的债权确定：（1）约定的债权确定期间届满；（2）没有约定债权确定期间或者约定不明确，抵押权人或者抵押人自最高额抵押权设立之日起满2年后请求确定债权；（3）新的债权不可能发生；（4）抵押财产被查封、扣押；（5）债务人、抵押人被宣告破产或者被撤销；（6）法律规定债权确定的其他情形。

最高额抵押担保的债权确定前，抵押权人与抵押人可以通过协议变更债权确定的期间、债权范围以及最高债权额，但变更的内容不得对其他抵押权人产生不利影响。

另外，最高额抵押权设立前已经存在的债权，经当事人同意，可以转入最高额抵押担保的债权范围。

### （十三）抵押权的消灭
抵押权主要消灭事由有：(1) 债权消灭；(2) 抵押权实现；(3) 抵押物灭失；(4) 混同。

## 三、质权
在广义上，质权包括动产质权与权利质权两类。不过，质权法律制度系以动产质权为原型而建立，权利质权亦被称为准质权。

### （一）质权的客体
质权不能存在于不动产。能够成为质权客体的，只能是动产或者权利。

1. 动产质权：除法律、行政法规禁止转让的动产外，原则上，所有动产均可出质。
2. 权利质权。

债务人或者第三人有权处分的下列权利可以出质：(1) 汇票、支票、本票；(2) 债券、存款单；(3) 仓单、提单；(4) 可以转让的基金份额、股权；(5) 可以转让的注册商标专用权、专利权、著作权等知识产权中的财产权；(6) 应收账款；(7) 法律、行政法规规定可以出质的其他财产权利。

需要特别界定的是应收账款，它是指权利人因提供一定的货物、服务或设施而获得的要求义务人付款的权利，包括现有的和未来的金钱债权及其产生的收益，但不包括因票据或其他有价证券而产生的付款请求权。

### （三）质权的设定
1. 质权设定行为。设立质权，当事人应当采取书面形式订立质权合同。
2. 交付或登记生效。(1) 动产；(2) 证券权利；(3) 基金份额与股权；(4) 知识产权；(5) 应收账款。

### （四）质权的效力
1. 质押担保的范围。
(1) 所担保的债权范围。
(2) 出质物的范围。
(3) 出质物的物上代位。
2. 质权人的优先受偿权。
3. 质权人的孳息收取权。
4. 质权人的义务。
(1) 保管义务；
(2) 返还义务。
5. 质权之保全。

因不能归责于质权人的事由可能使质押财产毁损或者价值明显减少，足以危害质权人权利的，质权人有权要求出质人提供相应的担保；出质人不提供的，质权人可以拍卖、变卖质押财产，并与出质人通过协议将拍卖、变卖所得的价款提前清偿债务或者提存。

6. 质物处分限制。
(1) 对质权人的限制;
(2) 对出质人的限制。

### (五) 质权的实现

质押财产折价或者拍卖、变卖后,其价款超过债权数额的部分归出质人所有,不足部分由债务人清偿。

出质人可以请求质权人在债务履行期届满后及时行使质权;质权人不行使的,出质人可以请求人民法院拍卖、变卖质押财产。出质人请求质权人及时行使质权,因质权人怠于行使权利造成损害的,由质权人承担赔偿责任。

### (六) 最高额质权

出质人与质权人可以协议设立最高额质权。最高额质权除适应质权自身特点外,其他准用最高额抵押的规则。

### (七) 质权的消灭

诸如债权消灭、质物消灭、质权实现等均与抵押权大致相同,特别之处在于质权人丧失质押物的占有。另外,质权人可以放弃质权。

## 四、留置权

债务人不履行到期债务,债权人可以留置已经合法占有的债务人的动产,并有权就该动产优先受偿。

留置权属于法定担保物权,不必有当事人之间的担保合同,只要具备法定要件,即可成立。不过,当事人可以特约排除留置权。

### (一) 留置权的成立

依物权法律制度之规定,留置权之成立,需具备以下要件:

1. 债权人占有债务人之动产。债权人须合法占有债务人动产。
2. 债权已届清偿期。债权人的债权未届清偿期,其交付或返回所占有标的物的义务已届履行期的,不能行使留置权。但是,债权人能够证明债务人无支付能力的除外。
3. 动产之占有与债权属同一法律关系。

### (二) 留置权的效力

1. 留置担保的范围。
(1) 所担保债权的范围。留置担保的范围包括主债权及利息、违约金、损害赔偿金、留置物保管费用和实现留置权的费用。
(2) 留置物的范围。留置财产为可分物的,留置财产的价值应当相当于债务的金额。
2. 留置权人的优先受偿权。

债务人逾期未履行债务的,留置权人可以与债务人协议以留置财产折价,也可以就拍卖、变卖留置财产所得的价款优先受偿。

3. 留置权人的孳息收取权。

留置权人有权收取留置财产的孳息。所收取的孳息应当先充抵收取孳息的费用。

4. 留置权人的保管义务。

留置权人负有妥善保管留置财产的义务；因保管不善致使留置财产毁损、灭失的，应当承担赔偿责任。

5. 留置权人的通知义务。

债权人与债务人应当在合同中约定，债权人留置财产后，债务人应当在不少于两个月的期限内履行债务。债权人与债务人在合同中未约定的，债权人留置债务人财产后，应当确定两个月以上的期限，通知债务人在该期限内履行债务。

债权人未按上述期限通知债务人履行义务，而直接变价处分留置物的，应当对此造成的损失承担赔偿责任。但若债权人与债务人已在合同中约定宽限期的，债权人可以不经通知，直接行使留置权。

6. 抵押权、质权与留置权的效力等级。

同一动产上已设立抵押权或者质权，该动产又被留置的，留置权人优先受偿；同一财产法定登记的抵押权与质权并存时，抵押权人优先于质权人受偿；质权与未登记抵押权并存时，质权人优先于抵押权人受偿。

### （三）留置权的实现

债权人留置财产后，应与债务人约定留置财产后的债务履行期间；没有约定或者约定不明确的，留置权人应当给债务人两个月以上履行债务的期间，但鲜活易腐等不易保管的动产除外。债务人逾期未履行的，留置权人可以与债务人协议以留置财产折价，也可以就拍卖、变卖留置财产所得的价款优先受偿。留置财产折价或者变卖的，应当参照市场价格。

留置财产折价或者拍卖、变卖后，其价款超过债权数额的部分归债务人所有，不足部分由债务人清偿。

另外，债务人可以请求留置权人在债务履行期届满后行使留置权；留置权人不行使的，债务人可以请求人民法院拍卖、变卖留置财产。

### （四）留置权的消灭

留置权因下列原因消灭：（1）债权消灭；（2）债务人另行提供担保并被债权人接受；（3）留置权人对留置财产丧失占有。

# 第四章 合同法律制度

## 第一节 合同的基本理论

### 一、合同与合同法

（一）合同

《中华人民共和国合同法》（以下简称《合同法》）所称"合同"，是指平等主体的自然人、法人、其他组织之间设立、变更、终止民事权利义务关系的协议。根据这个定义，合同是平等主体之间的民事法律关系，任何一方不论其所有制性质及行政地位，都不能将自己的意志强加给对方。

（二）合同法

合同法是调整平等主体之间商品交换关系的法律规范的总称。

合同法具有以下特征：（1）合同法是私法。合同作为一种法律事实，是当事人自由约定、协商一致的结果。如果当事人之间的约定合法，则这些约定在当事人之间产生相当于法律的效力。（2）合同法是自治法。合同法主要是通过任意性法律规范而不是强制性法律规范调整合同关系。合同法通过任意性规范或引导当事人的行为，或补充当事人意思的不完整。合同法对当事人意思自治的限制，即合同法中的强制性规范，被严格限制在合理与必要的范围之内。（3）合同法是财产交易法。合同法主要调整财产的流转关系，即从动态角度为财产关系提供法律保护。

（三）《合同法》的适用范围

虽然根据《合同法》第二条的规定，平等主体之间有关民事权利义务关系设立、变更、终止的协议均在《合同法》的调整范围，但根据《合同法》第二条第二款的规定，婚姻、收养、监护等有关身份关系的协议，不适用《合同法》的调整。

另外，在涉外合同中，能否适用合同法的规定要根据具体情况分析。

### 二、合同的分类

根据不同的分类标准，可将合同分为不同的种类。通常，在立法与合同法理论上对合同作以下分类：（1）有名合同与无名合同；（2）单务合同与双务合同；（3）诺成合同与实践合同。

### 三、合同的相对性

合同的相对性主要体现在四个方面：（1）主体的相对性；（2）内容的相对性；（3）责任的相对性；（4）合同相对性的例外。

虽然合同关系具有相对性，但这种相对性在一定条件下也可能会因为"物权化"或者保障债权实现等原因而被打破。

## 第二节　合同的订立

### 一、合同订立程序——要约与承诺

当事人订立合同应当具备相应的资格，即应具有相应的民事权利能力和民事行为能力。除依据合同性质不能代理的以外，当事人可以委托代理人订立合同。当事人订立合同，可以采取书面形式、口头形式和其他形式。

当事人订立合同的一般程序包括要约、承诺两个阶段。

**（一）要约**

要约是指希望和他人订立合同的意思表示。要约可以向特定人发出，也可以向非特定人发出。根据《合同法》的规定，该意思表示应当符合下列规定：（1）内容具体确定；（2）表明经受要约人承诺，要约人即受该意思表示的约束。

要约到达受要约人时生效。采用数据电文形式订立合同，收件人指定特定系统接收数据电文的，该数据电文进入该特定系统的时间，视为到达时间；未指定特定系统的，《合同法》第十六条第二款规定"该数据电文进入收件人的任何系统的首次时间，视为到达时间"。但2017年《民法总则》一百三十七条第二款改为"相对人知道或者应当知道该数据电文进入其系统时生效"。应以新法为准。

要约可以撤回。撤回要约的通知应当在要约到达受要约人之前或者与要约同时到达受要约人。撤回要约是在要约尚未生效的情形下发生的。如果要约已经生效，则非要约的撤回，而是要约的撤销。

要约也可以撤销。撤销要约的通知应当在受要约人发出承诺通知之前到达受要约人。但下列情形下的要约不得撤销：（1）要约人确定了承诺期限的；（2）以其他形式明示要约不可撤销的；（3）受要约人有理由认为要约是不可撤销的，并已经为履行合同作了准备工作。

有下列情形之一的，要约失效：（1）拒绝要约的通知到达要约人；（2）要约人依法撤销要约；（3）承诺期限届满，受要约人未作出承诺；（4）受要约人对要约的内容作出实质性变更。

**（二）承诺**

承诺是受要约人同意要约的意思表示。承诺应当由受要约人向要约人作出，并在要约确定的期限内到达要约人。

承诺自通知到达要约人时生效。承诺不需要通知的,自根据交易习惯或者要约的要求作出承诺的行为时生效。采用数据电文形式订立合同,如同要约,承诺的生效时间亦适用《民法总则》第一百三十七条的规则。承诺生效时合同成立。

## 二、合同成立的时间与地点

1. 合同成立的时间。

由于合同订立方式的不同,合同成立的时间也有不同:(1)承诺生效时合同成立。这是大部分合同成立的时间标准。(2)当事人采用合同书形式订立合同的,自双方当事人签字或者盖章时合同成立。如双方当事人未同时在合同书上签字或盖章,则以当事人中最后一方签字或盖章的时间为合同的成立时间。(3)当事人采用信件、数据电文等形式订立合同的,可以要求在合同成立之前签订确认书。签订确认书时合同成立。

2. 合同成立的地点。

由于合同订立方式的不同,合同成立地点的确定标准也有不同:(1)承诺生效的地点为合同成立的地点。这是大部分合同成立的地点标准。(2)采用数据电文形式订立合同的,收件人的主营业地为合同成立的地点;没有主营业地的,其经常居住地为合同成立的地点。当事人另有约定的,按照其约定。(3)当事人采用合同书形式订立合同的,双方当事人签字或者盖章的地点为合同成立的地点。如双方当事人未在同一地点签字或盖章,则以当事人中最后一方签字或盖章的地点为合同成立的地点。(4)采用书面形式订立合同,合同约定的签订地与实际签字或者盖章地点不符的,约定的签订地为合同签订地;合同没有约定签订地,双方当事人签字或者盖章不在同一地点的,最后签字或者盖章的地点为合同签订地。

## 三、格式条款

格式条款是指一方当事人为了与不特定多数人订立合同重复使用而单方预先拟定,并在订立合同时不允许对方协商变更的条款。

## 四、免责条款

免责条款是指合同当事人在合同中规定的排除或限制一方当事人未来责任的条款。基于合同自由原则,对双方当事人自愿订立的免责条款,尤其是事后订立的免责条款,法律原则上不加干涉。但如事先约定的免责条款明显违反诚实信用原则及社会公共利益的,则法律规定其为无效。《合同法》规定,合同中的下列免责条款无效:(1)造成对方人身伤害的;(2)因故意或者重大过失造成对方财产损失的。

## 五、缔约过失责任

缔约过失责任,亦称缔约过错责任,是指当事人在订立合同过程中,因故意或者过失致使合同未成立、未生效、被撤销或无效，给他人造成损失而应承担的损害赔偿责任。

《合同法》规定，当事人在订立合同过程中有下列情形之一，给对方造成损失的，应当承担损害赔偿责任：（1）假借订立合同，恶意进行磋商；（2）故意隐瞒与订立合同有关的重要事实或者提供虚假情况；（3）当事人泄露或者不正当地使用在订立合同过程中知悉的商业秘密；（4）有其他违背诚实信用原则的行为。

缔约过失责任与违约责任存在区别：（1）两种责任产生的时间不同。缔约过失责任发生在合同成立之前；而违约责任产生于合同生效之后。（2）适用的范围不同。缔约过失责任适用于合同未成立、合同未生效、合同无效等情况；违约责任适用于生效合同。（3）赔偿范围不同。缔约过失赔偿的是信赖利益的损失；而违约责任赔偿的是可期待利益的损失。可期待利益的损失要大于或者等于信赖利益的损失。

## 第三节 合同的效力

### 一、合同的生效

合同的生效，是指已依法成立的合同，发生相应的法律效力。

《合同法》根据合同类型的不同，分别规定了不同的合同生效时间：

（1）依法成立的合同，原则上自成立时生效。

（2）法律、行政法规规定应当办理批准、登记等手续生效的，在依照其规定办理批准、登记等手续后生效。

（3）法律、行政法规规定合同应当办理登记手续，但未规定登记后生效的，当事人未办理登记手续不影响合同的效力，但合同标的所有权及其他物权不能转移。根据《物权法》的规定，需要办理登记的抵押合同及商品房买卖合同均属于这类合同，即未登记不影响合同的生效，只影响物权的设立或者转移。

（4）当事人对合同的效力可以附条件或者附期限。附生效条件的合同，自条件成就时生效。附解除条件的合同，自条件成就时失效。当事人为自己的利益不正当地阻止条件成就的，视为条件已成就；不正当地促成条件成就的，视为条件不成就。附生效期限的合同，自期限届至时生效。附终止期限的合同，自期限届满时失效。

### 二、效力待定的合同

合同可以根据其效力层次分为有效合同、效力待定的合同、可撤销合同及无效合同。此部分内容在第二章第一节民事法律行为部分作过详细分析，此处不赘。

## 第四节 合同的履行

### 一、合同的履行规则

**（一）约定不明时合同内容的确定规则**

合同生效后，合同的双方当事人应当正确、适当、全面地完成合同中规定的各项义务，当事人不得因姓名、名称的变更或者法定代表人、负责人、承办人的变动而不履行合同义务。在合同的履行中，当事人应当遵循诚实信用原则，根据合同的性质、目的和交易习惯履行通知、协助、保密等义务。

合同生效后，当事人就质量、价款或者报酬、履行地点等内容没有约定或者约定不明确的，可以协议补充；不能达成补充协议的，按照合同有关条款或者交易习惯确定。

**（二）向第三人履行和由第三人履行**

合同虽是特定主体之间的民事法律行为，但是合同作为一种交易关系，往往是连续交易关系中的一个环节，因此，在合同的履行中常常会涉及第三人，如当事人约定由债务人向第三人履行或由第三人向债权人履行。为保障涉及第三人的合同履行中各方当事人的正当权益，《合同法》规定，当事人约定由债务人向第三人履行债务的，债务人未向第三人履行债务或者履行债务不符合约定，应当向债权人承担违约责任。当事人约定由第三人向债权人履行债务的，第三人不履行债务或者履行债务不符合约定，债务人应当向债权人承担违约责任。从这两个规定来看，对于向第三人履行和由第三人履行，《合同法》严格遵循合同的相对性规则，并不将参与履行的第三人作为合同相对人对待，使其既不承担合同项下的义务，也不享有合同项下的权利。

**（三）中止履行、提前履行与部分履行**

（1）中止履行。债权人分立、合并或者变更住所没有通知债务人，致使履行债务发生困难的，债务人可以中止履行或者将标的物提存。

（2）提前履行。债权人可以拒绝债务人提前履行债务，但提前履行不损害债权人利益的除外。债务人提前履行债务给债权人增加的费用，由债务人负担。需要注意的是，《合同法》第二百零八条的规定把提前履行作为借款人的一项权利对待，因此，属于提前履行规则的例外。

（3）债权人可以拒绝债务人部分履行债务，但部分履行不损害债权人利益的除外。债务人部分履行债务给债权人增加的费用，由债务人负担。

### 二、双务合同履行中的抗辩权

双务合同中的双方当事人互为债权人和债务人，双方的履行给付具有牵连性，为了体现双方权利义务的对等及保护交易安全，《合同法》为双务合同的债务人规定了同时履行抗辩权、先履行抗辩权和不安抗辩权三种履行抗辩权，使得债务人可以在法律规定的情况下保留给付以对抗相对人的请求权。

### 三、债权人代位权

债权人代位权，是指债务人怠于行使其对第三人（次债务人）享有的到期债权，危及债权人债权实现时，债权人为保障自己的债权，可以自己的名义代位行使债务人对次债务人的债权的权利。

#### （一）代位权行使的条件

结合《合同法》及《合同法解释（一）》的规定，债权人提起代位权诉讼，应当符合下列条件：

（1）债权人对债务人的债权合法。
（2）债务人怠于行使其到期债权，对债权人造成损害。
（3）债务人的债权已到期。
（4）债务人的债权不是专属于债务人自身的债权。

#### （二）代位权诉讼中的主体及管辖

根据《合同法解释（一）》，在代位权诉讼中，债权人是原告，次债务人是被告，债务人为诉讼上的第三人。因此在代位权诉讼中，如果债权人胜诉的，由次债务人承担诉讼费用，且从实现的债权中优先支付。诉讼费用从实现的债权中优先支付，其目的在于确保债权人的利益不因提起代位权诉讼而受到损害。代位权诉讼的其他必要费用则由债务人承担。代位权诉讼由被告住所地人民法院管辖。

#### （三）代位权行使的法律效果

根据《合同法解释（一）》，债权人向次债务人提起的代位权诉讼经人民法院审理后认定代位权成立的，由次债务人向债权人履行清偿义务，债权人与债务人、债务人与次债务人之间相应的债权债务关系即予消灭。从此规定来看，债权人的债权就代位权行使的结果有优先受偿权利。在代位权诉讼中，次债务人对债务人的抗辩，可以向债权人主张。

### 四、债权人撤销权

债权人撤销权，是指债务人实施了减少财产行为，危及债权人债权实现时，债权人为保障自己的债权请求人民法院撤销债务人处分行为的权利。此撤销权不同于可撤销民事法律行为中的撤销权。

#### （一）撤销权的成立要件

根据《合同法》的规定，债权人行使撤销权，应当具备以下条件：

（1）债权人须以自己的名义行使撤销权。
（2）债权人对债务人存在有效债权。债权人对债务人的债权可以到期，也可以不到期。
（3）债务人实施了减少财产的处分行为。
（4）债务人的处分行为有害于债权人债权的实现。

#### （二）撤销权行使的期限

撤销权的行使有期限限制，根据《合同法》的规定，撤销权应当自债权人知道或者应当知道撤销事由之日起一年内行使。自债务人的行为发生之日起五年内没有行使撤销权的,该撤销权消灭。此处的"五年"期间为除斥期间,不适用诉讼时效中止、中断或者延长的规定。

**(三) 撤销权行使的法律效果**

一旦人民法院确认债权人的撤销权成立,债务人的处分行为即归于无效。

**(四) 撤销权诉讼中的主体与管辖**

撤销权的行使必须通过诉讼程序。在诉讼中,债权人为原告,债务人为被告,受益人或者受让人为诉讼上的第三人。撤销权诉讼由被告住所地人民法院管辖。

## 第五节 合同的担保

### 一、合同担保的基本理论

**(一) 担保方式**

担保是指法律规定或者当事人约定的以保证合同履行、保障债权人利益实现的法律措施。担保具有从属性与补充性特征。

合同的担保方式一般有五种,即:保证、抵押、质押、留置和定金。其中,保证、抵押、质押和定金,都是依据当事人的合同而设立,称为约定担保。留置则是直接依据法律的规定而设立,无须当事人之间特别约定,称为法定担保。定金是以一定的金钱为担保的基础,称为金钱担保。

**(二) 担保合同的无效**

1. 担保无效的情形。

担保合同必须合法方才有效。根据有关法律和司法解释规定,下列担保合同无效:

(1) 国家机关和以公益为目的的事业单位、社会团体违法提供担保的,担保合同无效。

(2) 以法律、法规禁止流通的财产或者不可转让的财产设定担保的,担保合同无效。

2. 担保合同无效的法律责任。

担保合同被确认无效时,债务人、担保人、债权人有过错的,应当根据其过错各自承担相应的民事责任,即承担《合同法》规定的缔约过失责任。根据《担保法司法解释》的规定,"相应的民事责任"具体区分为:

(1) 主合同有效而担保合同无效,债权人无过错的,担保人与债务人对主合同债权人的经济损失,承担连带赔偿责任;债权人、担保人有过错的,担保人承担民事责任的部分,不应超过债务人不能清偿部分的1/2。

(2) 主合同无效而导致担保合同无效,担保人无过错则不承担民事责任;担保人有过错的,应承担的民事责任不超过债务人不能清偿部分的1/3。

(3) 担保人因无效担保合同向债权人承担赔偿责任后,可以向债务人追偿,或者在承担赔偿责任的范围内,要求有过错的反担保人承担赔偿责任。

## 二、保证

### (一) 保证与保证合同

1. 保证的概念。

保证是指第三人和债权人约定,当债务人不履行其债务时,该第三人按照约定履行债务或者承担责任的担保方式。"第三人"被称作保证人;"债权人"既是主债的债权人,也是保证合同中的债权人。保证是保证人与债权人之间的合同关系。保证的方式有两种,即一般保证和连带责任保证。

2. 保证合同。

保证合同,是指保证人与债权人订立的在主债务人不履行其债务时,由保证人承担保证债务的协议。

### (二) 保证人

保证合同当事人为保证人和债权人。债权人可以是一切享有债权之人,自然人、法人抑或其他组织,均无不可。自然人、法人或者其他组织均可以为保证人,保证人也可以为两人以上。但法律对保证人仍有相应的限制,这些限制主要有:

(1) 主债务人不得同时为自身保证人。
(2) 国家机关原则上不得为保证人。
(3) 学校、幼儿园、医院等以公益为目的的事业单位、社会团体不得做保证人。
(4) 企业法人的职能部门不得担任保证人。
(5) 企业法人的分支机构原则上不得担任保证人。
(6) 保证人必须有代为清偿债务的能力。

### (三) 保证方式

(1) 一般保证和连带责任保证。
(2) 单独保证和共同保证。

### (四) 保证责任

1. 保证责任的范围。

根据《担保法》的规定,保证担保的责任范围包括主债权及利息、违约金、损害赔偿金和实现债权的费用。保证合同对责任范围另有约定的,从约定。当事人对保证担保的范围没有约定或者约定不明确的,保证人应当对全部债务承担责任。

2. 主合同变更与保证责任承担。

保证期间,债权人依法将主债权转让给第三人,保证债权同时转让,保证人在原保证担保的范围内对受让人承担保证责任。但是保证人与债权人事先约定仅对特定的债权人承担保证责任或者禁止债权转让的,保证人不再承担保证责任。

保证期间,债权人许可债务人转让债务的,应当取得保证人书面同意,保证人对未经其同意转让的债务部分,不再承担保证责任。

保证期间,债权人与债务人协议变更主合同的,应当取得保证人书面同意。

3. 保证期间与保证的诉讼时效。

保证期间为保证责任的存续期间,是债权人向保证人行使追索权的期间。保证期间性质上属于除斥期间，不发生诉讼时效的中止、中断和延长。债权人没有在保证期间主张权利的，保证人免除保证责任。"主张权利"的方式在一般保证中表现为对债务人提起诉讼或者申请仲裁，在连带责任保证中表现为向保证人要求承担保证责任。

当事人可以在合同中约定保证期间。如果没有约定的，保证期间为6个月。在连带责任保证的情况下，债权人有权自主债务履行期届满之日起6个月内要求保证人承担保证责任；在一般保证场合，债权人应自主债务履行期届满之日起6个月内对债务人提起诉讼或者申请仲裁。保证合同约定的保证期间早于或者等于主债务履行期限的，视为没有约定。保证合同约定保证人承担保证责任，直至主债务本息还清时为止等类似内容的，视为约定不明，保证期间为主债务履行期届满之日起2年。如果主债务履行期限没有约定或者约定不明时，保证期间自债权人要求债务人履行债务的宽限期届满之次日计算。

在保证期间中，债权人主张权利的，保证责任确定。连带保证，从确定保证责任时起，开始起算保证的诉讼时效。一般保证，则在对债务人提起诉讼或者申请仲裁的判决或者仲裁裁决生效之日起算保证的诉讼时效。保证的诉讼时效期限，按照《民法通则》的规定应为2年。

一般保证中，主债务诉讼时效中断，保证债务诉讼时效中断；连带责任保证中，主债务诉讼时效中断，保证债务诉讼时效不中断。一般保证和连带责任保证中，主债务诉讼时效中止的，保证债务的诉讼时效同时中止。

最高额保证合同对保证期间没有约定或者约定不明的，如合同约定有保证人清偿债务期限的，保证期间为清偿期限届满之日起6个月；没有约定的，保证期间为自最高额保证终止之日或自债权人收到保证人终止保证合同的书面通知之日起6个月。保证人对于通知到达债权人前所发生的债权，承担保证责任。

保证责任消灭后，债权人书面通知保证人要求承担保证责任或者清偿债务，保证人在催款通知书上签字的，人民法院不得认定保证人继续承担保证责任。但是，该催款通知书内容符合《合同法》和《担保法》有关担保合同成立的规定，并经保证人签字认可，能够认定成立新的保证合同的，人民法院应当认定保证人按照新保证合同承担责任。

4. 特殊情形下的保证责任。

第三人向债权人保证监督支付专款专用的，在履行此项义务后，不再承担责任。未尽监督义务造成资金流失的，应当对流失的资金承担补充赔偿责任。

保证人对债务人的注册资金提供保证的，债务人的实际投资与注册资金不符，或者抽逃转移注册资金的，保证人在注册资金不足或者抽逃转移注册资金的范围内承担连带保证责任。

5. 保证人的抗辩权。

由于保证人承担了对债务人的保证责任，所以保证人享有债务人的抗辩权。抗辩权是指债权人行使债权时，债务人根据法定事由对抗债权人行使请求权的权利。如债务人放弃对债务的抗辩权，保证人仍有权抗辩，因其保证责任并未免除。据此，不仅保证人有权参加债权人对债务人的诉讼，在债务人对债权人提起诉讼，债权人提起反诉时，保证人也可以作为第三人参加诉讼。

保证人对已经超过诉讼时效期间的债务承担保证责任或者提供保证的，不得又以超过诉讼时效为由提出抗辩。

6. 共同担保下的保证责任。

在同一债权上既有保证又有物的担保的，属于共同担保。《物权法》规定，被担保的债权既有物的担保又有人的担保的，债务人不履行到期债务或者发生当事人约定的实现担保物权的情形，债权人应当按照约定实现债权；没有约定或者约定不明确，债务人自己提供物的担保的，债权人应当先就该物的担保实现债权；第三人提供物的担保的，债权人可以就物的担保实现债权，也可以要求保证人承担保证责任。提供担保的第三人承担担保责任后，有权向债务人追偿。

7. 保证人不承担责任的情形。

《担保法》规定，有下列情形之一的，保证人不承担民事责任：（1）主合同当事人双方串通，骗取保证人提供保证的；（2）主合同债权人采取欺诈、胁迫等手段，使保证人在违背真实意思的情况下提供保证的；（3）主合同债务人采取欺诈、胁迫等手段，使保证人在违背真实意思的情况下提供保证的，债权人知道或者应当知道欺诈、胁迫事实的，保证人不承担民事责任。但债务人与保证人共同欺骗债权人，订立主合同和保证合同的，债权人可以请求人民法院予以撤销。因此给债权人造成损失的，由保证人与债务人承担连带赔偿责任。

### （五）保证人的追偿权

保证人承担保证责任后，有权向债务人追偿其代为清偿的部分。保证人对债务人行使追偿权的诉讼时效，自保证人向债权人承担责任之日起开始计算。保证人自行履行保证责任时，其实际清偿额大于主债权范围的，保证人只能在主债权范围内对债务人行使追偿权。

### （六）涉及保证人的诉讼问题

一般保证的债权人向债务人和保证人一并提起诉讼的，人民法院可以将债务人和保证人列为共同被告参加诉讼。但是，应当在判决书中明确在对债务人财产依法强制执行后仍不能履行债务时，由保证人承担保证责任。连带责任保证的债权人可以将债务人或者保证人作为被告提起诉讼，也可以将债务人和保证人作为共同被告提起诉讼。债务人对债权人提起诉讼，债权人提起反诉的，保证人可以作为第三人参加诉讼。

在民间借贷纠纷中，保证人为借款人提供连带责任保证，出借人仅起诉借款人的，人民法院可以不追加保证人为共同被告；出借人仅起诉保证人的，人民法院可以追加借款人为共同被告。保证人为借款人提供一般保证，出借人仅起诉保证人的，人民法院应当追加借款人为共同被告；出借人仅起诉借款人的，人民法院可以不追加保证人为共同被告。

## 三、定金

### （一）定金的概念及种类

定金，系以确保合同的履行为目的，由当事人一方在合同订立前后，合同履行前预先交付于另一方的金钱或者其他代替物的法律制度。按照定金的目的和功能，可以把定金分为立约定金、成约定金、证约定金、违约定金、解约定金等。

## （二）定金的生效与法律效力

《担保法》规定，定金应当以书面形式约定。当事人在定金合同中应当约定交付定金的期限。定金合同从实际交付定金之日起生效。故定金合同是实践性合同。

定金的效力表现为以下几个方面：

（1）定金一旦交付，定金所有权发生移转。

（2）给付定金一方不履行约定的债务的，无权要求返还定金；收受定金的一方不履行约定的债务的，应当双倍返还定金。

（3）在迟延履行或者有其他违约行为时，并不能当然适用定金罚则。

（4）当事人约定的定金数额不得超过主合同标的额的20%。超过20%的，超过部分无效。

（5）因不可抗力、意外事件致使主合同不能履行的，不适用定金罚则。因合同关系以外第三人的过错，致使主合同不能履行的，适用定金罚则。受定金处罚的一方当事人，可以依法向第三人追偿。

（6）如果在同一合同中，当事人既约定违约金，又约定定金的，在一方违约时，当事人只能选择适用违约金条款或者定金条款，不能同时要求适用两个条款。

# 第六节　合同的变更与转让

## 一、合同的变更

《合同法》所称合同的变更是指合同内容的变更，不包括合同主体的变更。合同主体的变更属于合同的转让。

## 二、债权转让

### （一）债权转让的条件

债权转让，是指债权人将合同的权利全部或者部分转让给第三人的法律制度。其中债权人是转让人，第三人是受让人。《合同法》规定，债权人转让权利的，无须债务人同意，但应当通知债务人。未经通知，该转让对债务人不发生效力。债权人转让权利的通知不得撤销，但经受让人同意的除外。根据此条规定，债权转让不以债务人的同意为生效条件，但是要对债务人发生效力，则必须通知债务人。

### （二）禁止债权转让的情形

《合同法》规定，下列情形的债权不得转让：（1）根据合同性质不得转让。主要是指基于当事人特定身份而订立的合同，如出版合同、赠与合同、委托合同等。（2）按照当事人约定不得转让。（3）依照法律规定不得转让。

### （三）债权转让的效力

对债权人而言，在全部转让的情形下，原债权人脱离债权债务关系，受让人取代债权人地位。在部分转让的情形下，原债权人就转让部分丧失债权。

对受让人而言，债权人转让权利的，受让人取得与债权有关的从权利，如抵押权，但该从权利专属于债权人自身的除外。

对债务人而言，债权人权利的转让，不得损害债务人的利益，不应影响债务人的权利：

（1）债务人接到债权转让通知后，债务人对让与人的抗辩可以向受让人主张，如提出债权无效、诉讼时效已过等事由的抗辩。

（2）债务人接到债权转让通知时，债务人对让与人享有债权，并且其债权先于转让的债权到期或者同时到期的，债务人可以向受让人主张抵销。

### 三、债务承担

《合同法》规定，债务人将合同义务的全部或者部分转移给第三人的，应当经债权人同意。这是因为新债务人的资信情况和偿还能力须得到债权人的认可，以免债权人的利益受到不利影响。债务人转移义务的，新债务人可以主张原债务人对债权人的抗辩。新债务人应当承担与主债务有关的从债务，但该从债务专属于原债务人自身的除外。

债务承担除了《合同法》规定的免责的债务承担以外，还有并存的债务承担，即第三人以担保为目的加入债的关系，与原债务人共同承担同一债务。由于并存的债务承担并不使得原债务人脱离债的关系，因此原则上不以债权人的同意为必要。

### 四、债权债务的概括移转

合同权利义务的概括移转，是指合同一方当事人将自己在合同中的权利义务一并转让的法律制度。《合同法》规定，当事人一方经他方当事人同意，可以将自己在合同中的权利义务一并转让给第三人。概括移转有意定的概括移转和法定的概括移转两种情形。

## 第七节 合同的终止

合同的终止，是指因发生法律规定或当事人约定的情况，使当事人之间的权利义务关系消灭，而使合同终止法律效力。合同消灭的效力，除当事人之间的权利义务终止外，从属于主债的权利义务，也随之消灭。

合同的权利义务终止后，当事人仍负有后合同义务，应当遵循诚实信用原则，根据交易习惯履行通知、协助、保密等义务。

合同的权利义务终止，不影响合同中结算条款、清理条款以及解决争议方法条款的效力。

### 一、清偿

清偿，又叫履行，是指为了实现合同目的，满足债权，合同债务人依照合同的约定圆满完成约定义务的行为和终局状态。它是合同消灭的最主要和最常见的原因。

债务人直接向债权人清偿债务，当然引起合同权利义务的消灭。债务人向债权人的代理人、破产企业的清算组织、收据持有人、行使代位权的债权人、债权人与债务人约定的受领清偿的第三人清偿债务的，合同权利义务也因此而消灭。

清偿一般应由债务人本人为之。债务人的代理人、第三人代为清偿的，也可以发生清偿的效力，但合同约定或依合同性质不能由第三人代为清偿的除外。第三人在代为清偿后，可代位行使债权人的权利。

债务人清偿债务应当按合同标的清偿，但经债权人同意并受领替代物清偿的，也能产生清偿效果。

债务人的给付不足以清偿其对同一债权人所负的数笔相同种类的全部债务，应当优先抵充已到期的债务；几项债务均到期的，优先抵充对债权人缺乏担保或者担保数额最少的债务；担保数额相同的，优先抵充债务负担较重的债务；负担相同的，按照债务到期的先后顺序抵充；到期时间相同的，按比例抵充。但是，债权人与债务人对清偿的债务或者清偿抵充顺序有约定的除外。债务人除主债务之外还应当支付利息和费用，当其给付不足以清偿全部债务时，并且当事人没有约定的，人民法院应当按照下列顺序抵充：（1）实现债权的有关费用；（2）利息；（3）主债务。

## 二、解除

合同的解除，是指合同有效成立以后，没有履行或者没有完全履行之前，双方当事人通过协议或者一方行使解除权的方式，使得合同关系终止的法律制度。合同的解除，分为合意解除与法定解除两种情况。

### （一）合意解除

合意解除，是指根据当事人事先约定的情况或经当事人协商一致而解除合同。约定解除权是一种单方解除，即双方在订立合同时，约定了合同当事人一方解除合同的条件。

### （二）法定解除

法定解除，是指根据法律规定而解除合同。根据《合同法》第九十四条的规定，在下列情形下，当事人可以单方面解除合同：

（1）因不可抗力不能实现合同目的。行使此项解除权，除了有不可抗力事件的发生以外，还必须要求是因不可抗力导致合同目的不能实现。双方当事人均可以行使解除权。

（2）在履行期限届满之前，当事人一方明确表示或者以自己的行为表明不履行主要债务。此项解除权的行使必须是不履行"主要"债务才行。

（3）当事人一方迟延履行主要债务，经催告后在合理期限内仍未履行。此项解除权的行使，必须符合两个条件：①迟延履行"主要"债务；②催告后在合理期限内仍未履行。

（4）当事人一方迟延履行债务或者有其他违约行为致使不能实现合同目的。迟延履行债务或者有其他违约行为并不必然导致解除权的产生。因此，此项解除权的行使条件之一必须是"致使不能实现合同目的"。既然考虑的是合同目的不能实现的这个结果，因此迟延履行的债务不强调必须是"主要"债务，也不需要催告程序。

(5) 法律规定其他解除情形的。

### 三、抵销

抵销是双方当事人互负债务时,一方通知对方以其债权充当债务的清偿或者双方协商以债权充当债务的清偿,使得双方的债务在对等额度内消灭的行为。抵销分为法定抵销与约定抵销。抵销具有简化交易程序、降低交易成本、提高交易安全的作用。

#### (一)法定抵销

《合同法》规定,当事人互负到期债务,该债务的标的物种类、品质相同的,任何一方可以将自己的债务与对方的债务抵销,但依照法律规定或者按照合同性质不得抵销的除外。

《合同法》规定的法定抵销须具备以下条件:

(1) 须双方互负有债务,互享有债权。
(2) 须双方债务的给付为同一种类。
(3) 须双方的债务均届清偿期。
(4) 须双方的债务均为可抵销的债务。

下列债务均不可抵销:(1)法律规定不得抵销的债务。如因故意侵权行为而产生的债务。(2)合同性质不能抵销的债务。如提供劳务的债务、不作为的债务等。(3)当事人约定不得抵销的债务。

法定抵销中的抵销权性质上属于形成权,因此当事人主张抵销的,应当通知对方。通知为非要式。抵销的效果自通知到达对方时生效。抵销不得附条件或者附期限。抵销产生如下法律效力:(1)双方的债权债务于抵销数额内消灭。(2)抵销的意思表示溯及于得为抵销之时。

#### (二)约定抵销

《合同法》规定,当事人互负债务,标的物种类、品质不相同的,经双方协商一致,也可以抵销。

### 四、提存

提存是指非因可归责于债务人的原因,导致债务人无法履行债务或者难以履行债务的情况下,债务人将标的物交由提存机关保存,以终止合同权利义务关系的行为。

#### (一)提存的原因

《合同法》规定,有下列情形之一,难以履行债务的,债务人可以将标的物提存:(1)债权人无正当理由拒绝受领;(2)债权人下落不明;(3)债权人死亡未确定继承人或者丧失民事行为能力未确定监护人;(4)法律规定的其他情形。

#### (二)提存的法律效果

标的物提存后,毁损、灭失的风险由债权人承担。提存期间,标的物的孳息归债权人所有。提存费用由债权人负担。标的物不适于提存或者提存费用过高的,债务人依法可以拍卖或者变卖标的物,提存所得的价款。

提存成立的,视为债务人在其提存范围内已经履行债务,但债务人还负有后合同义务。除债权人下落不明的以外,债务人应当及时通知债权人或者债权人的继承人、监护人。

债权人可以随时领取提存物，但债权人对债务人负有到期债务的，在债权人未履行债务或者提供担保之前，提存部门根据债务人的要求应当拒绝其领取提存物。债权人领取提存物的权利，自提存之日起5年内不行使则消灭，提存物扣除提存费用后归国家所有。此处规定的"5年"时效为不变期间，不适用诉讼时效中止、中断或者延长的规定。

### 五、免除与混同

债权人免除债务人部分或者全部债务的，合同的权利义务部分或者全部终止。

债权和债务同归于一人，即债权债务混同时，合同的权利义务终止，但涉及第三人利益的除外。

## 第八节 违约责任

### 一、违约责任的基本理论

违约责任也称为违反合同的民事责任，是指合同当事人因违反合同义务所承担的责任。《合同法》规定，当事人一方不履行合同义务或者履行合同义务不符合约定的，应当承担继续履行、采取补救措施或者赔偿损失等违约责任。

违约责任具有以下特点：（1）违约责任以合同的有效存在为前提。（2）违约责任是合同当事人不履行合同义务所产生的责任。（3）违约责任具有相对性。

《合同法》规定的违约责任采用严格责任。因此，只要合同当事人有违约行为存在，无论导致违约的原因是什么，除了法定或者约定的免责事由以外，均不得主张免责。

### 二、违约形态

根据合同当事人违反义务的性质、特点的不同，《合同法》将违约行为区分为预期违约和届期违约两种类型，每种类型又可以分为两类。

#### （一）预期违约

预期违约是指在履行期限到来之前一方无正当理由而明确表示其在履行期到来后将不履行合同，或者其行为表明其在履行期到来以后将不可能履行合同。《合同法》第一百零八条规定了预期违约，并将预期违约分为明示的预期违约和默示的预期违约两种。明示与默示的区别在于违约的合同当事人是否通过意思表示明确表达自己不再履行合同的意愿。

#### （二）届期违约

在履行期限到来以后，当事人不履行或不完全履行合同义务的，将构成届期违约。届期违约可以分为不履行和不适当履行两类。

### 三、违约责任的承担方式

#### （一）继续履行

继续履行，又称实际履行，是指债权人在债务人不履行合同义务时，可请求人民法院或者仲裁机构强制债务人实际履行合同义务。

《合同法》规定，当事人一方未支付价款或者报酬的，对方可以要求其支付价款或者报酬，因此金钱之债一定可以要求继续履行。

### （二）补救措施

补救措施，是债务人履行合同义务不符合约定，债权人在请求人民法院或者仲裁机构强制债务人实际履行合同义务的同时，可根据合同履行情况要求债务人采取的补救履行措施。

### （三）损害赔偿

当事人一方不履行合同义务或者履行合同义务不符合约定的，在履行义务或者采取补救措施后，对方还有其他损失的，应当承担损害赔偿责任。损害赔偿的具体方式主要有赔偿损失、支付违约金和适用定金罚则等。

其中，赔偿损失方面，经营者提供商品或者服务有欺诈行为的，应当按照消费者的要求增加赔偿其受到的损失，增加赔偿的金额为消费者购买商品的价款或者接受服务的费用的3倍；增加赔偿的金额不足500元的，为500元。法律另有规定的，依照其规定。

## 四、免责事由

《合同法》规定的法定的免责事由仅限于不可抗力。《合同法》规定，不可抗力"是指不能预见、不能避免并不能克服的客观情况"。常见的不可抗力有：（1）自然灾害。（2）政府行为。（3）社会异常现象。

# 第九节 几类主要的有名合同

## 一、买卖合同

### （一）双方当事人的权利义务

买卖合同双方当事人的权利义务主要是围绕标的物的交付及价款的支付而发生，其中，出卖人的主要义务就是交付标的物并转移标的物的所有权，而买受人的主要义务就是支付价款。

1. 交付标的物。

出卖人应当按照约定的期限交付标的物。当事人约定交付期间的，出卖人可以在该交付期间内的任何时间交付。当事人没有约定标的物的交付期限或者约定不明确的，依照法律规定执行。标的物在订立合同之前已为买受人占有的，合同生效的时间为交付时间。

2. 转移标的物的所有权。

出卖人应当履行向买受人交付标的物或者交付提取标的物的单证，并转移标的物的所有权的义务。故交付标的物时，标的物必须是属于出卖人所有或者出卖人有权处分的物。

3. 标的物的风险负担。

所谓风险,是指在买卖合同生效后,由于不可归责于双方当事人的事由导致标的物遭受毁损、灭失的情形。标的物的风险负担是指,在发生非因可归责于双方当事人的原因导致标的物发生毁损、灭失的情形,应由谁负担由此导致的损失。可归责于一方当事人的事由导致标的物毁损、灭失的,不属于风险负担,应当按照违约责任或者侵权责任处理。

4. 标的物的检验。

标的物出卖人应当按照约定的质量要求交付标的物。出卖人提供有关标的物质量说明的,交付的标的物应当符合该说明的质量要求。

5. 价款支付。

(1) 买受人应当按照约定的数额支付价款。

(2) 买受人应当按照约定的地点支付价款。

(3) 买受人应当按照约定的时间支付价款。

出卖人多交标的物的,买受人可以接收或者拒绝接收多交的部分。买受人接收多交部分的,按照合同的价格支付价款;买受人拒绝接收多交部分的,应当及时通知出卖人。

6. 买卖合同的特别解除规则。

因标的物的主物不符合约定而解除合同的,解除合同的效力及于从物。标的物的从物因不符合约定被解除的,解除的效力不及于主物,即从物有瑕疵的,买受人仅可解除与从物有关的合同部分。

标的物为数物,其中一物不符合约定的,买受人可以就该物解除合同,但该物与他物分离使标的物的价值显受损害的,当事人可以就数物解除合同。

出卖人分批交付标的物的,出卖人对其中一批标的物不交付或者交付不符合约定,致使该批标的物不能实现合同目的的,买受人可以就该批标的物解除合同。

出卖人不交付其中一批标的物或者交付不符合约定,致使今后其他各批标的物的交付不能实现合同目的的,买受人可以就该批以及今后其他各批标的物解除合同。

买受人如果就其中一批标的物解除合同,该批标的物与其他各批标的物相互依存的,可以就已经交付和未交付的各批标的物解除合同。

(二) 特种买卖合同

《合同法》对多种特种买卖合同作了专门规定。

1. 分期付款买卖合同。

分期付款的买受人未支付到期价款的金额达到全部价款的1/5的,出卖人可以要求买受人一并支付到期与未到期的全部价款或者解除合同。出卖人解除合同的,双方应互相返还财产,出卖人可以向买受人要求支付该标的物的使用费。分期付款要求买受人将应付的总价款在一定期间内至少分三次向出卖人支付。

2. 凭样品买卖合同。

凭样品买卖的当事人应当封存样品,并可以对样品质量予以说明。出卖人交付的标的物应当与样品及其说明的质量相同。凭样品买卖的买受人不知道样品有隐蔽瑕疵的,即使交付的标的物与样品相同,出卖人交付的标的物的质量仍然应当符合同种标的物的通常标准。

3. 试用买卖合同。

试用买卖的当事人可以约定标的物的试用期间。对试用期间没有约定或者约定不明确，依照《合同法》的有关规定仍不能确定的，由出卖人确定。试用买卖的买受人在试用期内可以购买标的物，也可以拒绝购买。试用期间届满，买受人对是否购买标的物未作表示的，视为购买。此外，如买受人已支付部分或全部价款，或对标的物实施了出卖、出租、设定担保物权等非试用行为的，应视为同意购买。但买卖合同存在下列约定内容之一的，不属于试用买卖：（1）约定标的物经过试用或者检验符合一定要求时，买受人应当购买标的物；（2）约定第三人经试验对标的物认可时，买受人应当购买标的物；（3）约定买受人在一定期间内可以调换标的物；（4）约定买受人在一定期间内可以退还标的物。

4. 以招标投标方式订立的买卖合同。

《合同法》规定，招标投标买卖的当事人的权利和义务以及招标投标程序等，依照有关法律、行政法规的规定。所谓招标投标，是指由招标人向数人或者公众发出招标通知或招标公告，在诸多投标中按照一定的标准，选择自己最满意的投标人并与之订立合同的方式。招标投标买卖是现代社会中一种重要的竞争买卖形式，尤其在大宗订货和政府采购中被广泛使用。我国有专门的《招标投标法》予以规范。

招标投标买卖的程序，一般分为招标、投标、开标、验标、评标和定标。

5. 商品房买卖合同。

商品房买卖合同是指房地产开发企业将尚未建成或已经竣工的房屋向社会销售并转移房屋所有权于买受人，买受人支付价款的买卖合同。商品房买卖合同包括期房买卖合同与现房买卖合同。

6. 互易合同。

互易合同是当事人约定易货交易，转移标的物所有权的合同。此处的"货"应当是指金钱以外的商品，因此互易合同是指金钱以外相互交换标的物所有权的合同。根据《合同法》第一百七十五条的规定，互易合同参照买卖合同的规定，故互易合同属于双务、诺成的合同。互易合同双方当事人的主要义务是各自向对方交付标的物，并转移标的物的所有权。同时，合同双方各自就标的物的权利状态向对方负担权利瑕疵担保责任。互易合同的标的物价值并不当然对等，实践中常见的是在相互交付标的物并转移标的物所有权以外，一方当事人还须交付一定金钱的情形，此种互易学理上称为附补足金的互易合同。附补足金互易合同中的金钱部分，应当参照买卖合同中关于支付价款部分的规定处理。

## 二、赠与合同

### （一）赠与合同概述

赠与合同是赠与人将自己的财产无偿给予受赠人，受赠人表示接受赠与的合同。赠与合同是单务、无偿、诺成合同。赠与的财产依法需要办理登记等手续的，应当办理有关手续。

赠与可以附义务。赠与附义务的，受赠人应当按照约定履行义务。

因赠与人故意或者重大过失致使赠与的财产毁损、灭失的，赠与人应当承担损害赔偿责任。赠与的财产有瑕疵的，赠与人不承担责任。附义务的赠与，赠与的财产有瑕疵的，赠与人在附义务的限度内承担与出卖人相同的责任。赠与人故意不告知瑕疵或者保证无瑕疵，造成受赠人损失的，应当承担损害赔偿责任。

赠与合同成立后，赠与人的经济状况显著恶化，严重影响其生产经营或者家庭生活的，可以不再履行赠与义务。

### （二）赠与合同的撤销

赠与合同的撤销分为任意撤销和法定撤销。

任意撤销，是指赠与人基于赠与合同的无偿性及单务性特征，在赠与财产的权利转移之前可以撤销赠与。但具有救灾、扶贫等社会公益、道德义务性质的赠与合同或者经过公证的赠与合同，不得撤销赠与。对于这类赠与合同，如果赠与人不交付赠与的财产的，受赠人可以要求交付。

法定撤销，是指当受赠人有忘恩行为时，无论赠与财产的权利是否转移，赠与是否具有救灾、扶贫等社会公益、道德义务性质或者经过公证，赠与人或者赠与人的继承人、法定代理人可以撤销赠与的情形。

1. 赠与人的撤销权。

受赠人有下列情形之一的，赠与人可以行使撤销权：（1）严重侵害赠与人或者赠与人的近亲属；（2）对赠与人有扶养义务而不履行；（3）不履行赠与合同约定的义务。

赠与人的撤销权，自知道或者应当知道撤销原因之日起1年内行使。

2. 赠与人的继承人、法定代理人的撤销权。

因受赠人的违法行为致使赠与人死亡或者丧失民事行为能力的，赠与人的继承人或者法定代理人可以撤销赠与。赠与人的继承人或者法定代理人的撤销权，自知道或者应当知道撤销原因之日起6个月内行使。

如果是法定撤销情形，则撤销权人撤销赠与的，可以向受赠人要求返还赠与的财产。

## 三、借款合同

### （一）借款合同概述

借款合同是借款人向贷款人借款，到期返还借款并支付利息的合同。金融机构贷款或者其他主体贷款的借款合同是诺成合同，自双方意思表示一致时成立。

借款合同转移的是货币的所有权，而非货币的使用权。借款合同应采用书面形式，但自然人之间借款另有约定的除外。

### （二）双方当事人的权利义务

贷款人未按照约定的日期、数额提供借款，造成借款人损失的，应当赔偿损失。借款人未按照约定的日期、数额收取借款的，应当按照约定的日期、数额支付利息。

1. 贷款人按照约定可以检查、监督借款的使用情况。
2. 办理贷款业务的金融机构贷款的利率，应当按照中国人民银行的有关规定确定。

3. 借款的利息不得预先在本金中扣除。
4. 借款人应当按照约定的期限支付利息。
5. 借款人应当按照约定的期限返还借款。

借款人提前偿还借款的，除当事人另有约定的以外，应当按照实际借款的期间计算利息。借款人可以在还款期限届满之前向贷款人申请展期。贷款人同意的，可以展期。

### （三）民间借贷合同

1. 民间借贷的范围。

民间借贷是指自然人、法人、其他组织之间及其相互之间进行资金融通的行为。经金融监管部门批准设立的从事贷款业务的金融机构及其分支机构，因发放贷款等相关金融业务引发的纠纷，不属于民间借贷。

2. 民间借贷案件的受理与管辖。

民间借贷属于合同纠纷，但是当事人间往往没有书面借款合同，因此借据、收据、欠条等债权凭证以及其他能够证明借贷法律关系存在的证据可以作为证明借贷关系的证据。

3. 民间借贷合同的效力。

司法解释就民间借贷的效力作了特别规定：（1）法人之间、其他组织之间以及它们相互之间为生产、经营需要订立的民间借贷合同，原则上有效，除非存在如下情形之一：存在《合同法》第五十二条规定的无效情形；套取金融机构信贷资金又高利转贷给借款人，且借款人事先知道或者应当知道的；以向其他企业借贷或者向本单位职工集资取得的资金又转贷给借款人牟利，且借款人事先知道或者应当知道的；出借人事先知道或者应当知道借款人借款用于违法犯罪活动仍然提供借款的；违背社会公序良俗的；其他违反法律、行政法规效力性强制性规定的。（2）法人或者其他组织在本单位内部通过借款形式向职工筹集资金，用于本单位生产、经营签订的民间借贷合同，其效力与（1）作相同处理。（3）借款人或者出借人的借贷行为涉嫌犯罪，或者已经生效的判决认定构成犯罪，当事人提起民事诉讼的，民间借贷合同并不当然无效。人民法院应当根据（1）中的规则认定民间借贷合同的效力。担保人以借款人或者出借人的借贷行为涉嫌犯罪或者已经生效的判决认定构成犯罪为由，主张不承担民事责任的，人民法院应当依据民间借贷合同与担保合同的效力、当事人的过错程度，依法确定担保人的民事责任。

4. 互联网借贷平台的法律责任。
5. 法定代表人在民间借贷合同中的责任。
6. 民间借贷与买卖合同混合时的处理规则。
7. 民间借贷的利息与利率。

（1）关于利息的约定。借贷双方没有约定利息，出借人不得主张支付借期内利息。

（2）关于利率的约定。借贷双方约定的利率未超过年利率24%，出借人请求借款人按照约定的利率支付利息的，人民法院应予支持。借贷双方约定的利率超过年利率36%，超过部分的利息约定无效。借款人请求出借人返还已支付的超过年利率36%部分的利息的，人民法院应予支持。借贷双方对前期借款本息结算后将利息计入后期借款本金并重新出具债权凭证，如果前期利率没有超过年利率24%，重新出具的债权凭证载明的金额可认定为后期借款本金；超过部分的利息不能计入后期借款本金。约定的利率超过年利率24%，当事人主张超过部分的利息不能计入后期借款本金的，人民法院应予支持。借款人在借款期间届满后应当支付的本息之和，不能超过最初借款本金与以最初借款本金为基数，以年利率24%计算的整个借款期间的利息之和。出借人请求借款人支付超过部分的，人民法院不予支持。

（3）关于逾期利率。借贷双方对逾期利率有约定的，从其约定，但以不超过年利率24%为限。借贷双方未约定逾期利率或者约定不明的，区分不同情况处理：既未约定借期内的利率，也未约定逾期利率，出借人主张借款人自逾期还款之日起按照年利率6%支付资金占用期间利息的，人民法院应予支持；约定了借期内的利率但未约定逾期利率，出借人主张借款人自逾期还款之日起按照借期内的利率支付资金占用期间利息的，人民法院应予支持。

（4）逾期利率与其他违约责任。出借人与借款人既约定了逾期利率，又约定了违约金或者其他费用，出借人可以选择主张逾期利息、违约金或者其他费用，也可以一并主张，但总计超过年利率24%的部分，人民法院不予支持。

#### （四）自然人之间的借款合同

自然人之间的借款，是指双方当事人均为自然人的借款合同。自然人之间的借款合同为实践合同，自贷款人提供借款时生效。一般认为，具有下列情形之一的，可以认为满足了"出借人提供借款"的要件，合同生效：（1）以现金支付的，自借款人收到借款时；（2）以银行转账、网上电子汇款或者通过网络贷款平台等形式支付的，自资金到达借款人账户时；（3）以票据交付的，自借款人依法取得票据权利时；（4）出借人将特定资金账户支配权授权给借款人的，自借款人取得对该账户实际支配权时；（5）出借人以与借款人约定的其他方式提供借款并实际履行完成时。

### 四、租赁合同

#### （一）租赁合同概述

租赁合同是出租人将租赁物交付承租人使用、收益，承租人支付租金的合同。租赁合同为有偿、双务、诺成合同。

租赁合同转让的是租赁物的使用权，故租赁物一般应为特定的非消耗物。正因为如此，合同的最长期限也应有所限制。《合同法》规定，租赁期限不得超过20年。超过20年的，超过部分无效。租赁期间届满，当事人可以续订租赁合同，但约定的租赁期限自续订之日起仍不得超过20年。

双方如果没有约定租赁期限时，租赁合同按不定期租赁处理。根据《合同法》的规定，不定期租赁主要有以下几种情况：（1）租赁期限6个月以上的，合同应当采用书面形式。当事人未采用书面形式的，视为不定期租赁。（2）当事人对租赁期限没有约定或者约定不明确，依照《合同法》的有关规定仍不能确定的，视为不定期租赁。（3）租赁期届满，承租人继续使用租赁物，出租人没有提出异议的，原租赁合同继续有效，但租赁期限为不定期。

对于不定期租赁，双方当事人均可以随时解除合同，但出租人解除合同应当在合理期限之前通知承租人。

### (二) 双方当事人的权利义务

出租人应当按照约定将租赁物交付承租人，并在租赁期间保持租赁物符合约定的用途。承租人应当按照约定的方法使用租赁物。对租赁物的使用方法没有约定或者约定不明确，依照《合同法》的有关规定仍不能确定的，应当按照租赁物的性质使用。

承租人按照约定的方法或者租赁物的性质使用租赁物，致使租赁物受到损耗的，不承担损害赔偿责任。承租人未按照约定的方法或者租赁物的性质使用租赁物，致使租赁物受到损失的，出租人可以解除合同并要求赔偿损失。

出租人应当履行租赁物的维修义务，但当事人另有约定的除外。承租人在租赁物需要维修时可以要求出租人在合理期限内维修。出租人未履行维修义务的，承租人可以自行维修，维修费用由出租人负担。因维修租赁物影响承租人使用的，应当相应减少租金或者延长租期。

承租人经出租人同意，可以对租赁物进行改善或者增设他物。承租人未经出租人同意，对租赁物进行改善或者增设他物的，出租人可以要求承租人恢复原状或者赔偿损失。

承租人经出租人同意，可以将租赁物转租给第三人。承租人转租的，承租人与出租人之间的租赁合同继续有效，第三人对租赁物造成损失的，承租人应当赔偿损失。承租人未经出租人同意转租的，出租人可以解除合同。

在租赁期间因占有、使用租赁物获得的收益，归承租人所有，但当事人另有约定的除外。

承租人应当按照约定的期限支付租金。对支付期限没有约定或者约定不明确，依照《合同法》的有关规定仍不能确定的，租赁期间不满1年的，应当在租赁期间届满时支付；租赁期间1年以上的，应当在每届满1年时支付，剩余期间不满1年的，应当在租赁期间届满时支付。

承租人无正当理由未支付或者迟延支付租金的，出租人可以要求承租人在合理期限内支付。承租人逾期不支付的，出租人可以解除合同。

因第三人主张权利，致使承租人不能对租赁物使用、收益的，承租人可以要求减少租金或者不支付租金。第三人主张权利的，承租人应当及时通知出租人。

租赁物在租赁期间发生所有权变动的，不影响租赁合同的效力。学理上称为"买卖不破租赁"，但在掌握时要注意，所有的所有权让与均不破租赁，并非仅限于买卖。

### (三) 租赁合同的解除与延期

因不可归责于承租人的事由，致使租赁物部分或者全部毁损、灭失的，承租人可以要求减少租金或者不支付租金；因租赁物部分或者全部毁损、灭失，致使不能实现合同目的的，承租人可以解除合同。

租赁物危及承租人的安全或者健康的，即使承租人订立合同时明知该租赁物质量不合格，承租人仍然可以随时解除合同。

租赁期届满，承租人应当返还租赁物。返还的租赁物应当符合按照约定或者按照租赁物的性质使用后的状态。

### （四）房屋租赁合同

房屋租赁合同，是指以不动产——房屋为租赁标的物的租赁合同。作为一种特殊租赁合同，除了要遵守一般租赁合同的规定以外，还要注意以下问题：

1. 房屋租赁的无效与处理。

房屋租赁合同存在下列情形时，合同无效：（1）出租人就未取得建设工程规划许可证或者未按照建设工程规划许可证的规定建设的房屋，与承租人订立的租赁合同无效。但在一审法庭辩论终结前取得建设工程规划许可证或者经主管部门批准建设的，人民法院应当认定有效。（2）出租人就未经批准或者未按照批准内容建设的临时建筑，与承租人订立的租赁合同无效。但在一审法庭辩论终结前经主管部门批准建设的，人民法院应当认定有效。（3）租赁期限超过临时建筑的使用期限，超过部分无效。但在一审法庭辩论终结前经主管部门批准延长使用期限的，人民法院应当认定延长使用期限内的租赁期间有效。

2. 房屋租赁中承租人的优先权。

出租人出卖租赁房屋的，应当在出卖之前的合理期限内通知承租人，承租人享有以同等条件优先购买的权利。这是房屋租赁合同中特别为承租人设计的优先购买权，这是"居者有其屋"的政治理想在法律上的反映。因此，只有房屋租赁规定了优先购买权，其他标的物租赁并不适用优先购买权。

3. 房屋租赁中同住人的权利。

承租人在房屋租赁期间死亡的，与其生前共同居住的人可以按照原租赁合同租赁该房屋。承租人租赁房屋用于以个体工商户或者个人合伙方式从事经营活动，承租人在租赁期间死亡、宣告失踪或者宣告死亡，其共同经营人或者其他合伙人请求按照原租赁合同租赁该房屋的，人民法院应予支持。

### 五、融资租赁合同

融资租赁合同是出租人根据承租人对出卖人、租赁物的选择，向出卖人购买租赁物，提供给承租人使用，承租人支付租金的合同。典型的融资租赁关系涉及三方当事人，即出租人、承租人和出卖人，内容涉及租赁和买卖两个方面。其中的承租人和出卖人可以是同一主体。即承租人将其自有物出卖给出租人，再通过融资租赁合同将租赁物从出租人处租回的，人民法院不应仅以承租人和出卖人系同一人为由认定不构成融资租赁法律关系。融资租赁合同应当采用书面形式。

融资租赁合同虽具有租赁的性质，但其目的是融资。根据融资租赁的这个特点，在融资租赁合同标的物的行政许可、风险承担等问题上采取如下处理规则：（1）如果承租人对于租赁物的经营使用应当取得行政许可，出租人未取得行政许可的，不得以此为理由认定融资租赁合同无效。（2）承租人占有租赁物期间，租赁物毁损、灭失的风险由承租人承担，出租人要求承租人继续支付租金的，人民法院应予支持。但当事人另有约定或者法律另有规定的除外。

融资租赁的租赁物是出租人为承租人的使用而特别购入的，出租人通过为承租人提供融资的方式取得租金，租金是融资的对价，而非标的物使用的对价。所以，在融资租赁合同中，承租人解除合同的权利应当受到一定的限制，在合同有效期内，无正当、充分的理由不得解除合同。

出租人根据承租人对出卖人、租赁物的选择与出卖人订立买卖合同，出卖人按照约定向承租人交付标的物，承租人享有与受领标的物有关的买受人的权利。承租人检验标的物合格后出具验收合格通知书，并与出租人订立融资租赁合同，出租人据此向出卖人付款。出卖人违反合同约定的向承租人交付标的物的义务，存在下列情形之一的，承租人可以拒绝受领租赁物：(1) 租赁物严重不符合约定的；(2) 出卖人未在约定的交付期间或者合理期间内交付租赁物，经承租人或者出租人催告，在催告期满后仍未交付的。

承租人拒绝受领租赁物，未及时通知出租人，或者无正当理由拒绝受领租赁物，造成出租人损失，出租人可以要求承租人承担损害赔偿责任。

出租人、出卖人、承租人可以约定，出卖人不发行买卖合同义务的，由承租人行使索赔的权利。承租人行使索赔权利的，出租人应当予以协助。承租人对出卖人行使索赔权，不影响其履行融资租赁合同项下支付租金的义务，但承租人以依赖出租人的技能确定租赁物或者出租人干预选择租赁物为由，主张减轻或者免除相应租金支付义务的除外。

出租人根据承租人对出卖人、租赁物的选择订立的买卖合同，未经承租人同意，出租人不得变更与承租人有关的合同内容。

出租人享有租赁物的所有权。承租人破产的，租赁物不属于破产财产。承租人或者租赁物的实际使用人，未经出租人同意不得转让租赁物或者在租赁物上设立其他物权。

有下列情形之一，出租人可以要求解除融资租赁合同：(1) 承租人未经出租人同意，将租赁物转让、转租、抵押、质押、投资入股或者以其他方式处分租赁物的；(2) 承租人未按照合同约定的期限和数额支付租金，符合合同约定的解除条件，经出租人催告后在合理期限内仍不支付的；(3) 合同对于欠付租金解除合同的情形没有明确约定，但承租人欠付租金达到两期以上，或者数额达到全部租金百分之十五以上，经出租人催告后在合理期限内仍不支付的；(4) 承租人违反合同约定，致使合同目的不能实现的其他情形。

因出租人的原因致使承租人无法占有、使用租赁物，承租人可以请求解除融资租赁合同。

融资租赁合同的租金，除当事人另有约定的以外，应当根据购买租赁物的大部分或者全部成本以及出租人的合理利润确定。

### 六、承揽合同

承揽合同是承揽人按照定作人的要求完成工作，交付工作成果，定作人给付报酬的合同。承揽合同是双务、有偿、诺成的合同。承揽合同中的工作成果可以是有形的，也可以是无形的。承揽人可为多人，除当事人另有约定，共同承揽人对定作人承担连带责任。承揽包括加工、定作、修理、复制、测试、检验等工作。

## 七、建设工程合同

### （一）建设工程合同概述

1. 建设工程合同的概念及特点。

建设工程合同是承包人进行工程建设，发包人支付价款的合同。

2. 建设工程合同的无效。

建设工程施工合同具有下列情形之一的，属于无效合同：（1）承包人未取得建筑施工企业资质或者超越资质等级的；（2）没有资质的实际施工人借用有资质的建筑施工企业名义的；（3）建设工程必须进行招标而未招标或者中标无效的。

承包人超越资质等级许可的业务范围签订建设工程施工合同，在建设工程竣工前取得相应资质等级，不按照无效合同处理。

建设工程施工合同无效，但建设工程经竣工验收合格，承包人可以请求参照合同约定支付工程价款。

建设工程施工合同无效，且建设工程经竣工验收不合格的，按照以下情形分别处理：（1）修复后的建设工程经竣工验收合格，发包人可以请求承包人承担修复费用；（2）修复后的建设工程经竣工验收不合格，承包人无权请求支付工程价款。

发包人对建设工程不合格造成的损失有过错的，也应承担相应的民事责任。

3. 建设工程合同的分包。

4. 承包人垫资。

5. 委托监理合同。

### （二）双方当事人的权利义务

发包人在不妨碍承包人正常作业的情况下，可以随时对作业进度、质量进行检查。隐蔽工程在隐蔽以前，承包人应当通知发包人检查。发包人没有及时检查的，承包人可以顺延工程日期，并有权要求赔偿停工、窝工等损失。

1. 发包人的解除权。

承包人具有下列情形之一的，发包人可以请求解除建设工程施工合同：（1）明确表示或者以行为表明不履行合同主要义务的；（2）在合同约定的期限内没有完工，且在发包人催告的合理期限内仍未完工的；（3）已经完成的建设工程质量不合格，并拒绝修复的；（4）将承包的建设工程非法转包、违法分包的。

2. 承包人的解除权。

发包人具有下列情形之一，致使承包人无法施工，且在催告的合理期限内仍未履行相应义务，承包人可以请求解除建设工程施工合同：（1）未按约定支付工程价款的；（2）提供的主要建筑材料、建筑构配件和设备不符合强制性标准的；（3）不履行合同约定的协助义务的。

3. 建设工程的竣工。

建设工程竣工后，发包人应当根据施工图纸及说明书、国家颁发的施工验收规范和质量检验标准及时进行验收。验收合格的，发包人应当按照约定支付价款，并接收该建设工程。当事人约定，发包人收到竣工结算文件后，在约定期限内不予答复，视为认可竣工结算文件的,按照约定处理。承包人可以请求按照竣工结算文件结算工程价款。

当事人对建设工程实际竣工日期有争议的,按照以下情形分别处理:(1)建设工程经竣工验收合格的,以竣工验收合格之日为竣工日期;(2)承包人已经提交竣工验收报告,发包人拖延验收的,以承包人提交验收报告之日为竣工日期;(3)建设工程未经竣工验收,发包人擅自使用的,以转移占有建设工程之日为竣工日期。

4. 工程价款的结算。

当事人对建设工程的计价标准或者计价方法有约定的,按照约定结算工程价款。当事人约定按照固定价结算工程价款,一方当事人不得请求对建设工程造价进行鉴定。

当事人对部分案件事实有争议的,仅对有争议的事实进行鉴定,但争议事实范围不能确定,或者双方当事人请求对全部事实鉴定的除外。

### 八、委托合同

委托合同是委托人和受托人约定,由受托人处理委托人事务的合同。委托分为特别委托与概括委托。委托人可以特别委托受托人处理一项或者数项事务,也可以概括委托受托人处理一切事务,但具有人身属性的事项,如结婚、离婚、收养子女等,不适用于委托合同。

#### (一)委托事务的处理

受托人应当按照委托人的指示处理委托事务,原则上受托人应当亲自处理委托事务。经委托人同意,受托人可以转委托。转委托经同意的,委托人可以就委托事务直接指示转委托的第三人,受托人仅就第三人的选任及其对第三人的指示承担责任。转委托未经同意的,受托人应当对转委托的第三人的行为承担责任,但在紧急情况下受托人为维护委托人的利益需要转委托的除外。

#### (二)隐名代理

受托人以自己的名义,在委托人的授权范围内与第三人订立的合同,第三人在订立合同时知道受托人与委托人之间的代理关系的,该合同直接约束委托人和第三人,但有确切证据证明该合同只约束受托人和第三人的除外。

受托人以自己的名义与第三人订立合同时,第三人不知道受托人与委托人之间的代理关系的,受托人因第三人的原因对委托人不履行义务,受托人应当向委托人披露第三人,委托人因此可以行使受托人对第三人的权利,但第三人如果知道该委托人存在,就不会与受托人订立合同的除外。

受托人因委托人的原因对第三人不履行义务,受托人应当向第三人披露委托人,第三人因此可以选择受托人或者委托人作为相对人主张其权利,但第三人不得变更选定的相对人。

委托人行使受托人对第三人的权利的,第三人可以向委托人主张其对受托人的抗辩。第三人选定委托人作为其相对人的,委托人可以向第三人主张其对受托人的抗辩以及受托人对第三人的抗辩。

#### (三)委托合同的费用与报酬

委托人应当预付处理委托事务的费用。受托人为处理委托事务垫付必要费用的,委托人应当偿还该费用及其利息。受托人完成委托事务的，委托人应当向其支付报酬。因不可归责于受托人的事由，委托合同解除或者委托事务不能完成的，委托人应当向受托人支付相应的报酬。当事人另有约定的，按照其约定。

### （四）委托合同项下的损失赔偿

有偿的委托合同，因受托人的过错给委托人造成损失的，委托人可以要求赔偿损失。无偿的委托合同，因受托人的故意或者重大过失给委托人造成损失的，委托人可以要求赔偿损失。受托人超越权限给委托人造成损失的，应当赔偿损失。

受托人处理委托事务时，因不可归责于自己的事由受到损失的，可以向委托人要求赔偿损失。委托人经受托人同意，可以在受托人之外委托第三人处理委托事务。因此给受托人造成损失的，受托人可以向委托人要求赔偿损失。

两个以上的受托人共同处理委托事务的，对委托人承担连带责任。

## 九、运输合同

### （一）运输合同概述

运输合同是承运人将旅客或者货物从起运地点运输到约定地点，旅客、托运人或者收货人支付票款或者运输费用的合同。运输合同分为客运合同、货运合同和多式联运合同。运输合同一般为格式合同。运输合同的订立具有强制性，以保障旅客、托运人的利益和社会秩序。《合同法》规定，从事公共运输的承运人不得拒绝旅客、托运人通常、合理的运输要求而拒绝订立运输合同。

### （二）客运合同

1. 旅客权利义务。
2. 承运人权利义务。

### （三）货运合同

1. 托运人权利义务。
2. 承运人权利义务。

## 十、行纪合同

行纪合同，是行纪人以自己的名义为委托人从事贸易活动，委托人支付报酬的合同。拍卖公司与委托人之间的合同是一种较为典型的行纪合同。

### （一）行纪合同的性质

从广义上讲，行纪合同属于委托合同的一种。故《合同法》规定，该法对行纪合同没有规定的，适用其有关委托合同的规定。行纪合同与委托合同的主要区别在于：(1) 行纪人以自己的名义与第三人订立合同；而委托合同的受托人原则上是以委托人的名义订立合同。(2) 行纪合同为有偿合同；而委托合同可以是有偿的，也可以是无偿的。(3) 行纪人处理委托事务支出的费用，除当事人另有约定，应自行承担；而委托合同的受托人的费用由委托人承担。

### （二）行纪合同当事人的权利义务

在行纪合同中，当事人双方的权利义务主要有：

1. 行纪人处理委托事务产生的费用,由行纪人负担。行纪人占有委托物的,应当妥善保管委托物。

2. 行纪人完成或者部分完成委托事务的,委托人应当向其支付相应的报酬。委托人逾期不支付报酬的,行纪人对委托物享有留置权,但当事人另有约定的除外。

3. 行纪人在行纪中低于委托人指定的价格卖出或者高于委托人指定的价格买入的,应当经委托人同意。

4. 行纪人卖出或者买入具有市场定价的商品,除委托人有相反意思表示的以外,行纪人自己可以作为买受人或出卖人。此为行纪人的介入权。行纪人要行使介入权,必须要注意以下几点:(1)委托人委托的商品具有市场定价;(2)委托人没有相反的意思表示。(3)在可以行使介入权的情形,行纪人仍然可以要求委托人支付报酬。

5. 行纪人与第三人订立合同的,行纪人对该合同直接享有权利、承担义务。第三人不履行义务致使委托人受到损害的,行纪人应当承担损害赔偿责任,但行纪人与委托人另有约定的除外。

### 十一、技术合同

**(一)技术合同概述**

技术合同是当事人就技术开发、转让、咨询或者服务订立的确立相互之间权利和义务的合同。技术合同包括技术开发合同、技术转让合同、技术咨询合同和技术服务合同四种。技术合同除受《合同法》的调整之外,还受其他有关知识产权法律规定的调整,如专利法、著作权法等。《技术合同解释》也对技术合同进行了具体规范。

1. 技术合同的主体。

自然人、法人、其他组织为技术合同的主体。

2. 技术合同的解除。

技术合同当事人一方迟延履行主要债务,经催告后在30日内仍未履行,另一方有权主张解除合同。当事人在催告通知中附有履行期限且该期限超过30日的,在该履行期限届满后方可有权提出解除合同的主张。

3. 职务技术成果。

职务技术成果是执行法人或者其他组织的工作任务,或者主要是利用法人或者其他组织的物质技术条件所完成的技术成果。

**(二)技术开发合同**

1. 技术开发合同概述。

技术开发合同是指当事人之间就新技术、新产品、新工艺或者新材料及其系统的研究开发所订立的合同。技术开发合同包括委托开发合同和合作开发合同。技术开发合同应当采用书面形式。

2. 委托开发合同当事人的主要权利义务。

委托开发合同的委托人应当按照约定支付研究开发经费和报酬,提供技术资料、原始数据,完成协作事项,接受研究开发成果。

委托人违反约定造成研究开发工作停滞、延误或者失败的,应当承担违约责任。研究开发人违反约定造成研究开发工作停滞、延误或者失败的,应当承担违约责任。

3. 合作开发合同当事人的主要权利义务。

合作开发合同的当事人应当按照约定进行投资,包括以技术进行投资;分工参与研究开发工作,包括当事人按照约定的计划和分工,共同或者分别承担设计、工艺、试验、试制等工作;协作配合研究开发工作。

4. 技术开发合同的解除与风险承担。

5. 技术成果的权利归属。

(三) 技术转让合同

1. 技术转让合同概述。

技术转让合同,是指合法拥有技术的权利人,包括其他有权对外转让技术的人,将现有特定的专利、专利申请、技术秘密的相关权利让与他人,或者许可他人实施、使用所订立的合同。

2. 当事人双方的权利义务。

专利实施许可合同只在该专利权的存续期间内有效。专利权有效期限届满或者专利权被宣布无效的,专利权人不得就该专利与他人订立专利实施许可合同。

专利实施许可包括以下方式:

(1) 独占实施许可,是指让与人在约定许可实施专利的范围内,将该专利仅许可一个受让人实施,让与人依约定不得实施该专利。

(2) 排他实施许可,是指让与人在约定许可实施专利的范围内,将该专利仅许可一个受让人实施,但让与人依约定可以自行实施该专利。

(3) 普通实施许可,是指让与人在约定许可实施专利的范围内许可他人实施该专利,并且可以自行实施该专利。

当事人对专利实施许可方式没有约定或者约定不明确的,认定为普通实施许可。专利实施许可合同约定受让人可以再许可他人实施专利的,认定该再许可为普通实施许可,但当事人另有约定的除外。技术秘密的许可使用方式,参照专利实施许可的规定执行。

# 第五章 合伙企业法律制度

## 第一节 合伙企业法律制度概述

### 一、合伙企业及其类型

**（一）合伙企业的概念**

合伙是指两个以上的人为着共同目的，相互约定共同出资、共同经营、共享收益、共担风险的自愿联合。合伙一般体现为一种单纯的合同关系；当合伙关系因依照合伙企业法进行登记并取得营业资格后，便体现为合伙企业。因此，合伙企业是指自然人、法人和其他组织依照《合伙企业法》在中国境内设立的普通合伙企业和有限合伙企业。

合伙企业具有如下几个特征：（1）合伙企业是合伙人共同出资、共同经营、共享收益、共担风险的自愿联合。（2）合伙企业的信用基础最终取决于普通合伙人的偿付能力。（3）合伙企业无法人资格，但具有许多类似法人的特点。（4）合伙企业的内部治理高度灵活。（5）合伙企业并非企业所得税纳税人。合伙企业的生产经营所得和其他所得，按照国家有关税收规定，由合伙人分别缴纳所得税。

**（二）合伙企业的类型**

合伙企业分为普通合伙企业和有限合伙企业。普通合伙企业由普通合伙人组成，合伙人对合伙企业债务承担无限连带责任。普通合伙企业中还有一种特殊形态的合伙企业，即特殊的普通合伙企业，《合伙企业法》对其合伙人的责任分担方式有特别规定。有限合伙企业由普通合伙人和有限合伙人组成，普通合伙人对合伙企业债务承担无限连带责任，有限合伙人以其认缴的出资额为限对合伙企业债务承担责任。

### 二、合伙企业法及其适用范围

**（一）合伙企业法的概念**

狭义的合伙企业法，是指由国家最高立法机关依法制定的、规范合伙企业合伙关系的专门法律，即《合伙企业法》。广义的合伙企业法，是指国家立法机关或者其他有权机关依法制定的、调整合伙企业合伙关系的各种法律规范的总称。因此，除了《合伙企法》外，国家有关法律、行政法规和规章中关于合伙企业的法律规范，都属于合伙企业法的范畴。

（二）合伙企业法的适用范围

在理解和掌握我国《合伙企业法》的适用时，需要注意以下两个问题：

第一，采取合伙制的非企业专业服务机构的合伙人承担责任形式的法律适用问题。《合伙企业法》规定，非企业专业服务机构依据有关法律采取合伙制的，其合伙人承担责任的形式可以适用《合伙企业法》关于特殊的普通合伙企业合伙人承担责任的规定。非企业专业服务机构，是指不采取企业（如公司制）形式成立的、不以营利为目的的、以自己专业知识提供特定咨询等方面服务的组织。

第二，外国企业或者个人在中国境内设立合伙企业的管理办法问题。《合伙企业法》规定，外国企业或者个人在中国境内设立合伙企业的管理办法由国务院规定。

## 第二节 普通合伙企业

### 一、普通合伙企业的概念和特征

普通合伙企业，是指由普通合伙人组成，合伙人对合伙企业债务依照《合伙企业法》规定承担无限连带责任的一种合伙企业。普通合伙企业具有以下特点：

（1）由普通合伙人组成。

（2）除法律另有规定外，合伙人对合伙企业债务依法承担无限连带责任。所谓无限连带责任，包括两个方面：一是无限责任。即所有的合伙人不仅以自己投入合伙企业的资金和合伙企业的其他资金对债权人承担清偿责任，而且在合伙企业财产不够清偿时，还要以自己所有的财产对债权人承担清偿责任。二是连带责任。即当合伙企业不能清偿到期债务时，所有的合伙人对合伙企业的债务都有责任向债权人偿还，不管自己在合伙协议中所确定的承担比例如何。一个合伙人不能清偿合伙企业债务的，其他合伙人都有清偿的责任。但是，当某一合伙人偿还合伙企业的债务超过自己所应承担的数额时，有权向其他合伙人追偿。

### 二、普通合伙企业的设立

（一）普通合伙企业的设立条件

根据《合伙企业法》的规定，设立普通合伙企业，应当具备下列条件：

（1）有两个以上合伙人。合伙人为自然人的，应当具有完全民事行为能力。合伙企业合伙人至少为两人以上，对于合伙企业合伙人数的最高限额，我国《合伙企业法》未作规定，完全由设立人根据所设企业的具体情况决定。

关于合伙人的资格，《合伙企业法》作了以下限定：（1）合伙人可以是自然人，也可以是法人或者其他组织。除法律另有规定外，这些人的组成不受限制。（2）合伙人为自然人的，应当具有完全民事行为能力。无民事行为能力人和限制民事行为能力人不得成为普通合伙企业的合伙人。（3）国有独资公司、国有企业、上市公司以及公益性的事业单位、社会团体不得成为普通合伙人。

（2）有书面合伙协议。订立合伙协议、设立合伙企业，应当遵循自愿、平等、公平、诚实信用原则。

（3）有合伙人认缴或者实际缴付的出资。

（4）有合伙企业的名称和生产经营场所。

（5）法律、行政法规规定的其他条件。

### （二）合伙企业的设立登记

合伙企业的设立登记，应按如下程序进行：

（1）申请人向企业登记机关提交相关文件。申请设立合伙企业，应当由全体合伙人指定的代表或者共同委托的代理人向企业登记机关提交下列文件：①全体合伙人签署的设立登记申请书；②全体合伙人的身份证明；③全体合伙人指定代表或者共同委托代理人的委托书；④合伙协议；⑤全体合伙人对各合伙人认缴或者实际缴付出资的确认书；⑥主要经营场所证明；⑦国务院工商行政管理部门规定提交的其他文件。

（2）企业登记机关核发营业执照。

## 三、合伙企业财产与合伙人份额

### （一）合伙企业财产的构成

根据《合伙企业法》的规定，合伙人的出资、以合伙企业名义取得的收益和依法取得的其他财产，均为合伙企业的财产。从这一规定可以看出，合伙企业财产由以下三部分构成：

（1）合伙人的出资。

（2）以合伙企业名义取得的收益。

（3）依法取得的其他财产。

### （二）合伙企业财产的性质

合伙企业的财产具有独立性和完整性两方面的特征。所谓独立性，是指合伙企业的财产独立于合伙人，合伙人出资以后，一般说来，便丧失了对其作为出资部分的财产的所有权或者持有权、占有权，合伙企业的财产权主体是合伙企业，而不是单独的每一个合伙人。所谓完整性，是指合伙企业的财产作为一个完整的统一体而存在，合伙人对合伙企业财产权益的表现形式，仅是依照合伙协议所确定的财产收益份额或者比例。

### （三）合伙人财产份额的转让

合伙人财产份额的转让，是指合伙企业的合伙人向他人转让其在合伙企业中的全部或者部分财产份额的行为。由于合伙人财产份额的转让将会影响到合伙企业以及各合伙人的切身利益，因此，《合伙企业法》对合伙人财产份额的转让作了以下限制性规定：

（1）除合伙协议另有约定外，合伙人向合伙人以外的人转让其在合伙企业中的全部或者部分财产份额时，须经其他合伙人一致同意。这一规定适用于合伙人财产份额的外部转让。

(2) 合伙人之间转让在合伙企业中的全部或者部分财产份额时，应当通知其他合伙人。这一规定适用于合伙人财产份额的内部转让。

(3) 合伙人向合伙人以外的人转让其在合伙企业中的财产份额的，在同等条件下，其他合伙人有优先购买权；但是，合伙协议另有约定的除外。所谓优先购买权，是指在合伙人转让其财产份额时，在多数人接受转让的情况下，其他合伙人基于同等条件可优先于其他非合伙人购买的权利。

### 四、合伙事务执行与损益分配

**（一）合伙事务执行的形式**

根据《合伙企业法》的规定，合伙人执行合伙企业事务，可以有以下两种形式：

(1) 全体合伙人共同执行合伙事务。
(2) 委托一个或者数个合伙人执行合伙事务。

**（二）合伙人在执行合伙事务中的权利和义务**

1. 合伙人在执行合伙事务中的权利。根据《合伙企业法》的规定，合伙人在执行合伙事务中的权利主要包括以下内容：

(1) 合伙人对执行合伙事务享有同等的权利。
(2) 执行合伙事务的合伙人对外代表合伙企业。
(3) 不执行合伙事务的合伙人的监督权利。
(4) 合伙人查阅合伙企业会计账簿等财务资料的权利。
(5) 合伙人有提出异议的权利和撤销委托的权利。

2. 合伙人在执行合伙事务中的义务。根据《合伙企业法》的规定，合伙人在执行合伙事务中的义务主要包括以下内容：

(1) 合伙事务执行人向不参加执行事务的合伙人报告企业的经营状况和财务状况。
(2) 合伙人不得自营或者同他人合作经营与本合伙企业相竞争的业务。
(3) 合伙人不得同本合伙企业进行交易。
(4) 合伙人不得从事损害本合伙企业利益的活动。

**（三）合伙事务执行的决议办法**

《合伙企业法》规定，合伙人对合伙企业有关事项作出决议，按照合伙协议约定的表决办法办理。合伙协议未约定或者约定不明确的，实行合伙人一人一票并经全体合伙人过半数通过的表决办法。《合伙企业法》对合伙企业的表决办法另有规定的，从其规定。这一规定确定了合伙事务执行决议的三种办法：

(1) 由合伙协议对决议办法作出约定。这种约定有两个前提：一是不与法律相抵触，即法律有规定的按照法律的规定执行，法律未作规定的可在合伙协议中约定。二是在合伙协议中作出的约定，应当由全体合伙人协商一致共同作出。
(2) 实行合伙人一人一票并经全体合伙人过半数通过的表决办法。
(3) 依照《合伙企业法》的规定作出决议。

**（四）合伙企业的损益分配**

1. 合伙损益。合伙损益包括两方面的内容：一是合伙利润。合伙利润，是指以合伙企业的名义所取得的经济利益,它反映了合伙企业在一定期间的经营成果。二是合伙亏损。合伙亏损,是指以合伙企业的名义从事经营活动所形成的亏损(亏损即利润为负数的状态)。

2. 合伙损益分配原则。合伙损益分配包含合伙企业的利润分配与亏损分担两个方面,对合伙损益分配原则,《合伙企业法》作了原则规定,主要内容为:

(1)合伙企业的利润分配、亏损分担,按照合伙协议的约定办理;合伙协议未约定或者约定不明确的,由合伙人协商决定;协商不成的,由合伙人按照实缴出资比例分配、分担;无法确定出资比例的,由合伙人平均分配、分担。

(2)合伙协议不得约定将全部利润分配给部分合伙人或者由部分合伙人承担全部亏损。

### (五)非合伙人参与经营管理

在合伙企业中,往往由于合伙人经营管理能力不足,需要在合伙人之外聘任非合伙人担任合伙企业的经营管理人员,参与合伙企业的经营管理工作。《合伙企业法》规定,除合伙协议另有约定外,经全体合伙人一致同意,可以聘任合伙人以外的人担任合伙企业的经营管理人员。这项法律规定表明了以下三层含义:(1)合伙企业可以从合伙人之外聘任经营管理人员;(2)聘任非合伙人的经营管理人员,除合伙协议另有约定外,应当经全体合伙人一致同意;(3)被聘任的经营管理人员,仅是合伙企业的经营管理人员,不是合伙企业的合伙人,因而不具有合伙人的资格。

关于被聘任的经营管理人员的职责,《合伙企业法》作了明确规定,主要有:(1)被聘任的合伙企业的经营管理人员应当在合伙企业授权范围内履行职务;(2)被聘任的合伙企业的经营管理人员,超越合伙企业授权范围履行职务的,或者在履行职务过程中因故意或者重大过失给合伙企业造成损失的,依法承担赔偿责任。

### 五、合伙企业与第三人的关系

合伙企业与第三人关系,实际是指有关合伙企业的对外关系,涉及合伙企业对外代表权的效力、合伙企业和合伙人的债务清偿等问题。

### (一)合伙企业对外代表权的效力

1. 合伙企业与第三人的关系。所谓合伙企业与第三人的关系,是指合伙企业的外部关系,即合伙企业与合伙企业的合伙人以外的第三人的关系。合伙企业是由自然人、法人和其他组织依照《合伙企业法》,通过订立合伙协议而设立的营利性组织。在合伙企业设立以后,必然要以合伙企业的名义从事生产经营活动,进行商品的交换、服务的供需和财产的流转,从而与其他市场主体(包括自然人、法人和其他组织)发生联系,形成其外部关系。

2. 合伙事务执行中的对外代表权。可以取得合伙企业对外代表权的合伙人,主要有三种情况:一是由全体合伙人共同执行合伙企业事务的,全体合伙人都有权对外代表合伙企业,即全体合伙人都取得了合伙企业的对外代表权。二是由部分合伙人执行合伙企业事务的,只有受委托执行合伙企业事务的那一部分合伙人有权对外代表合伙企业,而不参加执行合伙企业事务的合伙人则不具有对外代表合伙企业的权利。三是由于特别授权在单项合伙事务上有执行权的合伙人，依照授权范围可以对外代表合伙企业。执行合伙企业事务的合伙人在取得对外代表权后，即可以合伙企业的名义进行经营活动，在其授权的范围内作出法律行为。合伙人的这种代表行为，对全体合伙人发生法律效力，即其执行合伙事务所产生的收益归合伙企业，所产生的费用和亏损由合伙企业承担。

3. 合伙企业对外代表权的限制。合伙人执行合伙事务的权利和对外代表合伙企业的权利，都会受到一定的内部限制。如果这种内部限制对第三人发生效力，必须以第三人知道这一情况为条件，否则，该内部限制不对该第三人发生抗辩力。

### （二）合伙企业和合伙人的债务清偿

1. 合伙企业的债务清偿与合伙人的关系。

（1）合伙企业财产率先用于清偿合伙企业债务。《合伙企业法》规定，合伙企业对其债务，应先以其全部财产进行清偿。

（2）合伙人的无限连带清偿责任。《合伙企业法》规定，合伙企业不能清偿到期债务的，合伙人承担无限连带责任。合伙人的无限责任和连带责任，均以合伙企业财产不足以清偿到期债务为发生前提。对此，《最高人民法院公报》2011年第7期公布的"南通双盈贸易有限公司诉镇江市丹徒区联达机械厂、魏恒聂等六人买卖合同纠纷案"判决指出："合伙企业债务的承担分为两个层次：第一顺序的债务承担人是合伙企业，第二顺序的债务承担人是全体合伙人。合伙企业法第三十九条所谓的'连带责任'，是指合伙人在第二顺序的责任承担中相互之间所负的连带责任，而非合伙人与合伙企业之间的连带责任。"

（3）合伙人之间的债务分担和追偿。《合伙企业法》规定，合伙人由于承担无限连带责任，清偿数额超过规定的亏损分担比例，有权向其他合伙人追偿。这一规定，在重申合伙人对合伙企业债务负无限连带责任的基础上，明确了合伙人分担合伙债务的比例，是以合伙企业亏损分担的比例为准。

2. 合伙人的债务清偿与合伙企业的关系。

在合伙企业存续期间，可能发生个别合伙人因不能偿还其私人债务而被追索的情况。由于合伙人在合伙企业中拥有财产权益，合伙人的债权人可能向合伙企业提出各种清偿请求。为了保护合伙企业和其他合伙人的合法权益，同时也保护债权人的合法权益，《合伙企业法》作了如下规定：

（1）合伙人发生与合伙企业无关的债务，相关债权人不得以其债权抵销其对合伙企业的债务，也不得代位行使合伙人在合伙企业中的权利。

（2）合伙人的自有财产不足清偿其与合伙企业无关的债务的，该合伙人可以以其从合伙企业中分取的收益用于清偿；债权人也可以依法请求人民法院强制执行该合伙人在合伙企业中的财产份额用于清偿。这既保护了债权人的清偿利益，也无损于全体合伙人的合法权益。

## 六、入伙和退伙

### （一）入伙

入伙，是指在合伙企业存续期间，合伙人以外的第三人加入合伙，从而取得合伙人资格。

1. 入伙的条件和程序。

《合伙企业法》规定，新合伙人入伙，除合伙协议另有约定外，应当经全体合伙人一致同意，并依法订立书面入伙协议。订立入伙协议时，原合伙人应当向新合伙人如实告知原合伙企业的经营状况和财务状况。这一规定包括四层含义：一是新合伙人入伙，应当经全体合伙人一致同意，未获得一致同意的，不得入伙；二是合伙协议无另外约定，如果合伙协议对新合伙人入伙约定了相应的条件，则必须按照约定执行；三是新合伙人入伙，应当依法订立书面入伙协议，入伙协议应当以原合伙协议为基础，并对原合伙协议事项作相应变更，订立入伙协议不得违反公平原则、诚实信用原则；四是订立入伙协议时，原合伙人应当向新合伙人如实告知原合伙企业的经营状况和财务状况。

2. 新合伙人的权利和责任。

一般来讲，入伙的新合伙人与原合伙人享有同等权利，承担同等责任。但是，如果原合伙人愿意以更优越的条件吸引新合伙人入伙，或者新合伙人愿意以较为不利的条件入伙，也可以在入伙协议中另行约定。关于新入伙人对入伙前合伙企业的债务承担问题，《合伙企业法》规定，新合伙人对入伙前合伙企业的债务承担无限连带责任。

（二）退伙

退伙，是指合伙人退出合伙企业，从而丧失合伙人资格。

1. 退伙的原因。合伙人退伙一般有两种原因：一是自愿退伙；二是强制退伙。

自愿退伙，是指合伙人基于自愿的意思表示而退伙。自愿退伙可以分为协议退伙和通知退伙两种。

关于协议退伙，《合伙企业法》规定，合伙协议约定合伙期限的，在合伙企业存续期间，有下列情形之一的，合伙人可以退伙：（1）合伙协议约定的退伙事由出现；（2）经全体合伙人一致同意；（3）发生合伙人难以继续参加合伙的事由；（4）其他合伙人严重违反合伙协议约定的义务。合伙人违反上述规定退伙的，应当赔偿由此给合伙企业造成的损失。

关于通知退伙，《合伙企业法》规定，合伙协议未约定合伙期限的，合伙人在不给合伙企业事务执行造成不利影响的情况下，可以退伙，但应当提前30日通知其他合伙人。由此可见，法律对通知退伙有一定的限制，即附有以下三项条件：（1）必须是合伙协议未约定合伙企业的经营期限；（2）必须是合伙人的退伙不给合伙企业事务执行造成不利影响；（3）必须提前30日通知其他合伙人。这三项条件必须同时具备，缺一不可。合伙人违反上述规定退伙的，应当赔偿由此给合伙企业造成的损失。

强制退伙，是指合伙人因出现法律规定的事由而退伙，不以合伙人同意为条件。强制退伙分为当然退伙和除名退伙两类。

关于当然退伙，《合伙企业法》规定，合伙人有下列情形之一的，当然退伙：（1）作为合伙人的自然人死亡或者被依法宣告死亡；（2）个人丧失偿债能力；（3）作为合伙人的法人或者其他组织依法被吊销营业执照、责令关闭、撤销或者被宣告破产；（4）法律规定或者合伙协议约定合伙人必须具有相关资格而丧失该资格；（5）合伙人在合伙企业中的全部财产份额被人民法院强制执行。

关于除名退伙,《合伙企业法》规定,合伙人有下列情形之一的,经其他合伙人一致同意,可以决议将其除名:(1)未履行出资义务;(2)因故意或者重大过失给合伙企业造成损失;(3)执行合伙事务时有不正当行为;(4)发生合伙协议约定的事由。对合伙人的除名决议应当书面通知被除名人。被除名人接到除名通知之日,除名生效,被除名人退伙。被除名人对除名决议有异议的,可以自接到除名通知之日起30日内,向人民法院起诉。

2. 退伙的效果。退伙的效果,是指退伙时退伙人在合伙企业中的财产份额和民事责任的归属变动。分为两类情况:一是财产继承;二是退伙结算。

合伙人退伙以后,并不能解除对于合伙企业既往债务的连带责任。根据《合伙企业法》的规定,退伙人对基于其退伙前的原因发生的合伙企业债务,承担无限连带责任。

### 七、特殊的普通合伙企业

**(一)特殊的普通合伙企业的概念**

特殊的普通合伙企业,通常是以专业知识和专门技能为客户提供有偿服务的专业服务机构,此种合伙企业的合伙人责任分担方式不同于一般的普通合伙企业。特殊的普通合伙企业名称中应当标明"特殊普通合伙"字样。

**(二)特殊的普通合伙企业的责任形式**

1. 责任承担。

《合伙企业法》规定,一个合伙人或者数个合伙人在执业活动中因故意或者重大过失造成合伙企业债务的,应当承担无限责任或者无限连带责任,其他合伙人以其在合伙企业中的财产份额为限承担责任。合伙人在执业活动中非因故意或者重大过失造成的合伙企业债务以及合伙企业的其他债务,由全体合伙人承担无限连带责任。所谓重大过失,是指明知可能造成损失而轻率地作为或者不作为。根据这一法律规定,特殊的普通合伙企业的责任形式分为两种:

(1)有限责任与无限连带责任相结合;

(2)无限连带责任。

2. 责任追偿。

**(三)特殊的普通合伙企业的执业风险防范**

特殊的普通合伙企业应当建立执业风险基金、办理职业保险。

## 第三节 有限合伙企业

### 一、有限合伙企业的概念、特征和法律适用

**(一)有限合伙企业的概念**

有限合伙企业,是指由有限合伙人和普通合伙人共同组成,普通合伙人对合伙企业

债务承担无限连带责任,有限合伙人以其认缴的出资额为限对合伙企业债务承担责任的合伙组织。我国《合伙企业法》2006年修订时引进有限合伙企业,其目的是为发展风险投资提供一种更实用的组织形式。就目前发展情况看,有限合伙企业已经成为我国私募投资基金最常采用的一种组织形式。

### (二) 有限合伙企业的特征

有限合伙企业与普通合伙企业和有限责任公司相比较,具有以下显著特征:(1) 在经营管理上,普通合伙企业的合伙人,一般均可参与合伙企业的经营管理。有限责任公司的股东有权参与公司的经营管理(含直接参与和间接参与)。而在有限合伙企业中,有限合伙人不执行合伙事务,而由普通合伙人从事具体的经营管理。(2) 在风险承担上,普通合伙企业的合伙人之间对合伙债务承担无限连带责任。有限责任公司的股东对公司债务以其各自的出资额为限承担有限责任。而在有限合伙企业中,不同类型的合伙人所承担的责任则存在差异,其中有限合伙人以其各自的出资额为限承担有限责任,普通合伙人之间承担无限连带责任。

### (三) 有限合伙企业的法律适用

《合伙企业法》规定了两种类型的企业,即普通合伙企业和有限合伙企业。在法律适用中,凡是《合伙企业法》中对有限合伙企业有特殊规定的,应当适用有关《合伙企业法》中对有限合伙企业的特殊规定。无特殊规定的,适用有关普通合伙企业及其合伙人的一般规定。

## 二、有限合伙企业设立的特殊规定

### (一) 有限合伙企业人数

《合伙企业法》规定,有限合伙企业由两个以上50个以下合伙人设立;但是,法律另有规定的除外。有限合伙企业至少应当有1个普通合伙人。按照规定,自然人、法人和其他组织可以依照法律规定设立有限合伙企业,但国有独资公司、国有企业、上市公司以及公益性的事业单位、社会团体不得成为有限合伙企业的普通合伙人。

### (二) 有限合伙企业名称

《合伙企业法》规定,有限合伙企业名称中应当标明"有限合伙"字样。按照企业名称登记管理的有关规定,企业名称中应当含有企业的组织形式。为便于社会公众以及交易相对人对有限合伙企业的了解,有限合伙企业名称中应当标明"有限合伙"的字样,而不能标明"普通合伙""特殊普通合伙""有限公司""有限责任公司"等字样。

### (三) 有限合伙企业协议

有限合伙企业协议是有限合伙企业生产经营的重要法律文件。有限合伙企业协议除符合普通合伙企业合伙协议的规定外,还应当载明下列事项:(1) 普通合伙人和有限合伙人的姓名或者名称、住所;(2) 执行事务合伙人应具备的条件和选择程序;(3) 执行事务合伙人权限与违约处理办法;(4) 执行事务合伙人的除名条件和更换程序;(5) 有限合伙人入伙、退伙的条件、程序以及相关责任;(6) 有限合伙人和普通合伙人相互转变程序。

### (四) 有限合伙人出资形式

《合伙企业法》规定,有限合伙人可以用货币、实物、知识产权、土地使用权或者其他财产权利作价出资。有限合伙人不得以劳务出资。劳务出资的实质是用未来劳动创造的收入来投资,其难以通过市场变现,法律上执行困难。如果普通合伙人用劳务出资,有限合伙人也用劳务出资,将来该有限合伙企业将难以承担债务责任,这将不利于保护债权人的利益。

### (五) 有限合伙人出资义务

《合伙企业法》规定,有限合伙人应当按照合伙协议的约定按期足额缴纳出资;未按期足额缴纳的,应当承担补缴义务,并对其他合伙人承担违约责任。

### (六) 有限合伙企业登记事项

《合伙企业法》规定,有限合伙企业登记事项中应当载明有限合伙人的姓名或者名称及认缴的出资数额。

## 三、有限合伙企业事务执行的特殊规定

### (一) 有限合伙企业事务执行人

《合伙企业法》规定,有限合伙企业由普通合伙人执行合伙事务。执行事务合伙人可以要求在合伙协议中确定执行事务的报酬及报酬提取方式。

### (二) 禁止有限合伙人执行合伙事务

《合伙企业法》规定,有限合伙人不执行合伙事务,不得对外代表有限合伙企业。有限合伙人的下列行为,不视为执行合伙事务:(1)参与决定普通合伙人入伙、退伙;(2)对企业的经营管理提出建议;(3)参与选择承办有限合伙企业审计业务的会计师事务所;(4)获取经审计的有限合伙企业财务会计报告;(5)对涉及自身利益的情况,查阅有限合伙企业财务会计账簿等财务资料;(6)在有限合伙企业中的利益受到侵害时,向有责任的合伙人主张权利或者提起诉讼;(7)执行事务合伙人怠于行使权利时,督促其行使权利或者为了本企业的利益以自己的名义提起诉讼;(8)依法为本企业提供担保。

另外,《合伙企业法》规定,第三人有理由相信有限合伙人为普通合伙人并与其交易的,该有限合伙人对该笔交易承担与普通合伙人同样的责任。有限合伙人未经授权以有限合伙企业名义与他人进行交易,给有限合伙企业或者其他合伙人造成损失的,该有限合伙人应当承担赔偿责任。

### (三) 有限合伙企业利润分配

《合伙企业法》规定,有限合伙企业不得将全部利润分配给部分合伙人;但是,合伙协议另有约定的除外。

### (四) 有限合伙人权利

1. 有限合伙人可以同本企业进行交易。
2. 有限合伙人可以经营与本企业相竞争的业务。

### 四、有限合伙企业财产出质与转让的特殊规定

#### （一）有限合伙人财产份额出质

《合伙企业法》规定，有限合伙人可以将其在有限合伙企业中的财产份额出质。但是合伙协议另有约定的除外。所谓有限合伙人将其在有限合伙企业中的财产份额出质，是指有限合伙人以其在合伙企业中的财产份额对外进行权利质押。有限合伙人在有限合伙企业中的财产份额，是有限合伙人的财产权益，在有限合伙企业存续期间，有限合伙人可以对该财产权利进行一定的处分。有限合伙人将其在有限合伙企业中的财产份额进行出质，产生的后果仅仅是有限合伙企业的有限合伙人存在变更的可能，这对有限合伙企业的财产基础并无根本的影响。因此，有限合伙人可以按照《物权法》《担保法》等相关法律规定进行财产份额的出质。但是，有限合伙企业合伙协议可以对有限合伙人的财产份额出质作出约定，如有特殊约定的，应按特殊约定进行。

#### （二）有限合伙人财产份额转让

《合伙企业法》规定，有限合伙人可以按照合伙协议的约定向合伙人以外的人转让其在有限合伙企业中的财产份额，但应当提前30日通知其他合伙人。这是因为有限合伙人向合伙人以外的其他人转让其在有限合伙企业中的财产份额，并不影响有限合伙企业债权人的利益。但是，有限合伙人对外转让其在有限合伙企业中的财产份额应当依法进行：一是要按照合伙协议的约定进行转让；二是应当提前30日通知其他合伙人。有限合伙人对外转让其在有限合伙企业的财产份额时，有限合伙企业的其他合伙人有优先购买权。

### 五、有限合伙人债务清偿的特殊规定

《合伙企业法》规定，有限合伙人的自有财产不足清偿其与合伙企业无关的债务的，该合伙人可以以其从有限合伙企业中分取的收益用于清偿；债权人也可以依法请求人民法院强制执行该合伙人在有限合伙企业中的财产份额用于清偿。人民法院强制执行有限合伙人的财产份额时，应当通知全体合伙人。在同等条件下，其他合伙人有优先购买权。由此，有限合伙人清偿其债务时，首先应当以自有财产进行清偿，只有自有财产不足清偿时，有限合伙人才可以使用其在有限合伙企业中分取的收益进行清偿，也只有在有限合伙人的自有财产不足清偿其与合伙企业无关的债务时，人民法院才可以应债权人请求强制执行该合伙人在有限合伙企业中的财产份额用于清偿。人民法院强制执行有限合伙人的财产份额时，应当通知全体合伙人，且在同等条件下，其他合伙人有优先购买权。

### 六、有限合伙企业入伙和退伙的特殊规定

#### （一）入伙

《合伙企业法》规定，新入伙的有限合伙人对入伙前有限合伙企业的债务，以其认缴的出资额为限承担责任。这里需要注意的是，在普通合伙企业中，新入伙的合伙人对入

伙前合伙企业的债务承担连带责任，而在有限合伙企业中，新入伙的有限合伙人对入伙前有限合伙企业的债务，以其认缴的出资额为限承担责任。

## （二）退伙

1. 有限合伙人当然退伙。

《合伙企业法》规定，有限合伙人出现下列情形之一时当然退伙：（1）作为合伙人的自然人死亡或者被依法宣告死亡；（2）作为合伙人的法人或者其他组织依法被吊销营业执照、责令关闭、撤销，或者被宣告破产；（3）法律规定或者合伙协议约定合伙人必须具有相关资格而丧失该资格；（4）合伙人在合伙企业中的全部财产份额被人民法院强制执行。

2. 有限合伙人丧失民事行为能力的处理。

《合伙企业法》规定，作为有限合伙人的自然人在有限合伙企业存续期间丧失民事行为能力的，其他合伙人不得因此要求其退伙。这是因为有限合伙人对有限合伙企业只进行投资，而不负责事务执行。作为有限合伙人的自然人在有限合伙企业存续期间丧失民事行为能力，并不影响有限合伙企业的正常生产经营活动，其他合伙人不能要求该丧失民事行为能力的合伙人退伙。

3. 有限合伙人继承人的权利。

《合伙企业法》规定，作为有限合伙人的自然人死亡、被依法宣告死亡或者作为有限合伙人的法人及其他组织终止时，其继承人或者权利承受人可以依法取得该有限合伙人在有限合伙企业中的资格。

4. 有限合伙人退伙后的责任承担。

《合伙企业法》规定，有限合伙人退伙后，对基于其退伙前的原因发生的有限合伙企业债务，以其退伙时从有限合伙企业中取回的财产承担责任。

### 七、合伙人性质转变的特殊规定

《合伙企业法》规定，除合伙协议另有约定外，普通合伙人转变为有限合伙人，或者有限合伙人转变为普通合伙人，应当经全体合伙人一致同意。有限合伙人转变为普通合伙人的，对其作为有限合伙人期间有限合伙企业发生的债务承担无限连带责任。普通合伙人转变为有限合伙人的，对其作为普通合伙人期间合伙企业发生的债务承担无限连带责任。

## 第四节　合伙企业的解散和清算

### 一、合伙企业的解散

合伙企业的解散，是指各合伙人解除合伙协议，合伙企业终止活动。

根据《合伙企业法》的规定，合伙企业有下列情形之一的，应当解散：（1）合伙期限届满，合伙人决定不再经营；（2）合伙协议约定的解散事由出现；（3）全体合伙人决定解散；（4）合伙人已不具备法定人数满30天；（5）合伙协议约定的合伙目的已经实现或者无法实现；（6）依法被吊销营业执照、责令关闭或者被撤销；（7）法律、行政法规规定的其他原因。

## 二、合伙企业的清算

合伙企业解散的，应当进行清算。《合伙企业法》对合伙企业清算有以下规定：

### （一）确定清算人

合伙企业解散，应当由清算人进行清算。清算人由全体合伙人担任；经全体合伙人过半数同意，可以自合伙企业解散事由出现后15日内指定一个或者数个合伙人，或者委托第三人担任清算人。自合伙企业解散事由出现之日起15日内未确定清算人的，合伙人或者其他利害关系人可以申请人民法院指定清算人。

### （二）清算人的职责

清算人在清算期间执行下列事务：（1）清理合伙企业财产，分别编制资产负债表和财产清单；（2）处理与清算有关的合伙企业未了结事务；（3）清缴所欠税款；（4）清理债权、债务；（5）处理合伙企业清偿债务后的剩余财产；（6）代表合伙企业参加诉讼或者仲裁活动。

### （三）通知和公告债权人

清算人自被确定之日起10日内将合伙企业解散事项通知债权人，并于60日内在报纸上公告。债权人应当自接到通知书之日起30日内，未接到通知书的自公告之日起45日内，向清算人申报债权。债权人申报债权，应当说明债权的有关事项，并提供证明材料。清算人应当对债权进行登记。清算期间，合伙企业存续，但不得开展与清算无关的经营活动。

### （四）财产清偿顺序

合伙企业财产在支付清算费用和职工工资、社会保险费用、法定补偿金以及缴纳所欠税款、清偿债务后的剩余财产，依照《合伙企业法》关于利润分配和亏损分担的规定进行分配。

合伙企业财产清偿问题主要包括以下三方面的内容：

1. 合伙企业的财产首先用于支付合伙企业的清算费用。

清算费用包括：（1）管理合伙企业财产的费用，如仓储费、保管费、保险费等；（2）处分合伙企业财产的费用，如聘任工作人员的费用等；（3）清算过程中的其他费用，如通告债权人的费用、调查债权的费用、咨询费用、诉讼费用等。

2. 合伙企业的财产支付合伙企业的清算费用后的清偿顺序。

合伙企业的财产支付合伙企业的清算费用后的清偿顺序依次为：合伙企业职工工资、社会保险费用和法定补偿金；缴纳所欠税款；清偿债务。其中，法定补偿金主要是指法律、行政法规和规章所规定的应当支付给职工的补偿金，如《中华人民共和国劳动法》规定的解除劳动合同的补偿金等。

3. 分配财产。

合伙企业财产依法清偿后仍有剩余时，对剩余财产依照《合伙企业法》的规定进行分配，即按照合伙协议的约定办理；合伙协议未约定或者约定不明确的，由合伙人协商决定；协商不成的，由合伙人按照实缴出资比例分配；无法确定出资比例的，由合伙人平均分配。

违反《合伙企业法》规定，应当承担民事赔偿责任和缴纳罚款、罚金，其财产不足以同时支付的，先承担民事赔偿责任。

（五）注销登记

清算结束，清算人应当编制清算报告，经全体合伙人签名、盖章后，在 15 日内向企业登记机关报送清算报告，申请办理合伙企业注销登记。经企业登记机关注销登记，合伙企业终止。合伙企业注销后，原普通合伙人对合伙企业存续期间的债务仍应承担无限连带责任。

（六）合伙企业不能清偿到期债务的处理

合伙企业不能清偿到期债务的，债权人可以依法向人民法院提出破产清算申请，也可以要求普通合伙人清偿。合伙企业依法被宣告破产的，普通合伙人对合伙企业的债务仍应承担无限连带责任。

（七）清算人法律责任

1. 清算人未依照《合伙企业法》的规定向企业登记机关报送清算报告，或者报送清算报告隐瞒重要事实，或者有重大遗漏的，由企业登记机关责令改正。由此产生的费用和损失，由清算人承担和赔偿。

2. 清算人执行清算事务，牟取非法收入或者侵占合伙企业财产的，应当将该收入和侵占的财产退还合伙企业；给合伙企业或者其他合伙人造成损失的，依法承担赔偿责任。

3. 清算人违反《合伙企业法》的规定，隐匿、转移合伙企业财产，对资产负债表或者财产清单作虚假记载，或者在未清偿债务前分配财产，损害债权人利益的，依法承担赔偿责任。

# 第六章 公司法律制度

## 第一节 公司法基本概念与制度

### 一、公司的概念和特征

**（一）公司的概念**

根据我国《公司法》和《民法总则》的规定，公司是指股东承担有限责任的营利性法人。其含义有：（1）公司是法人；（2）公司是营利性法人；（3）公司股东通常承担有限责任。

**（二）公司的特征**

在实践中，公司成为人们从事商业经营活动的主要企业组织形式。人们选择公司，显然是因为公司制度带来了商业经营上的便利。一般认为，公司具有独立人格、股东享有有限责任、股份可自由转让、董事会授权下的集中管理、投资者所有，这是现代商事公司最核心的五大特征。

### 二、公司法人资格与股东有限责任

**（一）公司法人资格与股东有限责任的意义**

公司拥有独立于股东的主体资格（也即法人资格），有其权利能力和行为能力。这意味着公司可以自己的名义拥有自己的财产。公司具有主体资格也意味着公司不会因为某些股东的离去而解散，可以永久存续。更重要的是，公司的财产与股东的财产因此而相互独立：通常情况下，公司的财产不得用于清偿股东的个人债务。公司因此可以自身拥有的财产独立承担民事责任。为了保证公司财产的独立性和稳定性，一般公司法都禁止股东在出资后撤回出资，在要求股东出资真实性的同时，也限制公司资产流回股东手中。我国《公司法》除了允许公司依法向股东分配利润外，只允许通过减资、解散清算等方式减少或者分配公司资产，严格限制公司向股东回购股权。

同时，法律也赋予了公司股东全面的有限责任保护，即股东除了出资以外，不对公司的债务承担责任。

### （二）公司法人权利能力限制

为了维持公司的偿付能力、保护公司债权人利益，公司法人的权利能力受到一定限制，表现为对公司财产支配权的限制。这类限制主要有：(1) 对外投资的限制；(2) 担保的限制；(3) 借款的限制。

## 三、公司设立制度

### （一）概述

公司的法人资格和股东的有限责任并非人们可以自然享有。只有具备法定条件的人，履行一定的程序，满足一定形式，才能享有这些法律上的资格和权利。这个过程就叫作"设立公司"或"公司设立"。

设立行为是公司成立的前奏。经发起人申请，公司获准登记、取得营业执照的，方告成立。成立意味着公司取得权利能力即法人资格。

公司设立过程中，发起人的活动主要是两个方面：一是形成公司资本，包括认缴、实缴出资、对出资评估作价等；二是形成公司组织，包括申请预先核准名称、制定章程、设定住所、设立组织机构等。股份有限公司和有限责任公司的具体设立条件与设立方式，将在第二节和第三节阐述。

### （二）前置营业许可

依照法律规定，有些公司需要在工商登记前获得某种或者某些行政许可。这些行政许可被称为"前置审批"或"前置许可"。

许可可以分为两类：一是公司设立许可，是指公司的设立本身就须事先获得政府主管部门许可。法律、行政法规规定设立公司必须报经批准的，应当在公司登记前依法办理批准手续。二是经营范围许可，是指公司仅就经营范围内的某个或若干个营业项目申请政府许可。例如，生产经营易燃易爆物品的，须经公安机关的审批。

### （三）设立登记

商事登记是法定的登记机关对特定法律事实的记录。通常来说，商事登记的法律效果有设权和公示两种。所谓设权效果，是指登记具有使所登记的法律事实成立的效果。所谓公示效果，是指登记仅具有对已经成立的法律事实予以公开、公告的效果。公司设立登记是一种设权登记。非经依法登记，公司不得成立。

根据《公司登记管理条例》，公司的登记事项包括：(1) 名称；(2) 住所；(3) 法定代表人姓名；(4) 注册资本；(5) 公司类型；(6) 经营范围；(7) 营业期限；(8) 有限责任公司股东或者股份有限公司发起人的姓名或者名称。

设立有限责任公司，应当由全体股东指定的代表或者共同委托的代理人向公司登记机关申请设立登记。设立国有独资公司，应当由国务院或者地方人民政府授权的本级人民政府国有资产监督管理机构作为申请人，申请设立登记。法律、行政法规或者国务院决定规定设立有限责任公司必须报经批准的，应当自批准之日起90日内向公司登记机关申请设立登记；逾期申请设立登记的，申请人应当报批准机关确认原批准文件的效力或者另行报批。

申请设立有限责任公司，应当向公司登记机关提交下列文件：(1) 公司法定代表人签署的设立登记申请书；(2) 全体股东指定代表或者共同委托代理人的证明；(3) 公司章程；（4）股东的主体资格证明或者自然人身份证明；（5）载明公司董事、监事、经理的姓名、住所的文件以及有关委派、选举或者聘用的证明；（6）公司法定代表人任职文件和身份证明；（7）企业名称预先核准通知书；（8）公司住所证明；（9）国家工商行政管理总局规定要求提交的其他文件。

法律、行政法规或者国务院决定规定设立有限责任公司必须报经批准的，还应当提交有关批准文件。

设立股份有限公司，应当由董事会向公司登记机关申请设立登记。以募集方式设立股份有限公司的，应当于创立大会结束后30日内向公司登记机关申请设立登记。

申请设立股份有限公司，应当向公司登记机关提交下列文件：（1）公司法定代表人签署的设立登记申请书；（2）董事会指定代表或者共同委托代理人的证明；（3）公司章程；（4）发起人的主体资格证明或者自然人身份证明；（5）载明公司董事、监事、经理姓名、住所的文件以及有关委派、选举或者聘用的证明；（6）公司法定代表人任职文件和身份证明；（7）企业名称预先核准通知书；（8）公司住所证明；（9）国家工商行政管理总局规定要求提交的其他文件。

以募集方式设立股份有限公司的，还应当提交创立大会的会议记录以及依法设立的验资机构出具的验资证明；以募集方式设立股份有限公司公开发行股票的，还应当提交国务院证券监督管理机构的核准文件。

法律、行政法规或者国务院决定规定设立股份有限公司必须报经批准的，还应当提交有关批准文件。

公司申请登记的经营范围中属于法律、行政法规或者国务院决定规定在登记前须经批准的项目的，应当在申请登记前报经国家有关部门批准，并向公司登记机关提交有关批准文件。

依法设立的公司，由公司登记机关发给《企业法人营业执照》。公司营业执照签发日期为公司成立日期。公司凭公司登记机关核发的《企业法人营业执照》刻制印章，开立银行账户，申请纳税登记。

**（四）设立阶段的债务**

1. 合同之债。

设立公司的过程中，发起人可能以自己名义为设立公司之目的而与他人订立合同，也可能以设立中公司的名义订立合同。

如果是第一种情形，即发起人以自己名义为设立公司之目的而与他人订立合同，那么合同的当事人就是发起人和该相对人。根据《民法总则》的规定，合同相对人有权选择请求该发起人或者成立后的公司承担合同义务。如果是第二种情形，即发起人以设立中公司的名义订立合同。根据《民法总则》的规定，公司成立后自动承担该合同义务。换言之，公司成立后，合同相对人有权请求公司承担该合同义务。公司未成立，亦即设立失败的，则单一发起人独自承担设立所产生的债务，发起人为数人的，连带承担债务。

2. 侵权之债。

发起人如因设立公司而对他人造成损害的，依《公司法解释三》，公司成立后应自动承受该侵权责任；公司未成立的，受害人有权请求全体发起人承担连带赔偿责任；公司或者无过错的发起人承担赔偿责任后，可以向有过错的发起人追偿。

### 四、股东出资制度

#### （一）出资的含义

根据《公司法》，"出资"至少有两层含义：一是指认缴出资或者认购股份，即出资人之间或者出资人与公司之间就认缴出资或者认购股份达成了意思一致，出资人愿意向公司投入一定金额财产从而获得股东资格，其他出资人或者公司表示同意。二是指实缴出资或实缴股本，即出资人按照出资协议的约定或公司章程记载的认缴出资额或认购股份数，并依约定时间将出资财产的权属移转给公司。

#### （二）出资的法律效果

1. 认缴出资或者认购股份的法律效果。
2. 实缴出资的法律效果。

#### （三）出资方式

1. 一般规定。

根据《公司法》的规定，股东可以用货币出资，也可以用实物、知识产权、土地使用权等可以用货币估价并可以依法转让的非货币财产作价出资；但是，法律、行政法规规定不得作为出资的财产除外。依《公司登记管理条例》的规定，不得作为出资的财产包括：劳务、信用、自然人姓名、商誉、特许经营权或者设定担保的财产。

股权可以用于出资；债券也可以用于出资，根据公司登记机关的规定，债权出资目前仅限于债权人对债务人实施"债转股"。

2. 非货币财产的评估作价。

《公司法》规定，对作为出资的非货币财产应当评估作价，核实财产，不得高估或者低估作价。法律、行政法规对评估作价有规定的，从其规定。

#### （四）履行出资义务

股东是否履行出资义务包括两个层面的问题，第一是股东出资是否依照章程的规定按期缴纳，第二是实缴出资的财产形态、金额等是否与股东认缴出资时的承诺一致。

股东出资是否缴纳，主要看股东出资的财产权是否依照章程的规定依法转移至公司。货币应当足额存入公司银行账户；非货币财产，如动产、土地使用权、知识产权、股权、债权等，应当依法办理财产权的移转手续。

股东实缴出资的财产形态、金额等是否与股东认缴出资时的承诺一致，一方面通过非货币财产出资的评估作价予以事前约束，另一方面通过规定股东违反出资义务应承担相应责任的一系列规则予以事后制约。

#### （五）违反出资义务的责任

股东违反出资义务的行为，包括未履行或未能全面履行出资义务的行为。抽逃出资也属于股东违反出资义务，只是抽逃出资行为的发生时间通常在公司成立之后。公司成立后，如果在增资过程中出现股东违反出资义务的情形，相关董事、高级管理人员可能承担相应责任。分述如下：（1）股东未履行或者未全面履行出资义务，公司或者其他股东请求其向公司依法全面履行出资义务的，人民法院应予支持。（2）违反出资义务的股东可能对履行出资义务的股东承担违约责任。(3) 股东违反出资义务而公司又无力偿还债务的，公司债权人有权请求该股东在一定范围内承担清偿责任。(4) 公司成立后，如在增资过程中出现股东违反出资义务的情形，相关董事、高级管理人员可能承担相应责任。(5) 有限责任公司的股东未履行或者未全面履行出资义务即转让股权，受让人对此知道或者应当知道，公司请求该股东履行出资义务、受让人对此承担连带责任的，人民法院应予支持；公司债权人依照上述第 (3) 项规定向该股东提起诉讼，同时请求前述受让人对此承担连带责任的，人民法院应予支持。受让人根据前款规定承担责任后，向该未履行或者未全面履行出资义务的股东追偿的，人民法院应予支持。但是，当事人另有约定的除外。(6) 名义股东与实际出资人不符的，名义股东不得以其为名义股东为由对抗公司债权人。(7) 抽逃出资的责任。(8) 违反出资义务的股东，公司有权依法限制其股东权利乃至解除其股东资格。(9) 最后，股东承担以上违反出资义务的民事责任，不适用诉讼时效抗辩。

### 五、股东资格

股东向公司认缴出资后，就成了公司的股东，享有相应的权利。公司应当向股东签发出资证明书、将股东的名称在相关文件上登记记载等。这些事项实际上也是公司对股东的义务。实践中，很多公司并未依法履行这些义务，这既侵害了股东的权益，也会给股权的稳定性产生影响。因此，当公司未尽上述义务时，股东有权提起诉讼要求公司履行该义务。

### 六、股东权利和义务

**（一）股东权利**

1. 股东权利的概念。

股东权利是股东基于股东资格而对公司及其组织机构享有的权利。

2. 股东权利的分类。

股东权利可分为参与管理权和资产收益权。

3. 股东权利的内容。

各国或地区法律对股东权利的内容一般不作列举式规定，我国《公司法》也是如此。《公司法》第四条仅规定，公司股东依法享有资产收益、参与重大决策和选择管理者等权利，这是一种概括式的规定。实际上，有关股东权利的内容散见于《公司法》的相关条文之中，归纳起来主要有：(1) 表决权；(2) 选举权和被选举权；(3) 依法转让股权或股份的权利；(4) 查阅权；(5) 建议权和质询权；(6) 增资优先认缴权；(7) 股利分配请求权；(8) 提议召开临时股东（大）会和自行召集的权利；(9) 临时提案权；(10) 异议股东股份回购请求权；(11) 申请法院解散公司的权利；(12) 公司剩余财产的分配请求权。

4. 股东诉讼。

(1) 股东代表诉讼。

《公司法》对股东代表诉讼作了如下规定：

①股东通过监事会或者监事提起诉讼。
②股东通过董事会或者董事提起诉讼。
③股东直接提起诉讼。
(2) 股东直接诉讼。

### (二) 股东义务

股东义务主要有以下三个方面：

第一，是出资义务，即按照法律和公司章程的规定，向公司按期足额缴纳出资。第二，是善意行使股权的义务。第三，是公司出现解散事由后，股东有组织清算的义务。

### 七、董事、监事、高级管理人员制度

#### (一) 概述

在公司组织结构下，股东并不直接参与公司经营管理。无论是股份有限公司还是有限责任公司，股东都只能通过选举董事组成董事会（或者在有限责任公司中设执行董事），由董事会聘任经理来负责公司的日常经营管理活动，监事会负责监督。股东组成的股东（大）会只对重大事项才有决策权。股东只有以董事、监事或者高级管理人员的身份才能参与公司经营管理。在实践中，控股股东往往自己或者委托他人担任公司的董事长或者总经理，以方便控制公司。

#### (二) 公司董事、监事、高级管理人员的任职资格

公司董事、监事、高级管理人员是代表公司组织机构行使职权的人员，在公司中处于重要地位，并依法具有法定的职权。因此，为了保证这类人员具有正确履行职责的能力与条件，《公司法》规定了他们应当具有相应的资格。

《公司法》明确规定："高级管理人员，是指公司的经理、副经理、财务负责人，上市公司董事会秘书和公司章程规定的其他人员"，从该规定来看，公司的总经理、副总经理和财务负责人、上市公司董事会秘书都一定是公司的高级管理人员，除此之外，公司章程中还可以规定其他人员也为公司的高级管理人员。

根据《公司法》的规定，有下列情形之一的，不得担任公司的董事、监事、高级管理人员：(1) 无民事行为能力或者限制民事行为能力。无民事行为能力的人是指不满8周岁的未成年人和不能辨认自己行为的成年人。限制民事行为能力的人是指8周岁以上的未成年人和不能完全辨认自己行为的成年人。(2) 因贪污、贿赂、侵占财产、挪用财产或者破坏社会主义市场经济秩序，被判处刑罚，执行期满未逾5年，或者因犯罪被剥夺政治权利，执行期满未逾5年。(3) 担任破产清算的公司、企业的董事或者厂长、经理，对该公司、企业的破产负有个人责任的，自该公司、企业破产清算完结之日起未逾3年。(4) 担任因违法被吊销营业执照、责令关闭的公司、企业的法定代表人，并负有个人责任的，自该公司、企业被吊销营业执照之日起未逾3年。(5) 个人所负数额较大的债务到期未清偿。

公司违反《公司法》的上述规定选举、委派董事、监事或者聘任高级管理人员的，该选举、委派或者聘任无效。公司董事、监事、高级管理人员在任职期间出现上述所列情形的，公司应当解除其职务。

### (三)公司董事、监事、高级管理人员的法定义务

《公司法》第一百四十七条的规定,公司董事、监事、高级管理人员应当遵守法律、行政法规和公司章程,对公司负有忠实义务和勤勉义务。一般将公司管理者的义务区分为忠实义务和勤勉义务。

### 八、股东大会、股东会和董事会决议制度

#### (一)决议的法律特征

决议由决议机构成员按一定程序作出的意思表示构成。决议可以是全体成员一致的意思表示,也可以是依特定表决规则形成的、反映部分成员(如半数以上成员或者代表半数以上表决权的成员)意志的意思表示。在决议机构由两个以上成员组成的情况下,"多数决"(即按照持较多表决权成员的意思形成决议,持较少表决权成员有义务服从决议),是通常接受的表决规则。

#### (二)决议不成立之诉

依《公司法解释四》的规定,某一决议(包括股东会或股东大会决议、董事会决议)事实上未作出,包括两种情形:(1)公司未召开会议作出该决议,除非依《公司法》第三十七条第二款或公司章程规定可以不召开股东会或股东大会而直接作出该决定,且由全体股东在决定文件上签名、盖章;(2)公司尽管召开了会议,但未表决该决议事项。不满足程序要求而不构成决议通过,也有两种情况:(1)到会人数或者到会股东所持表决权数,不符合法律或公司章程的规定,也即不具备表决决议事项的必要条件;(2)虽具备表决条件,但"表决结果未达到公司法或者公司章程规定的通过比例"。除以上四种典型情况外,人民法院还可以认定导致决议不成立的其他情形。

#### (三)决议无效与撤销之诉

《公司法》规定,公司股东会或者股东大会、董事会的决议内容违反法律、行政法规的无效。决议撤销之诉的对象,即只能是两类决议:一是"会议召集程序、表决方式违反法律、行政法规或者公司章程"的决议;二是"内容违反公司章程"的决议。

## 第二节 股份有限公司

### 一、股份有限公司的设立

#### (一)设立条件

根据《公司法》的规定,设立股份有限公司,应当具备下列条件:(1)发起人符合法定人数;(2)有符合公司章程规定的全体发起人认购的股本总额或者募集的实收股本总额;(3)股份发行、筹办事项符合法律规定;(4)发起人制订公司章程,采用募集方式设立的经创立大会通过;(5)有公司名称,建立符合股份有限公司要求的组织机构;(6)有公司住所。

1. 发起人条件。

根据《公司法》规定,发起人为 2 人以上 200 人以下,其中须有半数以上的发起人在中国境内有住所。股份有限公司发起人承担公司筹办事务。发起人应当签订发起人协议,明确各自在公司设立过程中的权利和义务。

2. 财产条件。

(1) 注册资本。

(2) 缴纳注册资本的方式和期限。

(3) 出资要求。

3. 组织条件。

组织条件包括公司名称、住所、章程以及依法建立的组织机构等。股份有限公司的设立需要有相应的名称、住所,必须在名称中标明股份有限公司或者股份公司字样。同时,需要建立相应的组织机构,且股份发行、筹办事项符合法律规定等,这些内容在本节相关部分予以说明。

(1) 公司章程的制定和修改。

(2) 公司章程的内容。

(二) 设立方式

根据我国《公司法》规定,股份有限公司可以采取发起设立或者募集设立方式设立。在发起设立方式下,发起人认缴全部出资后,按照公司章程的规定缴纳出资额;在募集设立方式下,发起人以及认购人应当一次缴纳出资额。

(三) 设立程序

根据股份有限公司设立方式的不同,程序略有不同,即公开募集设立还需要经过向社会公开招募股份等相关程序,其他程序与发起设立方式相同。但是,根据实际情况,公开募集设立方式较少适用。

(1) 签订发起人协议。

(2) 报经有关部门批准。

(3) 制定公司章程。

(4) 认购股份。

(5) 选举董事会和监事会,由董事会依法向公司登记机关申请设立登记。

(6) 发行股票。

(7) 公告。

## 二、股份有限公司的组织机构

股份有限公司的组织机构包括股东大会、董事会、监事会及高级管理人员。根据《公司法》的规定,高级管理人员,是指公司的经理、副经理、财务负责人、上市公司董事会秘书和公司章程规定的其他人员。

(一) 股东大会

1. 职权。

股份有限公司股东大会由全体股东组成。股东大会是公司的权力机构,依法行使职

权,根据《公司法》第三十八条的规定,股东大会的职权包括:

(1) 决定公司的经营方针和投资计划;
(2) 选举和更换非由职工代表担任的董事、监事,决定有关董事、监事的报酬事项;
(3) 审议批准董事会的报告;
(4) 审议批准监事会或者监事的报告;
(5) 审议批准公司的年度财务预算方案、决算方案;
(6) 审议批准公司的利润分配方案和弥补亏损方案;
(7) 对公司增加或者减少注册资本作出决议;
(8) 对发行公司债券作出决议;
(9) 对公司合并、分立、解散、清算或者变更公司形式作出决议;
(10) 修改公司章程;
(11) 公司章程规定的其他职权。

根据上市公司章程指引的有关要求,上市公司股东大会还有以下职权:对公司聘用、解聘会计师事务所作出决议;审议公司在一年内购买、出售重大资产超过公司最近一期经审计总资产30%的事项;审议批准变更募集资金用途事项;审议股权激励计划;审议批准下列对外担保行为:(1) 本公司及本公司控股子公司的对外担保总额,达到或超过最近一期经审计净资产的50%以后提供的任何担保;(2) 公司的对外担保总额,达到或超过最近一期经审计总资产的30%以后提供的任何担保;(3) 为资产负债率超过70%的担保对象提供的担保;(4) 单笔担保额超过最近一期经审计净资产10%的担保;(5) 对股东、实际控制人及其关联方提供的担保。

2. 股东大会会议形式。

股东大会分为年会与临时大会。股东大会年会应当每年召开一次。上市公司的年度股东大会应当于上一会计年度结束后的6个月内举行。

有下列情形之一的,应当在两个月内召开临时股东大会:(1) 董事人数不足《公司法》规定人数或者公司章程所定人数的2/3时;(2) 公司未弥补的亏损达实收股本总额1/3时;(3) 单独或者合计持有公司10%以上股份的股东请求时;(4) 董事会认为必要时;(5) 监事会提议召开时;(6) 公司章程规定的其他情形。

3. 股东大会会议的召集。

股东大会会议由董事会召集,董事长主持;董事长不能或者不履行职务的,由副董事长主持;副董事长不能或者不履行职务的,由半数以上董事共同推举一名董事主持。董事会不能或者不履行召集股东大会会议职责的,监事会应当及时召集和主持;监事会不召集和主持的,连续90日以上单独或者合计持有公司10%以上股份的股东可以自行召集和主持。

召开股东大会会议,应当将会议召开的时间、地点和审议的事项于会议召开20日前通知各股东;临时股东大会应当于会议召开15日前通知各股东;发行无记名股票的,应当于会议召开30日前公告会议召开的时间、地点和审议事项。

上市公司应在保证股东大会合法、有效的前提下,通过各种方式和途径,包括充分运用现代信息技术手段,扩大股东参与股东大会的比例。股东大会时间、地点的选择应有利于让尽可能多的股东参加会议。

单独或者合计持有公司 3% 以上股份的股东，可以在股东大会召开 10 日前提出临时提案并书面提交董事会；董事会应当在收到提案后两日内通知其他股东，并将该临时提案提交股东大会审议。临时提案的内容应当属于股东大会职权范围，并有明确议题和具体决议事项。股东大会不得对向股东通知中未列明的事项作出决议。无记名股票持有人出席股东大会会议的，应当于会议召开 5 日前至股东大会闭会时将股票交存于公司。

4. 股东大会会议的表决和决议事项。

股东出席股东大会会议，所持每一股份有一表决权。股东可以委托代理人出席股东大会会议，代理人应当向公司提交股东授权委托书，并在授权范围内行使表决权。公司持有的本公司股份没有表决权。上市公司董事会、独立董事和符合有关条件的股东可向上市公司股东征集其在股东大会上的投票权。投票权征集应采取无偿的方式进行，并应向被征集人充分披露信息。

股东大会决议的事项分为普通事项与特别事项两类。股东大会对普通事项作出决议，必须经出席会议的股东所持表决权过半数通过。股东大会对修改公司章程、增加或者减少注册资本，以及公司合并、分立、解散或者变更公司形式的特别事项作出决议，必须经出席会议的股东所持表决权的 2/3 以上通过。需要注意的是：《公司法》未规定出席股东大会的最低人数和持股比例要求，因此只要满足了提前通知的程序要求，只要有一名股东出席，持有无论多少比例的股权，该股东大会的召开都是有效的。

### （二）董事会

1. 董事会的概念。

董事会是依法由股东大会选举产生的董事组成，代表公司并行使经营决策的常设机关。董事会是公司的决策机关。

2. 董事会的组成。

股份有限公司董事会的成员为 5 至 19 人。董事应当遵守前述有关董事义务的规定。董事由股东大会选举产生。董事会成员中可以有公司职工代表。董事会中的职工代表由公司职工通过职工代表大会、职工大会或者其他形式民主选举产生。上市公司应在其公司章程中规定规范、透明的董事选聘程序，保证董事选聘公开、公平、公正、独立。上市公司应和董事签订聘任合同，明确公司和董事之间的权利义务、董事的任期、董事违反法律法规和公司章程的责任以及公司因故提前解除合同的补偿等内容。

3. 董事的任期与解任。

董事任期由公司章程规定，但每届任期不得超过 3 年。董事任期届满，连选可以连任。董事任期届满未及时改选，或者董事在任期内辞职导致董事会成员低于法定人数的，在改选出的董事就任前，原董事仍应当依照法律、行政法规和公司章程的规定，履行董事职务。

4. 董事会职权。

董事会对股东大会负责，行使下列职权：（1）召集股东大会会议，并向股东大会报告工作；（2）执行股东大会的决议；（3）决定公司的经营计划和投资方案；（4）制订公司的年度财务预算方案、决算方案；（5）制订公司的利润分配方案和弥补亏损方案；（6）制订公司增加或者减少注册资本以及发行公司债券的方案；（7）制订公司合并、分立、解散或者变更公司形式的方案；(8) 决定公司内部管理机构的设置；(9) 决定聘任或者解聘公司经理及其报酬事项，并根据经理的提名决定聘任或者解聘公司副经理、财务负责人及其报酬事项；(10) 制定公司的基本管理制度；(11) 公司章程规定的其他职权。

5. 董事会机构设置。

董事会设董事长一人，可以设副董事长。董事长和副董事长由董事会以全体董事的过半数选举产生。董事长召集和主持董事会会议，检查董事会决议的实施情况。副董事长协助董事长工作，董事长不能或者不履行职务的，由副董事长履行职务；副董事长不能或者不履行职务的，由半数以上董事共同推举一名董事履行职务。

上市公司董事会可以按照股东大会的有关决议，设立战略、审计、提名、薪酬与考核等专门委员会。专门委员会成员全部由董事组成，其中审计委员会、提名委员会、薪酬与考核委员会中独立董事应占多数并担任召集人，审计委员会中至少应有一名独立董事是会计专业人士。

6. 董事会会议的召开。

董事会每年度至少召开两次会议，每次会议应当于会议召开10日前通知全体董事和监事。代表1/10以上表决权的股东、1/3以上董事或者监事会，可以提议召开董事会临时会议。董事长应当自接到提议后10日内，召集和主持董事会会议。董事会召开临时会议，可以另定召集董事会的通知方式和通知时限。

董事会会议应有过半数的董事出席方可举行。董事会作出决议必须经全体董事的过半数通过。董事会决议的表决实行一人一票。董事会会议应由董事本人出席，董事因故不能出席，可以书面委托其他董事代为出席，委托书中应载明授权范围。

7. 记录。

董事会应当对会议所议事项的决定做成会议记录，出席会议的董事应当在会议记录上签名。董事应当对董事会的决议承担责任。董事会的决议违反法律、行政法规或者公司章程、股东大会决议，致使公司遭受严重损失的，参与决议的董事对公司负赔偿责任。但经证明在表决时曾表明异议并记载于会议记录的，该董事可以免除责任。

(三) 经营管理机关

1. 经营管理机关的概念。

经营管理机关是指由董事会聘任的，负责公司日常经营管理活动的公司常设业务执行机关。这是指公司的经理。与董事会、监事会不同的是，经理不是以会议形式形成决议的机关，而是以自己最终意志为准的执行机关。

2. 经理的职权。

股份有限公司设经理，由董事会决定聘任或者解聘，公司董事会可以决定由董事会成员兼任经理。经理对董事会负责，行使下列职权：(1) 主持公司的生产经营管理工作，组织实施董事会决议；(2) 组织实施公司年度经营计划和投资方案；(3) 拟订公司内部管理机构设置方案；(4) 拟订公司的基本管理制度；(5) 制定公司的具体规章；(6) 提请聘任或者解聘公司副经理、财务负责人；(7) 决定聘任或者解聘除应由董事会决定聘任或者解聘以外的负责管理人员；(8) 董事会授予的其他职权。经理列席董事会会议。

### (四) 监事会

1. 监事会的概念。

监事会是由依法产生的监事组成，对董事和经理的经营管理行为及公司财务进行监督的常设机构。它代表全体股东对公司经营管理进行监督，行使监督职能，是公司的监督机构。

2. 监事会成员的组成。

股份有限公司监事会的成员不得少于3人。监事会应当包括股东代表和适当比例的公司职工代表，其中职工代表的比例不得低于1/3，具体比例由公司章程规定。监事会中的职工代表由公司职工通过职工代表大会、职工大会或者其他形式民主选举产生。董事、高级管理人员不得兼任监事。上市公司的监事应具有法律、会计等方面的专业知识或工作经验，监事会的人员和结构应确保监事会能够独立有效地行使对董事、经理和其他高级管理人员及公司财务的监督和检查权。

3. 监事会机构设置。

监事会设主席一人，可以设副主席。监事会主席和副主席由全体监事过半数选举产生。监事会主席召集和主持监事会会议；监事会主席不能或者不履行职务的，由监事会副主席召集和主持监事会会议；监事会副主席不能或者不履行职务的，由半数以上监事共同推举一名监事召集和主持监事会会议。

4. 监事会职权和监事任期。

监事的任期每届为3年。监事任期届满，连选可以连任。监事任期届满未及时改选，或者监事在任期内辞职导致监事会成员低于法定人数的，在改选出的监事就任前，原监事仍应当依照法律、行政法规和公司章程的规定，履行监事职务。

监事会行使下列职权：(1) 检查公司财务；(2) 对董事、高级管理人员执行公司职务的行为进行监督，对违反法律、行政法规、公司章程或者股东会决议的董事、高级管理人员提出罢免的建议；(3) 当董事、高级管理人员的行为损害公司的利益时，要求董事、高级管理人员予以纠正；(4) 提议召开临时股东大会会议，在董事会不履行法律规定的召集和主持股东大会会议职责时召集和主持股东大会会议；(5) 向股东大会会议提出提案；(6) 对董事、高级管理人员提起诉讼；(7) 公司章程规定的其他职权。监事可以列席董事会会议，并对董事会决议事项提出质询或者建议。

监事会行使职权所必需的费用，由公司承担。

此外，监事会发现公司经营情况异常，可以进行调查；必要时，可以聘请会计师事务所等协助其工作，费用由公司承担。

5. 监事会会议的召开。

股份有限公司监事会每6个月至少召开一次会议。监事可以提议召开临时监事会会议。监事会的议事方式和表决程序，除法律有规定的外，由公司章程规定。上市公司应在公司章程中规定规范的监事会议事规则。监事会会议应严格按规定程序进行。监事会应当对所议事项的决定作成会议记录，出席会议的监事应当在会议记录上签名。

### (五) 上市公司组织机构的特别规定

当股份公司公开发行股票，并且其股票在证券交易所上市交易时，这种公司一般被称为上市公司。上市公司因为股份由社会公众持有，股东人数众多，《公司法》对其组织机构有特别规定。根据《公司法》以及有关规定，上市公司组织机构与活动原则的特别规定主要有以下内容：

（1）增加股东大会特别决议事项。

（2）上市公司设立独立董事。

（3）上市公司设立董事会秘书，负责公司股东大会和董事会会议的筹备、文件保管以及公司股权管理，办理信息披露事务等事宜。

（4）增设关联关系董事的表决权排除制度。

**三、上市公司独立董事制度**

《公司法》要求上市公司设独立董事，中国证监会具体要求上市公司董事会成员中应当至少1/3为独立董事。

**（一）独立董事的概念**

独立董事是指不在公司担任除董事之外的其他职务，并与其所受聘的上市公司及其主要股东不存在可能妨碍其进行独立客观判断的关系的董事。独立董事对上市公司及全体股东负有诚信与勤勉义务，应当认真履行职责，维护公司整体利益，尤其要关注中小股东的合法权益不受损害。独立董事应当独立履行职责，不受上市公司主要股东、实际控制人或者其他与上市公司存在利害关系的单位或个人的影响。

**（二）独立董事的任职条件**

根据中国证监会于2001年8月16日发布《关于在上市公司建立独立董事制度的指导意见》的规定，担任独立董事应当符合以下基本条件：（1）根据法律、行政法规及其他有关规定，具备担任上市公司董事的资格；（2）具有立法与有关规定要求的独立性；（3）具备上市公司运作的基本知识，熟悉相关法律、行政法规、规章及规则；（4）具有5年以上法律、经济或者其他履行独立董事职责所必需的工作经验；（5）公司章程规定的其他条件。

下列人员不得担任独立董事：（1）在上市公司或者其附属企业任职的人员及其直系亲属、主要社会关系（直系亲属是指配偶、父母、子女等；主要社会关系是指兄弟姐妹、岳父母、儿媳女婿、兄弟姐妹的配偶、配偶的兄弟姐妹等）；（2）直接或间接持有上市公司已发行股份1%以上或者是上市公司前十名股东中的自然人股东及其直系亲属；（3）在直接或间接持有上市公司已发行股份5%以上的股东单位或者在上市公司前五名股东单位任职的人员及其直系亲属；（4）最近一年内曾经具有前三项所列举情形的人员；（5）为上市公司或者其附属企业提供财务、法律、咨询等服务的人员；（6）公司章程规定的其他人员；（7）中国证监会认定的其他人员。

**（三）独立董事的提名**

根据中国证监会的规定，上市公司董事会、监事会、单独或者合并持有上市公司已发行股份1%以上的股东可以提出独立董事候选人，并经股东大会选举决定。

**（四）独立董事的任期**

独立董事任期与该上市公司其他董事任期相同，任期届满，连选可以连任，但是连任时间不得超过6年。

### (五) 独立董事的特别职权

独立董事除应具有董事的职权外，还应当行使以下特别职权：（1）重大关联交易（指上市公司拟与关联人达成的总额高于 300 万元或高于上市公司最近经审计净资产值的 5% 的关联交易）应由独立董事认可后，提交董事会讨论；独立董事作出判断前，可以聘请中介机构出具独立财务顾问报告，作为其判断的依据；（2）向董事会提议聘用或解聘会计师事务所；（3）向董事会提请召开临时股东大会；（4）提议召开董事会；（5）独立聘请外部审计机构和咨询机构；（6）可以在股东大会召开前公开向股东征集投票权。独立董事行使上述职权应当取得全体独立董事的 1/2 以上同意。如上述提议未被采纳或上述职权不能正常行使，上市公司应将有关情况予以披露。如果上市公司董事会下设薪酬、审计、提名等委员会的，独立董事应当在委员会成员中占有 1/2 以上的比例。

### 四、股份有限公司的股份及其发行、转让和回购

#### （一）股份的概念和类型

股份，是指构成股份公司资本的份额。

股份依据不同的分类方法，可分为不同的种类：

(1) 依股东的权利、义务不同，股份可分为普通股和优先股。

(2) 按投资主体的性质不同，股份分为国有股份和非国有股份。

(3) 按投资者是以人民币认购和买卖还是以外币认购和买卖股票划分，股份可分为内资股和外资股。

(4) 按票面上是否记载股东的姓名或名称，股票可分为记名股票和无记名股票。

#### （二）股份的形式和记载内容

股份采用纸面形式或者国务院证券监督管理机构规定的其他形式。纸面形式的股票应当载明下列主要事项：（1）公司名称；（2）公司成立日期；（3）股票种类、票面金额及代表的股份数；（4）股票的编号。股票由法定代表人签名，公司盖章。股份有限公司成立后，即向股东正式交付股票。公司成立前不得向股东交付股票。

#### （三）股份的发行

股份公司设立时的股份发行，被称为设立发行，此后的股份发行，被称为新股发行，实际上相当于股份公司增资。股份发行应当实行公平、公正的原则，同种类的每一股份应当具有同等权利。同次发行的同种类股份，每股的发行条件和价格应当相同；任何单位或者个人所认购的股份，每股应当支付相同价额。

#### （四）股份的转让

1. 转让方式。

(1) 记名股票转让。

(2) 无记名股票的转让。

(3) 上市公司股票的转让。

2. 转让限制。

股份有限公司的股份以自由转让为原则，以法律限制为例外。具体限制如下：

(1) 转让场所的限制。

（2）发起人转让股份的限制。
（3）非公开发行股份转让的限制。
（4）董事、监事、高级管理人员转让股份的限制。

**（五）股份的回购**

我国《公司法》规范股份回购的态度基本上是传统资本维持模式的思路：原则上禁止，例外情形允许。不过，与传统资本维持模式立法不同的是，我国《公司法》没有对股份回购设置与利润分配的财务规则一致的规则。

根据《公司法》的规定，公司不得收购本公司股份，但有下列情形之一的除外：①减少公司注册资本；②与持有本公司股份的其他公司合并；③将股份用于员工持股计划或者股权激励；④股东因对股东大会作出的公司合并、分立决议持异议，要求公司收购其股份的；⑤将股份用于转换上市公司发行的可转换为股票的公司债券；⑥上市公司为维护公司价值及股东权益所必需的。

## 第三节　有限责任公司

### 一、有限责任公司的设立

**（一）设立条件**

根据《公司法》的有关规定，设立有限责任公司，应当具备下列条件：（1）股东符合法定人数；（2）有符合公司章程规定的全体股东认缴的出资额；（3）股东共同制定公司章程；（4）有公司名称，建立符合有限责任公司要求的组织机构；（5）有公司住所。

1. 股东人数。

《公司法》规定，有限责任公司由 50 个以下股东出资设立，允许设立一人有限责任公司。同时，出资设立公司的股东还要符合相应的资格条件。

2. 财产条件。

2013 年修订后，《公司法》取消了对有限责任公司最低注册资本的要求，也取消了对于缴纳出资的法定期限要求。有限责任公司的注册资本为在公司登记机关登记的全体股东认缴的出资额。除了法律、行政法规以及国务院决定对有限责任公司注册资本实缴、注册资本最低限额另有规定外，公司法没有规定有限责任公司的最低注册资本限额和出资期限。

3. 组织条件。

（1）公司章程的制定和修改。根据我国《公司法》的规定，设立有限责任公司必须由股东共同依法制定公司章程，一人有限责任公司公司章程由股东制定。但是，根据《公司法》的有关规定，国有独资公司章程由国有资产监督管理机构制定，或者由董事会制订报国有资产监督管理机构批准。公司章程制定之后，股东应当在公司章程上签名、盖章。

根据《公司法》的规定，公司章程的修改必须经过股东会，并且应当经过代表2/3以上表决权的股东通过。

（2）公司章程的内容。根据《公司法》的规定，有限责任公司章程应当载明下列事项：①公司名称和住所；②公司经营范围；③公司注册资本；④股东的姓名或者名称；⑤股东的出资方式、出资额和出资时间；⑥公司的机构及其产生办法、职权、议事规则；⑦公司法定代表人；⑧股东会会议认为需要规定的其他事项。

**（二）设立程序**

有限责任公司的设立程序与前述股份有限公司的设立登记部分说明的内容基本相同。这里仅就公司设立登记后的有关内容作一些补充说明。

1. 公告。

登记主管机关核准登记后，应当发布公司登记公告。公告内容一般包括公司名称、住所、法人代表、公司类型、注册资本、经营范围和经营方式、注册号等。公告后，公司设立程序即为完成。公司登记的事项可以对抗第三人。公司未经登记的事项，不得对抗第三人。

2. 出资证明书。

有限责任公司成立后，应当向股东签发出资证明书。出资证明书是确认股东出资的凭证，应当载明下列事项：（1）公司名称；（2）公司成立日期；（3）公司注册资本；（4）股东的姓名或者名称、缴纳的出资额和出资日期；（5）出资证明书的编号和核发日期。出资证明书由公司盖章。

根据《公司法解释三》的规定，当事人依法履行出资义务或者依法继受取得股权后，公司未根据公司法的规定签发出资证明书、记载于股东名册并办理公司登记机关登记，当事人请求公司履行上述义务的，人民法院应予支持。

3. 股东名册。

有限责任公司应当置备股东名册。股东名册是公司为记载股东情况及其出资事项而设置的簿册，应记载下列事项：（1）股东的姓名或者名称及住所；（2）股东的出资额；（3）出资证明书编号。记载于股东名册的股东，可以依股东名册主张行使股东权利。

**二、有限责任公司的组织机构**

有限责任公司的组织机构包括股东会、董事会、监事会及高级管理人员。

**（一）股东会**

1. 股东会的职权。

有限责任公司股东会由全体股东组成，股东会是公司的权力机构。根据《公司法》的规定，股东会行使下列职权：（1）决定公司的经营方针和投资计划；（2）选举和更换非由职工代表担任的董事、监事，决定有关董事、监事的报酬事项；（3）审议批准董事会或者执行董事的报告；（4）审议批准监事会或者监事的报告；（5）审议批准公司的年度财务预算方案、决算方案；（6）审议批准公司的利润分配方案和弥补亏损方案；（7）对公司增加或者减少注册资本作出决议；（8）对发行公司债券作出决议；（9）对公司合并、分立、解散、清算或者变更公司形式作出决议；（10）修改公司章程；（11）公司章程规定的其他职权。

2. 股东会会议。

股东会会议分为定期会议和临时会议。定期会议是指依据法律和公司章程的规定，在一定时间内必须召开的股东会议。有限责任公司的定期会议一般在每一个会计年度结束之后召开，每年召开一次。临时会议是指在定期会议之外必要的时间，由于法定事由或者根据法定人员、机构的提议召开的股东会议。根据《公司法》的有关规定，代表 1/10 以上表决权的股东、1/3 以上的董事、监事会或者不设监事会的公司的监事提议召开临时会议的，应当在两个月内召开临时股东会议。

3. 股东会的召集。

首次股东会会议由出资最多的股东召集和主持，依法行使职权。以后的股东会会议，公司设立董事会的，由董事会召集，董事长主持；董事长不能或者不履行职务的，由副董事长主持；副董事长不能或者不履行职务的，由半数以上董事共同推举一名董事主持。公司不设董事会的，股东会会议由执行董事召集和主持。董事会或者执行董事不能或者不履行召集股东会会议职责的，由监事会或者不设监事会的公司的监事召集和主持；监事会或者监事不召集和主持的，代表 1/10 以上表决权的股东可以自行召集和主持。

召开股东会会议，应当于会议召开 15 日以前通知全体股东，但公司章程另有规定或者全体股东另有约定的除外。股东会应当对所议事项的决定作成会议记录，出席会议的股东应当在会议记录上签名。

4. 股东会决议。

《公司法》规定，股东会会议由股东按照出资比例行使表决权，但公司章程另有规定的除外。股东会的议事方式和表决程序，除《公司法》有规定的之外，由公司章程规定。

有限公司股东会决议可分为特别决议和普通决议。通过特别决议所要求的表决权数较高。《公司法》规定，股东会会议作出修改公司章程、增加或者减少注册资本的决议以及公司合并、分立、解散或者变更公司形式的决议，必须经代表（全体股东）2/3 以上表决权的股东通过。这类决议就属于特别决议。

普通决议要求的表决权数通常是半数以上或过半数。《公司法》未规定通过普通决议所需要的表决权数。通常，公司章程会规定这类普通决议须经代表（全体股东）半数以上或者过半数表决权的股东通过。

（二）董事会

1. 董事会的组成。

根据《公司法》的规定，有限责任公司董事会的成员为 3 人至 13 人。股东人数较少或者规模较小的有限责任公司，可以设一名执行董事，不设立董事会，执行董事的职权与董事会相当。两个以上的国有企业或者其他两个以上的国有投资主体投资设立的有限责任公司，其董事会成员中应当有公司职工代表；其他有限责任公司董事会成员中也可以有公司职工代表。董事会中的职工代表由公司职工通过职工代表大会、职工大会或者其他形式民主选举产生。董事会设董事长一人，可以设副董事长。董事长、副董事长的产生办法由公司章程规定。

2. 董事任期和董事会职权。

有限责任公司董事的任期和董事会职权与股份有限公司相同。

3. 董事会的召集。

董事会会议由董事长召集和主持；董事长不能或者不履行职务的，由副董事长召集和主持；副董事长不能或者不履行职务的，由半数以上董事共同推举一名董事召集和主持。

4. 董事会的议事方式和表决程序。

除《公司法》有规定的之外，董事会的议事方式和表决程序由公司章程规定。董事会决议的表决，实行一人一票。董事会应当对所议事项的决定作成会议记录，出席会议的董事应当在会议记录上签名。

（三）经理

《公司法》规定："有限责任公司可以设经理，由董事会决定聘任或者解聘。"据此规定，在有限责任公司中，经理不再是必设机构而成为选设机构。公司章程可以规定不设经理，而设总裁、首席执行官等职务，行使公司的管理职权。《公司法》规定，在有限责任公司设经理时，经理的职权与股份有限公司相同。公司章程对经理职权另有规定的，从其规定。

（四）监事会

1. 监事会的组成。

根据《公司法》的规定，有限责任公司设立监事会，其成员不得少于3人。股东人数较少或者规模较小的有限责任公司，可以设一至两名监事，不设立监事会。监事会应当包括股东代表和适当比例的公司职工代表，其中职工代表的比例不得低于1/3，具体比例由公司章程规定。监事会的职工代表由公司职工通过职工代表大会、职工大会或者其他形式民主选举产生。监事会设主席一人，由全体监事过半数选举产生。董事、高级管理人员不得兼任监事。

2. 监事的任期和监事会的职权。

有限责任公司监事的任期和监事会的职权与股份有限公司相同。

3. 监事会的召集和决议。

监事会主席召集和主持监事会会议；监事会主席不能或者不履行职务的，由半数以上监事共同推举一名监事召集和主持监事会会议。监事会每年度至少召开一次会议，监事可以提议召开临时监事会会议。

监事会的议事方式和表决程序，除《公司法》有规定的外，由公司章程规定。监事会决议应当经半数以上监事通过。监事会应当对所议事项的决定作成会议记录，出席会议的监事应当在会议记录上签名。

### 三、一人有限责任公司的特别规定

根据《公司法》的有关规定，一个自然人股东或者一个法人股东可以设立有限责任公司。为维护债权人等利害关系人的权益，保障社会经济秩序，《公司法》对一人有限责任公司的设立和组织机构用专门一节作了特殊规定，以加强对其的监管。特殊规定以外的问题，则适用对有限责任公司的一般规定。以下仅就一人有限责任公司的特别规定之处作一说明。

**（一）股东的特别规定**

《公司法》规定一个自然人只能投资设立一个一人有限责任公司，禁止其设立多个一人有限责任公司，而且该一人有限责任公司不能投资设立新的一人有限责任公司。

一人有限责任公司应当在公司登记中注明自然人独资或者法人独资，并在公司营业执照中载明。

**（二）组织机构的特别规定**

一人有限责任公司不设股东会。法律规定的股东会职权由股东行使，当股东行使相应职权作出决定时，应当采用书面形式，并由股东签字后置备于公司。

**（三）审计的特别规定**

一人有限责任公司应当在每一会计年度终了时编制财务会计报告，并经会计师事务所审计。这是为了防止股东既是出资人，又是经营管理者，缺乏监督而导致的财务会计资料不实的情况发生。

**（四）有限责任的特别规定**

为防止一人有限责任公司的股东滥用公司法人人格与有限责任制度，将公司财产混同于个人财产，抽逃资产，损害债权人的利益，《公司法》规定，一人有限责任公司的股东不能证明公司财产独立于股东自己财产的，应当对公司债务承担连带责任。

### 四、国有独资公司的特别规定

国有独资公司是指国家单独出资、由国务院或者地方人民政府委托本级人民政府国有资产监督管理机构履行出资人职责的有限责任公司。《公司法》对国有独资公司的设立和组织机构以专门一节作了特殊规定；特殊规定以外的问题，则适用对有限责任公司的一般规定。

**（一）章程制定的特别规定**

国有独资公司章程由国有资产监督管理机构制定，或者由董事会制订报国有资产监督管理机构批准。

**（二）组织机构的特别规定**

（1）国有独资公司不设股东会，由国有资产监督管理机构行使股东会职权。
（2）国有独资公司董事会的特别规定。
（3）经营管理机关的特别规定。
（4）国有独资公司的董事长、副董事长、董事、高级管理人员任职的特别规定。
（5）国有独资公司监事会的特别规定。

### 五、有限责任公司的股权移转

**（一）股权移转的概念和类型**

股权移转，是指有限公司的股权基于一定的法律事实而发生权属变更。股权移转只是股东发生变化，公司的法人资格不发生变化，公司的财产不发生变化，公司以其财产对外承担的责任也不发生变化。

根据《公司法》的规定，有限公司股权移转包括：基于股东法律行为的自愿转让、基于法院强制执行的强制移转以及基于自然人股东死亡而发生的股权继承。

### （二）股权转让规则

（1）有限公司的股东之间可以相互转让全部或者部分股权。

（2）股东向股东以外的人转让股权，应当经其他股东过半数同意。

（3）股权转让即便获得其他股东过半数同意，股权也未必可以无障碍地转让给股东以外的人，因为其他股东仍可行使优先购买权。

（4）《公司法解释四》规定，通过拍卖向股东以外的人转让有限责任公司股权的，适用公司法第七十一条第二款、第三款或者第七十二条规定的"书面通知""通知""同等条件"时，根据相关法律、司法解释确定。

### （三）股权强制执行的规则

人民法院依照法律规定的强制执行程序移转股东股权的，应当通知公司及全体股东，其他股东在同等条件下有优先购买权。其他股东自人民法院通知之日起满20日不行使优先购买权的，视为放弃优先购买权。

### （四）股权继承规则

在公司章程没有另外规定的情况下，自然人股东死亡后，其合法继承人可以直接继承股东资格。《公司法解释四》规定，有限公司的自然人股东因继承发生变化时，其他股东主张依据公司法第七十一条第三款规定行使优先购买权的，人民法院不予支持，但公司章程另有规定或者全体股东另有约定的除外。

### （五）股权移转的程序

公司内部股东之间股权转让的，出让方与受让方签订股权转让协议，完成股权转让后，公司应当注销原股东的出资证明书，向受让股东重新签发出资证明书，由公司相应修改公司章程和股东名册中有关股东及其出资额的记载。但对公司章程的该项修改不需要再由股东会表决。

股东向股东之外的人转让股权的，除了新股东要提交主体资格证明或自然人身份证明外，其他手续与前述转让手续相同。

### （六）"一股二卖"的处理规则

股权转让后，公司可能没有立即向公司登记机关办理变更登记，如果原股东将仍登记于其名下的股权转让、质押或者以其他方式处分给第三人，则会给受让人造成损失。根据《公司法解释三》之规定，对于上述情况，受让股东以其对于股权享有实际权利为由，请求认定处分股权行为无效的，人民法院可以参照《物权法》第一百零六条的规定处理。这就是说，需要考察第三人在受让原股东处分的股权时是否构成善意取得，如果构成善意取得，则最终获得该股权；否则，原股东处方分股权的行为无效。

如果原股东处分股权造成受让股东损失的，受让股东可以请求原股东承担赔偿责任；同时，受让股东还可以要求未及时办理变更登记有过错的董事、高级管理人员或者实际控制人承担相应责任。但是，受让股东对于未及时办理变更登记也有过错的，可以适当减轻上述董事、高级管理人员或者实际控制人的责任。

### 六、有限责任公司与股份有限公司的组织形态变更

有限责任公司和股份有限公司之间可以相互转化形态,即有限责任公司可以变更为股份有限公司,但应当符合《公司法》规定的股份有限公司的条件。股份有限公司也可以变更为有限责任公司,也应当符合《公司法》规定的有限责任公司的条件。

## 第四节 公司的财务会计

### 一、公司财务会计概述

公司财务会计是指在会计法规、会计原则或者会计制度的指导下,以货币为主要计量形式,对公司的整个财务活动和经营状况进行记账、算账、报账,为公司管理者和其他利害关系人定期提供公司财务信息的活动。

### 二、公司财务会计报告

公司财务会计报告包括:(1)资产负债表;(2)利润表;(3)现金流量表;(4)附注。

### 三、利润分配规则

#### (一)利润分配的财务规则

我国《公司法》的利润分配财务规则遵循传统资本维持模式的思路,通过将分配对象限定于"税后利润",并以提取盈余公积金和弥补亏损为分配利润的先决条件,试图达到防止股东抽回股本或者将利润分光,从而维护并巩固公司偿付能力的目的。这套规则实际上是完全依靠对财务数据的核算和检测来约束公司的分配行为。

具体来说,《公司法》的利润分配规则有以下几个要点:(1)公司只能向股东分配"税后利润";(2)分配"当年税后利润"之前,必须提取税后利润的10%列入法定公积金,法定公积金累计额为公司注册资本的50%以上的,可以不再提取;(3)公司的法定公积金不足以弥补以前年度亏损的,在依照上述规定提取法定公积金之前,应当先用当年利润弥补亏损;(4)公司可以自愿从税后利润中提取"任意公积金",但须由股东会或者股东大会作出决议;(5)"弥补亏损和提取公积金后所余税后利润",通常应按股东持股比例分配(具体说,有限责任公司按照股东实缴的出资比例分配,但全体股东约定不按照出资比例分配的除外;股份有限公司按照股东持有的股份比例分配,但股份有限公司章程规定不按持股比例分配的除外)。

依现行规则,公司违法分配利润可能引发以下几种法律责任:

(1)股东承担违规分配利润的返还责任。公司如果违反《公司法》第一百六十六条的财务规则分配利润,即在弥补亏损和提列法定公积金之前分配利润,首先要承担民事责任的是接受分红的股东——他们负有向公司返还违规分配之利润的责任。

（2）董事承担对公司的损害赔偿责任。《公司法》第一百六十六条没有规定，作出违法分配决议或实施违法分配的董事应承担何种责任。但依《公司法》关于董事义务的规则解释，赞同违规分配的董事会成员或者执行董事，可能因其违法行为给公司造成损失而承担赔偿责任。

（3）股东如果借利润分配之名"抽回出资"，则构成"抽逃出资"。抽逃出资的股东，除了必须退还抽回的资金外，还可能在抽逃出资范围内承担公司债务。

（4）公司可能因未提列法定公积金而遭行政处罚。"县级以上人民政府财政部门"可能责令公司补提法定公积金，并对公司课处不超过20万元的行政罚款。

**（二）公积金规则**

《公司法》规定了三个公积金概念：一是"法定公积金"；二是"任意公积金"；三是"资本公积金"。前两种公积金都来源于公司盈余，因此确切地说，它们应分别称为"法定盈余公积金"和"任意盈余公积金"。

资本公积金是直接由资本原因形成的公积金，股份有限公司以超过股票票面金额的发行价格发行股份所得的溢价款以及国务院财政部门规定列入资本公积金的其他收入，应当列为公司资本公积金。

公积金应当按照规定的用途使用，其用途主要如下：（1）弥补公司亏损。（2）扩大公司生产经营。（3）转增公司资本。《公司法》规定，转增后所留存的该项公积金不得少于转增前公司注册资本的25%。

# 第五节 公司重大变更

公司的重大变更包括公司合并、分立、增加和减少注册资本。

## 一、公司合并

**（一）公司合并的概念与方式**

公司合并的方式有两种：一是吸收合并，即指一个公司吸收其他公司加入本公司，被吸收的公司解散；二是新设合并，即指两个以上公司合并设立一个新的公司，合并各方解散。

就效果而言，合并不是唯一能够达成企业横向或纵向整合效果的手段。资产收购和股权收购（一般称之为并购）也可以达成与吸收合并类似的效果：（1）以现金购买资产方式的并购。（2）以股权购买资产方式的并购。（3）以现金购买股权方式的并购。（4）以股权购买股权方式的并购。

以上四种并购方式中，前两种一般称为资产收购。与合并相比，资产收购有两个重要特点：首先，被并购方公司的每一笔债务转移至并购方公司承担，都需要经过被并购方公司该债权人的同意，对于不同意的债务转移的股东，就只能清偿；其次，被并购公司的消灭必须经过解散清算程序。

后两种一般称为股权收购。与合并相比,股权收购的重要特点是:首先被并购方公司的每一个股东必须都愿意卖出其持有的被并购方公司的股权,换取现金或者并购方公司的股权。因为与合并和资产收购不同,对于被并购方公司的股东来说,这只是一个股权转让的交易,而不是公司行为,被并购方公司不能通过公司决议要求其股东卖出股份。其次,被并购方公司的消灭必须经过解散清算程序,在这个过程中,被并购方公司的债权人可能直接要求清偿,而不愿意由并购方公司承继该债务。

### (二) 公司合并的程序

《公司法》规定法定合并必须满足的程序有:

(1) 签订合并协议。公司合并,应当由合并各方签订合并协议。合并协议应当包括以下主要内容:①合并各方的名称、住所;②合并后存续公司或新设公司的名称、住所;③合并各方的债权债务处理办法;④合并各方的资产状况及其处理办法;⑤存续公司或新设公司因合并而增资所发行的股份总额、种类和数量;⑥合并各方认为需要载明的其他事项。

(2) 编制资产负债表及财产清单。

(3) 参与合并的公司各自作出合并决议。合并决议由股东(大)会作出,并采取特别多数决方式。

(4) 通知债权人。

(5) 依法进行登记。

### (三) 公司合并各方的债权、债务的承接

公司合并时,合并各方的债权、债务,应当由合并后存续的公司或者新设的公司承继。换句话说,这时消灭公司的债权债务直接转移到存续公司或者新设公司,不需要经过原公司债权人的同意。为了保护债权人利益,《公司法》规定了债权人通知的程序,要求参与合并的公司(无论其是否消灭)必须在作出合并决议之日起10日内通知债权人,并于30日内在报纸上公告。债权人自接到通知书之日起30日内,未接到通知书的自公告之日起45日内,可以要求公司清偿债务或者提供相应的担保。

### (四) 公司合并中的股东权保护

公司合并是参与合并各方公司的公司行为,由各方公司通过股东(大)会作出合并决议,参与合并公司的股东只能通过在本公司股东(大)会决议时投票表达自己的意见,法定合并不需要征求每一个股东的同意。因此,《公司法》规定了合并和分立中的股东保护制度:

(1) 特别多数决制度。

(2) 异议股东股份收买请求权。

## 二、公司分立

### (一) 公司分立的形式

公司分立是指一个公司依法分为两个以上的公司。公司分立的形式有两种:一是派生分立,即公司以其部分财产另设一个或数个新的公司,原公司存续;二是新设分立,

即公司以其全部财产分别归入两个以上的新设公司，原公司解散。

**（二）公司分立的程序**

公司分立的程序与公司合并的程序基本一样，要签订分立协议，编制资产负债表及财产清单，作出分立决议，通知债权人，办理工商变更登记等。需要注意的是，公司分立程序中的通知债权人程序与公司合并程序略有不同。按照《公司法》的规定，在公司分立的情况下，公司应当自作出分立决议之日起 10 日内通知债权人，并于 30 日内在报纸上公告，没有赋予债权人请求公司清偿债务或者提供相应担保的权利。

**三、公司增资**

公司增加注册资本，简称增资。新增资本无论由原股东还是原股东以外的人投入，都属于出资，适用公司设立时股东出资或认股的规范。

公司增资通常包含以下步骤：

（1）公司董事会制订和提出增资方案；

（2）公司就增资形成股东会或股东大会决议，有限公司股东会的该项决议须经代表 2/3 以上表决权的股东通过，股份公司股东大会的该项决议须经出席会议的股东所持表决权的 2/3 以上通过；决议应依章程规定，对原有股东是否享有及如何行使增资优先认缴权或者新股优先认购权作出相应安排；

（3）公司通常与增资入股者订立"增资协议""新股认购协议"或类似协议；

（4）履行可能的批准程序，例如涉及国有股权时，须经国有资产管理部门批准；

（5）修订公司章程，包括修订注册资本、股东名单、股东出资额等条款，该项修改章程的股东会或股东大会决议，通常与第二步中的增资决议合并或同时作出；

（6）增资入股者依约缴纳其认缴的出资或认购的股份；

（7）办理相应的公司登记变更手续，包括变更注册资本、变更股东登记事项、提交修订后的公司章程或公司章程修正案。

**四、公司减资**

1. 注册资本减少的概念。

注册资本减少，简称减资，是指公司根据需要，依照法定条件和程序，减少公司的注册资本额。公司为避免资本闲置、向股东返还出资或者减免股东认而未缴的出资，可依法定程序减少注册资本。当公司出现严重亏损时，也可以通过减资弥补亏损。

基于上述目的，公司可采取以下方式实施减资：

（1）返还出资或股款，即将股东已缴付的出资财产或股款部分或全部返还股东。

（2）减免出资或购股义务，即部分或全部免除股东已认缴或认购但未实缴的出资金额。

（3）缩减股权或股份。公司为弥补亏损而减资时，不向股东返还出资或股款，而是注销股东的一部分股权或股份。公司按照一定比例将已发行股份合并（例如二股合为一股），也可达到缩减股份的目的。

2. 注册资本减少的程序。

（1）公司董事会制定减资方案，提交股东会或股东大会表决。减资方案的内容应当包括：减少注册资本的数额，各股东具体承担的减少注册资本的数额，各股东的减资方式，减资日期等。有限公司股东会作出减资决议，须经代表 2/3 以上表决权的股东通过；股份公司股东大会作出减资决议，须经出席会议的股东所持表决权的 2/3 以上通过。

（2）公司应当编制资产负债表及财产清单。

（3）通知债权人和对外公告。减资可能减少公司的责任财产，也可能减免股东出资义务，因此有必要保护债权人的利益。《公司法》规定，公司应当自作出减少注册资本决议之日起 10 日内通知债权人，并于 30 日内在报纸上公告。《公司法》对"债权人"未作限定，应解释为公司的全部债权人，包括合同债权人和侵权债权人。除因债权人之故而无法通知的，公司均应予以通知。"通知书"应于减资决议作出之日起 10 日内发出。债权人自接到"通知书"之日起 30 日内，未接到"通知书"的自公告之日起 45 日内，有权要求公司清偿债务或者提供相应的担保。

（4）实施减资。

（5）变更工商登记和税务登记。公司减少注册资本的，应当自公告之日起 45 日后申请变更登记，并应当提交公司在报纸上登载减少注册资本公告的有关证明和公司债务清偿或者债务担保情况的说明。

## 第六节 公司解散和清算

### 一、公司解散

#### （一）公司解散的概念和特征

公司解散，是指公司发生章程规定或法定的除破产以外的解散事由而停止业务活动，并进入清算程序的过程。其特征为：

（1）公司解散事由发生后，公司并未终止，仍然具有法人资格，可以自己的名义开展与清算相关的活动，直到清算完毕并注销后才消灭其主体资格。

（2）除公司因合并或分立而解散，不必进行清算外，公司解散必须经过法定清算程序。

（3）公司解散的目的是终止其法人资格。

#### （二）公司解散的原因

根据《公司法》的规定，公司解散的原因有以下五种情形：（1）公司章程规定的营业期限届满或者公司章程规定的其他解散事由出现；（2）股东会或者股东大会决议解散；

(3) 因公司合并或者分立需要解散；(4) 依法被吊销营业执照、责令关闭或者被撤销；(5) 人民法院依法予以解散。

公司有上述第（1）项情形的，可以通过修改公司章程而存续。公司依照规定修改公司章程的，有限责任公司须经持有2/3以上表决权的股东通过，股份有限公司须经出席股东大会会议的股东所持表决权的2/3以上通过。

上述前3项原因都属于公司自愿解散，必须经过公司股东（大）会决议。后两项则是公司外部原因，也可称之为强制解散。

### （三）强制解散

公司被吊销营业执照、责令关闭或者撤销，多是因为公司行为违反了法律或者行政法规，是一种行政处罚措施，必须符合相关法律或者《行政处罚法》的规定。

《公司法解释二》规定，有下列事由之一，公司继续存续会使股东利益受到重大损失，通过其他途径不能解决，提起解散公司诉讼，人民法院应予受理：

(1) 公司持续2年以上无法召开股东会或者股东大会，公司经营管理发生严重困难的；

(2) 股东表决时无法达到法定或者公司章程规定的比例，持续2年以上不能作出有效的股东会或者股东大会决议，公司经营管理发生严重困难的；

(3) 公司董事长期冲突，且无法通过股东会或者股东大会解决，公司经营管理发生严重困难的；

(4) 经营管理发生其他严重困难，公司继续存续会使股东利益受到重大损失的情形。

## 二、公司清算

### （一）公司清算的概述

公司清算，是指公司解散或被依法宣告破产后，依照一定的程序结束公司事务，收回债权，偿还债务，清理资产，并分配剩余财产，终止消灭公司的过程。公司被依法宣告破产的，依照有关企业破产的法律实施破产清算。

《公司法解释二》规定，在下列情况下，债权人可以向人民法院申请指定清算组进行清算：

(1) 公司解散逾期不成立清算组进行清算的；

(2) 虽然成立清算组但故意拖延清算的；

(3) 违法清算可能严重损害债权人或者股东利益的。

在上述第（2）种情况下，即公司虽然成立了清算组但故意拖延清算的，如果债权人未提起清算申请，公司股东也可以申请人民法院指定清算组对公司进行清算。

### （二）清算义务人及其责任

清算义务人，是指有义务组织公司清算的人，包括有限公司的股东、股份公司的董事和控股股东。

根据《公司法解释二》的规定，清算义务人怠于清算可能产生的民事责任是：(1) 清算义务人未在法定期限内成立清算组，导致公司财产贬值、流失、毁损或者灭失的，应当"在造成损失范围内对公司债务承担赔偿责任"；(2) 清算义务人怠于履行清算义务或其他义务，导致公司主要财产、账册、重要文件等灭失，无法进行清算的，应当"对公司的债务承担连带清偿责任"。如果上述情形是由公司的实际控制人造成的，则该实际控制人应"对公司债务承担相应民事责任"。

公司解散后，公司清算义务人、公司实际控制人如果恶意处置公司财产给债权人造成损失，或者未经依法清算，以虚假的清算报告骗取公司登记机关办理法人注销登记，则清算义务人、实际控制人应"对公司债务承担相应赔偿责任"。

公司如未经清算即办理注销登记，致使公司无法进行清算，则公司清算义务人和实际控制人应当"对公司债务承担清偿责任"。

公司未经依法清算即办理注销登记，股东或者第三人在公司登记机关办理注销登记时承诺对公司债务承担责任，债权人主张其对公司债务承担相应民事责任的，人民法院应依法予以支持。

清算义务人对外承担连带责任，其中一人或者数人对外承担民事责任后，可以主张其他人按照过错大小分担责任。

此外，最高人民法院发布指导案例9号——"上海存亮贸易有限公司诉蒋志东、王卫明等买卖合同纠纷案"。该案裁判要旨指出，清算义务人"不能以其不是实际控制人或者未实际参加公司经营管理为由，免除清算义务"。

**（三）公司在清算期间的行为限制**

公司进入清算程序后，其行为受到以下限制：

（1）清算期间，公司不再从事新的经营活动，仅局限于清理公司已经发生但尚未了结的事务，包括清偿债务、实现债权以及处理公司内部事务等。

（2）清算期间，公司的代表机构为清算组。清算组负责处理未了事务，代表公司对外进行诉讼。在公司依法清算结束并办理注销登记前，有关公司的民事诉讼，仍应当以公司的名义进行。在清算组未成立前，由原公司法定代表人代表公司进行诉讼。成立清算组后，由清算组负责人代表公司参加诉讼。

（3）清算期间，公司财产在未按照法定程序清偿前，不得分配给股东。

**（四）清算组及其组成**

根据《公司法》的规定，公司应当在解散事由出现之日起15日内成立清算组，开始清算。有限责任公司的清算组由股东组成，股份有限公司的清算组由董事或者股东大会确定的人员组成。逾期不成立清算组进行清算的，债权人可以申请人民法院指定有关人员组成清算组进行清算。人民法院应当受理该申请，并及时组织清算组进行清算。

根据《公司法解释二》的规定，人民法院受理公司清算案件，应当及时指定有关人员组成清算组。清算组成员可以从下列人员或者机构中产生：（1）公司股东、董事、监事、高级管理人员；（2）依法设立的律师事务所、会计师事务所、破产清算事务所等社会中介机构；（3）依法设立的律师事务所、会计师事务所、破产清算事务所等社会中介机构中具备相关专业知识并取得执业资格的人员。

人民法院指定的清算组成员有下列情形之一的，人民法院可以根据债权人、股东的申请，或者依职权更换清算组成员：（1）有违反法律或者行政法规的行为；（2）丧失执业能力或者民事行为能力；（3）有严重损害公司或者债权人利益的行为。

**（五）清算组的职权**

根据《公司法》的规定，清算组在清算期间行使下列职权：（1）清理公司财产，分别编制资产负债表和财产清单；（2）通知、公告债权人；（3）处理与清算有关的公司未了结的业务；（4）清缴所欠税款以及清算过程中产生的税款；（5）清理债权、债务；（6）处理公司清偿债务后的剩余财产；（7）代表公司参与民事诉讼活动。

**（六）清算程序**

（1）通知债权人。清算组应当自成立之日起10日内将公司解散清算事宜书面通知全体已知债权人，并根据公司规模和营业地域范围，于60日内在全国或者公司注册登记地省级有影响的报纸上进行公告。

（2）债权申报和登记。债权人应当自接到通知书之日起30日内，未接到通知书的自公告之日起45日内，向清算组申报其债权。债权人申报债权，应当说明债权的有关事项，并提供证明材料。清算组应当对债权进行核定登记。在申报债权期间，清算组不得对债权人进行清偿。

清算组未按照规定履行通知和公告义务，导致债权人未及时申报债权而未获清偿，债权人可要求清算组成员对因此造成的损失承担赔偿责任。

公司清算时，债权人对清算组核定的债权有异议的，可以要求清算组重新核定。清算组不予重新核定，或者债权人对重新核定的债权仍有异议，债权人以公司为被告向人民法院提起诉讼请求确认的，人民法院应予受理。

债权人在规定的期限内未申报债权，在公司清算程序终结前补充申报的，清算组应予登记。债权人补充申报的债权，可以在公司尚未分配财产中依法清偿。公司尚未分配财产不能全额清偿，债权人主张股东以其在剩余财产分配中已经取得的财产予以清偿的，人民法院应予支持；但债权人因重大过错未在规定期限内申报债权的除外。

公司清算程序终结，是指清算报告经股东会、股东大会或者人民法院确认完毕。

债权人或者清算组，以公司尚未分配财产和股东在剩余财产分配中已经取得的财产，不能全额清偿补充申报的债权为由，向人民法院提出破产清算申请的，人民法院不予受理。

（3）清理公司财产，制订清算方案。清算组应当对公司财产进行清理，编制资产负债表和财产清单，制订清算方案。

公司自行清算的，清算组在清理公司财产、编制资产负债表和财产清单后，发现公司财产不足清偿债务的，应当依法向人民法院申请宣告破产。公司经人民法院裁定宣告破产后，清算组应当将清算事务移交给人民法院。

人民法院指定的清算组在清理公司财产、编制资产负债表和财产清单时，发现公司财产不足清偿债务的，可以与债权人协商制作有关债务清偿方案。债务清偿方案经全体债权人确认且不损害其他利害关系人利益的，人民法院可依清算组的申请裁定予以认可。清算组依据该清偿方案清偿债务后，应当向人民法院申请裁定终结清算程序。债权人对债务清偿方案不予确认或者人民法院不予认可的，清算组应当依法向人民法院申请宣告破产。

公司解散时，股东尚未缴纳的出资均应作为清算财产。股东尚未缴纳的出资，包括到期应缴未缴的出资，以及依照《公司法》的规定分期缴纳尚未届满缴纳期限的出资。

公司财产不足以清偿债务时，债权人可请求主张未缴出资股东，以及公司设立时的其他股东或者发起人在未缴出资范围内对公司债务承担连带清偿责任。

公司自行清算的，清算方案应当报股东会或者股东大会决议确认；人民法院组织清算的，清算方案应当报人民法院确认。未经确认的清算方案，清算组不得执行。

执行未经确认的清算方案给公司或者债权人造成损失，公司、股东或者债权人可要求清算组成员承担赔偿责任。

（4）清偿债务。公司财产在分别支付清算费用、职工的工资、社会保险费用和法定补偿金，缴纳所欠税款，清偿公司债务后的剩余财产，有限责任公司按照股东的出资比例分配，股份有限公司按照股东持有的股份比例分配。清算期间，公司存续，但不得开展与清算无关的经营活动。

（5）公告公司终止。公司清算结束后，清算组应当制作清算报告，报股东会、股东大会或者人民法院确认，并报送公司登记机关，申请注销公司登记，公告公司终止。

人民法院组织清算的，清算组应当自成立之日起6个月内清算完毕。因特殊情况无法在6个月内完成清算的，清算组应当向人民法院申请延长。

**（七）清算组的责任**

清算组的成员应当忠于职守，依法履行清算义务。清算组成员不得利用职权收受贿赂或者其他非法收入，不得侵占公司财产。清算组成员因故意或者重大过失给公司或者债权人造成损失的，应当承担赔偿责任。

# 第七章 证券法律制度

## 第一节 证券法律制度概述

### 一、《证券法》的适用范围

1. 证券的范围。

只有证券的发行和交易，才适用《证券法》。《证券法》中的证券，目前主要可以分为股票、债券、混合型的可转换公司债券以及存托凭证。

2. 证券公开发行。

证券公开发行，是指发行人通过公开出售证券向不特定投资者募集资金的行为。按照《证券法》第九条的界定，有两种情况可能构成公开发行：（1）向不特定对象发行证券的。（2）向特定对象发行证券累计超过200人，但依法实施员工持股计划的员工人数不计算在内。

### 二、证券市场监管体制

对证券市场的监管包括政府管理和自律管理两部分。

（一）政府的统一管理

政府统一管理是指由政府证券监管机构依法对证券发行与交易实施统一监督管理。

（二）行业自律管理

目前，我国证券发行与交易中的自律管理，主要通过下列自律性机构来实施：

1. 中国证券业协会。
2. 证券交易场所。
3. 证券服务机构。

### 三、强制信息披露制度

（一）信息披露的内容

1. 首次信息披露。

首次信息披露，也称发行信息披露，主要是首次公开发行股票和公司债券的信息披露。根据有关规定,首次信息披露主要有招股说明书、债券募集说明书和上市公告书等。

2. 持续信息披露。

这是指证券上市后,信息披露义务人承担的持续披露义务。持续信息披露的信息主要有定期报告和临时报告。

### (二)信息披露的事务管理

1. 上市公司信息披露的制度化管理。

(1) 制定信息披露事务管理制度。

(2) 定期报告的编制、审议、披露程序和重大事件的报告、传递、审核、披露程序。

(3) 关联交易的审议程序。

(4) 信息披露的方式。

2. 上市公司及其他信息披露义务人在信息披露工作中的职责。

(1) 上市公司及其他信息披露义务人应当真实、准确、完整、及时地向所有投资者公开披露信息,不得有虚假记载、误导性陈述或者重大遗漏。在境内、外市场发行证券及其衍生品种并上市的公司在境外市场披露的信息,应当同时在境内市场披露。

(2) 上市公司及其他信息披露义务人应当依法披露信息,应当将公告文稿和相关备查文件报送证券交易所登记,并在中国证监会指定的媒体发布。

(3) 信息披露义务人在公司网站及其他媒体发布信息的时间不得先于指定媒体,不得以新闻发布或者答记者问等任何形式代替应当履行的报告、公告义务,不得以定期报告形式代替应当履行的临时报告义务。

(4) 上市公司应当在最先发生的以下任一时点,及时履行重大事件的信息披露义务:①董事会或者监事会就该重大事件形成决议时;②有关各方就该重大事件签署意向书或者协议时;③董事、监事或者高级管理人员知悉该重大事件发生并报告时。这里说的及时是指自起算日起或者触及披露时点的两个交易日内。在上述规定的时点之前出现下列情形之一的,上市公司应当及时披露相关事项的现状、可能影响事件进展的风险因素:①该重大事件难以保密;②该重大事件已经泄露或者市场出现传闻;③公司证券及其衍生品种出现异常交易情况。

(5) 上市公司参股公司发生可能对上市公司证券及其衍生品种交易价格产生较大影响的事件的,上市公司应当履行信息披露义务。

3. 上市公司董事、监事、高级管理人员在信息披露工作中的职责。

上市公司的董事、监事、高级管理人员应当勤勉尽责,关注信息披露文件的编制情况,保证定期报告、临时报告在规定期限内披露,配合上市公司及其他信息披露义务人履行信息披露义务。

4. 上市公司的股东、实际控制人在信息披露中的职责。

(1) 上市公司的股东、实际控制人发生以下事件时,应当主动告知上市公司董事会,并配合上市公司履行信息披露义务:①持有公司5%以上股份的股东或者实际控制人,其持有股份或者控制公司的情况发生较大变化的;②法院裁决禁止控股股东转让其所持股份,任何一个股东所持公司5%以上股份被质押、冻结、司法拍卖、托管、设定信托或者被依法限制表决权的;③拟对上市公司进行重大资产或者业务重组的;④中国证监会规定的其他情形。

（2）当应披露的信息在依法披露前已经在媒体上传播或者公司证券及其衍生品种出现交易异常情况的，股东或者实际控制人应当及时、准确地向上市公司作出书面报告，并配合上市公司及时、准确地公告。

（3）上市公司的股东、实际控制人不得滥用其股东权利、支配地位，不得要求上市公司向其提供内幕信息。

（4）上市公司的控股股东、实际控制人和发行对象在上市公司非公开发行股票时，应当及时向上市公司提供相关信息，配合上市公司履行信息披露义务。

（5）通过接受委托或者信托等方式持有上市公司5%以上股份的股东或者实际控制人，应当及时将委托人情况告知上市公司，配合上市公司履行信息披露义务。

5. 保荐人、证券服务机构在信息披露中的职责。

（1）保荐人、证券服务机构应当勤勉尽责、诚实守信，按照依法制定的业务规则、行业执业规范和道德准则发表专业意见，保证所出具文件的真实性、准确性和完整性。

（2）注册会计师应当秉承风险导向审计理念，严格执行注册会计师执业准则及相关规定，完善鉴证程序，科学选用鉴证方法和技术，充分了解被鉴证单位及其环境，审慎关注重大错报风险，获取充分、适当的证据，合理发表鉴证结论。

（3）资产评估机构应当恪守职业道德，严格遵守评估准则或者其他评估规范，恰当选择评估方法，评估中提出的假设条件应当符合实际情况，对评估对象所涉及交易、收入、支出、投资等业务的合法性、未来预测的可靠性取得充分证据，充分考虑未来各种可能性发生的概率及其影响，形成合理的评估结论。

### （三）公司信息披露的法律责任

公司信息披露的法律责任是指信息披露的义务人违反有关信息披露的义务所应当承担的法律后果。违反信息披露义务的行为可以概括为应按规定披露而未披露和披露的信息存在虚假记载、误导性陈述或者重大遗漏两种情况。信息披露义务人存在这两种行为，就应当承担相应的法律责任。

## 第二节 股票的发行

### 一、股票公开发行注册制

《证券法》第九条规定："公开发行证券，必须符合法律、行政法规规定的条件，并依法报经国务院证券监督管理机构或者国务院授权的部门注册。未经依法注册，任何单位和个人不得公开发行证券。证券发行注册制的具体范围、实施步骤，由国务院规定。"

### 二、股票发行的类型

依据发行主体、发行方式和发行的目的不同，证券法律制度对以下类型的股票发行

进行了区分:
(1) 非公众公司非公开发行股票。
(2) 非公众公司向特定对象发行股票,导致发行后股东超过200人的发行。
(3) 非公众公司申请股票以公开方式向社会公众公开转让。
(4) 非上市公众公司的定向发行。
(5) 非上市公众公司向不特定合格投资者的公开发行。
(6) 首次公开发行股票并上市。
(7) 上市公司发行新股。

### 三、非上市公众公司

**(一) 非上市公众公司的概念**

根据《非上市公众公司办法》的规定,非上市公众公司是指有下列情形之一且其股票未在证券交易所上市交易的股份有限公司:(1) 股票向特定对象发行或者转让导致股东累计超过200人;(2) 股票公开转让。

**(二) 非上市公众公司的股票转让**

根据非上市公众公司的定义,股份公司可以因两种原因经过中国证监会的核准后成为非上市公众公司:

1. 因股票以非公开方式转让导致股东累计超过200人。
2. 因股份公司申请其股票公开转让。

**(三) 非上市公众公司的定向发行**

非上市公众公司定向发行,包括股份有限公司向特定对象发行股票导致股东累计超过200人,以及公众公司向特定对象发行股票两种情形。这两种情形,都必须经过中国证监会的核准,而且发行对象必须只能是中国证监会规定的特定对象。

**(四) 非上市公众公司向不特定合格投资者的公开发行**

股票在全国股转系统进行公开转让的公众公司可以向不特定合格投资者公开发行股票。不特定合格投资者应当符合投资者适当性管理规定。

**(五) 对非上市公众公司的监管**

对非上市公众公司的监管要求主要有:股权明晰,合法规范经营,公司治理机制健全,履行信息披露义务。其中最重要的是履行信息披露义务。

### 四、首次公开发行股票并上市

**(一) 首次公开发行股票的条件**

1. 在主板和中小板上市的公司首次公开发行股票的条件。

根据目前《首发管理办法》的规定,公司在主板和中小板上市,首次公开发行股票,应当符合如下条件:

(1) 发行人应当是依法设立且合法存续一定期限的股份有限公司。
(2) 发行人已合法并真实取得注册资本项下载明的资产。
(3) 发行人的生产经营符合法律、行政法规和公司章程的规定,符合国家产业政策。

（4）发行人最近3年内主营业务和董事、高级管理人员没有发生重大变化，实际控制人没有发生变更。

（5）发行人的股权清晰，控股股东和受控股股东、实际控制人支配的股东持有的发行人股份不存在重大权属纠纷。

（6）发行人具备健全且运行良好的组织机构。

（7）发行人具有持续盈利能力。

（8）发行人的财务状况良好。

（9）发行人不存在《首发管理办法》规定的违法行为。

2. 在创业板上市的公司首次公开发行股票的条件。

（1）发行人是依法设立且持续经营3年以上的股份有限公司。

（2）最近2年连续盈利，最近2年净利润累计不少于1 000万元；或者最近1年盈利，最近1年营业收入不少于5 000万元。净利润以扣除非经常性损益前后孰低者为计算依据。

（3）最近一期期末净资产不少于2 000万元，且不存在未弥补亏损。

（4）发行后股本总额不少于3 000万元。

（5）发行人的注册资本已足额缴纳，发起人或者股东用作出资的资产的财产权转移手续已办理完毕。发行人的主要资产不存在重大权属纠纷。

（6）发行人应当主要经营一种业务，其生产经营活动符合法律、行政法规和公司章程的规定，符合国家产业政策及环境保护政策。

（7）发行人最近两年内主营业务和董事、高级管理人员均没有发生重大变化，实际控制人没有发生变更。

（8）发行人的股权清晰，控股股东和受控股股东、实际控制人支配的股东所持发行人的股份不存在重大权属纠纷。

（9）发行人具有完善的公司治理结构，依法建立健全股东大会、董事会、监事会以及独立董事、董事会秘书、审计委员会制度，相关机构和人员能够依法履行职责。发行人应当建立健全股东投票计票制度，建立发行人与股东之间的多元化纠纷解决机制，切实保障投资者依法行使收益权、知情权、参与权、监督权、求偿权等股东权利。

（10）发行人会计基础工作规范，财务报表的编制符合企业会计准则和相关会计制度的规定，在所有重大方面公允地反映了发行人的财务状况、经营成果和现金流量，并由注册会计师出具无保留意见的审计报告。

（11）发行人内部控制制度健全且被有效执行，能够合理保证公司财务报告的可靠性、生产经营的合法性、营运的效率与效果，并由注册会计师出具无保留结论的内部控制鉴证报告。

（12）发行人的董事、监事和高级管理人员具备法律、行政法规和规章规定的资格，了解股票发行上市相关法律法规，知悉上市公司及其董事、监事和高级管理人员的法定义务和责任，且不存在下列情形：①被中国证监会采取证券市场禁入措施尚在禁入期的。②最近3年内受到中国证监会行政处罚，或者最近1年内受到证券交易所公开谴责的。③因涉嫌犯罪被司法机关立案侦查或者涉嫌违法违规被中国证监会立案调查，尚未有明确结论意见的。

（13）发行人及其控股股东、实际控制人最近3年内不存在损害投资者合法权益和社会公共利益的重大违法行为。发行人及其控股股东、实际控制人最近3年内不存在未经《证券法》规定的程序，擅自公开或者变相公开发行证券，或者有关违法行为虽然发生在3年前，但目前仍处于持续状态的情形。

3. 在科创板上市的公司首次公开发行股票的条件。

（1）发行人是依法设立且持续经营3年以上的股份有限公司，具备健全且运行良好的组织机构，相关机构和人员能够依法履行职责。有限责任公司按原账面净资产值折股整体变更为股份有限公司的，持续经营时间可以从有限责任公司成立之日起计算。

（2）发行人会计基础工作规范，财务报表的编制和披露符合企业会计准则和相关信息披露规则的规定，在所有重大方面公允地反映了发行人的财务状况、经营成果和现金流量，并由注册会计师出具标准无保留意见的审计报告。发行人内部控制制度健全且被有效执行，能够合理保证公司运行效率、合法合规和财务报告的可靠性，并由注册会计师出具无保留结论的内部控制鉴证报告。

（3）发行人业务完整，具有直接面向市场独立持续经营的能力。

（二）首次公开发行股票的注册程序和承销

1. 首次公开发行股票的注册程序。

（1）发行人董事会应当依法就本次股票发行的具体方案、本次募集资金使用的可行性及其他必须明确的事项作出决议，并提请股东大会批准。

（2）发行人股东大会就本次发行股票作出的决议，至少应当包括下列事项：本次公开发行股票的种类和数量；发行对象；定价方式；募集资金用途；发行前滚存利润的分配方案；决议的有效期；对董事会办理本次发行具体事宜的授权；其他必须明确的事项。

（3）发行人申请首次公开发行股票并在科创板上市，应当按照中国证监会有关规定制作注册申请文件，由保荐人保荐并向交易所申报。交易所收到注册申请文件后，5个工作日内作出是否受理的决定。

（4）交易所应当自受理注册申请文件之日起3个月内形成审核意见。

（5）中国证监会收到交易所报送的审核意见、发行人注册申请文件及相关审核资料后，履行发行注册程序。

（6）中国证监会同意注册的决定自作出之日起1年内有效，发行人应当在注册决定有效期内发行股票，发行时点由发行人自主选择。

（7）中国证监会作出注册决定后、发行人股票上市交易前，发行人应当及时更新信息披露文件内容，财务报表过期的，发行人应当补充财务会计报告等文件；保荐人及证券服务机构应当持续履行尽职调查职责；发生重大事项的，发行人、保荐人应当及时向交易所报告。交易所应当对上述事项及时处理，发现发行人存在重大事项影响发行条件、上市条件的，应当出具明确意见并及时向中国证监会报告。

（8）交易所因不同意发行人股票公开发行并上市，作出终止发行上市审核决定，或者中国证监会作出不予注册决定的，自决定作出之日起6个月后，发行人可以再次提出公开发行股票并上市申请。

2. 强化发行人及其控股股东等责任主体的诚信义务。

（1）发行人控股股东、持有发行人股份的董事和高级管理人员应在公开募集及上市文件中公开承诺：所持股票在锁定期满后2年内减持的，其减持价格不低于发行价；公司上市后6个月内如公司股票连续20个交易日的收盘价均低于发行价，或者上市后6个月期末收盘价低于发行价，持有公司股票的锁定期限自动延长至少6个月。

（2）发行人及其控股股东、公司董事及高级管理人员应在公开募集及上市文件中提出上市后3年内公司股价低于每股净资产时稳定公司股价的预案，预案应包括启动股价稳定措施的具体条件、可能采取的具体措施等。

（3）发行人及其控股股东应在公开募集及上市文件中公开承诺，发行人招股说明书有虚假记载、误导性陈述或者重大遗漏，对判断发行人是否符合法律规定的发行条件构成重大、实质影响的，将依法回购首次公开发行的全部新股，且发行人控股股东将购回已转让的原限售股份。发行人及其控股股东、实际控制人、董事、监事、高级管理人员等相关责任主体应在公开募集及上市文件中公开承诺：发行人招股说明书有虚假记载、误导性陈述或者重大遗漏，致使投资者在证券交易中遭受损失的，将依法赔偿投资者损失。

（4）保荐机构、会计师事务所等证券服务机构应当在公开募集及上市文件中公开承诺：因其为发行人首次公开发行制作、出具的文件有虚假记载、误导性陈述或者重大遗漏，给投资者造成损失的，将依法赔偿投资者损失。

（5）发行人应当在公开募集及上市文件中披露公开发行前持股5%以上股东的持股意向及减持意向。持股5%以上股东减持时，须提前3个交易日予以公告。

（6）发行人及其控股股东、公司董事及高级管理人员等责任主体作出公开承诺事项的，应同时提出未能履行承诺时的约束措施，并在公开募集及上市文件中披露，接受社会监督。证券交易所应加强对相关当事人履行公开承诺行为的监督和约束，对不履行承诺的行为及时采取监管措施。

3. 股票承销

（1）股票承销是指证券公司依照协议包销或者代销发行人向社会公开发行股票的行为。股票承销分为代销和包销两种方式。

（2）承销股票。根据《证券法》的有关规定，向不特定对象发行证券聘请承销团承销的，承销团应当由主承销和参与承销的证券公司组成。

（3）承销期限。根据《证券法》的规定，证券的代销、包销期限最长不得超过90日。

（4）股票发行失败。股票发行采用代销方式，代销期限届满，向投资者出售的股票数量未达到拟公开发行股票数量70%的，为发行失败。发行人应当按照发行价并加算银行同期存款利息返还股票认购人。

（5）备案。公开发行股票，代销、包销期限届满，发行人应当在规定的期限内将股票发行情况报国务院证券监督管理机构备案。

（6）承销机构的勤勉尽责义务。

**（三）首次公开发行股票时的老股转让**

发行人在首次公开发行新股时，鼓励持股满3年的原股东将部分老股向投资者转让，增加新上市公司可流通股票的比例。

公司首次公开发行时，公司股东公开发售的股份，其已持有时间应当在36个月以上。公司股东公开发售股份后，公司的股权结构不得发生重大变化，实际控制人不得发生变更。公司股东公开发售的股份，权属应当清晰，不存在法律纠纷或质押、冻结及其他依法不得转让的情况。

### 五、上市公司发行新股

#### （一）上市公司发行新股的条件

1. 上市公司发行新股的一般条件。

上市公司发行新股的一般条件是指上市公司采用不同方式发行新股都应当具备的条件，这些条件有：

（1）组织机构健全，运行良好。
（2）盈利能力应具有可持续性。
（3）财务状况良好。
（4）财务会计文件无虚假记载。
（5）募集资金的数额和使用符合规定。
（6）上市公司不存在下列行为：①本次发行申请文件有虚假记载、误导性陈述或重大遗漏。②擅自改变前次公开发行证券募集资金的用途而未作纠正。③上市公司最近12个月内受到过证券交易所的公开谴责。④上市公司及其控股股东或实际控制人最近12个月内存在未履行向投资者作出的公开承诺的行为。⑤上市公司或其现任董事、高级管理人员因涉嫌犯罪被司法机关立案侦查或涉嫌违法违规被证监会立案调查。⑥严重损害投资者的合法权益和社会公共利益的其他情形。

2. 上市公司配股的条件。

配股除了应当符合前述一般条件之外，还应当符合以下条件：

（1）拟配售股份数量不超过本次配售股份前股本总额的30%。
（2）控股股东应当在股东大会召开前公开承诺认配股份的数量。
（3）采用证券法规定的代销方式发行。

3. 上市公司增发的条件。

增发除了符合前述一般条件之外，还应当符合下列条件：

（1）最近3个会计年度加权平均净资产收益率平均不低于6%。扣除非经常性损益后的净利润与扣除前的净利润相比，以低者作为加权平均净资产收益率的计算依据。
（2）除金融类企业外，最近一期期末不存在持有金额较大的交易性金融资产和可供出售的金融资产、借予他人款项、委托理财等财务性投资的情形。
（3）发行价格应不低于公告招股意向书前20个交易日公司股票均价或前一个交易日的均价。

4. 上市公司非公开发行股票的条件。

（1）发行对象和认购条件。非公开发行股票的特定对象应当符合股东大会决议规定的条件，其发行对象不超过10名。
（2）上市公司存在下列情形之一的，不得非公开发行股票：

①本次发行申请文件有虚假记载、误导性陈述或重大遗漏。
②上市公司的权益被控股股东或实际控制人严重损害且尚未消除。
③上市公司及其附属公司违规对外提供担保且尚未解除。
④现任董事、高级管理人员最近 36 个月内受到过证监会的行政处罚,或者最近 12 个月内受到过证券交易所公开谴责。
⑤上市公司或其现任董事、高级管理人员因涉嫌犯罪正被司法机关立案侦查或涉嫌违法违规正被证监会立案调查。
⑥最近 1 年及 1 期财务报表被注册会计师出具保留意见、否定意见或无法表示意见的审计报告。保留意见、否定意见或无法表示意见所涉及事项的重大影响已经消除或者本次发行涉及重大重组的除外。
⑦严重损害投资者合法权益和社会公共利益的其他情形。

**(二)上市公司发行新股的程序**

1. 一般程序。
(1) 董事会作出决议。
(2) 提请股东大会批准。
(3) 保荐人保荐。
(4) 证券交易所依照有关程序审核。
(5) 证监会依照《证券法》的规定履行发行注册程序。
(6) 发行股票。
(7) 承销。

2. 非公开发行股票的程序。
非公开发行股票的程序与前述程序基本相同,但是在涉及相关内容时,有所区别。

### 六、股票公开发行的方式

1. 网上发行和网下询价发行。
2. 网上和网下同时发行的机制。
3. 首次公开发行时禁止配售的对象和监管。

### 七、优先股的发行与交易

1. 发行人范围。在试点阶段,公开发行优先股的发行人限于证监会规定的上市公司,非公开发行优先股的发行人限于上市公司(含注册地在境内的境外上市公司)和非上市公众公司。除上市公司和非上市公众公司外,其他公司尚不能发行优先股。

2. 发行条件。公司已发行的优先股不得超过公司普通股股份总数的 50%,且筹资金额不得超过发行前净资产的 50%,已回购、转换的优先股不纳入计算。公司公开发行优先股以及上市公司非公开发行优先股的其他条件适用《证券法》的规定。非上市公众公司非公开发行优先股的条件由证监会另行规定。

3. 优先股公开发行时的特殊要求。为了保护公众投资者,公开发行优先股的公司必须在公司章程中规定以下事项:①采取固定股息率;②在有可分配税后利润的情况下必须向优先股股东分配股息；③未向优先股股东足额派发股息的差额部分应当累积到下一会计年度；④优先股股东按照约定的股息率分配股息后，不再同普通股股东一起参加剩余利润分配。商业银行发行优先股补充资本的，可就第②项和第③项事项另行规定。

4. 优先股的交易转让及登记存管。优先股应当在证券交易所、全国股转系统或者在国务院批准的其他证券交易场所交易或转让。优先股应当在中国证券登记结算公司集中登记存管。优先股交易或转让环节的投资者适当性标准应当与发行环节一致。

5. 优先股发行时的信息披露。公司应当在发行文件中详尽说明优先股股东的权利义务，充分揭示风险。同时，应按规定真实、准确、完整、及时、公平地披露或者提供信息，不得有虚假记载、误导性陈述或重大遗漏。

6. 公司收购中的优先股。优先股可以作为并购重组支付手段。上市公司收购要约适用于被收购公司的所有股东，但可以针对优先股股东和普通股股东提出不同的收购条件。

7. 与持股数额相关的优先股计算。以下事项计算持股数额时，仅计算普通股和表决权恢复的优先股：①认定持有公司股份最多的前十名股东的名单和持股数额；②根据《证券法》第四十四条、第五十一条、第八十条和第八十一条，认定持有公司5%以上股份的股东。

## 第三节 公司债券的发行与交易

### 一、公司债券的一般理论

**（一）公司债券的概念**

公司债券是指公司依照法定程序发行、约定在一定期限内还本付息的有价证券。公司债券与公司股票相比，有不同的法律特征：

（1）公司债券的持有人是公司的债权人，享有民法上规定的债权人的所有权利，而股票的持有人则是公司的股东，享有《公司法》所规定的股东权利。

（2）公司债券的持有人，无论公司是否有盈利，享有按照约定给付利息的请求权，而股票持有人，则必须在公司有盈利时才能依法获得股利分配。

（3）公司债券到了约定期限，公司必须偿还债券本金，而股票持有人仅在公司解散时方可请求分配剩余财产。

（4）公司债券的持有人享有优先于股票持有人获得清偿的权利，而股票持有人必须在公司全部债务清偿之后，方可就公司剩余财产请求分配。

（5）公司债券的利率一般是固定不变的，风险较小，而股票股利分配的高低，与公司经营好坏密切相关，故常有变动，风险较大。

（6）对发行人的要求不同，股票只能由股份公司发行，而公司债券则既可以由股份有限公司发行，也可以由有限责任公司发行。

**（二）公司债券发行的种类**

根据公司发行的债券种类不同，可分为一般的公司债券发行和可转换公司债券发行。

## 二、公司债券的发行

### (一) 公司债券发行的一般规定

1. 股东大会决议。

发行公司债券,发行人应当依照《公司法》或者公司章程相关规定对以下事项作出决议:(1) 发行债券的数量;(2) 发行方式;(3) 债券期限;(4) 募集资金的用途;(5) 决议的有效期;(6) 其他按照法律法规及公司章程规定需要明确的事项。

发行公司债券,如果对增信机制、偿债保障措施作出安排的,也应当在决议事项中载明。

2. 发行的方式。

公司债券可以公开发行,也可以非公开发行。

3. 公司债券的期限、面值和发行价格。

公司债券的期限为1年以上,公司债券每张面值100元,发行价格由发行人与保荐人通过市场询价确定。

### (二) 公司债券的公开发行

1. 公开发行的条件。

公开发行公司债券,应当符合下列条件:(1) 具备健全且运行良好的组织机构;(2) 最近3年平均可分配利润足以支付公司债券一年的利息;(3) 国务院规定的其他条件。

2. 公开发行报送的文件。

申请公开发行公司债券,发行人应当向国务院授权的部门或者国务院证券监督管理机构报送下列文件:(1) 公司营业执照;(2) 公司章程;(3) 公司债券募集办法;(4) 国务院授权的部门或者国务院证券监督管理机构规定的其他文件。依照《证券法》规定聘请保荐人的,还应当报送保荐人出具的发行保荐书。

3. 公开发行的公司债券的转让。

公开发行的公司债券,应当在依法设立的证券交易所上市交易,或在全国股转系统或者国务院批准的其他证券交易场所转让。

### (三) 公司债券的非公开发行

非公开发行的公司债券应当向合格投资者发行,不得采用广告、公开劝诱和变相公开方式,每次发行对象不得超过200人。

合格投资者,应当具备相应的风险识别和承担能力,知悉并自行承担公司债券的投资风险,并符合下列资质条件:(1) 经有关金融监管部门批准设立的金融机构,包括证券公司、基金管理公司及其子公司、期货公司、商业银行、保险公司和信托公司等,以及经中国证券投资基金业协会(以下简称基金业协会)登记的私募基金管理人;(2) 上述金融机构面向投资者发行的理财产品,包括但不限于证券公司资产管理产品、基金及基金子公司产品、期货公司资产管理产品、银行理财产品、保险产品、信托产品以及经基金业协会备案的私募基金;(3) 净资产不低于人民币1 000万元的企事业单位法人、合伙企业;(4) 合格境外机构投资者(QFII)、人民币合格境外机构投资者(RQFII);(5) 社会保障基金、企业年金等养老基金,慈善基金等社会公益基金;(6) 名下金融资产不低于人民币300

万元的个人投资者;(7)经中国证监会认可的其他合格投资者。

### (四)公司债券发行与交易中的信息披露

公开发行公司债券的发行人应当按照规定及时披露债券募集说明书,并在债券存续期内披露中期报告和经具有从事证券服务业务资格的会计师事务所审计的年度报告。

非公开发行公司债券的发行人信息披露的时点、内容,应当按照募集说明书的约定履行,相关信息披露文件应当由受托管理人向中国证券业协会备案。

发行人全体董事、监事、高级管理人员应当在债券募集说明书上签字,承诺不存在虚假记载、误导性陈述或者重大遗漏,并承担相应的法律责任,但是能够证明自己没有过错的除外。

公司债券募集资金的用途应当在债券募集说明书中披露。发行人应当在定期报告中披露公开发行公司债券募集资金的使用情况。非公开发行公司债券的,应当在债券募集说明书中约定募集资金使用情况的披露事宜。

公开发行公司债券的发行人应当及时披露债券存续期内发生可能影响其偿债能力或债券价格的重大事项。

### (五)公司债券持有人的权益保护

为了有效地保护公司债券持有人的利益不受损害,《公司债券发行试点办法》规定了相应的保护措施。

1. 信用评级。

公开发行公司债券,应当委托具有从事证券服务业务资格的资信评级机构进行信用评级。

2. 公司债券的受托管理。

上市公司应当为债券持有人聘请债券受托管理人,并订立债券受托管理协议;在债券存续期限内,由债券受托管理人按照规定或者依照协议的约定维护债券持有人的利益。

发行人应当在债券募集说明书中约定,投资者认购或持有本期公司债券视作同意债券受托管理协议、债券持有人会议规则及债券募集说明书中其他有关发行人、债券持有人权利义务的相关约定。

债券受托管理人由本次发行的承销机构或其他经中国证监会认可的机构担任。债券受托管理人应当为中国证券业协会会员。为本次发行提供担保的机构不得担任本次债券发行的受托管理人。

债券受托管理人应当勤勉尽责,公正履行受托管理职责,不得损害债券持有人利益。受托管理人为履行受托管理职责,有权代表债券持有人查询债券持有人名册及相关登记信息、专项账户中募集资金的存储与划转情况,证券登记结算机构应当予以配合。

3. 债券持有人会议。

发行公司债券,应当在债券募集说明书中约定债券持有人会议规则。债券持有人会议规则应当公平、合理。债券持有人会议规则应当明确债券持有人通过债券持有人会议行使权利的范围、债券持有人会议的召集、通知、决策机制和其他重要事项。

4. 公司债券的担保。

发行人可采取内外部增信机制、偿债保障措施,提高偿债能力,控制公司债券风险。

内外部增信机制、偿债保障措施包括但不限于下列方式：（1）第三方担保；（2）商业保险；（3）资产抵押、质押担保；（4）限制发行人债务及对外担保规模；（5）限制发行人对外投资规模；（6）限制发行人向第三方出售或抵押主要资产；（7）设置债券回售条款。

### 三、可转换公司债券的发行

#### （一）公开发行可转换债券的条件

根据《上市公司证券发行管理办法》的规定，上市公司发行可转换债券，除了应当符合发行新股的一般条件之外，还应当符合以下条件：最近3个会计年度加权平均净资产收益率平均不低于6%。扣除非经常性损益后的净利润与扣除前的净利润相比，以低者作为加权平均净资产收益率的计算依据；最近3个会计年度实现的年均可分配利润不少于公司债券1年的利息等。

#### （二）可转换债券的期限、面值和利率

可转换公司债券的期限最短为1年，最长为6年。可转换公司债券每张面值100元。可转换公司债券的利率由发行公司与主承销商协商确定，但必须符合国家的有关规定。

#### （三）可转换债券持有人的权利保护

公开发行可转换公司债券应当委托具有资格的资信评级机构进行信用评级和跟踪评级。资信评级机构每年至少公告一次跟踪评级报告。

#### （四）可转换公司债券转为股份

可转换公司债券自发行结束之日起6个月后方可转换为公司股票，转股期限由公司根据可转换公司债券的存续期限及公司财务状况确定。债券持有人对转换股票或者不转换股票有选择权，转换股票的于转股的次日成为发行公司的股东。转股价格应不低于募集说明书公告日前20个交易日该公司股票交易均价和前一交易日的均价。这里所说的转股价格，是指募集说明书事先约定的可转换公司债券转换为每股股份所支付的价格。

#### （五）公开发行可转换公司债券的程序

公开发行可转换公司债券的程序与公开发行新股的程序相同。不同的是，股东大会作出发行可转换公司债券的决定时，决议所包括的事项有：债券利率、债券期限、担保事项、回售条款、还本付息的期限和方式、转股期、转股价格的确定和修正。

股东大会就发行分离交易的可转换公司债券作出决定时，除作出发行可转换公司债券的决定时应当包括的事项外，还应当包括如下事项：认股权证的行权价格、认股权证的存续期限、认股权证的行权期间或行权日。

#### （六）公开发行可转换公司债券的信息披露

公开发行可转换公司债券的信息披露的内容与公开发行新股的信息披露的内容基本相同，所不同的是募集说明书的相关内容。

募集说明书可以约定赎回条款，规定上市公司可按事先约定的条件和价格赎回尚未转股的可转换公司债券。募集说明书可以约定回售条款，规定债券持有人可按事先约定的条件和价格将所持债券回售给上市公司。募集说明书应当约定，上市公司改变公告的募集资金用途的，赋予债券持有人一次回售的权利。募集说明书应当约定转股价格调整的原则及方式。发行可转换公司债券后，因配股、增发、送股、派息、分立及其他原因

引起上市公司股份变动的,应当同时调整转股价格。

### 四、公司债券的交易

**(一) 公司债券上市交易**

1. 公司债券上市交易的条件。

根据《证券法》的规定,申请证券上市交易,应当向证券交易所提出申请,由证券交易所依法审核同意,并由双方签订上市协议。公司债券的上市条件由证券交易所予以规定。

2. 公司债券上市程序。

(1) 申请核准。申请公司债券上市交易,应当向证券交易所申请核准,并报送下列文件:①上市报告书;②申请公司债券上市的董事会决议;③公司章程;④公司营业执照;⑤公司债券募集办法;⑥公司债券的实际发行数额;⑦证券交易所上市规则规定的其他文件。申请可转换为股票的公司债券上市交易,还应当报送保荐人出具的上市保荐书。

(2) 安排上市。证券交易所核准公司债券上市申请之后,应当及时安排债券上市。上市的时间或日期,通常由证券交易所与申请人在签订的上市协议中确定。

(3) 上市公告。公司债券上市交易申请经证券交易所审核同意后,签订上市协议的公司应当在规定的期限内公告公司债券上市文件及有关文件,并将其申请文件置备于指定场所供公众查阅。

3. 公司债券的终止上市。

上市交易的证券,不再符合上市条件的,或者有上市规则规定的其他情形的,由证券交易所按照业务规则终止其上市交易。证券交易所决定终止证券上市交易的,应当及时公告,并报国务院证券监督管理机构备案。

**(二) 分离交易的可转换公司债券的交易**

分离交易的可转换公司债券中的公司债券和认股权分别符合证券交易所上市条件的,应当分别上市交易。

## 第四节 股票的上市与交易

### 一、股票市场的结构

证券发行市场一般被称为一级市场,而证券交易市场也就相应被称为二级市场。证券交易市场可以按照不同标准,再区分为不同的市场。场内交易市场与场外交易市场是一种传统的区分方式。

**(一) 交易所市场**

目前中国的交易所市场,即场内市场,主要由两个交易所(上海证券交易所和深圳证券交易所)、四个板块(主板市场、中小企业板、创业板、科创板)构成,在交易模式上主要区分为集中竞价的交易模式和大宗交易模式。

### （二）全国股转系统

全国股转系统，是继上海证券交易所、深圳证券交易所之后第三家全国性证券交易场所，俗称"新三板"。在场所性质和法律定位上，全国股份转让系统与证券交易所都是多层次资本市场体系的重要组成部分。

### （三）区域性股权市场

我国区域性股权市场主要表现为各地的产权交易所。

## 二、股票上市与退市

### （一）股票上市条件

申请证券上市交易，应当向证券交易所提出申请，由证券交易所依法审核同意，并由双方签订上市协议。申请股票上市交易，应当符合证券交易所上市规则规定的上市条件。证券交易所上市规则规定的上市条件，应当对发行人的经营年限、财务状况、最低公开发行比例和公司治理、诚信记录等提出要求。

### （二）股票终止上市

上市公司退市，是指公司股票在证券交易所终止上市交易。

1. 主动退市制度。

主动退市可以采取三种模式：一是上市公司向证券交易所主动提出申请；二是由上市公司、上市公司股东或者其他收购人通过向所有股东发出收购全部股份或者部分股份的要约，导致公司股本总额、股权分布等发生变化不再具备上市条件；三是上市公司因新设或者吸收合并，不再具有独立主体资格并被注销，或者上市公司股东大会决议解散。

2. 重大违法行为强制退市制度。

重大违法强制退市，包括下列情形：

（1）上市公司存在欺诈发行、重大信息披露违法或者其他严重损害证券市场秩序的重大违法行为，且严重影响上市地位，其股票应当被终止上市的情形。

（2）上市公司存在涉及国家安全、公共安全、生态安全、生产安全和公众健康安全等领域的违法行为，情节恶劣，严重损害国家利益、社会公共利益，或者严重影响上市地位，其股票应当被终止上市的情形。

3. 因不能满足交易标准要求的强制退市指标。

4. 科创板公司的终止上市。

科创公司触及终止上市标准的，股票直接终止上市，不再适用暂停上市、恢复上市、重新上市程序。

## 三、股票场内交易与结算

1. 股票场内交易。
2. 资金的清算交割。
3. 股票保管和过户。
4. 停牌、复牌、停市。

## 第五节 上市公司收购和重组

### 一、上市公司收购概述

**（一）上市公司收购的概念**

上市公司收购，是指收购人通过在证券交易所的股份转让活动持有一个上市公司的股份达到一定比例或通过证券交易所股份转让活动以外的其他合法方式控制一个上市公司的股份达到一定程度，导致其获得或者可能获得对该公司实际控制权的行为。

**（二）上市公司收购人**

上市公司收购人是指意图通过取得股份的方式成为一个上市公司的控股股东，或者通过投资关系、协议、其他安排的途径成为一个上市公司的实际控制人的投资者及其一致行动人。收购人包括投资者及与其一致行动的他人。

**（三）上市公司收购中有关当事人的义务**

1. 收购人的义务。
（1）报告义务。
（2）禁售义务。
（3）锁定义务。
2. 被收购公司的控股股东或者实际控制人的义务。

被收购公司的控股股东或者实际控制人不得滥用股东权利，损害被收购公司或者其他股东的合法权益。被收购公司的控股股东、实际控制人及其关联方有损害被收购公司及其他股东合法权益的，上述控股股东、实际控制人在转让被收购公司控制权之前，应当主动消除损害；未能消除损害的，应当就其出让相关股份所得收入用于消除全部损害作出安排，对不足以消除损害的部分应当提供充分有效的履约担保或安排，并依照公司章程取得被收购公司股东大会的批准。

3. 被收购公司的董事、监事、高级管理人员的义务。

被收购公司的董事、监事、高级管理人员对公司负有忠实义务和勤勉义务，应当公平对待收购本公司的所有收购人。被收购公司董事会针对收购所作出的决策及采取的措施，应当有利于维护公司及其股东的利益，不得滥用职权对收购设置不适当的障碍，不得利用公司资源向收购人提供任何形式的财务资助，不得损害公司及其股东的合法权益。

**（四）上市公司收购的支付方式**

上市公司收购可以采用现金、依法可以转让的证券以及法律、行政法规规定的其他支付方式进行。

### 二、持股权益披露

**（一）大股东披露和权益变动披露**

《证券法》第六十三条规定："通过证券交易所的证券交易，投资者持有或者通过协议、其他安排与他人共同持有一个上市公司已发行的有表决权股份达到5%时，应当在该事实发生之日起3日内，向国务院证券监督管理机构、证券交易所作出书面报告，通知该上市公司，并予公告；在上述期限内，不得再行买卖该上市公司的股票。但国务院证券监督管理机构规定的情形除外。"

投资者持有或者通过协议、其他安排与他人共同持有一个上市公司已发行的有表决权股份达到5%后，其所持该上市公司已发行的有表决权股份比例每增加或者减少5%，应当依照前款规定进行报告和公告，在该事实发生之日起至公告后3日内，不得再行买卖该上市公司的股票，但国务院证券监督管理机构规定的情形除外。

投资者持有或者通过协议、其他安排与他人共同持有一个上市公司已发行的有表决权股份达到5%后，其所持该上市公司已发行的有表决权股份比例每增加或者减少1%，应当在该事实发生的次日通知该上市公司，并予公告。

违反上述规定买入上市公司有表决权的股份的，在买入后的36个月内，对该超过规定比例部分的股份不得行使表决权。

该条规定的主要目的是预警：提醒市场注意，有大股东出现，这些人可能成为潜在的收购人，并且通过对该股东以后增减股份的持续披露，来让市场监控其行为。同时，规定了违反权益披露超比例持股的法律后果，即超比例部分在买入后36个月内都不得行使表决权。

但如果投资者是通过协议转让的方式获得上市公司股权，投资者则无法控制协议购买的股权数量，不能恰好在5%的时点上停下来进行报告和公告。例如，甲持有某上市公司7%的股权，假如投资者试图从甲手中协议购买这些股权的话，则很可能达成的协议是7%股权的转让协议，不大可能投资者先协议转让5%，停下来进行披露，然后再协议购买余下的2%，这样做不但增加了交易成本，甲很可能也不愿意。因此，《收购办法》对协议转让股权的权益披露时点有所放松：投资者通过协议转让方式，在一个上市公司中拥有权益的股份拟达到或者超过一个上市公司已发行股份5%时，履行权益披露义务。此后，其拥有权益的股份占该上市公司已发行股份的比例每增加或者减少达到或者超过5%的，也应当履行报告、公告义务。

也就是说，在协议转让股权的情况下，如果协议中拟转让的股权达到或者超过5%，投资者就应当在协议达成之日起3日内履行权益报告义务。例如，在上述假设案例中，投资者拟协议受让甲股东持有的7%上市公司股权的，就应当在该协议达成之日起3日内履行权益披露义务，不需要将该笔协议拆分为5%和2%。此后，该投资者的股份发生增减变化，如果该变化使得投资者持股比例达到或者超过5%的整数倍的，也应当履行权益披露义务。仍举上例，则披露时点应当分别为7%、10%、15%、20%、25%。

如果投资者是通过行政划转或者变更、执行法院裁定、继承、赠与等方式拥有权益的股份变动达到上述规定比例的，也当同样履行权益披露义务。

（二）权益披露的内容

根据《证券法》第六十四条的规定，权益预警披露所作的公告，应当包括下列内容：（1）持股人的名称、住所；（2）持有的股票的名称、数额；（3）持股达到法定比例或者持股增减变化达到法定比例的日期、增持股份的资金来源；（4）在上市公司中拥有有表决权的股份变动的时间及方式。

简式权益变动报告书的内容应当包括：

（1）投资者及其一致行动人的姓名、住所；投资者及其一致行动人为法人的，其名称、注册地及法定代表人。

（2）持股目的，是否有意在未来12个月内继续增加其在上市公司中拥有的权益。

（3）上市公司的名称、股票的种类、数量、比例。

（4）在上市公司中拥有权益的股份达到或者超过上市公司已发行股份的5%或者拥有权益的股份增减变化达到5%的时间及方式。

（5）权益变动事实发生之日前6个月内通过证券交易所的证券交易买卖该公司股票的简要情况。

（6）中国证监会、证券交易所要求披露的其他内容。

如果投资者拥有权益的股份达到或者超过一个上市公司已发行股份的5%，但未达到20%，同时，该投资者为该上市公司第一大股东或者实际控制人的，以及投资者拥有的股份达到或者超过20%但未超过30%的，投资者应当编制详式权益变动报告书。

详式权益变动报告书除了披露简式权益变动报告书所具有的内容外，还应当披露以下内容：

（1）投资者及其一致行动人的控股股东、实际控制人及其股权控制关系结构图。

（2）取得相关股份的价格、所需资金额、资金来源，或者其他支付安排。

（3）投资者、一致行动人及其控股股东、实际控制人所从事的业务与上市公司的业务是否存在同业竞争或者潜在的同业竞争，是否存在持续关联交易；存在同业竞争或者持续关联交易的，是否已作出相应的安排，确保投资者、一致行动人及其关联方与上市公司之间避免同业竞争以及保持上市公司的独立性。

（4）未来12个月内对上市公司资产、业务、人员、组织结构、公司章程等进行调整的后续计划。

（5）前24个月内投资者及其一致行动人与上市公司之间的重大交易。

（6）不存在本办法第六条规定的情形。

（7）能够按照本办法第五十条的规定提供相关文件。

已披露权益变动报告书的投资者及其一致行动人在披露之日起6个月内，因拥有权益的股份变动需要再次报告、公告权益变动报告书的，可以仅就与前次报告书不同的部分作出报告、公告；自前次披露之日起超过6个月的，投资者及其一致行动人应当按照本章的规定编制权益变动报告书，履行报告、公告义务。

**三、要约收购程序**

《证券法》和《收购办法》规定的要约收购程序如下：

**（一）提示性公告**

《收购办法》规定，以要约方式收购上市公司股份的，收购人应当编制要约收购报告书，聘请财务顾问，通知被收购公司，同时对要约报告书摘要作出提示性公告。

## （二）要约公告和竞争要约

收购人自组成要约收购提示性公告起 60 日内，未公告要约收购报告书的，收购人应当在期满后次一个工作日通知被收购公司，并予公告；此后每 30 日应当公告一次，直至公告要约收购报告书。

收购人在公告要约收购报告书之前可以自行取消收购计划，不过应当公告原因；自公告之日起 12 个月内，该收购人不得再次对同一上市公司进行收购。

收购要约约定的收购期限不得少于 30 日，并不得超过 60 日。但出现竞争要约的除外。

在收购要约确定的承诺期内，收购人不得撤销其收购要约。

在收购要约确定的承诺期内，收购人需要变更收购要约的，必须及时公告，载明具体变更事项，并通知被收购公司，且不得存在下列情形：（1）降低收购价格；（2）减少预定收购股份数额；（3）缩短收购期限；（4）国务院证券监督管理机构规定的其他情形。在收购要约期限届满前 15 日内，收购人不得变更收购要约，但出现竞争要约的除外。

出现竞争要约时，发出初始要约的收购人变更收购要约距初始要约收购期限届满不足 15 日的，应当延长收购期限，延长后的要约期应当不少于 15 日，不得超过最后一个竞争要约的期满日，并按规定比例追加履约保证金；以证券支付收购价款的，应当追加相应数量的证券，交由证券登记结算机构保管。

发出竞争要约的收购人最迟不得晚于初始要约收购期限届满前 15 日发出要约收购的提示性公告，并应当根据规定履行报告、公告义务。

## （三）要约对象和条件

收购人对同一种类股票的要约价格不得低于要约收购提示性公告日前 6 个月内收购人取得该种股票所支付的最高价格。要约价格低于提示性公告前 30 个交易日该种股票的每日加权平均价格的算术平均值的，收购人聘请的财务顾问应当就该种股票前 6 个月的交易情况进行分析，说明是否存在股价被操纵、要约价格是否合理等情况。

收购要约提出的各项收购条件，应当适用于被收购公司的所有股东。上市公司发行不同种类股份的，收购人可以针对不同种类股份提出不同的收购条件。

## （四）禁止收购人通过其他方式获得股票

采取要约收购方式的，收购人在收购期限内，不得卖出被收购公司的股票，也不得采取要约规定以外的形式和超出要约的条件买入被收购公司的股票。

## （五）被收购公司董事会的义务

被收购公司董事会应当对收购人的主体资格、资信情况及收购意图进行调查，对要约条件进行分析，对股东是否接受要约提出建议，并聘请独立财务顾问提出专业意见。

在收购人作出提示性公告后至要约收购完成前，被收购公司除继续从事正常的经营活动或者执行股东大会已经作出的决议外，未经股东大会批准，被收购公司董事会不得通过处置公司资产、对外投资、调整公司主要业务、担保、贷款等方式，对公司的资产、负债、权益或者经营成果造成重大影响。

在要约收购期间，被收购公司董事不得辞职。

## （六）预受要约

同意接受收购要约的股东，在收购期内此种同意并不被视为承诺，而是被视为预受。

预受要约的股票将被证券登记结算公司临时报告,在要约收购期间,如果该股东未撤回预受,则不得转让。

按《收购办法》的解释,预受是指被收购公司股东同意接受要约的初步意思表示,在要约收购期限内不可撤回之前不构成承诺。在要约收购期限届满3个交易日前,预受股东可以委托证券公司办理撤回预受要约的手续,证券登记结算机构根据预受要约股东的撤回申请解除对预受要约股票的临时保管。在要约收购期限届满前3个交易日内,预受股东不得撤回其对要约的接受。在要约收购期限内,收购人应当每日在证券交易所网站上公告已预受收购要约的股份数量。

预受股东撤回预受,既可能是因为其不满意要约条件,也可能是有更优厚的要约价格出现,例如出现了竞争要约。预受的定性其实是给与了股东在一定期限内后悔的权利。

### (七) 要约期满

收购期限届满,发出部分要约的收购人应当按照收购要约约定的条件购买被收购公司股东预受的股份,预受要约股份的数量超过预定收购数量时,收购人应当按照同等比例收购预受要约的股份;以终止被收购公司上市地位为目的的,收购人应当按照收购要约约定的条件购买被收购公司股东预受的全部股份;未取得中国证监会豁免而发出全面要约的收购人应当购买被收购公司股东预受的全部股份。

收购期限届满后3个交易日内,接受委托的证券公司应当向证券登记结算机构申请办理股份转让结算、过户登记手续,解除对超过预定收购比例的股票的临时保管;收购人应当公告本次要约收购的结果。

收购期限届满后15日内,收购人应当向证券交易所提交关于收购情况的书面报告,并予以公告。

### 四、强制要约制度

有些国家通过强制要求在某种条件下必须适用要约收购程序,以保护目标公司的中小股东。我国也采用了这一制度。《证券法》第六十五条规定:"通过证券交易所的证券交易,投资者持有或者通过协议、其他安排与他人共同持有一个上市公司已发行的有表决权股份达到30%时,继续进行收购的,应当依法向该上市公司所有股东发出收购上市公司全部或者部分股份的要约。"

《收购办法》规定,投资者符合一定条件的,可以向中国证监会申请豁免:第一,免于以要约收购方式增持股份;第二,存在主体资格、股份种类限制或者法律、行政法规、中国证监会规定的特殊情形的,可以申请免于向被收购公司的所有股东发出收购要约。

对于未取得豁免的,《收购办法》还规定:投资者可以在接到中国证监会不予豁免通知之日起30日内将其或者其控制的股东所持有的目标公司股份减持到30%或者30%以下,也可以避免触发强制要约义务。

根据《收购办法》的有关规定,豁免事项有如下几种情况:

1. 免于以要约收购方式增持股份的事项。

根据新修改的《收购办法》第六十二条之规定,有下列情形之一的,收购人可以向中国证监会提出免于以要约方式增持股份的申请:

（1）收购人与出让人能够证明本次转让未导致上市公司的实际控制人发生变化。

（2）上市公司面临严重财务困难，收购人提出的挽救公司的重组方案取得该公司股东大会批准，且收购人承诺3年内不转让其在该公司中所拥有的权益。

（3）中国证监会为适应证券市场发展变化和保护投资者合法权益的需要而认定的其他情形。

收购人报送的豁免申请文件符合规定，并且已经按照规定履行报告、公告义务的，中国证监会予以受理；不符合规定或者未履行报告、公告义务的，中国证监会不予受理。中国证监会在受理豁免申请后20个工作日内，就收购人所申请的具体事项作出是否予以豁免的决定；取得豁免的，收购人可以完成本次增持行为。

2. 适用简易程序免于发出要约收购方式增持股份的事项。

根据《收购办法》第六十三条的规定，有下列情形之一的，当事人可以向中国证监会提出免于发出要约的申请，中国证监会自收到符合规定的申请文件之日起10个工作日内未提出异议的，相关投资者可以向证券交易所和证券登记结算机构申请办理股份转让和过户登记手续：

（1）经政府或者国有资产管理部门批准进行国有资产无偿划转、变更、合并，导致投资者在一个上市公司中拥有权益的股份占该公司已发行股份的比例超过30%；

（2）因上市公司按照股东大会批准的确定价格向特定股东回购股份而减少股本，导致投资者在该公司中拥有权益的股份超过该公司已发行股份的30%；

（3）中国证监会为适应证券市场发展变化和保护投资者合法权益的需要而认定的其他情形。

3. 免于提出豁免申请直接办理股份转让和过户的事项。

根据《收购办法》第六十三条之规定，有下列情形之一的，相关投资者可以免于按照有关规定提出豁免申请，直接向证券交易所和证券登记结算机构申请办理股份转让和过户登记手续：

（1）经上市公司股东大会非关联股东批准，投资者取得上市公司向其发行的新股，导致其在该公司拥有权益的股份超过该公司已发行股份的30%，投资者承诺3年内不转让本次向其发行的新股，且公司股东大会同意投资者免于发出要约；

（2）在一个上市公司中拥有权益的股份达到或者超过该公司已发行股份的30%的，自上述事实发生之日起1年后，每12个月内增持不超过该公司已发行的2%的股份；

（3）在一个上市公司中拥有权益的股份达到或者超过该公司已发行股份的50%的，继续增加其在该公司拥有的权益不影响该公司的上市地位；

（4）证券公司、银行等金融机构在其经营范围内依法从事承销、贷款等业务导致其持有一个上市公司已发行股份超过30%，没有实际控制该公司的行为或者意图，并且提出在合理期限内向非关联方转让相关股份的解决方案；

（5）因继承导致在一个上市公司中拥有权益的股份超过该公司已发行股份的30%；

（6）因履行约定购回式证券交易协议购回上市公司股份导致投资者在一个上市公司中拥有权益的股份超过该公司已发行股份的30%，并且能够证明标的股份的表决权在协议期间未发生转移；

(7) 因所持优先股表决权依法恢复导致投资者在一个上市公司中拥有权益的股份超过该公司已发行股份的30%。

相关投资者应在前款规定的权益变动行为完成后3日内就股份增持情况作出公告，律师应就相关投资者权益变动行为发表符合规定的专项核查意见并由上市公司予以披露。相关投资者按照前款第（2）项、第（3）项规定采用集中竞价方式增持股份，每累计增持股份比例达到该公司已发行股份的1%的，应当在事实发生之日通知上市公司，由上市公司在次一交易日发布相关股东增持公司股份的进展公告。相关投资者按照前款第（3）项规定采用集中竞价方式增持股份的，每累计增持股份比例达到上市公司已发行股份的2%的，在事实发生当日和上市公司发布相关股东增持公司股份进展公告的当日不得再行增持股份。前款第（2）项规定的增持不超过2%的股份锁定期为增持行为完成之日起6个月。

**五、收购中的信息披露**

**（一）要约收购报告书**

当收购人主动采用要约收购方式或者未能获得豁免，被强制采用要约收购方式时，其必须编制要约收购报告书。要约收购报告书必须载明下列事项：

（1）收购人的姓名、住所；收购人为法人的，其名称、注册地及法定代表人，与其控股股东、实际控制人之间的股权控制关系结构图。

（2）收购人关于收购的决定及收购目的，是否拟在未来12个月内继续增持。

（3）上市公司的名称、收购股份的种类。

（4）预定收购股份的数量和比例。

（5）收购价格。

（6）收购所需资金额、资金来源及资金保证，或者其他支付安排。

（7）收购要约约定的条件。

（8）收购期限。

（9）报送收购报告书时持有被收购公司的股份数量、比例。

（10）本次收购对上市公司的影响分析，包括收购人及其关联方所从事的业务与上市公司的业务是否存在同业竞争或者潜在的同业竞争，是否存在持续关联交易；存在同业竞争或者持续关联交易的，收购人是否已作出相应的安排，确保收购人及其关联方与上市公司之间避免同业竞争以及保持上市公司的独立性。

（11）未来12个月内对上市公司资产、业务、人员、组织结构、公司章程等进行调整的后续计划。

（12）前24个月内收购人及其关联方与上市公司之间的重大交易。

（13）前6个月内通过证券交易所的证券交易买卖被收购公司股票的情况。

（14）中国证监会要求披露的其他内容。

收购人发出全面要约的，应当在要约收购报告书中充分披露终止上市的风险、终止上市后收购行为完成的时间及仍持有上市公司股份的剩余股东出售其股票的其他后续安排；收购人发出以终止公司上市地位为目的的全面要约，无须披露前款第（10）项规定的内容。

### （二）收购报告书

当收购人拟申请豁免强制要约收购义务的，其应编制上市公司收购报告书以及其他规定文件，委托财务顾问向中国证监会、证券交易所提出书面报告，并公告上市公司收购报告书摘要。收购人在取得中国证监会豁免之日起3日内公告其收购报告书、财务顾问专业意见和律师出具的法律意见书。

### （三）被收购公司董事会报告

由于被收购公司董事会在目标公司中的地位，其是判断要约收购条件是否合适的最恰当人选，因此，尽管在要约收购中，被收购公司的董事会并非收购要约针对的对象，但基于其对股东承担的信义责任，法律还是要求被收购公司董事会应当对要约条件进行分析，就股东是否接受要约提出建议。

被收购公司董事会应当对收购人的主体资格、资信情况及收购意图进行调查，对要约条件进行分析，对股东是否接受要约提出建议，并聘请独立财务顾问提出专业意见。在收购人公告要约收购报告书后20日内，被收购公司董事会应当将被收购公司董事会报告书与独立财务顾问的专业意见报送中国证监会，同时抄报派出机构，抄送证券交易所，并予公告。

收购人对收购要约条件作出重大变更的，被收购公司董事会应当在3个工作日内提交董事会及独立财务顾问就要约条件的变更情况所出具的补充意见，并予以报告、公告。

## 六、特殊类型收购

### （一）协议收购

协议收购是由收购人和被收购公司的控股股东之间通过协议转让股权的方式完成控制权转移。由于协议收购涉及的股权转让往往是整笔股权，不像在交易所集中竞价购买和要约收购可以精确控制拟购买股份数量或比例，因此，在计算权益披露的时点和强制要约收购义务时，都有所不同，已如上文所述。除此之外，协议收购还有一些特点：

1. 过渡期安排。

以协议方式进行上市公司收购的，自签订收购协议起至相关股份完成过户的期间为上市公司收购过渡期。《收购办法》要求：在过渡期内，收购人不得通过控股股东提议改选上市公司董事会，确有充分理由改选董事会的，来自收购人的董事不得超过董事会成员的1/3；被收购公司不得为收购人及其关联方提供担保；被收购公司不得公开发行股份募集资金，不得进行重大购买、出售资产及重大投资行为或者与收购人及其关联方进行其他关联交易，但收购人为挽救陷入危机或者面临严重财务困难的上市公司的情形除外。

2. 出让股份之控股股东的义务。

被收购公司控股股东向收购人协议转让其所持有的上市公司股份的，应当对收购人的主体资格、诚信情况及收购意图进行调查，并在其权益变动报告书中披露有关调查情况。

控股股东及其关联方未清偿其对公司的负债，未解除公司为其负债提供的担保，或者存在损害公司利益的其他情形的,被收购公司董事会应当对前述情形及时予以披露,并采取有效措施维护公司利益。

3. 股权过户。

为了保证交易安全和协议各方的履约诚意,《收购办法》要求,协议收购的相关当事人应当向证券登记结算机构申请办理拟转让股份的临时保管手续,并可以将用于支付的现金存放于证券登记结算机构指定的银行。

收购报告书公告后,相关当事人应当按照证券交易所和证券登记结算机构的业务规则,在证券交易所就本次股份转让予以确认后,凭全部转让款存放于双方认可的银行账户的证明,向证券登记结算机构申请解除拟协议转让股票的临时保管,并办理过户登记手续。

收购人未按规定履行报告、公告义务,或者未按规定提出申请的,证券交易所和证券登记结算机构不予办理股份转让和过户登记手续。

收购人在收购报告书公告后30日内仍未完成相关股份过户手续的,应当立即作出公告,说明理由;在未完成相关股份过户期间,应当每隔30日公告相关股份过户办理进展情况。

4. 管理层收购。

管理层收购本公司的股权以控制本公司,可能是符合股权激励安排、减少监督成本的好事,但也存在管理层利用其在公司的特殊地位损害公司股东的可能,并且基于管理层对公司股东的信义义务,管理层从股东手中购买本公司股权存在利益冲突。

《收购办法》对管理层收购作出了特别规定:上市公司董事、监事、高级管理人员、员工或者其所控制或者委托的法人或者其他组织,拟对本公司进行收购或者通过间接收购取得本公司控制权的,该上市公司应当具备健全且运行良好的组织机构以及有效的内部控制制度,公司董事会成员中独立董事的比例应当达到或者超过1/2。公司应当聘请具有证券、期货从业资格的资产评估机构提供公司资产评估报告,本次收购应当经董事会非关联董事作出决议,且取得2/3以上的独立董事同意后,提交公司股东大会审议,经出席股东大会的非关联股东所持表决权过半数通过。独立董事发表意见前,应当聘请独立财务顾问就本次收购出具专业意见,独立董事及独立财务顾问的意见应当一并予以公告。

上市公司董事、监事、高级管理人员存在《公司法》第一百四十七条规定情形,或者最近3年有证券市场不良诚信记录的,不得收购本公司。

(二)间接收购

《收购办法》没有对间接收购作出明确界定,但规定:"收购人虽不是上市公司的股东,但通过投资关系、协议、其他安排导致其拥有权益的股份达到或者超过一个上市公司已发行股份的5%,未超过30%的",应当按照规定作权益披露。

七、上市公司重大资产重组

(一)重大资产重组行为的界定

所谓重大资产重组行为,是指上市公司及其控股或者控制的公司在日常经营活动之外购买、出售资产或者通过其他方式进行资产交易达到规定的比例,导致上市公司的主营业务、资产、收入发生重大变化的资产交易行为。

根据《重组办法》的规定，重大资产重组分为两种。

1. 普通重大资产重组。

上市公司及其控股或者控制的公司购买、出售资产，达到下列标准之一的，构成重大资产重组：

（1）购买、出售的资产总额占上市公司最近一个会计年度经审计的合并财务会计报告期末资产总额的比例达到50%以上。

（2）购买、出售的资产在最近一个会计年度所产生的营业收入占上市公司同期经审计的合并财务会计报告营业收入的比例达到50%以上。

（3）购买、出售的资产净额占上市公司最近一个会计年度经审计的合并财务会计报告期末净资产额的比例达到50%以上，且超过5 000万元人民币。

购买、出售资产未达到前款规定标准，但中国证监会发现存在可能损害上市公司或者投资者合法权益的重大问题的，可以根据审慎监管原则，责令上市公司按照本办法的规定补充披露相关信息、暂停交易并报送申请文件。

2. 特殊重大资产重组。

上市公司自控制权发生变更之日起36个月内，向收购人及其关联人购买资产，导致上市公司发生以下根本变化情形之一的，构成重大资产重组，应当报经中国证监会核准：

（1）购买的资产总额占上市公司控制权发生变更的前一个会计年度经审计的合并财务会计报告期末资产总额的比例达到100%以上；

（2）购买的资产在最近一个会计年度所产生的营业收入占上市公司控制权发生变更的前一个会计年度经审计的合并财务会计报告营业收入的比例达到100%以上；

（3）购买的资产净额占上市公司控制权发生变更的前一个会计年度经审计的合并财务会计报告期末净资产额的比例达到100%以上；

（4）为购买资产发行的股份占上市公司首次向收购人及其关联人购买资产的董事会决议前一个交易日的股份的比例达到100%以上；

（5）上市公司向收购人及其关联人购买资产虽未达到本款第（1）至第（4）项标准，但可能导致上市公司主营业务发生根本变化；

（6）中国证监会认定的可能导致上市公司发生根本变化的其他情形。

3. 计算以上重大资产重组的相关比例时，应当遵守的规定。

（1）购买的资产为股权的，其资产总额以被投资企业的资产总额与该项投资所占股权比例的乘积和成交金额两者中的较高者为准，营业收入以被投资企业的营业收入与该项投资所占股权比例的乘积为准，资产净额以被投资企业的净资产额与该项投资所占股权比例的乘积和成交金额两者中的较高者为准；出售的资产为股权的，其资产总额、营业收入以及资产净额分别以被投资企业的资产总额、营业收入以及净资产额与该项投资所占股权比例的乘积为准。

购买股权导致上市公司取得被投资企业控股权的，其资产总额以被投资企业的资产总额和成交金额两者中的较高者为准，营业收入以被投资企业的营业收入为准，资产净额以被投资企业的净资产额和成交金额两者中的较高者为准；出售股权导致上市公司丧失被投资企业控股权的,其资产总额、营业收入以及资产净额分别以被投资企业的资产总额、营业收入以及净资产额为准。

(2) 购买的资产为非股权资产的,其资产总额以该资产的账面值和成交金额两者中的较高者为准,资产净额以相关资产与负债的账面值差额和成交金额两者中的较高者为准;出售的资产为非股权资产的,其资产总额、资产净额分别以该资产的账面值、相关资产与负债账面值的差额为准;该非股权资产不涉及负债的,不适用"购买、出售的资产净额占上市公司最近一个会计年度经审计的合并财务会计报告期末净资产额的比例达到50%以上,且超过5 000万元人民币"的标准。

(3) 上市公司同时购买、出售资产的,应当分别计算购买、出售资产的相关比例,并以两者中比例较高者为准。

(4) 上市公司在12个月内连续对同一或者相关资产进行购买、出售的,以其累计数分别计算相应数额。已按照本办法的规定编制并披露重大资产重组报告书的资产交易行为,无须纳入累计计算的范围。中国证监会对借壳上市的累计期限和范围另有规定的,从其规定。交易标的资产属于同一交易方所有或者控制,或者属于相同或者相近的业务范围,或者中国证监会认定的其他情形下,可以认定为同一或者相关资产。

**(二) 重大资产重组的行为要求和条件**

《重组办法》规定,上市公司实施重大资产重组,应当符合下列要求:(1) 符合国家产业政策和有关环境保护、土地管理、反垄断等法律和行政法规的规定;(2) 不会导致上市公司不符合股票上市条件;(3) 重大资产重组所涉及的资产定价公允,不存在损害上市公司和股东合法权益的情形;(4) 重大资产重组所涉及的资产权属清晰,资产过户或者转移不存在法律障碍,相关债权债务处理合法;(5) 有利于上市公司增强持续经营能力,不存在可能导致上市公司重组后主要资产为现金或者无具体经营业务的情形;(6) 有利于上市公司在业务、资产、财务、人员、机构等方面与实际控制人及其关联人保持独立,符合中国证监会关于上市公司独立性的相关规定;(7) 有利于上市公司形成或者保持健全有效的法人治理结构。

以上是所有重大资产重组行为都必须遵守的要求。根据《重组办法》,对于涉及借壳上市的特殊重大资产重组行为,还有额外条件:

(1) 符合重大资产重组信息披露的要求,以及发行股份购买资产时符合《重组办法》的规定;

(2) 上市公司购买的资产对应的经营实体应当是股份有限公司或者有限责任公司,且符合《首发管理办法》规定的其他发行条件;

(3) 上市公司及其最近3年内的控股股东、实际控制人不存在因涉嫌犯罪正被司法机关立案侦查或涉嫌违法违规正被中国证监会立案调查的情形,但是,涉嫌犯罪或违法违规的行为已经终止满3年,交易方案能够消除该行为可能造成的不良后果,且不影响对相关行为人追究责任的除外;

(4) 上市公司及其控股股东、实际控制人最近12个月内未受到证券交易所公开谴责,不存在其他重大失信行为;

(5) 本次重大资产重组不存在中国证监会认定的可能损害投资者合法权益,或者违背公开、公平、公正原则的其他情形。

### （三）发行股份购买资产的规定

《重组办法》规定，上市公司发行股份购买资产，应当符合下列规定：（1）充分说明并披露本次交易有利于提高上市公司资产质量、改善财务状况和增强持续盈利能力，有利于上市公司减少关联交易、避免同业竞争、增强独立性；（2）上市公司最近一年及一期财务会计报告被注册会计师出具无保留意见审计报告；被出具保留意见、否定意见或者无法表示意见的审计报告的，须经注册会计师专项核查确认，该保留意见、否定意见或者无法表示意见所涉及事项的重大影响已经消除或者将通过本次交易予以消除；（3）上市公司及其现任董事、高级管理人员不存在因涉嫌犯罪正被司法机关立案侦查或涉嫌违法违规正被中国证监会立案调查的情形，但是，涉嫌犯罪或违法违规的行为已经终止满3年，交易方案有助于消除该行为可能造成的不良后果，且不影响对相关行为人追究责任的除外；（4）充分说明并披露上市公司发行股份所购买的资产为权属清晰的经营性资产，并能在约定期限内办理完毕权属转移手续；（5）中国证监会规定的其他条件。

上市公司为促进行业的整合、转型升级，在其控制权不发生变更的情况下，可以向控股股东、实际控制人或者其控制的关联人之外的特定对象发行股份购买资产。所购买资产与现有主营业务没有显著协同效应的，应当充分说明并披露本次交易后的经营发展战略和业务管理模式，以及业务转型升级可能面临的风险和应对措施。

特定对象以现金或者资产认购上市公司非公开发行的股份后，上市公司用同一次非公开发行所募集的资金向该特定对象购买资产的，视同上市公司发行股份购买资产。

上市公司发行股份的价格不得低于市场参考价的90%。市场参考价为本次发行股份购买资产的董事会决议公告日前20个交易日、60个交易日或者120个交易日的公司股票交易均价之一。本次发行股份购买资产的董事会决议应当说明市场参考价的选择依据。这里所称交易均价的计算公式为：董事会决议公告日前若干个交易日公司股票交易均价＝决议公告日前若干个交易日公司股票交易总额/决议公告日前若干个交易日公司股票交易总量。

特定对象以资产认购而取得的上市公司股份，自股份发行结束之日起12个月内不得转让；属于下列情形之一的，36个月内不得转让：（1）特定对象为上市公司控股股东、实际控制人或者其控制的关联人；（2）特定对象通过认购本次发行的股份取得上市公司的实际控制权；（3）特定对象取得本次发行的股份时，对其用于认购股份的资产持续拥有权益的时间不足12个月。

### （四）信息披露和公司决议

1. 信息披露。

重大资产重组涉及上市公司的重大变化，属于重大信息，应当及时披露。在披露之前，资产重组的各参与方都应当严格保密。上市公司关于重大资产重组的董事会决议公告前，相关信息已在媒体上传播或者公司股票交易出现异常波动的，上市公司应当立即将有关计划、方案或者相关事项的现状以及相关进展情况和风险因素等予以公告，并按照有关信息披露规则办理其他相关事宜。

2. 公司决议。

上市公司股东大会就重大资产重组事项作出决议,必须经出席会议的股东所持表决权的 2/3 以上通过。

上市公司重大资产重组事宜与本公司股东或者其关联人存在关联关系的,股东大会就重大资产重组事项进行表决时,关联股东应当回避表决。交易对方已经与上市公司控股股东就受让上市公司股权或者向上市公司推荐董事达成协议或者默契,可能导致上市公司的实际控制权发生变化的,上市公司控股股东及其关联人应当回避表决。

上市公司就重大资产重组事宜召开股东大会,应当以现场会议形式召开,并应当提供网络投票或者其他合法方式为股东参加股东大会提供便利。除上市公司的董事、监事、高级管理人员、单独或者合计持有上市公司 5% 以上股份的股东以外,其他股东的投票情况应当单独统计并予以披露。

**(五)证监会核准**

上市公司应当在股东大会作出重大资产重组决议后的次一工作日公告该决议。中国证监会依照法定条件和程序对属于《重组办法》第十三条规定情形的交易(即构成特殊重大资产重组的交易)申请作出予以核准或者不予核准的决定。

中国证监会设立上市公司并购重组审核委员会,以投票方式对提交其审议的借壳上市申请或者发行股份购买资产申请进行表决,提出审核意见。

## 第六节 证券欺诈的法律责任

**一、虚假陈述行为**

**(一)虚假陈述行为的界定**

虚假陈述是指对证券发行、交易及其相关活动的事实、性质、前景、法律等事项作出不实、严重误导或者含有重大遗漏的、任何形式的虚假陈述或者诱导、致使投资者在不了解事实真相的情况下作出证券投资决定的行为以及未按照规定披露信息的行为。包括:

(1)发行人、上市公司和其他信息披露义务人在招股说明书、公司债券募集办法、上市公告书、公司定期报告、临时报告及其他文件中作出虚假陈述。

(2)律师事务所、会计师事务所、资产评估机构等专业性证券服务机构在其出具的法律意见书、审计报告、资产评估报告及参与制作的其他文件中作出虚假陈述。

(3)上述人等在向证券监管部门提交的各种文件、报告和说明中作出虚假陈述。

(4)发行人、上市公司和其他信息披露义务人未按照规定披露信息,包括未按照规定的方式进行披露、未及时披露等。

(5)在证券发行、交易及其相关活动中的其他虚假陈述。

## （二）虚假陈述的法律责任

1. 行政责任。

《证券法》第一百九十七条规定："信息披露义务人未按照本法规定报送有关报告或者履行信息披露义务的，责令改正，给予警告，并处以 50 万元以上 500 万元以下的罚款；对直接负责的主管人员和其他直接责任人员给予警告，并处以 20 万元以上 200 万元以下的罚款。发行人的控股股东、实际控制人组织、指使从事上述违法行为，或者隐瞒相关事项导致发生上述情形的，处以 50 万元以上 500 万元以下的罚款；对直接负责的主管人员和其他直接责任人员，处以 20 万元以上 200 万元以下的罚款。

信息披露义务人报送的报告或者披露的信息有虚假记载、误导性陈述或者重大遗漏的，责令改正，给予警告，并处以 100 万元以上 1 000 万元以下的罚款；对直接负责的主管人员和其他直接责任人员给予警告，并处以 50 万元以上 500 万元以下的罚款。发行人的控股股东、实际控制人组织、指使从事上述违法行为，或者隐瞒相关事项导致发生上述情形的，处以 100 万元以上 1 000 万元以下的罚款；对直接负责的主管人员和其他直接责任人员，处以 50 万元以上 500 万元以下的罚款。"

2. 刑事责任。

《刑法》分别针对发行时虚假陈述行为和上市公司的虚假陈述行为，规定了两种不同的罪名，欺诈发行股票、债券罪和违规披露、不披露重要信息罪。

3. 民事责任。

《证券法》第八十五条规定针对信息披露义务人：信息披露义务人未按照规定披露信息，或者公告的证券发行文件、定期报告、临时报告及其他信息披露资料存在虚假记载、误导性陈述或者重大遗漏，致使投资者在证券交易中遭受损失的，信息披露义务人应当承担赔偿责任；发行人的控股股东、实际控制人、董事、监事、高级管理人员和其他直接责任人员以及保荐人、承销的证券公司及其直接责任人员，应当与发行人承担连带赔偿责任，但是能够证明自己没有过错的除外。

《证券法》第一百六十三条主要针对证券服务机构：证券服务机构为证券的发行、上市、交易等证券业务活动制作、出具审计报告及其他鉴证报告、资产评估报告、财务顾问报告、资信评级报告或者法律意见书等文件，应当勤勉尽责，对所制作、出具的文件内容的真实性、准确性、完整性进行核查和验证。其制作、出具的文件有虚假记载、误导性陈述或者重大遗漏，给他人造成损失的，应当与发行人、上市公司承担连带赔偿责任，但是能够证明自己没有过错的除外。

## 二、内幕交易行为

### （一）内幕交易行为的认定

在内幕信息敏感期内，内幕信息的知情人员和非法获取内幕信息的人，不得买卖该公司的证券，或者泄露，或者建议他人买卖该证券，否则就构成了内幕交易。

1. 责任推定。

只要监管机构提供的证据能够证明以下情形之一，就可以确认内幕交易行为成立：（1）《证券法》第五十一条规定的证券交易内幕信息知情人，进行了与该内幕信息有关的证券交易活动；（2）《证券法》第五十一条规定的内幕信息知情人的配偶、父母、子女以及其他有密切关系的人，其证券交易活动与该内幕信息基本吻合；（3）因履行工作职责知悉上述内幕信息并进行了与该信息有关的证券交易活动；（4）非法获取内幕信息，并进行了与该内幕信息有关的证券交易活动；（5）内幕信息公开前与内幕信息知情人或知晓该内幕信息的人联络、接触，其证券交易活动与内幕信息高度吻合。

2. 不属于内幕交易的情况。

具有下列情形之一的，不属于刑法上的内幕交易行为：（1）持有或者通过协议、其他安排与他人共同持有上市公司5%以上股份的自然人、法人或者其他组织收购该上市公司股份的；（2）按照事先订立的书面合同、指令、计划从事相关证券、期货交易的；（3）依据已被他人披露的信息而交易的；（4）交易具有其他正当理由或者正当信息来源的。

**（二）短线交易**

《证券法》第四十四条规定："上市公司、股票在国务院批准的其他全国性证券交易场所交易的公司的董事、监事、高级管理人员、持有或者通过协议、其他安排与他人共同持有该公司股份5%以上的股东，将其持有的该公司的股票或者其他具有股权性质的证券在买入后6个月内卖出，或者在卖出后6个月内又买入，由此所得收益归该公司所有，公司董事会应当收回其所得收益。但是，证券公司因包销购入售后剩余股票而持有5%以上股份，以及有国务院证券监督管理机构规定的其他情形除外。

前款所称董事、监事、高级管理人员、自然人股东持有的股票或者其他具有股权性质的证券，包括其配偶、父母、子女持有的及利用他人账户持有的股票或者其他具有股权性质的证券。

公司董事会不按照第一款规定执行的，股东有权要求董事会在30日内执行。公司董事会未在上述期限内执行的，股东有权为了公司的利益以自己的名义直接向人民法院提起诉讼。

公司董事会不按照第一款的规定执行的，负有责任的董事依法承担连带责任。"

**（三）利用未公开信息交易**

《证券法》第五十四条规定："禁止证券交易场所、证券公司、证券登记结算机构、证券服务机构和其他金融机构的从业人员、有关监管部门或者行业协会的工作人员，利用因职务便利获取的内幕信息以外的其他未公开的信息，违反规定，从事与该信息相关的证券交易活动，或者明示、暗示他人从事相关交易活动。"

### 三、操纵市场行为

根据《证券法》的规定，禁止任何人以下列手段操纵证券市场，影响或者意图影响证券交易价格或者证券交易量：

（1）单独或者通过合谋，集中资金优势、持股优势或者利用信息优势联合或者连续买卖，操纵证券交易价格或者证券交易量。

（2）与他人串通，以事先约定的时间、价格和方式相互进行证券交易，影响证券交易价格或者证券交易量。

（3）在自己实际控制的账户之间进行证券交易，影响证券交易价格或者证券交易量。

（4）不以成交为目的，频繁或者大量申报并撤销申报。
（5）利用虚假或者不确定的重大信息，诱导投资者进行证券交易。
（6）对证券、发行人公开作出评价、预测或者投资建议，并进行反向证券交易。
（7）利用在其他相关市场的活动操纵证券市场。
（8）操纵证券市场的其他手段。

操纵证券市场行为给投资者造成损失的，行为人应当依法承担赔偿责任。

### 四、编造、传播虚假信息的行为

《证券法》第五十六条规定："禁止任何单位和个人编造、传播虚假信息或者误导性信息，扰乱证券市场。禁止证券交易场所、证券公司、证券登记结算机构、证券服务机构及其从业人员，证券业协会、证券监督管理机构及其工作人员，在证券交易活动中作出虚假陈述或者信息误导。各种传播媒介传播证券市场信息必须真实、客观，禁止误导。传播媒介及其从事证券市场信息报道的工作人员不得从事与其工作职责发生利益冲突的证券买卖。编造、传播虚假信息或者误导性信息，给投资者造成损失的，行为人应当依法承担赔偿责任。"

# 第八章　企业破产法律制度

## 第一节　破产法律制度概述

### 一、破产法的概念

破产法是规定在债务人丧失清偿能力时,法院强制对其全部财产进行清算分配,公平、有序清偿债权人,或通过债务人与债权人会议达成的和解协议清偿债务,或进行企业重整,避免债务人破产的法律规范的总称。

### 二、破产法的适用范围

#### (一)破产法的主体适用范围

根据《企业破产法》第二条规定,其主体适用范围是所有的企业法人。同时,该法第一百三十五条规定:"其他法律规定企业法人以外的组织的清算,属于破产清算的,参照适用本法规定的程序",适当扩大了破产法的实际适用范围。

#### (二)《企业破产法》的地域适用范围

我国《企业破产法》采取有限制的普及主义原则,其第五条规定:"依照本法开始的破产程序,对债务人在中华人民共和国领域外的财产发生效力。对外国法院作出的发生法律效力的破产案件的判决、裁定,涉及债务人在中华人民共和国领域内的财产,申请或者请求人民法院承认和执行的,人民法院依照中华人民共和国缔结或者参加的国际条约,或者按照互惠原则进行审查,认为不违反中华人民共和国法律的基本原则,不损害国家主权、安全和社会公共利益,不损害中华人民共和国领域内债权人的合法权益的,裁定承认和执行。"

#### (三)《企业破产法》的适用时间

《企业破产法》第一百三十六条规定:"本法自2007年6月1日起施行,《中华人民共和国企业破产法(试行)》同时废止。"

## 第二节 破产申请与受理

### 一、破产原因

**（一）破产原因概述**

我国立法对破产原因的规定采取概括主义。

**（二）《企业破产法》及司法解释对破产原因的规定**

根据《企业破产法》第二条的规定，企业法人的破产原因是不能清偿到期债务，并且资产不足以清偿全部债务或者明显缺乏清偿能力。2011年最高人民法院颁布了《破产法司法解释（一）》。其第一条规定："债务人不能清偿到期债务并且具有下列情形之一的，人民法院应当认定其具备破产原因：（1）资产不足以清偿全部债务；（2）明显缺乏清偿能力。相关当事人以对债务人的债务负有连带责任的人未丧失清偿能力为由，主张债务人不具备破产原因的，人民法院应不予支持。"

### 二、破产申请的提出

**（一）提出破产申请的当事人**

根据法律规定，债务人发生破产原因，可以向人民法院提出重整、和解或者破产清算申请。债务人不能清偿到期债务，债权人可以向人民法院提出对债务人进行重整或者破产清算的申请，但不能提出和解申请。

没有物权担保的普通债权人享有破产申请权，对破产人的特定财产享有担保权的债权人（下称担保债权人）同样享有破产申请权。在司法实践中，债务人发生破产原因时，担保债权人通常可从担保物上直接获得优先清偿，没有必要浪费时间、精力去申请债务人破产。但在担保物的价款可能不足以清偿所担保的债权时，便不得不行使破产申请权，以维护其权利。虽然这时他实际上已经是以普通破产债权人的身份提出破产申请，但在其提出破产申请时往往无法确定担保债权是否可以足额受偿，仅因债权设有财产担保就不允许其提出破产申请，可能会损害其正当权益。除此之外，担保债权人出于某些特殊的利益考虑，如挽救债务人、收购竞争对手等，也可能会提出破产或重整申请，破产申请权可以作为其达到正当目的的手段。所以，即使担保物的价款足以清偿所担保的债权，担保债权人同样享有破产申请权。《企业破产法》对担保债权人行使破产申请权没有限制规定。

**（二）破产案件的管辖**

当事人的申请应向对破产案件有管辖权的人民法院提出。《企业破产法》规定，破产案件的地域管辖由债务人住所地人民法院管辖。债务人住所地指债务人的主要办事机构所在地。债务人主要办事机构所在地不明确、存在争议的，由其注册登记地人民法院管辖。

**（三）当事人提出破产申请时的举证责任**

当事人向人民法院提出破产申请，应当提交破产申请书和有关证据。破产申请书应当载明下列事项：(1) 申请人、被申请人的基本情况；(2) 申请目的，即申请破产清算还是申请重整或和解；(3) 申请的事实和理由；(4) 人民法院认为应当载明的其他事项。

### 三、破产申请的受理

人民法院收到破产申请后，应当依法进行审查，及时作出是否受理破产案件的裁定。《破产法司法解释（一）》第七条规定："人民法院收到破产申请时，应当向申请人出具收到申请及所附证据的书面凭证。人民法院收到破产申请后应当及时对申请人的主体资格、债务人的主体资格和破产原因，以及有关材料和证据等进行审查，并依据企业破产法第十条的规定作出是否受理的裁定。人民法院认为申请人应当补充、补正相关材料的，应当自收到破产申请之日起5日内告知申请人。当事人补充、补正相关材料的期间不计入企业破产法第十条规定的期限。"

《破产法司法解释（一）》第八条规定："破产案件的诉讼费用，应根据企业破产法第四十三条的规定，从债务人财产中拨付。相关当事人以申请人未预先交纳诉讼费用为由，对破产申请提出异议的，人民法院不予支持。"

《民商事审判会议纪要》第一百零八条第一款规定："人民法院裁定受理破产申请前，提出破产申请的债权人的债权因清偿或者其他原因消灭的，因申请人不再具备申请资格，人民法院应当裁定不予受理。但该裁定不影响其他符合条件的主体再次提出破产申请。破产申请受理后，管理人以上述清偿符合《企业破产法》第三十一条、第三十二条为由请求撤销的，人民法院查实后应当予以支持。"

人民法院应当自债务人提出异议期满之日起10日内裁定是否受理。除上述情形外，人民法院应当自收到破产申请之日起15日内裁定是否受理。有特殊情况需要延长受理案件期限的，经上一级人民法院批准，可以延长15日。

人民法院裁定受理破产申请的，应当将裁定自作出之日起5日内送达申请人。债权人提出申请的，人民法院应当自裁定作出之日起5日内送达债务人。债务人应当自裁定送达之日起15日内，向人民法院提交财产状况说明、债务清册、债权清册、有关财务会计报告以及职工工资的支付和社会保险费用的缴纳情况等有关材料。债务人违反法律规定，拒不向人民法院提交或者提交不真实的上述文件与情况说明的，应承担相应法律责任。《破产法司法解释（一）》第六条第二款规定："受理破产申请后，人民法院应当责令债务人依法提交其财产状况说明、债务清册、债权清册、财务会计报告等有关材料，债务人拒不提交的，人民法院可以对债务人的直接责任人员采取罚款等强制措施"。

### 四、执行案件的移送破产审查

执行案件移送破产审查，简称"执转破"，是实现执行程序与破产程序衔接的重要措施。一般而言，债务人有清偿能力而拒不履行生效法律文书规定的民事义务，应当适用民事执行程序，强制其履行义务，保障债权的个别实现。而在债务人丧失清偿能力时，为保障对全体债权人的公平、有序清偿，则应适用破产程序。前者是债权的个别实现程序，而后者则是债权的集体实现程序，适用的前提条件和对象有所不同，这是法律和程序适用上的合理分工。但实践中经常出现债务人已丧失清偿能力，本应适用破产程序，却仍滞留于执行程序，不仅使大量执行积案不能结案，而且对破产案件的受理也造成不利影响。为此，2017年最高人民法院出台了《最高人民法院关于执行案件移送破产审查若干问题的指导意见》。该意见指出，推进执行案件移送破产审查工作，有利于健全市场主体救治和退出机制，有利于完善司法工作机制，有利于化解执行积案，是人民法院贯彻中央供给侧结构性改革部署的重要举措，是当前和今后一段时期人民法院服务经济社会发展大局的重要任务。

执行案件移送破产审查工作，涉及执行程序与破产程序之间的转换衔接，不同法院之间，同一法院内部执行部门、立案部门、破产审判部门之间，应坚持依法有序、协调配合、高效便捷的工作原则，防止推诿扯皮，影响司法效率，损害当事人合法权益。

执行案件移送破产审查，应同时符合下列条件：（1）被执行人为企业法人；（2）被执行人或者有关被执行人的任何一个执行案件的申请执行人书面同意将执行案件移送破产审查；（3）被执行人不能清偿到期债务，并且资产不足以清偿全部债务或者明显缺乏清偿能力。

## 第三节 管理人制度

### 一、管理人的资格与指定

#### （一）管理人的资格

《企业破产法》第二十四条规定："管理人可以由有关部门、机构的人员组成的清算组或者依法设立的律师事务所、会计师事务所、破产清算事务所等社会中介机构担任。人民法院根据债务人的实际情况，可以在征询有关社会中介机构的意见后，指定该机构具备相关专业知识并取得执业资格的人员担任管理人。有下列情形之一的，不得担任管理人：（1）因故意犯罪受过刑事处罚；（2）曾被吊销相关专业执业证书；（3）与本案有利害关系；（4）人民法院认为不宜担任管理人的其他情形。个人担任管理人的，应当参加执业责任保险。"为了进一步完善管理人队伍结构，《破产审判会议纪要》第四条规定："人民法院要指导编入管理人名册的中介机构采取适当方式吸收具有专业技术知识、企业经营能力的人员充实到管理人队伍中来，促进管理人队伍内在结构更加合理，充分发挥和提升管理人在企业病因诊断、资源整合等方面的重要作用。"

#### （二）管理人的指定

根据《企业破产法》规定，管理人由人民法院指定。

根据《指定管理人规定》，目前指定管理人主要有随机、竞争、接受推荐三种方式。

《企业破产法》第二十二条第二款规定，管理人"不能依法、公正执行职务或者有其他不能胜任职务"情形的，债权人会议可以申请人民法院予以更换。《指定管理人规定》对管理人的更换原因加以释明，以列举的方式分别对机构管理人和个人管理人的法定更换事由作出明确规定。其第三十三条规定："社会中介机构管理人有下列情形之一的，人民法院可以根据债权人会议的申请或者依职权径行决定更换管理人：（1）执业许可证或者营业执照被吊销或者注销；（2）出现解散、破产事由或者丧失承担执业责任风险的能力；（3）与本案有利害关系；（4）履行职务时，因故意或者重大过失导致债权人利益受到损害；（5）有本规定第二十六条规定的情形（社会中介机构或者个人有重大债务纠纷或者因涉嫌违法行为正被相关部门调查的）。清算组成员参照适用前款规定。"其第三十四条规定："个人管理人有下列情形之一的，人民法院可以根据债权人会议的申请或者依职权径行决定更换管理人：（1）执业资格被取消、吊销；（2）与本案有利害关系；（3）履行职务时，因故意或者重大过失导致债权人利益受到损害；（4）失踪、死亡或者丧失民事行为能力；（5）因健康原因无法履行职务；（6）执业责任保险失效；（7）有本规定第二十六条规定的情形。清算组成员的派出人员、社会中介机构的派出人员参照适用前款规定。"在更换管理人时，除竞争方式外，通常可以原指定方式进行。

### 二、管理人的报酬

管理人履行职责，付出劳动，应当获得合理的报酬。《企业破产法》第二十八条规定："管理人的报酬由人民法院确定。"

根据《确定管理人报酬规定》规定，管理人获得的报酬是纯报酬，不包括其因执行职务、进行破产管理工作中需支付的其他费用，如公告费用、变价财产费用等。《确定管理人报酬规定》第二条规定："人民法院应根据债务人最终清偿的财产价值总额，在以下比例限制范围内分段确定管理人报酬：（1）不超过100万元（含本数，下同）的，在12%以下确定；（2）超过100万元至500万元的部分，在10%以下确定；（3）超过500万元至1 000万元的部分，在8%以下确定；（4）超过1 000万元至5 000万元的部分，在6%以下确定；（5）超过5 000万元至1亿元的部分，在3%以下确定；（6）超过1亿元至5亿元的部分，在1%以下确定；（7）超过5亿元的部分，在0.5%以下确定。担保权人优先受偿的担保物价值，不计入前款规定的财产价值总额。高级人民法院认为有必要的，可以参照上述比例在30%的浮动范围内制定符合当地实际情况的管理人报酬比例限制范围，并通过当地有影响的媒体公告，同时报最高人民法院备案。"

### 三、管理人的职责与责任

管理人应当勤勉尽责，忠实执行职务。根据《企业破产法》规定，管理人履行下列职责：（1）接管债务人的财产、印章和账簿、文书等资料；（2）调查债务人财产状况，制作财产状况报告；（3）决定债务人的内部管理事务；（4）决定债务人的日常开支和其他必要开支；（5）在第一次债权人会议召开之前，决定继续或者停止债务人的营业；（6）管理和处分债务人的财产；（7）代表债务人参加诉讼、仲裁或者其他法律程序；（8）提议召开债权人会议；（9）人民法院认为管理人应当履行的其他职责。《企业破产法》第二十六条规定："在第一次债权人会议召开之前，管理人决定继续或者停止债务人的营业或者有本法第六十九条规定行为之一的，应当经人民法院许可。"此外，《企业破产法》对管理人在重整等程序中的职责另有具体规定。

## 第四节 债务人财产

### 一、债务人财产的一般规定

#### (一) 债务人财产的范围

根据《企业破产法》第三十条规定,债务人财产包括破产申请受理时属于债务人的全部财产,以及破产申请受理后至破产程序终结前债务人取得的财产。债务人财产在破产宣告后称为破产财产。据此规定,确定债务人财产范围的界定时点是破产申请受理时,而不是破产宣告时,已作为担保物的财产也属于债务人财产。这是新旧破产法对债务人财产范围规定的不同之处。

最高人民法院在《破产法司法解释(二)》中对破产财产的具体范围做出规定,指出"除债务人所有的货币、实物外,债务人依法享有的可以用货币估价并可以依法转让的债权、股权、知识产权、用益物权等财产和财产权益,人民法院均应认定为债务人财产"。但"下列财产不应认定为债务人财产:(1)债务人基于仓储、保管、承揽、代销、借用、寄存、租赁等合同或者其他法律关系占有、使用的他人财产;(2)债务人在所有权保留买卖中尚未取得所有权的财产;(3)所有权专属于国家且不得转让的财产;(4)其他依照法律、行政法规不属于债务人的财产"。

#### (二) 债务人财产的收回

为维护债权人及债务人的合法权益,《企业破产法》第三十六条规定:"债务人的董事、监事和高级管理人员利用职权从企业获取的非正常收入和侵占的企业财产,管理人应当追回。"《破产法司法解释(二)》第二十四条规定:"债务人有企业破产法第二条第一款规定的情形(即发生破产原因)时,债务人的董事、监事和高级管理人员利用职权获取的以下收入,人民法院应当认定为企业破产法第三十六条规定的非正常收入:(1)绩效奖金;(2)普遍拖欠职工工资情况下获取的工资性收入;(3)其他非正常收入。债务人的董事、监事和高级管理人员拒不向管理人返还上述债务人财产,管理人主张上述人员予以返还的,人民法院应予支持。债务人的董事、监事和高级管理人员因返还第一款第(1)项、第(2)项非正常收入形成的债权,可以作为普通破产债权清偿。因返还第一款第(2)项非正常收入形成的债权,依据企业破产法第一百一十三条第三款的规定,按照该企业职工平均工资计算的部分作为拖欠职工工资清偿;高出该企业职工平均工资计算的部分,可以作为普通破产债权清偿"。

### 二、破产撤销权与无效行为

《企业破产法》规定了破产撤销权与无效行为。撤销权是指管理人对债务人在破产案件受理前的法定期间内进行的欺诈逃债或损害公平清偿的行为,有申请法院撤销,并追回财产的权利。我国破产法上的无效行为则是针对当时《民法通则》《合同法》等规定的无效行为在破产程序中的表现特点作出的强调性规定，在法律上并无实质性新内容，只是为突出对破产欺诈行为的打击。

《企业破产法》对破产无效行为和撤销权制度作有全面规定，其第三十三条规定："涉及债务人财产的下列行为无效：（1）为逃避债务而隐匿、转移财产的；（2）虚构债务或者承认不真实的债务的。"

《企业破产法》第三十一条规定："人民法院受理破产申请前一年内，涉及债务人财产的下列行为，管理人有权请求人民法院予以撤销：（1）无偿转让财产的；（2）以明显不合理的价格进行交易的；（3）对没有财产担保的债务提供财产担保的；（4）对未到期的债务提前清偿的；（5）放弃债权的。"

### 三、取回权

**（一）一般取回权**

破产法上的取回权分为一般取回权与特别取回权。《企业破产法》第三十八条规定："人民法院受理破产申请后，债务人占有的不属于债务人的财产，该财产的权利人可以通过管理人取回。但是，本法另有规定的除外。"这是对一般取回权的规定。所谓"本法另有规定的除外"，主要是指在重整程序中行使取回权应当符合事先约定的条件，而不适用合同加速到期予以返还等规定。《破产法司法解释（二）》第四十条规定："债务人重整期间，权利人要求取回债务人合法占有的权利人的财产，不符合双方事先约定条件的，人民法院不予支持。但是，因管理人或者自行管理的债务人违反约定，可能导致取回物被转让、毁损、灭失或者价值明显减少的除外"。

**（二）出卖人取回权**

《企业破产法》第三十九条规定："人民法院受理破产申请时，出卖人已将买卖标的物向作为买受人的债务人发运，债务人尚未收到且未付清全部价款的，出卖人可以取回在运途中的标的物。但是，管理人可以支付全部价款，请求出卖人交付标的物。"这是对特别取回权中出卖人取回权的规定。

**（三）所有权保留买卖合同的处理**

出卖人破产时，其管理人决定继续履行合同的，买受人应当按照原合同的约定支付价款或者履行其他义务。

出卖人破产，其管理人决定解除合同的，有权依法要求买受人向其交付买卖标的物。

买受人破产，其管理人决定继续履行合同的，原合同中约定的买受人支付价款或者履行其他义务的期限在破产申请受理时视为到期，买受人管理人应当及时向出卖人支付价款或者履行其他义务。

买受人破产，其管理人决定解除合同的，出卖人有权主张取回买卖标的物。

### 四、抵销权

《企业破产法》第四十条规定："债权人在破产申请受理前对债务人负有债务的，可以向管理人主张抵销。"

破产法上的抵销权只能由债权人向管理人提出行使，管理人（或债务人）不得主动主张债务抵销。

债权人应当在破产财产最终分配确定之前向管理人主张破产抵销。

《企业破产法》第四十条规定:"债权人在破产申请受理前对债务人负有债务的,可以向管理人主张抵销。但是,有下列情形之一的,不得抵销:(1)债务人的债务人在破产申请受理后取得他人对债务人的债权的;(2)债权人已知债务人有不能清偿到期债务或者破产申请的事实,对债务人负担债务的;但是,债权人因为法律规定或者有破产申请一年前所发生的原因而负担债务的除外;(3)债务人的债务人已知债务人有不能清偿到期债务或者破产申请的事实,对债务人取得债权的;但是,债务人的债务人因为法律规定或者有破产申请一年前所发生的原因而取得债权的除外。"

据此规定,以下几种情况在破产程序中禁止抵销:

第一,债务人的债务人在破产申请受理后取得他人对债务人的债权的,禁止抵销,因为债权转手后的抵销会损害其他破产债权人的利益。

第二,债权人已知债务人有不能清偿到期债务或者破产申请的事实,对债务人负担债务的,禁止抵销;但是,债权人因为法律规定或者有破产申请一年前所发生的原因而负担债务的除外。

第三,债务人的债务人已知债务人有不能清偿到期债务或者破产申请的事实,对债务人取得债权的;但是,债务人的债务人因为法律规定或者有破产申请一年前所发生的原因而取得债权的除外。

### 五、破产费用与共益债务

#### (一)破产费用

破产费用,是在破产程序中为全体债权人共同利益,因程序进行而支付的各项费用的总称。《企业破产法》第四十一条规定:"人民法院受理破产申请后发生的下列费用,为破产费用:(1)破产案件的诉讼费用;(2)管理、变价和分配债务人财产的费用;(3)管理人执行职务的费用、报酬和聘用工作人员的费用。"

#### (二)共益债务

共益债务,是在破产程序中发生的应由债务人财产负担的债务的总称。《企业破产法》第四十二条规定:"人民法院受理破产申请后发生的下列债务,为共益债务:(1)因管理人或者债务人请求对方当事人履行双方均未履行完毕的合同所产生的债务;(2)债务人财产受无因管理所产生的债务;(3)因债务人不当得利所产生的债务;(4)为债务人继续营业而应支付的劳动报酬和社会保险费用以及由此产生的其他债务;(5)管理人或者相关人员执行职务致人损害所产生的债务;(6)债务人财产致人损害所产生的债务。"

#### (三)破产费用与共益债务的清偿

《企业破产法》第四十三条规定:"破产费用和共益债务由债务人财产随时清偿。债务人财产不足以清偿所有破产费用和共益债务的,先行清偿破产费用。债务人财产不足以清偿所有破产费用或者共益债务的,按照比例清偿。债务人财产不足以清偿破产费用的,管理人应当提请人民法院终结破产程序。人民法院应当自收到请求之日起15日内裁定终结破产程序，并予以公告。"债务人财产虽然不足以支付所有破产费用，但是破产案件的债权人、管理人、债务人的出资人或者其他利害关系人愿意垫付相关费用的，经人民法院同意，破产程序可以继续进行。这样可以避免因债务人财产不足，反而使债务人或其董事、监事、经理等高级管理人员的转移财产、逃避债务等违法行为无法纠正，不能追回财产，并使其逃脱法律制裁。

在债权人或债务人等提出破产清算申请时，人民法院即发现破产人财产可能不足以支付破产费用、无财产可供分配的，应当先受理破产案件，在对此情况审查确认后作出破产宣告，同时作出终结破产程序的裁定。这样可使当事人的债务关系得以合法终结，使债务人企业依法规范退出市场。

## 第五节　破产债权

### 一、破产债权申报的一般规则

《企业破产法》第五十六条规定："在人民法院确定的债权申报期限内，债权人未申报债权的，可以在破产财产最后分配前补充申报；但是，此前已进行的分配，不再对其补充分配。为审查和确认补充申报债权的费用，由补充申报人承担。"前文中已对"破产财产最终分配之前"的概念作出界定。如果在该时限后仍然允许补充申报债权，就需要重新制定分配方案，将补充申报的债权纳入，债权人会议对分配方案已经作出的决议就要作废，要重新开会，甚至人民法院对破产财产最终分配方案作出的裁定认可也要作废，必然造成破产程序的浪费与不当延误，损害绝大多数债权人的利益。此外，补充申报债权人所应承担的费用，仅限于依破产程序审查和确认补充申报债权所实际发生的费用，不得按照法院审理诉讼案件的标准收费。补充申报的债权人对其申报债权前已经进行完毕的各项破产活动，如债权人会议所作出的各项决议，原则上不得再提出异议，此前已进行的分配，不再对其补充分配。这一规定纠正了旧破产法中债权人逾期未申报债权的视为自动放弃债权的错误规定，更有利于维护债权人的正当权益。需注意的是，根据《企业破产法》的规定，有些产生于破产案件受理后的债权也属于破产债权，如管理人行使合同解除权后对方当事人因合同解除产生的损害赔偿请求权等。这些债权有可能因产生时间过晚而无法在法院规定的申报期间内申报，但此种情况下的补充申报并非因其自身过错造成，由其承担债权的审查和确认费用是不合理的，所以应当作为破产费用支付。

### 二、破产债权申报的特别规定

《企业破产法》对一些特殊破产债权的确认与申报作有特别规定。债务人的保证人或者其他连带债务人已经代替债务人清偿债务的，以其对债务人的求偿权申报债权；尚未代替债务人清偿债务的，以其对债务人的将来求偿权预先申报债权。允许保证人或连带债务人预先申报债权，是为避免在债务未到期时，债权人不参加破产清偿而待到期后再直接向保证人或连带债务人要求清偿，而保证人或连带债务人在履行保证或连带责任后却因破产人的破产财产分配程序已终结，而无法行使其代位求偿权。但是，债权人已向管理人申报全部债权的，保证人或连带债务人不能再申报债权，否则就会出现债务人对一项破产债务向债权人和保证人或连带债务人作二次重复清偿，从而损害其他债权人的合法权益。这时，即使保证人或连带债务人履行了代偿义务，也不再具有代位求偿权。

根据《民法通则》第八十七条的规定，负有连带义务的债务人，每人都负有清偿全部债务的义务。连带债务的设立通过扩大债务人的范围，使全体连带债务人的所有一般财产（无物权担保财产）都成为债务清偿的执行对象，以最大限度地保障债权人的利益。遵照这一宗旨，各国破产立法都规定，当负有连带义务的债务人全体或数人破产时，债权人可以将债权总额作为破产债权，同时或先后分别向每个破产人要求清偿，但其获得清偿的总数不得超过债权总额。我国《企业破产法》第五十二条也规定，连带债务人数人被裁定适用该法规定的程序的，其债权人有权就全部债权分别在各破产案件中申报债权。这一规定对保障债权人的利益是十分必要的。在各连带债务人财产合计具有清偿能力的正常情况下，债权人一般是先要求一个连带债务人清偿债务，当其不能完全还清时，再以债务余额逐个向其他连带债务人要求清偿，直至完全得到偿还为止。但在连带债务人全体或数人同时破产时情况便不同了。其一，各连带债务人的破产程序在同时进行，一旦破产财产分配完毕后，债权人的权利便无从实现。所以，逐个向连带债务人要求清偿的方法已不可完全保障债权人的利益，必须允许其向所有破产的连带债务人同时提出清偿要求。其二，破产债权一般不可能得到全额偿还，要打相当比例的折扣。如债权人只能在以债权总额向一个连带债务人要求清偿后，再以余额向其他连带债务人求偿，或虽可同时分别向各连带债务人求偿，但提出的各破产债权总和不能超过债权总额，则因破产清偿比例所限，不可能实现连带责任的要求，使债权完全得到偿还，所谓同时要求清偿也就失去了实际意义。在这种情况下，各连带债务人实际承担的只是在补充范围内债务余额的连带责任，并没有将连带债务人的全部财产都纳入对债权总额的连带清偿范围内，只有允许债权人同时对每个破产人都以债权总额作为破产债权，才可能使债权得到最大限度的清偿，实现连带债务要求每个债务人都对全部债务负清偿责任的设立目的。不过债权人从各连带债务人处所接受的清偿总额不得超过其所享有的债权总额，否则应作为不当得利返还各破产人，由于在连带债务人之间通常是按份之债的关系，所以各破产案件的管理人可以自行解决公平分担问题。打破时间、顺序及破产债权数额方面的传统清偿操作方式的约束，是使连带责任在连带债务人全体或数人进入破产程序时完全实现的关键。

人民法院受理债务人破产案件后，对于负连带责任的保证人，债权人有权直接要求其清偿保证债务，也可以先向进入破产程序的债务人追偿，然后再以未受偿的余额向保证人追偿。在债务追偿问题上，债权人享有向债务人或保证人追偿的选择权。债权人也可以同时向债务人和保证人追偿，债务人先做清偿的，相应减少保证人的保证责任；保证人先做清偿的，债权人申报的相应破产债权转由保证人行使。负补充责任的保证人在债务人未破产的情况下，原可享有先诉抗辩权，但依据《担保法》第十七条三款的规定，人民法院受理债务人破产案件，中止执行程序的，保证人不得行使先诉抗辩权。因此时债权人已不能通过对债务人财产的个别执行正常地先向债务人行使权利。据此，债权人便可以直接向负补充责任的保证人追偿。但是，破产案件受理时主债务未到期的，负补充责任的保证人并无提前履行保证责任的义务，仍应按照原保证合同的约定承担保证责任。破产程序终结前，已向债权人承担了保证责任的保证人，可以要求债务人向其转付已申报债权的债权人在破产程序中应得清偿部分。破产程序终结后，债权人就破产程序中未受清偿部分要求保证人承担保证责任的，应在破产程序终结后6个月内提出；保证人承担保证责任后，不得再向和解或重整后的债务人行使求偿权。

人民法院受理保证人破产案件的，保证人的保证责任不得因其破产而免除。保证债务已到期时，债权人可依保证合同的约定向保证人申报债权追偿。保证债务尚未到期的，可适用《企业破产法》第四十六条的规定，将其未到期之保证责任视为已到期，提前予以清偿。取消保证人的期限利益后，对负连带责任的保证人可以直接申报债权求偿。但对负补充责任的保证人的追偿，还存在先诉抗辩权的处理问题。这时如果继续维持负补充责任的保证人的先诉抗辩权，债权人必须待债务到期后先向债务人求偿，然后再向保证人求偿，但这时保证人的破产财产可能已经分配完毕，无异于变相免除保证责任。故为保障交易公平，实现权利设置之本意，这时应当取消保证人的先诉抗辩权。由于债权人尚未获得主债务人的清偿，申报债权时无法确定保证人应承担补充责任的范围，故可先以保证债权额的全部向保证人申报债权。在破产分配过程中，如债权人先获得债务人清偿，便应根据清偿结果相应调整其对保证人的破产债权额。如债权人先从保证人处获得清偿，应先行提存，待债权人在债务到期从债务人处行使受偿权利后，再确定保证人应否承担保证责任，并按保证人实际应承担补充责任的范围向债权人支付，余款由法院收回，分配给保证人的其他破产债权人。需要注意的是，保证人的补充责任应按破产债权数额而不是实际分配数额确定，否则便会不适当地扩大其责任范围，使保证人的补充责任变成连带责任。

《破产法司法解释三》第五条规定："债务人、保证人均被裁定进入破产程序的，债权人有权向债务人、保证人分别申报债权。债权人向债务人、保证人均申报全部债权的，从一方破产程序中获得清偿后，其对另一方的债权额不作调整，但债权人的受偿额不得超出其债权总额。保证人履行保证责任后不再享有求偿权。"需注意的是，此条中所谓"从一方破产程序中获得清偿后，其对另一方的债权额不作调整"，只限于承担连带责任的保证人，而对于承担一般责任的保证人，则应当按照前述第四条的规定进行调减。

管理人或者债务人依照破产法规定解除双方均未履行完毕的合同，对方当事人以因合同解除所产生的损害赔偿请求权申报债权。这时可申报的债权以实际损失为限，违约金不得作为破产债权申报。

债务人是委托合同的委托人，其破产案件被人民法院受理，受托人不知该事实，继续处理委托事务的，受托人以由此产生的请求权申报破产债权。如果受托人已知该事实，但为了债务人即全体债权人利益，在无法向管理人移交事务的紧急情况下继续处理委托事务的，受托人由此产生的请求权作为共益债务优先清偿。如果受托人已知委托人破产之事实，无必要的继续处理委托事务，不当增加委托费用与报酬数额的，由此而产生的债权，不得作为破产债权受偿。

债务人是票据的出票人，其破产案件被人民法院受理，该票据的付款人继续付款或者承兑的，付款人以由此产生的请求权申报债权。这一规定是为了维护票据作为无因证券的地位，保证票据的流通信用，保障付款人或承兑人的合法权益。虽然出票人已经破产，但该票据的付款人依据合同可能仍需要继续付款或者承兑，以维持票据信用，故由此产生的债权应作为破产债权。

此外，《破产法司法解释三》第三条规定："破产申请受理后，债务人欠缴款项产生的滞纳金，包括债务人未履行生效法律文书应当加倍支付的迟延利息和劳动保险金的滞纳金，债权人作为破产债权申报的，人民法院不予确认。"此处规定的欠缴款项产生的滞纳金，专指在破产申请受理后新发生者。《企业破产法》第四十六条第二款规定："附利息的债权自破产申请受理时起停止计息。"据此，滞纳金债权在破产申请受理后，也应当与其他破产债权一样停止计算利息，故司法解释作出上述规定。

### 三、破产债权的确认

债权人申报之债权需经审查确认后才能在破产程序中行使权利。根据《企业破产法》以及《破产法司法解释三》第六条规定，管理人应当依照企业破产法第五十七条的规定对所申报的债权进行登记造册，详尽记载申报人的姓名、单位、代理人、申报债权额、担保情况、证据、联系方式等事项，形成债权申报登记册，不允许以其认为债权超过诉讼时效或不能成立等为由拒绝编入债权申报登记册。管理人应当依照企业破产法第五十七条的规定对债权的性质、数额、担保财产、是否超过诉讼时效期间、是否超过强制执行期间等情况进行审查、编制债权表并提交债权人会议核查。债权表、债权申报登记册及债权申报材料在破产期间由管理人保管，债权人、债务人、债务人职工及其他利害关系人有权查阅。

## 第六节　债权人会议

### 一、债权人会议的组成

依法申报债权的债权人为债权人会议的成员，有权参加债权人会议，享有表决权。

### 二、债权人会议的召集与职权

#### （一）债权人会议的召集

债权人会议是依召集方式活动、依表决决议方式作出决策的议决机关。第一次债权人会议由人民法院召集，自债权申报期限届满之日起15日内召开。以后的债权人会议，在人民法院认为必要时，或者管理人、债权人委员会、占债权总额1/4以上的债权人向债权人会议主席提议时召开。这里的提议召开,应理解为有提议即应召开,债权人会议主席无权拒绝召开会议。召开债权人会议,管理人应当提前15日通知已知的债权人。

**(二) 债权人会议的职权**

《企业破产法》第六十一条对债权人会议的职权作有规定:"债权人会议行使下列职权:(1) 核查债权;(2) 申请人民法院更换管理人,审查管理人的费用和报酬;(3) 监督管理人;(4) 选任和更换债权人委员会成员;(5) 决定继续或者停止债务人的营业;(6) 通过重整计划;(7) 通过和解协议;(8) 通过债务人财产的管理方案;(9) 通过破产财产的变价方案;(10) 通过破产财产的分配方案;(11) 人民法院认为应当由债权人会议行使的其他职权。债权人会议应当对所议事项的决议作成会议记录。"

### 三、债权人委员会

**(一) 债权人委员会的概念与组成**

债权人委员会是遵循债权人的共同意志,代表债权人会议监督管理人行为以及破产程序合法、公正进行,处理破产程序中的有关事项,维护债权人利益的常设监督机构。

债权人委员会中的债权人代表由债权人会议选任、罢免。此外,债权人委员会中还应当有一名债务人企业的职工代表或者工会代表。为便于决定事项、开展工作,债权人委员会的成员人数原则上应为奇数,最多不得超过9人。出任债权人委员会的成员应经人民法院书面认可。

**(二) 债权人委员会的职权**

债权人委员会行使下列职权:(1) 监督债务人财产的管理和处分;(2) 监督破产财产分配;(3) 提议召开债权人会议;(4) 债权人会议委托的其他职权。

## 第七节 重整程序

### 一、重整制度的特征

1. 重整申请时间提前、启动主体多元化。
2. 参与重整活动的主体多元化、重整措施多样化。
3. 担保物权受限。
4. 重整程序具有强制性。
5. 债务人可负责制定、执行重整计划。

### 二、重整申请和重整期间

**(一) 重整申请**

《企业破产法》规定,债务人或者债权人可以依法直接向人民法院申请对债务人进行重整。

### （二）重整期间

自人民法院裁定债务人重整之日起至重整程序终止，为重整期间。需注意的是，所谓重整期间，仅指重整申请受理至重整计划草案得到债权人会议分组表决通过和人民法院审查批准，或重整计划草案未能得到债权人会议分组表决通过或人民法院不予批准的期间，不包括重整计划得到批准后的执行期间。

### 三、重整计划的制定与批准

#### （一）重整计划的制定

债务人企业在重整申请受理之后，应当在法定期限内制定并提交重整计划草案。债务人自行管理财产和营业事务的，由债务人制作重整计划草案。管理人负责管理财产和营业事务的，由管理人制作重整计划草案。债务人或者管理人应当自人民法院裁定债务人重整之日起6个月内，同时向人民法院和债权人会议提交重整计划草案。债权人、股东、战略投资人等利害关系人也可以制作或参与制作重整计划草案，提交给债务人或管理人。债务人或管理人认为该重整计划草案可行的，可以提交或修改后提交债权人会议讨论。期限届满，经债务人或者管理人请求，有正当理由的，人民法院可以裁定延期3个月。债务人或者管理人未按期提出重整计划草案的，人民法院应当裁定终止重整程序，并宣告债务人破产。

根据《企业破产法》第八十一条规定："重整计划草案应当包括下列内容：（1）债务人的经营方案；（2）债权分类；（3）债权调整方案；（4）债权受偿方案；（5）重整计划的执行期限；（6）重整计划执行的监督期限；（7）有利于债务人重整的其他方案。"所谓经营方案，是指债务人重新获得盈利能力的经营管理方案、融资方案以及股权、资产与业务重组方案等有关具体重整措施内容的方案。

#### （二）重整计划草案的表决与批准

根据《企业破产法》规定，债权人参加讨论重整计划草案的债权人会议，依照下列债权分类，分组对重整计划草案进行表决：（1）对债务人的特定财产享有担保权的债权；（2）债务人所欠职工的工资和医疗、伤残补助、抚恤费用，所欠的应当划入职工个人账户的基本养老保险、基本医疗保险费用，以及法律、行政法规规定应当支付给职工的补偿金；（3）债务人所欠税款；（4）普通债权。

《民商事审判会议纪要》第一百一十四条第三款规定："重整程序因人民法院裁定批准重整计划草案而终止的，重整案件可作结案处理。重整计划执行完毕后，人民法院可以根据管理人等利害关系人申请，作出重整程序终结的裁定。"

### 四、重整计划的执行、监督与终止

#### （一）重整计划的执行

根据《企业破产法》规定，重整计划由债务人负责执行。

#### （二）重整计划的监督

《民商事审判会议纪要》第一百一十三条规定："要依法确保重整计划的执行和有效监督。重整计划的执行期间和监督期间原则上应当一致。二者不一致的，人民法院在确定和调整重整程序中的管理人报酬方案时，应当根据重整期间和重整计划监督期间管理人工作量的不同予以区别对待。其中，重整期间的管理人报酬应当根据管理人对重整发挥的实际作用等因素予以确定和支付；重整计划监督期间管理人报酬的支付比例和支付时间，应当根据管理人监督职责的履行情况，与债权人按照重整计划实际受偿比例和受偿时间相匹配。重整计划执行期间，因重整程序终止后新发生的事实或者事件引发的有关债务人的民事诉讼，不适用《企业破产法》第二十一条有关集中管辖的规定。除重整计划有明确约定外，上述纠纷引发的诉讼，不再由管理人代表债务人进行。"

### （三）重整计划的效力

经人民法院裁定批准的重整计划，对债务人和全体债权人均有约束力，包括对债务人的特定财产享有担保权的债权人。债权人对债务人的保证人和其他连带债务人所享有的权利，不受重整计划的影响，可以依据原合同约定行使权利。

## 第八节 和解制度

### 一、和解一般程序

和解申请只能由债务人一方提出。债务人可以依法直接向人民法院申请和解，也可以在人民法院受理破产申请后、宣告破产前，向人民法院申请和解。债务人申请和解，应当提出和解协议草案。

人民法院经审查认为和解申请符合法律规定的，应当受理其申请，裁定和解，予以公告，并召集债权人会议讨论和解协议草案。

债权人会议通过和解协议的决议，由出席会议的有表决权的债权人过半数同意，并且其所代表的债权额占无财产担保债权总额的2/3以上。对债务人的特定财产享有担保权的债权人，对此事项无表决权，也不受和解协议的约束。

债权人会议通过和解协议的，由人民法院裁定认可，终止和解程序，并予以公告。管理人应当向债务人移交财产和营业事务，并向人民法院提交执行职务的报告。和解协议草案经债权人会议表决未获得通过，或者已经债权人会议通过的和解协议未获得人民法院认可的，人民法院应当裁定终止和解程序，并宣告债务人破产。

### 二、和解协议的效力

#### （一）和解协议对债务人与和解债权人的效力

经人民法院裁定认可的和解协议，对债务人和全体和解债权人均有约束力。

#### （二）和解协议对债务人的保证人和其他连带债务人的效力

和解债权人对债务人的保证人和其他连带债务人所享有的权利，不受和解协议的影响。

### （三）和解协议的终止

因债务人的欺诈或者其他违法行为而成立的和解协议，人民法院应当裁定无效，并宣告债务人破产。

债务人不能执行或者不执行和解协议的，人民法院经和解债权人请求，应当裁定终止和解协议的执行，并宣告债务人破产。

## 第九节 破产清算程序

### 一、破产宣告

破产宣告是指法院依据当事人等的申请或法定职权裁定宣布债务人破产以清偿债务的活动。人民法院受理破产清算申请后，第一次债权人会议上无人提出重整或和解申请的，管理人应当在债权审核确认和必要的审计、资产评估后，及时向人民法院提出宣告破产的申请。相关主体向人民法院提出宣告破产申请的，人民法院应当自收到申请之日起7日内作出破产宣告裁定并进行公告。债务人被宣告破产后，不得再转入重整程序或和解程序。人民法院受理破产和解或重整申请后，债务人出现应当宣告破产的法定原因时，人民法院应当依法宣告债务人破产。人民法院依法宣告债务人破产，应当自裁定作出之日起5日内送达债务人和管理人，自裁定作出之日起10日内通知已知债权人，并予以公告。

债务人被宣告破产后，在破产程序中的有关称谓也发生相应变化，债务人称为破产人，债务人财产称为破产财产，破产申请受理时对债务人享有的债权称为破产债权。

《企业破产法》第一百零八条规定："破产宣告前，有下列情形之一的，人民法院应当裁定终结破产程序，并予以公告：（1）第三人为债务人提供足额担保或者为债务人清偿全部到期债务的；（2）债务人已清偿全部到期债务的。"因为在上述情况下，债务人已经解决了债务清偿问题，完成了破产程序的任务，自然应终结破产程序。但需注意的是，所谓"第三人为债务人提供足额担保"，必须是为债权人所自愿接受的担保，从程序上讲，则应采取和解方式进行，也就是要由债务人向债权人会议提交包括第三人为债务人提供足额担保内容的和解协议草案，由其表决，依法定程序完成。

### 二、别除权

《企业破产法》第一百零九条规定："对破产人的特定财产享有担保权的权利人，对该特定财产享有优先受偿的权利。"此项权利即是破产法理论上的别除权。别除权是指债权人因其债权设有物权担保或享有法定特别优先权，而在破产程序中就债务人（即破产人）特定财产享有的优先受偿权利。别除权的优先受偿权不受破产清算与和解程序的限制，但在重整程序中受到一定限制。在破产清算和破产和解程序中，别除权人可以随时向管理人主张就该特定财产变价处置行使优先受偿权，管理人应及时变价处置，不得以须经债权人会议决议等为由拒绝。但因单独处置担保财产会降低其他破产财产的价值而应整体处置的除外。

### 三、破产财产的变价和分配

**（一）破产财产的变价**

破产财产的分配以货币分配为基本方式。破产财产处置应当以价值最大化为原则，兼顾处置效率。破产企业可以以全部或者部分变价方法出售。

**（二）破产财产的分配**

破产财产的分配应当遵守法定的分配顺序和分配方法。对破产财产可以进行一次性分配，也可以进行多次分配，需视破产财产的多少、变价难易等情况而定。依照破产分配进行的时间不同，可分为中间分配、最后分配和追加分配。

《企业破产法》第一百一十三条规定："破产财产在优先清偿破产费用和共益债务后，依照下列顺序清偿：（1）破产人所欠职工的工资和医疗、伤残补助、抚恤费用，所欠的应当划入职工个人账户的基本养老保险、基本医疗保险费用，以及法律、行政法规规定应当支付给职工的补偿金；（2）破产人欠缴的除前项规定以外的社会保险费用和破产人所欠税款；（3）普通破产债权。破产财产不足以清偿同一顺序的清偿要求的，按照比例分配。破产企业的董事、监事和高级管理人员的工资按照该企业职工的平均工资计算。"

### 四、破产程序的终结

**（一）破产终结程序**

破产程序终结方式主要有四种：其一，因和解、重整程序顺利完成而终结；其二，因债务人以其他方式解决债务清偿问题（包括第三人代为清偿债务、自行和解）而终结；其三，因债务人的破产财产不足以支付破产费用而终结；其四，因破产财产分配完毕而终结。在破产清算程序中一般仅涉及后两种情况。

人民法院终结破产清算程序应当以查明债务人财产状况、明确债务人财产的分配方案、确保破产债权获得依法清偿为基础。破产申请受理后，经管理人调查，债务人财产不足以清偿破产费用且无人代为清偿或垫付的，人民法院应当依管理人申请宣告破产并裁定终结破产清算程序。

破产人无财产可供分配的，管理人应当请求人民法院裁定终结破产程序。在破产人有财产可供分配的情况下，管理人在最后分配完结后，应当及时向人民法院提交破产财产分配报告，并提请人民法院裁定终结破产程序。人民法院应当自收到管理人终结破产程序的请求之日起15日内作出是否终结破产程序的裁定。裁定终结的，应当予以公告。

管理人应当自破产程序终结之日起10日内，持人民法院终结破产程序的裁定，向破产人的原登记机关办理注销登记。

**（二）遗留事务的处理**

破产案件中存在债权诉讼或者仲裁未决等情况时，管理人可以在破产程序终结后，继续办理破产案件的遗留事务。

在破产程序因债务人财产不足以支付破产费用而终结,或者因破产人无财产可供分配或破产财产分配完毕而终结时,自终结之日起两年内,有下列情形之一的,债权人可以请求人民法院按照破产财产分配方案进行追加分配:

(1) 发现在破产案件中有可撤销行为、无效行为或者债务人的董事、监事和高级管理人员利用职权从企业获取非正常收入和侵占企业财产的情况,应当追回财产的;

(2) 发现破产人有应当供分配的其他财产的。

有上述情形,但财产数量不足以支付分配费用的,不再进行追加分配,由人民法院将其上交国库。

**(三)无法清算破产案件的审理与责任承担**

《企业破产法》第七条第三款规定:"企业法人已解散但未清算或者未清算完毕,资产不足以清偿债务的,依法负有清算责任的人应当向人民法院申请破产清算。"

## 第十节 关联企业合并破产

### 一、关联企业合并破产概说

关联企业在破产程序中的合并有实质合并与程序合并之区别。实质合并是对关联企业资产与负债的合并,即在破产程序中将多个关联企业视为一个单一企业,在统一财产分配与债务清偿的基础上履行破产程序,所有企业同类债权人的清偿率按相同原则确定,各企业的法人人格在破产程序履行期间不再独立。在目前我国的实践中,实质合并主要以各关联企业资产与负债严重混同导致法人人格混同为适用条件。

程序合并是多个破产案件程序的合并审理,在《破产审判会议纪要》中称为协调审理,体现为对不同法院管辖的多个企业破产案件的程序并案审理、整体重整或破产清算,通过统一制定集团各企业相互协调衔接的重整计划、清算方案乃至整个集团企业合一的整体重整计划,达到企业挽救目的,或使破产财产实现更高的价值。但在程序合并中,各关联企业仍保持法人人格的独立,资产与债务清偿比例等分别确定。

### 二、关联企业实质合并破产

《破产审判会议纪要》指出,人民法院审理关联企业破产案件时,要立足于破产关联企业之间的具体关系模式,采取不同方式予以处理。既要通过实质合并审理方式处理法人人格高度混同的关联关系,确保全体债权人公平清偿,也要避免不当采用实质合并审理方式损害相关利益主体的合法权益。

《破产审判会议纪要》指出,对关联企业实质合并破产要审慎适用。人民法院在审理企业破产案件时,应当尊重企业法人人格的独立性,以对关联企业成员的破产原因进行单独判断并适用单个破产程序为基本原则。当关联企业成员之间存在法人人格高度混同、区分各关联企业成员财产的成本过高、严重损害债权人公平清偿利益时,可例外适用关联企业实质合并破产方式进行审理。

### 三、关联企业程序合并破产

程序合并破产在《破产审判会议纪要》中称为协调审理。根据纪要规定，多个关联企业成员均存在破产原因但不符合实质合并条件的，人民法院可根据相关主体的申请对多个破产程序进行协调审理，并可根据程序协调的需要，综合考虑破产案件审理的效率、破产申请的先后顺序、成员负债规模大小、核心控制企业住所地等因素，由共同的上级法院确定一家法院集中管辖。

协调审理不消灭关联企业成员之间的债权债务关系，不对关联企业成员的财产进行合并，各关联企业成员的债权人仍以该企业成员财产为限依法获得清偿。但是纪要规定，在程序合并中，也要利用其他法律手段解决关联企业成员之间尚不构成法人人格严重混同的不当资源配置关系，如关联企业成员之间不当利用关联控制关系形成的债权，应当劣后于其他普通债权顺序清偿，且该劣后债权人不得就其他关联企业成员提供的特定财产优先受偿，即物权担保无效。会议纪要关于关联企业成员之间不当债权劣后清偿的规定，对司法实践具有重要指导意义，可以在关联企业合并破产中有效的维护债权人的合法权益。

# 第九章 票据与支付结算法律制度

## 第一节 支付结算概述

### 一、支付结算的原则

支付结算工作的任务,是根据经济往来组织支付结算,准确、及时、安全办理支付结算,依法管理支付结算,保障支付结算活动的正常进行。为此,《支付结算办法》第十六条规定,单位、个人和银行在办理支付结算时,应当遵守以下原则:(1)恪守信用,履约付款;(2)谁的钱进谁的账,由谁支配;(3)银行不垫款。

### 二、银行结算账户

#### (一)银行结算账户的种类

银行结算账户按存款人不同,可分为单位银行结算账户和个人银行结算账户。

1. 单位银行结算账户。存款人以单位名称开立的银行结算账户为单位银行结算账户。个体工商户凭营业执照以字号或经营者姓名开立的银行结算账户纳入单位银行结算账户管理。单位银行结算账户按用途可分为基本存款账户、一般存款账户、专用存款账户和临时存款账户。

2. 个人银行结算账户。存款人因投资、消费、结算等凭个人身份证件,以自然人名称开立的可办理支付结算的银行结算账户,为个人银行结算账户。

#### (二)基本存款账户

基本存款账户是指存款人因办理日常转账结算和现金收付需要而开立的银行账户,是其主办账户。

下列存款人可以申请开立基本存款账户:(1)企业法人;(2)非法人企业;(3)机关、事业单位;(4)团级(含)以上军队、武警部队及分散执勤的支(分)队;(5)社会团体;(6)民办非企业组织;(7)异地常设机构;(8)外国驻华机构;(9)个体工商户;(10)居民委员会、村民委员会、社区委员会;(11)单位设立的独立核算的附属机构;(12)其他组织。可见,具备申请资格的并不限于具有独立法人资格的单位。

存款人申请开立基本存款账户，应向银行出具法律规定的证明文件。单位银行结算账户的存款人只能在银行开立一个基本存款账户。

### （三）一般存款账户

一般存款账户是指存款人在基本存款账户开户银行以外的银行营业机构开立的用于办理借款转存、借款归还和其他结算的银行结算账户。该账户可以办理现金缴存，但不得办理现金支取。

开立基本存款账户的存款人都可以开立一般存款账户。

### （四）专用存款账户

专用存款账户是指存款人按照法律、行政法规和规章，为对其特定资金进行专项管理和使用而开立的银行结算账户。对下列资金的管理与使用，存款人可以申请开立专用存款账户：（1）基本建设资金；（2）更新改造资金；（3）财政预算外资金；（4）粮、棉、油收购资金；（5）证券交易结算资金；（6）期货交易保证金；（7）信托基金；（8）金融机构存放同业资金；（9）政策性房地产开发资金；（10）单位银行卡备用金；（11）住房基金；（12）社会保障基金；（13）收入汇缴资金和业务支出资金；（14）党、团、工会设在单位的组织机构经费；（15）其他需要专项管理和使用的资金。

合格境外机构投资者在境内从事证券投资开立的人民币特殊账户和人民币结算资金账户（简称 QFII 专用存款账户）纳入专用存款账户管理。

存款人申请开立专用存款账户，应按规定向银行出具其开立基本存款账户所需的证明文件、基本存款账户开户许可证和法律规定的其他相关证明文件。

### （五）临时存款账户

临时存款账户是指存款人因临时需要并在规定期限内使用而开立的银行结算账户。存款人有下列情况的，可以申请开立临时存款账户：（1）设立临时机构；（2）异地临时经营活动；（3）注册验资；（4）境外（含港澳台地区）机构在境内从事经营活动。

存款人为临时机构的，只能在其驻在地开立一个临时存款账户，不得开立其他银行结算账户；存款人在异地从事临时活动的，只能在其临时活动地开立一个临时存款账户；建筑施工及安装单位在异地同时承建多个项目的，可以根据建筑施工及安装合同开立不超过项目合同个数的临时存款账户。

临时存款账户的有效期最长不得超过 2 年。

### （六）个人银行结算账户

个人银行结算账户是自然人因投资、消费、结算等而开立的可办理支付结算业务的存款账户。

自然人可根据需要申请开立个人银行结算账户，也可以在已开立的储蓄账户中选择并向开户银行申请确认为个人银行结算账户。个人银行账户分为Ⅰ类银行账户、Ⅱ类银行账户和Ⅲ类银行账户。银行可通过Ⅰ类户为存款人提供存款、购买投资理财产品等金融产品、转账、消费和缴费支付、支取现金等服务。银行可通过Ⅱ类户为存款人提供存款、购买投资理财产品等金融产品、限定金额的消费和缴费支付等服务。银行可通过Ⅲ

类户为存款人提供限定金额的消费和缴费支付服务。银行不得通过Ⅱ类户和Ⅲ类户为存款人提供存取现金服务，不得为Ⅱ类户和Ⅲ类户发放实体介质。

#### （七）异地存款账户

存款人一般应在注册地（指存款人的营业执照等开户证明文件上记载的住所地）或住所地开立银行结算账户。依《人民币银行结算账户管理办法》的规定，存款人有下列情形之一的，可以在异地开立有关银行结算账户：（1）营业执照注册地与经营地不在同一行政区域（跨省、市、县或区）需要开立基本存款账户的；（2）办理异地借款和其他结算需要开立一般存款账户的；（3）存款人因附属的非独立核算单位或派出机构发生的收入汇缴或业务支出需要开立专用存款账户的；（4）异地临时经营活动需要开立临时存款账户的；（5）自然人根据需要在异地开立个人银行结算账户的。

#### （八）银行结算账户的撤销

银行结算账户的撤销是指存款人因开户资格或其他原因终止银行结算账户使用的行为。发生下列事由之一的，存款人应向开户银行提出撤销银行结算账户的申请：（1）被撤并、解散、宣告破产或关闭的；（2）注销、被吊销营业执照的；（3）因迁址需要变更开户银行的；（4）其他原因需要撤销银行结算账户的。

## 第二节　票据法律制度

### 一、票据权利的取得

#### （一）票据行为的代理

1. 票据代理行为的生效要件。

票据行为如果由代理人进行，除了需要满足票据行为的成立要件和其他生效要件外，还必须满足法律对于票据代理行为特别规定的生效要件，包括：（1）须明示本人（被代理人）的名义，并表明代理的意思。（2）代理人签章。代理人签章的方式，适用票据行为人签章的一般规定。（3）代理人有代理权。

2. 票据行为的无权代理。

《票据法》第五条第二款规定："没有代理权而以代理人名义在票据上签章的，应当由签章人承担票据责任；代理人超越代理权限的，应当就其超越权限的部分承担票据责任。"这一规定应如何解释，需要分析。

（1）如果不符合表见代理的要件，比如，相对人明知代理人没有代理权，或者因过失而不知，根据《民法总则》第一百七十一条第一款的规定，该代理行为不生效力。也就是说，相对人不能取得票据权利。相应地，不论本人还是无权代理人均不承担票据责任。如果本人在事后表示追认，票据行为对本人发生效力，并由本人承担票据责任。

（2）如果满足了表见代理的要件，相对人取得票据权利。此时，本人应承担票据责任,无权代理人不承担票据责任。《民法总则》第一百七十二条规定:"行为人没有代理权、超越代理权或者代理权终止后,仍然实施代理行为,相对人有理由相信行为人有代理权的,代理行为有效。"据此,虽然票据行为人客观上欠缺代理权,但是如果相对人有理由相信其有代理权,则其代理而为的票据行为有效,本人应根据该票据行为而承担票据责任。

(3) 在上述第(1)种情况下(票据代理构成狭义无权代理),如果相对人又对他人进行票据行为,假如该人因满足善意取得的要件而取得票据权利,无权代理之下的本人仍然不承担票据责任。

**(二) 票据权利的善意取得**

1. 票据权利善意取得的含义。

票据权利的善意取得,是指无处分权人处分他人之票据权利,受让人依照票据法所规定的票据转让方式取得票据,并且善意且无重大过失,则可以取得票据权利的法律制度。

2. 票据权利善意取得的要件。

(1) 转让人是形式上的票据权利人。

(2) 转让人没有处分权。

(3) 受让人依照票据法规定的转让方式取得票据。

(4) 受让人善意且无重大过失。

(5) 受让人须付出相当对价。

3. 票据权利善意取得的法律后果。

如果符合上述要件,则有如下法律后果:

(1) 受让人取得票据权利。(2) 原权利人丧失票据权利。(3) 无权处分人的行为导致原权利人的权利消灭,其应承担何种责任需要适用其他规定来解决。除了可能存在的民法上的赔偿责任甚至刑事责任外,如果无权处分人乃是以自己的名义在票据上作为背书人签章,则应基于票据法的一般规定承担背书人的票据责任;如果无权处分人并未以自己名义签章,处分人是票据伪造中的伪造人,则并不承担票据责任。(4) 原权利人是否对票据权利人承担票据责任呢?有的善意取得情形下,原权利人并未在票据上签章,不承担票据责任。有的情形下,原权利人曾经在票据上签章,原则上应承担票据责任。但是,在情形一之下,根据《票据法》第六条的规定,原权利人B不承担票据责任。

4. 票据权利善意取得制度的类推适用。

典型的票据权利善意取得虽如上述,但是,还有一些情形与此类似,应类推适用善意取得制度。

(1) 形式合法的但实质上无效的出票行为所记载的收款人,将其背书转让给他人。

(2) 出票人完成记载后票据遗失或者被盗。

上述两种情形的特点在于,出票行为在实质上并未生效,票据上并不存在任何真实的票据权利,因此,此后的背书转让行为在实质上并非对他人的票据权利进行处分。但是,由于出票行为在形式上并无瑕疵,从被背书人的角度看,有维护交易安全的必要。

因此，票据善意取得制度应当被参照适用于此类情形。

（3）票据质权的善意取得。无权处分人如果并非将票据权利转让他人，而是为他人设定质权，也应适用善意取得制度。

**（三）票据基础关系对票据行为效力的影响**

1. 票据基础关系的概念。

最重要的票据基础关系是票据原因关系和票据资金关系。

票据原因关系，是指作为票据当事人之间授受票据原因的法律关系。出票人与收款人之间的出票行为、背书人与被背书人之间转让背书行为，总是基于一定的原因，但是，这一原因关系可能并不真实存在，或者不符合法律的要求。因此，法律上需要决定的是：原因关系对于票据行为的效力应产生何种影响。

票据资金关系，是指出票人与承兑人或者付款人之间关于将来用于向持票人付款的资金安排的法律关系。出票人与汇票的承兑人或者付款人、支票的付款人之间，是何种法律关系？通常来说，出票人与承兑人或者付款人之间在出票前会订立委托合同，对于承兑人或者付款人应在何种情形下付款、付款资金的安排进行约定（例如，出票人应在票据到期前将全部票据金额支付给承兑人）。

2. 票据行为的无因性。

《票据法》第十条第一款规定："票据的签发、取得和转让，应当遵循诚实信用的原则，具有真实的交易关系和债权债务关系。"根据该规定，出票行为和背书转让行为，必须为了履行基于"真实的交易关系"而发生的债务。这一规定是对于票据行为效力与原因关系的关联所作的规定。问题是，如果缺乏这种"真实的交易关系"而为的出票、背书行为，其效力是否因此而受到影响。

票据原因关系瑕疵的情形，主要有以下几种情况：

（1）作为原因关系的合同未成立、无效或被撤销。

（2）票据授受的原因是票据权利买卖。例如，甲公司缺乏资金，遂与乙公司约定：甲公司向乙公司签发一张6个月后到期、金额为100万元的远期汇票，乙公司立即向甲公司支付95万元。或者，甲公司此时持有一张5个月后到期的、金额为100万元的汇票，遂与乙公司达成协议：甲公司将其背书转让给乙公司，乙公司立即支付甲公司96万元。上述约定并非"真实的交易关系"。

关于上述情形下票据行为的效力，在理论上不无争论。最高人民法院近年的见解明确承认了票据行为的无因性，也就是说，票据基础关系的瑕疵并不影响票据行为的效力。不具有真实的交易关系和债权债务关系而为的票据行为，当事人可能因此而应承担行政法律责任甚至刑事责任，但是，票据行为的效力并不因此而受影响。

票据资金关系与票据行为的关系，也是如此。例如，某公司申请某银行为其签发的汇票进行承兑，为此双方签订了承兑协议，进而该银行为履行该协议而在票据上（作为承兑人）签章，那么，如果承兑协议无效或者被撤销（这意味着该银行并无义务进行承兑行为），该银行的承兑行为的效力不因此而受影响，持票人有权请求该银行承担票据责任。

另外，基于票据行为无因性理论，票据行为的内容如果与基础关系不一致，票据关系的内容只能依据票据行为来确定。例如，买卖合同约定的价款为 100 万元，买受人因为失误而签发了金额为 200 万元的汇票，那么，买受人（作为出票人）的票据责任应当根据票面上的记载（200 万元）来确定，而不是根据买卖合同来确定。

3. 以赠与或者其他无偿法律关系为原因的出票和背书转让。

《票据法》第十一条第一款承认了赠与等原因可以是票据授受的合法原因，只是持票人所取得的票据权利不得优于其前手。

### 二、票据的伪造和变造

#### （一）票据伪造

1. 票据伪造的概念。

票据伪造，是指假冒或者虚构他人名义而为的票据行为。具体而言，就是在未获得他人授权的情况下，假冒他人或者声称获得了他人之授权，而径行以他人之名义为票据行为；或者，虚构某个并不存在的人，并以此人名义为票据行为。

需要注意的是，如果票据行为人在指明本人的存在并以代理人的身份在票据上签章，即使其欠缺代理权，也不构成票据伪造，而是无权代理。

2. 票据伪造的构成要件。

（1）伪造者的行为符合票据行为的形式要件。假如票据行为欠缺形式要件并因此而无效，那么无论是否构成伪造，票据行为已经确定无效，自然无须特别考虑伪造问题。

任何票据行为，包括出票、承兑、保证、背书，均可能发生伪造问题。

（2）伪造者假冒或者虚构他人名义在票据上签章。上文已经分析了票据行为的代行。假冒他人名义，在形式上体现为票据行为的代行。如果行为人获得了本人的授权，或者出现可以类推表见代理的情形，则代行的票据行为有效，本人应承担票据责任；否则，即构成票据的伪造。

虚构他人之名义，主要指虚构一个不存在的法人或者其他单位的情形。假如行为人只是没有使用其本名，那么不论其主观目的如何，该票据行为均应视为有使其法律效果归属于自己的意思，应由其承担票据责任，而不构成票据伪造。

3. 票据伪造的法律后果。

（1）票据行为的法律效力。在票据伪造的情形下，如果属于假冒他人名义，如上文分析，其法律效果应类似于无权代理。如果属于狭义无权代理的，则票据行为不生效力。但是，如果其情形可以类推适用表见代理，则票据行为有效。

如果票据伪造的情形属于虚构他人名义，票据行为应无效。

根据《票据法》第十四条第二款的规定，如果伪造的票据行为无效，其他真实签章的效力不受影响。从理论上来说，这一规定体现了票据行为的独立性。这一规定对票据关系的影响，可以举两个例子说明：

（2）对被伪造人的法律后果。在虚构他人名义的情形下，并不存在一个"被伪造人"，因此不存在相应的法律后果问题。在假冒他人名义的情形下，假如属于上文所分析的票据行为无效的情形，被伪造人不承担因为该票据行为所产生的票据责任。

（3）对伪造人的法律后果。根据《票据法》第十四条第一款，伪造人并未以自己名义在票据上签章，不承担票据责任。但是可能要承担刑事责任、行政法律责任或者民法上的赔偿责任。

**（二）票据变造**

1. 票据变造的概念。

票据变造，是指没有变更权限的人变更票据上签章以外的其他记载事项的行为。票据行为人在票据上记载了一定的事项后，其本人或者其他人又对该事项（签章除外）进行变更的，对于与被变更的事项有关的票据关系产生何种影响，是票据变造制度所要处理的问题。

2. 变造与变更权人的变更的区别。

《票据法》第九条第二、三款规定："票据金额、日期、收款人名称不得更改，更改的票据无效。""对票据上的其他记载事项，原记载人可以更改，更改时应当由原记载人签章证明。"因此，除了金额、日期（应当解释为出票日期）、收款人名称之外的事项，原记载人（或者经其授权的人）有权变更，但是应当专门就记载之变更行为进行签章。通常来说，变更会发生在记载完成后、交付给相对人之前。假如已经交付，则票据行为已经按照原记载的内容成立并生效，因此，如果要变更，还应当征得利害关系人的同意，特别是持票人的同意。

关于金额、出票日期、收款人名称这三个事项，任何人均不得变更，包括原记载人自己。如果对这三个事项的变更比较明显，可以通过查看票面而发现，根据《票据法》第九条第二款的规定，票据无效。"票据无效"的含义应理解为，如果出票行为成立时就存在该瑕疵，出票行为无效，其他票据行为也因此而无效，票据权利根本不发生。但是，如果出票行为成立时并无该瑕疵，出票行为已经在当时生效，票据权利就已经发生。此后再发生此类变更，该行为导致的"票据无效"应理解为该票据凭证失去效力，但是已经存在的票据权利并不因此而消灭。应当适用票据丧失的规定，票据权利人以其他方式证明其票据权利后，仍可行使其权利。

3. 票据变造的构成要件。

（1）有变更票据上签章以外记载事项的行为。"变更"的情形，可能是涂销原有记载并且添加新的记载。例如，将票据上原来记载的金额 5 万元（阿拉伯数字以及中文大写）变更为 95 万元。也可能是单纯地涂销原有记载。例如，背书时记载了"不得转让"字样，之后仅单纯地涂销该字样。还应当包括，原来并无某种记载，之后添加某种记载。例如，在背书转让后，添加"不得转让"字样。当然，如果背书人在将票据交付被背书人之前添加这一字样，并不属于变更，因为添加之前票据行为尚未成立，自可补充记载。

需要注意的是，《票据法》第九条第二款规定了三种不得变更的事项。而实务中，最常见的变造对象是票据金额。应当理解为，如果从票面来看，对于这三种事项的变更可以通过查看票面而发现，应适用该款规定。但是，如果其变更难以通过查看票面而发现，则票据的效力应不受影响，而适用关于变造的规定。

（2）变更行为人没有变更权。

4. 票据变造的法律后果。

依照《票据法》第十四条第三款的规定，票据变造产生如下法律后果：

（1）变造前在票据上签章的票据行为人，依照原记载事项负责。不能辨别是在票据被变造之前或者之后签章的，视同在变造之前签章。

（2）变造后在票据上签章的票据行为人，依照变造后的记载事项负责。如果变造人也是票据上的签章人，变造人应解释为在变造后票据行为人。

### 三、票据抗辩

**（一）票据抗辩概述**

票据抗辩，是指票据上记载的票据债务人基于合法事由对持票人拒绝履行票据债务的行为。票据所记载的债务人，包括出票人、承兑人、转让背书和质押背书人、保证人。如果持票人向其主张票据权利，其可能基于特定的事由而拒绝履行债务。其中，有的人在实质上并非票据债务人，有的人虽然是票据债务人，但是有合法的理由拒绝履行其票据债务。这里，对于各种合法的抗辩事由进行概括。

**（二）票据抗辩中的"物的抗辩"**

票据上的物的抗辩，又称绝对的抗辩，是指票据所记载的债务人可以对任何持票人所主张的抗辩。其具体情形可以包括以下三类：

1. 票据所记载的全部票据权利均不存在。

（1）出票行为因为法定形式要件的欠缺而无效。例如，出票行为因为欠缺绝对必要记载事项而无效，或者记载了可导致出票行为无效的事项，或者若干事项的记载方式不符合法律规定。

（2）票据权利已经消灭。最主要的情形是，汇票付款人（或承兑人）、本票出票人、支票付款人已经按期全额付款，票据上的全部权利、义务均消灭。

2. 票据上记载的特定债务人的债务不存在。

也就是说，虽然票据上记载了特定人所进行的票据行为，但是基于法律的规定，该当事人并不因此而发生票据债务。这样，不论谁是持票人，在向其主张权利时，该当事人均可基于其并非票据债务人而拒绝付款。根据上文对各项具体制度的说明，此类情形可以包括：

（1）签章人是无民事行为能力或者限制民事行为能力人的，票据行为无效，不承担票据责任。

（2）狭义无权代理情形下，本人不承担票据责任，或者仅对不超越代理权限的部分承担票据责任。

（3）票据伪造的被伪造人，不承担票据责任。

（4）票据被变造时，变造前在票据上签章的债务人，可以拒绝依照变造后的记载事项承担票据责任。

（5）对特定债务人的票据时效期间经过，其票据债务消灭。

（6）对特定票据债务人的追索权，因为持票人未进行票据权利的保全而丧失。

根据《票据法》第四十九条的规定，即使被保证人的债务并不存在，票据保证人的保证责任原则上仍然存在，并不因此而受影响。

3. 票据权利的行使不符合债的内容。

（1）票据权利人行使其权利的时间、地点、方式不符合票据记载或者法律规定。

（2）法院经公示催告后作出除权判决后，票据权利人持票据（而非除权判决）主张权利的。此种情形下，虽然除权判决所认定的权利人仍然享有票据权利，但是其票据本身已经失效，不可以再作为权利凭证。

### （三）票据抗辩中的"人的抗辩"

票据上的人的抗辩，又称相对的抗辩，是指票据债务人仅可以对特定的持票人主张的抗辩事由。此类情形下，票据所记载的债务人是真正的债务人。但是，如果特定的票据权利人向其主张票据权利，票据债务人可以此类事由拒绝履行债务。如果其他人取得并向其主张票据权利，则不得对其主张该抗辩事由。其具体情形，可以包括以下几类：

1. 基于持票人方面的原因。

（1）持票人不享有票据权利。假如票据上的全部权利均已经消灭，则属于上述"物的抗辩"的情形。假如票据上仍有权利存在，只是现在占有并主张票据权利的持票人并非真正的权利人，则属于人的抗辩的范围。例如，有效的汇票上的收款人对他人进行转让背书，该背书行为因为某种原因而无效（如，背书人欠缺完全民事行为能力、狭义无权代理、无权处分但没有被善意取得），则被背书人并未取得票据权利，票据权利仍由收款人享有。假如被背书人仍占有票据，并向票据记载的债务人（承兑人、出票人、收款人）主张权利，债务人可以此为由拒绝付款。

（2）持票人不能够证明其权利。最主要的情形是，背书不连续，持票人又不能证明背书中断之处乃是由于其他合法原因而发生票据权利的转移。

（3）背书人记载了"不得转让"字样的情形下，记载人对于其直接后手的后手不承担票据责任。

2. 在票据行为的直接当事人之间，票据债务人可以基于基础关系上的事由对票据权利人进行抗辩。

《票据法》第十三条第二款规定："票据债务人可以对不履行约定义务的与自己有直接债权债务关系的持票人，进行抗辩。"票据行为的当事人之间，总是基于一定的民法上的基础关系而为票据行为。

3. 票据债务人以其与持票人的前手之间的抗辩事由对抗持票人的情形。

如上所述，《票据法》第十三条第二款规定的是，在票据行为的直接当事人之间，票据债务人以基础关系上的事由对抗票据权利。如果双方并非直接当事人，在特定情形下，票据债务人可以基于其与持票人前手之间在基础关系上的抗辩事由，对抗持票人。这主要包括两类情形：

（1）持票人未给付对价而取得票据。《票据法》第十一条第一款规定："因税收、继承、赠与可以依法无偿取得票据的，不受给付对价的限制。但是，所享有的票据权利不得优于其前手的权利。"因此，票据债务人如果与持票人的前手是票据行为的直接当事人，并且对其享有基础关系上的抗辩，那么当持票人乃是无偿取得票据时，票据债务人有权以该事由对抗持票人。

（2）明知出票人对持票人的前手存在抗辩事由而取得票据。根据《票据法》第十三条第一款的规定，如果持票人明知票据债务人与出票人或者与持票人的前手之间存在抗辩事由，而仍然受让票据权利的，票据债务人可以该事由对抗持票人。这与"抗辩切断"

制度是正反两面的关系。

需要注意，这里要求的是持票人"明知"。如果其不知情，即使有重大过失，票据债务人仍不得对其主张抗辩。另外，"明知"与否的判断时点，应为票据交付之时。假如持票人在票据交付后才知道的，不适用该款规定，票据债务人不得对其主张此种抗辩。

4. 抗辩切断制度。

根据《票据法》第十三条第一款，除了上文介绍的两种情形之外，票据债务人原则上不得以自己与出票人或者与持票人的前手之间的抗辩事由，对抗持票人。这一制度被称为票据抗辩的切断。

票据抗辩的切断，是票据法上的特殊制度。它使得持票人的权利通常不受前手之间的基础关系的影响，使其权利的受保障程度大大提高。因此，也大大增加了票据的流通性。

需要注意的是，在持票人无偿取得票据的情况下，如果其前手的权利已经获得了抗辩切断的保护，那么持票人的权利也受到抗辩切断的保护。

另一个需要注意的问题是抗辩切断与善意取得之间的关系。这是两个不同的制度，尽管其目的均在于保障持票人的利益。善意取得制度所处理的问题是，善意受让人是否可以在无权处分的情形下取得票据权利，并同时导致原来的票据权利人丧失其权利。该制度并不直接涉及谁要承担票据责任，以及抗辩事由的问题。从实际结果来看，由于善意取得的构成要件包括了善意且无重大过失、给付相当的对价，善意受让人必然受到抗辩切断制度的保护，其取得的票据权利是无瑕疵的权利，前手之间的抗辩事由均不得对抗善意受让人。而在抗辩切断制度所涉及的问题之下，持票人的前手并非对其无权处分。

### 四、汇票的具体制度

#### （一）汇票的出票

1. 出票的含义。

出票，是指出票人签发票据并将其交付给收款人的票据行为。

2. 汇票出票的款式。

（1）绝对必要记载事项。根据《票据法》第二十二条的规定，汇票上必须记载以下7个事项，否则汇票无效：表明"汇票"的字样；无条件支付的委托；确定的金额；付款人名称；收款人名称；出票日期；出票人签章。

需要注意的是，如上所述，银行汇票上存在三个金额：出票金额、实际结算金额、多余金额。其中，实际结算金额是票据法意义上的票据金额。

（2）相对必要记载事项。出票人可以记载付款日期、付款地、出票地。根据《票据法》第二十三条的规定，如果未记载，出票行为仍然有效，但是应根据该条规定来确定这三个事项。其中，未记载付款日期的，为见票即付；未记载付款地的，付款人的营业场所、住所或者经常居住地为付款地；未记载出票地的，出票人的营业场所、住所或者经常居住地为出票地。

如果出票人记载付款日期，其可以选择的形式包括四种：见票即付；定日付款；出票后定期付款；见票后定期付款。

（3）可以记载事项。出票人可以记载"不得转让"字样。如果未做该种记载，则汇票可以转让。如果记载了该事项，根据《票据法》第二十七条第二款的规定，汇票不得转让。

（4）记载不生票据法上效力的事项。除了票据法明确规定应当记载或者可以记载的事项之外，出票人还可以记载其他事项，例如，关于利息、违约金的记载。但是这些记载不具有汇票上的效力。是否具有民法上的效力，应根据民法进行判断。

（5）记载无效事项。《票据法》第二十六条规定："出票人签发汇票后，即承担保证该汇票承兑和付款的责任。"在法律解释上一般认为，基于该规定，出票人不得在票据上表明不承担保证该汇票承兑或者付款的责任；如有此类记载，出票行为仍然有效，但是该记载无效。即，出票人在持票人不能获得承兑或者付款时，仍应承担票据责任。

（6）记载使票据无效事项。《票据法》第二十二条第一款第二项规定，出票人必须记载"无条件支付的委托"。该条第二款规定，未作该记载的，汇票无效。因此，如果票据上所记载的出票人对付款人的委托并非无条件的，而是附有条件，即应理解为没有记载"无条件支付的委托"，不仅该记载无效，而且出票行为也无效。

此外，《票据法》第二十五条第一款规定了出票人可以记载的四种付款日期形式。如果出票人另行记载了其他形式，这种记载应导致出票行为无效。

3. 汇票出票的效力。

如果出票行为有效，则发生如下法律效力：

（1）对出票人的效力。出票人成为票据债务人，承担担保承兑和担保付款的责任。

（2）对付款人的效力。付款人成为票据上的关系人。付款人并未在票据上签章，并非票据义务人。

（3）对收款人的效力。收款人取得票据权利，包括付款请求权、追索权，以及以背书等方式处分其票据权利的权利。

**（二）汇票的背书**

1. 背书的含义。

背书，是指持票人为将票据权利转让给他人或者将票据权利授予他人行使，在票据背面或者粘单上记载有关事项并签章，然后将票据交付给被背书人的票据行为。背书包括转让背书、委托收款背书和质押背书。

2. 转让背书的一般问题。

我国票据法所承认的主要的票据权利转让方式是背书转让。也就是，必须由持票人在背书栏或者粘单上记载转让的意思并将票据交付给受让人。票据法对于这种债权转让方式和转让的效力，作出了与一般的民事债权转让相比具有特殊性的规定，使受让人（被背书人）的地位高于一般债权的受让人，从而促进票据的流通性。如果没有采用背书方式转让，而是口头或者在票据之外书面达成转让的合意，这种转让并没有票据法上的效力。票据法所承认的另外一种票据权利转让方式是对空白授权票据以单纯交付的方式转让。还需要注意的是，票据权利还可以因为转让之外的原因而发生转移，例如继承、法人的合并或分立等。

转让背书，除了须满足票据行为的一般成立要件和生效要件外，还必须满足的条件是：该票据权利是可以背书转让的权利，即不存在对于背书转让的禁止。原则上，汇票上的票据权利均可以转让。但是，在两类情形下，票据权利不得背书转让。

①出票人记载"不得转让"的情形。《票据法》第二十七条第二款规定："出票人在汇票上记载'不得转让'字样的，汇票不得转让。"根据《票据法司法解释》第四十八、五十三条规定，如果收款人将此种汇票背书转让（包括贴现）给他人，背书行为无效，取得票据的人并不能因此而取得票据权利。此人若再对他人背书转让，进而取得票据的人更不能因此而取得票据权利。需要注意的是，如果不是出票人，而是其他当事人在背书时记载"不得转让"字样，并不影响后手的背书行为的效力。

②法定的转让背书禁止。《支付结算办法》第二十七条规定，填明"现金"字样的银行汇票不得背书转让。此外，《票据法》第三十六条还规定了"期后背书"的禁止。

3. 转让背书的款式。

（1）绝对必要记载事项。根据《票据法》的规定，转让背书的绝对必要记载事项包括：被背书人、背书人的签章。

《票据法》第三十条规定，背书人必须记载被背书人的名称。不过，《票据法司法解释》第四十九条规定："背书人未记载被背书人名称即将票据交付他人的，持票人在票据被背书人栏内记载自己的名称与背书人记载具有同等法律效力。"也就是说，被背书人的名称虽然是背书行为的绝对必要记载事项，但是，背书人未记载该事项并不导致背书行为无效，而是可以授权受让人予以补记。

（2）相对必要记载事项。根据《票据法》第二十九条的规定，背书人应当记载背书日期；背书未记载日期的，视为在汇票到期日前背书。

（3）可以记载事项。根据《票据法》第三十四条规定："背书人在汇票上记载'不得转让'字样，其后手再背书转让的，原背书人对后手的被背书人不承担保证责任。"据此，背书人如果不记载"不得转让"字样，则其后手再背书的，背书人要对后手的被背书人承担保证责任，也就是要负担追索权上的义务。但是，根据《票据法司法解释》第五十一、五十四条的规定，如果背书人进行了该记载，那么，该记载虽然不影响被背书人（其直接后手）对他人进行转让背书（包括贴现）、质押背书的效力，但是，背书人仅对其直接后手承担票据责任，而不对其直接后手的后手承担票据责任。

（4）记载不生票据法上效力事项。《票据法》第三十三条第一款规定："背书不得附有条件。背书时附有条件的，所附条件不具有汇票上的效力。"当然，背书所附条件可能具有民法上的效力。

（5）记载无效事项。《票据法》第三十七条规定："背书人以背书转让汇票后，即承担保证其后手所持汇票承兑和付款的责任。"在法律解释上，背书人如果作出免除担保承兑、担保付款责任的记载，该记载无效，但是不影响背书行为本身的效力。当然，如上所述，背书人如果记载"不得转让"，则可以免除对直接后手的被背书人的票据责任。

（6）记载使背书无效事项。《票据法》第三十三条第二款规定："将汇票金额的一部分转让的背书或者将汇票金额分别转让给二人以上的背书无效。"需要注意的是，此种转让背书无效，意味着票据权利并未因为转让背书而转移，票据权利仍然存在，并且其归属不变，即仍由背书人享有。

4. 背书转让的效力。

(1) 权利转移的效力。转让背书生效后，被背书人取得票据权利，原权利人（背书人）的权利消灭。此时，并有抗辩切断制度的适用。

(2) 权利担保的效力。背书人对于所有后手承担了担保承兑和担保付款的责任，从而在被追索（包括被再追索）时，承担相应的票据责任。不过，转让背书的权利担保效力，票据法在两种情形下设置了例外规定。

第一种情形，如上所述，假如背书人记载"不得转让"，则对于后手的被背书人不承担票据责任。

第二种情形是"回头背书"。《票据法》第六十九条规定："持票人为出票人的，对其前手无追索权。持票人为背书人的，对其后手无追索权。"

(3) 权利证明的效力。《票据法》第三十一条第一款规定："以背书转让的汇票，背书应当连续。持票人以背书的连续，证明其汇票权利；非经背书转让，而以其他合法方式取得汇票的，依法举证，证明其汇票权利。"第二款规定："前款所称背书连续，是指在票据转让中，转让汇票的背书人与受让汇票的被背书人在汇票上的签章依次前后衔接。"

《票据法司法解释》第五十条规定："依照票据法第三十一条的规定，连续背书的第一背书人应当是在票据上记载的收款人，最后的票据持有人应当是最后一次背书的被背书人。"

对于票据权利的真实性，付款人仅仅负有形式审查义务。其中，关于票据权利的转让，主要审查的就是转让背书的连续性。假如某个转让背书因为欠缺实质要件而无效，并进而导致持票人并非票据权利人，付款人善意且无重大过失的付款仍具有一般付款的效力，可以消灭其票据责任，并导致票据关系全部消灭。

5. 票据贴现的特殊问题。

票据贴现，是指商业汇票的持票人在汇票到期日前，将票据权利背书转让给金融机构，由其扣除一定利息后，将约定金额支付给持票人的一种票据行为。票据贴现是金融机构向持票人融通资金的一种方式。

远期的商业汇票（包括银行承兑汇票和商业承兑汇票）的持票人，包括收款人或者转让背书的最后被背书人，是票据权利人。在汇票未到期时，自然不能通过提示付款而取得资金。其实现汇票价值的方式，要么是等待汇票到期时请求付款而获得资金，要么基于真实的交易关系而将其转让他人。如果并无这两种情形，而持票人又马上需要资金，则会陷入困境。

票据贴现，其实质是一种票据权利的买卖。从票据关系上来说，持票人（贴现申请人，"贴出人"）须将票据权利背书转让给贴现人（或称"贴入人"），作为对价，贴现人对其支付一定的金额。由于贴现人（被背书人）必须等到票据到期时才能够取得票据金额，因此必然根据贴现日距到期日的时长，贴付一定的利息。

在我国，只有经批准的金融机构才有资格从事票据贴现。其他组织与个人进行票据贴现的，可能要承担行政法律责任甚至刑事责任，但是基于票据行为无因性的原理，票据背书行为不因此而无效。

向金融机构申请贴现必须符合一些特殊条件。其中包括,办理票据贴现业务的机构,必须是经过中国人民银行批准经营贷款业务的金融机构;申请贴现的人,必须是商业汇票的持票人,并在该金融机构开立存款账户;贴现人必须审查贴现申请人与前手之间交易关系的有关文件;贴现利息以及贴现票据的选择,须符合国家规定等。在实务中,银行承兑汇票几乎没有风险,金融机构乐于接受。商业承兑汇票则可能存在较大风险,办理贴现业务的金融机构会比较谨慎。

6. 委托收款背书。

(1) 委托收款背书的含义。委托收款背书,是指以授予他人行使票据权利、收取票据金额的代理权为目的的背书。委托收款背书并不导致票据权利的转移,而是使得被背书人取得代理权,因此与转让背书有很大的区别。

(2) 委托收款背书的款式。与一般背书转让相同,但是必须加上"委托收款"(或者"托收""代理")字样作为绝对必要记载事项。假如没有记载该事项,则其形式上体现为转让背书。

(3) 委托收款背书的效力。委托收款背书的主要效力是,被背书人取得代理权,具备包括行使付款请求权、追索权以及收取款项的代理权。被背书人的权限不包括处分票据权利的代理权。《票据法》第三十五条第一款规定,委托收款背书的"被背书人不得再以背书转让汇票权利"。因此,假如其以代理人的身份对他人进行转让背书或者质押背书,委托收款背书的存在并不能证明其代理权,有可能构成无权代理。

委托收款人的权限,还包括再对他人进行委托收款背书。其实质,是授予复代理权。此时,委托收款人虽然也作为背书人在票据上签章,但是,并不像转让背书的背书人那样发生权利担保的效力。此外,委托收款背书不发生抗辩切断问题。

7. 质押背书。

(1) 质押背书的含义。质押背书,是指为担保他人之债权的实现,票据权利人在票据上为了对债权人设定质权而进行的背书行为。票据质权是权利质权的一种。除了《票据法》有规定外,在《物权法》中也有相关规定。

(2) 质押背书的款式。质押背书的款式,与转让背书基本相同,但是必须记载"质押"(或者"设质""担保")字样作为绝对必要记载事项。假如未做该记载,则形式上构成转让背书。

和其他票据行为一样,质押背书也必须在票据上进行。《票据法司法解释》第五十五条规定:"依照票据法第三十五条第二款的规定,以汇票设定质押时,出质人在汇票上只记载了'质押'字样未在票据上签章的,或者出质人未在汇票、粘单上记载'质押'字样而另行签订质押合同、质押条款的,不构成票据质押。"

(3) 质押背书的效力。首先,质押背书具有设定票据质权的效力。经质押背书,被背书人即取得票据质权。票据质权人的权利体现在:第一,有权以相当于票据权利人的地位行使票据权利,包括行使付款请求权、追索权。第二,票据质权人的优先受偿权。出质人(背书人)如有其他债权人,票据质权人(被背书人)享有优先于其他债权人的权利。

需要注意的是,质押背书的被背书人并不享有对票据权利的处分权。根据《票据法司法解释》第四十七条的规定，票据质权人进行转让背书或者质押背书的，背书行为无效。但是，被背书人可以再进行委托收款背书。

其次，质押背书具有抗辩切断的效力。《票据法》第十三条关于票据抗辩的规定，尤其是其中关于抗辩切断的特别规定，也适用于票据质权人。也就是说，票据质权人在票据法上的地位，在这一点上与票据权利人是一致的。

第三，权利证明的效力。质押背书是关于被背书人取得票据质权的证明。

第四，权利担保的效力。质押背书的背书人，也就是出质人，承担了担保承兑、担保付款的责任。如果被背书人被拒绝承兑、拒绝付款，享有追索权，包括可以向背书人（出质人）行使追索权。

### （三）汇票的追索权

1. 汇票追索权的概念。

汇票的追索权，是指汇票到期不获付款、到期前不获承兑或者有其他法定原因时，持票人依法向汇票上的债务人请求偿还票据金额、利息和其他法定款项的票据权利。

追索权是票据法上的重要制度。持票人的付款请求权不能或者有可能不能实现时，追索权制度使得持票人可以向所有的票据债务人请求偿还票据金额以及利息和费用，其债权获得最终实现的可能性大大提高，从而增加了票据的信用。《票据法司法解释》第五条将付款请求权称为"第一顺序权利"，将追索权称为"第二顺序权利"。

2. 追索权的当事人。

（1）追索权人。依法享有追索权的人，包括最初追索权人和再追索权人。最初追索权人，是享有票据的最后持票人。有关的票据债务人在被持票人追索而清偿了相应的债务后，就享有了作为持票人的权利，享有再追索权，有权向其前手进行再追索。再追索权人，可以包括背书人、保证人、出票人。其中，关于保证人的追索权，《票据法》第五十二条规定，"保证人清偿汇票后，可以行使持票人对被保证人及前手的追索权。"

（2）被追索人。追索权人的追索权所针对的义务人，称为被追索人，或者偿还义务人，其负有偿还票据金额、利息和法定费用的义务。根据《票据法》第六十一条的规定，被追索人包括背书人、出票人、保证人、承兑人。其中，承兑人既是付款义务人，也是被追索人。在其作为被追索人而承担票据责任时，其票据义务的范围不限于票据金额，还包括利息和费用。

3. 追索权（最初追索权）的取得与保全。

追索权是第二顺序的票据权利。与付款请求权不同，须满足更多的条件时，才能够取得该权利，并且，在特定情形下，票据权利人还会丧失对部分票据债务人的追索权。

（1）到期追索权的发生原因。根据《票据法》第六十一条第一款的规定，汇票到期被拒绝付款的，持票人可以行使追索权。在解释上，在汇票到期时因为付款人的原因而发生客观上无法提示付款的情形，也可以行使追索权。例如，票据所记载的付款场所并不存在、付款人不存在等。

（2）期前追索权的发生原因。对于远期汇票来说，持票人还可能在到期前取得追索权。在票据记载的到期日到来之前，如果发生了特定的事由使到期付款已经不可能或者可能性显著降低，法律赋予了持票人在到期之前就进行追索的权利。这种追索权，称为

"期前追索权"。

根据《票据法》第六十一条第二款的规定,持票人取得期前追索权的情形主要有:被拒绝承兑(包括承兑附条件);承兑人或者付款人死亡、逃匿;承兑人或者付款人被宣告破产或者因违法被责令终止业务活动。但是,我国当前的汇票一般不存在个人作为付款人的情形。即使是商业承兑汇票,也是在法人和其他组织之间使用。《票据法》该条规定的是一般法理。

(3) 追索权的保全。如上文所述,持票人须遵期提示、依法取证,才能保全其追索权。但在例外情形下,持票人可以不必提示承兑或者提示付款,即可基于有关证据而行使追索权,而不发生丧失追索权的后果。这主要包括:在票据到期之前或者到期时,出现付款人死亡、逃匿、被宣告破产、被责令终止业务活动等情形,持票人无法对其提示承兑或者提示付款。

此时,持票人无法取得拒绝证明,但是可以依法取得关于付款人死亡或者逃匿的有关证明(包括医院或者有关单位出具的付款人死亡的证明、人民法院出具的宣告付款人失踪或者死亡的证明或者法律文书;公安机关出具的付款人逃匿或者下落不明的证明等);公证机关出具的具有拒绝证明效力的文书;人民法院宣告付款人破产的司法文书以及行政主管部门责令付款人终止业务活动的行政处罚决定。这些文件,具有拒绝证明的效力,持票人可以据以行使追索权。如果未取得这些文件,则不能行使追索权。

上述内容都是关于最初追索权的保全。如果最初追索权得以保全,自然可以进而发生再追索的问题。如果最初追索权因为未能保全而消灭,只有出票人和承兑人仍然承担票据责任。在这种情形下,再追索权的发生余地已经很小,即:持票人向出票人追索,出票人对其清偿了债务后,向承兑人进行再追索。

顺便提及的是,无论最初追索权还是再追索权,都可能因为消灭时效期间的经过而消灭。

4. 追索的金额。

(1) 最初追索权的追索金额。根据《票据法》第七十条第一款的规定,持票人行使追索权,可以请求被追索人支付的金额包括:被拒绝付款的汇票金额;汇票金额自到期日或者提示付款日起至清偿日止,按照中国人民银行规定的利率计算的利息;取得有关拒绝证明和发出通知书的费用。

关于利率,根据《票据管理实施办法》第二十九条、《票据法司法解释》第二十二条、《支付结算办法》第四十六条的规定,指中国人民银行规定的同档次流动资金贷款利率。

(2) 再追索权的追索金额。根据《票据法》第七十一条第一款的规定,被追索人依照前条规定清偿后,向其他汇票债务人行使再追索权时可以请求支付的金额包括:已清偿的全部金额;前项金额自清偿日起至再追索清偿日止,按照中国人民银行规定的利率计算的利息;发出通知书的费用。其中,利率标准的确定方法同上。

5. 追索权的行使。

最后持票人行使追索权(最初追索权)的方式,《票据法》有详细的规定。

首先,持票人负有及时通知的义务。持票人应当自收到被拒绝承兑或者拒绝付款的有关证明之日起3日内，将被拒绝的事由书面通知其直接前手，还可以同时通知其他（甚至全部）的追索义务人。如果未按照规定期限通知，虽然仍可以行使追索权，但应当赔偿因为迟延通知而给被追索人造成的损失，赔偿金额以汇票金额为限。持票人的直接前手应当自收到通知之日起3日内书面通知其自己的再前手（参见《票据法》第六十六条、第六十七条）。

其次，持票人应当确定被追索的对象。根据《票据法》第六十八条的规定，汇票的出票人、背书人、承兑人和保证人对持票人承担连带责任。持票人可以不按照汇票债务人的先后顺序，对其中任何一人、数人或者全体行使追索权。持票人对汇票债务人中的一人或者数人已经进行追索的，对其他汇票债务人仍可以行使追索权。票据债务人的连带责任，使得持票人获得了很高程度的保障。需要注意的是，在回头背书的情形下，持票人的追索权有限制（参见《票据法》第六十九条）。

被追索人如果依照《票据法》第七十条第一款所规定的金额履行了债务，则消灭了自己的债务。如果被追索人是票据上的最终债务人，包括承兑人，或者未经承兑之汇票的出票人，则票据上的全部债权债务消灭。如果被追索人是其他票据债务人，根据《票据法》第六十八条第三款第二句的规定，即"与持票人享有同一权利"，也就是成了新的票据权利人，可以向其前手再追索，但是对于其后手没有再追索权（基于《票据法》第六十九条的解释）。

再追索权人行使其权利时，其追索义务人仍然承担连带责任。与上文所述相同，假如其选择最终债务人行使权利，并且最终债务人按照《票据法》第七十一条第一款规定的金额履行债务，票据上的全部债权债务消灭。如果被追索人是其他票据债务人，其清偿债务后还进一步发生再追索的问题。

无论是行使最初追索权还是再追索权，根据《票据法》第七十条第二款、第七十一条第二款的规定，被追索人清偿债务时，持票人均应交回汇票和有关拒绝证明，并出具所收到的利息和费用的收据。

6. 追索权行使的效力。

根据《票据法》第七十二条的规定，被追索人清偿其债务后，其自身的票据责任消灭。并且，根据被追索人是否属于票据上的最后债务人，来确定票据上的全部债权债务均告消灭，抑或被追索人成为新的票据权利人，进而对其前手发生再追索权。在后种情形下，抗辩切断制度适用于再追索权人与其追索义务人之间的关系。也就是说，被追索人不得以其对于再追索权人的前手之间的抗辩事由对抗再追索权人，除非其相互之间有直接的基础关系，或者再追索权人明知这一抗辩事由的存在。

# 第三节 非票据结算方式

## 一、汇兑

汇兑是汇款人委托银行将其款项支付给收款人的结算方式。汇兑简便灵活，适用于单位和个人各种款项的结算,且不受金额起点的限制。汇兑分为信汇和电汇两种。信汇是以邮寄方式将汇款凭证转给外地收款人指定的汇入行,电汇则是以电报方式将汇款凭证转发给收款人指定的汇入行,后者更加快捷,汇款人可以根据实际情况选择使用。

## 二、托收承付

托收承付,是根据买卖合同由收款人发货后委托银行向异地付款人收取款项,由付款人向银行承认付款的结算方式。托收承付结算款项的划回方法,分邮寄和电报两种,由收款人选用。托收承付结算每笔的金额起点为1万元(新华书店系统为1 000元)。

《支付结算办法》对托收承付的适用规定了较为严格的条件:(1)使用托收承付结算方式的收款单位和付款单位,必须是国有企业、供销合作社以及经营管理较好,并经开户银行审查同意的城乡集体所有制工业企业。(2)办理托收承付结算的款项,必须是商品交易,以及因商品交易而产生的劳务供应的款项。代销、寄销、赊销商品的款项,不得办理托收承付结算。(3)收付双方使用托收承付结算必须签有符合法律规定的买卖合同,并在合同上订明使用异地托收承付结算方式。(4)收款人办理托收,必须具有商品确已发运的证件(包括铁路、航运、公路等运输部门签发的运单、运单副本和邮局包裹回执)。没有发运证件,可凭其他有关证件办理。(5)收付双方办理托收承付结算,必须重合同、守信用。如果收款人对同一付款人发货托收累计三次收不回货款的,收款人开户银行应暂停收款人向付款人办理托收;付款人累计三次提出无理拒付的,付款人开户银行应暂停其向外办理托收。

## 三、委托收款

委托收款是收款人委托银行向付款人收取款项的结算方式。委托收款结算款项的划回方式,分邮寄和电报两种,由收款人选用。委托收款的适用范围十分广泛,无论是同城还是异地都可办理。单位和个人凭已承兑商业汇票、债券、存单等付款人债务证明办理款项的结算,均可以使用委托收款结算方式。在同城范围内,收款人收取公用事业费或根据国务院的规定,可以使用同城特约委托收款。收取公用事业费,必须具有收付双方事先签订的合同,由付款人向开户银行授权,并经开户银行同意,报经中国人民银行当地分支行批准。

## 四、国内信用证

国内信用证(以下简称信用证)是指银行(包括政策性银行、商业银行、农村合作银行、村镇银行和农村信用社)依照申请人的申请开立的、对相符交单予以付款的承诺。我国的信用证是以人民币计价、不可撤销的跟单信用证。此种结算方式适用于国内企事业单位之间的货物和服务贸易。服务贸易包括但不限于运输、旅游、咨询、通讯、建筑、保险、金融、计算机和信息、专有权利使用和特许、广告宣传、电影音像等服务项目。

信用证的开立和转让,应当具有真实的贸易背景。但是,在信用证业务中,银行处理的只是单据，而不是单据所涉及的货物或服务。银行只对单据进行表面审核。银行收到单据时，应仅以单据本身为依据，认真审核信用证规定的所有单据，以确定是否为相符交单（指与信用证条款、《国内信用证结算办法》的相关适用条款、信用证审单规则及单据之内、单据之间相互一致的交单）。银行不审核信用证没有规定的单据。信用证与作为其依据的贸易合同相互独立，即使信用证含有对此类合同的任何援引，银行也与该合同无关，且不受其约束。银行对信用证作出的付款、确认到期付款、议付或履行信用证项下其他义务的承诺，不受申请人与开证行、申请人与受益人之间关系而产生的任何请求或抗辩的制约。受益人在任何情况下，不得利用银行之间或申请人与开证行之间的契约关系。

信用证只能用于转账结算，不得支取现金。

### 五、银行卡

银行卡是指由商业银行向社会发行的具有消费信用、转账结算、存取现金等全部或部分功能的信用支付工具。

### 六、预付卡

支付机构可以在境内从事预付业务。根据《非金融机构支付服务管理办法》《非金融机构支付服务管理办法实施细则》《支付机构预付卡业务管理办法》等规定，"预付卡"是指发卡机构以特定载体和形式发行的、可在发卡机构之外购买商品或服务的预付价值，但不包括：（1）仅限于发放社会保障金的预付卡；（2）仅限于乘坐公共交通工具的预付卡；（3）仅限于缴纳电话费等通信费用的预付卡；（4）发行机构与特约商户为同一法人的预付卡。"支付机构"是指取得《支付业务许可证》，获准办理"预付卡发行与受理"业务的发卡机构和获准办理"预付卡受理"业务的受理机构。

预付卡分为记名预付卡和不记名预付卡。记名预付卡应当可挂失、可赎回，不得设置有效期。不记名预付卡一般不挂失、不赎回。不记名预付卡有效期不得低于3年。预付卡不得具有透支功能。

### 七、电子支付

电子支付是指单位、个人直接或授权他人通过电子终端发出支付指令，实现货币支付与资金转移的行为。与传统支付方式相比，电子支付更加方便、高效，但同时也带来了风险性，电子支付的安全问题一直是关注焦点。

#### （一）电子支付的类型

电子支付的应用极为广泛，支付方式也不断创新。根据发起电子支付指令的电子终端不同，电子支付可以分为网上支付、电话支付、移动支付、销售点终端交易、自动柜员机交易和其他电子支付等类型。依托公共网络或专用网络在收付款人之间转移货币资金的支付方式，包括互联网支付（网上支付）、移动电话支付、固定电话支付、数字电视支付等，也被合称为网络支付。其中，使用最为广泛的是网上支付和移动支付。

网上支付是指通过互联网进行货币支付、现金流转、资金清算等行为，通常仍须以银行为中介。在典型的网上支付模式中，银行建立支付网关和网上支付系统，为客户提供网上支付服务。网上支付指令在银行后台处理，并通过传统支付系统完成跨行交易的清算与结算。与传统支付方式相比，在网上支付的过程中，客户成了支付系统的主动参与者。

移动支付是指依托移动互联网或专用网络，通过移动终端（通常是手机）实现收付款人之间货币资金转移的支付服务，包括但不限于近场支付（通过具有近距离无线通信技术的移动终端实现本地化通讯进行货币资金的转移）和远程支付（通过移动网络与后台支付系统建立连接，尤其是利用网银、第三方支付平台等互联网支付工具，实现各种转账、消费等）等业务。

### （二）电子支付的基本流程

1. 电子支付指令的发起。

客户根据需要就货币支付和资金转移通过电子终端，根据其与发起行签订的协议，发出电子支付指令。接受客户委托发出电子支付指令的发起银行称为发起行。

2. 电子支付指令的确认。

在客户发出电子支付指令前，发起行应建立必要的安全程序，在提示客户对指令的准确性和完整性进行确认的前提下，对客户身份和电子支付指令再次进行确认，并应能够向客户提供纸质或电子交易回单，同时形成日志文件等记录，保存至交易后5年。

3. 电子支付指令的执行。

发起行在确认客户电子支付指令完整和准确后，通过安全程序执行电子支付指令。发起行执行该指令后，客户不得要求变更或撤销电子支付指令。

如果银行自身提供了电子支付的网络环境，一般就不涉及提供该项服务的经营商；否则，银行只有与提供电子支付网络环境的经营商合作，才能完成电子支付行为。

4. 电子支付指令的接收。

电子支付指令接收人的开户银行或接收人未在银行开立账户而电子支付指令确定的资金汇入银行称为接收行。接收行收到电子支付指令后，应按照协议，及时回复确认。

# 第十章　企业国有资产法律制度

## 第一节　企业国有资产法律制度概述

### 一、企业国有资产的概念

国有资产是指属于国家所有的一切财产的总称。国有资产按照用途和性质划分，可分为经营性国有资产、行政事业性国有资产和资源性国有资产等。

企业国有资产，仅指国有资产中的经营性国有资产。根据《中华人民共和国企业国有资产法》（以下简称《企业国有资产法》）规定，企业国有资产是指国家对企业各种形式的出资所形成的权益。企业国有资产具有以下两个特征：

（1）企业国有资产是国家以各种形式对企业的出资形成的。国家对企业的出资，是指各级政府以及政府授权投资的部门、机构投入到企业的、作为企业资本金组成部分的资产。

（2）企业国有资产是国家作为出资人对出资企业所享有的一种权益。企业国有资产与企业法人财产不同。企业国有资产是指国家作为出资人对所出资企业所享有的权益，而不是指国家出资企业的各项具体财产。出资人将出资投入企业，所形成的企业的厂房、机器设备等企业的各项具体财产，属于企业法人财产权所指向的对象。

### 二、企业国有资产的监督管理体制

《企业国有资产法》对企业国有资产的监督管理体制作出了明确规定，主要内容包括：

（1）企业国有资产属于国家所有，即全民所有。国务院代表国家行使企业国有资产所有权。

（2）国务院和地方人民政府依照法律、行政法规的规定，分别代表国家对国家出资企业履行出资人职责，享有出资人权益。

（3）国务院和地方人民政府应当按照政企分开、社会公共管理职能与企业国有资产出资人职能分开、不干预企业依法自主经营的原则，依法履行出资人职责。

（4）国家采取措施，推动企业国有资本向关系国民经济命脉和国家安全的重要行业和关键领域集中，优化国有经济布局和结构，推进国有企业的改革和发展，提高国有经济的整体素质，增强国有经济的控制力、影响力。

（5）国家建立健全与社会主义市场经济发展要求相适应的企业国有资产管理与监督体制，建立健全企业国有资产保值增值考核和责任追究制度，落实企业国有资产保值增值责任。

（6）企业国有资产受法律保护，任何单位和个人不得侵害。

根据 2015 年 10 月 25 日国务院发布的《关于改革和完善国有资产管理体制的若干意见》，为加强企业国有资产管理，改革国有资本授权经营体制。一是改组组建国有资本投资、运营公司。二是明确国有资产监管机构与国有资本投资、运营公司关系。政府授权国有资产监管机构依法对国有资本投资、运营公司履行出资人职责。三是界定国有资本投资、运营公司与所出资企业关系。国有资本投资、运营公司依据公司法等相关法律法规，对所出资企业依法行使股东权利，以出资额为限承担有限责任。

### 三、履行出资人职责的机构

#### （一）履行出资人职责的机构的概念

履行出资人职责的机构，是指根据本级人民政府的授权，代表本级人民政府对国家出资企业履行出资人职责的机构、部门。根据《企业国有资产法》的规定，履行出资人职责的机构有以下几种：

（1）国务院国有资产监督管理机构，即国务院国有资产监督管理委员会。根据国务院的授权，其代表国务院对国家出资企业履行出资人职责。

（2）地方人民政府按照国务院的规定设立的国有资产监督管理机构。根据地方人民政府的授权，其代表地方人民政府对国家出资企业履行出资人职责。

（3）国务院和地方人民政府根据需要授权的其他部门、机构。如根据国务院的有关规定，国务院授权财政部对金融行业的国有资产进行监管，授权财政部对中央文化企业、中国铁路、中国烟草及中国邮政集团等公司履行出资人职责。

#### （二）履行出资人职责的机构的基本职责

根据《企业国有资产法》的规定，履行出资人职责的机构的基本职责主要有：

（1）代表本级人民政府对国家出资企业依法享有资产收益、参与重大决策和选择管理者等出资人权利。

（2）依照法律、行政法规的规定，制定或者参与制定国家出资企业的章程。

（3）按照法律、行政法规和本级人民政府规定，对于须经本级人民政府批准的履行出资人职责的重大事项，报请本级人民政府批准。

（4）委派股东代表参加国有资本控股公司、国有资本参股公司召开的股东会会议、股东大会会议。被委派的股东代表应当按照委派机构的指示提出提案、发表意见、行使表决权，并将其履行职责的情况和结果及时报告委派机构。

（5）按照国家有关规定，定期向本级人民政府报告有关企业国有资产总量、结构、变动、收益等汇总分析的情况。

### （三）履行出资人职责的机构的履职要求

根据《企业国有资产法》的规定，履行出资人职责的机构的履职要求主要有：

（1）履行出资人职责的机构应当依照法律、行政法规以及企业章程履行出资人职责，保障出资人权益，防止企业国有资产损失。

（2）履行出资人职责的机构应当维护企业作为市场主体依法享有的权利，除依法履行出资人职责外，不得干预企业经营活动。

（3）履行出资人职责的机构对本级人民政府负责，向本级人民政府报告履行出资人职责的情况，接受本级人民政府的监督和考核，对企业国有资产的保值增值负责。

## 四、国家出资企业

### （一）国家出资企业的概念

根据《企业国有资产法》规定，国家出资企业，是指国家出资的国有独资企业、国有独资公司，以及国有资本控股公司、国有资本参股公司。

（1）国有独资企业，即依照《全民所有制工业企业法》设立的，企业全部注册资本均为国有资本的非公司制企业。

（2）国有独资公司，即依照《公司法》设立的企业全部资本均为国有资本的公司制企业。《公司法》对国有独资公司作了专门规定，具体内容参见《公司法》相关内容。

（3）国有资本控股公司，即根据《公司法》成立的国有资本具有控股地位的公司。这类公司包括有限责任公司和股份有限公司。

（4）国有资本参股公司，即公司资本包含部分国有资本，但国有资本没有控股地位的股份公司。

### （二）国家出资企业管理者的任职要求

1. 国家出资企业管理者的任免范围。

根据《企业国有资产法》的规定，履行出资人职责的机构依照法律、行政法规以及企业章程的规定，任免或者建议任免国家出资企业的下列人员：（1）任免国有独资企业的经理、副经理、财务负责人和其他高级管理人员；（2）任免国有独资公司的董事长、副董事长、董事、监事会主席和监事；（3）向国有资本控股公司、国有资本参股公司的股东会、股东大会提出董事、监事人选。上述第（1）、（2）项规定的企业管理者，国务院和地方人民政府规定由本级人民政府任免的，依照其规定。

国家出资企业中应当由职工代表出任的董事、监事，依照有关法律、行政法规的规定由职工民主选举产生。

2. 国家出资企业管理者的任职条件。

根据《企业国有资产法》的规定，履行出资人职责的机构任命或者建议任命的董事、监事、高级管理人员，应当具备下列条件：（1）有良好的品行；（2）有符合职位要求的专业知识和工作能力；（3）有能够正常履行职责的身体条件；（4）法律、行政法规规定的其他条件。董事、监事、高级管理人员在任职期间出现不符合上述规定情形或者出现《公司法》第一百四十七条规定的不得担任公司董事、监事、高级管理人员情形的，履行出资人职责的机构应当依法予以免职或者提出免职建议。

3. 国家出资企业管理者的兼职限制。

根据《企业国有资产法》的规定,未经履行出资人职责的机构同意,国有独资企业、国有独资公司的董事、高级管理人员不得在其他企业兼职。未经股东会、股东大会同意,国有资本控股公司、国有资本参股公司的董事、高级管理人员不得在经营同类业务的其他企业兼职。未经履行出资人职责的机构同意,国有独资公司的董事长不得兼任经理。未经股东会、股东大会同意,国有资本控股公司的董事长不得兼任经理。董事、高级管理人员不得兼任监事。

4. 国家出资企业管理者的义务。

国家出资企业的董事、监事、高级管理人员,应当遵守法律、行政法规以及企业章程,对企业负有忠实义务和勤勉义务,不得利用职权收受贿赂或者取得其他非法收入和不当利益,不得侵占、挪用企业资产,不得超越职权或者违反程序决定企业重大事项,不得有其他侵害企业国有资产出资人权益的行为。

### 五、企业改制

#### (一)企业改制的类型

根据《企业国有资产法》规定,企业改制有以下情形:
(1) 国有独资企业改为国有独资公司。
(2) 国有独资企业、国有独资公司改为国有资本控股公司或者非国有资本控股公司。
(3) 国有资本控股公司改为非国有资本控股公司。

#### (二)企业改制的程序及方案制定

1. 企业改制的程序。

企业改制应当依照法定程序,由履行出资人职责的机构决定或者由公司股东会、股东大会决定。重要的国有独资企业、国有独资公司、国有资本控股公司的改制,履行出资人职责的机构在作出决定或者向其委派参加国有资本控股公司股东会会议、股东大会会议的股东代表作出指示前,应当将改制方案报请本级人民政府批准。

2. 企业改制方案的制定。

企业改制应当制定改制方案,载明改制后的企业组织形式、企业资产和债权债务处理方案、股权变动方案、改制的操作程序、资产评估和财务审计等中介机构的选聘等事项。企业改制涉及重新安置企业职工的,还应当制定职工安置方案,并经职工代表大会或者职工大会审议通过。

## 第二节 企业国有资产产权登记制度

### 一、企业国有资产产权登记的概念

企业国有资产产权登记,是指履行出资人职责的机构代表政府对占有国有资产的各类企业的资产、负债、所有者权益等产权状况进行登记,依法确认产权归属关系的行为。

企业国有资产产权登记是一种法律行为,这种行为不是简单地将国有资产记录在册,更重要的是记录在册后,要依法确认产权归属关系,履行出资人职责的机构将向企业颁发《中华人民共和国企业国有资产产权登记证》,该登记证是依法确认企业产权归属关系的法律凭证,也是企业的资信证明文件。

## 二、企业国有资产产权登记的范围

根据《企业国有资产产权登记管理办法》和《国家出资企业产权登记管理暂行办法》等法律制度的规定,国有企业、国有独资公司、设置国有股权的有限责任公司和股份有限公司、国有企业和国有独资公司投资设立的企业以及其他形式占有国有资产的企业,都应当依照规定申请办理国有资产产权登记。在中华人民共和国境内或境外设立的金融类企业,其实收资本包括国家资本和国有法人资本的,应当办理国有资产产权登记。

国家出资企业、国家出资企业(不含国有资本参股公司)拥有实际控制权的境内外各级企业及其投资参股企业,应当纳入产权登记范围。国家出资企业所属事业单位视为其子企业进行产权登记。但上述企业为交易目的持有的下列股权不进行产权登记:

(1)为了赚取差价从二级市场购入的上市公司股权;

(2)为了近期内(一年以内)出售而持有的其他股权。上述所称拥有实际控制权,是指国家出资企业直接或者间接合计持股比例超过50%,或者持股比例虽然未超过50%,但为第一大股东,并通过股东协议、公司章程、董事会决议或者其他协议安排能够实际支配企业行为的情形。

## 三、企业国有资产产权登记的内容

### (一)占有产权登记

根据有关规定,占有产权登记的主要内容包括:(1)出资人名称、住所、出资金额及法定代表人;(2)企业名称、住所及法定代表人;(3)企业的资产、负债及所有者权益;(4)企业实收资本、国有资本;(5)企业投资情况;(6)国务院国有资产监督管理机构规定的其他事项。

已取得法人资格的企业应当通过所出资企业向产权登记机关申办占有产权登记,并提交下列文件和资料:(1)企业国有资产占有产权登记表;(2)批准设立企业的文件;(3)企业章程和《企业法人营业执照》副本复印件和最近一次的验资报告;(4)履行出资人职责的机构审核批复的或经注册会计师审计的企业上一年度财务会计报告;(5)出资人为企业法人单位的应该提交企业法人营业执照副本复印件,其中国有资本出资人还应当提交产权登记证;(6)产权登记机关要求的其他文件和资料。产权登记机关核准企业占有登记后,向企业发放产权登记证,所出资企业可将产权登记机关核准后的企业国有资产占有产权登记表留存备案。

申请取得法人资格的企业应当于办理工商注册登记前30日内通过所出资企业申办占

有产权登记,并提交下列文件和资料:(1)企业国有资产占有产权登记表;(2)批准设立企业的文件;(3)企业章程和《企业名称预先核准通知书》;(4)出资人为企业法人单位的应该提交企业法人营业执照副本复印件、履行出资人职责的机构审核批复的或经注册会计师审计的企业上一年度财务会计报告,其中国有资本出资人还应当提交产权登记证;(5)经注册会计师审核的验资报告,其中以非货币性资产投资的还应当提交资产评估报告的核准或备案文件;(6)产权登记机关要求的其他文件和资料。所出资企业持产权登记机关核准后的企业国有资产占有产权登记表,向市场监督管理部门申办注册登记,在取得企业法人营业执照后30日内由所出资企业向原产权登记机关领取新设企业产权登记证,同时提交新设企业的《企业法人营业执照》副本复印件。

根据有关规定,履行出资人职责的机构和履行出资人职责的企业有下列情形之一的,应当办理占有产权登记:(1)因投资、分立、合并而新设企业的;(2)因收购、投资入股而首次取得企业股权的;(3)其他应当办理占有产权登记的情形。

**(二)变动产权登记**

根据有关规定,企业发生下列情形之一的,应当通过所出资企业向产权登记机关申办变动产权登记:(1)企业名称改变的;(2)企业组织形式、级次发生变动的;(3)企业国有资本额发生增减变动的;(4)企业国有资本出资人发生变动的;(5)企业国有资产产权发生变动的其他情形。企业发生上述第(1)项情形的,应当于市场监督管理部门核准变动登记后30日内,向原产权登记机关申办变动产权登记。企业发生上述第(2)项至第(5)项情形的,应当自企业出资人或者有关部门批准、企业股东大会或者董事会作出决定之日起30日内,向市场监督管理部门申请变更登记前,向原产权登记机关申办变动产权登记。

企业申办变动产权登记,应当提交下列文件和资料:(1)企业国有资产产权登记证;(2)企业国有资产变动产权登记表;(3)批准产权变动行为的文件;(4)修改后的企业章程和《企业法人营业执照》副本复印件;(5)经注册会计师审计的产权变动时的验资报告,其中以非货币性资产投资的应当提交评估报告的核准文件或备案表;(6)企业国有资本出资人发生变动的,提交新加入的出资人的企业法人营业执照副本复印件,其中国有资本出资人还应当提交产权登记证;(7)通过产权交易机构转让国有资产产权的,提交产权交易机构出具的转让国有资产产权的交易凭证;(8)产权登记机关要求的其他文件和资料。

**(三)注销产权登记**

根据有关规定,企业发生下列情形之一的,应当申办注销产权登记:(1)企业解散、被依法撤销或被依法宣告破产;(2)企业转让全部国有资产产权或改制后不再设置国有股权的;(3)其他需要注销国有资产产权的情形。

企业申办注销产权登记,应当提交下列文件和资料:(1)企业国有资产产权登记证;(2)企业国有资产注销产权登记表;(3)批准产权注销行为文件或法院宣告企业破产的裁决书;(4)企业清算报告或资产评估报告的核准文件或备案表;(5)产权登记机关要求的其他文件和资料。

### 四、产权登记的程序

（1）企业申办产权登记，应当按规定填写相应的产权登记表，并向产权登记机关提交有关文件资料。

（2）产权登记机关对企业产权登记申报文件资料齐全的予以受理。

（3）产权登记机关对受理后的产权登记文件资料进行合规性审核。审核内容包括：①企业填报的产权登记表内容是否真实可靠；②企业提交的相关文件资料是否符合国家有关规定。

（4）产权登记机关应当在受理后10个工作日内对企业申报的产权登记作出准予登记或不予登记的决定。

### 五、企业国有资产产权登记的管理

#### （一）产权登记的管理机关

根据有关规定，企业国有资产产权登记机关是各级履行出资人职责的机构。在企业国有资产产权登记工作中，履行出资人职责的机构依法履行下列职责：（1）依法确认企业产权归属，理顺企业集团内部产权关系；（2）掌握企业国有资产占有、使用的状况；（3）监管企业的国有产权变动；（4）检查企业国有资产经营状况；（5）监督国家授权投资机构、国有企业和国有独资公司的出资行为；（6）备案企业的担保或资产被司法冻结等产权或有变动事项；（7）在汇总、分析的基础上，编报并向同级政府和上级产权登记机关呈送产权登记与产权变动状况分析报告。

根据有关规定，国务院国有资产监督管理机构和财政部按各自监管分工范围负责下列企业的国有资产产权登记管理工作：（1）国务院管辖的企业、行业总公司；（2）中央政府各部门、各直属机构、各直属事业单位及全国性社会团体管辖的企业；（3）在国家计划单列的企业集团公司；（4）国家授权投资的机构；（5）中央国有企业、国有独资公司投资设立的企业。

省、自治区、直辖市及计划单列市履行出资人职责的机构负责下列企业的国有资产产权登记管理工作：（1）省级人民政府管辖的企业；（2）省级政府各部门、直属机构、事业单位及社会团体管辖的企业；（3）省计划单列的企业集团公司；（4）省国有企业、国有独资公司投资设立的企业。

各级主管财政部门履行以下职责：（1）依法确认金融类企业国有产权归属、理顺产权关系，核发产权登记证；（2）统计、汇总和分析金融类企业国有资产占有、使用和变动情况；（3）监督国有及国有控股金融类企业的出资行为；（4）对金融类企业产权被司法冻结等产权或有变动事项进行备案；（5）检查金融类企业国有资产经营状况；（6）向上级主管财政部门报送国有资产产权登记与产权变动状况分析报告。

#### （二）产权登记的年度检查

企业国有资产产权登记实行年度检查制度。企业应当于每年2月1日至4月30日完成企业产权登记情况的年度检查工作，并向产权登记机关报送企业产权登记年度汇总表和年度汇总分析报告。

## 第三节 企业国有资产评估管理制度

### 一、企业国有资产评估的概念

资产评估,是指资产评估机构及其资产评估专业人员根据委托对不动产、动产、无形资产、企业价值、资产损失或者其他经济权益进行评定、估算,并出具资产评估报告的专业服务行为。

企业国有资产评估,是指对企业国有资产的价值进行的评估。

### 二、企业国有资产评估的范围

根据有关规定,国家出资企业及其各级子企业(本节以下统称企业)有下列行为之一的,应当对相关资产进行评估:(1)整体或者部分改建为有限责任公司或者股份有限公司;(2)以非货币资产对外投资;(3)合并、分立、破产、解散;(4)非上市公司国有股东股权比例变动;(5)产权转让;(6)资产转让、置换;(7)整体资产或者部分资产租赁给非国有单位;(8)以非货币资产偿还债务;(9)资产涉讼;(10)收购非国有单位的资产;(11)接受非国有单位以非货币资产出资;(12)接受非国有单位以非货币资产抵债;(13)法律、行政法规规定的其他需要进行资产评估的事项。

企业有下列行为之一的,可以不对相关国有资产进行评估:(1)经各级人民政府或其履行出资人职责的机构批准,对企业整体或者部分资产实施无偿划转;(2)国有独资企业与其下属独资企业(事业单位)之间或其下属独资企业(事业单位)之间的合并、资产(产权)置换和无偿划转。

根据有关规定,企业发生应当进行资产评估行为的,应当由其产权持有单位委托具有相应专业服务能力的资产评估机构进行评估。

### 三、企业国有资产评估的组织管理系统

企业国有资产评估是一项政策性强、技术要求复杂的工作,必须要有一套科学严密的组织管理系统。企业国有资产评估的组织管理系统由履行出资人职责的机构和资产评估机构两部分组成。

#### (一)国有资产监督管理机构

根据有关规定,各级履行出资人职责的机构负责其所出资企业的国有资产评估监管工作。

#### (二)资产评估机构

资产评估机构是指依法经市场监督管理部门登记设立并向有关评估行政管理部门备案的从事资产评估业务的专业服务机构。资产评估机构的组织形式为合伙制或者公司制。

**四、企业国有资产评估项目核准制和备案制**

根据有关规定，企业国有资产评估项目实行核准制和备案制。

**（一）核准制**

经各级人民政府批准经济行为的事项涉及的资产评估项目，分别由其授权履行出资人职责的机构负责核准。国务院批准的重大经济事项同时涉及中央和地方的资产评估项目，可由国有股最大股东依照其产权关系，逐级报送国务院国有资产监督管理机构进行核准。

资产评估项目的核准按照下列程序进行：

（1）企业收到资产评估机构出具的评估报告后应当逐级上报初审，经初审同意后，自评估基准日起 8 个月内向履行出资人职责的机构提出核准申请。

（2）履行出资人职责的机构收到核准申请后，对符合核准要求的，及时组织有关专家审核，在 20 个工作日内完成对评估报告的核准；对不符合核准要求的，予以退回。

**（二）备案制**

经国务院国有资产监督管理机构或国务院授权的部门批准经济行为的事项涉及的资产评估项目，由国务院国有资产监督管理机构或国务院授权的部门负责备案；经国务院国有资产监督管理机构或国务院授权的部门所出资企业（以下简称中央企业）及其各级子企业批准经济行为的事项涉及的资产评估项目，由中央企业负责备案。

经国务院国有资产监督管理机构批准经济行为的事项涉及的资产评估项目，其中包括采用协议方式转让企业国有产权事项涉及的资产评估项目和股份有限公司国有股权设置事项涉及的资产评估项目，由国务院国有资产监督管理机构负责备案。

资产评估项目的备案按照下列程序进行：

（1）企业收到资产评估机构出具的评估报告后，将备案材料逐级报送给履行出资人职责的机构或其所出资企业，自评估基准日起 9 个月内提出备案申请。

（2）履行出资人职责的机构或者所出资企业收到备案材料后，对材料齐全的，在 20 个工作日内办理备案手续，必要时可组织有关专家参与备案评审。

**五、企业国有资产评估程序**

根据《资产评估法》的规定，企业国有资产评估履行下列基本程序：

（1）企业国有资产评估业务委托人应当依法选择资产评估机构，应当与评估机构订立委托合同，约定双方的权利和义务。

（2）资产评估机构受理企业国有资产评估业务后，应当指定至少两名相应专业类别的评估师承办。

（3）资产评估报告应当由至少两名承办该项业务的评估师签名并加盖资产评估机构印章。

（4）资产评估档案的保存期限不少于 30 年。

（5）委托人或者资产评估报告使用人应当按照法律规定和资产评估报告载明的使用范围使用评估报告。

## 第四节　企业国有资产交易管理制度

### 一、企业国有资产交易概述

#### （一）企业国有资产交易的概念和原则

（1）企业国有资产交易，是指履行出资人职责的机构、国有及国有控股企业、国有实际控制企业转让产权，或者增加资本、进行重大资产转让的活动。

（2）企业国有资产交易应当遵守国家法律法规和政策规定，有利于国有经济布局和结构调整优化，充分发挥市场配置资源作用，遵循等价有偿和公开公平公正的原则，在依法设立的产权交易机构中公开进行，国家法律法规另有规定的从其规定。

#### （二）企业国有资产交易的范围

企业国有资产交易行为包括：（1）履行出资人职责的机构、国有及国有控股企业、国有实际控制企业转让其对企业各种形式出资所形成权益的行为（以下称企业产权转让）；（2）国有及国有控股企业、国有实际控制企业增加资本的行为（以下称企业增资），政府以增加资本金方式对国家出资企业的投入除外；（3）国有及国有控股企业、国有实际控制企业的重大资产转让行为（以下称企业资产转让）。

### 二、企业产权转让

#### （一）审核批准

履行出资人职责的机构负责审核国家出资企业的产权转让事项。其中，因产权转让致使国家不再拥有所出资企业控股权的，须由履行出资人职责的机构报本级人民政府批准。

#### （二）审计评估

产权转让事项经批准后，由转让方委托会计师事务所对转让标的企业进行审计。涉及参股权转让不宜单独进行专项审计的，转让方应当取得转让标的企业最近一期年度审计报告。

#### （三）确定受让方

产权转让原则上通过产权市场公开进行。转让方可以根据企业实际情况和工作进度安排，采取信息预披露和正式披露相结合的方式，通过产权交易机构网站分阶段对外披露产权转让信息，公开征集受让方。

#### （四）结算交易价款

交易价款应当以人民币计价，通过产权交易机构以货币进行结算。因特殊情况不能通过产权交易机构结算的，转让方应当向产权交易机构提供转让行为批准单位的书面意见以及受让方付款凭证。

### （五）非公开协议方式转让企业产权的特殊规定

以下情形的产权转让可以采取非公开协议转让方式：（1）涉及主业处于关系国家安全、国民经济命脉的重要行业和关键领域企业的重组整合，对受让方有特殊要求，企业产权需要在国有及国有控股企业之间转让的，经履行出资人职责的机构批准，可以采取非公开协议转让方式；（2）同一国家出资企业及其各级控股企业或实际控制企业之间因实施内部重组整合进行产权转让的，经该国家出资企业审议决策，可以采取非公开协议转让方式。

### 三、企业增资

#### （一）审核批准

履行出资人职责的机构负责审核国家出资企业的增资行为。其中，因增资致使国家不再拥有所出资企业控股权的，须由履行出资人职责的机构报本级人民政府批准。

#### （二）审计评估

企业增资在完成决策批准程序后，应当由增资企业委托具有相应资质的中介机构开展审计和资产评估。以下情形按照《公司法》、企业章程履行决策程序后，可以依据评估报告或最近一期审计报告确定企业资本及股权比例：（1）增资企业原股东同比例增资的；（2）履行出资人职责的机构对国家出资企业增资的；（3）国有控股或国有实际控制企业对其独资子企业增资的；（4）增资企业和投资方均为国有独资或国有全资企业的。

#### （三）确定投资方

企业增资通过产权交易机构网站对外披露信息公开征集投资方，时间不得少于40个工作日。信息披露内容包括但不限于：（1）企业的基本情况；（2）企业目前的股权结构；（3）企业增资行为的决策及批准情况；（4）近三年企业审计报告中的主要财务指标；（5）企业拟募集资金金额和增资后的企业股权结构；（6）募集资金用途；（7）投资方的资格条件，以及投资金额和持股比例要求等；（8）投资方的遴选方式；（9）增资终止的条件；（10）其他需要披露的事项。

#### （四）非公开协议方式增资的特殊规定

以下情形经同级履行出资人职责的机构批准，可以采取非公开协议方式进行增资：（1）因国有资本布局结构调整需要，由特定的国有及国有控股企业或国有实际控制企业参与增资；（2）因国家出资企业与特定投资方建立战略合作伙伴或利益共同体需要，由该投资方参与国家出资企业或其子企业增资。

以下情形经国家出资企业审议决策，可以采取非公开协议方式进行增资：（1）国家出资企业直接或指定其控股、实际控制的其他子企业参与增资；（2）企业债权转为股权；（3）企业原股东增资。

### 四、企业资产转让

企业一定金额以上的生产设备、房产、在建工程以及土地使用权、债权、知识产权等资产对外转让，应当按照企业内部管理制度履行相应决策程序后，在产权交易机构公开进行。涉及国家出资企业内部或特定行业的资产转让，确需在国有及国有控股、国有实际控制企业之间非公开转让的,由转让方逐级报国家出资企业审核批准。国家出资企业负责制定本企业不同类型资产转让行为的内部管理制度,明确责任部门、管理权限、决策程序、工作流程,对其中应当在产权交易机构公开转让的资产种类、金额标准等作出具体规定,并报同级履行出资人职责的机构备案。

### 五、企业国有产权无偿划转

#### (一) 企业国有产权无偿划转的概念和原则

1. 企业国有产权无偿划转的概念。

企业国有产权无偿划转,是指企业国有产权在政府机构、事业单位、国有独资企业、国有独资公司之间的无偿转移行为。

2. 企业国有产权无偿划转的原则。

根据有关规定,企业国有产权无偿划转应当遵循以下原则:(1)符合国家有关法律法规和产业政策的规定;(2)符合国有经济布局和结构调整的需要;(3)有利于优化产业结构和提高企业核心竞争力;(4)划转双方协商一致。

#### (二) 企业国有产权无偿划转的程序

1. 做好可行性研究。
2. 划转双方审议。
3. 审计或者清产核资。
4. 签订划转协议。
5. 办理产权登记手续。

#### (三) 企业国有产权无偿划转的批准

1. 确定批准机构。

企业国有产权在同一履行出资人职责的机构所出资企业之间无偿划转的,由所出资企业共同报履行出资人职责的机构批准。企业国有产权在不同履行出资人职责的机构所出资企业之间无偿划转的,依据划转双方的产权归属关系,由所出资企业分别报同级履行出资人职责的机构批准。实施政企分开的企业,其国有产权无偿划转所出资企业或其子企业持有的,由同级履行出资人职责的机构和主管部门分别批准。下级政府履行出资人职责的机构所出资企业国有产权无偿划转上级政府履行出资人职责的机构所出资企业或其子企业持有的,由下级政府和上级政府履行出资人职责的机构分别批准。企业国有产权在所出资企业内部无偿划转的,由所出资企业批准并抄报同级履行出资人职责的机构。

2. 批准机构审查。

批准机构批准企业国有产权无偿划转事项,应当审查下列书面材料:(1)无偿划转的申请文件;(2)总经理办公会议或董事会有关无偿划转的决议;(3)划转双方及被划转企业的产权登记证;(4)无偿划转的可行性论证报告;(5)划转双方签订的无偿划转协议;(6)中介机构出具的被划转企业划转基准日的审计报告或同级履行出资人职责的机构清产核资结果批复文件;(7)划出方债务处置方案;(8)被划转企业职工代表大会通过的职工分流安置方案;(9)其他有关文件。

有下列情况之一的，不得实施无偿划转：（1）被划转企业主业不符合划入方主业及发展规划的；（2）中介机构对被划转企业划转基准日的财务报告出具否定意见、无法表示意见或保留意见的审计报告的；（3）无偿划转涉及的职工分流安置事项未经被划转企业的职工代表大会审议通过的；（4）被划转企业或有负债未有妥善解决方案的；（5）划出方债务未有妥善处置方案的。

3. 由政府决定的无偿划转事项。

根据规定，下列国有产权无偿划转事项，依据中介机构出具的被划转企业上一年度（或最近一次）的审计报告或经履行出资人职责的机构批准的清产核资结果，直接进行账务调整，并按规定办理产权登记等手续：（1）由政府决定的所出资企业国有产权无偿划转本级履行出资人职责的机构其他所出资企业的；（2）由上级政府决定的所出资企业国有产权在上、下级政府履行出资人职责的机构之间的无偿划转；（3）由划入、划出方政府决定的所出资企业国有产权在互不隶属的政府的履行出资人职责的机构之间的无偿划转；（4）由政府决定的实施政企分开的企业，其国有产权无偿划转履行出资人职责的机构持有的；（5）其他由政府或履行出资人职责的机构根据国有经济布局、结构调整和重组需要决定的无偿划转事项。

### 六、上市公司国有股权变动管理

#### （一）上市公司国有股权变动管理概述

1. 上市公司国有股权变动的概念。

上市公司国有股权变动，是指上市公司国有股权持股主体、数量或比例等发生变化的行为。

2. 上市公司国有股权变动管理的立法。

为规范上市公司国有股权变动行为，推动国有资源优化配置，平等保护各类投资者合法权益，防止国有资产流失，2018年5月16日国务院国有资产监督管理委员会、财政部、中国证券监督管理委员会联合发布了《上市公司国有股权监督管理办法》，对上市公司国有股权变动管理作出了具体规定。

3. 上市公司国有股权变动管理的原则。

（1）上市公司国有股权变动行为应坚持公开、公平、公正原则，遵守国家有关法律、行政法规和规章制度规定，符合国家产业政策和国有经济布局结构调整方向，有利于国有资本保值增值，提高企业核心竞争力。（2）上市公司国有股权变动涉及的股份应当权属清晰，不存在受法律法规规定限制的情形。（3）国有股东所持上市公司股份变动应在作充分可行性研究的基础上制定方案，严格履行决策、审批程序，规范操作，按照证券监管的相关规定履行信息披露等义务。在上市公司国有股权变动信息披露前，各关联方要严格遵守保密规定。（4）上市公司国有股权变动应当根据证券市场公开交易价格、可比公司股票交易价格、每股净资产值等因素合理定价。

#### （二）国有股东所持上市公司股份的方式

1. 通过交易系统转让。

国有股东通过证券交易系统转让上市公司股份，按照国家出资企业内部决策程序决定,有以下情形之一的,应报履行出资人职责的机构审核批准:(1)国有控股股东转让上市公司股份可能导致持股比例低于合理持股比例的;(2)总股本不超过10亿股的上市公司,国有控股股东拟于一个会计年度内累计净转让(累计转让股份扣除累计增持股份后的余额,下同)达到总股本5%及以上的;总股本超过10亿股的上市公司,国有控股股东拟于一个会计年度内累计净转让数量达到5 000万股及以上的;(3)国有参股股东拟于一个会计年度内累计净转让达到上市公司总股本5%及以上的。

2. 公开征集转让。

公开征集转让是指国有股东依法公开披露信息,征集受让方转让上市公司股份的行为。

3. 非公开协议转让。

非公开协议转让是指不公开征集受让方,通过直接签订协议转让上市公司股份的行为。

4. 股份无偿划转。

政府部门、机构、事业单位、国有独资或全资企业之间可以依法无偿划转所持上市公司股份。国有股东所持上市公司股份无偿划转,按照审批权限由国家出资企业审核批准或由履行出资人职责的机构审核批准。

5. 股份间接转让。

国有股东所持上市公司股份间接转让是指因国有产权转让或增资扩股等原因导致国有股东不再符合规定情形的行为。

(三)国有股东受让上市公司股份

国有股东受让上市公司股份行为主要包括国有股东通过证券交易系统增持、协议受让、间接受让、要约收购上市公司股份和认购上市公司发行股票等。

1. 审核批准。
2. 办理受让手续。

(四)国有股东发行可交换公司债券

国有股东发行可交换公司债券,是指上市公司国有股东依法发行、在一定期限内依据约定条件可以交换成该股东所持特定上市公司股份的公司债券的行为。

1. 确定可交换公司债券的价格和利率。
2. 审批。

(五)国有股东所控股上市公司发行证券

国有股东所控股上市公司发行证券包括上市公司采用公开方式向原股东配售股份、向不特定对象公开募集股份、采用非公开方式向特定对象发行股份以及发行可转换公司债券等行为。

(六)国有股东所控股上市公司吸收合并

国有股东所控股上市公司吸收合并,是指国有控股上市公司之间或国有控股上市公司与非国有控股上市公司之间的吸收合并。

1. 聘请财务顾问。
2. 确定换股价格。

3. 审批。

### （七）国有股东与上市公司进行资产重组

国有股东与上市公司进行资产重组是指国有股东向上市公司注入、购买或置换资产并涉及国有股东所持上市公司股份发生变化的情形。

1. 信息披露。

国有股东就资产重组事项进行内部决策后，应书面通知上市公司，由上市公司依法披露，并申请股票停牌。在上市公司董事会审议资产重组方案前，应当将可行性研究报告报国家出资企业、履行出资人职责的机构预审核，并由履行出资人职责的机构通过管理信息系统出具意见。

2. 审批。

国有股东与上市公司进行资产重组方案经上市公司董事会审议通过后，应当在上市公司股东大会召开前，按照审批权限由国家出资企业审核批准或由履行出资人职责的机构审核批准。

# 第十一章 反垄断法律制度

## 第一节 反垄断法律制度概述

### 一、反垄断法的适用范围

**(一) 反垄断法适用的地域范围**

我国《反垄断法》第二条规定:"中华人民共和国境内经济活动中的垄断行为,适用本法。"

**(二) 反垄断法适用的主体和行为**

1. 以经营者为主体的垄断行为。
2. 行业协会参与的垄断行为。
3. 滥用行政权力排除、限制竞争行为。

**(三) 反垄断法的适用除外**

《反垄断法》第五十五条和第五十六条分别规定了知识产权和农业领域的反垄断法适用除外制度。

1. 知识产权的正当行使。
2. 农业生产中的联合或者协同行为。

### 二、相关市场界定

**(一) 相关市场的概念及维度**

根据《反垄断法》第十二条第二款,相关市场是经营者在一定时期内就特定商品或者服务(统称商品)进行竞争的商品范围和地域范围。正如对空间需要从长、宽、高三个不同维度界定一样,相关市场的界定也涉及不同的维度。从上述相关市场的法律定义可以看出,界定相关市场涉及的维度包括时间、商品和地域等三个维度。

**(二) 界定相关市场的基本标准与分析视角**

判断商品之间是否具有竞争关系、是否在同一相关市场的基本标准,是商品间的"较为紧密的相互替代性"。一般来说,商品之间的可替代性越高,它们之间的竞争关系就越强,就越可能属于同一相关市场。

市场中存在着卖方和买方两个主体,因此,界定商品市场可以从需求替代和供给替代两个视角进行分析。

### (三) 相关商品市场及其界定

从需求角度界定相关商品市场,一般考虑以下几个方面的因素:

(1) 需求者因商品价格或其他竞争因素变化,转向或考虑转向购买其他商品的证据。
(2) 商品的外形、特性、质量和技术特点等总体特征和用途。
(3) 商品之间的价格差异。
(4) 商品的销售渠道。
(5) 其他重要因素。

从供给角度界定相关商品市场,一般考虑的因素包括:经营者的生产流程和工艺,转产的难易程度,转产需要的时间,转产的额外费用和风险,转产后所提供商品的市场竞争力,营销渠道等。

### (四) 相关地域市场及其界定

相关地域市场,是指相同或具有替代关系的商品相互竞争的地理区域。

界定相关地域市场,也要从需求和供给两方面考虑。从需求角度界定相关地域市场,一般考虑以下几个方面的因素:

(1) 需求者因商品价格或其他竞争因素变化,转向或考虑转向其他地域购买商品的证据。
(2) 商品的运输成本、运输特征。
(3) 多数需求者选择商品的实际区域和主要经营者商品的销售分布。
(4) 地区间的贸易壁垒,包括关税、地方性法规、环保因素、技术因素等。
(5) 其他重要因素。

### (五) 相关时间市场

相关时间市场,是指相同或近似的商品在同一区域内相互竞争的时间范围。相对于相关商品市场和相关地域市场而言,相关时间市场并不是确定相关市场的主要维度。但是,当商品的生产周期、使用期限、季节性、流行时尚性或知识产权保护期限等已构成商品不可忽视的特征时,界定相关市场还应考虑时间性,时间的变化可能导致相关产品市场和相关地域市场随之变化。假设某种水果只在夏季才出产,而另外某种水果是在秋季出产,即使两种水果从商品属性角度看具有较为紧密的相互替代性,但由于上市时间的错位,也不具有竞争关系,不能划在同一相关市场。

### (六) 假定垄断者测试

在经营者竞争的市场范围不够清晰或不易确定时,可以按照"假定垄断者测试"的分析思路来界定相关市场。假定垄断者测试是一种在相关市场界定实践中被普遍使用的计量分析方法。该方法提高了相关市场界定中替代关系测试的客观性和准确性。

## 三、反垄断法的实施机制

在制度构成上,反垄断法的实施机制主要包括法律责任、行政执法机制以及民事诉讼机制等方面的内容。

#### （一）反垄断法律责任

根据法律责任所适用对象的不同，反垄断法上的法律责任包括三个方面：一是因实施非法垄断行为而应承担的法律责任；二是因妨碍反垄断执法活动而应承担的法律责任；三是因反垄断执法人员执法行为不当而应承担的法律责任。

1. 行政责任。

反垄断法上的行政责任，是指由反垄断行政执法机构针对违法垄断行为作出的制裁措施。我国《反垄断法》规定的行政责任主要包括：责令停止违法行为、没收违法所得、罚款、限期恢复原状等形式。当事人不服反垄断法执法机构有关处罚决定的，可以申请行政复议，也可以直接向人民法院提起行政诉讼。

2. 民事责任。

非法垄断行为给他人造成损失的，行为人应当承担民事责任。有关反垄断法的民事责任，主要包括停止侵害、赔偿损失等。

3. 刑事责任。

我国《反垄断法》未对垄断行为规定刑事责任，但不意味着我国对垄断行为完全没有刑事规制。

#### （二）反垄断行政执法

反垄断行政执法行为主要包括两个基本类型：一是反垄断执法机构依法对涉嫌构成垄断协议，滥用市场支配地位行为以及滥用行政权力排除、限制竞争行为的调查和处罚；二是反垄断执法机构对经营者集中的审查。

1. 反垄断机构及执法权。

2. 反垄断调查措施。

反垄断执法机构调查涉嫌垄断行为，可以采取下列措施：（1）进入被调查的经营者的营业场所或者其他有关场所进行检查；（2）询问被调查的经营者、利害关系人或者其他有关单位或者个人，要求其说明有关情况；（3）查阅、复制被调查的经营者、利害关系人或者其他有关单位或者个人的有关单证、协议、会计账簿、业务函电、电子数据等文件和资料；（4）查封、扣押相关证据；（5）查询经营者的银行账户。

3. 反垄断调查程序。

调查程序包括立案、调查和处理三个阶段。

4. 经营者承诺。

经营者承诺是反垄断行政执法中的一种和解制度。

#### （三）反垄断民事诉讼

1. 原告资格。

我国法律并未对反垄断民事诉讼的原告资格作特别限制。作为间接购买人的消费者，只要因垄断行为受损，也可以作为垄断民事案件的原告。

2. 民事诉讼与行政执法的关系。

在我国，人民法院受理垄断民事纠纷案件，是不以执法机构已对相关垄断行为进行了查处为前提条件的。

3. 专家在诉讼中的作用。

根据《反垄断司法解释》，专家参与反垄断民事诉讼的情形有两种：

（1）专家出庭就专门问题进行说明。

（2）专家出具市场调查或者经济分析报告。

4. 诉讼时效。

（1）诉讼时效的起算。因垄断行为产生的损害赔偿请求权诉讼时效期间，从原告知道或者应当知道权益受侵害之日起计算。

（2）诉讼时效的中断。原告向反垄断执法机构举报被诉垄断行为的，诉讼时效从其举报之日起中断。

（3）持续性垄断行为的诉讼时效抗辩。原告起诉时被诉垄断行为已经持续超过2年，被告提出诉讼时效抗辩的，损害赔偿应当自原告向人民法院起诉之日起向前推算2年计算。

## 第二节 垄断协议规制制度

### 一、垄断协议的概念、特征与分类

#### （一）概念及特征

垄断协议，也称限制竞争协议、联合限制竞争行为，是指两个或两个以上经营者排除、限制竞争的协议、决定或者其他协同行为。垄断协议具有以下特征：

第一，垄断协议的主体是两个或两个以上的经营者。

第二，垄断协议的表现形式多样化。

第三，垄断协议排除、限制竞争。

#### （二）分类

根据参与垄断协议的经营者之间是否具有竞争关系，可将垄断协议分为横向垄断协议和纵向垄断协议。

### 二、横向垄断协议规制制度

被《反垄断法》禁止的具有竞争关系的经营者达成的垄断协议主要包括：

1. 固定或者变更商品价格的协议。

根据《禁止垄断协议暂行规定》，上述限制主要包括：（1）固定或者变更价格水平、价格变动幅度、利润水平或者折扣、手续费等其他费用；（2）约定采用据以计算价格的标准公式；（3）限制参与协议的经营者的自主定价权等。应当注意的是，若固定或变更价格协议是在具有竞争关系的买方之间达成时，此类协议的内容则为锁定、维持或降低购买价格。

2. 限制商品的生产数量或者销售数量的协议。

限制数量的垄断协议包括限制商品生产数量和限制商品销售数量两种形式。根据《禁止垄断协议暂行规定》，竞争者之间达成的数量限制协议可具体表现为：（1）以限制产量、固定产量、停止生产等方式限制商品的生产数量或者限制特定品种、型号商品的生产数量；（2）以限制商品投放量等方式限制商品的销售数量，或者限制特定品种、型号商品的销售数量等。

3. 分割销售市场或者原材料采购市场的协议。

根据《禁止垄断协议暂行规定》，划分市场协议可具体表现为：（1）划分商品销售地域、市场份额、销售对象、销售收入、销售利润或者销售商品的种类、数量、时间；（2）划分原料、半成品、零部件、相关设备等原材料的采购区域、种类、数量、时间或者供应商等。此外，原材料还包括经营者生产经营所必需的技术和服务。

4. 限制购买新技术、新设备或者限制开发新技术、新产品的协议。

根据《禁止垄断协议暂行规定》，限制购买新技术、新设备或者限制开发新技术、新产品的协议的表现形式有：（1）限制购买、使用新技术、新工艺；（2）限制购买、租赁、使用新设备、新产品；（3）限制投资、研发新技术、新工艺、新产品；（4）拒绝使用新技术、新工艺、新设备、新产品等。

5. 联合抵制交易。

根据《禁止垄断协议暂行规定》，联合抵制交易协议的具体表现包括：（1）联合拒绝向特定经营者供应或者销售商品；（2）联合拒绝采购或者销售特定经营者的商品；（3）联合限定特定经营者不得与其具有竞争关系的经营者进行交易等。

### 三、纵向垄断协议规制制度

**（一）纵向垄断协议的主要表现形式**

1. 维持转售价格协议。
2. 地域或客户限制协议。
3. 排他性交易协议。

**（二）纵向垄断协议的经济效果**

（1）消极效果。

概括地说，纵向限制竞争协议可能对市场产生以下不利影响：①促成价格卡特尔。②导致市场进入障碍。

（2）积极效果。

①减少"搭便车"。②克服销售商加价，提升消费者福利。（3）改善售后服务。（4）有利于经营者的市场进入。

**（三）《反垄断法》禁止的纵向垄断协议**

我国《反垄断法》列举了两种受到禁止的纵向垄断协议形式：

（1）固定向第三人转售商品的价格；
（2）限定向第三人转售商品的最低价格。

### 四、垄断协议的豁免

1. 符合《反垄断法》规定的特定情形。

（1）为改进技术、研究开发新产品的。

（2）为提高产品质量、降低成本、增进效率，统一产品规格、标准或者实行专业化分工的。

（3）为提高中小经营者经营效率，增强中小经营者竞争力的。

（4）为实现节约能源、保护环境、救灾救助等社会公共利益的。

（5）因经济不景气，为缓解销售量严重下降或者生产明显过剩的。

（6）为保障对外贸易和对外经济合作中的正当利益的。

2. 垄断协议豁免的附加条件。

对于符合上述第（1）至第（5）项情形的垄断协议，《反垄断法》还要求经营者应当证明所达成的协议不会严重限制相关市场的竞争，并且能够使消费者分享由此产生的利益。否则，也不能获得豁免。反垄断执法机构认定消费者能否分享协议产生的利益，应当考虑消费者是否因协议的达成、实施在商品价格、质量、种类等方面获得利益。

3. 调查的终止与重启。

反垄断执法机构认定被调查的垄断协议属于《反垄断法》第十五条规定情形的，应当终止调查并制作终止调查决定书。终止调查决定书应当载明协议的基本情况、适用《反垄断法》第十五条的依据和理由等内容。反垄断执法机构作出终止调查决定后，因情况发生重大变化，导致被调查的协议不再符合《反垄断法》第十五条规定情形的，反垄断执法机构应当重新启动调查。

### 五、"其他协同行为"的认定

认定其他协同行为，应当考虑下列因素：

（1）经营者的市场行为是否具有一致性；

（2）经营者之间是否进行过意思联络或者信息交流；

（3）经营者能否对行为的一致性作出合理解释；

（4）相关市场的结构情况、竞争状况、市场变化等情况。

### 六、对行业协会组织达成和实施垄断协议的规制

根据《禁止垄断协议暂行规定》，禁止行业协会从事下列行为：（1）制定、发布含有排除、限制竞争内容的行业协会章程、规则、决定、通知、标准等；（2）召集、组织或者推动本行业的经营者达成含有排除、限制竞争内容的协议、决议、纪要、备忘录等。

### 七、法律责任

#### （一）民事责任

经营者因达成并实施垄断协议给他人造成损失的，依法承担民事责任。

## （二）行政责任

经营者违反反垄断法规定，达成并实施垄断协议的，由反垄断执法机构责令停止违法行为，没收违法所得，并处上一年度销售额1%以上10%以下的罚款；尚未实施所达成的垄断协议的，可以处50万元以下的罚款。

行业协会违反反垄断法规定，组织本行业的经营者达成垄断协议的，反垄断执法机构可以处50万元以下的罚款；情节严重的，社会团体登记管理机关可以依法撤销登记。

反垄断执法机构确定具体罚款数额时，应当考虑违法行为的性质、情节、程度、持续时间等因素。经营者因行政机关和法律、法规授权的具有管理公共事务职能的组织滥用行政权力而达成垄断协议的，不影响其依法承担行政责任。经营者能够证明其达成垄断协议是被动遵守行政命令所导致的，可以依法从轻或者减轻处罚。

## 八、宽恕制度

《反垄断法》特别规定了垄断协议的宽恕制度。所谓宽恕制度，是指参与垄断协议的经营者主动向反垄断执法机构报告达成垄断协议的有关情况并提供重要证据的，反垄断执法机构可以对其宽大处理，酌情减轻或者免除其处罚。在宽恕制度的具体适用中，主要有两个具体问题：

### （一）"重要证据"的界定

向执法机构提供有关垄断协议的重要证据，是参与垄断协议经营者获得宽大处理的必要条件。

### （二）区分情况减免处罚的具体规则

参与垄断协议的经营者主动报告达成垄断协议有关情况并提供重要证据的，可以申请依法减轻或者免除处罚。反垄断执法机构应当根据经营者主动报告的时间顺序、提供证据的重要程度以及达成、实施垄断协议的有关情况，决定是否减轻或者免除处罚。对于第一个申请者，反垄断执法机构可以免除处罚或者按照不低于80%的幅度减轻罚款；对于第二个申请者，可以按照30%～50%的幅度减轻罚款；对于第三个申请者，可以按照20%～30%的幅度减轻罚款。

# 第三节 滥用市场支配地位规制制度

## 一、市场支配地位的概念

### （一）市场支配地位的法律界定

根据《反垄断法》的相关规定，市场支配地位是指经营者在相关市场内具有能够控制商品价格、数量或者其他交易条件，或者能够阻碍、影响其他经营者进入相关市场能力的市场地位。

### (二)市场支配地位的含义

对市场支配地位的概念可以从以下三个方面进行理解:第一,具有市场支配地位的经营者未必是"独占"者。市场的非独占者有足够强大的影响市场竞争的能力时,也会成为具有市场支配地位的经营者。第二,具有市场支配地位的经营者可以是一个,也可以是多个经营者共同具有市场支配地位。如果多个具有独立法人地位的企业之间具有紧密关联关系,或者它们相互之间无关联关系但属于相关市场内不存在实质竞争的寡占者,当它们作为整体具有足够的影响市场竞争的能力并涉嫌共同实施了某种滥用行为时,则该多个经营者可被认定具有市场支配地位。第三,市场支配地位是一种市场结构状态。当今世界的反垄断法已由结构主义转变为行为主义,即法律主要关注垄断行为,对市场支配地位这种结构状态并无否定性评价。

## 二、滥用市场支配地位行为的概念与分类

### (一)滥用市场支配地位行为的概念

滥用市场支配地位行为,是指具有市场支配地位的经营者凭借其市场支配地位实施的排挤竞争对手或不公平交易行为。滥用市场支配地位行为的构成要件有三:一是行为主体须是具有市场支配地位的经营者;二是客观方面实施了排挤竞争对手或不公平交易的反竞争行为;三是在行为后果方面削弱了竞争,破坏了市场竞争秩序。

### (二)滥用市场支配地位行为的分类

滥用市场支配地位行为可分为两个基本类型,即排他性滥用和剥削性滥用。

## 三、市场支配地位的认定

### (一)认定经营者具有市场支配地位时应当依据的因素

1. 经营者在相关市场的市场份额,以及相关市场的竞争状况。
2. 经营者控制销售市场或者原材料采购市场的能力。
3. 经营者的财力和技术条件。
4. 其他经营者对该经营者在交易上的依赖程度。
5. 其他经营者进入相关市场的难易程度。
6. 认定互联网等新经济业态经营者具有市场支配地位考虑的特殊因素。
7. 认定共同市场支配地位考虑的特殊因素。

### (二)经营者市场支配地位的推定标准

《反垄断法》规定了以市场份额为基础的经营者市场支配地位推定标准。根据该标准,一个经营者在相关市场的市场份额达到1/2的,即可推定为具有市场支配地位;对于多个经营者可能共同拥有市场支配地位的情况,两个经营者在相关市场的市场份额合计达到2/3的,或三个经营者在相关市场的市场份额合计达到3/4的,这些经营者被推定为共同占有市场支配地位。同时,对于多个经营者被推定为共同占有市场支配地位时,其中有的经营者市场份额不足1/10的,不应当推定该经营者具有市场支配地位。

### 四、《反垄断法》禁止的滥用市场支配地位行为

1. 以不公平的高价销售商品或者以不公平的低价购买商品。
2. 没有正当理由,以低于成本的价格销售商品。
3. 没有正当理由,拒绝与交易相对人进行交易。
4. 没有正当理由,限定交易相对人只能与其进行交易或者只能与其指定的经营者进行交易。
5. 没有正当理由搭售商品,或者在交易时附加其他不合理的交易条件。
6. 没有正当理由,对条件相同的交易相对人在交易价格等交易条件上实行差别待遇。

### 五、与知识产权行使有关的滥用市场支配地位行为的特别规定

根据《关于禁止滥用知识产权排除、限制竞争行为的规定》,专属性的滥用市场支配地位行为主要包括:

1. 拒绝许可。
2. 附加不合理限制条件。
3. 专利联营中的滥用行为。
4. 标准必要专利滥用行为。

### 六、法律责任

#### (一) 民事责任

经营者因实施滥用市场支配地位行为给他人造成损失的,依法承担民事责任。

#### (二) 行政责任

经营者违反《反垄断法》规定,滥用市场支配地位的,由反垄断执法机构责令停止违法行为,没收违法所得,并处上一年度销售额1%以上10%以下的罚款。

反垄断执法机构确定具体罚款数额时,应当考虑违法行为的性质、情节、程度、持续时间等因素。经营者因行政机关和法律、法规授权的具有管理公共事务职能的组织滥用行政权力而滥用市场支配地位的,不影响其依法承担行政责任。经营者能够证明其从事的滥用市场支配地位行为是被动遵守行政命令所导致的,可以依法从轻或者减轻处罚。

## 第四节 经营者集中反垄断审查制度

### 一、经营者集中反垄断审查制度概述

#### (一) 经营者集中的概念

经营者集中,是指经营者之间通过合并、取得股份或者资产、委托经营或联营以及人事兼任等方式形成的控制与被控制状态。

经营者集中主要包括以下三种情形：（1）合并。（2）通过取得股权或者资产的方式取得对其他经营者的控制权。（3）通过合同等方式取得对其他经营者的控制权或者能够对其他经营者施加决定性影响。

**（二）经营者集中的分类**

根据参与集中的经营者在产业中的位置和相互关系，可将经营者集中分为横向集中、纵向集中和混合集中。

**（三）经营者集中的经济效果**

经营者集中的经济效果同样具有两面性。在积极效果方面，第一，经营者集中有利于实现规模经济，提高经济效率。第二，经营者集中有利于提高企业的经营效率。第三，经营者集中有利于优化市场竞争环境。

在消极效果方面，首先，横向集中必然减少相关市场中的竞争者数量，并且极易造就具有市场支配地位的经营者，从而加大经营者达成横向垄断协议及滥用市场支配地位的风险。其次，当经营者集中导致相关市场经营者数量减少并形成寡占结构时，可为垄断协议的达成和实施创造便利条件。而且纵向集中有可能产生阻碍市场进入的限制性效果。

**（四）《反垄断法》对经营者集中的规制模式**

经营者集中申报制度主要分为三种模式：强制的事前申报、强制的事后申报和自愿申报。

**二、经营者集中的申报**

**（一）经营者集中申报标准**

经营者集中申报制度并不要求所有的集中都应申报，而是达到一定法定标准的集中才申报。经营者集中达到下列标准之一的，经营者应当事先向国务院商务主管部门申报，未申报的不得实施集中：（1）参与集中的所有经营者上一会计年度在全球范围内的营业额合计超过100亿元人民币，并且其中至少两个经营者上一会计年度在中国境内的营业额均超过4亿元人民币；（2）参与集中的所有经营者上一会计年度在中国境内的营业额合计超过20亿元人民币，并且其中至少两个经营者上一会计年度在中国境内的营业额均超过4亿元人民币。经营者集中未达到上述申报标准，但按照规定程序收集的事实和证据表明该经营者集中具有或者可能具有排除、限制竞争效果的，国务院商务主管部门应当依法进行调查。

**（二）申报材料的提交与补正**

经营者向国务院反垄断执法机构申报集中，应当提交下列文件、资料：（1）申报书；（2）集中对相关市场竞争状况影响的说明；（3）集中协议；（4）参与集中的经营者经会计师事务所审计的上一会计年度财务会计报告；（5）国务院反垄断执法机构规定的其他文件、资料。

经营者提交的文件、资料不完备的，应当在国务院反垄断执法机构规定的期限内补交文件、资料。经营者逾期未补交文件、资料的，视为未申报。

### (三) 申报豁免

为了提高效率，节约国家执法资源，对于虽达申报标准，但属于关系极为紧密的关联企业之间的集中，可以免于申报。其道理在于，这些企业之间在集中前本来就已具有控制与被控制关系，集中不会产生或加强其市场地位。我国《反垄断法》规定，经营者集中有下列情形之一的，可以不向国务院反垄断执法机构申报：（1）参与集中的一个经营者拥有其他每个经营者50%以上有表决权的股份或者资产的；（2）参与集中的每个经营者50%以上有表决权的股份或者资产被同一个未参与集中的经营者拥有的。

## 三、经营者集中审查程序

### （一）两阶段审查

根据《反垄断法》，执法机构对经营者集中实施两阶段审查制。第一阶段为初步审查。如果反垄断执法机构决定实施进一步审查的，则进入第二阶段审查。

### （二）简易程序

根据该暂行规定，符合下列情形的经营者集中案件，为简易案件：（1）在同一相关市场，所有参与集中的经营者所占的市场份额之和小于15%；（2）存在上下游关系的参与集中的经营者，在上下游市场所占的份额均小于25%；（3）不在同一相关市场、也不存在上下游关系的参与集中的经营者，在与交易有关的每个市场所占的份额均小于25%；（4）参与集中的经营者在中国境外设立合营企业，合营企业不在中国境内从事经济活动；（5）参与集中的经营者收购境外企业股权或资产的，该境外企业不在中国境内从事经济活动；（6）由两个以上经营者共同控制的合营企业，通过集中被其中一个或一个以上经营者控制。

另外，虽符合上述条件，但存在下列情形的经营者集中案件，不视为简易案件：（1）由两个以上经营者共同控制的合营企业，通过集中被其中的一个经营者控制，该经营者与合营企业属于同一相关市场的竞争者；（2）经营者集中涉及的相关市场难以界定；（3）经营者集中对市场进入、技术进步可能产生不利影响；（4）经营者集中对消费者和其他有关经营者可能产生不利影响；（5）经营者集中对国民经济发展可能产生不利影响；（6）商务部认为可能对市场竞争产生不利影响的其他情形。

### （三）审查决定

1. 禁止集中决定。

国务院反垄断执法机构认为经营者集中具有或者可能具有排除、限制竞争效果的，应当作出禁止经营者集中的决定。

2. 不予禁止决定。

国务院反垄断执法机构认为经营者集中不具有排除、限制竞争效果的，或者国务院反垄断执法机构虽认为经营者集中具有或者可能具有排除、限制竞争效果，但是经营者能够证明该集中对竞争产生的有利影响明显大于不利影响或者符合社会公共利益的，国务院反垄断执法机构可以作出对经营者集中不予禁止的决定。

3. 附条件的不予禁止决定。

对不予禁止的经营者集中，国务院反垄断执法机构可以决定附加减少集中对竞争产生不利影响的限制性条件。

对于禁止集中决定和附条件的不予禁止决定，国务院反垄断执法机构应当及时向社会公布。

### 四、经营者集中审查的实体标准

#### （一）一般标准

我国《反垄断法》是将"具有或者可能具有排除、限制竞争效果"作为经营者集中审查的一般标准。

#### （二）对经营者集中竞争影响的评估

审查经营者集中，根据个案具体情况和特点，综合考虑下列因素：

1. 参与集中的经营者在相关市场的市场份额及其对市场的控制力。
2. 相关市场的市场集中度。
3. 经营者集中对市场进入、技术进步的影响。
4. 经营者集中对消费者和其他有关经营者的影响。
5. 经营者集中对国民经济发展的影响。
6. 国务院反垄断执法机构认为应当考虑的影响市场竞争的其他因素。

### 五、经营者集中附加限制性条件批准制度

#### （一）经营者集中附加限制性条件的概念

经营者集中附加限制性条件，也称经营者集中的救济措施，是指在经营者集中反垄断审查中，为了消除集中对竞争造成的不利影响，由参与集中的经营者向执法机构提出消除不利影响的解决办法，执法机构附条件批准该项集中的制度。《反垄断法》第二十九条规定，对不予禁止的经营者集中，国务院反垄断执法机构可以决定附加减少集中对竞争产生不利影响的限制性条件。

#### （二）限制性条件的分类

限制性条件包括如下几类：（1）剥离有形资产、知识产权等无形资产或相关权益等结构性条件；（2）开放网络或平台等基础设施、许可关键技术（包括专利、专有技术或其他知识产权）、终止排他性协议等行为性条件；（3）结构性条件和行为性条件相结合的综合性条件。

#### （三）限制性条件的确定

限制性条件的建议应当能够消除或减少经营者集中具有或者可能具有的排除、限制竞争效果，并具有现实的可操作性。

#### （四）业务剥离的实施

1. 业务剥离的方式。

附加限制性条件为业务剥离的，可采取自行剥离或者受托剥离的方式。

2. 剥离业务的买方资格。

（1）独立于参与集中的经营者；

（2）拥有必要的资源、能力并有意愿使用剥离业务参与市场竞争；

(3) 取得其他监管机构的批准;
(4) 不得向参与集中的经营者融资购买剥离业务;
(5) 商务部根据具体案件情况提出的其他要求。

3. 剥离受托人和监督受托人。

监督受托人和剥离受托人应当符合下列要求:(1) 独立于剥离义务人和剥离业务的买方;(2) 具有履行受托人职责的专业团队,团队成员应当具有对限制性条件进行监督所需的专业知识、技能及相关经验;(3) 提出可行的工作方案;(4) 对买方人选确定过程的监督;(5) 商务部提出的其他要求。

监督受托人应当在商务部的监督下,履行下列职责:(1) 监督剥离义务人履行本规定、审查决定及相关协议规定的义务;(2) 对剥离义务人推荐的买方人选、拟签订的出售协议进行评估,并向商务部提交评估报告;(3) 监督出售协议的执行,并定期向商务部提交监督报告;(4) 协调剥离义务人与潜在买方就剥离事项产生的争议;(5) 应商务部的要求提交其他与剥离有关的报告。监督受托人不得披露其在履行职责过程中向商务部提交的各种报告及相关信息。

4. 剥离完成前剥离义务人的特定义务。

在剥离完成之前,为确保剥离业务的存续性、竞争性和可销售性,剥离义务人应当履行下列义务:(1) 保持剥离业务与其保留的业务之间相互独立,并采取一切必要措施以最符合剥离业务发展的方式进行管理;(2) 不得实施任何可能对剥离业务有不利影响的行为,包括聘用被剥离业务的关键员工,获得剥离业务的商业秘密或其他保密信息等;(3) 指定专门的管理人,负责管理剥离业务。管理人在监督受托人的监督下履行职责,其任命和更换应得到监督受托人的同意;(4) 确保潜在买方能够以公平合理的方式获得有关剥离业务的充分信息,评估剥离业务的商业价值和发展潜力;(5) 根据买方的要求向其提供必要的支持和便利,确保剥离业务的顺利交接和稳定经营;(6) 向买方及时移交剥离业务并履行相关法律程序。

### 六、经营者集中未依法申报的调查处理

根据《反垄断法》第四十八条的规定,"经营者违反本法规定实施集中的,由国务院反垄断执法机构责令停止实施集中、限期处分股份或者资产、限期转让营业以及采取其他必要措施恢复到集中前的状态,可以处五十万元以下的罚款"。

## 第五节 滥用行政权力排除、限制竞争规制制度

### 一、《反垄断法》禁止的滥用行政权力排除、限制竞争行为

#### (一) 行政强制交易

行政性垄断意义上的强制交易,是指行政机关和法律、法规授权的具有管理公共事

务职能的组织滥用行政权力,限定或者变相限定单位或者个人经营、购买、使用其指定的经营者提供的商品的行为。《反垄断法》第三十二条对此种行为明确予以禁止。

### (二) 地区封锁

根据《制止滥用行政权力排除、限制竞争行为暂行规定》,地区封锁行为的具体表现包括:(1) 对外地商品设定歧视性收费项目、实行歧视性收费标准,或者规定歧视性价格、实行歧视性补贴政策;(2) 对外地商品规定与本地同类商品不同的技术要求、检验标准,或者对外地商品采取重复检验、重复认证等措施,阻碍、限制外地商品进入本地市场;(3) 没有法律、法规依据,采取专门针对外地商品的行政许可、备案,或者对外地商品实施行政许可、备案时,设定不同的许可或者备案条件、程序、期限等,阻碍、限制外地商品进入本地市场;(4) 没有法律、法规依据,设置关卡、通过软件或者互联网设置屏蔽等手段,阻碍、限制外地商品进入本地市场或者本地商品运往外地市场;(5) 妨碍商品在地区之间自由流通的其他行为。

### (三) 排斥或限制外地经营者参加本地招标投标

根据《制止滥用行政权力排除、限制竞争行为暂行规定》,此类行为的具体表现包括:(1) 不依法发布信息;(2) 明确外地经营者不能参与本地特定的招标投标、政府采购活动;(3) 对外地经营者设定歧视性的资质要求或者评审标准;(4) 通过设定与招标项目的具体特点和实际需要不相适应或者与合同履行无关的资格、技术和商务条件,变相限制外地经营者参加本地招标投标、政府采购活动;(5) 排斥或者限制外地经营者参加本地招标投标、政府采购活动的其他行为。

### (四) 排斥或者限制外地经营者在本地投资或者设立分支机构或者妨碍外地经营者在本地的正常经营活动

根据《制止滥用行政权力排除、限制竞争行为暂行规定》,此类行为的具体表现包括:(1) 拒绝外地经营者在本地投资或者设立分支机构;(2) 没有法律、法规依据,对外地经营者在本地投资的规模、方式以及设立分支机构的地址、商业模式等进行限制;(3) 对外地经营者在本地的投资或者设立的分支机构在投资、经营规模、经营方式、税费缴纳等方面规定与本地经营者不同的要求,在安全生产、节能环保、质量标准等方面实行歧视性待遇;(4) 排斥或者限制外地经营者在本地投资或者设立分支机构的其他行为。

### (五) 强制经营者从事垄断行为

强制经营者从事垄断行为,是指行政机关和法律、法规授权的具有管理公共事务职能的组织滥用行政权力,强制经营者达成、实施排除、限制竞争的垄断协议,或者强制具有市场支配地位的经营者从事滥用市场支配地位的行为,或者强制经营者实施违法经营者集中等。地方政府实施此种行为的动机可能是保护地方经济、挽救某地方企业等。

### (六) 抽象行政性垄断行为

《反垄断法》第三十七条规定:"行政机关不得滥用行政权力,制定含有排除、限制竞争内容的规定。"这是对抽象行政性垄断行为的禁止规定。抽象行政性垄断行为,是指行政机关滥用行政权力,制定含有排除、限制竞争内容的规定的行为,其具体形式包括决定、公告、通告、通知、意见、会议纪要等。与具体行政行为只针对特定主体和特定事项不同，抽象行政行为则是行政机关针对不特定对象发布的能反复适用的行政规范性文件，具有一定的"普适性"，因此，抽象行政性垄断行为比具体行政性垄断行为的危害更大。

### 三、公平竞争审查制度

**（一）公平竞争审查制度的基本原则**

（1）尊重市场，竞争优先。
（2）立足全局，统筹兼顾。
（3）依法审查，强化监督。

**（二）公平竞争审查的对象和方式**

1. 审查对象。

公平竞争审查的对象包括三类：一是行政机关和法律、法规授权的具有管理公共事务职能的组织（统称政策制定机关）制定的市场准入、产业发展、招商引资、招标投标、政府采购、经营行为规范、资质标准等涉及市场主体经济活动的规章、规范性文件和其他政策措施；二是行政法规和国务院制定的其他政策措施；三是政府部门负责起草的地方性法规。

2. 审查方式。

公平竞争审查采取事前自我审查的方式。

**（三）公平竞争审查标准**

进行公平竞争审查时，从维护全国统一市场和公平竞争的角度，按照以下标准进行审查：

1. 市场准入和退出标准。

（1）不得设置不合理和歧视性的准入和退出条件；（2）未经公平竞争审查不得授予经营者特许经营权；（3）不得限定经营、购买、使用特定经营者提供的商品和服务；（4）不得设置没有法律法规依据的审批或者事前备案程序；（5）不得对市场准入负面清单以外的行业、领域、业务等设置审批程序。

2. 商品和要素自由流动标准。

（1）不得对外地和进口商品、服务实行歧视性价格和歧视性补贴政策；（2）不得限制外地和进口商品、服务进入本地市场或者阻碍本地商品运出、服务输出；（3）不得排斥或者限制外地经营者、供应商参加本地招标投标、政府采购活动；（4）不得排斥、限制或者强制外地经营者在本地投资或者设立分支机构；（5）不得对外地经营者在本地的投资或者设立的分支机构实行歧视性待遇。

3. 影响生产经营成本标准。

（1）不得违法给予特定经营者优惠政策；（2）安排财政支出一般不得与企业缴纳的税收或非税收入挂钩；（3）不得违法免除特定经营者需要缴纳的社会保险费用；（4）不得在法律规定之外要求经营者提供或者扣留经营者各类保证金。

4. 影响生产经营行为标准。

（1）不得强制经营者从事《中华人民共和国反垄断法》规定的垄断行为；（2）不得

违法披露或者要求经营者披露生产经营敏感信息，为经营者从事垄断行为提供便利条件；（3）不得超越定价权限进行政府定价；（4）不得违法干预实行市场调节价的商品和服务的价格水平。

（四）例外规定

政策制定机关对政策措施进行公平竞争审查时，认为虽然具有一定限制竞争的效果，但属于为维护国家经济安全、文化安全、涉及国防建设，为实现扶贫开发、救灾救助等社会保障目的，为实现节约能源资源、保护生态环境等社会公共利益以及法律、行政法规规定的例外情形，在同时符合以下条件的情况下可以实施：（1）对实现政策目的不可或缺，即为实现相关目标必须实施此项政策措施；（2）不会严重排除和限制市场竞争；（3）明确实施期限。

**四、法律责任**

行政机关和法律、法规授权的具有管理公共事务职能的组织滥用行政权力，实施排除、限制竞争行为的，由上级机关责令改正；对直接负责的主管人员和其他直接责任人员依法给予处分。反垄断执法机构可以向有关上级机关提出依法处理的建议，处理建议应当具体、明确，可以包括停止实施有关行为、废止有关文件并向社会公开、修改文件的有关内容并向社会公开文件的修改情况等。

# 第十二章 涉外经济法律制度

涉外经济法律制度是调整涉外经济关系的法律规范的总称。涉外经济关系是指具有涉外因素的经济关系,是因国际经贸往来亦即货物(商品)、服务、资本和劳动力的跨境流动而形成的经济关系。

涉外投资和对外贸易是涉外经济关系的主要内容,涉外投资法律制度和对外贸易法律制度也因此构成涉外经济法律制度的主体部分。

## 第一节 涉外投资法律制度

### 一、外商投资法律制度

**(一)从"外资三法"到《外商投资法》**

2019年3月15日,十三届全国人大二次会议表决通过《中华人民共和国外商投资法》(以下简称《外商投资法》),自2020年1月1日起施行;原《中华人民共和国中外合资经营企业法》《中华人民共和国中外合作经营企业法》《中华人民共和国外资企业法》(以下合称"外资三法")同时废止。新的《外商投资法》分为6章,包括总则、投资促进、投资保护、投资管理、法律责任、附则,共42条,对新的外商投资法律制度作出了基本的、明确的规定。

1."外资三法"的成就与不足。

党的十一届三中全会确立了改革开放的基本国策。中国的对外开放立法是从外商投资立法起步和发展起来的。

进入21世纪后,为适应加入世界贸易组织的需要,全国人大及其常委会对"外资三法"作出部分修改,删除了法律中要求外商投资企业在境内优先采购、实现外汇收支平衡、出口实绩等规定。2007年,全国人民代表大会通过《企业所得税法》,实现了内外资企业所得税制统一。党的十八大以后,根据全面深化改革、扩大对外开放的需要,全国人大常委会于2013年、2014年两次作出决定,授权在有关自由贸易试验区(以下简称"自贸试验区")内暂时调整"外资三法"关于外商投资企业审批等规定,试行准入前国民待遇加负面清单管理方式。2016年,根据自贸试验区取得的可复制推广的经验,全国人大常委会对"外资三法"作出修改,在法律中确立外商投资企业实行准入前国民待遇加负面清单管理制度,将自贸试验区的改革试点经验推广到全国。

但随着实践的发展,"外资三法"已经不能适应现实需要,暴露出这样那样的问题。

具体来说,主要存在以下问题:

第一,针对中外合资企业、中外合作企业和外商独资企业分别立法,对于市场实践中并无实质差异的外商投资活动,在法律制度上人为地作出区分,造成法律实施和适用的烦琐化。

第二,在《公司法》《合伙企业法》等企业组织法相继出台后,"外资三法"中的部分条款与上述法律的规定存在抵牾和冲突,尤其是在司法实践中造成法律适用上的错乱与失衡,制度"双轨"现象亟待消除。

第三,外商投资的国民待遇原则未得到彻底贯彻,在市场准入方面与内资区别对待,需要进行专门审批,从而成为我国市场经济发展和进一步对外开放的制度性障碍。

第四,"外资三法"构建的管理机制是以企业组织形式为基本着眼点,以行政审批为主要规制手段,对市场准入全面管制,对外商投资进行全链条审批,管得过多、过宽、过死,不符合行政放权、企业自主、市场自治的大趋势。

第五,"外资三法"仅涉及新设投资这种外商投资形式,对于跨国并购未予规定,对于外国资本在资本市场上的间接投资行为也未予涵盖。

《外商投资法》的制定主要遵循以下四个原则:

第一,突出积极扩大对外开放和促进外商投资的主基调。

第二,坚持外商投资基础性法律的定位。

第三,坚持中国特色和国际规则相衔接。

第四,坚持内外资一致。

2.《外商投资法》的特色与创新。

(1)从企业组织法转型为投资行为法。

(2)强调对外商投资的促进与保护。

(3)全面落实国民待遇原则。

(4)更加周延地覆盖外商投资实践。

(二)关于外商投资的界定

《外商投资法》对外商投资进行了界定,即外国的自然人、企业或者其他组织直接或者间接在中国境内进行的投资活动,包括以下四类具体情形:一是外国投资者单独或者与其他投资者共同在中国境内设立外商投资企业;二是外国投资者取得中国境内企业的股份、股权、财产份额或者其他类似权益;三是外国投资者单独或者与其他投资者共同在中国境内投资新建项目;四是法律、行政法规或者国务院规定的其他方式的投资。

(三)关于外商投资促进

1.提高外商投资政策的透明度。

政府及其有关部门制定的支持企业发展的政策应当依法公开;对政策实施中需要由企业申请办理的事项,政府及其有关部门应当公开申请办理的条件、流程、时限等,并在审核中依法平等对待外商投资企业和内资企业。

2. 保障外商投资企业平等参与市场竞争。

外商投资企业依法和内资企业平等参与国家标准、行业标准、地方标准和团体标准的制定、修订工作。外商投资企业可以根据需要自行制定或者与其他企业联合制定企业标准。外商投资企业可以向标准化行政主管部门和有关行政主管部门提出标准的立项建议,在标准立项、起草、技术审查以及标准实施信息反馈、评估等过程中提出意见和建议,并按照规定承担标准起草、技术审查的相关工作以及标准的外文翻译工作。标准化行政主管部门和有关行政主管部门应当建立健全相关工作机制,提高标准制定、修订的透明度,推进标准制定、修订全过程信息公开。国家制定的强制性标准对外商投资企业和内资企业平等适用,不得专门针对外商投资企业适用高于强制性标准的技术要求。

3. 加强外商投资服务。

国家建立健全外商投资服务体系,为外国投资者和外商投资企业提供法律法规、政策措施、投资项目信息等方面的咨询和服务。

4. 依法依规鼓励和引导外商投资。

国家根据需要,设立特殊经济区域,或者在部分地区实行外商投资试验性政策措施,促进外商投资,扩大对外开放。此处所称特殊经济区域,是指经国家批准设立、实行更大力度的对外开放政策措施的特定区域;国家在部分地区实行的外商投资试验性政策措施,经实践证明可行的,根据实际情况在其他地区或者全国范围内推广。

(四) 关于外商投资保护

1. 加强对外商投资企业的产权保护。

国家对于外国投资者的投资原则上不实行征收;在特殊情况下、为了公共利益的需要,可以依照法律规定对外国投资者的投资实行征收或者征用,但应当依照法定程序、以非歧视性的方式进行,并按照被征收投资的市场价值及时给予补偿。外国投资者对征收决定不服的,可以依法申请行政复议或者提起行政诉讼。外国投资者在中国境内的出资、利润、资本收益、资产处置所得、取得的知识产权许可使用费、依法获得的补偿或者赔偿、清算所得等,可以依法以人民币或者外汇自由汇入、汇出,任何单位和个人不得违法对币种、数额以及汇入、汇出的频次等进行限制。外商投资企业的外籍职工和香港、澳门、台湾职工的工资收入和其他合法收入,可以依法自由汇出。

国家保护外国投资者和外商投资企业的知识产权,保护知识产权权利人和相关权利人的合法权益,鼓励在外商投资过程中基于自愿原则和商业规则开展技术合作,合作条件由投资各方遵循公平原则平等协商确定。

2. 强化对制定涉及外商投资规范性文件的约束。

各级人民政府及其有关部门制定涉及外商投资的规范性文件,应当符合法律法规的规定;没有法律、行政法规依据的,不得减损外商投资企业的合法权益或者增加其义务,不得设置市场准入和退出条件,不得干预外商投资企业的正常生产经营活动。涉及外商投资的规范性文件,应当按照国务院的规定进行合法性审核。外国投资者、外商投资企业认为行政行为所依据的国务院部门和地方人民政府及其部门制定的规范性文件不合法,在依法对行政行为申请行政复议或者提起行政诉讼时,可以一并请求对该规范性文件进行审查。

3. 促使地方政府守约践诺。

地方各级人民政府及其有关部门应当履行向外国投资者、外商投资企业依法作出的政策承诺以及依法订立的各类合同，不得以行政区划调整、政府换届、机构或者职能调整以及相关责任人更替等为由违约毁约；因国家利益、社会公共利益需要改变政策承诺、合同约定的，应当依照法定权限和程序进行，并依法对外国投资者、外商投资企业因此受到的损失及时予以公平、合理的补偿。此处所称政策承诺，是指地方各级人民政府及其有关部门在法定权限内，就外国投资者、外商投资企业在本地区投资所适用的支持政策、享受的优惠待遇和便利条件等作出的书面承诺。

4. 建立健全外商投资企业投诉工作机制。

国家建立外商投资企业投诉工作机制，协调完善外商投资企业投诉工作中的重大政策措施，及时处理外商投资企业或者其投资者反映的问题。

### （五）关于外商投资管理

1. 准入前国民待遇加负面清单管理制度。

我国长期以来对外商投资的市场准入实行审批制，即外国投资者在我国境内投资设立企业必须经国家或地方商务主管部门事先批准，获得批准后才能办理工商登记，领取营业执照；外商投资企业的合并、分立等重要事项变更一级延长经营期限，也需要审批机关批准。

负面清单规定禁止投资的领域，外国投资者不得投资。负面清单规定限制投资的领域，外国投资者进行投资应当符合负面清单规定的股权要求、高级管理人员要求等限制性准入特别管理措施。有关主管部门在依法履行职责过程中，对外国投资者拟投资负面清单内领域，但不符合负面清单规定的，不予办理许可、企业登记注册等相关事项；涉及固定资产投资项目核准的，不予办理相关核准事项。

在此基础上，《外商投资法》相关条款还对外商投资管理作出了一些指引性、衔接性的规定，以便与投资经营领域的现有制度框架配套和衔接。

（1）明确按照内外资一致的原则对外商投资实施监督管理。

外商投资企业的登记注册，由国务院市场监督管理部门或者其授权的地方人民政府市场监督管理部门依法办理，注册资本可以用人民币或可自由兑换货币表示。外商投资需要办理投资项目核准、备案的，按照国家有关规定执行。外国投资者在依法需要取得许可的行业、领域进行投资的，除法律、行政法规另有规定外，负责实施许可的有关主管部门应当按照与内资一致的条件和程序，审核外国投资者的许可申请，不得在许可条件、申请材料、审核环节、审核时限等方面对外国投资者设置歧视性要求。

（2）建立健全外商投资信息报告制度。

外国投资者或者外商投资企业应当通过企业登记系统以及企业信用信息公示系统向商务主管部门报送投资信息，所报送的投资信息应当真实、准确、完整。

2. 外商投资安全审查制度。

《外商投资法》明确规定，国家建立外商投资安全审查制度，对影响或者可能影响国家安全的外商投资进行安全审查，依法作出的安全审查决定为最终决定。

一般而言，外商投资安全审查是指以涉及"国家安全"为理由，由专门的机构和机制对归入审查范围的特定外商投资行为进行全面审查，以评估该投资行为对东道国国家安全产生的风险和影响，从而作出决策并进行风险干预管控的专门制度。该制度由美国于20世纪70年代创设，后经不断修正完善而日益成熟。由于在平衡经济利益与国家安全中发挥着重要作用，该制度逐渐为各国政府所认可和仿效。

所谓"外商投资"包括下列情形：（1）外国投资者单独或与其他投资者共同投资新建项目或设立企业；（2）外国投资者通过并购方式取得已设立企业的股权或资产；（3）外国投资者通过协议控制、代持、信托、再投资、境外交易、租赁、认购可转换债券等方式投资。所谓"取得所投资企业的实际控制权"，包括下列情形：（1）外国投资者及其关联投资者持有企业股份总额在50%以上；（2）数个外国投资者持有企业股份总额合计在50%以上；（3）外国投资者及其关联投资者、数个外国投资者持有企业股份总额不超过50%，但所享有的表决权已足以对股东会或股东大会、董事会的决议产生重大影响；（4）其他导致外国投资者对企业的经营决策、人事、财务、技术等产生重大影响的情形。

自贸试验区外商投资安全审查的内容包括：（1）外商投资对国防安全，包括对国防需要的国内产品生产能力、国内服务提供能力和有关设施的影响；（2）外商投资对国家经济稳定运行的影响；（3）外商投资对社会基本生活秩序的影响；（4）外商投资对国家文化安全、公共道德的影响；（5）外商投资对国家网络安全的影响；（6）外商投资对涉及国家安全关键技术研发能力的影响。

3. 外商投资合同效力的认定。

在既往外商投资审批制下，相关审批机关的审批、登记行为是投资合同的生效要件。而在准入前国民待遇加负面清单管理模式下，原则上外商投资无需再经审批，投资合同的效力应当贯彻当事人意思自治原则；只有负面清单列明采取特别管理措施的投资领域和项目，才继续涉及审批行为对投资合同效力的影响问题。

### （六）关于过渡问题的处理

鉴于在"外资三法"存续期间，有大量外商投资企业依据"外资三法"设立，在新法实施后，有必要给这些企业一个适应、调整的过渡时期。为此，《外商投资法》和《实施条例》规定，《外商投资法》施行前依照"外资三法"设立的外商投资企业，在《外商投资法》施行后5年内，可以依照《中华人民共和国公司法》《中华人民共和国合伙企业法》等法律的规定调整其组织形式、组织机构等，并依法办理变更登记，也可以继续保留原企业组织形式、组织机构等。自2025年1月1日起，对未依法调整组织形式、组织机构等并办理变更登记的现有外商投资企业，市场监督管理部门不予办理其申请的其他登记事项，并将相关情形予以公示。现有外商投资企业的组织形式、组织机构等依法调整后，原合营、合作各方在合同中约定的股权或者权益转让办法、收益分配办法、剩余财产分配办法等，可以继续按照约定办理。此外，《外商投资法》和《实施条例》规定，自其施行之日（2020年1月1日）起，原"外资三法"及其实施条例、细则同时废止。但除国务院制定的实施条例、细则外，在外商投资领域还存在大量部门规章、地方性法规、地方性规章、司法解释等规范性文件，既不宜一体废止，又难以在短时间内一一筛选甄别。为此，《实施条例》规定，2020年1月1日前制定的有关外商投资的规定与《外商投资法》和《实施条例》不一致的，以《外商投资法》和《实施条例》的规定为准,从而创造性地解决了这一难题。

## 二、对外直接投资法律制度

### (一) 对外直接投资概述

中国对外直接投资(以下简称对外直接投资),是指中国境内投资者以现金、实物、无形资产等方式在国外及港澳台地区设立或购买境外企业,并控制企业经营管理权的投资活动。

对外直接投资的形式包括新设、并购、参股、增资、再投资等。中国早期的对外直接投资以新设投资或所谓绿地投资为主,近年来,跨国并购所占比例则呈上升趋势。

### (二) 对外直接投资核准备案制度

1. 商务部门的核准和备案。

根据商务部 2014 年 9 月 6 日发布、2014 年 10 月 6 日起施行的《境外投资管理办法》,商务部和省级商务主管部门按照企业境外投资的不同情形,分别实行备案和核准管理。企业境外投资涉及敏感国家和地区、敏感行业的,实行核准管理;企业其他情形的境外投资,实行备案管理。企业境外投资不得有以下情形:(1) 危害我国国家主权、安全和社会公共利益,或违反我国法律法规;(2) 损害我国与有关国家(地区)关系;(3) 违反我国缔结或者参加的国际条约、协定;(4) 出口我国禁止出口的产品和技术。

2. 发展改革部门的核准和备案。

根据国家发展改革委 2017 年 12 月 26 日发布、2018 年 3 月 1 日起施行的《境外企业投资管理办法》,国家发展改革委和省级政府发展改革部门根据不同情况,对境外投资项目分别实行相应的核准或备案管理。

实行核准管理的范围是投资主体直接或通过其控制的境外企业开展的敏感类项目,核准机关是国家发展改革委。

所谓敏感类项目,是指涉及敏感国家和地区的项目,以及涉及敏感行业的项目。其中,敏感国家和地区包括:(1) 与我国未建交的国家和地区;(2) 发生战争、内乱的国家和地区;(3) 根据我国缔结或参加的国际条约、协定等,需要限制企业对其投资的国家和地区;(4) 其他敏感国家和地区。敏感行业包括:(1) 武器装备的研制生产维修;(2) 跨境水资源开发利用;(3) 新闻传媒;(4) 根据我国法律法规和有关调控政策,需要限制企业境外投资的行业。敏感行业目录由国家发展改革委发布。

# 第二节 对外贸易法律制度

## 一、对外贸易法律制度概述

中国对外贸易是国际贸易的组成部分,是指中国同其他国家或地区之间发生的贸易活动,包括货物进出口贸易、技术进出口贸易和国际服务贸易。

## 二、《对外贸易法》的适用范围和原则

### （一）《对外贸易法》的适用范围

《对外贸易法》规定，该法适用于对外贸易以及与对外贸易有关的知识产权保护。换言之，从对象上看，我国对外贸易法律制度适用于货物进出口、技术进出口、国际服务贸易以及与此相关的知识产权保护。

从地域范围看，我国《对外贸易法》仅适用于中国内地，不适用于香港特别行政区、澳门特别行政区和台湾地区。

### （二）《对外贸易法》的原则

1. 统一管理原则。
2. 公平自由原则。
3. 平等互利原则。
4. 区域合作原则。
5. 非歧视原则。
6. 互惠对等原则。

## 三、对外贸易经营者

### （一）对外贸易经营者的概念

对外贸易经营者是我国对外贸易活动的经营主体，是指依法办理工商登记或者其他执业手续，依照《对外贸易法》和其他有关法律、行政法规的规定从事对外贸易经营活动的法人、其他组织或者个人。

1. 对外贸易经营者包括法人、其他组织和个人。

对外贸易经营者既可以是法人，也可以是非法人组织如合伙，还可以是个人亦即自然人。

2. 对外贸易经营无需专门许可。

我国在很长时间内对于对外贸易经营实行特许制，只有经过审批并获得外贸经营资格才能从事对外贸易活动。《对外贸易法》于2004年修订时取消了外贸特许制，规定依法办理了工商登记或其他执业手续的单位和个人均可从事外贸经营。当然，对外贸易经营者必须首先依据《公司法》《非公司型企业法》《个体工商户条例》等法律法规的规定，完成设立登记。

### （二）对外贸易经营者的管理

1. 货物贸易和技术贸易经营者的备案登记。

《对外贸易法》规定，从事货物进出口或者技术进出口的对外贸易经营者，应当向商务部或者其委托的机构办理备案登记；但是，法律、行政法规和商务部规定不需要备案登记的除外。对外贸易经营者未按照规定办理备案登记的，海关不予办理进出口货物的报关验放手续。

2. 关于国营贸易的特别规定。

《对外贸易法》规定，我国可以对部分货物的进出口实行国营贸易管理；实行国营贸易管理货物的进出口业务只能由经授权的企业经营，但国家允许部分数量的国营贸易管

理货物的进出口业务由非授权企业经营的除外；实行国营贸易管理的货物和经授权经营企业的目录，由商务部会同国务院其他有关部门确定、调整并公布。

### 四、货物进出口与技术进出口

**（一）货物和技术进出口的一般原则**

《对外贸易法》规定，国家准许货物与技术的自由进出口，但法律、行政法规另有规定的除外。

**（二）货物和技术自由进出口的例外情形**

《对外贸易法》对于货物和技术的自由进出口规定了两类例外情形。

《对外贸易法》第十六条规定，国家基于下列原因，可以限制或者禁止有关货物、技术的进出口：（1）为维护国家安全、社会公共利益或者公共道德，需要限制或者禁止进口或者出口的；（2）为保护人的健康或者安全，保护动物、植物的生命或者健康，保护环境，需要限制或者禁止进口或者出口的；（3）为实施与黄金或者白银进出口有关的措施，需要限制或者禁止进口或者出口的；（4）国内供应短缺或者为有效保护可能用竭的自然资源，需要限制或者禁止出口的；（5）输往国家或者地区的市场容量有限，需要限制出口的；（6）出口经营秩序出现严重混乱，需要限制出口的；（7）为建立或者加快建立国内特定产业，需要限制进口的；（8）对任何形式的农业、牧业、渔业产品有必要限制进口的；（9）为保障国家国际金融地位和国际收支平衡，需要限制进口的；（10）依照法律、行政法规的规定，其他需要限制或者禁止进口或者出口的；（11）根据我国缔结或者参加的国际条约、协定的规定，其他需要限制或者禁止进口或者出口的。

《对外贸易法》第十七条规定，国家对与裂变、聚变物质或者衍生此类物质的物质有关的货物、技术进出口，以及与武器、弹药或者其他军用物资有关的进出口，可以采取任何必要措施，维护国家安全；在战时或者为维护国际和平与安全，国家在货物、技术进出口方面可以采取任何必要措施。

**（三）货物和技术进出口的管理制度**

1. 货物进出口自动许可制度。

《对外贸易法》规定，商务部基于监测进出口情况的需要，可以对部分自由进出口的货物实行进出口自动许可并公布其目录。实行自动许可的进出口货物，收货人、发货人在办理海关报关手续前提出自动许可申请的，商务部应当予以许可；未办理自动许可手续的，海关不予放行。

2. 技术进出口备案登记制度。

《对外贸易法》规定，进出口属于自由进出口的技术，应当向商务部或其委托的机构办理合同备案登记。据此，我国对自由进出口技术的进出口实行合同登记制度。但需要指出的是，此种合同登记仅具有备案意义，合同自依法成立时生效，不以登记作为合同生效的条件。

3. 配额和许可证制度。

国家对限制进口或者出口的货物，实行配额、许可证等方式管理；对限制进口或者出口的技术，实行许可证管理。实行配额、许可证管理的货物、技术，经商务部或者经其会同国务院其他有关部门许可方可进口或者出口。国家对部分进口货物还可以实行关税配额管理。关税配额是将关税和配额制度结合起来的一种数量限制措施,是指在一定时期内对进口商品的绝对数量不加限制,但对在规定关税配额内的进口货物适用较低的关税税率,对超过规定数量限额的进口货物则适用较高的关税税率,以此来调节货物进口的数量。进出口货物配额和关税配额由商务部或者国务院其他有关部门在各自职责范围内,按照公开、公平、公正和效益的原则进行分配。

(1) 货物进出口配额和许可证制度。
(2) 技术进出口许可证制度。

### 五、国际服务贸易

《对外贸易法》规定,我国在国际服务贸易方面根据所缔结或者参加的国际条约、协定中的承诺,给予其他缔约方、参加方市场准入和国民待遇。商务部和国务院其他有关部门依照该法和其他有关法律、行政法规的规定,对国际服务贸易进行管理。国家基于下列原因,可以限制或者禁止有关的国际服务贸易:(1) 为维护国家安全、社会公共利益或者公共道德,需要限制或者禁止的;(2) 为保护人的健康或者安全,保护动物、植物的生命或者健康,保护环境,需要限制或者禁止的;(3) 为建立或者加快建立国内特定服务产业,需要限制的;(4) 为保障国家外汇收支平衡,需要限制的;(5) 依照法律、行政法规的规定,其他需要限制或者禁止的;(6) 根据我国缔结或者参加的国际条约、协定的规定,其他需要限制或者禁止的。此外,国家对与军事有关的国际服务贸易,以及与裂变、聚变物质或者衍生此类物质的物质有关的国际服务贸易,可以采取任何必要措施,维护国家安全;在战时或者为维护国际和平与安全,国家在国际服务贸易方面可以采取任何必要措施。商务部会同国务院其他有关部门,依照上述规定以及其他有关法律、行政法规的规定,制定、调整并公布国际服务贸易市场准入目录。

### 六、对外贸易救济

《对外贸易法》规定,国家根据对外贸易调查结果,可以采取适当的对外贸易救济措施。所谓贸易救济措施,是指对外贸易中其他国家或地区的不公平贸易行为或者特定条件下的公平贸易行为对我国相关产业造成实质损害或者产生实质损害威胁,或者对建立国内产业造成实质阻碍时,我国根据国际条约、协定和国内法律、行政法规所采取的,旨在消除或者减轻此种损害、损害威胁或者阻碍的措施。对外贸易救济措施包括反倾销措施、反补贴措施和保障措施。

**(一)反倾销措施**

其他国家或者地区的产品以低于正常价值的倾销方式进入我国市场,对已建立的国内产业造成实质损害或者产生实质损害威胁,或者对建立国内产业造成实质阻碍的,国家可以采取反倾销措施,消除或者减轻这种损害、损害的威胁或者阻碍。

1. 基本概念。

"倾销"是指在正常贸易过程中进口产品以低于其正常价值的出口价格进入中国市场。对倾销的调查和确定,由商务部负责。

"损害"是指倾销对已经建立的国内产业造成实质损害或者产生实质损害威胁,或者对建立国内产业造成实质阻碍。对损害的调查和确定，由商务部负责；其中，涉及农产品的反倾销国内产业损害调查，由商务部会同农业部进行。

2. 反倾销调查。

国内产业或者代表国内产业的自然人、法人或者有关组织（统称"申请人"），可以依照《反倾销条例》的规定向商务部提出反倾销调查的书面申请。商务部应当自收到申请书及有关证据之日起60日内，对申请是否由国内产业或者代表国内产业提出、申请书内容及所附具的证据等进行审查，并决定立案调查或者不立案调查。在决定立案调查前，应当通知有关出口国（地区）政府。在表示支持申请或者反对申请的国内产业中，支持者的产量占支持者和反对者的总产量的50%以上的，应当认定申请是由国内产业或者代表国内产业提出，可以启动反倾销调查；但是，表示支持申请的国内生产者的产量不足国内同类产品总产量的25%的，不得启动反倾销调查。在特殊情形下，商务部虽未收到反倾销调查的书面申请，但有充分证据认为存在倾销和损害以及二者之间有因果关系的，可以自行决定立案调查。

反倾销调查应当自立案调查决定公告之日起12个月内结束；特殊情况下可以延长，但延长期不得超过6个月。

有下列情形之一的，反倾销调查应当终止，并由商务部予以公告：（1）申请人撤销申请的；（2）没有足够证据证明存在倾销、损害或者二者之间有因果关系的；（3）倾销幅度低于2%的；（4）倾销进口产品实际或者潜在的进口量或者损害属于可忽略不计的；（5）商务部认为不适宜继续进行反倾销调查的。

3. 反倾销措施。

（1）临时反倾销措施。初裁决定确定倾销成立，并由此对国内产业造成损害的，可以采取下列临时反倾销措施：①征收临时反倾销税；②要求提供保证金、保函或者其他形式的担保。

（2）价格承诺。倾销进口产品的出口经营者在反倾销调查期间，可以向商务部作出改变价格或者停止以倾销价格出口的价格承诺。商务部可以向出口经营者提出价格承诺的建议，但不得强迫出口经营者作出价格承诺。

（3）反倾销税。终裁决定确定倾销成立，并由此对国内产业造成损害的，可以征收反倾销税。征收反倾销税应当符合公共利益。征收反倾销税，由商务部提出建议，国务院关税税则委员会根据商务部的建议作出决定，由商务部予以公告；海关自公告规定实施之日起执行。反倾销税原则上仅适用于终裁决定公告之日以后进口的产品。反倾销税的纳税人为倾销进口产品的进口经营者。反倾销税应当根据不同出口经营者的倾销幅度，分别确定；对于未包括在审查范围内的出口经营者的倾销进口产品，需要征收反倾销税的，应当按照合理的方式确定对其适用的税率。在任何情形下，反倾销税税额不超过终裁决定确定的倾销幅度。

反倾销税的征收期限不超过5年，但经商务部复审确定终止征收反倾销税有可能导致倾销和损害的继续或者再度发生的，反倾销税的征收期限可以适当延长。

（二）反补贴措施

1. 基本概念。

"补贴"是指出口国（地区）政府或者其任何公共机构〔统称"出口国（地区）政

府"]提供的并为接受者带来利益的财政资助以及任何形式的收入或者价格支持。

依照《反补贴条例》进行调查、采取反补贴措施的补贴必须具有专向性。根据《反补贴条例》的规定，有下列情形之一的补贴，具有专向性：（1）由出口国（地区）政府明确确定的某些企业、产业获得的补贴；（2）由出口国（地区）法律、法规明确规定的某些企业、产业获得的补贴；（3）指定特定区域内的企业、产业获得的补贴；（4）以出口实绩为唯一条件或条件之一而获得的补贴；（5）以使用本国（地区）产品替代进口产品为条件而获得的补贴。在确定补贴专向性时，还应当考虑受补贴企业的数量和企业受补贴的数额、比例、时间以及给予补贴的方式等因素。对补贴的调查和确定，由商务部负责。

2. 反补贴调查与反补贴措施。

反补贴调查在申请、启动、实施、终止等方面的条件和程序与反倾销调查基本相同。略有差异的是，《反补贴条例》规定的终止情形之一是"补贴金额为微量补贴"，而不是"幅度低于2%"；还有一种终止情形是"通过与有关国家（地区）政府磋商达成协议，不需要继续进行反补贴调查"，该终止情形为反倾销调查所无。

反补贴措施包括临时反补贴措施，取消、限制补贴或者其他有关措施的承诺，以及反补贴税，其具体内容和实施程序与反倾销措施基本相同。略有差异的是，临时反补贴措施实施的期限，自临时反补贴措施决定公告规定实施之日起不超过4个月，不得延长。

### （三）保障措施

因进口产品数量大量增加，对生产同类产品或者与其直接竞争的产品的国内产业造成严重损害或者严重损害威胁的，国家可以采取必要的保障措施，消除或者减轻这种损害或者损害的威胁，并可以对该产业提供必要的支持。这是保障措施的基本含义。此外，因其他国家或者地区的服务提供者向我国提供的服务增加，对提供同类服务或者与其直接竞争的服务的国内产业造成损害或者产生损害威胁的，国家可以采取必要的救济措施，消除或者减轻这种损害或者损害的威胁（即服务贸易中的保障措施）；因第三国限制进口而导致某种产品进入我国市场的数量大量增加，对已建立的国内产业造成损害或者产生损害威胁，或者对建立国内产业造成阻碍的，国家可以采取必要的救济措施，限制该产品进口（即针对贸易转移的保障措施）。从性质上说，保障措施与反倾销和反补贴措施有所不同：反倾销和反补贴措施针对的是倾销和补贴这样的不公平贸易行为，而保障措施针对的则是公平贸易条件下的特殊情形。

## 第三节　外汇管理法律制度

### 一、外汇及外汇管理的概念

#### （一）外汇的概念

外汇包括外币现钞、外币支付凭证或者支付工具、外币有价证券、特别提款权及其他外汇资产。

### (二) 外汇管理的概念

外汇管理又称外汇管制,是指一国为保持本国的国际收支平衡,对外汇的买卖、借贷、转让、收支、国际清偿、汇率和市场实行一定限制措施的管理制度。

## 二、《外汇管理条例》的适用范围和基本原则

《外汇管理条例》对适用范围的规定采取了属人主义与属地主义相结合的原则。境内机构和境内个人的外汇收支或者外汇经营活动,不论其发生在境内或境外,均适用该条例;而对于境外机构和境外个人而言,则仅对其发生在中国境内的外汇收支和外汇经营活动适用该条例。

我国目前外汇管理的基本原则是经常项目与资本项目区别管理原则,即经常项目开放(可自由兑换),资本项目部分管制。

## 三、经常项目外汇管理制度

### (一) 经常项目及经常项目外汇的概念

经常项目,通常是指一个国家或地区对外交往中经常发生的交易项目,包括贸易收支、服务收支、收益和经常转移,其中,贸易及服务收支是最主要内容。在经常项目下发生的外汇收支,就是经常项目外汇。

### (二) 经常项目外汇收支管理的一般规定

我国经常项目外汇管理制度经历了严格管制、逐步放松和不予限制即完全可兑换的过程。《外汇管理条例》对经常项目外汇收支管理的一般规定主要包括以下内容。

(1) 经常项目外汇收入实行意愿结汇制。

(2) 经常项目外汇支出凭有效单证,无需审批。

(3) 经常项目外汇收支需有真实、合法的交易基础。

### (三) 货物贸易外汇管理制度

货物贸易外汇管理制度的核心内容是总量核查、动态监测和分类管理,基本做法是:依托全国集中的货物贸易外汇监测系统全面采集企业进出口收付汇及进出口货物流的完整信息,以企业主体为单位,对其资金流和货物流进行非现场总量核查,对非现场总量核查中发现的可疑企业实施现场核查,进而对企业实行动态监测和分类管理。

1. 企业名录管理。

企业在依法取得对外贸易经营权后,应当持有关材料到国家外汇管理局及其分支机构(以下简称外汇局)办理名录登记手续。外汇局实行"贸易外汇收支企业名录"(以下简称名录)登记管理,统一向金融机构发布名录。金融机构不得为不在名录的企业直接办理贸易外汇收支业务。

2. 企业分类管理。

外汇局根据非现场或现场核查结果,结合企业遵守外汇管理规定等情况,将企业分成A、B、C三类。核查期内企业遵守外汇管理相关规定,且贸易外汇收支经外汇局非现场或现场核查情况正常的,可被列为A类企业。在分类管理有效期内,对A类企业贸易外汇收支,适用便利化的管理措施。对B、C类企业的贸易外汇收支,在单证审核、业务

类型及办理程序、结算方式等方面实施审慎监管。外汇局建立贸易外汇收支电子数据核查机制，对 B 类企业贸易外汇收支实施电子数据核查管理。对 C 类企业贸易外汇收支业务以及外汇局认定的其他业务，由外汇局实行事前逐笔登记管理，金融机构凭外汇局出具的登记证明为企业办理相关手续。

3. 货物贸易外汇收支。

企业应当按照"谁出口谁收汇、谁进口谁付汇"的原则办理贸易外汇收支业务。企业应当根据贸易方式、结算方式以及资金来源或流向，凭相关单证在金融机构办理贸易外汇收支，并按规定进行贸易外汇收支信息申报。金融机构应当查询企业名录和分类状态，按规定进行合理审查，并向外汇局报送贸易外汇收支信息。

4. 非现场核查和现场核查。

外汇局定期或不定期对企业一定期限内的进出口数据和贸易外汇收支数据进行总量比对，核查企业贸易外汇收支的真实性及其与货物进出口的一致性。外汇局可对企业非现场核查中发现的异常或可疑的贸易外汇收支业务实施现场核查。外汇局可对金融机构办理贸易外汇收支业务的合规性与报送信息的及时性、完整性和准确性实施现场核查。

### （四）服务贸易外汇管理制度

境内机构和境内个人办理服务贸易外汇收支，应按规定提交能够证明交易真实合法的交易单证；提交的交易单证无法证明交易真实合法或与其申请办理的外汇收支不一致的，金融机构应要求其补充其他交易单证。

服务贸易外汇收支涉及的交易单证应符合国家法律法规和通行商业惯例的要求，主要包括：(1) 包含交易标的、主体等要素的合同（协议）；(2) 发票（支付通知）或列明交易标的、主体、金额等要素的结算清单（支付清单）；(3) 其他能证明交易真实合法的交易单证。例如，除法律明确规定不需要提交税务证明的服务贸易项目之外，其他服务贸易项目的对外支付，除提交合同等材料外，还须提交相关税务证明；对于有市场准入、事前审核、登记备案等管理要求的行业，境内机构在办理服务贸易对外支付时，除提交合同等材料外，还须提交行业主管部门出具的核准、登记或备案证明材料。

### （五）个人外汇管理制度

个人外汇收支管理遵循经常项目可兑换的总体原则，立足于满足个人正当合理的用汇需求，采用额度管理的方式。目前，对于个人结汇和境内个人购汇实行年度总额管理，年度总额为每人每年等值 5 万美元，国家外汇管理局根据国际收支状况对年度总额进行调整。个人经常项目项下外汇收支分为经营性外汇收支和非经营性外汇收支。对于个人开展对外贸易产生的经营性外汇收支，视同机构按照货物贸易的有关原则进行管理。另外，随着近年来出国留学、移民人员的增多，境内个人在境外买房、投资等方面的需求增加，境外个人在境内买房、购买股权等行为时有发生，这些资本项下的外汇交易行为按照资本项目的管理原则和相关政策办理。

## 四、资本项目外汇管理制度

### （一）资本项目外汇管理制度概述

资本项目，是指国际收支中引起对外资产和负债水平发生变化的交易项目，包括资本转移、非生产及非金融资产的收买或放弃、直接投资、证券投资、衍生产品投资及贷款等。在资本项目下发生的外汇收支，即资本项目外汇。

《外汇管理条例》对资本项目外汇收支管理的一般规定主要包括以下内容：

1. 资本项目外汇收入。
2. 资本项目外汇支出。
3. 资本项目外汇及结汇资金的使用。

（二）直接投资项下的外汇管理

1. 外商直接投资。

对外商直接投资的外汇管理，重点在于统计监测外商直接投资项下的跨境资本流动，同时以外汇账户为核心进行相应的外商投资企业外汇资本金结汇管理。2013年，国家外汇管理局发布《外国投资者境内直接投资外汇管理规定》，对外商境内直接投资的外汇实行登记管理制度。

无论是直接投资的汇入还是汇出，外国投资者应先在外汇局办理登记。如果登记事项发生变化，外国投资者还应当办理变更登记。境内直接投资所涉主体在办理登记后，可根据实际需要到银行开立前期费用账户、资本金账户及资产变现账户等境内直接投资账户。

2. 境外直接投资。

在鼓励和完善外商直接投资的同时，我国逐步放松境外投资的相关限制。《外汇管理条例》规定，境内机构、境内个人向境外直接投资，应当按照国务院外汇管理部门的规定办理登记。国家规定需要事先经有关主管部门批准或者备案的，应当在外汇登记前办理批准或者备案手续。据此，国家外汇管理局于2009年7月13日发布《境内机构境外直接投资外汇管理规定》（2009年8月1日起施行），取消了境外投资外汇资金的来源审核，改为实行登记备案制度。

境内机构可以使用自有外汇资金、符合规定的国内外汇贷款、人民币购汇或实物、无形资产及经外汇局核准的其他外汇资产来源等进行境外直接投资。境内机构境外直接投资所得利润也可留存境外用于其境外直接投资。其中，自有外汇资金包括经常项目外汇账户、外商投资企业资本金账户等账户内的外汇资金。

（三）间接投资项下的外汇管理

《外汇管理条例》规定，境外机构、境外个人在境内从事有价证券或者衍生产品发行、交易（即间接投资，相对于外商直接投资而言），应当遵守国家关于市场准入的规定，并按照国务院外汇管理部门的规定办理登记。境内机构、境内个人从事境外有价证券、衍生产品发行、交易，应当按照国务院外汇管理部门的规定办理登记。国家规定需要事先经有关主管部门批准或者备案的，应当在外汇登记前办理批准或者备案手续。目前，我国关于有价证券及衍生产品发行、交易项下的外汇管理主要涉及合格境外机构投资者、合格境内机构投资者、境外上市外资股、境内上市外资股等制度。

（四）外债管理

外债是指境内机构对非居民承担的以外币表示的债务，包括境外借款、发行债券、国际融资租赁等。

### 五、人民币汇率制度

汇率是一国货币与另一国货币相互折算的比率,即以一国货币表示另一国货币的价格。汇率的高低由外汇市场供求关系及其他相关经济、政治因素所决定。

### 六、外汇市场

基于参与主体和交易方式的不同,外汇市场可以划分为外汇零售市场和外汇批发市场。外汇零售市场是指银行与企业、银行与个人之间进行柜台式外汇买卖所形成的市场;外汇批发市场则是指以银行业金融机构为主、以非银行金融机构和非金融企业为辅的机构间外汇买卖市场,也称银行间外汇市场。

#### (一) 外汇市场的交易主体

《外汇管理条例》规定,经营结汇、售汇业务的金融机构和符合国务院外汇管理部门规定条件的其他机构,可以按照国务院外汇管理部门的规定在银行间外汇市场进行外汇交易。目前,我国银行间外汇市场的参与主体以境内银行业金融机构为主,同时包括部分非银行金融机构和非金融企业。

#### (二) 外汇市场交易的币种和形式

《外汇管理条例》规定,外汇市场交易的币种和形式由国务院外汇管理部门规定。目前,银行间外汇市场提供集中竞价、双边询价和撮合交易三种交易模式。

### 七、人民币加入特别提款权货币篮及其影响

2015年12月,基金组织执行董事会正式批准人民币加入特别提款权货币篮,权重为10.92%,自2016年10月1日起生效。人民币由此成为与美元(41.73%)、欧元(30.93%)、日元(8.33%)、英镑(8.09%)并列的第五种可自由使用货币。